불황의 역사

KB066429

불황의 역사

1812년 경제 붕괴부터 코로나 불황까지
미국 금융 위기 200년사에서 미래 경제의 해법을 찾다

토머스 바타니안 지음
이은주 옮김

200 YEARS OF
AMERICAN FINANCIAL PANICS

센시오

옮긴이 • **이은주**

이화여자대학교 법학과를 졸업하였으며, 현재 번역 에이전시 엔터스코리아에서 출판기획 및 전문 번역가로 활동
하고 있다. 주요 역서로는 《터틀의 방식》《내 아이들에게 주는 선물》《투자의 미래》 등 다수가 있다.

불황의 역사

1812년 경제 붕괴부터 코로나 불황까지
미국 금융 위기 200년사에서 미래 경제의 해법을 찾다

초판 1쇄 발행 2023년 5월 3일

지은이 토머스 바타니안
옮긴이 이은주
펴낸이 정덕식, 김재현

책임편집 김혜연, 김지숙
디자인 책만드는 사람
경영지원 임효순

펴낸곳 (주)센시오
출판등록 2009년 10월 14일 제300-2009-126호
주소 서울특별시 마포구 성암로 189, 1711호
전화 02-734-0981
팩스 02-333-0081
메일 sensio@sensiobook.com

ISBN 979-11-6657-101-5 (03320)

소중한 원고를 기다립니다. sensio@sensiobook.com

서문

1983년 나는 레이건 행정부를 떠나기 전까지, 연방주택대출은행 이사회와 통화감독청을 이끌었고 이후 연방예금보험공사 부사장으로 일하는 등 공화당과 민주당 행정부에서 세 차례나 공직을 맡았다. 그러다가 2017년 3월 11일 토요일에 스티븐 므누신 재무 장관의 전화를 받았다. 내가 연방준비제도이사회 감독분과위원회 부위원장에 임명될 가능성이 있다는 내용이었다. 개인적으로 매우 영광스러운 일이었다. 그동안 두 차례나 행정부에서 일한 적이 있으나 이번은 특히나 영광스러운 자리일 수 있었다. 카터와 레이건 행정부에서 8년간 연방은행 감독관으로 재직하고, 금융 서비스 부문 담당 변호사로서 다양한 금융 회사와 투자자를 대변해 합병, 규제 관련 문제, 각종 소송 관련 분야에서 38년간 일한 경험자로서 2017년 3월 15일 백악관에 들어갔다.

나는 당파성보다는 쟁점 사항 자체가 중요하다고 생각하기 때문에 늘 초당적 관점을 견지해 왔다. 므누신과는 개인적으로 친분이 있는 데다 깊이 존경하는 사람이었다. 나는 므누신이 파산한 인디맥IndyMac Bank을 연방예금보험공사로부터 인수한 다음, 남부 캘리포니아에 원웨스트OneWest Bank를 설립할 때 함께했었다. 백악관 면담 자리에서 게리 코헨 국가경제위원회 위원장과 90분간의 대화를 마치고 이런 생각이 들었다. '행정부로 돌아가 세 번째가 되는 공직 생활을 하느니, 세계 최고 수준의 은행 감독관으로 남는 편이 훨씬 신나지 않을까'라는 생각 말이다. 효율적이고 흥미로운 방식으로, 망가진 미국 금융 체계를 혁신하는 일에 앞장서야 한다고 느낀 것이다. 그래서 그때 나는 이 책을 써야겠다고 결심했다.

지금까지 내 인생에서 벌어진 일에는 우연적인 요소가 많았다. 1976년 7월, 나와 아내 카렌은 뉴욕에서 워싱턴 D.C.로 이주했다. 법과대학원 졸업 후 초임 변호사로서 통화감독청에서 일하게 됐기 때문이다. 통화감독청에서는 뉴욕에 있는 프랭클린 국법은행Franklin National Bank을 포함해 몇몇 파산 은행의 법정 관리 및 압류를 담당하는 팀에 배속됐다. 프랭클린의 파산은 당대 최대 규모의 은행 파산이었다. 그 당시 우리는 통화감독청 수석 부청장에게 지금 폐쇄하려는 은행이 재무제표상으로는 이익이 난다고 하는데, 왜 지급 능력이 없다고 판단했는지 물었던 기억이 난다. 이 질문에 부청장이 했던 말이 지금도 잊히지 않는다. "이봐, 신참내기! 잘 들어봐. 내가 파산이라고 하면 파산인 거야."
금융 자산의 가치를 제대로 평가하려면 다년간의 경험과 노하우가 있
어야 하며 재무제표에 적시한 사항과 해당 기업의 실제 가치 간에는
아무런 관련이 없을 수도 있다고 말했다. 어쨌거나 수십 년에 걸친 은
행 파산과 금융 공황의 여정이 시작됐다. 나는 연방예금보험공사가 실
행한 50대 미국 은행 파산 건 가운데 30건에 대해 자본 구조 재편, 법
정 관리, 자산 매각 작업에 참여했다.

그러다가 1981년 초, 통화감독청에서 나와 개인 변호사로 석 달쯤
일하다가, 그해 3월에 연방주택대출은행이사회 그리고 연방저축대부
보험공사 법무 자문 위원에 선임됐다. 레이건 행정부 초기, 저축대부
조합 위기가 움트기 시작한 바로 그 시점이었다. 일을 하다 보니, 어쩌
다가 미국 저축대부조합이 파산 지경에 이르렀지 정말 궁금했다. 일부
논평가들은 저축대부조합 경영진을 두고 끊임없이 금융 사기를 모의
하는 사기꾼이라고 칭했다.

감독관으로 일해 본 적이 있는 사람이라면, 저축대부조합과 은행
업에 대한 관리·감독이 철저히 이뤄지는 상황에서 이런 일이 벌어
진다는 사실이 너무나도 이상하게 생각될 것이다. 실제로 연방 및 주
정부 감독 기관이 그렇게 많은데도 관련 산업과 경영진에 대해 철저
한 관리와 감독이 이뤄지지 않는 것이다. 감독 기관이 어떻게 그리 무
능할 수 있단 말인가? 저축대부조합 위기를 보니와 클라이드1930년대 전반
에 미국 중서부에서 은행 강도와 살인 등을 저지른 범죄자들-옮긴이같은 극소수 부정한 인물을 탓

하는 것은 별로 타당해 보이지 않았다. 나 역시 이와 동일한 결론에 이르렀다. 의도한 바는 아니었겠으나 저축대부조합 경영진이 아니라, 미의회가 저축대부조합 위기를 자초했다. 저축대부조합의 위기가 어떻게 발생했는지를 살펴보는 과정에서 다른 금융 위기와의 관련성도 궁금해졌다. 1990년대 말부터 2000대 초까지 인터넷이 폭발적으로 성장하던 시기에 미국변호사협회 가상공간관련법률위원회 위원장 그리고 프라이드프랭크Fried Frank LLP와 데커트Dechert LLP 등 다국적 법률 사무소 두 군데에서 금융 기관 담당 책임자로 일한 후 2018년 8월에 일선에서 물러났다. 나는 세계적인 다수의 금융 기관 및 경영진과 그 투자자들을 감독·감시하고 그들에게 법률 조언을 했으며, 금융 시장에서 나타난 대대적인 구조적·기술적 변화에 직접 참여했다. 또 세 행정부에서 금융 서비스 정책 부문의 일을 담당하거나 자문을 맡았다. 파산한 금융 기관 500곳에 대한 매각이나 자본 구조 재편, 청산 등의 업무를 담당했다.

물론 내 경력을 이야기하자고 이 책을 쓴 것이 아니다. 이 책을 쓴 목적은 금융 위기를 방지하고, 가능한 위기가 발생하는 주기를 늘리고, 위기로 인해 발생한 재정적 고통을 완화하기 위해, 어떻게 전체적으로 금융 체계를 바꿔야 하는가를 고찰하는 데 있다. 이 과정에서 기술Technology이 큰 역할을 하리라 생각한다. 사실 기술은 인간에게 위기를 막아내는 힘을 줄 수도 있고 오히려 금융 위기를 유발할 수도 있다. 기술이 어느 쪽으로 작용하느냐는 전적으로 우리의 선택에 달렸다.

나는 연방은행 감독관으로 일하는 매 순간이 너무 만족스러웠다. 함께 일하는 동료를 보면서 국가를 위해 언제나 옳은 결정을 하려고 애쓰는 모습에 무한한 존경심이 생겼다. 동료 감독관과의 협력 관계가 틀어졌다고 느낀 적도 없었다. 제한된 자원과 자료를 기초로 복잡하고 까다로운 결정을 짧은 시간 내에 내려야 하는 상황을 매일같이 겪으면서, 이런 열악한 환경에서도 올바른 결정을 내리려고 노력하는 동료를 보면서 많은 것을 배웠다. 우리는 업무를 수행하면서 어떤 실수를 했으며 이런 실수가 얼마나 큰 손실을 유발했는지 알게 됐다.

정부의 개입과 감독이 어떻게 금융 공황을 유발 혹은 조장하는지가 눈에 들어오기 시작했다. 즉 의회가 만든 체계 속에서 무계획적으로 금융 위기를 관리하는 바람에, 관리를 받은 곳과 관리의 손길에서 벗어난 곳이 생기게 되었고, 문제가 불거졌다. 금융 서비스에 대한 정부의 관리 · 감독이 점점 과중해지고 정형화될수록 관리의 효율성이 떨어지게 된다는 사실도 깨달았다. 감독관이 문제를 해결하고자 아무리 노력해도 또 아무리 선의로 임하더라도 그 사람이 항상 옳을 수는 없다는 사실 또한 인정할 수밖에 없었다. 결코 녹록치 않은 환경에서 이처럼 어려운 결정을 내려야 하는 일을 묵묵히 수행하는 모든 공직자에게 무한한 존경과 찬사를 보낸다. 선한 의지로 헌신적인 노력을 다한 이들에게 감사해야 한다. 그러나 이런 감사만으로는 부족하다. 이들이 더 효율적으로 일하게 하려면 더 풍족한 자원과 더 좋은 법률이 필요하고 이들에 대한 존경심도 더 커져야 한다.

미국에서는 2019년까지 주요 금융 위기가 아홉 차례 발생했다. 그런데 대부분 정부 정책이 의도치 않게 이 아홉 차례 위기를 유발했거나 조장했다. 이런 정책이 감독관의 노력을 무위로 돌리고 만다. 이런 일이 왜 그리고 어떻게 발생하는지를 알아야만 문제를 해결할 수 있다. 앞으로 이러한 금융 위기를 방지하고, 위기 발생 빈도를 줄이고, 위기 지속 기간을 단축하려면, 정부가 첨단 기술을 활용해 좀 더 효율적으로 규제하고 감독해야 한다. 필요 자원과 자료 그리고 재량권을 더 많이 제공해야 한다. 정부의 규제를 통해 창출되는 금융 유인책에 경영진이 어떻게 반응할지를 더 잘 예측해야 한다. 의회는 금융 쟁점과 정치 쟁점을 뒤섞지 말아야 한다. 앞으로 이런 일을 피하려면 과거에 저지른 실수에서 교훈을 얻어야 한다.

이 책에서는 지난 200년 동안 통화 및 금융 부문을 감독하면서 선의로 한 정책이었으나 결과적으로는 실수였던 사례를 추적했다. 앞으로 이런 일이 재발하지 않게 하려는 목적에서다. 그리고 전례 없는 금융 혜택 그리고 기술이 촉발한 뜻밖의 위협에 초점을 맞췄다. 마지막으로, 정부 규제가 금융 시장을 왜곡하고 경제적으로 부정적인 결과를 조장할 수 있으므로 금융 지식에 대한 이해도 증진을 통해 정부 규제를 줄여야 한다고 본다. 이 책이 우리의 금융 미래를 개선하는 하나의 청사진이 되기를 바란다. 이 책이 출간될 즈음 전 세계는 2020년에 발생한 코로나19 팬데믹과 사투를 벌이고 있었다. 뒤이은 금융 대란은 정부 정책이나 미국 기업의 어떤 행위에서 비롯된 현상이 아니었다.

그러나 금융 위기 때 정부가 해야 할 역할 그리고 불충분한 자료를 토대로 중요한 결정을 내리는 행동의 위험성이 부각된 측면은 있다. 정부는 2020년에 발생한 금융 위기를 예측하거나 이를 막아낼 수는 없었겠지만, 양질의 자료를 토대로 한 분석으로 더 나은 대응을 할 수 있었으리라 본다. 해법이 전혀 없지는 않다. 그러나 이 또한 다음번 위기에 맞닥뜨리기 전에 충분히 대비하고 있어야 가능한 일이다.

들어가는 글

지난 200년 동안 미국은 전 세계 그 어떤 국가보다 금융 공황을 많이 겪었다. 잠시 생각해 보자. 미국은 가장 포괄적인 통화 및 제도적 규제 체계를 근간으로 한, 세계에서 가장 번영한 경제 대국이다. 이런 국가에서 공황 위기가 가장 많이 발생했다는 점은 언뜻 이해하기 어렵다. 지난 200년 동안 미국에서 약 2만 곳이 넘는 은행이 파산했다. 같은 기간에 파산한 은행 수가 그 어느 국가보다 많았으리라 본다.

정부가 금융에 관한 중요한 결정을 할 때 기술을 활용하는 일이 거의 없었다. 수많은 연방 기관과 민간 부문 컨소시엄이 금융과 관련한 사이버 보안 문제를 논의·분석·조정하는 작업을 벌였다. 그러나 미국 정부나 민간 기관 중 그 어느 곳에서도, 기술을 악의적으로 사용하는 것을 막음으로써 미국의 경제 인프라가 흔들리는 걸 대비하지 않았다. 사실 기술은 상상 이상의 혁신을 통해 금융 서비스 사용자에게 혜택을 누릴 권한을 부여하지만, 한편으로는 정치적 목적 때문에 악의적으로 금융 인프라에 과도한 권한을 부여하기도 한다. 그렇다. 독보적인 인공 지능 체계, 고도의 알고리즘 용량, 방대한 데이터베이스, 슈퍼 컴퓨팅 등의 기술을 악용하게 되면, 우리는 갑자기 무방비 상태가 될 수 있다. 일부 전문가는 이런 불안정한 환경이 결국은 민주주의 정치 체제를 위협할 수 있다고 경고한다.

정부와 산업계가 쟁점을 연구하고 구성원을 훈련하고 정보를 공유하는 등의 노력을 기울이기는 했지만, 기술적 위협 요소에 대비해 전방위적인 방어 업무를 담당하는 전문 단체나 공공·민간 부문 협력 기구가 없다는 점이 큰 문제다. 사이버 금융 방어 체계나 통화 질서 유지를 위한 수호대가 없다는 뜻이다. 또 전체 경제 체제를 방어할 수 있는, 결제 체계에 대한 조기 경보 체계도 구축돼 있지 않다. 그래서 개별 기업이 각기 제 영역을 방어하고 있는 상황이다. 그러나 디지털로 무장한 채 기존 경제 질서에 충격을 가할 의지와 능력이 있는, 그리고 그렇게 하려는 열망도 큰 '적군'은 분명히 존재한다. 이 적군으로 인한 기술적 위협 수준 또한 확실히 높아지고 있다. 알고리즘을 통해 철저히 통제된 전체주의 사회를 완성하겠다며 이미 불가역적 수준의 통제 사회가 돼버린 중국의 현실만 살펴봐도 알 수 있다. 우리는 2020년에 발생한 팬데믹에 대해 어떤 준비를 했으며 이는 경제에 어떤 영향을 미치는가? 각 시당국은 조지 플로이드George Floyd, 경찰관의 과잉 대응으로 사망한 흑인

의 비극적 죽음으로 촉발된 사회 불안을 어떻게 해결할지 준비

돼 있는가? 정부는 이미 발생한 문제에는 적절히 대응할 수 있을지 모

르지만, 다가올 문제를 예측하고 대비하는 부분에서는 그다지 효율적

이지 못하다는 데 문제가 있다. 기술은 이 부분을 해결하는 데 도움이

될 수 있다.

이 책이 다루는 주제는 아주 단순하다. 의도했는지 여부와 상관없

이 정부와 기업에서 비롯된 수많은 동인動因과 이런 동인이 예기치 못

한 방식으로 충돌하는 상황을 이해한다면, 향후 다가올 수 있는 금융

위기를 미연에 방지하고 이를 적절히 해결할 수 있다. 유감스럽게도

어설프거나 잘못된 정부 개입이 지난 200년 동안 발생한 거의 모든 금

융 위기를 조장하거나 유발했다. 분명히 좋은 의도였겠으나 정부는 경

제와 금융 기관을 과도하게 통제하거나 잘못 통제하는 바람에 경영진

과 투자자 그리고 시장이 자기들에게 유리한 방향으로 이런 역학 구도

를 이용하는 일이 종종 있었다. 이 책은 정부와 민간 부문이 의도치 않

게 결탁하는 요인을 찾아내는 과정을 기술한다. 이런 요인이 금융 유

인책을 왜곡하고 호황과 불황 더 나아가 공황을 부추긴다. 또 금융 대

란 방어전에서 기술을 좀 더 효율적으로 활용해 경제와 금융 서비스를

감독하는 방법을 찾는다. 민간 부문에서 비롯된 원인에 대한 분석을

꾸준히 진행한다. 정부 역할에 대한 평가와 변화를 이끌어 내는 방법

을 찾아냄으로써 금융 규제와 감시에서의 형평성을 추구한다. 그러나

금융 위기가 지나간 후 위기의 원인과 책임 소재를 밝히는 일은 내 소

관이 아니다. 이 작업은 정치적 부정이라는 관점에서 상황을 분석하는

데 능한 전문가에게 맡기고자 한다.

금융 공황은 미국에서 자주 발생하고 그 정도가 훨씬 심각하다. 지난 200년 동안 미국 금융 시장이 세계 그 어느 국가보다 더 빠르게 성장했고, 신용 거래 수준도 높은 더 복잡한 시장이 됐다는 데 부분적인 이유가 있다. 감독 기관이 시장을 효율적으로 관리할 수 있는 능력 이상으로 금융 시장이 성장한 측면도 있다. 미국 자체가 거대 금융 기관, 커뮤니티은행Community Bank, 지역 사회에 기반을 둔 군소 은행-옮긴이, 다양한 금융 회사, 비은행권 대부 업체, 민간 대부업자, 거래 당사자 등을 포함한 최대 규모 금융권을 지원하는, 세계에서 가장 크고 가장 복잡하며 가장 혁신적인 일종의 거대한 금융 시장이다. 미국 경제는 차입 자본(레버리지)에 대한 의존도가 크기 때문에 빠른 속도로 팽창과 수축이 이뤄진다. 은행, 차입자, 소비자 대출 기관, 보험사, 개인 간P2P 대출 기관, 암호 화폐 회사, 브로커-딜러, 뮤추얼펀드, 투자 회사, 금융업자, 자산 관리사 등으로 구성된 거대한 연결망이 경제와 정치가 혼합된 치명적 환경에서 빈번히 상호 작용한다. 시장에 이상 신호가 잡히면 담보물의 가치가 증발하고 신용이 사라지기 때문에, 신용 한도가 축소되고 대출 기관은 위험 대비 수단으로 추가 담보물과 증거금을 요구한다. 대출자와 차입자가 현금성과 품질에 초점을 맞추면 이런 기류가 시장 전체로 퍼져나간다. 즉 모두가 신경 쓰는 기류가 형성되면 이런 반응이 연쇄적으로 거대 연결망 전체로 퍼져나간다.

위기 발생 후에는 거의 대다수의 사람들은 냉혹하고 부도덕한 은행가나 투기자, 악덕 자본가의 탐욕과 계략이 과열 경기와 시장 붕괴를 유발했기 때문에, 일자리와 돈 잃었다고 생각했다. 요컨대 위기의 원인을 비열한 사람들의 탐욕에서 찾는다. 어느 정도는 일리가 있지만, 이는 완벽한 답이 될 수 없으며, 너무 단순한 설명이라서 미래 금융 위기를 방지하는 데 별 도움이 안 된다! 복잡한 경제 대란의 원인을 기업이 부당 이득을 취한 탓으로 몰고 가면, 한순간 카타르시스와 함께 주의를 분산시키며 진짜 원인에서 멀어지게 된다. 마치 마녀사냥을 하듯 금융 대란의 원흉을 하나 찾아서 처형하는 일은 위기가 벌어진 뒤에 항상 따라오던 심리적 통과 의례였다. 이렇게 하면 사람들은 사건이 마무리됐고 문제가 해결됐다고 느낀다. 그러나 역사를 돌이켜 보면 주로 통화 정책, 금융 규제, 관세 등을 통해 이뤄지는, 표면적으로는 선의에 따른 정부 행위가 본래 깨지기 쉬운 시장 평형을 교란시킬 수 있으며, 시장에 과도한 영향을 미침으로써 재앙적 결과를 유발한다는 사실을 알 수 있다. 아래와 같은 상황을 생각해 보라.

— 햇병아리 단계인 미국 제조업을 보호하려는 목적으로 제임스 먼로 행정부가 높은 관세를 부과하고, 또 서부 경제 활성화에 필요한 자금을 조달하고자 규제가 느슨한 10여 개의 주정부인가State-Chartered 은행을 설립했으나 1819년에 거의 붕괴했다.

— 앤드루 잭슨 대통령은 중앙은행의 존재가 가장 절실했던 1830년대에, 중앙 집중형 연방 경제 체계의 속박에서 벗어나게 한다는 미명 아래, 미국 유일의 중앙은행을 폐쇄하고 국가 통화의 위상을 약화시켰다.

— 19세기 내내 금, 은, 지폐(법정 화폐) 가운데 어느 쪽을 주요 교환 수단으로 선택하느냐를 놓고 논쟁하는 등 정부의 재정 정책이 경제 혼란을 야기했다. 이 부분이 1857년과 1873년, 1893년 금융 공황을 일으키는 데 한몫했다.

— 1920년대에 유럽 중앙은행을 지원하려고 미국 내 금리를 낮게 유지하는 정책을 고집했던 연방준비제도Fed: Board of Governors of The Federal Reserve System이사회의 외곬수적 비융통성 때문에 미국 주식 시장이 과열되는 현상이 나타났고, 결국 1929년의 시장 붕괴로 이어졌다.

— 1960년대에 의회와 주정부가 인위적으로 예금과 모기지(주택담보 대출) 금리에 상한선을 두어 모기지 금리를 낮게 유지함으로써 주택에 대한 수요를 늘리려 했다. 결과적으로 단기 금융 상품인 머니마켓펀드MMF: Money Market Fund, 단기 금융 상품의 일종-옮긴이가 탄생했고, 1980년대에 경제가 통제 불능 상태가 됐을 때 저축대부조합은 불가피하게도 전례 없는 금융 경색 상태에 빠졌다.

— 여러 행정부와 의회가 1990년대와 2000년대에 주택 소유 증가를 목표로 저소득자에 대한 대출을 늘리도록 금융 기관을 압박했다. 또 연방주택담보대출협회Federal National Mortgage Association, 패니메이(Fannie Mae)라고도 함-옮긴이와 연방주택담보금융공사Federal Home Loan Mortgage Corporation, 프레디맥(Freddie Mac)이라고도 함-옮긴이는 적정 가격에 주택을 공급하겠다는 목표를 세웠는데 그 목표량을 더 늘렸다. 이때문에 무자격 차입자가 증가하고 결국 대공황 이후 최대 경제 위기를 맞는 불

씨가 됐다.

　미국이 경험한 금융 위기는 독자적 시발점과 속도, 진행 방향, 수명 등이 있는 회오리바람과 비슷하다. 과거 사건을 살펴보고 역사적 사실을 한데 모아 왜 그런 일이 발생했는지에 대한 경제 이론을 수립하는 일도 꽤 유용하기는 하지만, 그 정도로는 실질적으로 위기를 유발한 그 사건에 다다르지 못할 때가 있다. 이런 분석에서는 대체로 위기의 증상과 상관관계를 위기의 원인과 구분하지 않는 듯하다. '부실한 규제'를 제도상 혹은 체계상 실패의 원인이라고 지적하는 비평가가 많지만, 이런 사람들은 감독관 일을 해 본 적도 없고 규제와 감독이 실제로 어떻게 이뤄지는지도 잘 모른다. 기업의 탐욕과 이익 추구 욕구에 초점을 맞추는 사람도 많은데 이들은 기업인으로 일해 본 적이 없다. 사후에 경제 동향을 평가하려는 관점에서 문제의 원인을 소득 평등에서 찾으려는 사람도 있다. 이 책에서 나는 전직 연방은행 감독관이자 40여 년간 금융 서비스 부문 전문 변호사로 일한 경험을 토대로, 남보다 유리한 위치에서 미국 금융 역사를 분석해 보고자 한다. 내가 아는 경제학과 회계, 위험 관리에 관한 지식과 정보는 전부 실전을 통해 배웠다. 바로 이런 경험과 관점을 통해서 내가 관여하지 않았던 위기를 분석하려 한다.

　게리 고튼Gary Gorton은 자신의 저서 《금융 위기에 대한 오해 Misunderstanding Financial Crises: Why We Don't See Them Coming》에서 "금융 위기의 본질을 제대로 이해하려면 위기를 직접 목격해야 한다"라고 했다.[2] 나는 이 견해에 동의한다. 그러나 나는 여기서 한 걸음 더 나아갈 생각이다. 위기를 초래하는 경제적 및 심리적 요인이 무엇인지, 또 문제를 해결할 책임이 있는 상황에서 직접 위기를 겪었을 때 이를 극복하려면 어떻게 해야 하는지를 진단하면 훨씬 도움이 된다. 사람들은 금융 기관이, 더 나아가 경제 자체가 붕괴할까 봐 전전긍긍한다. 위기의 불씨를 끄지 못한 상태에서 전혀 새로운 다음 단계로 나아가면 어떤 일이 벌어질지 궁금해한다. 해결이 불가능해 보이는 경제 문제에 대한 해법을 찾으려 고군분투한다. 지금 우리가 느끼는 모든 위기에는 감정적 및 경제적 리듬이 존재한다. 금융 위기를 만들고, 위기로 몰아가고, 그 위기를 해결하는 의사 결정은 인간 그리고 인간이 지닌 모든 결함, 관습, 편견을 토대로 이뤄진다. 어떤 일이 벌어졌는지를 경제적 측면에서 설명한다고 해서 이런 요소들이 깔끔하게 정리되지는 않는다. 기초적인 경제학 지식과 뉴스 기사를 살펴보는 것만으로 2020년의 금융 위기를 완벽하게 이해할 수 있는가? 이 부분을 분석하려면 경제적 요소 외에 정치적인 요소 또한 반드시 들여다봐야 한다.

금융 위기의 본질을 사후에 인지하기는 쉽지만, 사전에 금융상의 문제를 알아내는 비평가는 거의 없다.[3] 이런 측면에서 위기를 초래한 금융상의 실수는 시간이 지날수록 점점 명확해진다. 솔직히 현 은행업 구조와 정부 감시 체계를 고려하면 정부가 올바르게 일을 처리하는 빈도가 높아졌다. 금융 규제는 분명히 필요하지만, 정책 입안자는 정치적 요소, 잘못된 방향, 자원 부족 등으로 인해 엉뚱한 이유로 엉뚱한 시점에 엉뚱한 활동을 규제하기도 한다. 미국의 금융 위기를 다룬 책이 많은데 그 대부분이 위기가 발생한 이유를 설명하는 데 초점을 맞춘다. 그러나 사실에 대한 교차 검토를 끝내고 그다음 질문을 진행하지 않을 때가 종종 있다. 말하자면 다음과 같은 질문을 던지지 않고 그냥 지나간다. 시장이 특수한 방식으로 성장한 과정과 그 이유는 무엇인가? 정부가 특정한 행위를 하거나 하지 않은 이유는 무엇인가? 위기의 싹을 틔우는 금융 환경을 조성함으로써 기업과 투자자로 하여금 무모한 행위를 유발하게 한 정부의 행위는 무엇인가? 특정한 사건이 전면적 위기 사태로 비화하기까지 시간이 얼마나 걸리며 또 그 이유는 무엇인가? 위기로 비화할 가능성이 있는 사건은 무엇이며, 그런 사건의 씨앗은 언제 뿌려졌는가?

예를 들어 비은행권의 성장, 특히 역환매조건부채권 시장의 성장을 2008년 금융 공황의 원인으로 보는 사람이 있다. 이 견해가 옳더라도 이는 마치 교통사고는 자동차 두 대가 서로 충돌해서 발생했다고 말하는 것과 다를 바 없다. 사고가 왜 발생했는지 제대로 알고서 다음 사고를 예방하려면 두 자동차가 충돌한 이유를 제대로 설명해 주는 정확한 시간표를 알아야 한다. 운전자가 사고가 나기 한 시간 전에 술을 마셨는가, 신호등이 고장 났는가, 차량의 브레이크가 고장 났는가, 고의로 충돌하지는 않았나 등 말이다.

타이밍(시점) 또한 금융 대란을 분석할 때 고려해야 할 중요한 요소다. 금융 위기 자체를 사후에 하나의 독립적 사건으로 평가하기는 어렵다. 금융 위기는 대부분 문화적·금융적으로 상호 연결되어 있기 때문에 금융 주기의 일부로 이해해야 한다. 즉 위기의 원인을 찾을 때 어느 시점까지 거슬러 올라가느냐에 따라서 그 결과가 달라질 수 있다. 경기 침체, 불황, 인플레이션이나 디플레이션이 경제 역학과 시장 심리를 만들어 내고, 이런 요소가 상호 먹이 사슬을 형성하면서 정서적 반응을 일으킨다. 그리하여 해당 상황이 유지되는 동안 사람들은 이런 정서적 반응에 영향을 받는다. 1819년부터 1907년까지의 기간 동안 경제 번영을 누린 기간이 있었고 경제난을 겪은 기간도 있었다. 과연 근 한 세기 동안의 경제 상황이, 경제 성장에 따른 고통과 위기가 주류를 이루는 와중에 간간히 호황이 섞이는 형태였는가, 아니면 내내 번영을 누리는 와중에 간간히 금융 붕괴와 주기적 과잉이 발생하는 형태였는가? 19세기는 동부에서 서부로 국세 확장이 이뤄지면서 경제가 역동적으로 발전하던 시기와 통제 불능의 대혼란 시기가 공존한 경우로 봐야 한다. 20세기에는 금융 기관에 대한 광범위한 규제 및 감독 체계가 확립됐음에도 1929년과 1980년대 그리고 2008년에 극심한 금융 위기가 발생했으며 이 기간 사이사이에 주식 시장 붕괴가 여러 차례 발생했음은 물론이다. 이런 금융 위기가 잠복해 있던 시기와 위기 발생 이전의 경제 상태로 되돌아간 시기를 포함해 30~40년 동안 금융 대혼란을 겪기도 했다. 21세기는 대규모 범세계적 위기 그리고 금융 팬데믹으로 번진 서브프라임(비우량) 대출 위기가 발생한 시기 혹은 그런 위기에서 회복된 시기로 규정할 수 있다.

《이번에는 다르다》의 공저자 카르멘 라인하트와 케네스 로고프는 이 세상에는 경제 대혼란이 늘 존재한다고 주장한다. 《이번에는 다르다》에는 무려 45쪽에 달하는 세계 금융 위기 목록이 수록돼 있다. 14개국을 대상으로 1870년부터 2008년까지의 경제 상황을 조사한 결과 총 79차례 금융 공황이 발생한 것으로 나타났다. 1.75년에 한 번꼴로 그리고 한 국가당 대여섯 차례 공황이 발생한 셈이다. 이런 금융 역사는 다음과 같은 사실을 뒷받침한다. 1913년 이후 확립된 광범위한 규제가 심각한 금융 대란을 완전히 근절하지 못했다는 사실이다. 부분적으로는 이런 체계가 시장과 금융 기관을 제대로 혹은 효율적으로 규제하지 못하고 소비자 측면에서도 거의 도움이 되지 않았기 때문이다. 현재와 같은 금융 감독 형태는 시장을 왜곡할 수 있으며, 감독관이 감독 대상인 금융 기관의 경영 부분에 너무 깊이 관여하게 할 위험이 있다. 이런 식의 관리·감독에는 엄청난 자원과 시간이 들어간다. 따라서 불가피하게 위기가 발생할 때 대체로 정부는 이에 대한 대비가 돼 있지 못하다. 2008년에 시작된 서브프라임 위기에서 정부는 상황에 따라 즉각 대처할 수 있는 비상 대책을 마련했어야 한다. 이런 대책 중 일부는 자산 매입을 통한 자본 증가 계획이라는 형태로 이뤄진다. 부실자산구제계획TARP: Troubled Asset Relief Program이나 모기지 가치가 주택 가치보다 낮아졌을 때, 다시 말해 은행에 진 대출 빚이 주택 가격보다 높아졌을 때 주택 소유자를 위한 모기지 조건 변경 계획 등이 여기에 해당한다. 헨리 폴슨Henry Paulson 전 재무부 장관은 자신의 저서 《벼랑 끝에서On The Brink》에서 정책 입안자는 '일이 진행되는 동안 오로지 직감에 의지해 선택과 결정을 할 수밖에 없다'고 말했다.[4] 왜 이런 말을 했을까? 이러한 위기는 이때가 처음이 아니며 미국 금융 200년사 중 아홉 번째에 해당한다.

기술은 이 복잡한 금융계에서 사용할 수 있는 신종 '만능 패' 같은 존재다. 기술이 금융 서비스를 제공하고 규제하는 방식에 영향을 주면서 금융계의 미래가 변화하고 있다. 감독관이 이 기술을 효율적으로 활용한다면 공통적 위기에 대처할 가장 건설적이고 효과적인 해법을 제시할 수 있다. 인공 지능과 방대한 자료가 '더 신뢰할 만하고 더 예측력 있는 정보'를 정부 감독 기관에 제공할 수 있다. 또 조직 구성원의 이동이 잦은 정부로서는 불가능에 가까운 일이기는 한데, 기술은 제도와 관련한 지식까지 창출할 수 있다. 미 투자은행 JP모건체이스J. P. Morgan Chase는 디트로이트시의 부흥을 목적으로 이러한 자료 분석 도구와 인공 지능을 활용해 시민의 구매 습관 지도를 작성했다. 그런데 정부는 왜 이런 도구를 활용해 미래 경제 대안을 모색하지 않는가?

이 책 후반부에서 이 같은 기술적 요소에 더 초점을 맞추고 기술이 어떻게 작용하는지 그리고 그런 작용이 어떤 의미가 있는지 좀 더 면밀히 살펴볼 생각이다. 기술 전문가, 기업인, 소비자는 점차 자본 투자, 유동성, 기업 심리 등에 영향을 미치는 다양한 금융 기술FinTech, 핀테크라고 함-옮긴이 상품을 실험하고 있다. 이와 마찬가지로 전통적 금융 기관은 핀테크 기업과 경쟁하며 계속해서 고객의 욕구를 충족시키고자 새로운 기술 상품에 투자하고 있다.

페이스북Facebook은 자사 암호 화폐인 디엠Diem을 통해 자금, 상거래, 규제 등에서의 혁신을 꾀하고, 이를 무기로 전통적 금융 기관을 위협한다. 이는 디엠이나 이와 유사한 암호 화폐 상품이 새로운 금융 서비스 시대를 알리는 신호탄이 아니냐는 문제로 점철된다. 또 기업이 기업의 정체성이 아니라, 실제로 어떤 일을 하느냐에 따라 새로운 규제 접근법을 이끌어 내야 한다는 부분 역시 고려해야 한다. 역사적 관점에서 통상적으로 금융 규제의 적용 기준은, 기업이 수행하는 금융 활동의 성격이나 영향이 아니라, 기업의 정체성이었다. 말하자면, 은행에 대한 규제는 엄격히 진행된다. 은행은 연방 및 주정부가 인가하기 때문이다. 게다가 연방 예금 보험, 결제 체계에 대한 접근, 주법을 준수할 필요성을 경감해 주는 연방법 우선권 등의 혜택을 누린다. '건전성 규제'는 1930년대 경제 대공황의 여파로 상업은행과 민간 투자은행이 미국 내 자금 이동 및 투자에 관한 모든 측면을 통제했던 시기에 수립된 개념이다. 약 90년 후 은행이 보유한 예금 자산보다 뮤추얼펀드와 MMF가 관리하는 자금이 더 많아졌다. 사모펀드와 헤지펀드가 관리하는 자산의 규모는 미국 내 신용조합이 보유한 자산의 6배에 달한다. 세계 최대 자산 운용사인 블랙록^{Blackrock Inc.} 한 곳이 관리하는 자산이 약 7조 달러에 이르며 이는 전체 은행 자산의 약 35퍼센트에 해당한다. 이런 환경에서 시장이 어떻게 진화하는지와 상관없이 계속해서 은행에 대한 규제를 확대하는 일은 매우 위험하며, 결국 엄격한 규제를 받지 않는 비은행권의 경쟁력을 점점 높여 줄 뿐이다. 이는 또한 엄격하게 규제받지 않는 부문으로 위험을 이전하게 함으로써 금융 체계의 안전성 감시 작업은 더욱 복잡해진다.

오늘날 핀테크 기업은 저비용, 실시간, P2P 등을 특징으로 하는 검증된 상품 및 결제 시스템을 통해 주택 금융 및 결제 사업 부문에서의 은행의 역할과 자금의 속성을 재정립하고 있다. 은행이 새로운 금융 상품을 출시하려면 몇몇 연방정부 및 주정부 규제 기관에 사업 계획, 이익 잠재력, 전문 경영 지식과 기술, 자본화, 유동성, 소비자 보호 대책, 지역 사회 대출 목표 등을 기술한 신청서를 제출해야 한다. 암호 화폐는 자금 이체와 유가 증권에 관해 특정한 연방 및 주정부 법률의 적용을 받는다. 그러나 전자 화폐 생성 및 유통 사업에 진출할 때는 통상 비은행권 담당 기관의 허가를 받아야 하며 이런 유형의 사업 주체는 은행이 아니기 때문에 엄격한 건전성 규제를 받을 대상은 아니다. 기업이 연방 예금 보험의 지원을 받지 않는 한, 정부는 해당 기관의 사업이나 고객을 지원하지 않는다. 때문에 이러한 기업은 포괄적이고 엄격한 금융 규제를 받을 근거가 매우 제한적이게 된다. 이로써 정부 감독 구조에 사각지대가 생기고 이 틈을 타 악의적 기술 제공자뿐 아니라 경제적 기회주의자가 들끓게 된다.

도드-프랭크 금융 개혁 및 소비자 보호에 관한 법률Dodd-Frank Act: Dodd-Frank Wall Street Reform And Consumer Protection Act, 2010 5을 계기로 엄격한 건전성 규제와 연방 예금 보험 간의 연계성이 깨지기 시작했다. 2008년 금융 공황 때 정부는 MMF와 뮤추얼펀드처럼 연방 예금 보험의 지원을 받지 않았던 기업의 붕괴를 막으려고 노력했다. 비록 연방 예금 보험에 가입하지는 않았지만, 금융 체계상 미국 경제의 안정성을 유지하는 데 중요한 역할을 하는 비은행권이 이제는 연방준비제도가 시행하는 엄격한 규제의 대상이 될 수 있다는 걸 보여 준다. 이처럼 예금 보험과 엄격한 규제 간의 연계성이 깨지자 이제 의회는 기업의 정체성보다는 실제 활동의 속성을 기준으로 금융 규제가 이뤄지는 수준이 됐는지에 초점을 맞추게 됐다. 그렇지 않으면 은행 규제를 축소해 공정한 경쟁의 장이 되도록 해야 할 것이다. 다시 말해 기업의 정체성이 아니라 실제 활동을 기준으로 금융 규제를 시행하든가 아니면 공정한 경쟁의 장이 되도록 규제를 축소해야 한다.

기업의 정체성과는 별개로 균일한 방식으로 금융 활동을 규제한다면 계열사와 임원, 기타 관련 당사자 간의 거래 및 금전적 관계에 대한 규제에서 일관성이 유지될 수 있다. 사실 이는 상거래와 은행업에 대한 규제를 분리해야 하느냐를 두고 거의 100년을 이어온 이른바 글래스-스티걸 논쟁과 맥을 같이 한다. 또 균일한 방식으로 금융 활동을 규제한다면, 경제 전반에 걸쳐 생성된 위험과 이런 위험의 배분에 관해 좀 더 일관성 있는 관리·감독이 가능해진다.

전통적 방식으로 금융 위협을 규제한다면 향후 미국의 전체 금융 서비스 체계를 붕괴 위험에 빠뜨릴 수 있다. 첨단 기술을 악의적 목적을 지닌 자가 잘못 사용한다면 그 기술이 오히려 국가 경제 인프라를 파괴할 수도 있다. 불량 국가나 광신도, 테러 분자 등이 기술을 악의적으로 사용할 가능성이 날이 갈수록 증가하고 전 세계 경제에 대한 위협도 날로 높아지고 있다. 미국 경제가 이런 위협으로부터 국가 금융 생태계를 보호 및 방어할 준비가 돼 있지 않다는 사실에 경악을 금할 수 없다. 나는 이 사실이 정말 놀라웠다.

민간 금융 기업의 활동이 금융 위기를 조성하는 근본적 요소다. 무분별한 대출, 투기적 투자, 잘못된 위험 측정의 오류, 수준 이하의 기업 활동 등이 항상 중요한 역할을 한다. 그러나 이런 활동은 경제에 내재한 금전적 유인책과 결부된 경영진의 합리적인 의사 결정의 결과일 수있다. 솔직히 말해 합리적인 경영진은 시장과 정부가 의도적으로 혹은별 의도 없이 창출하는 이익 기회가 관련 위험보다 더 크게 느껴질 때이 기회를 이용하려 할 것이다. 경영진은 그런 선택 가능성을 포착해그 가치를 평가하는 방법을 안다. 완전히 합리적이지만 또 한편으로는금융 체계상 엄청난 위험을 창출하는 시장에 총체적인 영향을 미치는요소로는 단기적 이익을 추구하는 보상 체계, 조세 허점, 회계 관행, 포트폴리오에서 이익을 창출하는 능력 등을 들 수 있다. 앞서 언급했던무분별한 대출, 투기적 투자, 잘못된 위험 측정의 오류, 수준 이하의 기업 활동 자체가 범죄는 아니다. 결국에 이런 요소는 경제적 위험-보상분석의 대상이 된다. 민간 부문은 과잉 활동이 문제가 되며 이 주제를다룬 책이 반복적으로 등장한다. 그러나 이 책은 정부 정책 또한 그런선택지 및 위험을 창출하는 데 책임이 있다는 사실에 초점을 맞춘다. 책임성 구성 요소에 '정부 정책'이라는 요소를 추가할 때까지는 금융생태계상의 결핍을 제대로 이해하지 못할 것이다. 즉 정책 요소까지를고려해야만 금융 생태계의 결핍 상태를 제대로 이해할 수 있다. 그리고 이를 조정하거나 바로잡는 방법의 중요성을 인식하지 못한다면 기업과 경영진이 행하는 합리적인 혹은 비합리적인 금융 행위를 아무리통제한다 해도 미래 금융 위기를 방지할 방법이 없다.

2020년에 출간된 매우 흥미롭고 창의적인 책 《캐리의 부상The Rise of Carry》은 이 책에서 분석한 호황과 불황 현상을 평행적 경제 생태계 관점에서 설명한다.[6] 위험에 대한 평가 오류, 보상 체계가 위기를 유발하는 방식 그리고 금융 공학자가 대규모 차입으로 단기 변동성에 베팅하는 엄청나게 복잡한 금융 상품 및 거래법 그러나 결국은 중앙은행이 나서서 구제해야 하는 그 복잡한 거래 방식을 활용하는 더 확실한 방법 등에 초점을 맞춘다. 대다수 개인과 기업이 활동하는 세계와는 거리가 있는 대안적 금융계 그리고 여기서 어떻게 위험과 변동성이 생기고 또 어떻게 수익을 창출하는지는 이 책이 다루는 주제 범주를 벗어난다. 이 책은 유가 증권과 상품, 통화, 외국환, 파생 상품, CDS 시장에서 혹은 기타 유사한 시장에서 발생하는 위험 부분은 다루지 않는다. 기업이 유발한 위험을 전문적으로 분석한 책은 차고 넘칠 만큼 많다. 이 책은 은행업의 기본 개념, 은행업을 어떻게 규제하는지 그리고 앞으로는 어떻게 규제해야 하는지에 초점을 맞춘다.

그런데 워싱턴 정가에서 무슨 일이 벌어지는지 또 왜 그런 일이 벌어지는지를 알아내기가 쉽지는 않다. 진실이 전문적으로 위장될 때가 종종 있다. 그래서 일반인이 듣는 내용 대부분이 정치적 언어와 뒤얽혀 그 진실이 교묘하게 가려진다. 정치와 경제, 규제상의 신조가 서로 충돌하면서 불통의 바벨탑이 쌓이고 그 안에서 헛소리가 중요해진다. 그러면서 정작 중요한 것은 헛소리로 취급되는 현상이 나타난다. 워싱턴 정가에서 보낸 시간이 있기 때문에 정가 언어를 해석하는 데 또 금융 위기의 역사와 기술이 미래 금융계에 미치는 영향을 독자에게 전달하는 데 나만한 전문가도 없다는 생각을 한다.

이 책에서 '정부'라고 할 때는 연방 및 주 의회와 행정부를 의미하며 정책 입안자의 의사 결정 사항을 실행하는 연방 및 주정부 행정 기관을 의미할 때도 있다. '금융 기관'은 유관 당국의 규제를 받는 은행, 저축대부조합, 저축은행 그리고 연방정부가 보증하는 예금 수탁 기관인 신용조합 등을 의미한다. 통상적으로 '그림자 금융 기관'이라 칭하는 조직을 나는 여기서 '비은행권 금융 기관'이라 칭할 생각이다. 엄격한 건전성 규제 대상이 아닌 투자은행, 증권 회사, 브로커-딜러, 예금 취급 중개인, MMF 및 뮤추얼펀드, 비은행권 대출 기관, 상품 회사, 헤지펀드, 사모펀드 회사 등을 경멸하는 의미로 지칭할 때 '그림자 금융'이라는 용어를 주로 사용하는 데 이 같은 부정적 어감을 피하려는 목적에서 이를 '비은행권 금융 기관'으로 칭한다. 비은행권 금융 기관은 하나부터 열까지 꼼꼼한 규제를 받는 이른바 엄격한 규제의 대상이 아니라는 점에서 은행과 차별화된다. 비은행권 기관에 대한 신뢰의 기준은 자본, 유동성, 위험 관리, 건전성, 지리적 위치, 조직 운영에 대한 포괄적 규제가 아니라 정보 공시와 투명성이다. 이런 기업은 주주 그리고 이곳에 여신을 제공하는 기관이 해당 기업의 운영 실태와 향후 영업 전망 및 존속 여부를 결정하는 셈이다. 여기서 말하는 '엄격한 건전성 규제'라 함은 고도화한 관리·감독 체계로서 정부 기관은 이 정의에 따라 (1) 금융 기관을 인가하고 (2) 자본, 유동성, 위험 변수를 결정하고 (3) 이런 규정과 기타 지켜야 할 수많은 규제 표준을 준수하는지 여부를 주기적으로 평가 및 조사하고 (4) 규정 준수를 강제하고 기관의 폐쇄 여부 및 폐쇄 시점을 결정한다.

★ 약어

CBDC	Central Bank Digital Currency: 중앙은행 디지털 화폐
CDO	Collateralized Debt Obligations: 부채담보부증권
CDS	Credit Default Swaps: 신용부도스와프
CFPB	Consumer Financial Protection Bureau: 소비자금융보호국
CFTC	Commodities Futures Trading Commission: 상품선물거래위원회
CLO	Collateralized Loan Obligations: 대출채권담보부증권
DIDC	Depository Institutions Deregulation Committee: 예금취급금융기관 규제철폐위원회
DLT	Distributed Ledger Technologies: 분산장부기술
FASB	Financial Accounting Standards Board: 재무회계기준위원회
FCIR	Financial Crisis Inquiry Report: 금융위기조사보고서
FDIC	Federal Deposit Insurance Corporation: 연방예금보험공사
Fed	Board of Governors of The Federal Reserve System: 연방준비제도
FHA	Federal Housing Administration: 연방주택관리국
FHFA	Federal Housing Finance Agency: 연방주택금융청
FHLBB	Federal Home Loan Bank Board: 연방주택대출은행이사회
FINCEN	Financial Crimes Enforcement Network: 금융범죄단속망
FOMC	Federal Open Market Committee: 연방공개시장위원회
FSB	Financial Standards Board: 금융기준위원회
FSLIC	Federal Savings & Loan Insurance Corporation: 연방저축대부보험공사
FSOC	Financial Stability Oversight Council: 금융안정감독위원회
GAAP	Generally Accepted Accounting Principles: 일반 회계 원칙
HUD	Department of Housing And Urban Development: 주택도시개발부
MBS	Mortgage-Backed Securities: 모기지유동화증권
MMF	Money Market Fund: 머니마켓펀드
NCUA	National Credit Union Administration: 전미신용조합관리국
OCC	Office of The Comptroller of The Currency: 통화감독청
OTS	Office of Thrift Supervision: 저축기관감독청

PDCF   Primary Dealer Credit Facility: 프라이머리 딜러 신용공여기구

REMIC   Real Estate Mortgage Investment Conduit: 부동산모기지투자도관체

S&L   Savings And Loan Association: 저축대부조합

SEC   Securities And Exchange Commission: 증권거래위원회

SIFI   Systemically Important Financial Institution: 구조적으로 중요한 금융 기관

TAF   Term Auction Facility: 기간입찰대출

TARP   Troubled Asset Relief Program: 부실자산구제계획

Part 1

공황 유발 요인과
전개 과정

**200 YEARS OF
AMERICAN FINANCIAL PANICS**

Chapter 1

취급 주의
취약한 금융 생태계

별은 우주 공간 속으로 돌진해 대폭발과 함께 소멸한다. 그렇게 폭발과 함께 소멸하고는 다른 형태를 취하며 새로운 주기를 시작한다. 미국 경제도 이와 마찬가지다. 항상 다음번 불황이나 금융 위기를 향해 나아간다. 금융 폭발 이후에는 항상 어떤 형태로든 금융 하락이 뒤따르고 그다음에는 마치 잿더미 속에서 다시 살아서 날아오르는 불사조처럼 경제가 되살아난다. 이 책을 끝낸 바로 그 시점에 2020년 코로나 19로 인한 금융 위기 발생을 예측한 사람은 아무도 없었다. 코로나 발發 위기가 미 의회와 재무부, 연방준비제도(연준)를 무력화시킬 만큼 완벽한 금융 위기인지 아닌지는 차치하고, 이는 1819년 이후 발생한 총 아홉 차례의 금융 위기와는 또 다른 유형의 역학이 작용한 것만은 분명했다. 또 시정이 필요한 금융 체계상의 결함이 부각된 측면도 있다. 이에 관해서는 추후에 더 상세히 다룰 생각이다.

경제가 성장을 멈추고 생산된 상품과 서비스 가격이 2분기 연속 하락할 때를 경기 침체로 보는데, 이런 침체 현상은 비교적 자주 발생하며 이는 대변동이라 일컬을 만한 금융 사건은 아니다. 그런데도 경제학자는 이런 사건을 제대로 예측하지 못한다. 런던에 소재한 패덤컨설팅Fathom Consulting의 수석 경제학자 앤드루 브릭든Andrew Brigden은 1988년 이후 469차례 발생한 세계 경제 후퇴 사례 가운데 '국제통화기금 IMF: International Monetary Fund이 전년도 봄에 예측한 하락 건수는 겨우 4건에 불과'했다고 말한다.[1] 타율로 치면 8리(0.008)에 해당한다. 명예의 전당은 감히 꿈도 못 꿀 형편없는 성적이다. 또 경기 하락이 일어났던 당해 봄에는 이 가운데 111건을 예측했으며 평균 타율은 2할 3푼 6리(0.236)로 높아진다. 1992년부터 2014년까지 63개국에서 발생한 경기 침체는 150건이 넘는데 전년도 4월에 민간 부문 경제학자가 일치된 견해로 침체를 예측한 건수는 겨우 5건에 불과했다.[2]

가능한 한 정확한 미래 예측을 지향하는 경제학의 예측 수준이 이 정도였다. 관련 변수가 너무 많아서 최소한 슈퍼 컴퓨터를 효율적으로 활용하지 않는 한 정확한 예측은 거의 불가능하다. 일이 벌어진 다음에, 즉 사후 경제 분석으로는 경제 위기의 원인을 정확히 찾아낼 수 있다고 생각하지 않는다. 경제 분석은 수치를 기반으로 하고, 위기는 감정을 기반으로 한다.

금융 위기는 경기 침체보다 발생 빈도가 낮지만, 경제적으로나 정서적으로 훨씬 치명적인 흔적을 남긴다. 호황기에는 급속히 팽창하는 경제 추세 속에서 아른거리며 나타나는 노란색 경고등을 간과하기 쉽다. 그러다 결국 이 노란색이 빨간색으로 바뀌고 나서야 뒤늦게 위험과 맞닥뜨린다. 아슬아슬한 롤러코스터를 탈 때처럼 사람들은 흥분한 마음으로 성장 정점을 향해 막무가내로 치닫는다. 금융 위기는 특정 자산의 가치가 고평가되고 해당 자산 보유자가 과도한 부채를 질 때 자주 발생했다. 경제가 잘 굴러갈 때 호황의 이점과 혜택을 누릴 기회를 놓치고 싶은 이는 아무도 없다.

시장, 금융 상품, 상호 연관성 등이 점점 더 복잡해질수록 경제 붕괴를 암시하는 경고 신호를 더 정확히 포착해 제대로 해석할 수 있어야 하고 그런 정보를 바탕으로 더 적절하게 위기 완화 조치를 시행할 수 있어야 한다. 그러자면 새로운 정보 수집 도구, 좀 더 효율적이고 효과적인 정부의 관리 · 감독 방식, 더 정교한 기술 도구, 더 높은 수준의 소비자 금융 지식 이해도 등이 필요하다. 무엇보다 금융 사건에 정치적 요소가 개입하는 상황을 줄이는 일이 중요하다.

금융 대란의 역사 그리고 이런 금융난이 미국 금융 생태계의 작동 및 규제에 어떤 영향을 미쳤는지를 보면 많은 사실을 알 수 있다. 첫째로 '금융 생태계'라는 용어를 쓰면 실제와는 다르게 금융계가 꽤나 안정적인 세계라는 이미지를 심어 준다. 경제는 동일한 상태를 유지하는 법이 거의 없다. 경제는 대부분 무작위로 발생하는 경제적, 사회적, 규제적, 심리학적인 수많은 사건의 영향을 끊임없이 받으며 각 사건과 상호 작용하는 역동적인 실체다. 2020년 2월에 코로나 때문에 단 한 주 만에 주식 시장 가치가 3조 5,000억 달러나 증발한 사태가 그 좋은 예다. 이런 생태계에서 금융 기관은 경제 상황이 불투명하거나 불황일 때는 번영을 말하기 어렵다. 금융 기관이 무모한 행동을 하거나 부정행위를 저지르고 혹은 규제를 어설프게 받은 데서 문제의 원인을 찾을 수도 있겠으나 꼭 그렇지만도 않다. 금융 체계가 작동하는 방식이 원래 이렇다. 금융 기관이 경제를 돌아가게 한다.

말하자면 금융 기관이 화폐를 '제조'해 상환 불이행 위험을 감수하면서 대출을 해 주기 때문이다. 금융 기관은 상대적으로 적은 자본으로 재무 구조를 유지하면서 차입자의 상환 능력에 대한 확실한 정보를 바탕으로 대출 결정을 내린다. 그러나 금융 기관은 예언가나 점쟁이가 아니며 차입자와 관련해 미래 경제가 어떤 방향으로 전개될지 보장하지 못한다. 대출은 본질적으로 위험한 사업이지만, 미국 경제와 같은 역동적 경제를 원한다면 누군가는 대출 행위를 해야 한다. 대출이 잘 이뤄질수록 상환 가능성이 커지므로 신용을 확대하는 일이 더 유용해진다.

이용 가능한 신용과 자금이 너무 많을 때 금융 기관은 계속해서 그 자금을 이익을 창출하는 데 투입해야 한다. 이처럼 대출이 급증하면 여신 공여 기준이 낮아질 가능성이 커진다. 대출 기준이 낮아지면 부실 대출이나 무분별한 차입, 극심한 변동성이 생기고 경제 추세가 전환되면 이런 사태가 채무 불이행과 금융 혼란으로 이어진다. 이런 상황이 전개되면 수많은 은행 대출이 본질적으로 가치 산정이 어려운 자산을 생성한다. 따라서 은행은 재무상태표상 불명확하고 수량화가 어려운 구조적 위험에 노출된다. 불가피한 금융 붕괴 사태 시 안전망으로 활용할 긴급 금융 관리 체계를 구축하는 대신, 금융 위기가 발생할 가능성을 낮추려는 목적으로 규칙과 규제 사항을 끊임없이 만들어 내는 방식은 정부 지원을 비효율적으로 이용하는 결과를 낳는다. 은행에서 공터에 20층짜리 사무용 건물을 지으려는 부동산 개발업자에게 대출을 해 준다고 가정해 보자. 경제 추세가 바뀌면 금리가 상승하거나 기타 금융 변수에 변화가 생길 수 있다. 따라서 대출을 받으려는 개발업자는 신용 한도 소진으로 대출의 길이 막히는 바람에 공사를 중단해야 할지도 모른다. 이런 일이 벌어지면 대출금 상환도 중단되고 결국 그 손실은 은행이 고스란히 떠안게 된다.

이때 대출 기관은 대출금을 상환하지 못하는 차입자에 대해 담보권을 행사해 손실을 보전할지, 아니면 대출금의 가치 보존과 금융 기관의 생존을 위해 대출 상황을 유지하면서 어떻게든 버텨야 할지를 결정해야 한다. 후자에 해당하는 접근법이 부채 구조 조정인데 이 조치가 바로 금융 역사를 지탱하는 핵심 요소였다. 10장 '금융 팬데믹: 2020년'에서 설명하겠지만, 이런 접근법에는 부채 및 대출금 상환 유예도 포함된다. 그러나 역사적으로 볼 때 상환 유예에 대해서는 평가가 엇갈린다.

저축대부조합 S&L: Saving & Loan 위기 이전에 미국은 상환 유예 개념을 금융 위기를 헤쳐 나가는 데 유용한 도구로 인식했다. 당시 상환 유예는 두 가지 방향으로 작동했다. 은행이 대출을 확대하거나 상환을 연장하면 차입자가 채무 불이행 상태에 빠지지 않고 경제도 계속 굴러갈 수 있다. 항상 그랬듯이 결국 경제는 다시 살아날 테고 그렇게 되면 차입자와 이들이 받은 대출금도 그 가치를 보전할 수 있다는 가정에 기초한 발상이다. 이와 동시에 정부 규제 기관 또한 은행 대출에 대한 평가에서 좀 더 유연한 자세를 취하는 한편 대손상각 처리로 손실을 계상하는 부분에서 은행 측에 어느 정도 재량권을 허용한다. 경제가 정상화되면 수익성도 예전 수준을 회복하리라는 가정하에 경제 상황이 좋지 않은 동안에는 은행이 부족한 자본으로 사업을 운영하는 것까지 인용한다. 은행이 미래를 모르는 채로 금융 위험을 감수하고 또 경제가 안정돼 은행의 대출 결정이 올바른 판단이었음을 입증할 때까지는 어느 정도 시간이 필요할 때도 있다는 점을 상환 유예의 근거로 삼는다. 은행을 폐쇄하거나 징계하면 당장은 속이 시원하지 몰라도 경제 주기는 순환하기 때문에 이런 성급한 조치는 역효과를 낼 수 있다.

그 후 S&L 위기가 발생했고 국가의 정책 입안자는 이에 따른 비난을 다른 곳에 전가하려 하면서 상환 유예를 해결책의 일부가 아니라 문제의 일부로 규정했다. 정치적 편의주의가 합리적인 금융 사고를 압도하면서 사실상 경제 상황이 좋지 않아서 발생한 손실을 은행 탓으로 돌려버렸다. 새로울 것 하나 없는 일이지만, 지금은 완전히 닳고 닳은 진부한 공식이 됐다. 그리고 이는 미래 경제와 관련해 중요한 함의가 있다.

시장 추세 변화로 상환 유예의 여지가 없으면 은행은 대출에 대해 훨씬 더 보수적으로 접근하는 쪽이 유리하다. 그래야 세간의 비난을 피하고 필요한 수준보다 더 많은 유동성 수준을 유지할 수 있다. 이

것이 신용 가용성과 시장 경쟁에 영향을 미쳐 결국은 정부 주도 경제로 귀결된다. 이렇게 되면 정부 주도 경제 체계에 내재한 부적절한 경제적 유인책과 왜곡된 영향력 때문에 금융 위기에 더 취약하다. 은행이 대출을 줄이면 건설 경기가 위축되고 자동차 생산도 감소하며 경제 전반이 점차 흔들리게 된다. 중·저소득층 소비자와 위기 속에 고군분투하는 기업에 악영향을 미친다. 또 정작 이들은 대출이 절실하게 필요한 대상인데도 대출은커녕 신용 기록상의 문제만 더 악화할 뿐이다. 이런 상황이 되면 의회가 긴장하게 된다. 정치권이 개입해 금융 규제와 신용 할당_{금리가 너무 낮게 결정돼 자금의 공급이 수요에 미치지 못할 때 금융 기관이나 정책 당국이 자금 수요자에게 한정된 자금을 나누어 주는 행위-옮긴이}의 성격을 규정하게 되면 정부가 경제적 연쇄 반응을 불러일으키고 결국은 금융 위기를 방지하는 능력에 영향을 미치거나 또 다시 경제 난맥상에 빠질지도 모른다. 나중에 설명하겠지만, 실제로 이 때문에 금융 위기가 발생할 수도 있다.

금융 재난의 불길을 완전히 끄기도 전에, 금융난을 해소하는 동시에 책임 소재를 파헤치겠다는 섣부른 판단이 오히려 다음번 경제 위기를 초래할 동력이 될 수 있다. 엄격한 정치적 규율과 징벌 개념이 현실적 타협과 적절한 감시 개념을 점점 더 압도하는 상황이 됐다. 이는 세계 최대인 미국 경제 체계를 운영하는 '최악'의 방식이다. 티머시 가이트너^{Timothy Geithner} 전 재무 장관은 자신의 저서 《스트레스 테스트^{Stress Test}》를 통해 이런 현상을 설명하면서 은행에 대한 긴급 구제처럼 가장 불공정해 보이는 조치가 실제로는 가장 효율적이라고 주장한다.[3] 가이트너가 이 점을 인식하고 어쨌거나 올바른 방향으로 갔다는 점은 인정해야 한다.

이와 동시에 정부가 항상 구제 금융 카드를 꺼내들면 정도에서 벗어난 경제 유인책을 만들어 내는 셈이고 이는 결국 심각한 도덕적 해이로 이어진다. 현명하고 이성적이며 정치색이 없는 정책 입안자가 모든 일이 잘되도록 의사 결정을 내리는 일이 분명히 쉽지는 않다. 모든 정책적 결정이 전부 성공하는 것은 아닌 이유가 여기에 있다. 대중이 미국 정부의 금융 감독 체계가 너무 복잡하고 어설프고 비용이 많이 들기 때문에 자동차 구입 자금 대출 및 주택담보대출 금리가 상승한다는 사실을 알면 너무도 괴로울 것이다. 사람들이 지난 200년 동안 겪었던 경제적 고통이 일부는 비효율적인 정부 정책의 결과라는 사실을 안다면 분노가 치밀어 오를 것이다. 그런 체계를 바로잡을 수 있다는 사실을 안다면 사람들은 그 즉시 의회를 향해 개혁 및 개선 요구를 하게 될 것이다.

미국으로서는 최고의 금융 기술을 보유한 사람들을 끌어들이고 금융 질서를 유지하는 수단을 적절히 이용해 더 좋고 더 깔끔하고 더 단순하고 더 효율적인 금융 감독 체계를 확립할 필요가 있다. 안전, 건전성, 위험 관리 등에 관한 상식적인 판단은 늘리고 고착화된 정적인 규정은 줄여야 한다. 정치적 개입 축소와 더욱 성숙한 관리 · 감독이 필요하다. 또 금융 기관을 대상으로 한 모든 정부 행위에 대해서는 엄격한 비용 편익 분석이 꼭 필요하다. 금융 지식 이해도도 높여야 한다. 그래야 금융 규제 수준이 낮아지고 더 높은 수준의 금융 혁신이 가능해진다. 이런 해법은 이미 수십 년 전부터 존재했고 적용하기도 어렵지 않다.

사실 이러한 해법에서 나오는 경제적 편익은 미국 소비자와 투자자가 직접적으로 누린다. 그러므로 정치적 및 제도적 측면에 관리·감독 체계의 불완전성이 내재해 있다고 추정할 뿐이다. 그러나 지금은 지속적으로 기술을 개발한 덕분에 훨씬 더 쉽게 이런 해법을 이용할 수 있다. 기술 덕분에 우리는 지금 '금융 안정성'이라는 목적지를 향한 길목에서 '자료 기반'이라는 새로운 선택 경로를 앞에 두고 있다.

균형의 문제

미국의 금융 체계는 근본적으로 금융 기관의 파산이 가능한 구조다. 물론 의회는 극소수의 은행을 제외하고 대부분의 은행이 파산하지 않는 시스템을 만들 수는 있다. 하지만 그렇게 되자면 은행은 차입을 기대할 수 없을 것이고, 동시에 막대한 양의 자기자본을 확보해야만 한다. 그 시스템은 필연적으로 금융 기관의 투자 활동을 엄격히 제한할 것이기 때문이다.

'파산이 없는' 은행 체계의 정체성은 미 우체국이나 무차입 뮤추얼펀드 혹은 공익 기업의 중간쯤으로 규정할 수 있다. 기업 차원에서 그런 금융 체계를 통해서는 모든 금융 수요를 충족시키기 어렵고 최상급 신용 이력을 갖춘 소비자만 대출을 받을 수 있다. 그러나 은행은 거의 파산하지 않는 그런 체계다. 차입(레버리지)을 제한하면 위험은 감소하지만, 이와 동시에 수익성을 제한하고 경제 성장에 부정적인 영향을 미친다. 파산 위험이 없는 이 새로운 은행은 아무래도 수익성이 떨어지므로 급료 수준도 낮아질 수밖에 없다. 따라서 최고 수준의 인재를 끌어들이기 어렵기 때문에 파산은 면하더라도 결코 최고의 은행이 될 수 없고 그저 평범한 은행으로 남게 된다. 이렇게 되면 미국 은행계는 결국 경쟁력을 상실하게 되고 경기 침체의 골은 점점 더 깊어진다.

미국 기업의 금융 수요와 세계 금융 거래에서 영향력을 고려할 때, 파산이나 실패를 줄이고자 미국 금융 체계를 지나치게 단순화하면 이는 미국 경제 자체에도 악영향을 미친다. 이런 상황에서는 기업은 어디든 자사의 신용 수요를 충족시킬 곳을 찾게 수밖에 없다. 세계 5대 은행이 외국 은행이고 이 가운데 4곳이 중국 은행이다. 이런 상황은 세계 금융계를 지배해온 미국의 위상과는 확실히 어울리지 않는 모습이다. 의도했든 안 했든 간에 이처럼 파산에서 안전했던 은행 체계가 현재는 좀 더 활력 있는 성장 경제 체계로 전환됐다. 금융 체계가 붕괴할 위험을 지는 대신 거래가 급증하고 경제가 활성화되는 쪽을 선택한 것이다. 정부와 규제 기관, 은행가, 소비자 등이 실수할 가능성을 열어 두고, 차후에 그로 인해 불거진 문제를 해결하는 방향을 선택함으로서 금융 환경의 역동성에 중점을 둔 것이다. 물론 실수를 저지르는 빈도와 영향을 제한하며 아울러 균형 잡힌 체계를 찾는 일이 관건이다. 그러나 경제가 바닥으로 곤두박질치지 않게 긴급 구제 자원을 보다 더 꼼꼼하게 준비하는 일이 이보다 더 중요하다. 그래야 경제 위기를 겪더라도 여기서 빠르게 회복할 수 있다.

정부의 관리·감독 권한은 금융 체계에 대한 신뢰와 균형 수준을 개선하는 적절하고 안정적인 힘이어야 한다. 예를 들어 시장 정보에 대한 접근성이 불균형적이거나 그런 정보의 비용이 엄청난 상황에서는 정부 규제가 공평한 경쟁의 장을 만들고, 신뢰도를 높이고, 규제 실행 비용을 낮출 수 있다. 은행은 중개인 입장에서 소비자를 대상으로 예금을 모아 이 자금을 차입자에게 대출해 준다. 이때 은행은 차입자의 상환 능력을 개별 예금주보다 훨씬 효율적으로 평가할 수 있다. 아마 최신 기술을 도입해 P2P 대출이 용이해지기 전까지는 각 예금주의 신용 공여 활동은 상당히 비효율적으로 이뤄졌을 것이다.

예금 보험으로 효율적인 금융 거래를 촉진할 때와 마찬가지로 정부가 일종의 보증인으로서 이 과정에 개입하면 보증 대상인 은행은 각별히 신중하게 행동해야만 한다. 이때 정부 규제 사항이 개별 채권 약정서, 사채 계약서 혹은 자산 실사 같은 역할을 한다. 은행으로서는 정부 규제가 번거로운 방해물로 보일 수 있지만, 개별 자금 공급자와 각 차입자 간에 사모 대출 계약을 실행할 때보다 훨씬 덜 번거롭다. 적절한 정부 규제라면 이 과정에 참여하는 모든 당사자에게 이득이 되어야 한다.

예금주는 이익 수령이 보장되고, 차입자는 절실히 필요했던 자금을 합리적 금리 수준으로 대출받아 주택을 매입하고 사업을 시작하며, 금융 기관은 규제라는 거추장스러운 방해물을 감내하는 대가로 개별 채권자(즉 예금주)를 만족시키는 데 필요한 복잡한 자본 및 정보 요건을 준수해야 하는 부담을 던다.[4] 정부 규제가 적절한 수준에서 이뤄진다면 군중 심리에 따른 행동과 과도한 도취감, 불안, 공포에 휘둘리는 일반 대중의 본능을 제어하고 국가의 안전과 민주주의 자체를 보호할 수 있다.

그러나 정부 개입이 너무 과도하게 이뤄지면 이 또한 경제에 부정적인 결과를 가져온다. 즉 시장 제도의 '허점' 노리는 부적절한 유인책들이 만연하게 되고 결국 시장 자체가 왜곡된다. 더군다나 은행이 따라야 하는 자본 및 유동성에 관한 주요 규정 대부분은 이미 바젤위원회Basel Committee나 금융안정위원회FSB: Financial Stability Board 같은 국제기구에 의해 효과적으로 갖추어져 있다. 무엇보다 효과적으로 규제를 균형 잡는다는 것 자체가 의도와는 다르게 쉽지 않은 일이다. 정치적 이해 같은 비금융적 요소에 의해 좌지우지되는 경우도 빈번하다. 예를 들어, 1980년대에 의회가 미국 내 주택 보유율을 높이고자 하는 정치적 의도가 깊숙이 깔려 있었다. 그래서 본의는 아니었지만 S&L에게 30년 만기 고정금리 주택담보대출을 강요했다. 결국 S&L은 어쩔 수 없이 수익을 위해 투기성 상업용 부동산과 부실채권 투자에 손을 댈 수밖에 없었다. 1990년대와 2000년대 초에는 연준이 금리를 인하하고 정부도 또한 주택보유율 제고를 위해 대출 기관으로 하여금 중·저소득층에게 주택담보대출을 독려하면서 서브프라임과 대체 모기지 투자 상품의 급증을 초래했다.

정부가 하는 모든 행위에는 늘 시장 반응이 뒤따른다. 그래서 경제적 자유와 정부 규제 간의 균형을 찾아 이를 유지하기가 훨씬 더 어렵다. 요컨대 균형을 유지하는 일이야말로 우리가 성취해야 하는 궁극적인 과제다.

규제받는 시장은 어떻게 작동하는가?

이처럼 복잡한 균형점 찾기에서, 정부 정책이 시장에 어떤 영향을 미치는지 설명하려면 단순한 두 가지 가정을 고려해야 한다. 첫 번째는 2008년 금융 공황을 토대로 하며 차입자 X의 신용 이력이 표준 이하이며, 신용 점수가 620점이라고 가정한다. X는 지방 국법은행 NB: National Bank에서 주택 매입용 주택담보대출을 신청한다. NB는 포괄적인 연방 및 주정부 규정뿐 아니라 시장 상황의 한계 내에서 영업 활동을 해야 한다. 그리고 주로 연방예금보험공사FDIC: Federal Deposit Insurance Corporation가 보증하는 예금 계좌 고객으로부터 대출이 가능한 자금을 얻는다. 연방 예금 보험 때문에 NB는 시장 금리보다 훨씬 낮은 금리로 장기 예금을 활용할 수 있다. 더 낮은 금리로 주택담보대출을 받는 형태로 이 저축금(예금)이 X에게 전달될 수 있다. 그러나 NB는 동시에 연방정부가 시행하는 포괄적 감독의 대상이기도 하다. 연방 감시 대상이 된다는 자체가 일종의 비용으로 작용하며 이 비용 때문에 X에게 갈 수도 있었던 저축금이 줄어든다. 다시 말해 이 비용이 X가 이용할 저축금을 일부 상쇄시킨다.

법정 자본 및 유동성, 기타 수많은 규제 요건이 사업 운영 비용을 증가시키고 대출(여신) 능력에 영향을 미친다. 예를 들어 NB는 장부에 계상된 거의 모든 자산에 대응하는 자본을 보유해야 한다. 자본 규정을 제대로 준수하지 않으면 대출 조건이 훨씬 더 까다로워진다. 그러므로 신용 점수가 620점밖에 안 되면 채무 불이행 위험이 크다는 이유로 X의 대출 신청을 거부할 수 있다. 그러나 2008년 당시의 관리 경제 구조에서는 대출 승인을 독려하는 두 가지 유인책이 있다. 우선 대출 개시 수수료를 얻을 수 있고 그다음으로는 대출 채권을 판매할 수 있다. 이를 통해 매월 대출금을 상환하면서도 재무상태표상의 위험을 상당 부분 줄일 수 있다.

2000년대 초에 NB는 패니메이의 대출 채권 매입 약정을 토대로 X에게 4.30퍼센트 고정 금리에 30년 만기 주택담보대출을 제공했을 것이다. 시장에서는 미국 정부가 패니메이를 '완전한 신뢰와 신용으로' 보증하는(기술적으로는 그렇지 않더라도) 기구로 인식하기 때문에 민간기업보다 훨씬 유리한 가격으로 대출 채권 매수 자금을 빌려줄 수 있다. 그러면 NB는 더 낮은 금리로 X에게 대출해 줄 수 있다. 주어진 이자 및 신용 위험 수준에서 자사 포트폴리오에 대출 채권을 보유해야 한다면 30년 만기 고정 금리로 X에게 대출해 주지 않을지도 모른다. 그러나 또 다른 선택지도 있다. 즉 대출 채권을 유통 시장에서 판매할 수도 있다. 일단 NB가 대출 채권을 패니메이에 넘기고 현금을 수령한 다음에는 이를 다른 차입자에게 다시 대출해 줄 수 있다. 패니메이는 전국에서 주택담보대출 채권을 매수한 다음에 이를 하나로 묶어 모기지유동화증권MBS: Mortgage-Backed Securities으로 만든다. MBS는 은행, 보험사, 뮤추얼펀드, 기타 기관, 투자자 등에게 판매하고 적시에 원리금 지급을 보증한다. NB와 패니메이는 정부 규제를 엄격하게 받기 때문에 시장에서는 이렇게 규제를 받는 과정에서 안전 및 건전성에 관한 기초 개념이 설명되고 이렇게 이뤄진 대출은 합리적 수준에서 신뢰할 만한 신용 공여라고 생각한다.

2년 안에 모기지 금리가 10퍼센트로 상승하고 현재 패니메이가 보유 중인 X가 받은 대출의 시장 가치가 약 50퍼센트 하락한다고 가정해 보자. 신용 비용이 더 상승했기 때문에 주택 판매가 급감하고 주택 가격은 15퍼센트 하락한다. 그러면 2차 모기지나 주택 판매를 통해 자신이 보유한 주택의 자산 가치에 더는 의지할 수 없는 X 같은 차입자에게는 엄청난 압박 요소로 작용한다. 시장 상황은 악화되고 실업이 증가하면서 X를 포함해 채무 불이행 사례가 늘어난다. 패니메이는 최종적으로 이런 상황에서 발생한 손실을 흡수해야 하고 MBS 투자자에게 약정한 수익률을 제공하거나 해당 모기지를 매수해야 한다. 사실상 이는 모기지 선납과 같다. 채권 유동화 과정에서 X의 대출 채권이 민간 발행 MBS에 포함됐다면 시장이 하락할 때 주택 소유자가 대출금 상환을 중지함에 따라 MBS 투자자는 상환금을 수령하지 못하게 된다. 손실 증가에 따른 신용 위험 때문에 패니메이의 실용성에 의문이 생기고 시장은 위축된다. 또 투자자 사이에는 고등급 자산, 즉 안전 자산을 선호하는 현상이 생기고 신뢰 위기도 발생한다. 이런 문제를 피하고자 정부가 개입해 패니메이와 시장에 자본과 유동성을 투입하기 때문에 궁극적으로 납세자가 패니메이의 손실을 떠안는 셈이다. 이 가정에 내재한 위험 중 일부는 도드-프랭크법에 따른 위험 보유 요건으로 깔끔하게 해결됐다. 따라서 대출 개시부터 대출 채권 유동화에 이르기까지 각 과정에 참여한 당사자는 이제 각기 재무제표상의 위험을 보유해야 한다.

규제받지 않는 시장은 어떻게 작동하는가?

두 번째 가정은 금융 시장에서 정부 개입을 배제하기란 현실적으로 불가능하다는 사실과 관련이 있다. 비현실적인 일이지만, 일단 금융 시장에서 정부의 개입을 배제한다고 가정한다. NB가 시장과 경쟁사가 설정한 자본, 유동성, 준비금 관련 요건을 준수하고 연방정부 수준의 규제를 거의 받지 않으며 예금주에게 정부나 정부 기관이 보증하는 연방 보험을 제공하지도 않는다고 가정한다. 패니메이가 개입하지도 않는다. 유통 시장은 모기지와 MBS의 민간 부문 매수자로 구성된다. X가 모기지를 신청하면 NB는 포트폴리오에 해당 대출 채권, 즉 X의 대출금을 보유해야 할 가능성을 고려한다. 이런 이유 때문에 NB는 낮은 신용도를 토대로 X의 대출 신청을 거부할 수도 있다. 그러면 X는 주택을 구매할 수 없고 NB는 문제를 회피할 수 있다. 대출 기관과 차입자가 이 대출 게임에 직접적으로 관여한다는 점을 이해하면 경제에 유입될 수도 있는 부실 대출의 양이 감소하는 만큼 국가 전체도 문제를 피해갈 수 있기 때문이다.

그러나 X에게 대출을 해 준다고 가정하면 NB로서는 대출 채권을 판매할 판로가 많지 않기 때문에 회계 장부에서 위험을 제거하고자 꼼꼼하게 대출 심사를 할 것이다. 따라서 NB는 30년 만기 대출 상품에 내재된 금리 위험을 감수할 생각이 없으므로 X에게 30년 만기 고정 금리 모기지 제공을 거부하게 된다. 연장된 기간에 자금 조달용으로 차입한 자금이 그런 모기지의 듀레이션 및 금리와 부합하는지 확신할 수 없다. 그래서 NB는 그 대신에 X에게 초기 금리 5.00퍼센트에 전 기간 금리 한도가 5퍼센트인 15년 만기 변동 금리 모기지를 제공한다. 보통 은 연방 수준에서 보증하는 예금 체계 혹은 패니메이의 대출 채권 매 수를 통해 보조 기금을 활용할 수 있으나 NB는 여기에 해당 사항이 없 기 때문에 X에게 시장 금리로 대출을 해 줘야 한다. 따라서 첫 번째 가 정에서 상정한 수준보다 높은 모기지 금리가 적용된다. 이제 대출 금 리에 대해서는 정부 지원이 이뤄지지 않는다. 금리 상한선 5퍼센트 조 건에서 모기지 금리는 10.0퍼센트를 초과할 수 없다. 모기지 금리는 시 장 금리 변화에 따라 오르내리고 이에 따라 모기지에 부과하는 금리도 상승하기 때문에 NB는 가치 손실 부분을 경감시켜야 한다. NB는 특정 한 상환 및 부채 비율 조건을 적용하고 X는 첫 납입액(혹은 계약금)으 로 전체의 20퍼센트를 내야 한다. 그래야 월 상환액이 줄어들고 금리 가 상승해도 꾸준히 대출금 상환 능력을 유지할 수 있다. 두 번째 가정 에 따르면 X는 금리 상승 위험을 감수해야 한다. 금리가 상승하면 투 자자에게 위험이 돌아가기보다는 모기지의 가치가 감소한다. 이렇게 되면 좀 더 신뢰할 만한 대출 쪽으로 눈을 돌리게 된다. 이후 NB는 월 가 투자은행이 MBS 형태로 투자자에게 판매한 모기지 풀pool에서 X의 모기지 대출 채권을 판매해 자금을 조달하려고 한다. NB에 대한 규제 가 결여된 상태로 제공되는 모기지 풀의 품질을 보장하고자 투자자는 이 과정에 대해 철저한 실사를 진행한다. 결국 해당 모기지 풀에서 X 의 모기지를 수용하지 않으므로 NB는 이 모기지를 포트폴리에 계속 유지해야 한다. 금리가 10퍼센트로 상승하면 X의 모기지 대출 상환액이 증가해 X는 큰 채무 압박을 받게 되지만, 실질적으로 주택에 투자한 상태에서 첫 납입액의 비중이 높아서 월 상환액이 줄어들면 현 채무 상태를 유지하면서 채무 불이행 사태를 피할 수 있다.

시장 규제 혹은 비규제의 영향

첫 번째 가정, 가정 1의 핵심은 차입자는 자금 지원을 받고 최종 투자자가 위험을 부담한다는 점이다. 패니메이가 거의 정부 금리 수준으로 자금을 빌려줄 수 있기 때문에 그 할인 혜택이 차입자에게 돌아가고 결국 X는 낮은 금리로 대출을 받는다. 그리고 NB는 예금 보험의 형태로 저비용으로 연방의 자금 지원을 받는다. 결과적으로 낮은 금리로 더 많은 모기지 신용을 창출한다. 따라서 미국인의 주택 매입률이 더 높아지고 주택 건설업자는 주택을 더 많이 건설한다. 게다가 X는 고정 금리로 30년 만기 모기지의 혜택을 누리므로 금리 변동에 따라 월 상환액이 증감하는 위험을 피할 수 있다. 금리가 30년 동안 고정된다. 금리 상승 위험은 전적으로 X의 모기지가 포함된 MBS의 투자자가 부담한다. 이 시나리오는 금리 위험의 상당 부분이 유통 시장에 집중되는 상황을 초래하고 이 과정에서 투자자에게 전가되는 위험을 적절히 인수하는 부분에 대한 관심이 줄어들 수 있다. 이 시나리오가 무너지면 결국 이 체계를 구제할 책임이 납세자에게 돌아간다.

두 번째 가정, 즉 가정 2에서 정부가 차입자에게 유리한 쪽으로 행동하지 않기 때문에 소비자는 금리 상승의 위험을 져야 할 뿐만 아니라 더 높은 모기지 금리를 부담해야 한다. 짐작건대 이런 상황에서는 주택 판매율이 감소하고 이에 따라 신규 주택 건설과 관련한 모든 사항에 대한 수요가 감소하므로 경제 성장이 둔화 혹은 지체된다. 소비자는 거래가 성사되도록 계약금을 더 많이 넣는 등의 차입 방법에 대해 더 신중하게 고려해야 한다. 이런 체계에서는 정부 보증을 기대할 수 없으므로 시장은 위험 발생 및 집중화를 경계하는 쪽으로 움직이게 된다.

이 두 가지 가정 간에 적절한 타협점을 찾는 일이 관건이다. 두 가정이 양극단을 차지하는 스펙트럼에서 어느 지점을 절충점으로 선택하느냐는 의회와 기타 정책 입안자의 재량에 속한다. 가정 1에서 정부는 주로 주택 담보 대출자의 편익을 고려해 금융 체계를 관리하려고 한다. 더 낮은 모기지 금리와 대출 기간 내내 균일한 금융 비용을 제공하는 대신에 정부가 관련 위험을 부담한다. 알다시피 2008년 이후로 이런 위험이 결코 사소하지 않다. 가정 1에서는 이런 대출 '게임'에서 수많은 당사자가 상당한 가격 상승 혜택을 누리는 동시에 위험은 거의 부담하지 않는다. 이는 노골적인 위험 분산 및 공유, 즉 일종의 위험의 사회화에 해당한다. 그러나 이는 부동산 중개인부터 세탁기 제조사에 이르기까지 주택 사업과 관련한 모든 부문의 경기를 부양함으로써 경제에 활기를 불어넣는다.

가정 2에서는 은행과 전체 경제의 안정 및 안전이 시장 경쟁과 기업 활동에 달렸다. 이처럼 규제를 전혀 받지 않는 이른바 완벽한 비규제 은행계는 위험, 변동성 그리고 체계 자체를 자신의 이익을 위해 이용할 줄 아는 영리한 금융 공학자와 전반적인 도덕적 해이 때문에 또한 변동성이 크고 불안정한 체계임이 드러났다. 그러므로 여기서 문제는 이 두 가정 중 어느 쪽이 금융 위기를 유발할 가능성이 더 낮은가 하는 점이다. 이런 관점에서 보면 위험보상비율과 시장 왜곡 요소가 두드러진다. 가정 1에 따른 시나리오는 더 낮은 금리 혜택을 늘리고 더 높은 주택 보유율과 경제 활성화라는 정치적 편익을 얻는 대가로 시장 왜곡 위험을 감수하려고 한다. 가정 2에 따른 시나리오는 시장에 대한 신뢰를 바탕으로 하며 본질적으로 시장이 올바른 행위를 한다고 믿는다. 추후 설명하겠으나 이런 식의 이율배반적인 현상은 늘 일어나며 본질적으로 이는 정부와 시장의 작동 방식에 관한 문제다. 그러나 양자 간의 균형을 정확히 잡고 정부 감시가 유발하는 왜곡의 양을 줄이기는 결코 쉬운 일이 아니다. 오늘날 도드-프랭크법 이후로도 가정 1의 방향으로 심각하게 치우친 체계를 보유하고 있다. 다음 장에서 이런 균형화가 어떻게 작동하는지에 관한 핵심 사실을 다시 검토해 볼 생각이다.

금융 공황의 요소

미국에서 발생한 금융 위기에는 비슷한 구성 요소와 원인이 존재한다. 미국 금융 위기는 정부 정책과 인간 본성, 시장의 힘, 소비자 선호도, 신뢰 등이 상호 작용하는 방식에서 촉발된다.[5] 시장에 거품이 생성돼 급속히 팽창하기 시작하면 통화와 신용이 풍부해진다. 이렇게 되면 이익 창출을 목적으로 너무 많은 자금이 시중에 유통되기 때문에 자산 가격이 과도하게 높아지고, 대출 심사 기준이 더욱 완화되고, 투자 전략이 더 공격적이 된다. 이런 추세가 적절히 관리되지 않으면 경제난으로 이어질 공산이 크다. 유감스럽게도 위험을 과도하게 부담하고, 가격이 잘못 형성되거나 경기 과열이 유지되는 동안 투기가 기승을 부리는 등의 현상이 항상 명확하게 드러나지는 않는다. 동시에 단행된 정부 정책도 시장에서 잘못된 금융 유인책으로 작용하는 일이 빈번하다. 이 같은 부적절한 유인책 때문에 (1) 장기적 위험 감수 (2) 위험 평가상의 오류 (3) 규제받지 않는 경제 부문으로 위험 전가 (4) 정부 구제 금융에 대한 기대를 토대로 위험 방지 책략(헤징)에 몰두하는 현상 등이 나타난다. 이에 대한 치유책, 즉 금융 붕괴 사태를 피하고, 위험을 완화하고, 문제를 처리하는 방법을 찾아내려면 과거에 이런 문제를 야기했던 원인 요소에 대한 이해와 증거를 토대로 한 분석이 필요하다. 그러자면 정책 입안자는 경제에 동력을 제공하는 금융 유인책 (위험을 분산하는 기업과 개인에 대한 보상)에 초점을 맞춰야 한다. 기업은 시장에 존재하는 금융 유인책을 이용하고자 행동할 것임은 당연한 예측이기 때문이다. 관리 및 감독 체계를 확립할 때 기업들의 예상되는 반응을 무시해서는 안 된다.

매우 특수한 현상이었던 2020년 금융 팬데믹이 일어나기 전, 지난 200년 동안 경제 붕괴와 관련한 금융 공황이 아홉 차례 있었다. 우리는 이를 통해 금융 공황이 발생하는 이유와 방식 그리고 그 해법에 대한 실마리를 알 수 있다. 간단히 답하자면 과도한 차입에 따른 과도한 자산 가치 평가를 통해 거품이 생성된다는 자체가 금융 대란의 전조일 수 있다. 그러나 정작 금융 대란보다 이런 전조 자체가 훨씬 복잡하다. 1819년 이후로 미국에서 발생한 각각의 주요 금융 위기는 아래와 같은 각기 다른 6개 요소가 서로 충돌한 결과였다. 그리고 여기서 이 사안과 관련해 금융 위기란 전국적인 극심한 경제적 고통과 주요 금융 서비스 부문에 대한 심각한 압박과 이 부문의 붕괴를 의미한다.⁶

1 관리 경제 예상치 못한 방식으로 법, 통화 정책, 정치 공학, 관세, 경제와 금융 기관에 대한 정부의 관리 · 감독 등이 충돌하면서 시장과 자금, 상거래 활동에 동력을 제공하는 유인책을 왜곡시킴과 동시에 규제를 덜 받는 경제 부문에는 오히려 투명성을 약화시키면서 결국 총체적인 재앙을 만들어 낸다.

2 과열된 시장 지리적 측면에서의 새로운 금융 시장, 과도한 민간 신용, 차입 증가, 위험 평가 오류, 새로운 금융 상품(부동산과 관련한 상품일 때가 종종 있음) 등이 호황 경제에 동력을 제공한다. 이런 유형의 호황은 신용이 축소되면 필연적으로 붕괴한다.

3 시장 상승 및 호황에 대한 심리 누구나 그렇듯이 단숨에 큰돈을 벌고 경제 붕괴를 피하려는 심리는 절대 불변의 인간 본성이다. 이와 마찬가지로 기업은 마치 쥐떼처럼 성공한 경쟁사를 모방하려는 강한 욕구가 존재한다. 그런 모방 행동이 위험천만한 지름길로 들어서는 일이라 해도 마찬가지다. 드렉설버넘Drexel Burnham, 엔론Enron, 워싱턴 뮤추얼Washington Mutual, 컨트리와이드 세이빙스Countrywide Savings, 월

드컴WorldCom 등에서 확인할 수 있듯이 이들 기업은 결국 파산했으나 처음에 성공한 모습을 보이면서 각각 해당 업종에서 경쟁 환경이 조성됐다. 그리고 치열하게 경쟁하는 이런 환경이 각기 경쟁사를 모방하는 행동으로 이어졌다. 이런 현상은 인간 본성적 행동이다. 하지만 금융 호황 그리고 결과적으로 불황을 가져오는 원인이기도 하다.

4 신뢰 상실 정확한 정보에 근거한 결과이든 아니면 정보에 접근하지 못하는 데서 비롯된 결과든 간에 시장에 퍼지는 부정적 금융 뉴스가 금융 위기를 촉발하는 방아쇠 역할을 한다. 이 부정적 뉴스가 증폭돼 대중에 반복적으로 노출될수록 소비자와 투자자, 기업 등이 한계점에 도달하면서 모두가 거의 동시에 발을 빼고 시장이 극심한 유동성 부족에 빠질 가능성이 더 커진다.

5 예상치 못한 사건 예상하지 못한 금융 및 물리적 사건이 시장 변화를 주도한다. 1980년대에 그랬듯이 유가가 80퍼센트나 폭락하리라 예상한 사람은 아무도 없었다. 또 AIGAmerican International Group 같은 기업이 상당량의 신용부도스와프CDS: Credit Default Swap를 인수하거나 소비자가 신용 카드 채무에 앞서 모기지 채무 불이행에 빠지리라는 생각은 아무도 하지 못했다. 마찬가지로 지진, 전쟁, 팬데믹(유행병), 화재, 기근, 골드러시(금광 열풍), 기타 자연적 사건과 인간이 만든 사건 등이 발생해 예상치 못한 방식으로 상거래 흐름과 사건 발생 당시의 시장 심리에 변화를 일으킨다. 여기서 불확실성이 생기고 확실성에 기초해 번영을 구가하는 금융 생태계에 예상치 못한 변화가

일어난다. 이런 상태가 예측하지 못한 방식으로 정부의 준비 태세에 악영향을 미치고 당연히 대중의 신뢰도에도 부정적인 영향을 미친다.

6 시장 혼란 시간은 금융 관계를 변화시키고 현명한 전략을 어리석은 책략으로 보이게 한다. 시장이 새로운 사업 방식, 새로운 정부 규제 형태, 새로운 금융 유인책, 새로운 혹은 진화한 금융 상품, 새로운 소비자 선호도 등에 대응하며 성숙도가 높아지면 가장 훌륭했던 금융 정책도 결국은 구시대적 산물이 된다. 여기에 기술 혁신까지 추가되고 여전히 타당한 법률과 규제의 능력을 압도하기 시작하면 그런 '속도의 문제'가 불확실성을 더욱 공고히 하는 역할을 한다.[7]

보기와는 달리 이런 요소 간의 충돌이 늘 무작위로 이뤄지지는 않는다. '일확천금'을 노리는 인간의 욕구와 행동은 시간이 흘러도 절대 변하지 않지만, 의도치 않게 정부는 금융 정책이나 경제적 부주의를 통해 호황 그리고 결국 불황으로 치닫는 일종의 '부화기'를 만들어 낸다. 금융 기관을 운영하고 규제하는 일은 둘 다 여간 까다롭고 어려운 작업이 아니다. 금융 기관의 경영진은 항상 고객과 주주의 요구를 충족시키고자 변화하는 시장과 정부 규제에 적응하려 한다. 경제가 급성장하고 가용 신용이 충분한 시기에 기회가 주어지면 시장은 자연히 과열되는 경향이 있다. 시장은 변화가 없는 상태를 유지하는 법이 없다. 금융 시장과 기업은 정부 규제에 포함된 외부의 힘에 반응해 끊임없이 변화하면서 마치 물처럼 각기 수평 상태를 유지하려고 한다. 정부가 금융 기관의 특정 활동을 금지하면 이에 대해 금융 기관은 대안 전략을 모색하게 된다. 경우에 따라 이 활동은 규제되지 않는 형태의 사업으로 이전돼 경제 위험을 가중시킨다. 대안 전략으로 인해 자본과 유동성 그리고 위험에 어떤 변화가 있을지를 정부가 미리 고려하지 않는다면 그간의 정부의 노력마저도 물거품이 될 수 있다.

금융 전문가 고튼은 세수 증가를 목적으로 레이더를 이용한 속도 측정기를 구입하는 경찰에 관한 이야기를 한다.[8] 그러나 이런 경찰의 조치에 대응해 운전자가 교통 규칙 위반 딱지를 떼이지 않으려고 속도를 일부러 늦추는 행동을 하는데, 예측 모형이 이런 부분을 반영하지 못하는 바람에 실제로는 세수입이 감소하고 말았다. 또 한편으로는 속도위반 단속 구간 때문에 속도 측정기를 구매하는 운전자가 늘어난다고 해도 이를 믿고 운전자가 속도를 더 높여 달리다 사고를 더 많이 내는 경향이 있다는 점도 지적한다. 여기서 고튼은 매우 흥미로운 문제를 제기한다. 그러면 오히려 사고 건수가 늘어난 것은 경찰의 책임일까?[9] 이와 마찬가지로 정부는 점점 노후화해 시대에 뒤떨어지는 낡은 도구로 끊임없이 변화하는 금융 기관과 시장을 규제해야 하는 도전 상황에 직면한다.

점점 정교해지는 정부 개입

금융 감독은 당근(금융 지원)과 채찍(금융 제재)으로 이뤄진다. 당근은 연방 예금 보험(정부의 보증 덕분에 은행은 유리한 금리 조건으로 소비자의 자금을 빌려 쓸 수 있음), 결제 체계에 대한 접근성(이는 매우 가치 있는 독점 판매 사업권임), 자유로운 콜옵션(무위험 유동화), 저위험 자산에 투자하려는 의지(은행이 더 적은 자본으로 조직을 운영할 수 있음), 연준이 정한 소액 지급 준비금(여유 있는 재무 상태) 등과 같은 편익으로 구성된다. 채찍은 더 엄격한 자본 요건, 검사 및 규정 준수 비용, 사업 운영 제한, 규제 부과 그리고 이런 기준에서 벗어날 때 금융 기관에 부과하는 제재 등으로 구성된다. 그러나 결국에는 당근과 채찍이 충돌하기 시작하면서 경영상의 혼란이 일어난다. 자본과 유동성이 증가하고 그에 따라 관련 규정도 점점 늘어날 수밖에 없는 상호 연결성이라는 측면이 은행으로 하여금 더 많은 위험을 감수하려 하게 할 수도 있다. 이와 마찬가지로 2019년 가을과 2020년 3월에 그랬듯이, 유동성, 자본 추가, 준비금 요건이 상호 충돌하면서 환매조건부채권, 즉 레포Repo: Repurchase Agreement 금리가 크게 상승하고 연준의 개입이 필요한 상황을 불러올 수도 있다. 그 결과 은행은 더 좋든 나쁘든 간에 의회, 규제 기관, 회계 원칙 등에 따른 금융 요건을 충족시키는 방향으로 재무상태표를 구성하도록 요구된다. 따라서 궁극적으로 정부가 사업에 관한 기본적 결정을 내리고 간접적으로 경제를 관리하는 금융 생태계가 만들어진다.

금융 규제는 경영상의 행동 수칙에 초점을 맞추기 때문에 기업 행동과 우선 사항을 이끌어 내는 금융 유인책에 시장이 어떤 영향을 미치는지는 예측할 수 없다. 이에 따른 시장 왜곡이 좋게 작용할 때가 있고, 중립적일 때도 있으며, 심각하게 부정적인 영향을 미칠 때도 있다.

때때로 그렇듯이 정부 행동이 잘못되고 경제와의 협력이 이뤄지지 않으면 금융 위기 시 수천 개에 달하는 금융 기관의 재무상태표가 거의 동일하게 반응한다. 이 책은 정부 정책이 금융 위기의 유일한 원인이라거나 금융 규제를 없애야 한다고 주장하지는 않는다. 이와 동시에 시장이 종종 규제에 대응해 진화하므로 모든 규제가 반드시 균등하게 혹은 반드시 효율적으로 만들어지지도 않는다. 휘발유에 불이 붙으려면 불씨가 필요하듯이 정부 정책과 시장의 힘이 상호작용하면서 최악의 상황을 만들어 내기도 한다. 여기서 유일한 과제는 위기의 원인과 촉발 인자 그리고 위기의 주된 대상이 누구인지를 알아내는 일이다.

현 금융 세계가 안정성을 확보하려면 우선 정치적 요인이 아니라 경제적 요인을 동력으로 하는 더 빈틈없고 더 효과적이며 더 효율적인 그리고 목표가 뚜렷한 새로운 형태의 정부 규제가 필요하다. 이 책에서 말하는 '현명한 규제'란 고정성과 신속성을 바탕으로 광범위하게 적용되는 이른바 범용 규정과 통계적 수치보다는 엄격한 분석, 타당성 있는 원칙, 근거 있는 판단을 토대로 한 관리 · 감독을 의미한다. 둘째로 기술이 뒷받침된 관리 · 감독이어야 한다. 정부 감독의 토대가 되는 자료가 많으면 많을수록 예측력이 높아지는 동시에 더 많은 예측이 가능하며 의회, 행정부, 연준, 은행 감독 기구 등이 저지르는 실수도 줄어든다. 셋째로 금융 서비스에 대한 규제는 단순히 은행으로 설립된 기관만이 아니라 위험을 발생시켜 이를 전파하는 기관에도 초점을 맞춰 기능적으로 조정돼야 한다. 마지막으로, 소비자가 현명해질수록 관리 · 감독 또한 더욱 현명하게 이뤄질 수 있다. 대중의 금융 지식 이해도가 높아지면 금융 위기가 발생할 가능성과 그 정도, 지속 기간 등이 줄어들 것이다.

금융 감독에 관한 새로운 이론

금융 서비스 관점에서 볼 때 규제 철폐는 답이 아니다. 올바른 규제 유형을 찾아내는 일이 관건이다. 금융 기관에 대한 규제가 거의 이뤄지지 않았던 1930년대 이전에는 통제 관리되지 않은 채 남아 있는 인간의 행위가 다양한 부정과 금융 공황으로 이어졌다. 경제적 자유주의는 정부 개입 없이 기능하는 권리이며 특히 대공황 때 제어되지 않은 자유주의의 결함이 드러났다. 위기를 피하는 합리적이고 균형 잡힌 형태의 관리 · 감독이 존재하지 않았고 규제가 촉발한 금융 '화재'를 진화할 정부의 완충 도구나 안전망도 없었다. 경제적 자유주의는 올바른 해법이 아니었다. 이 스펙트럼의 반대편 극단에서는 20세기 초에 규제가 시장에 만연하고 관리 경제라는 케인스 이론 쪽으로 무게 중심이 옮겨갔다. 이런 원칙에 따라 엄격한 관리가 금융난을 막을 수 있다는 잘못된 생각을 바탕으로 경제와 금융 기관에 대해 세세한 부분에까지 정부 개입이 이뤄져야 한다는 논리가 힘을 얻었다. 그러나 이런 논리를 지향할수록 금융 체계의 불균형이 심해졌다. 1930년대에 광범위한 규제가 시작됐을 때도 금융 위기는 끝나지 않았다. 이런 사실을 두 경제 이론 간에 적절한 균형이 이뤄져야 한다는 점을 시사한다. 실제로 규제가 확대될수록 이런 규제가 실제 시장 규율을 밀어낼 가능성이 커진다. 정부의 관리·감독이 잘못된 안정감을 유발할 수 있고 이에 따라 소비자와 기업은 누군가 자신의 돈과 금융 체계를 주시하며 보호해 준다는 생각을 하게 된다. 따라서 규제가 효과성과 타당성을 담보하지 못하면 오히려 이 규제가 시장 혼란을 부추기고 왜곡된 재정적 결과를 낳는다.

기업이 부적절한 행위를 할 가능성을 낮추고 정부 개입이 경제에 미칠 왜곡된 영향을 줄이는 방법이 있다. 이 접근법은 시장 역동성과 재정적 균형 유지에 대한 정부의 관심이 조화를 이루게 하는 데 초점을 맞춘다. 또 이 접근법은 기술에 기반을 둔 금융 완충 장치를 사용해 금융 체계 붕괴의 가능성을 줄인다. 또 경제가 흔들릴 때 안전망을 배치할 태세를 갖추고, 신중하지 못한 부정적 행동에 대해 적절한 처벌을 시행함으로써 특정 기업 행동에 책임이 있는 사람이 책임을 지는 환경을 조성한다. 이런 규제 유형을 표적 완충 및 집행TBE: Targeted Buffering And Enforcement이라고 한다. TBE는 규제 철폐가 아니라 합리적이고 비용 효율적인 방식으로 규제의 규모를 적정하게 설정하는 작업과 관련이 있다. 우선 사소한 규제는 없애고, 정말 중요한 금융 변수에 초점을 맞춰 관리하고, 기업 윤리와 관리 원칙의 중요성을 강조한다. 경영진의 부정적인 활용의 대상이 되는 금융 체계상의 유인책을 없애는 데 주안점을 둔다. TBE는 타당성 있는 경영 목표, 합리적인 사업 계획, 기업 지배 구조에 관한 엄격한 기준 등을 적극 활용하도록 요구한다. 그리고 규정과 통계적 수치보다는 합리적 규제에 초점을 맞춘다. 이런 체계에서 자본과 유동성 완충 장치는 절대적 자본 수준보다는 현재와 미래 거시 경제 요소와 관련한 금융 기관의 위험 특성 등의 기준에 따라서 결정된다. 아울러 경영진이 이런 기준을 무시하면 해당 금융 기관과 주주에 대해서가 아니라 실제로 책임이 있는 유책 당사자에 대해 실질적 제재와 처벌을 부과한다.

내가 이런 집행 및 제재 부과 과정에서 해당 기관을 대표할 때마다, 내가 대리한 고객에게는 더할 나위 없이 좋았겠으나 은행은 자사에 부과된 벌금을 내야 했고 개인적으로 내게는 법무 관련 비용이 발생하는 등 항상 역효과가 났다. 일자리를 잃고 급료를 토해 내야 하는 경영진 혹은 영업 면허를 상실한 은행 하나가 미치는 영향은 상당히 크다. 말하자면 위반을 하더라도 가벼운 처벌로 끝나는, 불필요하게 중복된 비효율적인 수백 가지 규정을 준수해야 하는 상황보다 이처럼 문제가 된 행위 하나에 대한 구체적이고 실질적인 처벌과 규제가 은행계에 더 큰 영향을 미친다. TBE는 꾸준한 비용 편익 분석은 물론이고 금융 기관과 전체 경제에 관한 방대한 분량의 미시 및 거시 경제 자료의 최신 분석 결과를 바탕으로 진화하는 시장에 현행 규제 원칙을 적용하는 일이 적합한지를 지속적으로 검증해야 한다.

TBE를 기반으로 한 금융 감독은 또한 금융 기관이 결정해야 할 사항을 명확히 해 준다. 다시 말해 금융 기관 자신의 기업 지배 구조와 위험 관리를 위해 가장 효과적인 방식이 무엇인지를 스스로 결정해야 한다. 금융 기관이 기업 지배 구조, 검증된 고객 존중 방식, 적절한 자본 및 유동성을 만들어 내는 견실한 영업 계획, 투명하고 신뢰할 만한 위험 관리 및 재무 공시 기록 등에 관한 엄격한 체계를 보유한다면 정부로서는 해당 기관을 세세하게 관리·감독할 필요가 없다. 이런 방식이라면 규칙 준수보다는 제도적 및 체계적 위험을 확인하고 통제하는 방향으로 금융 체계가 전환될 수 있다. 이렇게 되면 정부는 우선순위를 재조정하고 다가올 경제 후퇴와 금융 위기를 해결하는 데 자원을 더 많이 투입할 수 있다. 규제 기관은 금융 기관을 관리·경영하는 사람에게 상당한 영향력을 발휘하고, 자신의 임무를 적절히 혹은 합법적으로 수행하지 못하는 사람을 해고하거나 파면할 수 있고, 심지어 실적이 저조한 은행을 폐쇄할 권한까지 있다. 따라서 은행으로 하여금 안전하고 건전한 방식으로 영업 활동을 하게 하는 데 필요한 모든 권한을 이미 보유하게 된다. 법률이나 규정을 늘린다고 문제가 해결되지는 않는다. 의회는 더 많은 규제 조치와 관리 규정으로 은행계를 옥죄는 일은 이제 그만둬야 한다. 수많은 규정과 수치를 읽고 해석하는 식의 관리 방식은 더는 통하기 어렵다. 규제 기관과 경영진이 경제 상황을 고려해 판단하고 결정해야만 시장이 호황을 누린다. 어떤 규정이든 구멍이 있고 끊임없이 해석이 필요하며 잘못된 규정이 금융 유인책을 왜곡할 수 있다.

요컨대 TBE는 불필요한 규제가 초래하는 왜곡을 줄이고자 규제 조치 및 규정에 과도하게 의지하지 않는 선에서 기본 경영 표준을 수립하는 데 그 목적이 있다. 가능한 한 금융 감독의 수위를 최소화하고 고정적 개입 대신에 상황에 맞춘 규제를 시행한다. 또 인공 지능과 축적된 데이터를 통해 제도적 및 거시 경제적 금융 규제 체계상의 위험 신호를 지속적으로 탐지하고 확인한다. 이런 위험 신호는 다가올 금융난의 전조일 수 있으며 이 경우 정부 개입이나 규제 절차에 변화가 필요하다.

TBE 체계에서 정부는 사업과 규제 그리고 경제적 유인책을 평가하는 데 시간과 기술 자원을 더 많이 투입할 수 있다. 그렇게 되면 금융 결과에 대한 예측력이 향상되며, 과거 그 어느 때보다 신속하게 위기 대응 전략과 미리 정해 놓은 안전망을 활용할 준비를 더 잘 갖추게 된다. 규제 기관은 나무 잎사귀를 세는 일보다 숲을 평가하는 일에 더 많은 시간을 투자한다. 다시 말해 세부 사항보다 전체에 더 집중한다. TBE 원칙을 토대로 금융 감독 체계를 구축할 수 있다면 단지 은행만이 아니라 모든 유형의 금융 기관 및 회사에 안전 및 건전성 원칙을 적용하는 일이 그리 어렵지는 않을 것이다. 그러나 우리가 이 수준에 도달할 때까지는 금융 서비스에 대한 규제가 제 기능을 다하기 어렵고 그렇게 되면 투자은행, 브로커-딜러, 자산 관리사, 뮤추얼펀드, 사모펀드 및 헤지펀드 등이 현재와 같은 역기능적 규제 체계 속에서 작동할 수밖에 없다.

너무 많은 규제가 미국 경제를 옥죄는 바람에 기본 경제 및 시장 구조를 왜곡하는 현상이 두드러진다. 이처럼 과도한 규제로 인한 왜곡을 줄인 연후에야 효과적인 금융 감독 체계를 구축할 수 있다. 2014년 영화 〈인터스텔라〉의 줄거리는 우리에게 아주 흥미로운 사실을 일깨워준다. 이 영화는 현대 천체 물리학의 관점에서 중력의 휨 현상과 이에 따른 시간과 공간의 왜곡에 초점을 맞춘다. 사람들은 무한에 가까운 극대 질량 그리고 붕괴한 별이 형성한 블랙홀의 중력 왜곡에 우주의 물리적 비밀이 담겼다고 생각한다. 적어도 이 영화에서는 그랬다. 이와 마찬가지로 좋든 싫든 간에 금융 기관과 시장의 반응 방식에 변화를 일으키는 정부 규제 때문에 금융 시장의 시간과 공간이 필연적으로 왜곡된다. 이 책에 필적할 만한 책이 존 앨리슨John Allison의《금융 위기와 자유 시장 해법The Financial Crisis And The Free Market Cure》이다. 경험 많은 은행가이자 경제학자인 앨리슨은 특히 금리 수준을 고정하려는 연준 정책을 비롯해 변동성 있고 부적절한 정부 정책 때문에, 시장이 기업으로 하여금 끊임없이 사업상의 유인책을 만들어 내게 하며, 이는 필연적으로 잘못된 선택으로 이어진다는 점을 이해하기 쉬운 사례를 들어 설명한다.[10]

금융 감독의 난맥상

모든 금융 위기의 원인은 무감각한 기업인과 은행가에게만 있는 것은 아니다. 부도덕하고 파렴치한 금융 회사 경영진은 없는가? 아마도 부도덕한 배관공이나 과학자만큼이나 수도 없이 널려 있지 않을까! 하지만 고객을 속이려 작정하고 매일 출근하는 그런 은행가는 많지 않다. 고객에게 필요한 금융 서비스에 관해 정작 고객이 제대로 이해하지 못하기 때문에 은행가는 은행에 이익이 되는 방향으로 고객을 요리하려는 유혹이 생기기 마련이다.[11] 그러나 다행히도 원자력에 대한 규제 수준에는 미치지 못하겠으나 그래도 은행계에 대한 규제를 철저히 한다는 사실이 어느 정도 균형추 역할을 해 준다. 사실 은행가는 매일 어떻게 하면 규제 기관을 만족시킬까를 고민하며 일터로 향한다.

　미국에서 왜 그렇게 많은 금융 위기가 발생하느냐에 관련해서는 미묘하고 복잡한 이유가 있으며 이는 훨씬 더 정교한 해법이 필요하다는 점을 시사한다. S&L 위기가 그 좋은 예다. 이 위기는 한마디로 연방 및 주정부의 판단 착오에서 비롯됐다고 해도 과언이 아니다. 즉 예금 및 모기지 금리 상한선을 정하면 대출 비용이 낮아지고 이 덕분에 주택 보유율이 증가한다고 생각했다. 일부 전문가는 미국 금융 서비스 구조상의 문제 때문에 유달리 미국에서 금융 위기 및 공황이 빈발했다고 주장한다. 예금 보험을 통한 유인책과 은행 지점 신설 및 증설 제한을 통한 지리적 측면의 영업 제한이 구조적인 도덕적 해이를 유발했고 동시에 자연스러운 자산 다각화를 방해했다. 또 다른 전문가는 무분별한 사모 대출이 금융난으로 이어진다고 주장한다. 은행권이든 비은행권이든 간에 차입이 있는 한 금융계의 투명성이 낮아지고 이는 결국 경제 붕괴로 이어질 수밖에 없다고 보는 전문가도 있다.[12]

　래리 코틀리코프Larry Kotlikoff는 2008년 금융 공황에 대한 글에서 은행계는 차입을 허용하기 때문에 결국 '붕괴할 수밖에' 없다고 주장한다. 그리고 '목적이 제한된 은행'이야말로 은행이 좀 더 안전하고 건전하고 안정적인 방식으로 영업할 수 있는 방법이라고 주장한다. 여기서 말하는 목적이 제한된 은행이란 무차입 뮤추얼펀드와 비슷하고 예금에 대해서는 요구 시 상환이 가능하지 않은 은행을 말한다. 또 사실상 예금과 대출 업무를 병행하는 이른바 '부분'지급 준비은행이 금융 재앙의 주된 원인이고 요구 시 상환 조건을 정확히 충족시키지는 않더라도 은행에 예금을 한 사람은 누구나 그 돈을 항상 찾을 수 있다면 금융 위기가 손댈 수 없는 수준으로까지 진행하지는 않는다고 생각한다.[13] 이 이론이 그럴듯하게 들릴지도 모르지만, 세계 최대 규모인 미국 경제를 이런 모형으로 전환하기는 사실상 불가능하다. 목적이 제한된 은행은 뮤추얼펀드처럼 보이지만, 뮤추얼펀드는 사실 완전히 다른 유형의 금융 상품이다. 뮤추얼펀드는 예금을 받거나 대출을 해 주지 않는다. 통화는 은행의 부산물로서 대출을 통해 만들어 내며 이렇게 창출한 통화가 경제 팽창의 동력으로 작용한다. 보통은 은행계라고 하면 부분 지급 준비제도를 금지하고 MMF나 뮤추얼펀드에 필적하는 체계를 머릿속에 그리지만, 이 유형에 속한 금융 기관은 은행과 같은 기능을 수행하지 않고 또 예금주는 자신이 맡긴 돈이 필요할 때 즉시 찾을 수 없는 체계를 수용하지 않을 가능성이 크다. 어쨌거나 통화와 신용이 감소하면 경제 역동성도 줄어든다. 이 지점에서 일종의 대치 관계가 존재한다.

현행 금융 감독 구조 또한 제대로 기능한다고 보기 어렵다. 구조가 부실한데다 감독 책임을 명확하면서도 효율적으로 이행하지도 못한다. 연방 및 주 의회가 통과시킨 법률과 연방 및 주정부 규제 기관 수십여 곳이 공포한 시행 규칙이 정치적, 사회적, 이념적 목적과 결부될 때가 종종 있다. 그런데 이런 상황이 장기적으로 어떤 결과를 낳을지 불분명하다. 게다가 연방 및 주정부 감독 기관이 서로 경쟁하며 충돌하기도 하고 과소 규제를 피하고자 과잉 규제를 할 때도 있다. 통상적으로 금융 감독이 시장을 앞서지는 않지만, 간혹 금융 감독을 통해 시장을 주도하려고 한다.

게다가 오랜 기간에 걸쳐 정부가 시행한 정적인 금융 정책의 변화에 따라 시장은 이런 정부 정책에 반응하면서 앞에 어떤 장애물이 놓이든 간에 이익 추구라고 하는 가장 효율적인 행동을 하려 함에 따라 시장은 의도하지 않은 방향으로 나아가게 된다. 이런 체계의 주된 결함이 여기에 있다. 어떤 사업 구조이든 관계없이 정부는 현명하게 규제할 수 있어야 하고 현행 시장 상황에 맞춰 관리 · 감독이 이뤄져야 한다. 그런데 지난 50년 동안 정부가 경제 안전과 건전성 확보를 목적으로 활용한 금융 감독 피라미드가 역효과를 냈다. 이에 따라 현행 금융 감독 체계는 효율성은 더 낮고 금융 위기에는 더 취약하다. 정부는 최소한의 자원을 투입해야 하는 규제 작업에 가장 많은 자원을 투입하는 우를 범하면서 정부 규제가 사실상 포괄적 안전성 및 건전성을 저해할 수 있다.

그런데 감독과 규제 개념을 종종 혼용해 왔다. 규제는 금융 서비스업의 뼈대 구조를 이루며 이를 통해 은행 영업 인가 자격 요건, 은행이 수행할 수 있는 활동, 보유해야 하는 자본 및 유동성 수준, 지점 설정 및 합병 가능 시기, 배당금 지급 시기, 기타 은행 및 비은행권 보조금 수령 시기 등을 결정한다. 규제는 행정 규정 공표를 통해 전달되며 규정에 따라서 금융 기관의 영업의 방향성과 감시의 수준을 금융 기관이 가늠할 수 있게 해 준다. 한편 감독은 금융 기관과 금융 체계가 얼마나 엄격하고 안전하며 건전성 있게 작동하는지 그리고 실적과 전망은 어떤지를 평가하는 기술이다. 통상적으로 감독은 놀랍게도 감시와 집행 작업에 활용할 규칙을 제정하는 일과는 전혀 관계가 없는 은행 감독관 같은 사람이 수행한다. 이는 금융 기관의 위험 관리, 자본 축적, 고객 서비스, 재정 건전성 범위 내에서 업무를 수행하는 능력 등을 평가하는 과정이다. 또 감독을 통해 금융 기관이 어떤 조건하에서 그리고 얼마나 오래 영업 활동을 계속하게 할지를 결정한다. 여기서 금융의 진가가 발휘된다. 은행 감독의 적절한 범위에 관해 논란이 벌어지기도 한다. 은행 감독관에 판단의 재량권을 부여하는 일이 도움이 되기도 한다. 그러나 각 감독관이 저마다 재량권을 사용하면 평가 결과가 서로 충돌할 가능성이 있고 결과 간에 편차가 커질 위험성이 있다.

오늘날 감독 작업은 (1) 긴급 금융 사태에 대한 대응 (2) 위험, 자본, 유동성, 금융 안정성을 조성하는 행동 등에 대한 감시 (3) 고위험 금융 기관과 그 활동에 대한 미시적 관리 등 세 가지 기본 요소를 근간

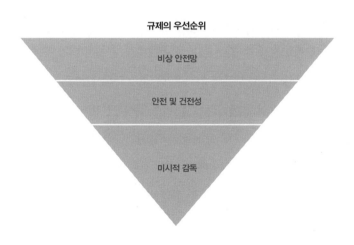

그림 1.1 정부 규제의 우선순위와 금융 감독 시간 및 자원 배분

으로 한다. 랜디 퀼스Randy Quarles 연준 부의장은 이에 동의하는 듯하며 각각이 금융 규제 영역에서 일정한 역할을 한다고 주장한다.[14] 또 규제 와 감독 간의 관계가 규칙 제정 쪽으로 점점 치우쳤고 감독의 기술이 너무 불명확해지고 있다고 생각하는 듯했다. 퀼스는 더 다양한 규제 기관의 공식 규정을 넘어서는 훨씬 높은 수준의 투명성을 요구한다.

내가 생각한 해법은 공식과 수치에 초점을 맞춰 판단하는 비중을 줄이고 경제 혼란이 발생하는 상황에 대한 정부의 준비 부족을 해소하는 등의 문제를 해결하는 데서 찾는다. 투명성이 증가하면 금융 체계도 개선되지만, 더 효과적이고 더 효율적인 정부 감독이 이뤄지지 않는다는 근본적 문제까지 해결되지는 않는다. 개략적으로 도식화하면 금융 서비스에 대한 정부의 관리·감독을 목적으로 한 시간과 자원의 배분 및 우선순위 설정 구조는 아래에 제시한 그림 1.1처럼 역피라미드 형태를 이룬다.

지난 50년 동안 수많은 신설법과 시행 규칙을 통해 의회가 마련한 금융 감독 방법론이 이 감독 책임 피라미드를 완전히 뒤집으며 재앙적 결과를 초래했다. 정부 규제 기관은 다음번 금융 위기를 예측하고 대책을 준비하는 작업이 아니라 일상 활동, 투자, 적법한 금융 기관의 영업 행위 등에 귀한 시간과 자원을 투입하려고 한다. 판매자 관계Vendor Relationship에 대한 미시적 관리에 엄청난 시간을 할애하며 가치 있는 규제 자원을 허비하기도 한다. 미국 최대 은행 중 한 곳의 임원이었던 사람이 자신이 규정 준수 감시 업무를 수행할 때 통화감독청OCC: Office of The Comptroller of The Currency의 판매인 관리 지침에 따라 두 은행 간을 왕복 운행하는 버스 운전기사의 배경을 살펴보는 일이 정말 필요한지 아닌지 결정하는 일을 해야 했다고 말했다. 마치 길을 잃은 듯이 모든 금융 기관과 해당 이사회는 사후 비판 및 규제의 대상이어야 한다는 전제는 잘못된 명제로서 역효과만 낳을 뿐이다. 이 명제가 올바르다면 혹여 입으로는 그렇지 않다고 말하더라도 의회와 은행 규제 기관이 금융 기관의 운영 방식을 가장 잘 안다는 의미다. 은행은 금융 서비스업의 극히 일부만 수행할 뿐이고 전체 경제 체계상의 금융 위험은 대부분 비은행권이 유발한다. 이 부분에서 이 체계의 비효율성이 명백히 드러난다.

　TBE는 정부가 부과하고 감시하는 위험 관리 완충 장치, 자본, 유동성, 차입, 지배 구조 등의 규제의 틀 안에서 금융 기관이 자신들이 활동하는 시장에 대해 잘 알고, 이익을 얻는 방법을 잘 터득하고 있으며, 또한 수익을 거두고 있다고 가정한다. 어쨌거나 모든 은행의 경영진은 철저한 심사를 거쳐야 하고 일정 수준의 금융 경험도 필요하다. 이들이 이런 기대 수준을 충족시키지 못하면 해당 금융 기관은 세밀한 감독이 필요한 범주로 분류된다. 규제 기관은 경영진이나 은행을 제재할 수 있으며 이런 조치에도 상황이 나아지지 않으면 결국 은행을 폐쇄할 수도 있다. 은행 폐쇄는 한 번에 극히 일부 금융 기관만을 대상으로 한다. 따라서 규제 기관은 일이 너무 커질까 걱정하지 않아도 된다. 또 기술을 이용해 방대한 금융 자료를 분석하고, 예측 가능한 시나리오를 평가하고, 발생 가능성이 가장 높은 위기에 대처할 수 있는 안전망을 개발한다. 실제로 이런 체계를 구축하다면 이를 금융 서비스업에서 수행하는 역할을 기준으로 비은행권에도 고루 적용해야 한다.

이제 금융 서비스에 대한 규제가 지나치게 은행 중심으로 이뤄진다는 부분에 다시 초점을 맞춰 보자. 오늘날 은행이 관리하는 전국 소비자 및 기업의 금융 자산은 전체의 절반에도 미치지 못한다. 이는 현행 규제 구조를 확립했고 전체 금융 자산의 대부분을 관리했던 1930년대 은행계 상황과는 상당한 차이가 있다. 요즘은 은행 외 기관이 '은행 업무'를 많이 수행하고 자금 이동과 투자도 더 많이 이뤄진다. 그런데도 투자은행, 핀테크 회사, 헤지펀드, 사모펀드, 뮤추얼펀드 및 MMF, 암호 화폐 회사 등 현대 경제에서 차지하는 비중이 매우 큰 이른바 비은행권 금융 기관에 대한 규제에는 그다지 신경을 쓰지 않는다. 요컨대 정부는 이 체계에서 움직이는 자금의 극히 일부만 관리하는 전국 금융 서비스 기업, 그중에서도 또 극히 일부의 영업 활동을 감시하는 일에 시간과 자원 대부분을 투입한다. 그러므로 역시 국가 경제에서 중요한 역할을 하는 다른 금융 기관에 대해서는 규제 수준이 미미한데 비해 상대적으로 은행은 과도한 규제를 받는 듯하다. 두 기업이 금융 서비스 시장에서 비슷한 역할을 수행하는데도 한 곳은 은행이나 은행 계열사이고 또 한 곳은 비은행권이라면 은행과 은행 계열사만 엄격한 규제를 받는다. 이런 상황은 현 경제 체계와 부합하지 않는다. 2008년 금융 공황 때 증명된 MMF처럼 어느 쪽이라도 금융 '화재'를 불러일으킬 불똥이 될 수 있다.

금융 화재를 진화하는 소방 호스 역할을 하는 규제 기관이, 금융 특성과 경제 특성이 완전히 달랐던 1930년대에 확립된 규제 체계를 지금도 계속 사용한다고 생각할 때 문제가 더 심각해진다. 1930년대와는 명백히 다른 방식으로 위험이 창출 및 전달되고 재생산된다는 사실을 이해하면 이 사실이 훨씬 더 걱정스럽다. 예를 들어 통상적으로 은행 업무에서 발행한 위험은 장기적 관점에서 볼 때 급여를 받는 고용자가 부담했다. 오늘날 금융 부문의 대다수 보상 체계는 단기적 이익 증가를 위해 더 많은 차입과 위험을 부담하도록 부추긴다. 이에 따라 단기적 수입과 보상을 더 많이 받는 쪽에 초점을 맞추는 환경이 조성된다.[15] 저명한 경제학자 라구람 라잔Raghuram G. Rajan은 이를 유인책의 문제로 본다. 즉 관리자에 대한 유인책이 현대 경제 체계상의 투자자와 얼마나 부합하는지의 문제라고 본다. 금융 부문에서의 변화가 관리상의 유인책과 그런 체계에 내재하는 위험의 속성을 변화시켜 왜곡이라는 결과를 낳는다고 지적한다.[16] 현대 보상 유인책이 금융 체계의 안정성을 보장하고자 규제 기관에 더 큰 부담을 지운다. 이런 관점에서 오늘날 은행 자본, 유동성, 위험 관리 등에 규제의 초점을 맞추는 이유가 여기에 있으며 또 우리가 풀어야 할 숙제도 여기에 있다. 이 모두가 위험을 발생시키는 영역을 규제함으로써 전반적으로 위험을 회피하는 환경을 조성하는 경향이 있다. 라잔의 관점에서는 현재와 같이 복잡하게 얽힌 세계 금융 체계에서는 위험을 흡수할 더 많은 참여자가 존재하지만, 이와 동시에 금융 부문이 유발한 경기 순응성으로 인해 야기되는 재앙적 경제 붕괴라는 더 큰 위험을 만들어 낸다.[17] 다시 말해 우리는 완전히 새로운 역동적 금융 관계를 관리·감독하는 데 낡은 규제 체계를 사용하고 있다. 세상은 신기술이 지배하는 환경으로 급속히 나아가는데 금융 규제는 여전히 구경꾼 편에 서 있다는 사실 때문에 문제가 더욱 심각해진다.

2008년 금융 위기는 규제 체계상의 이런 결함을 드러낸 좋은 예였다. 정부는 규제의 초점을 은행업에 맞추고 이 영역에 자원을 집중 투입했다. 반면에 AIG, 베어스턴스Bear Sterns, 리먼브러더스Lehman Brothers 또 주정부가 인가한 서브프라임 모기지 기관 같은 비은행권 금융 기관 그리고 내밀한 파생 금융 상품 등이 위험 수준이 높은 서브프라임 자산을 만들어 축적했으며 이런 자산 전부가 엄격한 규제 대상에서 벗어났고 결국은 자산 유동화의 대상이 됐다. 일단 이런 자산이 MBS로 묶이고 나면 이 위험한 대출 채권도 신용도는 높아지고 위험도는 낮아진다고 봤다. 따라서 엄격한 규제 대상인 은행과 기타 광범위한 전통적 금융 기관이 이 대출 상품을 구매할 수 있었다. 다시 말해 위험도가 높은 모기지를 MBS로 묶으면 유동화(증권화)라는 금융 연금술을 토대로 한 개별 모기지보다 더 안전하다고 본다. 사실상 이는 일종의 '위험 사회화'로 이해할 수 있다. 이 게임과 직접적인 연관이 없는 수많은 시장 참여자에게 위험이 분산돼 표면적으로 위험성이 덜 부각되게 하는 효과가 있었다. 이런 구조가 어떤 영향을 미쳤는가? 이처럼 은행이냐 아니냐에 따른 기준에 일관성 없고 분화된 규제 유형은 효율적으로 작동하지 않는다. 효율적인 금융 감독 체계는 위험을 규제하는 한편 마치 금융계판 두더지 잡기 게임처럼 규제받는 경제 부문이 규제받지 않는 또 다른 유형으로 재등장하는 일이 없도록 미연에 방지한다. 이 체계는 금융 서비스 그리고 유형을 불문하고 이런 서비스에서 발생하는 위험을 감독하며 실제 영업 활동과 이와 관련한 위험을 기준으로 엄격한 규제 표준을 균일하게 적용한다. 그러나 실질적으로 이런 관점은 기초 경제 여건과 관련한 복잡한 문제를 유발하며 해결할 의지가 있더라도 정작 해결이 쉽지 않다. 게다가 비은행권은 단지 은행이 아니라는 이유만으로 엄격한 규제 대상에서 벗어나서는 안 되며 이 부분이 시정될 때까지 역기능적인 감독 체계의 희생양이 돼서도 안 된다. 적어도 국가라면 비효율적인 규제 체계를 전체 경제에 적용하지는 말아야 한다. 지난 90년 동안 차근차근 구축된 역기능적 규제 체계를 정비하려면 해야 할 일이 아주 많다.

관리 경제의 과제

나는 이 책을 읽는 독자가 금융 서비스에 대한 정부 규제에는 경제적 및 사회적 이점이 상당히 많은 반면에 너무 과도한 혹은 너무 부족한 규제에서 발생할 수 있는 의도치 않은 왜곡과 잠재적 폐해를 명확히 감지하고 이해하기를 바란다. 규제적 정부 개입은 너무 과하지도 부족하지 않게 균형을 유지해야 한다. 정치인이 아무리 애를 써도 정치가 경제를 주도할 수 없으며 유의미한 주요 자료가 거의 없는 상태에서 결정을 내리는 일은 도박과 다를 바가 없다. 그래도 희소식은 미래 금융 위기를 유발할 가능성이 덜한 좀 더 효율적인 규제 체계를 확립할 방도가 있다는 점이다.

경영진이 투자라든가 재정 거래 기회를 포착하면 이를 최대한 활용하려 할 것이다. 이는 정부가 기대하는 그리고 규제 전략의 기본 요소로 고려할 만한 완전히 합리적인 기업 행동이다. 물론 이런 행동은 그리 자주 나타나지는 않는다. 게다가 정부 감독이 정치적 목적과 얽히고 금융 규제를 통해 사회적 측면에서 삶을 설계하려 할 때 규제 체계의 핵심이 기초적 경제 목표와 원칙에서 벗어나게 된다. 효율적이고 세밀하게 규제하려면 무엇보다 '균형' 유지가 필요하다. 규제에서 발생하는 비용과 편익이 조화를 이뤄야 하며 궁극적으로 소비자가 부담하는 간접세도 피해야 한다.[18]

폴슨 전 재무 장관은 자신의 저서 《벼랑 끝에서》에서 더 안전하고 안정적인 미국 금융 체계를 확립하는 데 도움이 되는 변화 요소 목록을 제시했다.[19] 가이트너 전 재무 장관은 《스트레스 테스트》에서 과거 금융 위기와 관련한 연대기적 사건을 기술하는 방식으로 이와 비슷한 작업을 했다.[20] 두 사람이 2008년 금융 공황에서 드러난 주요 경제적 문제에 대한 해법을 제시하면서 주장했던 수많은 사실이 일리가 있었다. 그러나 미국 경제 구조상 금융 규제 수준이 아직도 미흡하다는 주장에는 동의하지 않는다. 반대로 과거에도 그리고 지금도 규제가 너무 심하고 이런 규제 대부분이 정치적 이념에 따른 것으로써 잘못된 방향으로 나아간 것이 대부분이다. 그리고 이런 유형의 규제는 과도한 경제 유인책과 정도에서 벗어난 금융 행동을 유발한다. 역사는 우리에게 규제가 많을수록 더 안전한 경제가 된다는 일반 통념이 옳지 않다는 사실을 알려준다. 아무리 신중하고 엄격한 정부 개입이라도 금융 환경이 진화함에 따라 결국 시장 균형을 위협하게 될지도 모른다. 효율적인 규제 체계를 유지하려면 정부 규제에 대한 지속적인 검토와 측정 그리고 현실에 부합한 평가와 시험이 필요하다.

어떻게 현재와 같은 관리 경제 수준에 도달하게 됐을까? 이는 주로 금융 위기에 대응하는 과정에서 확립된 결과였다. 금융 위기를 한 번씩 겪을 때마다 이에 대한 해법을 선택하면서 정부 통제와 경제적 개입이 늘어난다. 19세기 초만 해도 연방 및 주정부가 활용할 경제 관리 도구가 제한적이었다. 그렇다고 해서 정부의 개입이 사라지지는 않았다. 국유지 판매에 자금을 지원했고 서부로의 경제 팽창을 부추겼으며 은행업의 정치화를 꾀했고 필요에 따라 다양한 형태의 화폐를 만들었으며 어떤 형태로든 주어진 시점에 가치를 인정받은 경제 요인의 확장을 주도했다. 당시에는 미국 경제에 대해 최소한의 관리가 이루어졌지만, 이 정도로도 시장을 왜곡하고 부적절한 금융 유인책을 만들어 정부가 손을 쓰지 못할 수준의 금융 위기를 유발하기에 충분했다. 금융 위기가 발생할 때마다 의회는 규제야말로 경제 안정을 보장하는 핵심 도구라는 믿음에 따라 또 다른 수준의 규제 인프라를 구축했다.

대다수 사람은 금융 요소만으로도 경제를 움직이는 동력이 될 수 있으며 이를 통해 돈을 어디에 투자해야 하는지 또 신용을 어떻게 할당하는지를 결정할 수 있다고 생각한다. 그러나 현실을 그렇지가 못하다. 다음 장에서 더 자세히 다루겠지만, 연준은 최대 금융 기관의 계좌에서 입·출금하는 복잡한 유가 증권 거래 체계를 통해 금리에 영향을 미치고 이는 또한 전국적 신용 결정에 영향을 미친다. 연준은 폴 볼커 Paul Volcker가 의장직을 수행했던 1970년대 말부터 1980년대에 외국 원유에 대한 높은 의존도 때문에 발생한 경제난과 인플레이션을 해소하려는 의도로 이런 통화 도구를 잘 활용했다. 1980년대에 부분적으로는 두 자릿수 인프레이션율을 해결하고자 금리를 급격히 인상한 탓에 수천 곳에 달하는 S&L과 상업은행이 파산했을 때 정책 입안자는 규제를 강화하는 방법으로 이에 대응했다. 실제로 정부가 금융 관리 도구를 빈번히 사용하면서 발생한 재앙적 금융난에 대해서도 마치 만병통치약이라도 되는 듯 규제 관리 도구를 더욱 남발했다. 이는 경제적 사건 간의 인과관계와 상관관계를 혼동한 아주 좋은 사례였다.

2008년 금융 공황 이후 의회는 연준과 기타 연방 금융 규제 기관에 훨씬 많은 권한과 책임을 부여했고 이에 비례해서 정부의 경제 통제 규모가 더욱 확대됐다. 이 같은 규제 확대는 기본적으로 금융 기관과 이 금융 기관을 경영하는 사람이 문제고 이에 대한 해법은 정부 규제를 늘리는 것이라는 견해에 기반을 둔다. 그러나 정부 역할이 계속해서 늘어나면서 위험과 보상에 대한 시장의 판단에 영향을 미쳤다. 이에 따라 경제 붕괴가 불가피해지면 연준이 대형 금융 기관을 구제해준다는 가정 때문에 더 큰 위험을 부담하려는 기관이 생긴다. 오크트리캐피털매니지먼트Oaktree Capital Management라는 투자 펀드의 하워드 막스Howard Marks 회장은 2020년 4월에 주주에게 보내는 편지에서 이렇게 말했다. "파산 없는 자본주의는 지옥 없는 가톨릭과 같다." 그리고 또 이런 말도 했다. "시장 참여자가 손실에 대해 건전한 두려움을 느낄 때 시장이 가장 잘 작동한다."[21]

2020년 금융 팬데믹 때는 이 같은 경고를 깡그리 망각했다. 이때 경제학자는 전년도에 4조 달러에 미치지 못했던 은행의 채권, 대출, 기타 신규 상품 포트폴리오 규모가 8조에서 11조 달러까지 증가한다고 예측했다. 이렇게 해서 연준은 시간이 지날수록 일부 프로그램을 제대로 작동하지 못했고, 관리자도 이를 해결할 수 없었다. 정치인은 부적절한 방법으로 문제를 해결하도록 중앙은행을 압박하는 데 점점 더 익숙해졌다. 중앙은행의 선택에 대한 대중의 불만이 정부의 권위를 침해하게 될 정도였다.[22] 이와 동시에 도드-프랭크법이 요하는 규제 변화에 따라 위기 시 안전장치 및 중개자 역할을 하는 상업은행의 능력은 급격히 저하되면서 거래 시장에서 그 존재감이 줄어들고 높은 현금 보유고와 자본 수준을 유지하는 데에만 초점을 맞추게 됐다.

경제는 직접적 및 간접적 방식으로 관리된다. 정부 규정이 대출을 받는 능력에 어떤 영향을 미칠 수 있는지에 관한 예를 하나만 생각해 보라. 2010년 이후 연방법은 은행에 대해 국제 자본 추가 및 보충 요건과 함께 국내 자본 및 유동성 요건 약 20여 개를 부과했다. 이 같은 자본 요건은 미국 내 은행이 보유한 고객 예금 약 18조 달러를 대출하거나 투자하는 방식에 영향을 미쳤다. 예를 들어 은행 규제 기관은 은행이 보유해야 할 자금 규모를 결정하고자 재무제표상에 기재한 모든 자산과 투자의 위험 가중치를 설정했다. 유지해야 할 자본 규모가 클수록 대출 가능한 자금은 줄어든다. 위험 수준이 높은 대출과 투자는 더 많은 자본화를 요하는 반면에 장부상에 자본을 따로 비축하지 않아도 되는 대출과 투자도 존재한다.

은행이 오로지 위험 가중 자산으로만 구성한 포트폴리오를 유지

한다면 자본은 늘리고 대출 자금은 줄인 상태를 유지해야 이익을 낼 수 있다. 그러므로 규제 요건을 충족시키는 동시에 투자자의 기대를 충족시킬 정도로 자금을 충분히 투입하려면 자산 및 투자금 할당 부분을 관리해야 한다. 규정 요건에 못 미치는 수준으로 자본을 유지하는 은행은 시장에서 신규 자본을 조달하거나 위험 가중치가 높은 대출이나 부채를 줄여 재무 상태 및 구조를 재구성할 수 있다. 다시 말해 상업 대출 채권은 팔고 재무부 채권은 매수하는 방법이 있다. 따라서 규제는 가용한 신용이 얼마나 되는지 또 전체 시장에서 이런 가용 신용이 어떻게 할당되는지에 영향을 미친다. 대출이 필요한 제조업체가 있는데 이때 은행이 자본 요건을 준수해야 해서 대출을 해 주지 못할 상황이면 결국 이 제조업체가 대출을 받지 못할지도 모른다. 이와 마찬가지로 도드-프랭크법 제정, 볼커 룰^{은행 자산운용에 대한 규제를 포함한 금융 기관 규제 정책}

으로 당시 폴 볼커 백악관 경제회복자문위원회 의장의 제안이 대폭 반영된 데서 비롯됐던 명칭이다. 한마디로 은행이 주식,

채권, 파생 상품 등 소위 위험 투자를 제한한 법-옮긴이과 기타 다양한 유동성 보장 규정의 적용으로 민간 부문 투자 상품보다 국채의 가치와 위상이 개선됐다. 이에 따라 다양한 시장 부문에 걸쳐 상당 수준의 자본 및 유동성 재분배가 이뤄졌고 국채 증가 부분에 대한 직접적 보증이 가능해졌다.

정부 규정과 정치적 및 행정적 목표가 경제를 좌우하는 비중이 높아질수록 비경제적 유인책에 반응하면서 시장 왜곡 수준도 심해진다. 정치적 혹은 사회적 목표 달성을 위해 경제를 운용하면 수많은 위험에 노출된다. S&L, 패니메이, 프레디맥의 붕괴 사례만 봐도 충분히 알 수 있는 부분이다. 그러나 문제는 이보다 훨씬 더 복잡하다. 일단 경제를

한번 인위적으로 관리하기 시작하면 정부 개입이라는 형태로 취했던 각종 조치를 되돌릴 적당한 시점을 찾기도 어렵고 최적의 방식을 알아내기도 점점 더 어려워진다. 2008년 금융 공황 때 연준이 취한 조치 가운데 일부는 지금까지도 영향력을 발휘하고 있다. 이 위기가 지나가도 한참이 지나갔는데도 그때 위기를 관리하려고 사용했던 도구로 지금의 경제를 관리하는 아이러니한 상황이 이어지고 있다. 연준은 2008년 금융 공황 당시 시장 안정화를 목적으로 매수했던 무려 1조 5,000억 달러 규모의 MBS를 아직도 보유 중이며 2020년 금융 팬데믹이 발생한 첫 달에 2조 달러가 더 불어났다. 이와 마찬가지로 정부의 금융 개입 수준이 높아지면 연준이 위기 대응 조치를 평상시 수준으로 되돌릴 적합한 시점을 찾기가 어려워진다. 또 위기가 지난 후 더 '정상적' 수준으로 금리를 인상하기도 쉽지 않아서 자칫 이런 '정상화' 조치가 정치적 및 경제적 후폭풍으로 이어질 위험이 있다. 최근에 발생했던 위기가 경제에 미쳤던 다양한 영향과 위기 조치의 흔적을 연준이 거둬 내기도 전에 코로나19 때문에 또 다른 큰 위기를 맞았다. 이에 따라 다시 한번 국가 경제에 대한 포괄적 관리에 들어갔고 앞으로 수년간은 이런 체계에서 벗어나기 어려울 듯하다.

《캐리의 부상》을 쓴 저자들은 정부가 단지 이 관리 경제에 참여하는 주체 그 이상의 역할을 한다고 주장한다. 이들은 차입, 유동성, 단기적 위험, 보상 방법론, 변동성 거래 등을 혼합해 매우 효과적으로 복잡한 지하 금융 생태계를 만들어 낸다고 주장한다. 이런 금융 생태계는 정부 규제가 유발한 효과와 각종 규제가 만들어 낸 유인책을 활용하면서 경제적으로는 물론이고 정치적으로 금융계를 이끌어 간다.[23] 모건 스탠리인베스트먼트매니지먼트Morgan Stanley Investment Management 수석 전략 가이자《성공하는 국가의 열 가지 규칙The Ten Rules of Successful Nations》의 저자 루치르 샤르마Ruchir Sharma는 현대 사회에서는 주요 위기에 대한 정부 의존도가 날로 높아진다고 주장한다.[24] 샤르마는 2020년에 범세계적 팬데믹 사태에 대응하면서 금융 부문에 대한 정부 개입이 극단적으로 증가했다고 지적한다. 그러면서 연구 결과 그와 같은 지속적인 정부 지원책이 대기업은 어떻게든 살리는 한편 통상 혁신을 주도해 왔던 스타트업을 제물 삼는 상황이 빈발했음이 드러났다고 말한다. 전도유망한 스타트업은 나 몰라라 하면서 대기업이라는 이유만으로 엄청난 재정 지원을 통해 자생력 없이 목숨만 부지하는 '좀비' 대기업만 양산하는 꼴이라는 의미였다. 이런 개입 패턴은 낮은 생산성으로 이어지고 이는 또한 경제 성장 지체의 주요인이자 '모두에게 돌아갈 파이의 축소'에 결정적 영향을 미친다고 말한다.[25] 정부가 모든 위기의 해결자라는 생각이 단기적으로는 먹힐지도 모르지만, 이는 의도치 않았던 부정적 결과를 간과하는 태도일 뿐이다. 기업가적 위험과 창조적 파괴 없이는 자본주의가 작동하지 않는다.

정부 개입이 앞으로 자본주의를 얼마나 더 변질시키느냐가 더 문제다. 정부가 거의 모든 부문에 손을 대려하는 행동 때문에 시장 가격이 왜곡되고 이에 따라 사람들은 이익을 내는 유망 기업으로만 몰려든다. 투자자는 결국 연준이 매수하는 종목만 사려고 든다.[26] 미국은 관리 경제 체계가 점점 고착화하는 추세다. 이는 19세기 때와는 영 딴판인 상황이다. 안타깝게도 두 경제 모형 모두 심각한 결함을 안고 있다.

2019년과 2020년에 레포 시장 대혼란이 발생했다. 이는 도드-프랭크법이 무분별하게 대출 주체를 은행에서 사모펀드와 헤지펀드 쪽으로 전환시키고, 은행의 유동성 교란 해결 능력을 제한했다는 점을 경고하는 시장의 신호일지도 모른다.[27] 레포는 단기 차입처럼 기능하도록 구조화된 익익물 증권이다. 예를 들어 금융 기관은 보통 일일 기준으로 상대에게 이 증권을 판매하고 익일물 금리를 반영해 판매 가격보다 약간 높은 가격으로 익일에 환매수한다. 워싱턴 D.C.에 소재한 은행정책연구소가 분석한 결과에 따르면 은행과 브로커-딜러는 적정한 지급 준비금을 보유하는 은행에 유리한 규제 우선순위와 미래 자본 추가 필요성 간의 충돌 때문에 2019년 9월에 레포 시장에서 발생한 수요와 공급 불균형 문제를 해결할 수 없다고 한다.[28]

연준은 2008년 금융 위기가 초래한 금융 대혼란을 해결하고자 막대한 물량의 모기지와 재무부 채권을 사들여야 했다. 이와 동시에 주로 은행이 예치한 초과 준비금에 대해 부과한 금리를 인상하는 방법으로 통화 정책을 변경했다. 위기 후 금융 환경에서 연방 금융 기관은 다른 유형의 유동 자산에 대해 준비금을 늘려 보유하는 은행을 우대하기 시작했다. 궁극적으로 이는 2019년 9월에 나타난 시장 유동성 부족 문제를 제대로 해결하지 못하는 결과를 낳았다. 연준은 다시 한번 시장에 대한 정부 역할을 확대하는 방식으로 문제를 해결해야 했다. 어떤 면에서 연준은 과거에 정부 개입으로 발생한 문제를 해결하고자 또다시 개입하는 악순환을 밟으면서 결국 '전체 경제의 최종 대출자' 역할

을 맡을 수밖에 없었다.[29]

관리 경제에서 나타난 또 다른 왜곡 현상이 시장 경쟁과 신용 공급에 영향을 미치면서 예기치 못한 방향으로 경제 흐름을 바꿀 수 있다. 또 부적절할 규제로 인한 부정적 영향이 증폭되면서 도덕적 해이 및 경기 순응성 위험과 체계상 위험이 증가할 수 있다.[30] 앞으로 논하겠지만, 역사가와 경제학자는 위험 분산을 억제하는 지점 영업 제한과 체계적인 도덕적 해이를 유발한 예금 보험 등 지난 200년 동안 금융 붕괴 위험을 증폭시킨 수많은 규제 요소를 지적한다. 나는 문제가 이보다 훨씬 복잡하다고 생각한다. 금융 규제의 비용과 편익, 출구 전략을 제대로 이해하지 못한 채 금융 기관 운영과 투자에 대한 규제를 늘리면 금융판 룰렛 게임의 장을 조성하는 일과 다를 바 없으며 이런 판에서는 일부 기관 경영진이 다른 사람보다 훨씬 유리한 입장에서 게임에 임하게 된다. '의도치 않았으나 매우 위험한' 규제의 영향이 바로 이것이며 이 책 전반에 걸쳐 계속 언급하는 개념이기도 하다. 특히 기술적으로 진화한 금융 환경에서 미래 금융 위기를 성공적으로 막아내려면 경제에 대한 관리 및 감독이 매우 균형적으로 이뤄져야 한다.

Chapter 2

금융 규제 체계의 작동 방식

이 세상은 설명할 수 없을 정도로 너무 복잡한데도 경이로울 정도로 잘 작동하는 이해하기 힘든 현상이 가득하다. 매우 흥미로운 저서 《거의 모든 것의 역사》의 저자 빌 브라이슨Bill Bryson은 인간의 신체가 제 기능을 다하려면 얼마나 많은 부분이 정확한 순서와 배열에 따라 작동해야 하는지를 설명한다. 난자와 정자가 수정되는 순간 첫 번째 세포가 두 개로 분열하고 다시 네 개로 분열한다. 이렇게 47차례에 걸친 배가 분열로 무려 1경 개에 달하는 체세포가 생성된다. 가장 단순한 '세포' 수준에서 분석하는 식으로 논리를 전개한다고 해서 최종적으로 인간 자체를 이해할 수 있으리라 생각하면 오산이다. 즉 세포라는 가장 단순한 형태에 초점을 맞춰서는 복잡하기 그지없는 인간 자체를 이해할 수 없다. 효모 세포 하나를 만들려면 보잉 777기를 만드는 데 들어가는 부품 수처럼 어마어마하게 많은 미립자를 지름이 약 5미크론인 구체에 들어가도록 극소화한 다음에 재생 및 복제 설계를 해야 한다.[1] 인간의 신체와 정신이 말할 수 없을 정도로 복잡하다는 사실을 고려하면 우리 인간을 둘러싼 경제적 문제쯤은 얼마든지 해결할 수 있지 않을까 하는 기대를 하게 된다. 그러나 현실은 그렇지가 못하다.

우리는 200여 년에 걸쳐 결국 효과적이고 안전하며 안정적인 체계와는 거리가 한참 먼 금융 규제 체계를 구축했다. 이 긴 여정을 훑어 나가기에 앞서 금융 규제와 경제 감독에 관한 복잡한 망구조가 현재 어떻게 작동하는지를 이해하는 데 필요한 '기준선'부터 수립해야 한다. 중앙은행을 대상으로 한두 가지 실험은 차치하고라도 연방정부는 19세기 중반에 처음으로 연방 규제 조치를 공식 시행했다. 이런 조치는 이전에는 연방이 아닌 주정부가 통제하던 은행 산업을 국유화하려는 시도로 구체화됐다. 20세기 이전에는 전쟁 때문에 어떤 지폐를 수용했는지 또 발행지와 거리가 먼 곳에서는 화폐를 어떻게 활용했는지 등과 관련해 상거래가 매우 복잡하고 번거로웠다. 화폐주조법Coinage Act, 1792 제정에 따라 필라델피아에 조폐국을 설립했으며 1793년 3월 1일에 동화銅貨 1만 1,178개를 주조해 시중에 최초로 유통시켰다.[2] 그런데 아쉽게도 동화를 충분히 유통시키기 어려웠다. 구리 가격 상승도 여기에 한몫했다. 화폐 주조법에 따라 금과 은의 교환 비율을 다른 나라와 다르게 정해 놓았기 때문에 미국 금화는 외국으로 수출돼 녹여 썼고 은화도 수출돼 국제 거래용으로 사용하거나 은괴 형태로 비축했다.[3]

이와 동시에 금과 은 같은 정화正貨가 지폐나 은행권 같은 명목 화폐의 가치를 뒷받침하는 한도 내에서 자연스럽게 경제 팽창 수준을 조정하는 한계 요소로 작용했다. 요컨대 정화가 법화를 뒷받침하는 상황에서 경제가 어느 정도까지 팽창할 수 있는지 그 한계를 규정하는 자연적 제한 요소가 존재했다. 경제가 성장하고, 전쟁이 발발하고, 경기 순환 주기가 전개됨에 따라 은행권, 달러(지폐), 수표, 연준 은행권 등이 도입됐다. 은행은 부분지급준비금 체계로 진화했다. 이에 따라 유동성 공급용으로는 자산 전체가 아니라 일부만 사용할 수 있고 발행한 은행권 전액에 대해 금이나 은이 일대일로 가치 보증을 해 주지 않아도 됐다. 대공황 이후 대규모 연방 규제 구조가 확립돼 오늘날과 같은 자금 및 금융 규제 체계로 이어졌다. 1933년에 루즈벨트 대통령이 지폐와 금의 교환을 금지했고 닉슨 행정부 시절인 1971년에 금본위제를 폐지했다.[4]

통화 개입

1913년에 연방준비제도이사회와 12개 연방은행 체계가 확립됐다. 연방준비제도는 향후 미국에서 금융 위기 발생 가능성을 없애는 데 목적이 있었다. 물론 현실적으로 불가능에 가까운 목적이기는 했다. 오늘날 연준은 다양한 금리 설정과 자산 처분 그리고 회원 은행인 연준 가맹 은행과 프라이머리 딜러Primary Dealer, 정부 부채 관련 증권을 발행하는 등 연준과 함께 일할 수 있는 사전 승인된 은행이나 브로커-딜러 혹은 여타 금융 기관-옮긴이로 알려진 대형 금융 기관과의 매수 거래 등을 통한 경제 정책을 수립한다. 또 연준은 경제의 다양한 측면을 감시 및 조정한다. 이에 따라 경제학자와 역사학자는 연준을 통한 정책의 효과를 경제적 장점과 취약점을 균형적으로 평가한다.

전통적으로 연준은 정기적으로 열리는 연방공개시장위원회FOMC: Federal Open Market Committee 회합을 통해 금리에 영향을 미친다. 통상 FOMC는 상업은행이 지급 준비금 요건(연방기금금리)에 맞춰 은행 간 대출에 작용할 목표 금리를 설정한다. 연준이 유지하는 대형 대출 은행의 계좌를 조정하는 방식으로 은행 상호 간에 부과하는 금리에 영향을 준다. 은행은 또 현행 할인율Discount Rate: 중앙은행이 상업은행이나 기타 금융 중개 기관에 준비금을 빌려 주는 대가로 부과하는 금리-옮긴이로 연준에서 직접 차입할 수도 있다. 이 할인율은 간접적으로 시중(시장) 금리에 영향을 미친다. 그러나 시중 은행이 연준 '대출 창구Discount Window'을 이용해 자금을 융통한다는 자체가 은행의 신용도에 부정적으로 작용할 수 있다. 일단 연준에서 대출을 받는 은행이면 자금 사정이 좋지 않다는 의미일 수 있기 때문이다. 연준은 통화 정책을 수행하고 금리를 조정하는 또 다른 수단으로서 은행이 예치해야 할 준비금 수준을 조정하기도 한다. 2007년에 시작된 금융 위기 동안 연준은 연방기금금리를 0.25퍼센트로 인하했고 이로써 은행 준비금에서 2조 6,000억 달러 규모의 신용이 창출되는 효과가 있었다.[5]

중앙은행의 필요성과 장점에 관해 그리고 최종 대출자로서 금융 위기가 발생할 때 어떻게 이를 안정시키는지에 관해 여전히 논쟁이 계속된다. 그동안 겪었던 금융 위기 경험 때문에 1873년에 월터 배젓Walter Bagehot이 저명한 논문 〈롬바르드 스트리트〉에서 주창한 이론을 신봉하게 됐다.[6] 중앙은행은 적어도 경제적으로 어려운 시기에는 최종 대출자가 돼 고금리로라도 자유로이 대출을 해 줘야 한다. 이처럼 위기 시에는 대승적 차원에서 이런 역할을 수행함으로써 경제 붕괴를 막는 일이 바로 정부가 해야 할 임무다. 여기서 더 나아가 배젓은 정부가 종종 반포하는 인위적이고 조작적인 규정이 더해질 때는 특히 중앙은행이 경제에 부정적인 영향을 미친다고 믿었다. 실제로 수많은 경제학자와 관련 학계는 중앙은행이 인위적인 경제 환경을 조성하고, 시장을 왜곡하는 통화 결정을 내리고, 은행으로 하여금 자체 금융 문제를 해결할 준비 태세를 갖추게 하는 각종 유인책을 없애는 기관이라고 생각한다.[7] 일부 학자는 연준 설립 이후로 미국에서 발생한 금융 위기나 중앙은행이 존재하지 않았던 남북 전쟁과 제1차세계대전 사이에 발생한 위기나 심각한 정도가 별반 다르지 않다고 주장한다.[8]

중앙은행 체계를 찬성하는 쪽이나 반대하는 쪽이나 일리 있는 부분은 있다. 중앙은행은 정부가 수행해야 할 역할의 신뢰도를 높이는 데 핵심적인 요소다. 연준과 기타 규제 기관이 경제적 사건에 일일이 관여하여 과도하게 통제하면서, 자연스러운 경제적 효과와 목적이 아니라 탄탄한 자료에 기반을 두지 않은 규제상의 목적이나 정치적 의도에 초점을 맞출 때 문제가 생긴다. 정부가 경제에 개입해 표준을 만들고 자금 흐름과 상거래에 영향을 미치기는 매우 쉽고 또 종종 효과적으로 이런 작업을 수행할 수 있다. 그러나 이미 설명했듯이 그런 조치나 행위가 더는 불필요하고 도움이 되지 않는다고 판단했을 때, 문제가 없던 이전 수준으로 되돌아가기란 매우 어렵거나 사실상 불가능하다. 정부가 선의로 개입해 경제 정책이나 규제 정책에 영향을 미칠 때마다 금융 유인책을 변화시키고 경제적 변화를 유발해 결과적으로 부적절한 대응을 이끌어 낼 가능성이 커진다. 정부 행동을 촉발하는 경제적 도미노는 항상 존재한다. 이에 관한 구체적 사례는 이 책 전반에 걸쳐 상세히 다루겠지만, 어쨌든 연준은 이제 그 어느 때보다 막강한 권한을 지닌 강력한 기관이라는 점을 말해 두어야 공정할 듯하다. 연준은 미국 모기지의 3분의 1 이상을 보유한 재무 수준과 통화 정책에 관해 완전한 재량권을 보유하고 세계 최대 은행권에 대해 편재적 감독 권한이 있다. 또 재무부 채권, 레포, 고정수익증권(채권) 부문에서의 시장 조성자와 대형 비은행권 금융 회사에 대한 규제 권한을 가진다. 1955년에 윌리엄 맥체스니 마틴William McChesney Martin 연준 의장이 할인율 인상을 두고 '파티가 한창 달아오를 때 펀치볼가벼운 알코올음료를 담은 용기-옮긴이을 치우라고 명하는 일'에 빗대 표현한 적이 있다. 이때 상황과 비교하면 중앙은행 논쟁에 큰 진전이 있기는 했다.[9]

경제와 금융 서비스 부문에 대한 정부 개입을 늘려야 한다는 주장과 개입을 줄여야 한다는 주장 간의 논쟁을 깔끔하게 정리하기는 어렵다. 정부의 어떤 실책이 금융 위기로 이어졌는지는 확인은 가능하다. 그러나 금융 감독과 규제를 통해 금융 위기를 얼마나 막았는지 혹은 위기를 얼마나 줄였는지를 알아내기는 매우 어렵다. 금융 사건이 매일 발생하는 역동적인 미국 시장 경제 체계에서 정부가 계산 착오나 오판을 하지 않는 그야말로 환상적인 규제 체계를 구축하기란 사실상 불가능하다. 목표에 따른 금융 규제와 개입이 필요하기 때문에 정부 실책이 발생할 빈도를 줄일 좀 더 효율적이고 좀 더 정교한 체계를 개발해야 한다. 그러자면 우선 자료를 더 많이 수집해야 하고 분석 방식도 좀 더 정교하고 세밀하게 가다듬어야 한다.

금융 감독과 규제

신중하게 만들어진 긍정적 의미로써 규제의 역할은 이 책의 중심 주제이자 핵심 개념으로 경제 회복에 가장 필요한 요소이기도 하다. 은행은 여전히 미국 내 자금 및 금융 부문의 중심축이기에 연방 및 주 정부 기관의 규제 행위는 전반적으로 경제에 중요한 영향을 미친다. 그러나 지난 80년 동안 미국에서는 개인 및 상업 투자의 중심이 은행에서 비은행권 대부업체, 핀테크 회사, 온라인 대출 기관, 시장 대출자, 뮤추얼펀드 및 투자 펀드, 보험사, 투자은행, 사모펀드 및 헤지펀드 등을 포함한 기타 다양한 금융 기관으로 옮겨 가면서 조용하게 혁신이 이뤄지고 있었다. 소비자 및 기업의 금융 자산을 평가하기만 해도 금융 생태계에서 은행의 비중이 줄어들었다는 사실을 바로 알 수 있다. 즉 1935년에는 총 자금의 약 95퍼센트를 은행이 보유했는데 2018년에는 약 40퍼센트 수준으로 감소했다. 현재 총 자금의 대부분을 보험사, 뮤추얼펀드와 MMF, 헤지펀드, 사모펀드가 보유하고 있다.[10] 이는 대략적인 수치에 불과하지만, 자금 이동량을 살펴보면 정부 규제가 확실히 문제가 있음이 드러난다. 정부 규제의 기반이 된 시장 특성이 완전히 바뀌었는데도 정부가 행하는 엄격한 건전성 규제 자원 대부분이 여전히 FDIC가 보증한 예금 기관에 집중된다. 건전성 규제는 여전히 기업의 실제 활동이 아니라 기업의 정체성을 기준으로 삼았다. 대상이 은행이면 그제야 포괄적인 규제에 들어간다. 여기에 기본적 결함이 있다. 효율적인 감독이 이뤄지려면 규모와 기술적 역량 그리고 시장이 진화하고 자금이 움직이는 속도에 맞게 조절 가능한 규제 체계가 필요하다. 은행에 대한 연방 규제 외에 미국 금융 환경은 1930년대와 별반 다르지 않다.

안전과 건전성 규제에 관한 주요 결정이 여전히 은행과 은행의 영업 활동에 대한 물리적 검사, 당국에 정기적으로 제출하는 자료 및 연례 보고서 등을 통해 수집한 금융 및 규정 준수와 관련한 역사적 자료에 바탕으로 둔다는 점 때문에 문제가 훨씬 더 심각해진다. 은행은 실시간으로 자금을 움직이고 위험을 부담하는 반면에 대형 기관을 제외하고는 거의 대부분이 주로 비실시간 자료를 이용해 평가한다. 시장과 기술에 엄청난 발전이 있었는데도, 의회와 규제 기관은 감독관이 현장에서 관찰한 사실을 알리기 전까지 문제점을 알릴 더욱 진화한 기술적인 실시간 감독 체계를 구축하는 작업을 서두르지 않았다. 이 때문에 직접 맞닥뜨리는 상황이 올 때까지 문제를 인지하지 못할 때가 있었다. 이에 도드-프랭크법은 문제가 있는 가설적 시기에 자본의 적절성을 검증하고, 곤경에 처한 대형 금융 기관이 문제를 해결하는 방법을 더 잘 이해하고자 정리 의향서Living Wills, 파산 시 정리 계획을 담은 문서-옮긴이를 작성하게 하고, 강화된 위험 관리 기준을 요구하는 등의 방식으로 변화를 도모하기 시작했다. 그러나 금융 기관이 실시간 보고에 완전히 익숙해지고 정부가 빅데이터와 인공 지능 프로그램이 중요한 관리 도구라는 점을 인식할 때까지는, 정부의 감독이 성공할지 여부를 장담할 수 없다. 최근 몇 개월 동안 규제 기관이 이 문제에 초점을 맞추기 시작했다. 이에 관해서는 뒷부분에서 논의할 생각이다.

규제 체계의 요체를 생각해 보라. 연준은 통화 정책 외에 금융안정 감독위원회FSOC: Financial Stability Oversight Council가 건전성 규제를 하게 돼 있는 비은행권은 물론이고 연준 가맹 은행으로 선정된 주정부 인가 은행, 은행 지주 회사 등에 대한 감독을 통해 중요한 규제 및 감시 역할을 수행한다. 연준은 또 도드-프랭크법에 따라 지난 10년 동안 '국제 금융 체계상 중요한 은행Globally Systemic Important Bank'에 대한 건전성 규제 확대를 목적으로 거시적인 건전성 감독 작업을 시작했다. 그러나 연준이 확실하고 믿을 만한 금융 자료를 토대로 하지 않는다고 비판하는 사람도 있다. 기술적으로 연준 가맹 은행을 '소유한' 12개 연방준비은행이 통화 및 감독 역할을 수행한다.[11] 이 체계는 상당한 수준의 이해 충돌을 일으키거나 아니면 각자의 관점에 따라 은행계를 규제하는 매우 효과적인 감독 방식이다. 더불어 예금 기관에 대한 연방 규제는 가맹 은행이 아닌 주정부 인가 은행을 규제하는 FDIC를 통해 수행된다. 또 모든 은행 예금의 안전을 보장하는 연방 예금 보험 기금을 관리하고 FDIC가 보증했던 은행이 파산했을 때 해당 은행의 관재인 역할도 한다. OCC는 연방(정부) 인가 은행과 연방 저축 기관을 감독한다. 전미

신용조합관리국NCUA: National Credit Union Administration은 연방 신용조합을 규제하고 연방 및 주정부 신용조합의 예금을 보증한다. OCC와 NCUA 같은 연방 규제 기관은 금융 기관을 인가하고, 영업 활동을 감독하고, 자본과 유동성 수준을 결정하고, 배당금 지급 및 확대를 승인하고, 파산 시 은행을 폐쇄하는 등 흡사 금융 기관의 '요람에서 무덤까지'에 해당하는 전 과정을 관리·감독한다. 이제 미국에는 과도한 수준의 금융 규제 체계는 존재하지 않는다.

브로커-딜러, 투자 자문가, 뮤추얼펀드 및 MMF, 자산 관리사 등을 포함해 유가 증권 및 상품 시장에 대한 규제는 증권거래위원회SEC: Securities And Exchange Commission와 상품선물거래위원회CFTC: Commodities Futures Trading Commission를 통해 이뤄진다. 언론과 대중이 잘못 생각하는 부분이 있다. 예를 들어 지금도 그렇고 과거에도 엄격한 규제를 받았던 JP모건체이스나 웰스파고Wells Fargo 그리고 지방 은행이나 S&L과 달리, 2008년 금융 공황 이전의 메릴린치Merrill Lynch, 베어스턴스, 리먼브러더스, 골드만삭스Goldman Sachs, 모건스탠리 등과 같은 전통적 투자은행과 브로커-딜러는 엄격한 규제 대상이 아니었다. 2008년 금융 위기 동안 일부 투자은행은 파산했고 일부는 상업은행에 인수됐다. 또 모회사가 은행지주 회사가 돼 연준으로부터 금융 지원을 받을 자격을 갖추려고 계열사 면허를 상업은행 면허로 전환한 곳도 있었다. 이때를 기점으로 대형 투자은행과 상업은행의 합병을 통해 양자 간에 효율적인 업무 통합이 이뤄지면서 1990년대 말부터 흐려지기 시작한 증권 회사와 은행 간의 경계가 완전히 허물어졌다. 그러나 이런 투자은행이 재정난에 빠졌을 때 엄격한 규제를 받지 않았고 예금도 FDIC가 보증하지 않았다. 또 연준과 OCC 혹은 FDIC가 이 투자은행의 자본과 유동성, 영업 활동을 관리하지도 않았다. 보험사는 연방 규제 대상이 아니며 인가를 내준 해당 영업 지역 관할 주정부가 감독한다. 유통 시장에서 모기지 채권을 인수하는 정부 후원 기업 패니메이와 프레디맥 그리고 상업은행과 S&L에 대출해 주는 도매 대출 기관인 연방주택대출은행Federal Home Loan Bank은 연방주택금융청FHFA: Federal Housing Finance Agency이 규제한다. 도드-프랭크법에 따라 설립된 상위 규제 기관인 FSOC는 금융 체계의 안정성을 규제하는 업무를 맡은 모든 연방 금융 기관의 수장으로 구성된 기구다. 이는 '검은 월요일'이라 칭하는 1987년 10월 19일 주식 시장 붕괴에 대응해 설립한 레이건 대통령 직속 '금융 시장 실무단Working Group on Financial Market'을 재현한 기구다. 도드-프랭크법에 따라 소비자금융보호국CFPB: Consumer Financial Protection Bureau도 설립됐으며 소비자보호법을 시행하고 금융과 관련한 문제에서 소비자를 공정하게 대우하는 데 목적이 있다. 마지막으로, MBS의 발행 및 판매와 관련해 금융 위기 때 이에 대응한 대형 금융 기관의 행위가 위기 상황에 반영됐듯이 특정 규제 법령에 문제가 있다 하더라고 법무부 역시 엄격한 금융 규제 기관의 역할을 했다. 그런 법령상의 문제와는 별개로 서브프라임 위기 때 사기 및 기망 행위를 했다는 이유로 최대 규모의 벌금과 합의금을 이끌었다.[12] 재무부 금융범죄단속망FinCEN: Financial Crimes Enforcement Network 또한 빼놓을 수 없다. FinCEN은 자금 세탁 및 은행보안법을 위반한 은행에 대해 민사적 벌금형 부과 및 집행 권한을 가진다.

수많은 기관이 거의 똑같은 업무를 수행하는 듯 보일지도 모른다. 확실히 그렇다. 지금에 와서 다시 이런 체계를 구축하라고 하면 다들 고개를 저을 정도로 사실 연방 체계는 정말 복잡하고 거추장스럽다. 그러나 이는 큰 그림의 한 부분일 뿐이다. 50개 주정부와 컬럼비아 특별구(연방정부 소재지)가 각기 금융 기관을 규제하는 기관을 두고 있다. 주정부 은행 감독 기관, 보험 감독 기관, 소비자 보호국, 증권 감독 기구 등이 제각기 해당 업무에 대한 관할권을 주장하려 한다. 더구나 연방 및 주정부 검사나 기타 법조인이 저마다 정치적 야망을 품고 과하다 싶게 활동하는 요즘 같은 시대에는 금융 기관에 대한 규제와 처벌 강화를 요구하는 이들의 목소리가 점점 높아지고 있다. 2008년 금융 공황과 회계 부정에 관한 도드-프랭크법이 제정되기 몇 년 전에 한 은행 지주 회사에서 감사위원회를 주재했을 때의 일이 생각난다. 내 법률 파트너이자 의뢰인과 함께 주의회 의사당에 마련된 화려한 회의실로 들어갔고 여기서 저축기관감독청Office of Thrift Supervision, FDIC, OCC, 연준, SEC, 법무부, 주정부 은행감독위원회, 연방 및 주정부 형사 소추단 등에서 나온 감독관 20여 명을 만났다. 회의를 시작하고 각자 자신을 소개하는 데 시간이 얼마나 많이 걸렸을지 상상하기 어렵지 않을 것이다. 방만하고 비용도 많이 들어가는 이 낡은 체계에서 연방 및 주정부 규제 기관 간에 업무가 서로 겹치는 부분이 많았고 관할권 논쟁도 끊이지 않았다. 실제로 이 회의 때 은행 감독관과 검사 사이에서 어느 쪽에 업무 우선권이 있느냐 그리고 형사 소송이 민사상 조사에 우선하느냐를 놓고 충돌이 일어났다. 이 회의에 참석한 수십 명이 해당 안건에서 합의를 도출하는 데 족히 몇 년이 걸렸다. 위기가 발생할 때마다 규제가 늘어나기 때문에 규제 중복 수위도 높아진다. 이렇게 중복된 체계를 유지하는 데 아까운 세금을 쓰는 일은 매우 비효율적이다. 그림 2.1은 연방 및 주정부 기관의 기업 규제 유형을 나타내며 이 복잡한 도식에 이 같은 비효율성이 잘 드러나 있다. 규제 기관과 대상 기관을 잇는 선을 하나씩 이을 때마다 눈이 핑핑 돌 정도로 금융 규제에 관한 전체 그림이 어지럽고 복잡하다. 해가 갈수록 규제가 늘어나는 듯하다. 내가 OCC에 들어갔던 1976년 당시 관보에 실린 연방 인가은행에 관한 OCC 규정은 200쪽 분량 정도였다. 그런데 요즘은 그 분량이 1,200쪽이 넘는다. 각자의 관점에 따라 국가 은행 감독 체계가 600퍼센트 더 안전하다고 혹은 600퍼센트는 더 복잡하다고 혹은 비경제적 요인의 영향을 600퍼센트는 더 받는다고 주장할 수도 있다. 그러나 안타깝게도 더 미묘하고 주관적인 형태의 규제가 이런 공식적 규정을 압도하면서 규제 기관에 무제한적 재량권을 부여함에 따라 평판과 운영상의 위험이 더 커질 수 있다.[13]

새로운 규정이 추가될 때마다 해당 규제 기관은 감독 대상인 금융 기관이 취하지 않기 바라는 행동을 금지함으로써 해당 조직의 경영 영역으로 한 걸음씩 더 들어간다. 언제든 은행이 위반할 수 있는 규정을 찾아내기는 어렵지 않다. 특히 대형 은행은 양적 및 질적 측면에서 자본 적합성을 측정하는 국내 및 국제 금융 규제 표준의 적용을 받는다. 문제는 이 자본 적합성을 평가하는 데 사용하는 이런 표준이 20여 개에 달하며 게다가 서로 중복된 부분이 적지 않아 복잡하기 이를 데가

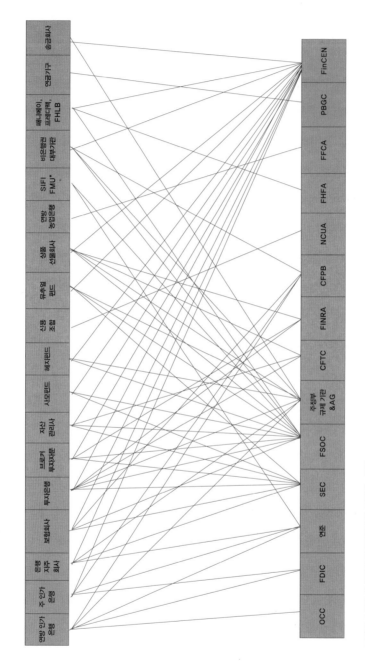

그림 2.1 연방 및 주정부 기관이 기업을 규제하는 형태

*FMU: Financial Market Utility, 다수 금융 회사 간 자금 이체, 지급 결제, 기타 금융 거래 체계를 운영 및 관리하는 개인 또는 기관—옮긴이

없다.[14] 지난 금융 위기 이후 새로운 자본 요건이 무분별하게 생성됐고 서로 중복된 각 요건이 마치 거미줄처럼 복잡하게 얽힌 모양새였는데 연준이 드디어 이 복잡한 난맥상을 정리하기 시작했다. 최종적으로 자본 요건을 8개로 줄이고 스트레스 테스트예외적이긴 하나 발생 가능성이 있는 사건에 대해 금융 체계의 잠재적 취약성을 측정함으로써 금융 체계의 안정성을 평가하는 기법–옮긴이 방식도 단순화했다.[15] 그러나 '규제 스파게티', 즉 국수 가락처럼 복잡하게 얽힌 규제 요건과 다양한 국제 협정의 적용 문제를 해결하려면 적지 않은 금융 전문가 집단의 노력이 여전히 필요하다. 이런 규제 전부가 서로 충돌할 때가 종종 있다. 은행 경영진은 은행 자본 요건이 너무 엄격하고[16] 수많은 자본 및 유동성 규정의 목적이 서로 엇갈릴 때가 있다고 주장한다. 이런 상황은 은행으로 하여금 더 큰 위험을 부담하도록 부추긴다. 장부상으로는 이미 실제보다 더 큰 위험을 감수했다는 듯이 위험을 추가로 부담하기 때문이다.[17] 미국의 이중 규제 체계는 여러 연방 및 주 정부 규제 기관이 안전 및 건전성에 초점을 맞춰 감독하는 한편 관할권, 민사적 징벌금, 주요 뉴스 등을 두고 경쟁하는 복잡한 구조로 발전했다. 이런 정부 규제로 파산 지경에 몰린 은행이야말로 역기능적인 규제의 중복성을 가장 절절하게 경험한다.[18] 이런 규제 기관 전부가 지난 위기의 징후를 감지하지 못했고 신속하고 효과적으로 그 위기를 해결할 정도로 기민하지 못했다. 이런 사실 자체가 현행 규제 체계를 재검토해야 한다는 명백한 증거다.

정부 감독은 경제 환경과 금융 기관이 안전하고 건전한 방식으로 기능하고 고객의 신뢰를 악용하지 않으며 파산을 피하게 하는 데 목적을 둔다. 경제가 흔들리고 은행이 파산하는 상황이 전개될 때면 수많은 금융 기관이 한꺼번에 파산해 금융 체계가 흔들리고 이것이 경제 붕괴로 이어지지 않게 하는 쪽으로 정부의 역할이 전환된다. 규제 기관이 규제 대상인 금융 기관을 운영할 수도 또 운영해서도 안 되고, 규제의 목적이 파산을 완전히 방지하는 것일 수도 없으며 또 그래서도 안 된다. 규제의 초점이 점점 위험 회피 쪽으로 기울면 금융 기관을 마치 우체국처럼 취급하게 된다. 이렇게 되면 금융 혁신과 그 성과가 평범한 수준을 넘어서지 못하게 되고 경제는 어려움에 빠진다. 여기서 적절한 균형점을 찾는 일이 바로 정부가 해야 할 과제다.

새로운 금융난을 겪을 때마다 의회는 금융 안정성을 유지하고자 점점 더 많은 법률과 규정에 의존하는 이른바 규범적 규제 체계로 기우는 경향이 있기 때문에 전체 체계상의 균형을 잃게 된다. 이는 자연스러운 반응이다. 무모한 행동이 금융 위기를 유발하거나 조장할 수 있다. 따라서 입법을 담당하는 의회 의원으로서는 그런 행동을 좀 더 효과적으로 단속하려면 더 많은 법률이 필요하다고 판단한다. 이런 판단에 따라 금융 기관은 대안적 전략을 모색하게 되고 규제를 덜 받는 경제 부문 쪽으로 시장 위험을 전가하려는 분위기가 조성된다. 규제가 계속 늘어나면 시장 역동성이 감소하고 금융 감독은 정형화된 의례적 활동으로 고착될 뿐이다. 또 새로운 법률과 규정에서 맹점을 찾아내는 기술을 향상시키고 관리·감독 행위를 수치 자료와 계량적 분석 기준을 토대로 한 활동으로 변화시킨다. 공식에 기반을 둔 규제 표준은 규제 기관을 교란시켜 건전한 감독을 가능케 하는 안전 및 건전성 그리고 위험 관리에 대한 경험과 판단력을 잃게 하는 경향이 있다. 요컨대 금융 기관 경영진과 규제 기관은 너무 기계적으로 행동하게 되고 큰 그림에서 벗어나게 하는 미결 사항 준수에 초점을 맞춰 전문성과 판단력을 포기하려는 함정에 빠지고 만다. 그 결과 점점 더 많은 규정이 반포되면서 금융 체계는 안전성에서 점점 더 멀어지게 된다.

이 책 전반에 걸쳐 설명했듯이 사업 혁신과 이익, 금융 발달상의 문제를 일으키지 않으면서 전체 경제와 투자자, 소비자를 보호할 균형적 감독 체계를 구축하는 일이 가장 중요하다. 균형감이 있는 체계란 실질적으로 무엇을 의미하는가? 우선 금융 감독을 현대화하고 인공지능과 빅데이터를 기반으로 한 TBE 체계로 나아가야 한다. 정부는 의도치 않게 과도한 위험을 감수하거나 변동성을 창출하지 않도록 해야 한다. 수많은 연방 및 주정부 규제 기관이 낡은 도구를 사용하면 정부 노력이 방해받기 때문이다.

금융 규제에 영향을 미치는 또 다른 요소

정치

돈이 있는 곳에는 항상 정치의 그림자가 어른거린다. 정치는 미국에서 발생하는 경제 및 금융과 관련한 복잡한 사건을 감독하는 데 중요한 역할을 하지만, 때로는 정치가 관리 · 감독에 역효과를 내기도 한다. 돈과 정치의 유착으로 인한 규제 체계상의 '부정'을 찾아내 이를 정치적 요소 및 입법 행위와 정교하게 연관시키는 연구자도 있다.[19] 이 체계는 돈을 중심으로 구축돼 있으며 공격하기도 편한 표적이다. 현행 체계에서는 여전히 정치인에게 자금을 대는 행위가 합법적이다. 정치에 돈이 결부된 부분을 불평하는 일은 카지노에서 도박을 한다는 사실에 충격받았다고 하는 것과 다를 바 없다.

　의회는 법을 통과시키고 규칙과 규정을 제정해 그 법을 시행하는 연방 금융 기관의 권한을 관리·감독한다. 의회는 또 이외 다양한 방법으로 금융 기관의 운영 및 감독의 성격에 영향을 미친다. 은행업의 위기는 정치와 무관하지 않다. 특히 관련 자료를 면밀히 분석한 후 미국처럼 규제와 정치가 경제에 중요한 역할을 하는 국가에서는 그런 위기가 더 심각하고 또 자주 발생한다는 사실을 알고 나면 정치와의 연관성을 무시할 수가 없다.[20] 그런 금융 재앙이 무작위로 발생하는 사건이라면 모든 국가가 동일한 빈도로 그런 위기를 겪을 것이다.[21] 그러나 미국은 '1819년, 1837년, 1839년, 1857년, 1861년, 1873년, 1884년, 1890년, 1893년, 1896년, 1907년 그리고 1920년대, 1930~1933년, 1980년대, 2007~2009년'에 주요 은행업 위기가 발생했다.[22] 이를 캐나다 상황과 비교해 보라. 캐나다는 이런 위기가 1827년과 1839년 단 두 차례 발생했을 뿐이고 이때 주요 은행이 파산하지도 않았다. 미국보다 은행업 위기가 더 많이 발생한 국가는 아르헨티나뿐이다. 아르헨티나는 '잘못된 통치가 너무 오랫동안 이어진 탓에 실질적으로 이 나라의 정치사는 곧 잘못된 관리 그 자체'라고 묘사할 정도였다.[23] 은행업 위기에 관한 한 미국과 아르헨티나를 어떻게 동일선상에 놓을 수 있겠는가? 무언가 크게 잘못된 부분이 있다.

정치인은 대체로 금융에 대해 잘 모른다. 그러면서 그 어설픈 지식으로 경제를 주무르려는 행동을 멈추지 않는다. 경제적 사건에 정치가 개입하거나 불개입해서 손실이 발생한 사례는 차고 넘치게 많다. 1837년에 잭슨 대통령은 어떤 화폐 유형을 수용할지에 영향을 미치고 중앙은행을 없애는 조치를 통해 미국 통화 및 은행 체계를 약화시키는 역할을 했다. 1907년에 뉴욕 은행이 점점 심각해지는 경제 위기에 직면했고 주식 시장은 붕괴했을 때 유감스럽게도 루즈벨트 대통령은 방심한 상태로 스스로 해야 할 임무를 게을리 했다. 혹은 선동적인 발언으로 대중 영합주의적인 태도를 보였다. 20세기 초에 연준 설립과 관련한 문제로 치열한 정쟁이 일었고 이 때문에 대공황 이후까지 금융 위기에 효과적으로 대응하지 못했다. 1966년에 의회는 주택 대출을 지원하고자 S&L 예금 금리 상한선을 두기로 했다. 이 때문에 1980년대 S&L은 불가피한 자산 부채 불일치 상태에 빠져 금융 경색에 이르렀고 결국 줄도산 압박에 시달려야 했다. 1990년대 초에 클린턴과 부시 행정부는 은행과 패니메이, 프레디맥을 압박해 중저소득층 차입자에게 모기지를 제공하게 했다. 이는 다른 시장 유인책과 결합하면서 패니메이 및 프레디맥의 성장과 정부 후원 및 보증으로 촉발된 서브프라임 대출 과열 현상을 낳았다.

법안 통과 외에도 의회 전체나 심지어 개별 의원이 경제 정책에 간접적으로 영향을 미치는 방법이 있다. 의회 서한, 질의, 청문회, 소환 등으로 연방 규제 기관과 개별 금융 기관에 부정적 영향을 미칠 수 있다. 규제 기관은 의회 서한을 자주 받는다. 상·하원 중 하나 혹은 상·하원 둘 다 야당이 다수당일 때는 특히 더 그렇다. 그리고 보통 이런 서한은 비난조일 때가 많으며 단순히 정보나 자료를 요청할 때도 마찬가지다. 그래서 의회 서한은《해리포터》에 나오는 하울러가 나서 고함치는 소리가 나오는 편지-옮긴이와 비슷하다. 게다가 의회 청문회와 소환은 단순한 진상 조사 차원 그 이상일 수도 있다. 정치 활동가, 경쟁 기업, 거액 기부자 등과 같은 외부적 요소가 그 흐름을 주도할 때가 꽤 많다.

이런 의회 행동 전부가 의회가 제정한 법률의 실행과 정책 이행 방식에 영향을 미친다. 정부 기관의 직원은 그저 인간일 뿐이고 자신의 경력을 위해 상원의 소환을 받거나 공개적으로 망신당할 가능성이 있는 사안이라면 웬만하면 움직이지 않으려 한다. 다른 모든 조건이 동일하다면 규제 기관은 의회 질의나 요구가 아무리 터무니없어도 또 아무리 정치적인 동기가 부여돼 있더라도 의회의 비위를 거스르려 하지 않는다. 전 재무 장관 가이트너는 저서《스트레스 테스트》에서 지난 위기 동안에 자신이 견뎌내야 했던 과시적이며 부패한 정치적 사건에 대한 경멸감을 명백히 드러냈다.[24] 가이트너는 이런 교묘한 의회 활동에도 불구하고 규제 기관이 위기를 통제하는 데 성공했다고 말한다. 이에 대한 한 가지 사례가 찰스 슈머Charles Schumer 상원 의원이 캘리포니아에 소재한 인디맥을 공격했던 일이다. 그리고 이 일이 예금 인출 사태를 악화시키면서 결국 은행 폐쇄로 이어졌다.

다른 민간 부문과 시장 역동성이 미국 금융 위기에 일조하고 심지어 더 중요한 역할을 할 수도 있지만, 이런 위기를 조장하고 더욱 번성시키는 데는 일종의 온실 역할을 하는 요소가 필요하다. 정치적 책략과 정부 규제 기관의 실책이 결합하면 무언가 잘못된 결과를 만들어 내는 완벽한 환경이 조성된다. 의회를 통한 감독은 물론 중요하지만, 통화와 경제에 대한 감독일 때는 분별력 있고 현명한 방식이 필요하고 또 권한을 남용해서도 안 된다. 개인적으로 정치적 색채를 뺀 금융 서비스가 되도록 합동조세위원회Joint Committee on Taxation 같은 초당적 입법 기구의 설립이 필요하다고 생각한다. 합동조세위원회는 유능한 변호사, 경제학 박사, 회계사 등으로 구성된 초당적 위원회로서 의회 양원에서 다수당과 소수당에 조세 입법에 관한 정교한 분석 작업을 지원하고 그 결과를 제공한다. 상원금융위원회Senate Finance Committee 위원장과 하원세입위원회House Ways And Means Committee 위원장이 돌아가면서 합동조세위원회 위원장을 맡는다. 전통적으로 상당한 신뢰와 명성을 누리는 기구다. 돈과 의회 간의 정서적 애착 관계를 고려할 때, 금융 서비스는 당파적 접근법이 최대한 자리를 잡지 못하게 해야 하는 영역 중 하나임은 분명하다.

관세

관세는 자국 경제를 보호하고 육성하는 데 활용하는 가장 오래된 무역 정책 도구다. 기본적으로 관세는 단위당 고정 요금으로 수입품에 부과된 세금 혹은 수입품 가격에 비례해 부과된 종가 관세를 말한다. 국내 상품 가격 상승, 수출 가격 하락, 무역 상대국 재구성, 국가 간 무역량 감소, 관세 대상 제품의 수요와 공급 감소 등을 포함해 전국적 파급력과 다양한 효과를 발휘하는 강력한 방어 무기가 될 수 있다. 전략적 관세는 무역 상대국으로 하여금 이에 대응하게 하고 이런 대응이 종종 무역 전쟁으로 비화되기도 한다. 다시 말해 관세는 정치가 경제에 영향을 미치는 방법이자 금융 시장의 왜곡 수준을 높이는 또 다른 방법이다.[25]

신뢰, 의사소통, 소셜 미디어

신뢰 및 신뢰 부족은 제 기능을 다하는 금융 체계에서 가장 중요한 요소다. 신뢰 및 신뢰 부족이 경제와 어떤 관계가 있는지에 대한 가장 면밀한 분석은 로버트 알리버와 찰스 킨들버거의 명저《광기, 패닉, 붕괴: 금융 위기의 역사》에서 시작됐다.[26] 신뢰 혹은 과신은 금융 광기를 유발하는 역할을 하지만, 이런 신뢰가 사라지면 경제가 흔들린다. 신뢰를 현명하게 활용하면 위기도 중단시킬 수 있다. 정부의 관리가 효과적으로 작동하고 있는 상황에서는 신뢰가 효과적인 치유책이 되지만, 앞으로 보게 되듯 이런 사례가 흔치는 않다. 신뢰의 힘은 정부, 통화, 결제 체계, 제품, 금융 기관, 대중이나 시장 등의 완전함에 대한 심리적 확신에서 나온다. 이는 경제와 결코 무관하지 않은 인간 행동 특성의 일부다. 신뢰가 줄어들거나 사라지면 시장이 이를 감지하고 예금 인출 사태가 발생하며 고등급 자산 선호 현상이 불가피해진다. 공황은 공황을 낳는다. 그리고 사람이든 조직이든 금융계에서는 무엇보다 자금 확보에 대한 절박감이 모든 것을 압도한다.

예금 인출 사태는 은행 예금, 상업용 신용 한도, 채무 증서, 지분 증권 그리고 기업과 산업 더 나아가 국가에 대한 평판 등에 영향을 줄 수 있다. 악화가 양화를 구축하듯이 갑작스럽게 자본 및 유동성의 이동과 혼란 수준이 높아지고 시장에서는 고등급 자산 선호 현상이 나타난다. 2008년 서브프라임 위기 때 고등급 선호 현상으로 막대한 자본이 미국 재무부 채권으로 이동했고 이것이 시장 역동성에 엄청난 영향을 미쳤다.

대다수 금융 회사와 금융계는 자사 고객과 채권자가 동시에 대금 지급을 요청하면 이에 응할 여력이 없고 자산 정리도 불가능하다. 금융 사업에서는 신뢰와 확신이 중요하다. 신뢰를 바탕으로 모든 일이 가능해진다. 이런 신뢰는 인간의 고유 특성으로 거의 고착화돼 있으며 변화 가능성도 거의 없는 복잡한 인간 행동 요소다. 사람들이 내리는 금융 결정에 영향을 미치는 화학적 및 정서적 반응이 있다. 팽창하는 시장에서 투자자의 탐욕은 보상 기대에 화학적으로 반응한다.[27] 시장이 붕괴할 때는 인간 내부에서 일어난 또 다른 화학 반응 때문에 재정적 손실에 대한 공포가 생기고 이에 따라 판단력이 흐려진다. 앞서 언급했듯이 우리가 돈을 빌리거나 대출을 받거나 투자를 할 때마다 합리적이고 계산적인 대뇌피질(고도의 지적 기능 담당)이 변연계(의식 담당)와 전쟁을 벌인다.[28]

신뢰가 줄어들면 일반 역동성도 사라진다. 예를 들어 2008년과 2020년 경제 상황을 보면 모든 금융 진로가 상승 경향을 나타냈을 때 신용 잔액이 급증하는 현상이 나타났다. 한 가지 예를 들어보자. 수많은 비은행권 상업 금융 회사가 다가구 주택과 사무용 건물을 지을 목적으로 자금을 융통했다. 이런 거래를 통해 생성된 상업용 모기지와 금융 리스가, 투자자에게 판매되거나 대출채권담보부증권CLO: Collateralized Loan Obligation 및 부채담보부증권CDO: Collateralized Debt Obligation 형태로 유동화된 다양한 유형의 자산유동화증권ABS: Asset-Backed Securities 목록에 포함됐다. 투자자는 이런 증권을 담보로 제공해 추가 차입 절차를 다시 밟을 수 있다. 신용 상태나 유동성 부족을 보여 주는 첫 번째 신호가 나타나기 시작하면 차입자는 현금 부족으로 인해 대출금 상환이 지연되거나 상환 불능에 빠지므로 상업용 모기지 및 모기지 증권의 가치가 하락한다. 이런 현상이 나타났을 때 담보물로 사용한 금융 상품의 가치가 하락했다. 이렇게 되면 상업용 채권 발행자와 차입자는 추가 담보물을 제공하고, 추가 증거금 납부 요구에 응해야 하며, 신용 한도액을 상환하거나 손실을 안아야 한다. 이는 지속적인 신용 수축으로 이어진다. 특히 가용 신용이 감소함에 따라 소비자가 느끼는 압박감이 커질 때 이런 현상이 더 두드러진다. 모두가 현금 확보에 초점을 맞추면서 대량 인출 사태를 일으키면 유동성과 재정 부족으로 이어지고 이는 경제 수축, 재정 손실, 파산 등의 부정적 결과를 낳는다. 은행이 더는 유동성 문제를 효율적으로 처리하지 못하고 장부상 큰 손실을 내기 시작하면서 파산 위기에 몰리고 결국 금융 위기라는 막다른 상황으로 치달을 수 있다. 2008년과 2020년에 연준과 재무부가 신뢰 재구축을 목적으로 현금과 신용, 자본을 어떻게 제공했는지 살펴봤다.

대체로 신뢰의 주된 근원은 정부이지만, 일단 위기가 본격화하기 시작하면 정부가 대응할 수 없을 때 혹은 대응하지 않을 때는 또 다른 '구세주'가 등장하기도 한다. 나중에 논하겠지만, 1907년에는 JP 모건

J. Pierpont Morgan이 구세주 역할을 했다. 즉 모건은 대형 은행을 모아 휘청거리는 미국 경제 부문에 유동성과 자본을 투입했다. 누구든 간에 위기 상황에서 신뢰를 재구축하고 위기를 막아내는 일종의 금융 구세주 역할을 하려면 혁신적 사고, 유능한 기술 전문가, 노련한 대변자가 필요하다. 2008년 금융 위기 당시 정부에는 유능한 기술 전문가가 있었지만, 설득력 있는 대변자와 정치적 책략가는 부족했다. 2008년과 2009년 위기 때 정부 대응 방식을 다룬 가이트너 전 재무 장관의 책을 읽으면서 당시 400곳이 넘는 금융 기관을 파산시키고 대부분 폐쇄와 매각 과정을 거쳐 정리시켰다. 이 과정에서 많은 금융 기관에 대한 지식을 내가 이미 가지고 있음을 알았고 이런 경험이 얼마나 큰 도움이 됐는지 새삼 깨달았다. 경험이 정말 중요하지만, 안타깝게도 대다수는 그 중요한 일을 딱 한 번만 하게 된다. 그것도 이미 때가 늦었을 때가 많다.

투명성에 따라 신뢰가 살아나기도 하고 완전히 깨지기도 한다. 시장이 제 기능을 다하면서 대중의 신뢰를 쌓으려면 정보와 투명성이 필요하다. 이는 고튼이 쓴《금융 위기에 대한 오해》[9]의 기본 개념이다. 불투명성, 불확실성, 불완전한 정보 때문에 시장 변동성이 생기고 심지어 시장 조작까지 의심하게 한다. 정확한 정보가 부족하면 금융 시장은 기본적으로 투자자가 행동의 결과를 추측해야 하는 카지노 상황과 별다를 바가 없다. 기대치 못한 일이나 사건 때문에 깜짝 놀라고 싶어 하는 사람은 아마 없을 것이다. 하지만 불행하게도 금융 시장은 가장 빈번하게 충격적인 사건들이 일어났던 장소 중 하나였다. 역사를 돌이켜보면 일단 정확한 금융 정보를 알기 시작했을 때 시장이 부정적으로 반응한 사례가 한 가득이다.

1837년에 발생한 공황이 그 좋은 예다. 당시 런던 은행가가 대출 결정을 하려면 대서양 건너 미국의 금융 정보가 필요했다. 따라서 미국에서 시의적절하게 정보를 입수할 수 없을 때 런던 은행가는 상당히 보수적인 행동을 취하게 됐다. 이와 비슷하게 1980년대 초에 무력화된 상호저축은행이 GAAP에 따른 자료 공시를 이행하지 않았기 때문에 시장이 부정적으로 반응했다. 자료 공시는 시장이 다른 모든 상장 기업을 비교할 수 있는 근거였다. 가장 아이러니한 사실은 은행 예금주나 투자자에 관한 가장 민감하고 중요한 정보는 규제 기관에서 생성한 비밀 조사 자료라는 점이다. 그러나 중범죄 행위가 아닌 한 규제 기관의 승인이 없으면 은행이 자료 공시를 하지 않을 수도 있다. 게다가 상업 대출의 가치를 평가하기 어렵다는 점이야말로 불투명성의 전형적인 증거다. 따라서 은행업에서 진정한 투명성을 확보하는 일이 항상 어려웠다.

정확한 정보의 전달 및 공표는 신뢰 기반 구축에 필수적인 요소다. 이처럼 정확한 정보 소통은 확실성을 담보하는 수단이자 금융 시장의 초석이다. 이 스펙트럼의 다른 한쪽 끝에는 잘못된 혹은 정확하지 않은 정보에 관한 문제가 있다. 다시 말해 허위 정보나 근거 없는 소문이 시장에 확산되면 이 또한 금융 위기를 증폭시키는 촉매가 될 수 있다. 이는 매우 다양한 형태를 띠며 공포심을 자극해 대중의 신뢰를 좀먹는 역할을 한다. 앤드루 잭슨은 미합중국은행BUS: Bank of The United States, 미에 관한 견해와 함께 은행권의 가치를 인정하지 않는 발언으로 1837년 당시 불안한 경제 상황에 더욱 불을 지폈다. 슈머 상원 의원은 적극적인 개입을 통해 2008년 인디맥 파산에 일조했다. 2008년 6월 26일에 슈머 의원이 인디맥의 자생력에 의문을 제기하는 내용으로 FDIC와 저축기관감독청OTS: Office of Thrift Supervision에 보낸 편지가 공개됐다. 그는 서신에서 "규정에 따른 조치를 취하지 않으면 은행이 파산에까지 이를 수 있을 정도로 인디맥 재정 파탄은 납세자와 피대출자 모두에게 큰 위험 요소로 작용한다"라고 밝혔다. 슈머가 인디맥에 '심각한 문제'가 있을지 모른다는 식의 우려를 표명한 이후로 인디맥 예금주는 앞다퉈 예금을 인출하기 시작했고, 단 3일 동안 인디맥 계좌에서 1조 3,000억 달러가 빠져나갔다. 존 라이히John Reich OTS 청장은 인디맥이 재정적 압박을 받고 있기는 했지만, 7월 11일에 OTS가 은행 파산 및 폐쇄 조치를 내린 직접적인 원인은 대량 예금 인출 사태로 인한 '유동성 위기' 때문이라고 말했다.[30]

인디맥 파산은 2008년 3월에 베어스턴스가 파산한 이후로 경제 전체에 대한 신뢰가 급격히 무너지면서 일촉즉발의 위기를 맞고 있었던 상황에 기름을 부어버린 격이었다. 두 은행의 파산이 우연한 사건이든 아니든 간에 인디맥 파산 이후 빠른 속도로 파산 도미노가 이어졌다. 9월 7일에 패니메이와 프레디맥은 공적 관리 대상이 됐다. 9월 15일에는 뱅크오브아메리카Bank of America가 메릴린치에 구제 금융을 제공했고 리먼브러더스는 파산 보호 신청을 했다. 9월 16일에 정부는 세계 최대 보험사인 AIG에 850억 달러를 지원하면서 정부 지분이 79.9퍼센트가 됐다. 미국 주요 금융 기관 27곳이 파산하거나 다른 곳에 인수됐다. 지난 20년 동안 발생한 손실 총액보다 단 1년 동안의 손실이 더 컸던 곳도 있었다.

과거에는 신문과 잡지가 금융 위기를 더욱 확산시키는 도구로 작용하기도 했다. 그런데 요즘은 경제 위기를 유발할 사건을 확대 재생산하는 데 인터넷과 소셜 미디어, 유선 TV의 역할이 증가하고 있다. 나 같은 사람이 보기에 요즘 기자는 거의 기계적으로 금융 관련 주제로 인터뷰를 하고 온라인에 쉴 새 없이 뜨는 내용을 빠르게 읽고 소화하기도 바빠서 사실 확인 같은 조치를 취할 시간이 없어 보인다. 그러다 보니 정확한 사실인지 허위 정보인지도 모를 온갖 정보가 빠르게 확산된다. 자금과 정부가 움직이는 속도보다 훨씬 빠르게 사실인지 허위인지 분간도 안 되는 그런 정보가 거의 실시간으로 널리 퍼져나간다. 오늘날처럼 전 지구촌이 거대한 온라인망으로 연결된 세상에서는 디지털, 유선망, 소셜 미디어 같은 새로운 정보 매체에 중독되기 쉽다. 이 때문에 영상 매체와 디지털 매체의 경계가 무너지고 오로지 클릭 수와 주목도를 올리려는 목적으로 생성된 허위 정보가 그야말로 빛의 속도로 퍼져나간다. 매체의 생존에만 초점을 맞추는, 즉 경제적인 목적이 주된 동력인 이 같은 매체는 불확실한 정보와 자료를 무분별하게 생산할 가능성이 매우 크다. 따라서 각종 분석의 질을 떨어뜨리고 윤리적 차원의 신뢰도를 심각하게 훼손할 수 있다. 그래서 대중 홍보 및 소통에 엄청난 시간과 노력을 투자했던 과거와는 정반대로 앞으로는 정확한 혹은 부정확한 정보가 퍼지는 엄청난 속도 그 자체가 향후 금융 위기와 공황을 촉발할 수 있다고 본다. 더구나 허위 정보를 퍼뜨리는 이면에 악의적인 의도와 힘이 있을 때는 더욱 그러하다.

경제적 복잡성과 상호 연결성

이 우주에는 은하수와 더불어 숱한 별 무리가 만들어 내는 수십억 개나 되는 은하계가 존재한다. 각 은하계는 또 만유인력이 만들어 내는 영원한 움직임 속에 수십억 개나 되는 별이 총총히 박혀 있다. 전 세계적으로 중앙은행을 중심으로 수많은 금융 기관이 복잡하게 얽혀 돌아가는 모양새가 이 복잡한 우주를 닮아 있다. 관리할 수 없을 정도로 전체 경제 및 금융 체계와 그 구성원인 금융 기관이 커지고 적어도 전통적 도구로는 규제할 수 없을 정도로 복잡해졌다. 전 세계적으로 자산이 1조 달러가 넘는 은행이 28개다.[31] 이들 은행 대다수가 전 세계에 지점과 직원을 두고 거의 모든 유형의 금융 거래를 담당하고 있다. 예를 들어 JP모건체이스는 전 세계에 25만 6,000명의 직원이 있고 CEO를 정점으로 한 복잡한 보고 체계를 갖추고 있다. 금융 회사 CEO가 아무리 능력이 출중한 인물이라도 그런 거대한 조직을 구성하는 수많은 보고 체계를 거쳐 어떤 문제가 CEO에게 보고될 때쯤이면 이미 그 문제는 해결된 상태거나 아니면 이미 손댈 수 없을 지경까지 간 상태일 가능성이 크다.

금융 기관 간의 상호 연결성 강화 자체는 이점도 있으나 동시에 위협 요소이기도 하다. 전 세계적으로 매일 동시다발적으로 일어나는 대출, 차입, 금융 거래, 결제, 기타 증권 거래에서 대형 금융 기관끼리 서로 거래 상대방이 되는 상황이 점점 늘고 있다. 덕분에 효율적이고 활력 넘치는 금융 환경이 조성되고 이 환경 내에서 규모에 상관없이 모든 금융 기관이 번영을 구가한다.

한편으로 경제 도미노를 빠른 속도로 쓰러뜨릴 수 있는 강력한 '위험' 연결망도 만들어 낸다. 한 경제 부문이나 특정 기업에 대한 신뢰가 무너지면 마치 경제계를 병들게 하는 '전염병'처럼 이런 신뢰 상실 분위기가 다른 국가로 빠르게 전파될 수 있다. 이처럼 금융 서비스의 복잡성이 증가하면 정부가 이 체계에 내재한 새로운 위험에 대응하려고 함에 따라 규제 및 감독 절차도 점점 더 복잡해진다. 정부가 이와 같은 새로운 위험에 대응하려면 적절한 도구와 전략이 필요하지만, 그런 도구와 전략에 따른 대응이 항상 신속하게 이뤄지지는 않는다. 시장 혁신과 기술이 규제 기관을 앞서 나간다면 실질적으로 남은 선택지는 두 개뿐이다. 선택지 하나는 '이해하지 못하는 일은 방해하지 않는다는 것' 또 하나는 '이해하지 못하는 일이 발생하게 내버려 두지 않는다는 것'이다. 그 어느 쪽도 바람직하지는 않다. 정부가 규제 조치를 취하는 식으로 대응하면 그다음에는 금융 기업이 자사의 경영 행위를 바꾸는 방식으로 반응한다. 정부와 금융 기관 간에 대응과 반응이 이런 식으로 물고 물리는 양상이 계속 반복된다. 나중에 다루겠지만, 이는 사실 실시간 정보, 인공 지능, 초고속화 기술을 활용하면, 특히 금융 서비스가 복잡해질수록 더욱 더 효율적인 규제가 가능한 영역이다. 대형 은행, 자산 운용사, 보험사, 기타 수많은 민간 부문 핀테크 회사 등은 최첨단 기술 애플리케이션을 잘 활용해 복잡하게 얽힌 금융 생태계 내에서 위험 관리 역량을 높여왔다. 정부 규제 기관은 아무래도 이런 흐름에 뒤처져 있다.

인간 본성의 일관성

경제에 해를 입히는 인간의 행동은 '악의가 없는 단순 실수' 그리고 '완벽한 범죄 행위' 그 중간쯤에 존재한다. 즉 이런 행동은 완벽한 실수에도 완벽한 범죄에도 해당하지 않는다. 평판이 나빠져 교도소에 가게 되는 등의 불이익이라면 사기와 기타 불법 행위를 못하게 하는 요소가 될 수 있다. 내 경험상 탐욕에서든 절박함에서든 간에 일부 경영진은 그런 부정적 영향의 가능성을 무시하고 적정 수준을 넘어서는 위험 감수 및 사기 행위에 가담한다. 특히 상황이 어려울 때는 더욱 그러하다. 결국 돈이 흘러가는 곳에 문제가 있고 이 모든 일은 돈의 흐름과 관련이 있다. 이런 일은 은행업처럼 규제 수위가 매우 높은 부문에서 단발성으로 발생하는 경향이 있다. 또 이는 은행 파산의 원인일 수는 있지만, 체계적 위기의 원인이 되지는 않는다. 당시에는 완벽하게 적절한 행동으로 보일지 모르는 단순한 실수와 공격적인 위험 감수라는 행동 특성이 시장에 영향을 미칠 때가 더 많다. 앞으로 설명하겠지만, 내부인의 기만적 부정행위가 원인이었음에도 위기의 원인을 다른 곳에서 찾았던 적절한 예가 바로 S&L 위기 때다. 금융 위기를 일으키거나 촉발하는 인간 행동에 대한 진단이 제대로 이뤄지려면 정말로 해당 행동 때문에 위기가 발생했는지 아니면 위기가 조성한 환경에 대한 단순한 대응 행동인지를 분석해야 한다. 전후 시점으로나 인과관계로 보나 이 두 가지는 완전히 다른 영역에 속한다. 행동이 금융 위기에 어떤 영향을 미쳤는지를 알아야 앞으로 발생할지 모를 금융 위기를 막아낼 방법도 찾아낼 수 있다.

재무 회계

재무 회계 원칙은 규제 및 감독만큼 중요하다. 이 회계 원칙이 기업 재무제표의 완전성을 결정하기 때문이다. 그러나 유감스럽게도 금융 기관이 경제적 사건이나 규제 조치에 대응하는 데 재무 회계가 부정적으로 작용했는지 아닌지가 항상 논쟁거리였다. 은행과 같은 금융 기관의 회계는 물리적 상품을 만들어 판매하는 제조 기업의 회계와는 다르다. 은행은 우선 시간 단위로 그 가치가 변하는 금융 상품을 거래한다. 은행 자산인 대출 상품, 손실 잠재력, 장기적 소득 흐름의 경제적 가치 등을 평가하는 작업은 매우 복잡하고 어려운 일이다. 그러므로 회계 부문에서 실수나 오류가 생기면 정부의 행동만큼이나 치명적인 폐해를 유발할 수 있다.

금융 기관은 실질적으로 경제에 미칠 파급 효과보다는 단기적으로 회계 장부상에 유리한 쪽으로 금융 전략을 구사하려는 유혹에 끊임없이 시달린다. 예를 들어 1980년대에 파산 지경인 S&L을 인수한 수많은 은행과 S&L은 해당 기업 인수 대금(예: 100달러)과 '영업권' 형태로 존재하는 자산 가치(예: 80달러) 간의 차액을 장부에 계상하고 이후 40년에 걸쳐 이를 상각 처리할 수 있었다. 장부상에 금융 자산이 있더라도 사용 가능한 영업권의 현금 가치는 존재하지 않기 때문에 영업권에 의존하기 시작한 기업은 결국 무너질 때가 많다. 수년에 걸쳐 채권 관리 권한, 대손 충당금, 시가주의 평가, 부외^{簿外} 항목, 자산 가치 평가 등에서 회계 부정을 저지르면 결국은 기업 경영에 악재로 작용하고 금융 환경이 변할 때 이것이 경제적으로 심각한 결과를 초래한다. 여러 번 언급했듯이 썰물 때가 돼야 비로소 벌거벗고 수영하는 사람이 보이기 시작한다.

회계 원칙은 주로 감독을 받지 않는 민간 기구가 주로 만든다. 회계상의 오류는 주로 이런 독특한 구조에서 비롯된다. GAAP이 항상 그렇게 '원칙적'인 것만은 아니다. 이런 원칙을 만든 재무회계기준위원회[FASB: Financial Accounting Standards Board]는 GAAP가 원칙에 입각한 그런 회계 기준임을 강조하지만, 이 원칙이 이런 목적에 항상 부합하지는 않는다. FASB는 법률에 따라 설립된 기구가 아니고 정부 기관에 적용되는 수준의 규정에 따라 운영되지도 않는다. 또 행정절차법[Administrative Procedure Act]에 따라 기능을 수행하는 연방 기관과는 달리 FASB가 발표한 회계 기준에 대해 이의를 제기할 수도 없다. 정보공개법[Freedom of Information Act]이나 대통령령의 적용을 받지도 않는다. 그러나 SEC 등록 기업과 은행은 재무제표를 작성하고 GAAP에 따라 정보 공시를 해야 한다. 그러기 때문에 FASB가 발표하는 내용은 실질적으로 연방법 수준의 구속력이 있다.[32] 나중에 설명하겠지만, FASB가 제정한 다수 원칙이 경기 순응적이라서 너무 많은 재무상태표가 같은 시기에 같은 방식으로 과잉 반응하게 함으로써 금융 위기를 유발하는 또 다른 원인 요소가 된다는 비판이 있다.

예기치 않은 사건

오늘날 발생하는 사건에서 확연히 드러나듯이 현행 규제 체계가 앞으로 얼마나 효율적으로 개선되든지 여부와는 별개로 예상치 못한 사건이 발생할 가능성을 늘 염두에 두고 이에 탄력적으로 대응해야 한다. 그동안 우리가 경험했던 비정상적 수준의 금리 변동, 소비자 습관이나 선호도 변화, 국가적 재난, 팬데믹, 대형 사기 사건, 전쟁, 기술적 공격, 국제 경제 및 통화 위기, 급작스러운 경제적 혹은 정치적 환경 변화 등이 여기에 해당한다. 이런 예기치 못한 사건 목록은 계속해서 늘어난다. 그러나 그런 사건의 전개 과정은 대체로 동일하다. 즉 예상도 준비도 하지 못했던 사건이 전개되는 와중에 기업과 정부는 발이 묶인채 옴짝달싹 하지 못한다. 2020년 코로나19 사태는 예상치 못한 사건이 금융 인프라를 얼마나 뒤흔들 수 있는지를 여실히 보여 준다.

이와 마찬가지로 장기간에 걸쳐 표면적으로는 무해한 듯 한 사건이 결국 큰 혼란의 원인이 되는데도 금융 회사와 시장에 대한 관리·감독 체계에서 이런 요소를 간과할 때가 종종 있다. 금융 요소, 인적 요소, 정부 요소가 끊임없이 상호 작용하면서 맥락과 환경을 변화시키기 때문에 오늘은 옳았던 결정이 내일은 잘못된 혹은 부적절한 결정이 될 수 있다. 기업 활동은 매우 역동적이다. 반면에 정부 정책과 규제는 상대적으로 정적인 경향을 보인다. 의회와 규제 기관이 새로운 법과 규정을 채택하고는 위기가 발생할 때까지 그런 사실을 종종 망각한다. 이런 혼란 요소의 부정적 효과는 수많은 금융 재난 사례에서 명확히 확인할 수 있다. 1966년에 정한 예금 금리 한도는 은행에 결코 유리하지 않았고 1979년에 시장 금리와 인플레이션이 치솟았을 때는 거의 시한폭탄 같은 효과를 나타냈다. 이에 따라 S&L은 유동성 부족 혹은 대규모 대출 손실 때문에 파산에 이를 수밖에 없었다.

요약

역사가와 경제학자는 종종 각 금융 위기를 독립적 사건으로 평가한다. 하지만 엄밀하게 보자면 금융 위기 대부분이 개인과 기업이 만들어 내는 심리적 정서를 통해 문화적으로 또 재정적으로 서로 연결된 일련의 문제의 원인 때문에 불거졌다는 사실을 알 수 있다. 즉 각각의 경기 침체와 후퇴, 인플레이션과 디플레이션 등이 경제적 역동성과 정부 반응 그리고 서로 먹잇감을 주고받으며 장기적 경기 흐름을 주도하는 시장 분위기를 이끌어 낸다. 불황기에 어린 시절을 보낸 세대는 과도한 부채를 피하고 현금 거래를 선호하며 FDIC가 보증하는 계좌에만 예금하고 주식 시장은 기피하는 등 그때 깨달은 사실을 곱씹으며 이후 판단을 결정하다. 그간 발생한 금융난은 전부 수많은 사건의 총합이며 일부 사건은 수십 년에 걸쳐 다져지다 결국 금융 위기로 발전한다.

금융 시장과 은행에 대한 정부의 관리·감독은 대체로 긍정적인 측면에서 지속적인 영향을 미치는 요소다. 그러나 철저한 분석과 충분한 사고가 수반되지 않으면 또 처음에 예정했던 일을 그대로 수행하더라도 의도치 않은 결과가 나오면서 장기적으로 심각한 문제를 일으키기도 한다. 의회가 철저한 분석에 기반을 두거나 심사숙고하지 않은 상태에서 정부에 규제 및 감독 권한을 부여하면 시장을 왜곡하는 결과를 낳는다. 이런 시장 왜곡은 그런 정부 규제가 금융 기관과 시장에 해를 입힐 가능성을 증가시킨다. 이런 사실은 역사를 통해 충분히 확인할 수 있다. 1837년과 1980년대 그리고 2008년에 발생한 금융 위기를 떠올려 보라. 그러나 오늘날의 경제 환경을 왜곡하는 영향 요소가 규제 하나만은 아니다.

자연적 시장 상태는 이익 창출이라는 목적에서 기인한 경제적 부침에 따라 진화하고 팽창한다. 제품의 성격을 변화시키는 신제품 개발과 이를 전달하는 방식 등 수많은 요소가 시장에 영향을 미친다. 인터넷과 디지털 기술이 경제 변화를 일으키는 중요한 동인이 됐고 금융 서비스에 상당한 영향을 미치면서 이 두 가지가 거의 하나로 묶이는 중이다. 지난 20년 동안 인간과 기계 사이의 개념적 특이점을 향한 기술적 진보의 속도가 엄청났다. 사실상 그 속도가 너무 빨라서 통제가 불가능해 보일 때가 있다. 그리고 초고속 변화 시대에는 시장 왜곡 속도가 엄청나게 빨라지면서 정상을 벗어나는 시장 행동까지 종종 나타난다. 신생 기업은 모든 측면이 과장되기 일쑤고 대다수가 엄청난 속도로 발전과 쇠퇴를 경험한다. 또 자본 축적, 유동성, 기업 심리 등 전부가 영향을 받는다. 때로는 기술이 엄청난 속도로 발달하는 바람에 인간이 물리적으로 정서적으로 뒤처지기 시작하면서 이에 따라가지 못하는 상태가 되기도 한다. 미래학자가 제기하는 문제는 오늘날처럼 기술 발달 속도가 점점 빨라지면 인간이 이 흐름을 따라가지 못할 거라는 점이다. 결국 슈퍼 컴퓨터나 양자 컴퓨터, 알고리즘, 빅데이터, 인공 지능이 인간과 시장, 경제, 금융 체계 등을 규제하는 상황을 만들게 되는 걸까?[33]

정부 앞에 놓인 과제는 해결이 결코 쉽지 않고 기술은 날이 갈수록 점점 더 복잡해진다. 불량 국가나 테러 분자 때문에 악의적 정보가 누설될 가능성과 함께 클라우드와 양자 컴퓨팅이 문제를 더 복잡하게 하면서 한 국가의 금융 인프라에 명백하고도 현존하는 위험을 초래하는 요인이 될 수도 있다. 정부가 기술을 규제하면 혁신을 억제한다는 비난을 받는다. 정부가 개입하지 않고 수수방관하면 금융 기술, 인공 지능, 새로운 시장의 발달 수준이 효율적인 규제가 가능한 수준을 넘어설 수도 있다. 종합적 인공 지능 기술이 개인과 기업의 모든 측면에서 활용되면 인공 지능이 정말로 스스로 생각하고 스스로 일하는 상황이 올지도 모른다. 세계가 민간 암호 화폐가 주도한 범세계 경제로 전환됐다는 이유로 미국이 한 국가를 효과적으로 제재할 수 없고 연준이 통화 정책을 통제하지 못하면 정치적 및 경제적인 힘에 상당한 변화가 나타난다. 미국 정부는 이 부분을 인정하지 않는다 해도 중국과 러시아는 분명히 인정할 것이다.[34] 안타깝게도 미래 위협은 아무리 심각하더라도 막상 위협이 현실화되기 전까지는 필요한 관심을 거의 끌지 못한다.

금융 체계를 바로잡으면 금융 위기가 그렇게 많이 발생하지 않았을 거란 사실을 대중이 알았다면 즉시 시정 조치를 요구하지 않을까? 어떤 부분을 시정해야 할지는 명확하다. 첫째, 고도의 금융 기술을 갖춘 인재를 끌어들여서 더 좋고, 더 말끔하고, 더 단순하고, 더 효율적인 기능적 통화 관리 및 금융 규제 체계를 수립해야 한다. 또한 의회와 규제 기관, 은행 등은 규제 체계를 개선하는 데 막대한 정치적 자원을 쏟아부어야 할 것이다. 금융 위기의 원인과 해법 그리고 규제를 더 많이 만드는 일이 최선의 접근법은 아니라는 사실을 대중에게 알린다면 가능한 일이다.

두 번째 치유책은 기술적 공격 도구와 방어 도구를 혼합해 사용하는 방법이다. 인공 지능과 빅데이터 분석이 강력한 관리·감독 도구를 제공할 수 있지만, 기술은 전례가 없는 새로운 금융 위협의 근원이기도 하다. 기술이 현행 자금 및 결제 체계를 혁신하고 상거래 속도와 거래량을 증가시키며 전통 경제 질서를 어지럽힌다. 이것이 과연 좋은 일일까 아니면 나쁜 일일까?

마지막으로 금융 지식 이해도를 높여야 한다. 이는 소비자가 금융 상품과 시장을 더 잘 이해하고 삶의 질을 높이며 동시에 필요한 정부 감독의 규모를 줄이는 데 활용할 수 있는 가장 강력한 도구다. 규제가 시장을 왜곡하고 궁극적으로는 시대에 뒤떨어지게 된다는 점을 감안하면 규제에 대한 필요성이 줄어들수록 미래 금융 위기의 성격과 위기 발생 가능성에 영향을 미치는 변수가 증가한다고 보는 것이 당연하다. 소비자의 금융 지식 이해도를 높이는 일이야말로 가장 효과적이고 비용도 가장 적게 드는 금융 위기 해법이다.

Part 2

정부의 개입과 감독은 어떻게 금융 위기를 유발하는가?

200 YEARS OF
AMERICAN FINANCIAL PANICS

Chapter 3

저축대부조합의 교훈

일반적으로 대다수 사람은 정부 정책이 금융 위기를 유발할 수 있다는 생각을 하지 않는다. 파산 지경인 S&L 4,500곳을 감독하는 연방주택대출은행이사회FHLBB: Federal Home Loan Bank Board 법률 고문으로 일했던 1981년에는 나도 그랬다. 정부 정책이 어떻게 위기를 유발할 수 있을까? 1981년에 4,500개나 되는 S&L이 어떻게 전부 파산할 수 있었을까? 그 많은 기관이 어떻게 하나같이 무분별하게 대출을 실행했으며, 그 지경이 되었는데 어떻게 규제 기관은 아무런 경고도 하지 않았으며 사전에 필요한 대책을 전혀 취하지 않았을까? 규제 수위가 높은 산업 부문에서 수백 개나 되는 연방 및 주정부 은행 감독관이 줄곧 감시의 눈길을 보내는 상황에서 어떻게 그런 일이 가능할까? 그럼에도 S&L 위기에 관한 한 정부 정책이 문제일 수 있다는 말이 거의 정설처럼 떠돌았다. 사실 S&L 위기의 원인은 20년 동안 의회가 만들어 정부가 시행한 정책에 있었다. 이는 정부가 부린 금융 '마법'이 경제난을 야기했음을 보여 주는 가장 분명하고 뚜렷한 사례다. 레이건 행정부에서 2년 넘게 S&L 위기의 첫 단계와 씨름하면서 정부 규제에 대한 신뢰가 흔들렸다. 그러나 이런 흔들림은 과거에 저지른 실수를 피해 미래 규제 체계를 확립하는 방법을 찾아내게 했다. 그리고 분명히 선의였을 정부 행동이 금융 위기를 유발할 수 있다는 측면에서 정부의 역할에 대한 근본적인 의문이 생겼다.

S&L 위기의 동인

실패한 정부 정책 때문에 1990년대 내내 S&L과 은행권에 남은 위험 요소를 제거하고 체계를 안정화하는 데만 2,000억 달러가 넘는 비용이 들었다. S&L 위기는 의도하지는 않았다 해도 연방과 주정부를 포함한 정부 정책이 유발한 금융 위기의 가장 확실한 사례다. 이는 극복할 수 없는 금융 문제에 직면한 후 비난의 화살을 정부의 실책에서 기업 경영진이 저지른 실수 쪽으로 돌리려는 가장 적극적인 시도이기도 하다.

S&L 위기의 진정한 원인은 더 많은 미국인이 주택을 구입할 수 있도록 30년 만기 고정 금리 모기지를 제공하게 할 목적으로 1960년대에 시행한 S&L 예금 원가^{이자, 인건비, 선전비 등 은행 경영에 필요한 경비가 은행 예금액에 대해 점유}

^{하는 비율-옮긴이} 제한 조치 때문이었다. 간단히 말해 S&L 위기는 연방 및 주 정부가 예금주의 비용으로 주택 자금 대출자를 지원하는 정책을 취하려고 한 데서 비롯됐다.

이런 정책을 의회는 제대로 검토하지 않았고 근거로 삼았던 경제적 가정이 무너졌기 때문에 오랫동안 방치되면서 시대에 뒤처진 낡고 파괴적인 정책이 돼버렸다. 기업의 사업상 결정이 아니라 법이 S&L 산업을 합리적 탈출구가 없는 경제적 곤궁 상태로 몰아넣었다. 이런 상황에서 금융 기관 경영진과 규제 기관은 궁극적으로 문제를 더 악화시키는 결정을 내리게 된다. 1980년대 초에 금리가 두 자릿수로 상승하고 약 15년 후 마침내 예금 금리 상한선을 폐지하자 S&L은 자사가 제공하던 장기 모기지 금리의 두 배를 예금주에게 지급하면서 나날이 손실이 늘었다. 이 모기지 포트폴리오를 판매하면 무자본 상태가 될 수 있을 정도의 엄청난 손실이 발생한다. S&L이 정부가 쳐놓은 경제적 함정에서 빠져나올 방법은 거의 없었다. 따라서 1,400곳이 넘는 S&L이 파산하거나 다른 곳과 합병했다. 선의로 행한 정부 정책, 불안정한 시장, 인간의 행동, 신뢰의 상실 등이 이러한 문제를 발생시켰다.

1980년대 초에 왜곡된 금융 환경에 직면한 규제 기관은 이 위기를 해결한 방법이 거의 없었다. FHLBB가 강경하게 나가 S&L 산업과 더 나아가 미국 경제를 붕괴의 나락으로 떨어뜨릴 수 있었다.[1] 혹은 잘되리라는 희망을 품고 시간을 벌려고 하는 것일 수도 있었다. 그런데 결국은 자본, 유동성, 회계 등에 관한 요건을 완화했으나 파산 및 붕괴 속도를 조금 늦췄을 뿐 그 자체를 막을 수는 없었다. 규제 당국은 "우리는 선한 사람들이고 이 문제는 절대로 우리 탓이 아니다"라는 S&L 경영진과 동업 조합의 주장에 휘둘렸다. 그리고 위기에서 벗어날 탈출구를 만들 수 있으리라는 기대를 품고 1983년부터 1987년까지 S&L 산업 규모를 50퍼센트나 늘려줬다. 그러나 이런 조치는 또 다른 실책이었을 뿐이며 이 때문에 문제가 더욱 악화되고 정부가 초래한 최종 손실이 더 늘어났다. 이 같은 규모 확대는 대부분 주정부가 인가한 S&L에서 이뤄졌다.

당시 캘리포니아, 텍사스, 플로리다를 포함한 몇몇 주정부에서 소속 주 S&L에 연방 S&L보다 더 광범위한 대출 제공 권한을 부여했다. 1980년대 초 금리 위기를 극복하고자 수많은 S&L이 나름대로 최선의 해법을 채택했다. 즉 수익률이 높은 정크본드Junk Bond, 투자 부적격 등급 채권-옮긴이를 매수했고 시장 평균을 밑도는 모기지 포트폴리오의 수익률을 높이고자 고비용 중개 예금Brokered Deposit, 중개인을 통해 예치한 예금-옮긴이으로 필요 자금을 마련해 서남부 지역 전역에 표면적으로 수익성이 좋은 부동산 개발 대출을 실행해 줬다.[2]

의회는 미국 주택 금융 부분을 처리하는 데서 엄청난 실수를 저질렀다. 문제를 확인하고도 이를 개선하지 않았던 몇몇 공화당 및 민주당 행정부도 마찬가지였다. 의회는 1986년에 조세개혁법Tax Reform Act을 제정하면서 금융 재앙을 더 키웠다. 이자 비용 제한, 자본 이득에 대한 과세, 투자 세액 공제 배제, 자본 이익 상쇄에 소극적 손실 사용 등에 대한 제한으로 가치가 하락하는 환경을 조성함으로써 결과적으로 서남부 지역을 시작으로 미국 전역에서 부동산 개발 붕괴 사태가 발생했다.[3] 마지막으로, 부분적으로는 정부 정책으로 정크본드 시장과 수많은 S&L이 투자한 자산의 가치가 붕괴하며 1990년에 드렉셀램버트Drexel Lambert가 파산하고 말았다.

이와 거의 동시에 공황이라는 안개 속에서 예상치 못한 방법으로 사건이 전개됨에 따라 S&L 규제 당국이 취할 선택지가 제한됐다. 규제 기관이 1980년대 초에 S&L의 파산 속도를 늦추고자 채택했던 규제상의 회계가 전부 부당하다고는 할 수 없다. S&L 재무상태표의 고유한 특성 그리고 S&L 산업의 붕괴를 막는 데 이용할 선택지가 제한돼 있다는 점을 감안하면 당시에는 적절한 일이었다.[4] 그러나 무엇보다 금리가 두 자리 수일 때 경제 붕괴를 피하고 기업 파산 속도를 제어하려는 목적에서 일시적으로 시행하는 조치로 여겼어야 했다. 이런 조치는 실제로 1980년대 초에 S&L 수백여 곳의 지급 불능 상태를 피하거나 미리 예방했지만, 다른 문제는 등한시한 채 뒤로 미뤘다.[5] 문제를 해결하려는 규제 기관의 노력을 의도적으로 약화시키려는 목적으로 의회와 행정부가 취한 행동 때문에 경제적 곤경이 더 악화됐다.

1993년에 금융 기관 개혁 및 회복, 집행에 관한 국가위원회National Commission on Financial Institution Reform, Recovery And Enforcement(이하 국가위원회)가 작성한 S&L 위기에 관한 공식 보고서는 구조적 요인과 이론적 요인을 포함한 수많은 요인을 위기의 원인으로 봤다. 연방 예금 보험으로 인한 도덕적 해이, 고금리, 예금 금리 상한제 폐지, 규제 및 감독 기준 완화, 정치 체계 붕괴, S&L 산업의 경쟁력 약화, 세법 변경, 사기 및 남용, 부적절한 회계 관행, 지역 경제 붕괴, 연방저축대부보험공사FSLIC: Federal

Saving & Loan Insurance Corporation의 부적절한 자본화, 비효율적인 의회 감독, 침묵하는 언론 등이 여기에 해당한다.[6] 로런스 화이트Lawrence White 교수가 자신의 저서 《S&L 대붕괴The S&L Debacle》에서 지적했듯이 당시에는 다양한 입법 및 규제 행위에 뒤따를 위험을 경고하는 목소리나 불길한 일을 예언하는 이른바 '카산드라'는 없었다.[7] "사실상 워싱턴 정가의 정책 담당 기관 소속 구성원 거의 전부가 예금주의 손실에 넋이 나가서 그저 근시안적으로 손실 흐름을 끊는 조치를 취하는 데 매달렸다"라는 화이트의 말은 사실이었다.[8]

S&L 경영진은 규제 정책으로 벼랑 끝에 몰렸고 파산을 피할 수 있도록 가능한 한 합리적으로 행동했다. 그러나 특정한 경제 환경에서 합리적인 것도 여기에 뒤따른 혼란이라는 관점에서는 종종 비합리적으로 보인다. 위기의 불가피성에서 위험 감수 행동이나 무모함 그리고 경우에 따라서는 범죄 행위까지 나오지만, 그 어느 쪽도 이 산업 붕괴의 주된 동인은 아니었다. 학자와 역사가 그리고 자칭 전문가라는 사람들은 심각한 경제 위기의 원인과 경영진의 반응이 무관하지 않다고 본다. 사기와 태만이 금융 기관을 파산으로 몰고 갔을지도 모른다. 그러나 이런 일반적 생각과는 달리 사기와 태만 혹은 범죄 행위는 위기의 원인이 아니었다.

S&L 경영진의 행동 대부분은 정부가 조성한 환경의 부조리함에서 비롯된 측면이 크다. 이는 핑계도 합리화도 아닌 그저 하나의 설명일 뿐이다. 국가위원회는 S&L 붕괴에 따른 총 손실액의 10~15퍼센트가 사기 때문이라고 추정했다.[9] 그러나 이 수치는 정확할 수도 혹은 정확

하지 않을 수도 있는 가정을 토대로 추산한 결과일 뿐이다. 위기 이후 누군가를 비난하고 적절한 처벌을 하는 일이 우선시됨에 따라 사기의 스펙트럼이 다소 모호하고 유동적이 됐다. 게다가 호황기에는 받아들일 만한 수준의 위험 감수가 거품이 꺼진 후에는 사기처럼 보이는 경향이 있다.

S&L 사태의 발생 및 전개 과정

예금 및 모기지 금리 통제

S&L 위기는 수십 년에 걸쳐 형성됐다. 1933년 및 1935년 은행법 Banking Act에 따라 연준은 상업은행 정기 예금과 저축 예금 금리의 상한선을 정했다. 특히 커뮤니티은행이 지역 사회에 대출을 더 많이 해 줄 수 있도록 예금 원가를 제한했다(예: 저금리 모기지).[10] 1930년대 중반부터 1960년대 중반까지 연준이 정한 예금 금리 상한선은 대체로 시장 금리 수준이거나 이를 약간 웃도는 수준이라서 영향력이 거의 없었다. 따라서 금리 상한선은 S&L 위기에 별 영향을 미치지 않았다.[11] 그러나 1965년부터 1966년까지 금리가 상승세를 탔고 모기지 금리는 5.80퍼센트에서 6.65퍼센트로 상승했다.

주택 공급이 감소하기 시작하자 신용 할당에 대한 정치적 우려가 1966년 금리조정법Interest Rate Adjustment Act 제정으로 이어졌다.[12] 이에 따라 연준 '규정 Q가맹 은행이 수취한 각종 예금 금리의 상한을 규제하고자 제정한 연방준비법 제19조에 따라 은행 예금 금리 최고 한도를 정한 규정-옮긴이'상의 은행 금리 상한선을 상호저축은행,

S&L, 주요 모기지 업체 등의 저축 예금에 적용했다. S&L과 저축은행에 경쟁 우위가 있었다. 즉 주택 담보 관련 대출에 집중하기 때문에 상업은행보다 S&L 예금주에게 4분의 1퍼센트(0.25퍼센트)를 더 지급한다. 기본 의도는 금리 상한선이 예금 유치 경쟁을 줄이고, 차입 비용을 고정시키고, 저축 기관이 저비용 자금을 더 많이 끌어오게 하고, 더 낮은 금리로 모기지를 더 많이 제공하리라는 판단이었다. 이는 주택 금융을 지원하고 주택 소유를 늘리려는 직접적인 시도였다. 이것이 미국 경제에 어떤 영향을 미쳤을까? 정치가 경제를 압도하면서 FHLBB는 1972년에 변동 금리 모기지 사용을 효율적으로 제한했다. 이에 따라 S&L은 이후 10년 동안 재무상태표를 어울리지 않는 고정 금리 모기지로 채우게 됐다.[13] 1966년에 의회는 예금 금리 상한선을 신용 경색 문제 해결을 위한 일시적 조치로 여겼지만, 실제로는 16년 동안 이 조치가 유지됐다.[14]

규정 Q는 S&L 비용을 낮출 수는 있지만, 시장과 정상적 금리 변동에서 완전히 자유로울 수는 없다.[15] 시장은 통상적으로 자체 동력에 의해 움직이지만 때로는 정부 정책에 대한 반응일 경우도 많다. 1979년에 그랬듯이 시장 금리가 10퍼센트로 상승했지만,[16] S&L 예금 금리는 여전히 5.5퍼센트를 유지했다. 그런 시기에는 고객이 금리가 더 높은 금융 상품으로 갈아타려고 기존 금융 기관에 예치한 예금을 인출하는 이른바 '탈금융중개화Disintermediation'가 나타난다. 1970년대 말부터 1980년대 초까지 예금주가 선택할 대체 상품은 메릴린치, 시어슨Shearson, 페인웨버Paine Weber, 프루바시Pru Bache 같은 증권 회사가 제공하는 MMF 류가 주를 이뤘다. MMF는 일종의 개방형 뮤추얼펀드로서 미국 재무부 채권, 상업 어음, 레포, 예금 증서 같은 단기 채무 증권에 투자한다. 그리고 MMF를 관리하는 목적은 고유동성 투자 상품을 통해 안정성 자산의 가치를 유지하고 배당금 형태로 투자자에게 지급하려는 데 있다. 정부가 손실을 보전해 주지도 않는다. 예금주가 은행과 S&L에서 예금을 인출해 MMF에 넣으면서 유동성 경색이 일어났다. 그 결과 자금 운용이 어려워졌고, 자산(모기지)과 부채(예금)의 불안전한 조합을 이루며 법정 요건을 충족시키지 못하는 상태로 치달았다. 이런 상황에서 S&L이 모기지에 사용한 자금을 잃었을 때 저비용 예금을 보유하는 일이 무의미해졌다.

이처럼 정부가 규정 Q를 통해 조성한 이 같은 경제 환경에서 S&L 은 일반적으로 대개 만기 때까지 보유하는 30년 만기 고정 금리 모기지 포트폴리오를 보유했다. 1981년까지 변동 금리 모기지는 별로 선호하지 않았고 실제로 연방법이 이를 금지하기까지 했다. 당연히 소비자는 금리 상승의 위험이 피대출자보다 대출 기관의 주주가 부담하게 되는 장기 고정 금리 대출을 더 선호했다. 정치적으로는 고정 금리 대출이 필요했다. 지방 정치가 이런 상황을 만들었다.

수많은 주정부가 고리 대금을 규제하는 법을 시행했고 일부 주는 모기지 금리 상한선을 6퍼센트라는 꽤 낮은 수준으로 정했다.[17] 예금주에게는 5.5퍼센트 금리를 적용하고 모기지 대출자에게는 7~8퍼센트 금리를 부과하는 금리 환경이 조성되면 S&L이 이익을 낼 수 있다. 이런 환경 조건이 잠시 먹혔기 때문에 정책 입안자는 당연히 이것이 언제까지고 먹히리라 생각했다. 1970년에는 거의 모든 주에 고금리 모기지가 존재했고 그래서 30년 만기 모기지 고정 금리를 6~12퍼센트 선으로 제한했다.[18]

몇몇 주는 주정부 인가 S&L에 대해 변동 금리 모기지 제공을 허용했다. 이때 주택 소유자가 지급하는 이자 수준은 시장 상황에 따라 달라진다. 그러나 이외 대다수 S&L은 분별력 있는 기업인이라면 절대 하지 않을 일을 해야 했다. 법에 따르면 그랬다. 즉 단기로 자금을 차입해 (하루 예금 기준 5.5퍼센트 금리로 수령한 예금) 장기 고정 금리로 빌려준다(30년 만기 6~12퍼센트 고정 금리 모기지). 사실 S&L 포트폴리오에 한 자리 수 고정 금리로 30년 만기 모기지를 보유한다는 것은 폭발성 물질인 니트로글리세린을 폭죽 공장에 쌓아 놓는 일처럼 위험천만한 일이다. 결국은 폭발하고 만다.[19]

1980년대 초에 미국 금리가 20퍼센트를 향해 갈 때 S&L '폭발'이 머지않았음은 분명했다. 그런 금리 환경에서 수익률이 10퍼센트도 안 되는 30년 만기 고정 금리 모기지 포트폴리오의 가치는 달러당 50센트에도 미치지 못했다. FHLBB는 결국 S&L 4,500곳 전부가 지급 불능 상태에 빠지리라 예측했다. 자금이 MMF 쪽으로 이동하면서 금융 기관은 유동성 문제를 겪었다. 유동성을 유지하려고 시장 가치를 밑도는 모기지 포트폴리오를 팔면 이 판매에 따른 손실이 장부에 계상된 후 자본이 감소할 수밖에 없다.

규정 Q를 적용하고, 주 고리대금법을 제정하고, 1981년까지 변동 금리 대출을 금지하는 등의 결정은 의회와 주정부가 행한 최악의 조치에 해당했다. 화살이 과녁에 정확히 날아가 박히듯이 이런 부적절한 정부 조치가 S&L 위기로 이어졌다. 이 때문에 2,000억 달러가 넘는 비용이 발생했다. 그러나 더 놀라운 사실은 규정 Q를 제정하기 전에 이 규정이 어떤 결과를 낳을지를 그 누구도 분석하지 않았다는 점이다. 예금에 이 규정을 적용했던 1966년에 금리 상한선을 낮춘 근거와 연준 고려 사항에 대한 사례 연구 결과 '기본 쟁점에 대한 논의가 전혀 없이' 그렇게 했다는 사실이 드러났다.[20] 연준은 적어도 수량적 측면에서는 규정 Q가 초래할 문제를 알고 있었다. 그러나 그 당시에는 증거에 기반을 둔 분석을 하지 않았다.

최종적으로는 정부기관간조정위원회ICC: The Interagency Coordinating Committee에 은행과 S&L의 예금 금리 상한선을 정할 권한이 있었다. ICC는 유관 연방 규제 기관 대표로 구성됐다. 1970년에 닉슨 행정부 헌트 위원회는 금리 상한선 문제를 다루면서 부분적 규제 철폐를 권고했다. 여기에 이어 1973년에 닉슨 대통령이 일련의 권고안을 내놓았다.[21] 혁신적인 새로운 MMF와 종합자산관리계좌CMA: Cash Management Account가 고객 자금 유치를 놓고 은행 및 S&L과 경쟁 상황에 돌입하자 ICC는 정부의 보장을 받는 금융 기관에 대해 장기 예금 증서에 한해 고금리 적용을 허용하기 시작했다.[22] S&L이 계속해서 장기 예금을 유치하면서 유동성을 유지하는 한에는 이런 조치가 문제되지는 않았다.

그러나 이 조치가 30년 만기 고정 금리 모기지 포트폴리오의 고정 수익률 대비 자금 원가자금 운용의 단위당 비용-옮긴이를 끌어올렸다는 부분이 문제였다. 그런데도 이에 대해 아무런 조치도 취하지 않았다. 그래서 5년 후인 1978년에 카터 대통령이 '예금 금리 관리 및 주택 신용에 관한 기관 간 대책위원회Interagency Task Force on Deposit Interest Rate Controls And Housing Credit'를 구성했다. 그리고 예금 금리 관리 조치는 예상했던 방향으로 작동하지 않았고 소액 예금주에게 피해를 준다고 결론 내렸다. 카터 대통령은 의회가 연방이 인가한 S&L에 변동 금리 모기지 제공 권한을 부여하는 한편 자산과 부채의 듀레이션과 수익률을 조정해 경제 압박 상황에 휘말리지 않게 하라고 권고했다. 그러나 이번에도 현실화되지는 않았다.

FDIC는 1970년대와 1980년대를 사업적 요인과 금융적 요인이 혼합된 복잡한 시기로 규정했다.

1970년대에 변동 환율이 허용된 이후 전 세계 주요 통화 간 환율의 변동성이 커졌다. 석유 수출 금지 조치와 기타 외부적 충격 요소 때문에 물가가 급등했다. 또 인플레이션, 인플레이션 기대 심리, 인플레이션에 대항하는 연준 통화 정책 등에 따라 금리가 크게 변동했다. 높은 수준의 시장 금리 환경에서 MMF의 발달과 예금 금리에 관한 규제 철폐, 특히 예금을 통한 자금에 크게 의존하는 소형 금융 기관의 이자 비용에 대한 상승 압력으로 작용했다.

기술적 혁신과 혁신적 금융 상품 때문에 대기업 차입자를 대상으로 한 대출 시장에서 은행업의 점유율이 줄어들었다. 그 결과 수많은 은행이 위험 수준이 더 높은 상업용 부동산 대출 쪽으로 자금을 돌렸다.

일부 대형 은행은 저개발국가 쪽으로 자금을 돌렸고 차입 매수 및 부외 활동을 늘렸다.[23]

1970년대 말에 유가 인상이 인플레이션을 주도하며 물가를 두 자릿수로 끌어올리자 볼커 신임 연준 의장은 가능한 모든 수단을 동원해 인플레이션을 통제하려고 했다. 이 때문에 금리가 무려 20퍼센트에 육박하는 결과를 낳았다.[24] 이 결과 하나만으로도 S&L 붕괴 사태를 공고화하기에 충분했다. 애초에 '일시적' 조치로 예정했던 금리 상한선 조정이 있고 나서 14년이 지난 후에 의회가 마침내 행동에 나섰고 1980년 3월에 '예금취급기관 규제철폐 및 통화관리법Depository Institutions Deregulation And Monetary Control Act(이하 통화관리법)'이 통과됐다. OCC에 있을 때 나도 이 법안을 작성하는 데 참여했다. 당시만 해도 1년 후에 내가 OCC 법률 고문으로 임명되고 이 통화관리법이 S&L에 미친 악영향 때문에 OCC가 더 큰 압박 상황에 놓이게 될 줄은 몰랐다. 통화관리법상 예금취급금융기관 규제철폐위원회DIDC: Depository Institutions Deregulation Committee의 권한으로 금리 한도에 관한 규정 Q를 단계적으로 폐지하는 절차를 마련했다.[25]

그러나 너무 늦은 조치라서 위기 상황에 대해 즉각적인 영향을 미치지 못했다. 실제로 금리 상승세가 계속되고 S&L은 예금을 계속 유치해 유동성을 유지하려고 예금에 대해 두 자리 수 금리를 적용할 수밖에 없게 되면서 상황이 더 악화됐다. 당시 단기 금리는 16퍼센트 선에서 맴돌았고[26] 인플레이션은 14.8퍼센트 수준이었다.[27] 신규로 제공한

30년 만기 고정 금리 모기지는 15.28퍼센트 금리가 적용됐다.[28] 때로는 하루 만에 금리가 2퍼센트나 상승하기도 했다. 그 이전 10년 동안은 금리 변동 수준이 2퍼센트 정도로 미미했다.

레이건 행정부가 들어선 1981년에는 S&L 문제를 다루는 일은 이미 선택이 아닌 필수 과제였다. 사후에 문제를 들여다보며 분석하기는 어렵지 않다. 연방 S&L이 법률이 요구하는 대로 했다면 예금 금리는 최대 5.5퍼센트였을 터였다. 그리고 예금주는 정부의 보장을 받지 않으나 금리가 10퍼센트 이상인 MMF쪽으로 옮겨 가면서 S&L은 유동성 부족이 더욱 심해졌다. 이와 동시에 금리가 상승하면서 30년 만기 고정 금리 모기지가 주를 이룬 포트폴리오의 가치가 감소했다. 그러면서 유동성 증가 목적으로 시장에 판매하려 해도 판매가 쉽지 않아진다. 현 시장에서 수익률이 16퍼센트인 신규 모기지에 투자할 수 있다면 할인률이 엄청나게 높다면 모를까 액면가 기준으로 수익률이 8퍼센트인 모기지 포트폴리오를 사려는 사람은 거의 없다. 시장가(모기지 장부 가치의 50퍼센트)로 판매한다면 S&L이 손실을 부담하면서 잔존 자본 상당량이 사라진다. 연방법에 따라 S&L에 재정상 중과실이 있다고 봤고 탈출구는 어디에도 전혀 없었다. S&L 산업 붕괴는 이후 10년간에 걸쳐 주택 산업뿐 아니라 미국 경제에 부정적인 영향을 미쳤다.

리처드 프랫

레이건 대통령은 1981년 3월에 리처드 프랫Richard T. Pratt을 FHLBB 의장으로 임명했다. 나도 이때쯤 FHLBB의 신임 법률 고문으로 임명되었다. 프랫은 의장이 된 후 첫 번째 임무로 내게 30년 만기 공정 금리 모기지 이외 다른 대출을 제공할 권한을 S&L에 부여하는 내용을 골자로 한 규정을 만들라고 지시했다. S&L 모기지 포트폴리오에 내재한 기묘한 금리 불일치 문제를 해결하려는 시도였다. 당시 나는 FHLBB 법률 고문이면서 동시에 FSLIC 법률 고문이기도 했다. 3월 30일에 FHLBB는 S&L에 대체 금리 모기지 제공 권한을 부여하는 내용을 골자로 한 획기적 규정을 채택했다.[29] S&L은 30년 만기 기간 내내 시장 금리를 밑도는 수준으로 수익이 고정된다기보다는 변동 금리 모기지를 이용해 이론적으로는 금리가 상승할 때 수익을 늘릴 수 있다. 당시 30년 만기 모기지의 평균 회수 기간은 평균 12년이었다. 즉 12년 이내에 주택이 팔려 대출금 상환이 완료됐다.

신규 30년 만기 고정 금리 모기지가 16.50퍼센트에서 2포인트 정도 웃도는 금리로 제공되고 S&L 단기 예금 금리 상한선이 여전히 5.5 퍼센트로 제한되는 상황이면 새로운 변동 금리 모기지 규정이 도움이 된다. 그러나 이로써 모든 금융 기관을 구제할 수는 없다. '예금'을 대체할 만한 금융 상품이 점점 더 보편화하고 연방 보험 계좌를 포기하고 고금리 상품을 찾아가려는 경향이 강해지면서 은행과 S&L에 넣은 예금이 두 자릿수 수익률을 보이는 뮤추얼펀드와 MMF로 계속 이동했다. FHLBB 조사 결과 금리 차이가 2퍼센트를 넘을 때 소비자는 FDIC가 보장을 하는 수익률이 낮은 계좌를 버리고 금리가 더 높은 쪽으로 가는 것으로 나타났다.

FHLBB는 효율성 측면에서 시대를 앞서간 독특한 연방 기관이었다. 이 기관은 주택 금융 산업 전반에 걸쳐 광범위한 영향력을 발휘했다. 연방과 주정부가 인가한 S&L 전부가 규제 대상이었다. 주정부 인가 S&L에 대한 관할권은 FHLBB가 65억 달러 규모의 연방 예금 보험 기금인 FSLIC을 운영했다는 사실에 근거를 뒀다. FHLBB는 프레디맥도 감독하는 셈이다. 이곳 이사회가 프레디맥의 이사회이기도 하기 때문이다.

FHLBB는 주택 금융 산업 부문 전반에 걸쳐 포괄적인 감독 권한을 행사하기 때문에 미국 주택 금융 문제에 대해 즉각적이고도 결정적인 영향을 미칠 수 있었다. 1981년에 우리는 이 부문에 대해 그렇게 강력한 감독 권한이 있는데도 당시 S&L 산업에서 발생한 1,000억 달러 규모의 손실을 만회하기에는 때가 너무 늦었다는 사실을 알게 됐다. 프랫 FHLBB 의장은 S&L 산업 그리고 더 나아가 미국 주택 금융과 주택 건설 산업의 완전 붕괴를 피하려면 뭔가 획기적인 일이 일어나야 한다고 생각했다.

1981년 초에 나는 프랫 의장과 함께 볼커 연준 의장과 법률 고문 마이크 브래드필드Mike Bradfield를 만나 몇 차례 회의를 했다. 우리는 부채를 지는 일이 없도록 S&L에 연준 대출 창구가 열려 있고 연준이 FSLIC로부터 은행 지주 회사가 파산한 S&L을 인수하도록 허용한다는 점을 확인하고 싶었다. 기술적으로 S&L 폐쇄 이후 파산한 S&L을 구제하는 상업은행이 해당 FSLIC로부터 S&L의 예금 부채를 떠안고 자산은 인수했다. 그러나 S&L 소재지가 아닌 다른 주라면 해당 주에 새로운 지사를 설립하거나 지주 회사의 별도 자회사 형태로 보유해야 했을 것이다. FHLBB는 주법에 우선하는 권한이 있었다.

그러나 이런 거래는 문제를 해결하고자 함께 협력했던 FDIC와 연준, OCC에 주간州間 지점을 개설을 둘러싼 새로운 문제를 야기했다. 우리는 볼커 의장이 인플레이션과의 전쟁에서 이기고 미국 경제를 구해 내려는 금리 전략을 구사할 때 상당한 부담감을 안고 있었다는 점을 그 당시에는 인지하지 못했다. 이 방식으로 미국 경제를 구한 일이 S&L 산업과 상호저축은행, 농업인, 기타 미국 기업에 부정적 영향을 미치리라는 사실 또한 헤아리지 못했다. 볼커 연준 의장은 연준이 조정하려 한 금리 충격이 수많은 S&L을 무너뜨리리라는 점을 인지했음에 틀림이 없다. 볼커는 S&L에서 나타나는 문제에 우려를 표하기는 했지만, 상황이 더 악화하리라는 말은 절대로 하지 않았다. 정책 입안자가 내려야 하는 결정은 거의 다 이렇게 복잡하기 이를 데 없다. 완벽한 해법은 없다. 그저 나쁜 선택지만 있을 뿐이다.

'죽음의 신'을 넘어서려는 노력

주택 금융 산업이 붕괴하면 주택 건설 사업도 무너진다. 이런 사태가 벌어지면 경제 붕괴도 머지않은 일이다. 이 문제를 다룰 인적 및 재정적 자원이 더 충원되지 않으면 시장에 대한 신뢰가 무너지면서 S&L 산업의 붕괴가 경제 붕괴로 이어질 수도 있다는 점이 상당히 우려스러웠다. 1981년 초에 시도한 최초 계획은 의회와 행정부에 이런 냉혹한 현실을 제시하고 협력을 통해 문제를 해결하는 일이었다. 의회와 관리예산실OMB: Office of Management & Budget, 백악관, 재무부 등을 돌면서 우리만큼 이 문제를 심각하게 고려했던 사람이 아무도 없었고 정치가 관여해 상황이 복잡해졌다는 현실을 인정하는 사람도 거의 없었다는 사실이 분명해졌다. 우리는 행정부와 의회 그리고 우리 같은 감독 기관이 우리와 S&L 산업의 문제에 대해 얼마나 무관심했고 또 이에 대해 얼마나 호전적인 태도였는지를 과소평가했다. 이는 우리의 문제였고 반드시 해결해야 했다.

1981년 당시 금리가 계속 상승하자 FHLBB는 주어진 인적 및 재정적 자원 상태로 S&L의 파산 속도를 통제해야 한다는 사실을 알았다. 금리와 인플레이션율이 정상 수준을 회복하더라도 S&L 산업 부문에서 하위 25퍼센트에 해당하는 곳은 정상 수준으로 돌아갈 수 없다. 붕괴 속도가 너무 빨라서 가까운 장래에 예측 가능한 수준의 건전성 회복은 불가한 일이었다. 하는 일이라고는 유동성을 유지하려고 예금 금리를 계속 인상시키는 일뿐이었고 이 때문에 상대적으로 건전성 수준이 높은 S&L도 예금 금리를 높일 수밖에 없었다.

FHLBB는 파산 기관 처리 건수가 주당 5~6건을 넘지 못했다. 의회의 도움을 받지 못하면 창의력을 발휘해 규제적 회계 규칙과 적절한 유예 및 면제 조치를 활용해 관리 가능한 수준으로 파산 속도를 늦춰야 한다. 파산 사례 하나마다 영업 폐쇄 관련 서류를 작성하고, 법정 기준을 충족하는지를 확인하고, 영업 폐쇄 당일 각 지점에서 문 잠금장치 변경에서부터 판매할 품목에 대한 상세 조사에 이르기까지 모든 작업을 제대로 수행했는지 등을 살피는 데 변호사와 감독관 수십 명 혹은 수백 명이 매달려야 했다. 벽에 걸린 그림도 전부 목록에 넣어야 했다. 캘리포니아주에 소재한 당시 미국 최대 저축 기관이었던 피델리티 저축은행이 폐쇄될 때는 영업을 종료하고 씨티은행Citibank에 인수될 때까지 수백 명이 매달려 작업했다.

FHLBB는 당시 S&L 대부분이 상호저축은행 형태라는 사실에서 이런 조직에는 어느 정도 융통성이 있다고 봤다. S&L은 기술적으로 예금주 소유였고 주주는 없었으며 상장 기업과는 달리 GAAP에 따른 재무 상태 공시 의무도 없었다. 따라서 상호 회사Mutual Company는 짧은 시간 동안 궁지에 몰린 규제 기관이 관리할 수 있는 수준으로 파산 속도를 통제하려는 목적에서 회계 및 부기 원칙 변경이라는 도구를 좀 더 쉽게 사용할 수 있다. 이 모두가 심각한 문제를 일으키지 않으면서 시장이 계속해서 제 기능을 할 수 있게 하는 일시적 미봉책이라는 의미였다. 정책 입안자가 각 금융 위기를 겪으면서 배웠듯이 시장이 정말로 우려하는 사실은 특정 금융 기관이 정부 인가를 받아 계속 영업할 수 있느냐 하는 점뿐이다.

1981년 5월 18일에 FHLBB는 시카고 경제저축대부조합Economy Savings & Loan Association을 폐쇄했고 FSLIC는 7,400만 달러에 달하는 자산을 정리했다. 이는 파산 S&L을 다루는 새로운 그러나 생명력이 짧았던 접근법을 적용하기 시작했다는 신호였다. 당시 자산 정리를 담당했던 FSLIC가 예금주에 대한 정산을 처리했다. 이는 파산 조직의 처리 방법 중 가장 자원 집약적이고 비용도 가장 많이 드는 방식이라는 사실을 깨달았다.

그래서 이후 5월부터 9월까지에 해당하는 기간에 파산한 S&L 11

곳은 FSLIC의 재정적 지원을 받아 다른 S&L에 매각됐다. 자금 규모
가 고작 65억 FHLBB가 4,500곳이나 되는 파산 기관을 처리해야 하
는 상황에서 과연 어떤 문제에 직면할지를 생각하면 이 또한 값비싼
문제 해결 방식이라 하겠다. 의회와 행정부가 이런 문제를 해결하는
데 필요한 자금이나 자원을 제공하지 않으려는 상황에서는 S&L이나
FHLBB나 곤경에 처하기는 마찬가지였다. 우리는 FSLIC 기금을 늘리는
일에 초점을 맞추기 시작했고 이렇게 해서 결국은 미국 은행업계의 변
화를 이끌었다.

　프랫이 FHLBB 의장을 맡기 전에는 가장 손쉽지만 비용은 가장 많
이 드는 방식으로 파산 S&L을 처리했다. FHLBB는 해당 지역에 소재
한 다른 S&L을 대상으로 파산 위기인 S&L의 자산과 부채 인수를 위
한 입찰에 참여하도록 독려했다. 관련 현행 법률과 마찬가지로 FDIC는
FHLBB가 파산 기관 매수자에게 해당 조직의 청산 비용을 상회하는 수
준의 자금 지원을 하지 못하게 했다. 따라서 인수 입찰 가격이 FSLIC가
부담한 청산 비용보다 1달러라도 적어야 해당 조직을 인수할 수 있다.
1억 달러짜리 금융 기관을 청산하는 비용(통상 장부상 자산 가치의 30퍼
센트 수준으로 봄)이 3,000만 달러라고 추산한다면 FSLIC가 입찰가로 지
원하는 금액이 2,999만 99달러면 수용 가능하다. 이는 변화가 필요한
부분이었다.

　주로 프랫 FHLBB 의장과 브렌트 비즐리Brent H. Beesley FSLIC 의장의
창의적 발상을 토대로 인수 대상자를 확대하고자 좀 더 매력적인 입찰
조건을 제공하기로 결정했다. 법적으로 잠재적 인수자를 더 많이 유치

하고자 규정 유예 같은 '혜택'을 제공할 수 있다. 이런 혜택에는 자본, 유동성, 지점 설치 등에 관한 요건 완화가 포함된다. 당시 상업은행은 시, 카운티 혹은 주 등에 지점을 설치하는 데 제한이 있었다. 따라서 상업은행으로서는 3개 주에 지점이 있는 파산 S&L은 상당히 매력적인 인수 대상이었다. 연방법상 FHLBB는 주법에 어떻게 규정됐든 간에 이 지구상 그 어느 곳에 있는 조직에든 파산 S&L을 매각할 수 있다. 그런데 정작 FHLBB는 이 법을 활용하지 않았다.

그래서 이 입찰 대상자 풀을 늘리려고 어느 주에 소재하든 상관없이 상업은행, 투자은행, 상업 및 산업 대출 회사 등에 문호를 개방했다. 또 여러 주에서 파산한 S&L을 묶어서 가치 있는 지점 형태의 주간州間 가맹 은행을 형성하기 시작했다. 은행은 연방법을 뛰어넘어 파산 S&L 인수를 통해 주간 지점망을 구축하고 싶어 안달이었다. 그리고 상업은행과 산업 대출 회사, 투자은행 등은 은행을 소유해 결제 체계와 연방법 우선 적용의 이점을 누릴 기회를 포착하려 했다. 이에 따라 거의 모든 미국 주요 금융 회사 경영진은 너도나도 이 게임에 참여하려고 아우성이었다.

파산한 S&L에 대한 입찰 절차의 경쟁 역학 변화는 FSLIC 기금을 절감하고 파산 S&L 처리 비용을 급격히 줄이는 효율적인 방법이었다. 그러나 이런 접근법은 당연히 S&L 산업계를 언짢게 했다. 다른 여러 부문 중에서도 상업은행계가 S&L 산업을 장악할까 두려웠기 때문이다. 미국저축은행연합회US League of Savings Institution는 격한 분노를 드러냈다. 이런 분노 때문에 정작 꼭 봐야 할 현실에서 눈을 돌리고 말았다.

즉 파산한 S&L을 처리하는 다른 시나리오로는 S&L 산업이 살아남을 가능성은 거의 희박하다는 현실 말이다. FHLBB는 또한 자본 투자 유치를 목적으로 S&L 인가의 가치를 높이려고 했다. 은행 면허와 좀 더 비슷해지도록 새로운 고객 유치 및 상업 대출 권한을 S&L에 부여하는 내용으로 규칙 및 법률을 제정하려 했다.

FHLBB는 10년간에 걸쳐 파산 조직 인수자에게 인수 자산에서 특정 수준의 이익을 보장하는 창의적인 다양한 금융 지원 기제를 통해서 파산한 저축 기관을 인수하는 방법을 계속해서 가다듬었다. 이런 시도는 위험을 분산시키고 결국 경제 추세가 전환돼 그 어떤 재정적 지원도 불필요하게 되리라는 기대감을 토대로 했다. 파산한 S&L에게 적용 가능한 자본, 유동성, 배당금, 기타 운영 제한 요건을 준수할 시간을 주고, 입찰자의 안정성을 높이고, FHLBB가 부담해야 할 지원 비용을 줄이고자 다양한 규제 유예 항목을 개발했다. 이는 상어가 우글대는 물속에서 헤엄치는 상황과 비슷하다.

에쿼터블Equitable, 시티은행, 시어슨리먼Shearson Lehman, 드레퓌스Dreyfuss, 포드모터Ford Motor, 내셔널스틸National Steel 등과 같은 주요 회사는 주간州間 가맹 은행을 매수하는 데 활용할 수 있는 최상의 방법과 조건을 결정하려고 초기에 자주 방문해 의사를 전달했다. 이들을 향한 메시지는 단순하고 명확했다. 최고 입찰자가 되면 결국 이긴다는 메시지였다. 이 전략은 1981년 9월 8일 FHLBB와 시티즌 S&LCitizens Savings & Loan, 내셔널스틸이 공동으로 캘리포니아 S&L인 시티즌이 뉴욕과 플로리다에 소재한 파산 S&L을 인수하고 발표하는 데 힘을 주었다. 이들은 회사명을 퍼스트네이션와이드 S&L First Nationwide Savings & Loan 로 변경했다.[30] FSLIC는 이전에 했던 모든 거래와 비교할 때 소소한 수준의 지원을 했다. 퍼스트네이션은 가치 있는 가맹 은행을 인수한 대가로 거액의 손실을 감당하려고 했다. 내셔널스틸은 재정이 효율적으로 돌아갈 수 있도록 퍼스트네이션에 자본을 투입했다.

이는 FSLIC 기금을 늘리고 펌프에 마중물을 붓는 모범 거래가 크게 성공한 사례였다. 1981년 1월 1일부터 1982년 10월까지 FSLIC는 S&L 인수·합병 총 673건을 승인했으며, 이와 관련한 자산 규모는 약 940억 달러였고 이를 통해 759개 금융 기관이 사라졌다. 이러한 합병 사례 가운데 256건은 감독 기관이 관련돼 있으며 이는 유예를 포함해 침체한 금융 환경에서 FHLBB가 설계한 결과물이라는 의미였다. 이 중 62건은 FSLIC가 인수 기업에 금융 지원을 했다. 이런 거래를 용이하게 하는 데에는 법정 관리 서너 건, 재산 관리 수백 건, 청산 두 건 등이 있었다.[31]

1982년 4월에 당시 최대 규모 파산이었던 샌프란시스코 소재 피델리티 저축은행 인수전에서는 시티은행이 최종 승자가 됐다.[32] 시티은행은 파산 S&L을 추가로 인수하면서 FSLIC로부터 금융 지원을 받아 플로리다와 캘리포니아에 지점 설립권을 얻었다. 뉴욕 은행으로서는 이런 주에 지점을 설립할 수 없었다. 이는 FHLBB와 FSLIC가 미국 은행업의 면모를 변화시킨 또 다른 성공 사례였다. 실제로 우리가 개발한 표준 협정과 FHLBB와 FSLIC가 사용했던 수많은 금융 구조 및 지원 도구를 이후에 FDIC가 채택해 활용했다. FHLBB는 파산 S&L 처리와 관련한 지원 비용을 청산 비용의 85퍼센트에서 18퍼센트 수준으로 줄였다. 덕분에 애초 충분치 않았던 FSLIC 기금으로도 정부 지원을 받은 파산 기관 인수에 대해 더 많은 지원이 가능해졌다.

거래 흐름은 극대화된 반면에 경제적 측면에서 볼 때는 상황이 그렇게 빨리 개선되지 않았다. 따라서 더 많은 실행 도구가 필요했다. 이같은 맥락에서 합병된 저축은행이 인수 기업이 지급한 대금과 피인수 기업 자산의 시장 가치 간의 차액을 '영업권' 항목으로 장부에 계상할 수 있도록 매수법 회계Purchase Accounting 방식을 이용하기 시작했다. 그리고 이 영업권에 해당하는 자산은 40년에 걸쳐 분할 상환해서 상각 처리한다.[33]

내부적으로는 이를 '술 취한 두 사람이 서로 부둥켜안은' 상태라고 말했다. 그러나 FHLBB에게 더는 다른 좋은 선택지는 없었다. 여전히 그저 나쁜 대안 중에서 그나마 덜 나쁜 쪽을 선택해야 하는 상황이었다. S&L 보유 비율은 주식회사가 20퍼센트뿐이고 80퍼센트가 상호 회사이므로[34] FHLBB는 대다수 S&L이 사용하는 회계 원칙을 감독할 수 있다. 덕분에 FHLBB는 수많은 규제회계원칙RAP: Regulatory Accounting Principle으로 시간을 벌거나 창의적인 규제 회계 원칙을 시험해 볼 수 있었다.

금리가 계속 상승하자 FHLBB는 다수 규정을 공표해 금융 기관이 재무상태표상의 가치를 뒷받침할 수 있게 했다. 1991년에 포드햄대학교 법과대학원Fordham University School of Law의 칼 펜젠펠트Carl Felsenfeld 교수는 한 주목할 만한 논문에 이런 규정을 다수 소개했다.[35] 예를 들어

FHLBB는 S&L에 장기간에 걸쳐 경제적 전환이 순조롭게 이뤄지도록 모기지 포트폴리오를 매각해 손익을 상각할 권한을 부여했다. 또 S&L이 보유한 부동산처럼 특정한 자산의 시장 가치 상승을 인정해 재무상 표상의 자산을 증가시키는 방법을 찾았다. 어쨌거나 자산 가치가 하락할 때 시가평가회계MMA: Mark-to-Market Accounting가 허용된다면 가치가 상승할 때도 마찬가지로 적용할 수 있지 않겠는가? 수많은 S&L이 사옥을 소유했고 그 건물의 가치가 엄청나게 상승했다. FHLBB는 자기자본평가Appraised Equity Capital 규정을 통해 S&L에 평가 자산의 가치를 장부 가치가 아니라 시장 가치로 계상할 권한을 부여했다.[36]

마찬가지로 S&L이 모기지를 시장가 이하로 팔 수 있게 했으며 손실을 즉시 인지해 정리하는 대신 10년 동안 분할 상각할 수 있게 했다.[37] 2008년 위기에 사용한 TARP의 전신 격인 수익자본증서Income Capital Certificate를 내가 속한 법률 고문실에서 고안했었는데, 덕분에 FHLBB는 S&L의 이익 및 순자산이 일정 수준에 이르렀을 때만 상환하게 되어 있는 정부 차용 증서를 교부하는 방식으로 파산 S&L의 자본을 직접적으로 증가시킬 수 있었다.[38]

그 뒤에 수익자본증서는 상호저축조합자본증서Mutual Capital Certificate 가 되었고, 시간이 지나 1982년에 '간-세인트저메인 예금금융기관법Garn-St. Germain Depository Institutions Act'이 제정되면서 순자산증서Net Worth Certificate로 정착되었다.[39] 의회와 행정부에 대한 반감과 증오 정서가 깊게 깔린 상황에서 시간을 벌고 더 심각한 경제 붕괴를 막을 만한 다른 대안은 없었다.

위기가 더 심해지면서 자본 요건이 더 큰 문제가 됐다. 대다수 저축 기관은 극도로 취약해진 금리 환경에서 계속 손실을 냈으므로 제시된 자본 요건을 충족시킬 방법이 없었다. 1980년에 FHLBB는 S&L의 자기자본 비율을 4퍼센트로 규정했다. 이후 예금 원가 상승과 대출 수익률 감소로 이 비율이 3퍼센트로 낮아졌다.[40] 재정난을 겪는 금융 기관은 손실 충격을 상쇄하도록 자본 요건을 강화해야 하지만, FHLBB가 자본 요건을 완화한 목적은 파산 속도를 늦추려는 데 있었다.

자본 요건 강화는 규제 측면에서는 적절한 조치일 수 있지만, 경제적 측면에서는 역효과를 낼 수 있다. 자본 요건을 강화하면 파산 속도가 빨라지고, FSLIC 기금이 급속히 소진되고, 대중의 불안과 공포가 가중되기 때문이다. 해당 법률 전문에는 FHLBB 소속 감독관은 자본 수준이 표준 요건에 못 미치는 금융 기관의 문제도 해결할 수 있다고 기술돼 있다.[41] 다시 말해 불충분한 S&L 자본화 상황을 시장에 자꾸 상기시켜 상황을 악화시킬 이유가 어디에 있겠는가? 5년간에 걸쳐 자본을 산출하는 이른바 부채 평균화 관행과 결합하면 위기를 헤쳐 나갈 수 있는 S&L은 최상의 기회를 얻을 수 있었다. 이 모두가 일시적인 속성을 띠었다.

내부 총질

1981년에는 통화관리법상 DIDC가 규정 Q를 단계적으로 폐지하는 절차에 들어감에 따라 상황이 예상보다 훨씬 빠르게 악화됐다.[42] 예금이 은행과 S&L에서 MMF와 상업은행으로 빠져나가자 DIDC 의장을 겸한 도널드 리건^{Donald Regan} 재무 장관은 가능한 한 빨리 규정 Q를 폐지해야 한다는 압박을 심하게 받았다. 이를 통해 예금주에게 시장 금리 수준에 따른 이자를 지급하고 MMF로 예금이 계속 유출되는 상황을 막으려는 목적에서였다.

DIDC 위원인 재무 장관과 금융 기관 수장은 규제 대상이 경제, 은행, 신용조합 등이냐 아니면 S&L이냐에 따라 우려하는 부분과 관심 쟁점이 각기 다르다. 사실상 세분화된 규제 방식 때문에 서로 경쟁하는 구도가 연출됐다. 금융 기관 유형별로 관련 쟁점과 문제도 달라진다. 프랫 의장은 DIDC의 규정 Q 폐지 속도 조절을 포함해 자신이 내건 의제 실현에 필요한 자금과 시간, 지원을 요청했다. 그 결과 리건 재무 장관과 프랫은 서로 말도 섞지 않을 정도로 관계가 악화됐다. 실제로 양기관 직원끼리 전혀 말을 섞지 않는 수준이었는지는 모르지만, 조직 구성원 개개인의 역동성은 S&L 위기에 대응하는 데 중요한 역할을 했다. 아무리 많은 수치와 지표를 분석한다 해도 이것만으로는 만족스러운 위기 대응을 기대하기 어렵다.

1981년 6월에 DIDC는 장기 계좌를 시작으로 단계적 금리 상한선 폐지 일정을 채택했다. 1년 내에 규정 Q의 금리 제한을 상당 부분 철폐했고 2년 내에 사실상 철폐를 거의 완료했다.[43] FHLBB가 DIDC에 소송을 제기하면서 일시적으로 규정 철폐 속도가 늦춰졌다. 그러나 10년 후에 결국 폭발할 S&L 붕괴의 씨앗이 결국 이때 뿌려진 셈이었다. S&L의 모기지 수익률은 3~4퍼센트 정도였으나 예금주에게 적용하는 금리는 10~12퍼센트에 육박했다. 1982년 3월에 신규 출시한 30년 만기 고정 금리 모기지의 평균 금리는 17퍼센트였다. 따라서 S&L은 예금주에게 적용한 금리와 모기지 포트폴리오 금리 간에 마이너스(-) 격차를 낸 상태로 운영해야 했다. 더 문제는 이런 극심한 재정 문제를 극복할 탈출구가 없었다. 우리는 항상 그렇게 심각한 경제적 문제에 직면하면 의회와 행정부에서 충분히 필요 자원과 지원을 해 주리라 생각했다. 1982년 가을에 민주당이 하원 다수당이 될 때까지 당시 의회와 행정부 모두 공화당이 장악한 상태였다. 그렇게 우리 생각은 완전히 빗나갔다. 그 누구도 도움을 주려고 하지 않았다.

1981년에 우리는 에드 미즈Ed Meese 수석 보좌관 그리고 마틴 앤더슨Martin Anderson, 에드윈 그레이Edwin Gray, 섀넌 페어뱅크스Shannon Fairbanks 수석 정책 자문단을 포함한 백악관 인사들과 계속해서 회의를 열었다. OMB에서는 수장인 데이비드 스톡맨David Stockman과 부관인 로런스 쿠드로Lawrence Kudlow와 만났다. 재무부 직원들과도 협력 작업을 했다. 의회 인사로는 하원은행위원회Housing Banking Committee 의장인 페르난드 세인트 저메인Fernand St. Germain 공화당 의원(로드아일랜드 출신)과 앨런 크랜스톤Alan Cranston 상원 의원(캘리포니아 출신), 상원은행위원회 의장인 제이크 간Jake Garn 상원 의원과 만났다.

그러나 이런 회합은 FHLBB가 하는 일에 대한 반대만 더욱 공고하게 만드는 결과를 낳았을 뿐이다. 모두가 문제를 해결하기보다는 문제가 사라지기를 바랐고 비난할 대상을 찾는 데만 혈안이 됐다. 이 사람들은 파산한 금융 기관을 폐쇄하는 작업을 중지하고 경제 상황이 나아질 때까지 우리가 기다리기를 바랐다. 이는 정치적 편의만을 고려한 대응이었다. 프랫은 여기에 부응하지 않았다. 이런 대응은 좋게 봐도 금융 도박이고 나쁘게 보면 경제적 부정행위이기 때문이다.

레이건 행정부는 마치 우리를 적으로 보는 듯이 FHLBB에 대항하는 새로운 전선을 구축했다. OMB를 활용해 파산한 S&L의 폐쇄 및 인수 작업에 필요한 자금을 FHLBB와 FSLIC에 지원하지 않으려고 했다. 이런 시도는 OMB와 FHLBB 사이에 총성 없는 전쟁을 불러 일으켰다. 결국에 FHLBB 감독관 수가 급격히 줄어들었다. 실제로 OMB는 여기서 한 걸음 더 나아가 파산 지경인 S&L을 폐쇄하지 못하도록 이전 법령을 활용해 FHLBB에 재정적인 압박을 가하려 했다.

1884년에 제정한 예산적자방지법Antideficiency Act에 따라 연방 공무원에 대해 승인받은 예산이나 관련 기금을 통해 기관이 사용할 수 있는 자금 이상을 사용하지 못하게 했다.[44] 이 법을 위반하는 자는 행정적 및 형사적 처벌을 받는다. FHLBB와 FSLIC는 규제 대상인 S&L에 부과한 평가액을 기준으로 산정한 총 예산 이상은 지출하지 못했다. 그러나 특정한 예산 항목은 과잉 지출을 했다. 파산한 S&L을 인수하도록 독려하고자 FHLBB가 지원한 거래에 사용한 자금이 가장 대표적이다. OMB로서는 이 정도면 충분했다. OMB는 특정한 단일 항목에 예산을 과도하게 지출하는 행위는 불법이라고 주장했다. FHLBB가 예산 부족 탓에 필요한 부분에 재정적 지원을 하지 못하게 되면 그 어느 곳도 파산 기관을 인수하기 어려울 테고, 결국에는 파산한 S&L을 폐쇄하는 작업을 중단하리라 판단했기 때문이다.

나는 OMB가 법무부에 프랫 의장에 대한 형사 소추를 요청했다는 말을 듣고 프랫 측을 대변할 외부 변호인을 고용했다. 변호인은 형사 소추에 반대하는 내용으로 사건 개요서를 제출했다. 그러나 실제로 그런 형사 소추 요청이 이뤄지지는 않았다. 내 친구이자 당시 법무 차관이었던 렉스 리Rex Lee가 내게 전화를 해서, 법무부 사람 중에 정신이 똑바로 박힌 사람이라면 파산한 S&L 폐쇄하는 일을 포함해 자신이 맡은 일을 한다고 해서 특정 기관의 수장을 처벌해야 한다고 생각하지는 않는다고 말했다.

이와 동시에 리건 재무 장관은 DIDC 소속 위원과 연대해 상업은행이 바라던 대로 가능한 한 빨리 금리 제한 규정 철폐에 힘을 모으려 했다. 재무부 국내 금융 담당 차관보 로저 멜Roger Mehle을 FHLBB 측에 보내 S&L 문제는 얼마든지 관리 가능하며 오래지 않아 끝날 일시적인 문제일 뿐이므로 파산한 S&L을 폐쇄까지 할 필요가 없다는 점을 납득시키려 했다.

이러한 압박은 캘리포니아 S&L 대부분이 대통령과 직접 혹은 간접적으로 가까운 사람이 운영한다는 사실에서 비롯된 듯했다. 레이건 대통령에게는 캘리포니아 주지사 시절부터 미국 대통령직을 수행하는 내내 필요한 조언을 해 주는 비선 조직이 있었다. 남부 캘리포니아에 소재한 S&L 운영자 가운데는 이 비선 조직 구성원의 친구였거나 레이건 대통령 혹은 낸시 여사의 지인이 꽤 있었다. 이들은 S&L이 폐쇄되는 상황을 원치 않았기 때문에 우리를 압박했다. 압박의 일환으로 1982년 초에 재무부 고위 관계자가 내게 접근해서는 더는 예금을 유치할 수 없다는 등, 유동성 문제로 지급 불능 상태에 빠지지 않는 한 FHLBB는 S&L을 폐쇄할 권한이 없다는 내용 등의 법적 의견서를 발표하라고 '제안'하기도 했다. 이 논리는 판례와 정면으로 배치된다.

FHLBB와 FDIC의 운영 기반이었던 파산의 법적 정의는 특정 금융 기관에 자본이 전혀 없고 따라서 주주 지분도 없다는 판단을 내릴 때 규제 기관이 행사하는 재량권을 토대로 한다. 유동성이 지급 불능 생태를 결정하는 유일한 잣대라면 은행과 S&L이 폐쇄될 일은 거의 없다. 연방이 예금 보장을 해 주는 금융 기관은 대출로 벌어들이는 이익보다 예금주에게 지급해야 할 돈이 더 많아서 손실이 발생하더라도 예금에 지급하는 금리를 올리면 유동성은 유지할 수 있다. 그러나 이 부분이야말로 재무부가 주장하는 핵심이었다. 이들은 S&L의 폐쇄를 원하지 않았다.

FHLBB가 협력을 거부하자 재무부는 압박 수위를 더 높였다. 그래서 FHLBB가 클리블랜드에 소재한 S&L 한 곳을 폐쇄하는 그러한 권한에 대해 불리한 증언을 하겠다고 엄포를 놨다. 그래도 우리는 로저 멜이 '텔레그래프세이빙 대 쉴링Telegraph Savings v. Schilling' 사건 때 물러난 이후 FSLIC가 S&L 폐쇄와 관련한 지급 불능의 정의를 규정할 때 장부상 순자산 개념에 부적절하게 의존했다고 증언할 때까지는 실제로 그런 엄포와 위협이 현실이 되리라는 생각은 하지도 않았고 또 할 수도 없었다. 항소 법원은 FHLBB의 손을 들어줬고 현행법상으로는 장부상 순자산을 기준으로 금융 기관의 파산 상태를 판단하는 행위는 타당하다는 의견을 견지했다. 폐쇄 당일에 텔레그래프가 파산 상태였다는

FHLBB의 결정은 합리적인 판단이었음이 드러났다.

상고 법원은 멜의 증언에 주목했다.[45] "어떤 증언이 더 신뢰할 만한지에 관해서는 사람마다 생각이 다르겠지만, 판사가 멜의 증언 이외 다른 증언에 의존한 부분이 완전히 터무니없다고 말할 수는 없다." [46] 몇 년 후 윌리엄 아이작William Isaac FDIC 의장은 FDIC 자금을 콘티넨털은행Continental Bank이나 그 자회사를 구제하는 데 사용할 수 있느냐 혹은 사용해야 하느냐를 두고 재무부와 논쟁을 벌였다. 아이작 의장과 팀 맥나마R. Tim McNamar 재무 차관은 의견차를 좁히지 못했다. 맥나마는 FDIC가 해당 은행 지주 회사에 자금을 투입할 권한이 있는지에 관한 법적 의견서를 법무부에 요구했다. 이에 격분한 아이작은 맥나마에게 법무부가 내놓는 의견서를 따르지 않겠다고 말했다.[47] 재무부는 레이건 행정부 사람들과는 각을 세우며 강경한 자세를 취했다.

이원적 은행 체계의 문제

FHLBB가 대항해야 하는 '적'이 다른 연방 기관만은 아니었다. 주정부의 인가를 받아 주 S&L을 감독하는 주정부 규제 기관이야말로 연준에 막대한 위험을 초래하는 만만치 않은 적수였다. 주정부 규제 기관은 자본과 인력이 부족해 제한된 역량으로 주 금융 기관에 대해 포괄적인 관리·감독 업무를 수행하는 기관이다. 또 파산 금융 기관의 폐쇄를 서두르지 않으며 지역 정치에 휘둘리는 경향이 좀 더 강하다. 감독 대상 기관이 많을수록 평가액은 더 커지고 예산은 더 증가한다. 대체로 이런 상황이 어떤 결과로 이어지는지 알 수 있다. 주 기관과 연방 기관은 항상 금융 기관을 놓고 서로 경쟁하고 주 인가 기관을 연방 인가 기관으로 혹은 연방 인가 기관을 주 인가 기관으로 전환한다. 자연히 금융 기관은 주 인가를 연방 인가로 혹은 연방 인가를 주 인가 기관으로 전환하는 데 따른 유인책을 기대한다. 가장 확실한 유인책은 더 큰 운영 기관, 덜 엄격한 감독, 더 낮은 평가 비용 등이다. 이 게임에서 몇몇 주는 목적한 바를 달성했다. 캘리포니아, 플로리다, 텍사스 등은 해당 주에 소재한 S&L에 대해 연방 S&L에는 금지된 다양한 투자 활동을 할 수 있게 했다. 수익성과 생존이라는 목표에 이르는 가장 쉬운 경로를 제공한 셈이다.

　　1982년에 제리 브라운Jerry Brown 주지사는 다양한 사업에 종사하는 자회사에 투자할 수 있는 권한을 주정부 S&L에 부여하는 법률에 서명했다. 1983년에 캘리포니아주는 비주택 대출에 대한 제한을 철폐했다.[48] 주정부는 이 전투에서 얻을 것은 많고 잃을 것은 없다. 더 큰 융통성을 제공해서 감독 대상 금융 기관을 새로 유치하면 예산과 급료가 늘어난다. 금융 기관이 파산하면 주정부는 평가 소득에서 약간의 손실이 있겠지만, FSLIC와 FDIC는 파산 기관을 합병, 청산, 처리하는 데 수백만 달러가 들어간다. 게다가 당시에는 주정부만이 주정부 인가 금융 기관을 폐쇄할 수 있었다. FHLBB는 캘리포니아 S&L 관리국California S&L Commissioner's Office과 오래도록 극심한 충돌을 빚을 수밖에 없었다. 예를 들어 관리국은 비용이 매일 수백만 달러씩 들어가므로 파산한 S&L의 폐쇄를 주저하게 된다. 이런 손실은 최종적으로 FSLIC가 부담한다. 이는 FHLBB가 일부 주정부 규제 기관의 행동을 이끌어 내기 위해 추는 실망스럽고 비효율적인 '가부키' 춤에 비유할 수 있다. 필연적으로 이 비효율적인 체계는 S&L 붕괴에 따른 상당한 손실을 초래한다.

승리에 대한 착각

1982년 내내 FHLBB는 장기적인 해법 마련에 주력을 다했다. 즉 S&L이 자산과 부채의 듀레이션과 수익률이 균형을 맞춘 건전한 재무 상태표를 구축할 수 있도록 적절한 법률이 제자리를 잡을 수 있는 환경을 조성하려 했다. 그렇다고 이 해법이 만병통치약이 되리라 기대하지는 않았다. 그러나 특히 파산한 S&L 인수를 통해 이 산업에 신규 자본을 투입하고 임박한 붕괴에 따른 침체 분위기를 전환하려는 데 목적이 있었다.

1982년 10월 15일에 '간-세인트저메인 예금금융기관법(이하 간-세인트저메인법)'이 통과됐다.[49] 이 법률 초안은 프랫 FHLBB 의장과 고위 인사의 지도 아래 내 동료 변호사가 작성했다. 우리는 백악관 정원에 전부 참석해 이 법률의 서명식을 지켜봤다. 우리로서는 레이건 대통령과 의회 인사를 만날 아주 좋은 기회였다. 간-세인트저메인법에 따라 S&L은 은행 재무상태표와 비슷한 상태표를 구성할 수 있었다. 즉 S&L도 정크본드를 포함해 다양한 채권 증서에 자유롭게 투자할 수 있을 뿐 아니라 소비자 대출, 상업 대출, 부동산 개발 대출을 더 많이 제공할 수 있게 됐다. 당시 10년 만기 재무부 채권 수익률은 10.55퍼센트였고 인플레이션율은 4퍼센트를 약간 밑도는 수준이었다. 그 방향으로 상황이 급속히 진행되고 있었다. 의회는 이 법률을 제정하고자 초당적으로 협력했다. 이런 시도가 아마도 정상성과 수익성 회복의 출발점이 아니었을까?

프랫은 1983년에 FHLBB를 떠났다. 그러면서 아주 인상적인 말을 남겼다. "내가 만든 보도 자료가 눈앞에 펼쳐지는 사태가 오기 전에 워싱턴을 떠나고 싶었다." 프랫과 함께 했던 이사진은 구체적으로 말해 경제 정상화에 따른 자본 및 유동성 요건의 꾸준한 강화, 자본 시장에 접근할 수 있도록 상호 회사에서 주식회사로 전환, 예금 보험의 재평가, 더 강력한 안전성 및 건전성 규제 등을 포함한 새로운 전략으로 후임 의장이 이끄는 이 기관이 일시적 미봉책으로 일관했던 관행과는 정반대 방향으로 나아가기를 바랐다. 우리가 무슨 일을 진행했는지, 그런 조치를 왜 일시적 대책으로 간주해야 하는지 그리고 예금 보험과 안전 및 건전성 감독이라는 관점에서 향후 위기를 피하려면 무엇을 해야 하는지 등과 관련해 아래와 같은 의미심장한 고별사도 남겼다.

앞으로 보험 기관은 피보험 기관의 활동을 제한하는 규제 혹은 위험 감수에 대해 적절한 보상을 제공하는 가격 책정 기제를 통해 위험을 관리해야 한다. 이용 가능한 선택지가 없으면 보험사는 상당한 위험에 노출된다. 수년 전 재규제 조치는 시장 혁신에 있어 필연적 대응이 었다 해도, 이 조치는 피보험 기관의 위험 감수에 한계를 지우는 규제 기관의 능력을 극도로 제한했다. 게다가 부실한 자본 기반으로 운영하고 고위험 투자에 동기 부여가 강한 피보험 기관이 다수 존재할 때 이런 일이 벌어졌다. 이 업계가 앞으로 수년 후에 상당 수준의 경쟁 압력 환경에 놓인다는 관점에서 규제 철폐는 상당한 손실로 이어질 수 있다.[50]

프랫 의장이 FHLBB를 떠난 후에 일어났어야 할 일이 하나도 일어나지 않았다. 에드윈 그레이Edwin Gray가 후임 의장이 됐다. 금리가 하락하면서 경제와 은행계가 안정화하기 시작했다. 이에 따라 FHLBB는 진행 방향을 바꾸고 S&L이 생존해 은행으로 혹은 원하는 어떤 영업 유형으로든 전환할 수 있는 환경을 조성할 좋은 기회를 얻었다. 그러나 이런 일은 실현되지 않았다. S&L 동업 조합은 예전 방식으로 회귀하고자 로비 활동에 공을 들였다. 1980년대 중반에 FHLBB는 최상급 안전 및 건전성 규제 기관으로 전환되지 않았고 금리 인하라는 도구를 활용해 S&L업계를 새로운 경쟁 환경으로 바꾸려하지도 않았다. FHLBB가 변화를 주도하는 만큼 의회는 S&L 후원자와 동종 조합이 동조해 입법 개혁을 저지했다. 이렇게 S&L 산업 부흥의 기회는 날아갔다.[51]

프랫이 FHLBB를 떠났던 1983년 5월부터 그레이가 떠났던 1987년 7월 사이에 3개월 만기 재무부 단기 채권의 수익률은 8.19퍼센트에서 5.69퍼센트로 하락했다. 이런 '정상 상태'로의 회복은 S&L 산업에 크나큰 행운이었다.[52] 그러나 정부와 업계, 규제 기관이 저지른 과오는 S&L을 더 큰 위협 상황으로 몰아넣었을 뿐이었다. 즉 1980년대 말에 무수익 부실 대출과 무가치한 투자 상품이 등장하기 시작하면서 금리 경색 정도였던 환경에서 더욱 심각한 위험 상황으로 악화됐다. 결과적으로 두 번째 위기 그리고 1988년에 다가올 더 큰 위기를 예측한 사람은 아무도 없었다.

위기의 마지막 단계

지속적인 금리 하락으로 정상화가 더 진행되자 그레이 의장은 중개 예금을 반대하며 여기서 발생하는 문제와 위험성을 지적했지만, 이와 동시에 FHLBB는 문제를 극복하고 성장할 수 있도록 S&L 업계가 이를 활용하게도 했다. 1983년부터 1986년까지 S&L 업계는 괄목할 만한 성장을 이루며 상업은행계의 성장을 압도했다.[53] 그레이가 FHLBB 의장으로 있던 4년 동안 S&L 산업 규모는 54퍼센트 증가했으나 신규 인가를 받은 S&L이 160곳이 넘었음에도 오히려 S&L 총수는 감소했다.[54] 그 당시 S&L 약 400곳이 상호 회사에서 주식회사 형태로 전환하면서 자본에 대한 접근성은 증가했지만, RAP 회계, 즉 규제회계원칙을 금융 해결 도구로 활용하는 FHLBB에게는 오히려 영향력 축소인 셈이었다.[55] 주식회사로 전환된 S&L들은 신규 상장을 통한 새로운 자본 유입으로 수많은 투자자를 끌어들일 수 있었다. 이들은 S&L을 이용해 좀 더 저렴한 비용으로 부동산이나 기타 사업 자금을 조달하고 싶어 하는 새로운 유형의 투자자였다. 위기를 해결하려는 목적으로 취했던 조치를 위기 후에도 그대로 유지하자, 의도하지는 않았으나 부도덕하고 공격적인 일부가 S&L 업계로 흘러 들어왔다.

중개 예금은 1988년에 발생할 S&L 붕괴로 이어주는 다리가 됐다. 중개인은 대리인처럼 행동했다. 개별 소비자 자금을 하나로 묶은 다음에 FSLIC와 FDIC가 각 예금에 보험을 제공했던 방식으로 최고 금리를 적용한 기관에 이 자금을 예치했다. 따라서 250명한테서 모은 자금 1,000만 달러를 한 금융 기관에 예치할 수 있었다. 또 중개인이 예치한 총 예금액이 단일 개인 계좌에서 적용 가능한 보험 수준을 훨씬 초과하더라도 각 예금주는 전액 보험에 가입되었다.

중개 예금은 핫머니 고수익을 노린 투기성 단기 자금—옮긴이 이고 변동성이 매우 커서 어떤 금융 기관이든 충성도가 거의 없다시피 하므로 한 기관에 자금이 고정될 일이 없다. 핫머니는 최고 금리를 따라 움직이며, 유동성을 유지하는 데 예금이 필요한 부실한 금융 기관이 고금리를 약속할 때가 종종 있다. 그러나 예금은 보험이 돼 있기 때문에 예금주로서는 돈을 예치한 금융 기관이 파산하든 말든 중요하지 않았다. 이런 상황에서는 당연히 관리가 필요한 심각한 위험이 발생한다. 파산 지경인 S&L로서는 마지막 승부수를 던지는 격이므로 손해 볼 일이 없다. 따라서 더욱 꼼꼼한 감시와 관리가 반드시 필요했다.

이는 애초에 연방 예금 보험에 기대했던 기능은 아니었다. 중개 예금은 소비자와 S&L 모두에 매력적인 도구가 됐다. 소비자는 높은 예금 금리를 적용받으며 법정 최대한도까지 예금 보험 혜택을 누릴 수 있다. 한편 소비자로부터 예금을 수령한 S&L은 고속 성장이 가능했다. 따라서 30년 만기 고정 금리 모기지에서 나오는 낮은 수익률을 더 많은 예금으로 상쇄할 수 있다. S&L 모기지 포트폴리오 수익률이 8퍼센트이지만, 예금주에게는 12퍼센트 금리를 적용하면 결국 금리 격차는 마이너스 4퍼센트가 된다. 이 상태면 매일 매순간 손실이 발생한다. 이럴 때 가장 좋은 전략은 자산을 인수하거나 아니면 양(+)의 금리 격차가 되도록 수익률이 16퍼센트인 대출을 제공해서 자산 포트폴리오의 평균 수익률을 14퍼센트로 맞추는 식으로 S&L 규모를 두 배 혹은 세 배로 늘리는 일이었다. 여기서 얼마나 큰 위험이 발생하든 상관없이 대다수 S&L이 이 전략을 구사했다.

다양한 회계 기법을 활용해 재무상태표를 뒷받침하도록 허용하는 일시적 규정과 간-세인트저메인법에 따른 다양한 권한 덕분에 중개 예금은 S&L에 상당한 자금을 제공할 수 있었고 이 자금으로 위험 수준이 더 높은 다양한 고수익률 상품에 투자할 자금을 확보했다. 그런데 규제 기관에 새로 창출될 위험에 대해서 경고해 주는 자료는 어디에 있었는가? 규제 기관은 어디에 있었는가?

이와 동시에 드렉셀램버트의 마이클 밀켄Michael Milken은 1980년대 중반에 수익성 개선을 목적으로 S&L 업계 전체에 고수익 정크본드를 판매했다. 특히 밀켄이 중개한 유가 증권 제공 및 인수와 관련한 기관에서 실무 작업을 하면서 알게 된 사실이지만, 이런 증권을 발행하고 판매하는 일 자체가 너무 복잡하므로 여기서 자세히 다루기는 어렵다. 그러나 눈으로 본 것과 실제로 일어나는 것이 항상 일치하지는 않는다는 정도로만 언급해도 충분할 듯하다. 게다가 미국 남서부 지역의 상업용 부동산 개발 대출 또한 재정난을 겪는 S&L 입장에서는 상당 수준의 대출 수수료와 고수익 자산을 만들었다. 결과적으로 정크본드와 상업용 부동산 개발 계획이 중개 예금으로 구매하기에 좋은 이른바 선호 자산이 됐다. 정부가 허용한 수준이라면 전적으로 합리적인 수준의 위험 감수였고 또 실제로 그런 위험을 감수했다. 그러나 경제와 사건은 또 다시 S&L을 궁지로 몰았다.

1988년 9월 7일에 SEC는 드렉셀, 밀켄 그리고 다른 직원 3명을 증권법 위반 혐의로 고소했다. 12월 21일에 드렉셀은 6개 범죄 혐의에 대해 유죄를 인정하고 벌금 및 배상금으로 무려 6억 5,000만 달러에 달하는 천문학적 금액을 내기로 했다. 이는 역대 최대 규모의 증권사기 사건에 속했다. 1989년 3월 29일에 연방 대배심은 98개 고발 건수 가운데 협박과 증권사기 혐의로 밀켄을 기소했다. 드렉셀은 1990년에 2월 13일에 파산 신청을 했고 정크본드 앞에 열렸던 성공 가도는 닫혔다. 이와 함께 대다수 S&L 장부상의 정크본드 가치도 증발했다. 더불어 1986년에 새로운 법률이 제정되고 유가 폭락으로 텍사스와 오클라호마처럼 석유 의존도가 높은 주에서 경기 침체가 나타나면서 상업용 부동산 개발 계획이 누렸던 세금 혜택도 사라졌다. 대출을 받은 자의 채무 불이행이 시작되고 이에 따라 신규 파산이 속출하면서 S&L은 극심한 자산 품질 저하 문제에 직면했다. FSLIC가 이 두 번째 위기를 해결하는 데 막대한 자금이 필요하고 이 때문에 극심한 자금 부족 상황에 빠졌다. 그래서 FSLIC는 파산하는 금융 기관 전부를 구제할 수는 없다는 사실에 다시 한번 직면했다.

1988년에 대니 월Danny Wall이 에드 그레이의 뒤를 이어 FHLBB 의장이 됐다. 월은 훌륭한 인물이었지만, 새로 전개되는 S&L 위기에 대응할 준비가 충분치 않은 듯했다. 제이크 상원 의원이 상원은행위원회 위원장일 때 수석 보좌관으로 있었다. 월이 위원장으로 있는 동안 윌리엄 시드먼William Seidman FDIC 의장은 위기를 초래하는 느슨한 규제라고 판단한 사안에 대해 월 의장과 FHLBB를 상대로 각을 세웠다. 그 점에서 이 두 기관 간의 다툼은 특이했고 당시 시점에서는 대체로 방어적이었다. 손실은 이미 발생했고 누구에게 비난의 화살이 쏠리느냐는 워싱턴 정가 핵심층에게만 중요한 사안이었다. 당시 S&L보다 더 많은 여타 은행이 파산했는데 시드먼은 월에게 부정적 이목이 쏠리게 하는 아주 대단한 일을 했다. 1980년대 말에 경기 악화와 함께 부동산 개발, 에너지 사업, 상업 대출 등 부문에서 문제가 생기면서 S&L은 훨씬 더 파괴적인 새로운 금융 문제에 봉착했다. S&L이 주택 담보 대출 같은 전통적 사업 부문을 넘어서면서 손댄 부실 대출과 투자에 따른 채무 불이행이 증가하면서 생긴 문제였다.

1988년부터 1992년까지 550곳이 넘는 S&L이 파산했다. 이런 사건 전부가 1980년대에 S&L 업계에 투신해 S&L 관련 범죄로 투옥된 찰리 키팅Charlie Keating 같은 몇몇 인물의 범죄와 과잉 행위, 사기 때문에 상황이 더 악화됐다. 이들이 저지른 범죄는 금융 역사 한 귀퉁이를 장식한 충격적인 이야깃거리이기는 하지만, 이 자체가 S&L 위기를 초래했다고 볼 수는 없다.

남은 문제

공식적으로 1989년부터 1992년까지를 S&L 산업이 붕괴한 시기로 본다. 그런데 여기서 몇 년이 지나자 프랫이 주도했던 FHLBB의 조치에 대한 칭찬이, 파산한 S&L이 계속 영업할 수 있도록 자본 요건을 완화하고 회계 표준을 변경한 부분에 대한 비판으로 결국 바뀌었다. 과거를 돌이켜보며 일부 비평가는 당시 조치가 상황을 악화시키고 최종 손실을 증가시켰다고 평했다. 역사가나 경제학자 가운데 이 위기가 왜 발생했는지 그리고 프랫이 이끈 FHLBB가 왜 그런 조치를 취했는지를 제대로 이해하는 사람이 아무도 없었다. 이는 슬프면서 동시에 당황스러운 사실이다. 의회와 정책 입안자 모두 S&L과 FHLBB 앞에 펼쳐낸 금융 문제에 대해서는 만족스러운 답을 내놓지 못했다.

프랫이 중심이 된 FHLBB 이사회의 모든 결정은, 선택지는 제한돼 있고 행정부와 의회에 수많은 적이 포진한 상황에서 작업에 임했던 매우 헌신적이고 유능한 사람들이 내린 결정이었다. 여기에 정부 정책과 정치가 어떻게 금융 위기를 만드는지를 보여 주는 실마리가 담겼다. 금융 범죄에 관한 흥미진진한 이야기나 각종 수치 자료를 통해서는 얻기 어려운 정보다. 지금까지도 규제 기관은 의회의 등쌀에 한 손이 등 뒤로 묶인 채로 일하는 것과 다를 바 없고 또 그 일이 성공하지 못하면 책임 추궁을 당한다. 지난 45년 동안 금융 오류나 판단 착오에 대해 책임을 지는 정치인은 한 명도 본 적이 없다. 단 한 번도, 단 한 명도 보지 못했다.

프랫 시절의 FHLBB 사람 대다수가 S&L 위기 이후에 만나서 이야기를 나누면서 공통적으로 했던 후회가 바로 1983년에 이곳을 떠났다는 점이었다. 우리는 나중에 벌어진 일 때문에 일말의 죄책감을 느꼈다. 일을 제대로 해내지 못했다고 생각해서가 아니다. 그렇지 않다는 점은 다들 알고 있었다. 그보다는 우리가 몇 년 더 FHLBB에 남아서 일을 계속하며 애초에 하고자 했던 일을 깔끔하게 마무리했더라면 1980년대 말에 S&L 붕괴가 일어나지 않았을지도 모르고, 만약 S&L 붕괴 사태가 일어났더라도 그렇게 심각한 수준은 아니었을지도 모른다는 아쉬움에서였다. 대통령 취임식 이후인 1989년 초에 조지 부시 대통령의 수석 고문 리처드 브리든Richard Breedan이 내게 연락했을 때 처음으로 이런 생각이 들었다.

참고로 브리든은 대통령 밑에서 일했고 나중에 SEC 위원장이 된다. 브리든과 나는 둘 다 1949년에 태어났으며 몇 주 차이밖에 안 나는 동갑내기다. 게다가 브리든은 내가 태어난 롱아일랜드 서부에 있는 뉴욕시 포레스트힐스에서 약 40킬로미터 떨어진 레비타운에서 태어났다. 브리든은 펜실베이니아 애비뉴에 있는 내 법률 사무소로 찾아와서 새로 선출된 대통령이 발표할 S&L 위기 대응 법안을 마련 중이라고 설명했다. 브리든이 새 법률 규정을 설계한 다음에 내게 그 내용을 검토해 보고 의견을 제시해달라고 했다. 몇 차례 만나면서 브리든에게 일부 법률 조항이 타당성이 있기는 한데 그래도 한꺼번에 너무 많이 그리고 너무 급하게 추진해서는 안 된다고 말했다.

브리든이 구상하는 좀 더 엄격한 규제 환경은 10년에서 15년에 걸쳐 단계적으로 조성하라고 제안했다. 내가 제안한 기간보다 더 짧게 끝내려 너무 급하게 서두르는 것은 경제적 자살 행위와 다를 바 없다고 경고했다. 그랬다가는 남은 S&L 산업계 대부분이 결국 파산하고 주택 건설 산업과 미국 경제 전체에 더 심각한 영향을 미친다고 말했다.

브리든은 대통령이 '이 문제가 다시는 재발하지 않는다'고 말할 수 있어야 한다는 사실을 잘 알고 있었다. 우리가 만나는 동안 '다시는 재발하지 않는다'는 말을 거듭 강조했다. 나는 문제를 일으킨 원인은 정치라는 점을 설명하면서 브리든의 생각을 좀 바꿔 보려고 했다.

그해 7월에 '금융 기관 개혁 및 회복, 집행에 관한 법률-FIRREA: Financial Institutions Reform, Recovery And Enforcement Act'이 제정되면서 브리든과 신임 대통령은 원하던 바를 얻었다.[56] 그리고 372쪽이나 되는 방대한 분량의 징벌법 규정이 세상에 나왔다. 이 법에 따르면 강화된 자본 요건 때문에 더 많은 금융 기관이 압류 처리돼 정리신탁공사RTC: Resolution Trust Corporation에 넘어가고 헐값에 자산이 매각되는 상황이 되면서 S&L 위기에서 발생하는 손실 규모가 훨씬 더 증가했다. FIRREA는 FSLIC를 대체해 위기 때 떠안은 자산 수십 억 달러를 정리할 기관으로 RTC를 설립했고 법무부를 포함한 모든 유관 기관이 법에서 'S&L 핵심 인사'로 지명한 사람을 포함해 위기에 책임이 있는 모든 사람을 처벌할 수 있도록 중복 관할권을 만들었다.

RTC로 넘어간 파산 금융 기관의 자산 대부분은 민간 기업이 헐값에 사들였고 수년 후 원래 가치에 근접한 가격으로 팔렸다. 이런 자산을 매수했던 월가 회사 몇 곳에서 일했었기 때문에 이 사실을 잘 알고 있었다. RTC에서 자산을 매수한 가격과 이후 이를 매각한 가격 간의 차액이 바로 주로 정부가 초래한 위기에서 발생한 손실 및 그 위기에서 정부가 발생시킨 손실 규모를 수량화한 수치다. RTC에서 1달러당 30센트에 사들인 자산은 2년 내에 75센트에 팔렸다. 불과 몇 년 전에 내린 잘못된 정책 결정이 위기를 초래했고 위기 말년에 염가로 자산을 정리하는 전략으로 손실 규모를 제한했다.

덧붙이는 말: 주택 담보 대출의 정치학

프랫 의장은 30년 만기 고정 금리 모기지는 모기지 금융의 중성자탄과 같았다고 말한다. 주택은 그대로 있는데 관련된 사람은 전부 '몰살'됐다. 1981년에 처음 이 이야기를 들었을 때는 정확히 이해하지도 그 내용을 확신하지도 못했다. 그런데 S&L 위기가 초래한 난국을 헤쳐 나가면서 그 말이 이해가 됐다. 군이 그렇게 할 특별한 이유가 없거나 시장 위험이 고정돼 있지 않다면 30년 만기 고정 금리 모기지 포트폴리오를 만들고 보유하는 금융 회사는 없을 것이다. 적어도 제정신 박힌 회사라면 말이다. 30년 만기 고정 금리 모기지 약정에 필요하다는 이유로 예금주는 자금을 예치한 바로 다음 날에 예금을 인출할 수도 있다. 이런 예금주로부터 자금을 조달하는 일이 분별력 있는 일이라고 생각하는 경영자라면 절대로 은행 경영을 해서는 안 된다. 그러나 정부는 그 일이 분별력 있다고 생각했을 뿐 아니라 실제로 그런 일이 일어나도록 했다. 달리 표현하자면 이렇다. 현재 금리가 3퍼센트라는 이유만으로 3퍼센트 금리로 거액을 30년 만기 장기 대출을 해 줄 대출기관이 어디 있겠는가? 고작 3퍼센트 금리로 30년짜리 대출 상품에서 이익을 낼 수 있다고 생각하는 사람이 과연 있을까? 아무도 미래를 정확히 예측할 수 없는 상황에서 말이다.

소비자는 30년 만기 고정 금리 모기지를 좋아한다. 당연하지 않을까? 장기 모기지면 피대출자 입장에서는 금리 위험이 없고 대출자나 최종 투자자는 채무 불이행 위험이 없다. 소비자가 얼마나 좋아할 조건인가! 그래서 대출 기관 입장에서 이런 위험한 체계가 여러 번 붕괴해도 이상할 일이 아니다. 정상적인 경제 정책이라면 30년 만기 고정 금리 모기지에 난색을 표하겠지만, 정치가 개입하면 상황이 완전히 달라진다. 그리고 모기지가 아니면 소비자에게 유리하도록 설계하고 가격도 그런 방향으로 설정한 다른 금융 상품이 그 일을 계속 일어나게 할 가능성이 크다. 미국은 여전히 조기 상환 위약금이 없는 장기 고정 금리 모기지 비율이 매우 높은 매우 특이한 국가다. [57]

Part 3

규제 이전 시대
공황의 세기

**200 YEARS OF
AMERICAN FINANCIAL PANICS**

Chapter 4

호황, 시장 붕괴, 공황 그리고 무한 반복

공직을 떠나고 나서도 한참 동안 S&L 위기에 대해 계속 생각했다. S&L 위기를 초래한 실책이 따로 있지는 않다. 정부 정책이 S&L 위기 말고도 또 다른 금융 위기를 유발했거나 이를 가능케 했다. 그렇다면 그런 일이 다시 발생하지 않으리란 보장이 있는가? 또 문제를 시정하고 위기 발생 빈도와 심각도 혹은 지속 기간을 줄일 방법이 있는지도 궁금했다. 이런 의문에 해답을 찾으려면 과거 미국에서 발생한 또 다른 위기와 발생 원인을 좀 더 확실하게 알아야겠다고 생각했다.

19세기는 경제 성장과 금융 혼란이 반복된 역동적인 시기였다. 유례가 없는 지리적 확장과 급속히 성장하는 경제에 대한 정부 개입 최소화가 빚어낸 환경이었다. 서부는 무한한 기회의 땅이었다. 서부 개척이 진행될수록 정착할 땅도 많아졌고 설치할 철로, 시작할 사업, 신축 건물, 시장에 내놓은 상품도 더 많아졌다.

여러 면에서 19세기는 경제 혼란과 위기가 주를 이룬 시기였고 단기적으로 경제적 안정과 번영기가 간혹 끼어 든 모양새였다. 진정한 의미의 은행업 인프라가 없었고 더구나 제대로 된 관리 · 감독은 기대할 수도 없었다. 거의 20년마다 대규모 금융 공황이 발생했다. 저마다 위기 발생 전후로 최소한 3년 동안은 비정상적인 금융 활동이 이뤄졌고 한 세기의 3분의 1, 즉 30년 이상을 위기에 빠져 허우적대고 또 빠져나오느라 안간힘을 쓰면서 허비했다. 이 세기를 대표한 경제난의 원인으로 지목된 요인은 정치에서부터 태양 흑점에 이르기까지 아주 다양하다.[1]

1819년

마치 급속히 성장하는 10대처럼 '젊은' 경제도 급성장했다. 머레이 로스바드Murray N. Rothbard도 《1819년의 공황The Panic of 1819: Reactions And Policies》에서 이 점을 지적했다.[2] (1) 전후 여러 가지 사건 (2) 폭발적 경제 성장 (3) 경제를 지탱할 자금과 신용 창출을 목적으로 한 주법은행 확대 (4) 수용 가능한 통화 유형에 대한 의견 불일치와 혼란 (5) BUS의 신용 대실책 (6) 관세 부과 등과 같은 다양한 원인이 결합돼 19세기 최초의 불황이 일어났다.

공황의 주요 동인

　1819년의 공황은 19세기 내내 다양한 형태로 재발한 사건과 행위가 엮이며 충돌한 데서 비롯됐다. 거침없는 성장, 기업의 부당 행위, 과열된 시장, 통화 혼란, 위험 수준에 대한 판단 착오, 국제 무역 증가, 관세 부과, 정부 개입 등이 여기에 해당하며 이 전부가 통화와 은행업, 상거래에 대한 신뢰를 떨어뜨렸다. 연방 및 주정부는 이 위기를 초래한 거침없는 경제 열풍에 책임이 없었다. 그러나 결정적으로 정부는 경제 규모에 맞춰 탄력적으로 확장이 가능한 안정적인 통화를 구축하고, BUS와 주법은행의 대출 관행을 조정하고, 필요할 때 신뢰감과 안정감을 제공하는 등의 역할을 하지 못했다. 이 때문에 상황은 더욱 악화됐고 경제 체계에 뚫린 구멍은 점점 더 깊어질 뿐이었다.

　BUS 재설립은 국영중앙은행 설립을 통해 안정적인 통화 및 경제 성장을 이뤄내는 데 목적이 있었다. 그러나 결과적으로는 BUS 자체가 재정난에 빠지면서 기대했던 일을 전혀 수행하지 못하면서 1819년 공황의 주요인이 됐다. 동시에 주정부와 주의회는 스스로 경제적 둥지라고 생각했던 곳을 키우고 폭발적 경제 성장에 필요한 자금을 지원하려는 목적으로 십여 개 은행을 신설하는 데 주도적인 역할을 했다. 은행권을 발행하고 지역 상거래 활동에 자금을 지원하려고 서둘러 신설 은행을 인가하는 추세가 20세기까지 계속 이어졌다. 경제가 성장하는 분위기에서는 금융 위기를 헤쳐 나가는 데 도움이 되는 자본 구조가 탄탄한 은행은, 주정부가 우선순위에 둔 개념이 아니었다. 자본과 유동성 기반이 부실한 은행에 대해 규제가 느슨한 데서 고속 성장이 가능했던 만큼 거품이 붕괴하리라는 점은 너무도 명백했다.

이와 동시에 미국과 유럽에서 제조업과 농업 부문이 성장하면서 일부 제품의 수출과 다른 제품의 수입 사이에 복잡한 줄다리기 상황이 연출됐다. 정치인과 정책 입안자는 인위적인 시장 조작은 시장을 왜곡하고 부정적인 경제 유인책을 만들어 낼 뿐이라는 점을 깨닫지 못하고 그 상황은 관세와 정부 통제로 조정할 수 있는 부분이라고 추정했다. 먼로 대통령(재임 기간: 1817~1825년)은 점점 악화하는 금융 문제를 외면하거나 문제가 아닌 척 위장하는 방법이 최선이라고 생각했다. 의사소통 속도가 매우 느리고 정확성이 항상 문제가 되는 세상에서는 가능한 일이었기 때문에 이런 '은근하고 소극적인 무시'를 하나의 전략으로 사용했다. 정부가 위기의 유일한 원인은 아니지만, 적어도 위기 유발 요인임은 분명했다. 기업과 투자자가 거품 경제를 부추겼고 정부가 공황 사태를 억제하거나 완화하려는 노력을 적극적으로 하지 않는 상황에서 경제 재앙은 불가피했다. 마치 산불처럼 그렇게 방치한 '불'은 다 태우고 나서야 꺼진다. 그러나 규모가 훨씬 작고 단순한 경제에서는 가능하지 몰라도 오늘날 같은 경제 체계에서는 실행 불가능한 선택지였다.

1819년의 공황은 관리 · 감독이 허술하면 다양한 경제 목표와 사건이 얼마나 제멋대로일지를 보여 주는 좋은 예였다. 1819년의 경제와 주변 환경은 21세기 환경에 비할 바가 아니지만, 그 시대에 발생한 사건이 결국 오늘날까지 영향을 미치는 원칙을 만들었다. 첫째, 방호책이나 안전망도 없이 또 변변한 작업 도구 하나 없이 '금융 무지개' 끝에 달린 금 단지를 향해 무모하게 날아오르면 항상 심각한 재정 위험으로 귀결된다. 둘째, 정부 대책으로 시장 혼란을 진정시킬 수 있지만, 신중하고도 일관성 있게 행동하지 않으려면 아예 행동하지 않는 편이 낫다. 그렇지 않으면 시장을 더 왜곡시킬 뿐이고 경제란은 더 심각해진다.

전개 과정

싫든 좋든 전쟁은 경제적 자극 요인이다. 미·영 전쟁이라고도 하는 1812년 전쟁에 필요한 산업 생산과 지속적인 서부 확장 정책의 여파로, 특히 1815년에 미국 항구에 대한 영국의 봉쇄 조치가 풀리자 경제 발전의 새로운 발판이 마련됐다. 인플레이션과 은행의 신용 팽창 덕분에 이후 3년 동안 수입이 매년 20배씩 증가했다. 수입 관세 납부 기한을 늘리면서 연방정부도 여기에 한몫했다. 신상품을 재배했고(면화), 정착할 토지도 늘었고(서부 영토 확장), 제조 공장 설립이 시작됐고(특히 뉴잉글랜드와 뉴욕, 펜실베이니아에 섬유 공장), 뉴욕과 런던에서 무역과 금융업이 번창했고, 새로운 산업과 투자 기획이 나타났고(철도), 새로운 귀금속 광산을 발견했고(금광), 다양한 화폐가 경쟁했다(금, 은, 은행권 등). 1807년에는 면화 공장이 네 군데밖에 설립되지 않았지만, 1814년에는 43곳 그리고 1815년에는 15곳이 더 생겼다.[3] 전쟁은 농업 경제를 면화, 모직물, 직물 제조업 등 다수 신종 산업이 주도하는 경제로 전환하는 데 도움을 줬다. 겉으로는 좋아 보이는 이런 소식 전부가 결국은 발생하고 말 주요 금융난의 불씨였음을 시간이 증명했다. 일이 벌어졌을 때 정치인은 그 일이 다 정리될 때까지 마치 아무 일도 벌어지지 않았다는 듯이 행동했다. 먼로 대통령은 1818년 12월에 의회 연두 교서에서 '풍부한 농업 생산물과 상거래의 융성'에 관해 열심히 설명했고 1819년에는 '통화 교란과 제조업 불황'을 간략히 언급했다.[4] 사람들이 더 근검절약해야 한다는 식으로 불황의 해법을 인적 요소의 개선에서 찾았다.[5]

경제가 성장하려면 신용이 필요했고 그러자면 은행을 늘리는 것도 한 방법이라고 생각했다. 팽창하는 경제를 뒷받침하고자 은행권을 발행하는 주법은행 신설이 폭발적으로 증가했다.[6] 1811년과 1818년 사이에 국내 은행이 약 500퍼센트 증가했다.[7] 이는 연방 건축 공사와 투기적 부동산 개발에 초점을 맞춘 경제를 견인했고 서부 은행의 재정 잔고, 국제 무역, 유료 도로 개발 등을 증가시켰다.[8] 주의회와 규제 기관은 이렇게 신규 은행 인가를 통해 경제 성장을 촉진하는 작업과 일반적 감독관 역할 사이에서 갈등한다. 1817년 3월에는 뉴욕증권거래소가 설립됐다.[9]

미국은 화폐 가치를 평가하는 방식과 금과 은 가운데 어떤 정화로 화폐 가치를 뒷받침하는지 등 화폐에 대해 양면적 태도를 보였다. 화폐 가치와 귀금속의 양을 연계시키는 환경에서는 당연히 경제 팽창의 속도와 규모를 조절하는 일종의 조정자가 존재했다. 주법은행이 발행하는 은행권이 기하급수적으로 증가했고 주화 부족 문제 해결과 신경제 확장이라는 관점에서 은행권의 정화 상환을 금지하기도 했다. 은행권은 발행 은행의 신뢰도 및 지역성과 결부돼 있고 정보 전달 속도가 느리기 때문에 각 은행권의 환율은 발행 은행의 재무 건전성과 발행지에서 얼마나 떨어져 있느냐에 따라 달라진다. 마차가 주요 교통수단이던 시절에는 발행 은행과의 거리가 멀수록 해당 은행의 건전성을 확인하기가 어렵다. 예를 들어 1819년 당시 약 240킬로미터 떨어진 지역에서 발행한 은행권을 보유한다고 할 때 해당 은행과 은행권이 진짜로 가치가 있는지 확인하려면 상당 수준의 분석과 검토 작업이 필요하다. 또 발행지와 거리가 떨어져 있으면 그 거리에 비례한 상환 비용이 발생한다. 이상의 이유 때문에 각 은행권의 가치가 다 달랐다. 은이나 금 같은 정화는 안정적이고 균일한 통화라서 전국 어디에서든 형태와 가치 교환의 안정성을 기대할 수 있다. 그러나 무게가 많이 나가므로 대량 운반이 쉽지 않았다. 대출이 증가하고 경제 팽창이 계속될수록 은행권 형태로 화폐를 창출하고 경제 성장을 뒷받침하고자 은행의 수가 점점 더 늘어난다.

─ 주정부 대 연방정부

미국 최초의 중앙은행인 BUS는 1791년에 설립됐으며 1811년 폐쇄 때까지 유지됐던 금융 통일성 유형과 국가 재정에 중대한 영향을 미쳤다. 그러나 그 이전에는 이 중앙은행이 미국 역사상 가장 중요한 대법원 판결 주제 중 하나였다. '매컬럭 대 메릴랜드주McCulloch v. Maryland' 사건에서 메릴랜드 주정부는 BUS 같은 기관을 설립하는 권한은 헌법에 명시돼 있지 않다고 주장하며 의회 권한에 의문을 제기했다.[10] 재판부는 만장일치 견해로 오늘날까지 논쟁의 근원이 된 다음과 같은 원칙을 밝혔다. "어떤 주장 하나로 인류의 보편적 동의를 강제할 수 있다면 비록 그 권한에 제한이 있다고 해도 일정한 행위 범위에서 연방정부가 최고의 권한을 갖는다."[11] 법원은 정부의 권한을 실행하는 데 필요한 적정 수준의 권한을 보유하며 이와 관련해 정부에게 헌법상 권한이 있는 일을 실제로 수행할 광범위하고도 상식적인 권한이 있다고도 했다.[12] 게다가 법원은 과세권은 파괴를 목적으로 행사될 수도 있다는 이유로 메릴랜드 주정부는 BUS에 대한 과세 권한이 없다고 결론 내렸다.[13] 대법원은 미국 금융계에 대한 포괄적 연방 규제 체계 구축의 기본 토대를 마련했다. 그리고 이 중앙 규제 체계는 여기서 45년이 더 지난 1860년대에 가서야 제 모습을 갖추게 된다.

1816년에 의회 승인을 받는 제2BUS가 이듬해인 1817년에 문을 열었다. 이 제2BUS에서 은행권과 정화를 바꿔줬고 이런 '태환兌換' 행위는 엄격하게 규제되지 않았다. 성장 및 이익 창출 욕구가 경제 팽창을 이끌어 내는 원동력이 됐다. 이는 어느 기업에서나 볼 수 있는 자연스러운 본능이라 할 수 있다.[14] 그러나 정부가 설립해 운영하는 기업일 때는 이러한 자연스러운 본능이 심각한 문제가 될 수 있다. 패니메이와 프레디맥이 그 좋은 예다. 1818년에는 무역 불균형과 정화 부족이 심해지면서 경제도 불안정해졌다. 제2BUS는 정화 유출, 수입 대금 결제, 루이지에나 매입1803년에 프랑스로부터 사들인 영토-옮긴이 대금 결제 등으로 상당한 자금 압박에 빠졌다. 유럽과 미국 간에 벌어진 전쟁으로 긴장 상태가 고조되면서 각기 자국 기업의 이익을 보호하는 경제적 도구로써 관세를 활용하게 됐다. 그러나 이는 시장을 왜곡하는 아주 효과적이며 때로는 파괴적인 방법일 뿐이었다. 특히 관세가 정치적인 힘을 과시하는 도구로 활용될 때는 더 그렇다. 경제 상황이 심상치 않음을 감지한 BUS는 디플레이션 전략을 채택해 신용 한도를 축소하고 주법은행에서 은행권을 회수하기 시작했다. 그 규모가 만만치 않았다. 경제에 대한 신뢰도가 추락했고 신용 한도에 문제가 생긴 기업이 파산하기 시작했다. 1819년 공황의 불길이 타오르기 시작했는데 이 불길을 잠재울 소방관이 없었다.[15]

— 경제 붕괴

물가 하락으로 채무 상환에 문제가 생기면서 뉴잉글랜드 이외 다수 지역에 공황의 여파가 미쳤다. 토지 가격이 폭락하자 토지 구매자 측에서는 가격이 높았을 때 먼로 대통령의 지원을 받아 토지를 매수했기 때문에 가격이 하락하면 채무를 상환하지 않아도 된다는 주장을 펼쳤다.[16] 정부는 이런 거래에서 토지 판매자와 대출자를 포함한 여러 가지 역할을 했기 때문에 의회는 대출금 중 상환할 수 없는 액수만큼의 토지를 포기할 수 있게 하는 등의 다양한 방안을 고려했다. 제안의 공정성, 시장 규율에 미치는 영향, 소비자 구제에 대한 찬반 의견 등에 대해 의회에서 다각도로 논의한 후 채무 감면에 관한 법안이 통과됐다.[17] 그다음에는 주정부에 초점을 맞춰 소비자 재산 처분 절차를 연기하는 '유예법'이나 '압류 물건 회복에 관한 법률' 제정을 고려했다.[18] 2008년 금융 위기 이후에 제정된 모기지 감면 대책은 1819년에 취했던 이런 소비자 구제책과 본질적으로 다르지 않았다. 1821년이 돼서야 이 불황의 안개가 걷히며 잔불도 서서히 잡히고 불황은 완전히 잦아들었다.

1837년

20년도 채 지나지 않아 미국은 또다시 금융 붕괴 위기를 맞았다. BUS는 지금의 연준에 가장 근접한 기관이었다. 그러나 이 체계는 논란의 여지가 많았고 앤드루 잭슨 대통령은 이념적인 여러 가지 이유로 이를 혐오 수준으로 싫어했다. 이런 논란과 반감이 경제를 정치적 게임의 볼모가 되게 하며 결국 1837년의 공황을 초래했다.

공황의 동인

분석의 출처가 어디냐에 따라 이 공황에 대한 책임 소재를 정부에서 찾기도 하고 무분별한 시장에서 찾기도 한다.[19] 그러나 역사가 쪽 의견은 명확한 듯하다. 즉 1829년부터 1837년까지 대통령직을 수행한 앤드루 잭슨이 이번 공황을 일으키는 데 결정적인 역할을 했다고 본다. 잭슨 대통령은 정치적 이념과 개인적 신념 때문에 미국 경제라는 거대한 배를 난파시킨 단독범이었다. 잭슨은 대중영합주의자로서 종종 실책을 범했지만, 결코 자신의 행위나 신념에 의심을 품는 법이 없는 듯했다. 1837년 공황 때 얻은 상처 대부분은 기업의 과잉 행동, 정치적 근시안 혹은 올바른 시점에 올바른 결정을 내리지 못한 정부 등이 자초한 일이다. 위기가 생길 때마다 특정한 원인 제공자를 희생양 삼고 이런 위기를 단순히 일탈적 사건으로 치부하려는 강한 욕구가 발동한다. 이는 비행기 추락 사고를 둘러싼 심리와 아주 비슷하다. 사람들은 비행기 추락 사고가 기체 결함 때문이 아니라 조종사의 실수 때문에 발생했다고 하면 마음이 좀 편해진다. 다음에 또 타야 할지 모르는 기체에 결함이 있다고 하면 너무 불안하기 때문이 아닐까! 엉뚱한 곳에 책임을 돌리면 마음은 편할 수 있다. 그러나 금융 공황은 대개 혼란이 발생한 이후 의도했든 안 했든 무작위적인 정부 요인, 인적 요소, 시장 요소가 동시에 같은 장소에서 충돌한 결과물이다. 그러나 앤드루 잭슨이 부정적인 쪽으로 공황 발생에 중요한 역할을 했다는 데 거의 의견이 일치한다. 잭슨과 잭슨 행정부가 아니었으면 1837년 공황이 그렇게 오래 가거나 그렇게 심각한 수준은 아니었을지도 모른다.

우리가 아는 그 재무부가 없었다면, FDIC가 아니었다면, 또 2008년에 서브프라임 모기지의 품질 저하와 세계 유동성 위기로 경제가 흔들리기 시작했을 때 연준이 문을 닫았다면 어떻게 됐을지 생각해 보라. 정부 정책이 위기를 촉발했다거나 통화 및 신용 시장이 영향을 미친 것은 아니었을지 모른다고 주장하는 사람도 있다. 그러나 그렇다해도 그 위기의 기세를 꺾거나 위기의 영향을 줄여 줄 정부 차원의 도구가 없었음은 분명하다. 또 신뢰가 저하되면서 경제가 완전히 붕괴할 가능성은 더 커졌을 것이다. 금융 안정성의 상징이 절실히 필요했던 바로 그 시점에 잭슨 대통령이 BUS 재인가 법안에 거부권을 행사하는 바람에 재정 건전성을 확보할 주요 원천이 사라졌다. 연방 수입 및 유가 증권 포트폴리오가 BUS에서 전국 각지의 지방 은행으로 넘어가면서 정화도 미국 상업 중심부에서 지역 은행으로 옮겨갔고 유동성과 신용 긴축 강도가 더 세졌다. 단순히 경제 안정화 도구를 없애는 것보다 상황이 더 나빴다. 정부는 유동성과 자본 재배치로 시장 불안정을 조성하는 데 매우 적극적이었던 주요 참여자였다. 넘쳐나는 현금으로 서부와 남부 지역 주정부 인가 은행은 대출 인수 기준을 완화했다. 연방 규제 기관이 없었고 당시 주 당국은 해당 주에서 발생하는 경제 행위에 어떤 형태로든 제동을 거는 일을 꺼렸을 터였다. 각 주가 주정부 인가 은행에 거의 무한한 자유 재량권을 부여해 이미 크게 타오르던 불길에 기름을 부어버리는 일은 이후에도 계속 일어났다.

잭슨 대통령은 미국 경제에 계속 영향을 미쳤다. 1836년에 연방 소유 토지를 정화로 구입하게 한 행위도 신중하지 못했다. 공유지에 대한 투기를 억제하려고 했지만, 매수자는 정화를 충분히 만들어 낼 수 없기 때문에 부동산과 상품 가격이 폭락하는 결과를 낳았다. 경제적 원칙에 따른 행위든 아니든 간에 시장이 만들어 낸 변화와 불확실성이 상업적 성장을 저해하고 대중의 신뢰를 갉아먹는다. 잭슨의 행위는 부정적 경제 사건이 발생할 환경을 조성해 신뢰의 위기를 촉발했다. 정부가 취한 행동이 경제적 '세균' 배양 접시를 만들었다. 이 배양 접시에서 경제 위기라는 세균이 마음껏 증식할 수 있었다. 오늘 상황이 내일까지 이어진다고 장담할 수 없다는 불안과 긴장감 그리고 안전망의 부재가 단기 투자 심리를 만들었다. 상황이 바뀌기 전에 지금 당장 돈을 벌어라! 이미 시장에 신뢰가 형성됐다 해도 문제가 생기는 순간 그런 신뢰도 바로 사라져버릴 수 있다. 이런 경제적 압박 상황에서 어떤 일이 벌어질지는 불을 보듯 뻔했다.

이 위기 상황에 기름을 부은 곳이 정부만은 아니었다. 민간 부문에도 공모자가 많았다. 시장 심리가 변하기 시작하자 땅 투기자, 무역상, 은행, 기타 처음에 호황으로 보였던 경제 환경에서 단숨에 큰돈을 벌겠다며 달려든 기업 등이 행한 위험한 투기적 활동이 경제에 엄청난 타격을 입혔다. 나쁜 의도는 없었으나 치명적 실수를 저지른 사람이 있었고 과도하게 위험을 감수하며 투기에 나선 사람도 있었다. 대서양을 가로질러 미국과 유럽을 망라하는 경제적인 요인이 예측하지 못한 방식으로 미국 경제에 영향을 미쳤다. 미국발 뉴스가 대서양 건너 서서히 전파됐고 영국 중앙은행BOE: Bank of England은 미국 경제에 문제가 있음을 감지하고 신용 긴축 정책을 시행했다. 런던과 뉴올리언스 간에 형성된 부실한 무역 거래망이 무너지자 부정확하고 편향된 사건 보도가 대중의 분노를 사면서 공황 심리가 증폭됐다. 시장 과열, 투기, 인간의 행동 등 이 모두가 1837년 공황을 유발하는 데 영향을 미쳤지만, 그중에서도 정부가 핵심적인 역할을 했으며 통화와 시장 신뢰를 무너뜨리는 가장 중요한 요인이었다.

전개 과정

종합적 분석이 돋보이는 제시카 레플러Jessica Lepler의《1837년 공황 The Many Panics of 1837: People, Politics, And The Creation of A Transatlantic Financial Crisis》에 기술된 바와 같이 1830년대에 미국 경제는 서부 영토 확장, 상품 생산 증가, 영국과 미국 간 무역 증대를 통해 다시 성장하고 있었다. 서부 지역 및 연방 소유 토지에 대한 매각이 개시되면서 건설 경기가 호황을 누렸다. 연방정부는 1837년까지 6년 동안 토지를 엄청나게 많이 매각했다. 단 2년 동안 약 13만 2,600제곱킬로미터를 매각했는데 이는 잉글랜드 면적에 육박하는 수준이었다.[20] 면화도 이 시기에 나온 상품이며 그 10년 동안 면화 재배지 면적이 200퍼센트 넘게 증가했다. 면화를 중심으로 이뤄진 영국과 미국 간의 통상 관계가 이 공황을 유발하는 데 중요한 역할을 했다. 면화 재배가 늘어나면서 뉴올리언스는 미국에서 성장 속도가 가장 빠른 도시가 됐다. 1837년까지 6년 동안 자본 규모가 900만 달러인 은행 네 군데가 자본이 4,600만 달러인 은행 16곳으로 늘어났다.[21] 전 분야가 다 호황을 누렸고 언제나 그랬듯이 전국 주요 금융 기관이 천하무적처럼 보였다.[22] 정부 부채는 줄어든 반면에 민간 부채는 급등했다.[23]

경제 성장 속도가 빨라지자 잭슨 대통령은 점점 더 힘에 부치는 모양새가 됐다. 점점 심해지는 지속적인 통화 혼란 속에 걷잡을 수 없는 경제 상황으로 몰아가면서 통화 전쟁을 부추겨 복잡한 금융 환경을 조성했다. 리처드 팀버레이크Richard Timberlake는《통화에 대한 법적 쟁점 Constitutional Money: A Review of The Supreme Court's Monetary Decisions》에서 통화 혼란상에 대한 설명과 함께 법원이 이 혼란을 어떻게 더 부추겼는지 보여 줬다.[24] 이는 오늘날 다양한 형태의 암호 화폐 등장으로 촉발된 통화 혼란상과 닮아 있다. 19세기 통화 전쟁은 놀랍게도 80여 년 동안 계속됐다. 통화 안정성은 금융 체계나 경제를 안정적으로 운영하는 데 필수적이지만, 19세기 금융 상황을 통해 이런 목표는 달성하기 어렵다는 사실을 확인했다. 정부는 왜 똑같은 실수를 반복할까? 19세기에 발생한 다섯 차례나 되는 금융 붕괴 사태 때도 정부가 이런 상황을 유발한 측면이 컸다. 정부가 어떤 결정을 내릴 때 보통 이는 경제나 금융에 관한 전문 지식을 토대로 한 결정이 아니다. 특히 정부가 재정 정책을 수립할 때 관련 지식에 기반을 두지 않은 채 결정을 내리는 데 근원적인 문제가 있다. 이런 문제가 정치, 이념, 오만, 경제적 인기 영합주의 같은 다양한 요소가 혼합적으로 작용한 결과일 때는 혼란스러운 경제 상황을 주기적으로 만들어 낼 수 있다. 잭슨 대통령이 BUS 폐쇄를 통해 경제 안정화를 위한 주요 도구를 제거했다. 이후 금융 붕괴를 초래한 다양한 요소가 작동하기 시작했다.

— 금융 광란

1811년에 없어진 BUS가 1816년에 두 번째로 설립됐다. BUS는 실질적으로 유일한 미국 '국법은행'이었다. 그런데 BUS 본사를 필라델피아에 두자 뉴욕에 있는 금융업자와 정치인의 심기가 몹시 불편했다. 앤드루 잭슨은 이의 합헌성에 의문을 제기했고 이렇게 해서는 건전한 통화 기반을 확립할 수 없다고 비판했다.[25] 잭슨은 유형을 불문한 모든 국가 부채에 못마땅한 시선을 보냈고 연방 소유 토지를 매각해 국채를 줄이고 싶어 했다. 당시 유일한 은행이 주정부 인가 은행이었다.[26] 그래서 BUS가 정화와 교환하는 방식으로 지역 화폐를 국유화했다. 또 런던 은행에서 정화로 지급할 수 있는 외국환어음(개인 수표에 해당)을 인수해 대서양 횡단 무역을 뒷받침했다. 1830년대 초반 BUS는 미국에서 가장 큰 회사가 되었다.[27] 연방은행 규제 기관은 없었고 주정부 규제 기관은 효율적으로 기능하지 않았다.

경제가 과열되자 BUS가 주정부와 주법은행의 권한을 압도하는 상황이 됐다.[28] 그러나 1832년에 잭슨이 BUS 면허를 1836년 이후까지 연장하는 법안에 거부권을 행사했다.[29] 19세기, 특히 경제가 혼란한 시기에는 과장되고 터무니없는 그리고 다분히 정치적인 언사가 인기를 끌었다. 당시 잭슨은 '사회 지도 계층'이 농부, 상인, 노동자 등 이런 기관을 활용할 시간도 수단도 없는 '하층 사회 구성원'을 욕보이는 처사라며 BUS를 비판했다.[30] 잭슨이 BUS 법안에 거부권을 행사한 부분에 대한 반응은 오늘날 정치인과 언론이 사용하는 과장된 표현에 비유할 만하다. 헨리 클레이Henry Clay는 이 거부권을 두고 권력에 대한 충성의 잔재이며 잭슨은 전제 군주를 지향하는 사람이라고 했다. 다니엘 웹스터Daniel Webster는 대통령이 '부자와 빈자' 간의 대결 구도를 만들려 했다고 비난했다.[31] 유감스럽게도 당시의 이런 비난 전부가 지금 우리에게도 너무 익숙하다.

BUS의 합헌성과 관련해 잭슨은 '매컬럭 대 메릴랜드주 사건'을 포함해 중요한 두 가지 대법원 판결을 무시했다. 아마도 이는 주법은행에 우호적이고 인권을 침해하는 정부의 개입으로 여겼던 부분에 대해 적대적이었던 잭슨의 개인적 성향에서 비롯된 듯하다.[32] 그러나 법적인 논쟁의 여지는 없었다. 대법원은 1824년에 '기브스 대 오그던Gibbons v. Ogden' 사건에서 상거래 규제 권한은 전적으로 의회와 연방정부에 있다고 결론 내렸다.[33] 의회의 비난과 대통령이 제왕적 권한을 행사하고 있다는 주장에도 불구하고 잭슨은 BUS에 있던 약 1,000만 달러 상당의 연방 잉여금을 자신이 선호했던 주법은행으로 옮겼다. 이 조치는 중앙 집중형 통화 체계에 대한 대중의 신뢰에 영향을 미쳤고[34] 중앙형 통화 체계를 지지하는 사람과 분권형 체계를 지지하는 사람 간에 일대 충돌을 일으켰다.[35] 관련 정책에 대한 설전은 그렇다 치고 연방 예금을 주법은행으로 이전하면서 주법은행에는 현금이 넘쳐나게 됐고 따라서 이 현금을 굴려 이익을 창출해야 했다. 잭슨은 이와 같은 자금과 유동성의 이전이 금융 시장에 어떤 영향을 미치는지 제대로 이해하지 못한 듯했다. 실제로 이와 같은 현금 증가는 토지 투기와 무분별한 은행 대출을 부추겼다.

1830년부터 1834년까지 미국 은행 자본 규모는 6,100만 달러에서 약 2억 달러로 70퍼센트나 증가했고 대출 규모는 2억 달러에서 3억 2,400만 달러로 62퍼센트 증가했다.[36] 이후 2년 동안은 그 속도가 더 빨라져서 은행 자본과 대출은 각각 25퍼센트와 40퍼센트가 더 증가했다.[37] 이런 식의 자본 및 대출 증가가 금융 문제로 이어지기도 한다. 이런 상황은 시장 추세와 경쟁 은행에 뒤처질 수 없는 신규 은행으로 하여금 무분별한 대출을 하게 하는 단초를 제공했다.

은행은 대출을 통해 이익을 낸다. 보유 자금이 많을수록 대출을 더 많이 해야 한다. 자금을 운용하지 않으면 이익을 내지 못한다. 가용 신용에 여유가 있을 때 은행은 신용 기준을 낮출 수 있다. 따라서 악성 대출이 장부에 계상될 가능성이 커진다. 1837년이 되자 경제가 통제 불능 상태로 나아가기 시작했다. 시중에 유통된 은행권은 액면가 기준으로 약 2,200만 달러였는데 금과 은 보유고로 가치가 보장된 금액은

200만 달러에 불과했다.[38]

당시 미국 상거래 자금 대부분을 뉴욕시 상인 은행이 조달했다.[39] 면화는 이와 같은 성장의 주된 요인으로서 뉴올리언스를 중심으로 수출입 사업에 전념하는 면화 중개인과 함께 이 부문의 성장을 주도했다.[40] 1830년대에 마치 우후죽순처럼 수많은 은행이 설립되면서 재무 건전성이 높은 은행과 부실한 은행을 구별하기가 더 어려워졌다. 투명성이 담보되지 않은 혼란한 상황에서 이런 부분에 대한 우려가 모든 은행에 영향을 미쳤다. 승인이나 감독을 받지 않는 상태에서 갑자기 생긴 수많은 신규 은행 그리고 그 은행이 발행한 은행권을 상환할 수 있을지 없을지도 모를 애매하고 불안정한 은행계를 두고 '살쾡이 은행' 혹은 '자유 은행'이라 칭하기 시작했다.[41]

런던 시장의 우려가 깊어지면서 미국 상인과 수출업자에게 제공하는 신용의 양을 제한했다. 고수익을 좇는 흐름에 따라 태환으로 정화가 미국으로 유입되자 런던의 금 보유고가 줄어들기 시작했다. 19세기와 20세기 내내 확인하게 되겠지만, 이는 태환 및 금 보유라는 금융 전략을 활용할 때 나타나는 전형적인 과정으로 대서양을 사이에 두고 금이 미국과 영국을 오가는 모양새였다. 뉴올리언스와 뉴욕, 런던 간의 소통 지연이 상황을 더 악화시켰다. 시장은 정보가 전달되는 속도보다 더 빠르게 성장하며 변화했기 때문이다. 1830년대 및 1840년대에는 전신을 이용할 뿐이었고 전화는 1870년대 중반에 가서야 등장했다. 증기선을 이용해 정보를 전달하는 데 2주일이나 걸리던 시절과 인터넷을 이용해 실시간으로 정보를 전달하는 오늘날의 시장이 어떻게 다를지 생각해 보라. 경제에 대한 우려와 관심이 커짐에 따라 이 같은 시장 투명성 부족 혹은 불투명성 때문에 시장 신뢰도에 대한 문제가 심화됐다.

설상가상으로 1836년 7월에 잭슨 행정부가 공유지 매매 대금은 금이나 은과 같은 정화로 지급해야 한다는 내용의 행정 명령을 발동했다.[42] 이런 정화 유통 조치는 개별 은행이 은행권(지폐) 형태로 발행한 '통화'에 대한 신뢰도를 떨어뜨렸다. 자연히 외국 투자자는 미국 통화를 결제 수단으로 받아들이려 하지 않았다. 법정 통화의 구성 요건에 대해 법원이 반대 견해를 밝히면서 금융 혼란이 가중됐다. 1830년 '크레이그 대 미주리Craig v. Missouri' 사건에서[43] 대법원은 대출 직후 채무 불이행 상태에 빠진 기업인 3명에 대해 이들이 받은 대출이 위헌이라고 판결했다. 이들이 수령한 '대출 증서'가 '법정 통화'가 된다는 점을 노린 대출이라고 판단했기 때문이다. 따라서 헌법상 이 증서는 효력을 완전히 상실했으므로 대출금을 상환할 필요가 없었다. 이는 분명히 통화, 법정 통화, 수용 가능한 가치 등이 전부 모호한 상황에서 이뤄진 불안정한 선례였다.

그러나 1837년 '브리스코 대 켄터키 주법은행Briscoe v. Bank of The Commonwealth of Kentucky' 사건에서 대법원은 사실상 위 결론을 뒤집는 판결을 내렸다.[44] 크레이그에서는 대출 업소가 그리고 브리스코에서는 은행이 은행권을 발행했다는 점에서 사실 관계가 약간 다르기는 하지만, 법원은 브리스코 측 법률 대리인 헨리 클레이의 의견에 동조하며 해당 은행권은 법정 통화가 아니라 주정부 권한에서 파생된 '부수적 권한'

에 불과하다고 결론을 내렸다. 이 법원은 통상적으로 은행권은 주법은행이 발행한다는 사실에 비춰 어떤 결정이든 상업은행과 경제 전반을 위협하리라는 점을 알고 있었다. 이 '부수적 권한' 개념은 오늘날까지도 법원이 다루었던 은행 사건에서 빈번하게 오르내리는 쟁점이자 주제였다.[45]

― 경제가 벽에 부딪치다

우려와 불안이 커지면서 경제가 위축됐다. BOE가 금리를 3퍼센트에서 5퍼센트로 인상했고 그 여파로 미국 은행도 금리 상승 압박을 받았다.[46] 금융 긴축으로 1837년에 면화 수요가 25퍼센트나 감소했다.[47] 런던의 금융 시장 불안과 영국의 경기 위축이 당연히 미국 경제에 영향을 미쳤고 그 반대 상황도 마찬가지였다. 런던에서 미국 기업 및 사업에 대해 부정적 시각이 높아지고 미국에서 벌어지는 은행 전쟁Bank War, 중앙은행 체계 존속에 대한 찬반 논란 상황을 일컫는 말-옮긴이으로 위기감이 고조되면서 BOE 또한 자기 보호적 조치를 취할 수밖에 없었다.[48]

1836년에 BOE가 미국 환어음 할인을 중단했다. 대서양을 건너 운송된 상품에 대한 주요 결제 수단이 사라졌고 경제 호황의 주요 기둥이 무너진 셈이었다. 잭슨 대통령은 미국 경제를 찬양하며 백악관을 떠났다. 그러나 1837년에 밴 뷰런Van Buren이 대통령이 되었을 시점에 경제 위축, 불확실성, 혼란 등이 경제 및 통화 체계에 영향을 주고 있었다.[49] 면화 가격이 하락 중이었고 실시간 소통 수단이 없는 상태에서 온갖 소문이 정보를 대신하며 시장을 지배하고 있었다. 물가가 상승하자 시장에 혼란이 일어났고 정치 단체와 활동가가 내던지는 선동적 언사가 더욱 불을 지폈다. 항상 그렇듯이 이들이 누구의 이익에 관심이 있었는지는 분명치 않았다. 은행이 통화 가치 하락을 비롯한 온갖 문제에 대한 원흉이라고 지목하며 은행에 비난의 화살을 쏘아 댔다. 이들 정치 · 사회 활동가는 물가를 잡아야 하며 법정 통화가 아닌 정화로 지급해야 한다고 주장했다. 사람들은 뉴욕 시내 대형 매장과 상인을 공격했다.[50]

1837년 3월에 뉴올리언스 면화 중개상 허먼 브릭스Herman Briggs와 증권 회사 JL앤드S조지프J. L. & S. Joseph & Co.가 무너졌다.[51] 이런 상황이 촉발제가 되면서 공황을 초래했다. 5월에 미국 전역에서 은행권을 금으로 교환해 주는 이른바 태환이 중지됐다.[52] 수많은 주정부가 부채에 대한 이자 지급을 중단했다. 주식과 상품 가격이 하락하는 상황에 흉작까지 보태지면서 재정난이 더욱 극심해졌다. 특히 뉴욕은 250개 업체가 파산하고 실직자가 2만 명이 더 발생하는 등 큰 타격을 입었다.[53] 밴 뷰런 대통령은 잭슨만큼이나 무능했다. 뷰런은 정화 유통법 파기를 거부했고 긴급 의회 소집 요청도 받아들이지 않았다.[54] 5월에는 뉴욕에 있는 드라이독Dry Dock Bank이 파산하자 예금을 인출하려는 사람들이 줄을 이었고 뉴욕 소재 거의 모든 은행의 예금 인출 사태로 번졌다. 이후 총 850개 은행 중 343개가 파산했다.[55] 불황 심리가 확산하기 시작하며 채무자와 채권자 간의 갈등이 고조됐다.

이 혼란에 책임이 있는 경제 및 금융 부문 '악당'이 누구인지를 찾아내는 일은 그때나 지금이나 여간 어려운 일이 아니었다. '법정 통화

주의가 통화와 윤리, 법, 질서, 산업, 자유를 파괴한다'는 도덕적 함의를 수용하면서 은행이 발행하는 지폐와 주화를 원하는 쪽과 중앙은행 체계를 선호하는 쪽이 벌이는 전쟁이 격화됐다.[56] 이런 분위기 속에 은행을 악마로 간주했고 지폐는 기독교 교리에 어긋나는 부정한 것으로 치부됐다.[57] 9월 5일에 뷰런 대통령은 BUS 잉여금의 최종 분배를 연기하고 독립적 재무 기구를 설립해[58] 전국 주요 도시에 분국을 두자고 제안했다.[59] 의회는 독립 재무 기구 설립을 제외한 이 모든 제안 사항을 법제화했다. 양 정당은 서로 비난했고 당파적 언론은 이런 경제 불안을 야기한 요인에 대해서는 거의 주목하지 않았다.[60]

— 협력과 공조

이런 혼란 속에서 협력을 통한 금융 공조의 이점이 드러나기 시작했다. 예를 들어 뉴욕은 은행 파산 문제 처리와 관련한 다양한 해법 및 보호 제도와 관련된 은행의 채권자를 보호하고자 1829년에 안전기금 제도Safety Fund System를 마련했다. 현행 FDIC가 운영하는 연방 예금 보험 기금과 구조는 매우 비슷하지만, 기금 성격 자체가 뉴욕 소재 은행이 예치한 자금으로 만든 기금으로써 뉴욕 이외 다른 지역 은행의 채권자는 보호 대상이 아니었다. 이를 시초로 이런 보호 체계의 개념적 진화가 시작돼 궁극적으로 어음 교환소, 연준 그리고 FDIC가 관리하는 연방 예금 보험 체계 같은 기제가 확립됐다. 그러나 이런 기반이 확립되기까지는 아직 수십 년은 더 기다려야 했다.

중앙은행 개념에 대한 논란은 계속됐고 이런 논란에는 정치와 지역적 경쟁 요소가 혼재돼 있었다. 영국은 BOE를 중심으로 한 중앙은행 체계를 구축하고 있었다. BOE는 최종 대출자로서 기업 구제에도 나설 수 있었다. 그러나 이런 구조가 시장 불확실성을 초래했다는 비난을 받았다. BOE가 승자와 패자를 선택했고, 편향된 언론에 휘둘린 대중의 시각으로는 이 은행이 선택한 '승자'가 의도적으로 위기를 유발한 책임 당사자인데도 오히려 이들에게 보상했다는 이유에서였다.[61] 게다가 미국에서는 자유 은행 운동이 주정부 인가 은행의 확산을 불러왔다. 집이 한 채라도 있는 마을이면 은행이 하나씩 있다고 할 정도였다. 금고로 쓸 공간만 확보할 수 있으면 황량한 공터에 허름하게 세운 건물이 곧 은행이 되었다. 이 정도로 은행이 난립했다.[62] 이런 분위기인지라 중앙은행에 대한 반대가 더 극심했다. 물론 위기 시 은행을 구제할 수 있는 상황이면 이야기가 달라지겠지만 말이다. 실제로 BUS와 중앙은행 체계의 가치를 무시했으면서도 당시 뉴욕 은행과 상인은 지원 역량이 안 되는 BUS에 재정적 지원을 요구했다.

1837년 공황이 끝나갈 무렵 전국 은행의 40퍼센트가 폐업했고 미국인 50만 명이 실직했다.[63] 1840년대 중반이 되자 은행에 재정 지원할 목적으로 채권을 발행했던 주정부가 재정 파산에 이르렀다. 의회는 1863~1964년이 돼서야 국법은행 체계를 승인했고 연준은 1913년에 가서야 설립됐다. 지나고 나서 돌이켜보면 이는 현대 경제의 취약성을 경고하는 신호였다.[64] 정부가 정교하고 왜곡되지 않은 세심한 목표를 설계하지 못하고 금융에 개입을 하면 이후 더 자주 더 대규모로 개입해야 하는 상황이 된다는 사실을 시사한다.

1857년

1837년 공황은 새로 호황이 시작된 1840년대까지 그 여파가 미쳤다. 이때의 경기 호조는 서부 개척 추세에 발맞춘 철도와 운하 건설, 토지 매각 및 개발로 가시화됐다.[65] 이는 1857년 공황으로 이어졌다. 이 공황은 파괴적이었으나 존속 기간은 매우 짧아서 21세기 용어로 '반짝 공황Flash-Panic' 쪽에 더 가까웠다. 경제적 측면에서 이 공황의 원인은 매우 다양했고 주된 요인은 해당 사건을 어떻게 해석하느냐에 따라 달라진다. 설명할 수는 없으나 주기적으로 금융난이 발생한다는 이른바 '10년 주기설'이나 뉴욕 시중 은행에 책임을 돌리는 사람이 있는가 하면 뉴욕 은행의 대규모 예금 인출, 투기 과잉, 금융 위기에 대한 오판 등에 원인을 돌리는 사람도 있었다.[66] 여기에는 정부 정책이 중요한 역할을 했다.

공황 유발 요인

이 위기를 유발한 요인으로는 (1) 기업 윤리상의 문제 (2) 과도한 투자금 유치로 이어진 철도 사업의 급성장 및 운영상의 부정 (3) 경제 체계 (4) 인적 요소 등을 들 수 있다.[67] 미국의 통화, 은행업, 금융이 전부 혼란 상태였고 의도했든 의도치 않았든 연방 및 주정부 정치인은 이 문제를 유발하거나 외면했다. 끊임없이 변화하는 통화 및 은행권의 형태와 가치, 단속적斷續的인 금과 은에 대한 의존, 은행권 발행과 지역 경제 활성화를 목적으로 한 자본 구조가 부실한 주법은행에 대한 대규모 인가, 관세를 활용한 무역 수지 조정 등 이 모두는 정부 기관이 취한 조치였다. 이러한 조치가 기업이 채택해야 하는 선택 사항을 결정한다. 정부는 규정을 만들었고 활동 주체를 정했으며 위기의 원재료를 공급했다. 그다음에는 선동적 언론을 동원해서 이미 발생한 금융난의 원인을 엉뚱한 곳에서 찾게 했다. 즉 정부는 위기의 원인을 은행 탓으로 돌리고 빈자와 부자 간 계급투쟁 의식을 불러 일으켜 비난의 표적에서 벗어나려 했다. 경제 상황이 최악으로 치달을 때 정작 정부는 아무런 존재감이 없었고 경제 안정화에 필요한 조치를 전혀 취할 수 없었다.

1819년과 1837년 공황 그리고 뒤이은 혼란 상황과 마찬가지로 1857년 공황은 인화성이 강한 금융상의 실수와 인적 요소 그리고 정부 실책이 충돌한 결과였다. 1850년대는 경제적 변화가 컸던 격동의 시기였다. 이때는 경제 추세에서 벗어난 방식이 서로 충돌하면서 신뢰를 좀먹는 일이 종종 발생했다. 역사에서 확인할 수 있듯이 사람, 통화, 신용의 급속한 이동이 기존의 전통적 경제 습관을 뿌리 뽑고 금융 혼란을 조장할 수 있다. 부분적으로는 금광 발견이 위기의 시초였다. 금을 좇아 수많은 사람과 돈이 서부 쪽으로 급속히 이동했다. 사람과 돈을 서부로 이동시키려면 철도가 필요했다. 결과적으로 철도주에 대한 투자가 증가했다. 증권 회사와 중개인이 급증했고 성장에 필요한 자금을 조달하는 과정에서 엄청난 부채가 발생했다. 이런 파산 사태는 경제에 미치는 실질적인 영향보다 상징적인 의미가 더 클지도 모른다. 그러나 알다시피 위기를 상징하는 요소는 신뢰 강화 혹은 신뢰 하락에 중요한 요인이다.

은행이 이 위기의 주요 원인은 아니지만, 그 위기의 여파를 흡수하는 주체로서 금융 손실을 입은 피해자인 동시에 손실을 악화시킨 요인이기도 했다. 신용이 고갈되기 시작하면서 파산이 늘었고 특히 급속한 서부 확장 추세에 지나치게 의존했던 철도 회사의 파산이 줄을 이었다. 정부가 보증하는 중앙은행 화폐 혹은 균형과 안정감을 조성할 수 있는 중앙은행의 부재가 상황을 악화시킨 요인이었다. 뉴욕 소재 은행은 시중 중앙 금융 기관으로서 안정화에 중요한 요소인 동시에 불안 요소이기도 했다.

누가 혹은 무엇이 공황의 주된 요인이었나? 1837년 공황을 겪은 이후 골드러시와 정부가 주도한 서부 개척 열기가 조성한 경제적 도취감이 정부의 경제 안정화 대책 부재와 맞물리면서 위기가 발생했다. 은행권의 가치와 타당성에 대해 정부가 일관성 없이 혼란스러운 신호를 보낸 사실 또한 공황 분위기 조성에 일조했다. 공황을 유발한 사건이라는 측면에서도 그렇고 공황에 대처하는 해법이라는 측면에서도 그렇다. 정부 행위는 분명히 비효율적이었지만, 이 위기의 주된 요인은 아니었다. 그러나 위기를 격화시킨 요인인 것만은 분명하다. 정부가 적절한 조치를 취했거나 의도와 관계없이 위기를 부풀리는 역할을 하지 않았더라면 당시 그 위기가 그렇게 치명적이지 않았을지도 모른다. 다양한 전략으로 위기에 대응하는 효율적인 정부였다면 사태를 안정화시키고 위기의 영향을 줄였을지도 모른다. 그러나 유감스럽게도 이런 일은 일어나지 않았다.

전개 과정

그 이전 위기(1837년 공황) 때 겪은 고통이 여전히 대중의 뇌리에 남아 있었다. 1837년의 공황을 겪었던 세대는 여전히 생산 가능 연령층으로서 대다수가 아직 생산 활동에 참여하고 있었다. 세대교체가 이뤄지고 정권이 바뀐다면 과거 금융 위기에서 얻은 교훈을 잊을 수도 있다는 점은 이해가 가능하다. 생산 활동 세대도 공직자도 거의 그대로인데 같은 주체가 어떻게 똑같은 실수를 되풀이하면서 근 20년 만에 공황을 또 겪을 수 있는지가 참으로 이해 불가하다. 그러나 지금이 S&L 및 은행계 위기와 2008년 공황을 겪고 나서 15년 가까운 시간이 지난 시점이라는 점은 의미가 있다. 금융 위기를 유발한 사건이 일정한 기간을 두고 계속 반복된다는 사실에는 중요한 교훈이 있다.

이번 공황을 촉발한 요인으로는 뉴욕 시중 은행으로 금을 운송하는 수단이었던 황금 수송선 '중앙아메리카호'의 침몰 그리고 철도 주와 부동산 개발에 투자했던 오하이오 생명보험신탁회사Ohio Life Insurance And Trust Company의 파산을 들 수 있다. 1850년대 초에 캘리포니아주에서 금광을 발견해 채굴이 이뤄졌고 이에 따라 수많은 사람과 기업이 서부로 이동하면서 통화량이 증가하는 현상이 나타났다.[68] 1848년 1월 24일에 제임스 마셜James W. Marshall이 콜로마에 있는 제분소 서터스밀Sutter's Mill에서 금을 발견하면서 캘리포니아주로 골드러시(1848~1855년)가 시작됐다. 이 사건으로 미국 전역과 해외에서 무려 30만 명이 캘리포니아로 몰려들었다.[69] 땅도 금도 손에 넣을 수 있다는 기대와 함께 일확천금의 꿈을 안고 서부로 이주하는 사람이 줄을 이으면서 철도주에 대한 투자도 폭발적으로 증가했다. 서부로 갈 수 있는 수단이 필요했기 때문에 철로 건설이 활기를 띠었다. 정부는 이를 통한 서부 영토 확장을 부추겼다. 철로 부설에 필요한 토지를 무상으로 제공했고 철도 회사는 이 토지를 담보로 제공해 필요 자금을 조달했다. 이런 분위기 속에 '철도 농지 모기지' 같은 창의적 대출 상품이 탄생하기도 했다.[70] 2008년 금융 위기에 관심이 있는 사람과 부동산이 금융 위기에 어떤 영향을 미치는지 잘 아는 사람이라면 이 표현이 생소하지 않을 듯하다. 철도 회사는 철로 부설 지점 부근에 사는 농부에게 자사 주식을 제공했다. 이들은 농장을 담보로 제공하고 받은 대출금으로 철도주를 매수할 수 있었다. 주식 배당금으로 대출금을 상환한다는 부분이 가장 큰 장점이었다. 물론 이야기가 예상대로 흘러가지는 않았다. 철도 회사가 배당금을 지급할 수 없게 되면 주식 매수용 대출금을 상환하지 못해서 담보로 제공했던 농장의 소유권을 잃게 되므로 이 대출 상품의 매력이 사라지고 만다. 미국 철도는 1853년부터 1856년 사이에 약 1만 5,300킬로미터나 부설됐다. 이는 전국 철로 길이의 두 배에 해당하는 수준이었고 이로써 미국 철도 회사의 총 부채 규모가 4억 달러에 달했다.[71] 미국 경제는 투자와 건설 그리고 투기로 이어지는 주기를 다시 한번 그려냈다. 이는 엄청난 행운인 동시에 다가올 재난의 씨앗이기도 했다.

　수입이 증가해 수출을 앞질렀다. 필연적으로 이는 미국에서 금과 은이 유출돼 유럽으로 흘러간다는 의미였다.[72] 1850년대에 관세가 다시 주요 논점이 됐다. 국제적으로 상품 거래가 이뤄지면서 미국의 금

보유량이 줄어들었고 이는 통화 유통량에 부정적인 영향을 미쳤다.[73] 1854년부터 1856년까지 이어진 크림 전쟁으로 유럽의 식량 수요가 증가했다. 이 때문에 경제 상황이 실제로 얼마나 나빠지고 있는지가 잘 드러나지 않았다.[74] 1857년 8월 11일에 뉴욕에서 가장 오래된 곡물 회사 'NH울프앤드컴퍼니N. H. Wolfe And Company가 파산하면서 거품 붕괴가 시작됐다. 이런 사태는 과열 경제, 과도한 철도 건설, 무분별한 땅 투기에 관심을 집중하게 한 계기는 됐다. 시장 추세가 전환되고, 신뢰가 사라지고, 가용 신용이 축소되고, 경제가 위축될 때 흔히 나타나는 현상이다. 1858년에 여섯 개의 철도 회사가 폐업하거나 파산을 선언했다. 상호 연관된 경제 부분이 상호 작용하기 시작하면서 농부가 재정적 어려움을 겪었고 은행은 사람들이 새로 매입한 토지에 대한 담보권을 행사하기 시작했다.[75]

최근에 발생한 위기를 돌이켜 보면 그런 혼란 상황에서 자신의 이익을 보호하려면 무엇을 해야 하는지 잘 알게 된다. 투자자가 시장 및 경제 상황에 대해 불안과 공포로 반응하는 데 익숙해짐에 따라 처음에는 제한된 규모로 시작된 주식 시장 공황이 광범위한 경제 위기로 발전했다. 지폐 보유자, 예금주, 뉴욕주 소재 은행이 은행 부채를 정화로 바꾸기 시작했다.[76] 이는 오늘날로 치면 뉴욕 시중 은행에서 벌어진 대규모 예금 인출 사태에 버금간다. 1857년에 뉴욕시는 시중 은행의 할인율을 제한했고 충분한 고지 없이도 상환이 가능한 은행권의 수에도 제한을 뒀다. 후자, 즉 은행권의 수를 제한하자 은행권 태환을 원하는 사람이 많아지면서 뉴욕 시중 은행에서 정화 고갈이 가속화됐다. 1857

년 8월 말부터 9월 중순 사이에 시중 은행 예금이 20퍼센트 이상 감소했다.[77] 10월 중순에는 거리를 가득 메운 '격분한 뉴욕 시민' 2~3만 명이 은행으로 몰려가 은행권과 수표를 정화로 바꿔달라고 요구하는 사태가 벌어졌다.[78]

— 경제 붕괴 및 공황 시작

황금 수송선 센트럴아메리카호가 150만 달러 상당의 금괴와 함께 사우스캐롤라이나 해안에서 침몰하면서 뉴욕 은행의 은행권 태환 압박 사태를 안정화하는 금의 역할이 부각됐다.[79] 철도주와 서부 지역 토지 거래에 필요한 자금을 조달하고자 동부 지역 은행에서 자금을 차입한 증권 중개인은 시중 은행의 금 보유량이 감소하자 그동안 보유했던 포트폴리오를 청산했다. 은행이 대출금 상환을 연기해 주지 않으면서 관련된 지급 보증 기관이 줄줄이 파산 선언을 했다.[80] 9월 25일에 펜실베이니아 은행이 정화 지급을 중단하면서 전국 은행에서 대규모 예금 인출 사태가 벌어졌다.[81] 여신 능력 부족이 농업 및 산업 생산물에 대한 수요와 운송 능력에 영향을 미쳤고 이는 곧바로 농업인과 제조업자에게도 부정적인 영향을 미쳤다. '공포감'이 전염병처럼 퍼져나가기 시작했다.[82] 뉴욕 은행에 뒤이어 지방 은행도 은행권 및 법정 통화를 정화로 바꿔 주는 일을 중단했다.[83] 이 같은 태환 금지 조치는 거의 모든 예금주에 가해진 재정 압박을 완화시킬 수 있다. 이는 그 전에는 어떤 은행도 해내지 못한 일이기는 했다. 이와 동시에 고객이 자신의 통화를 직접 보거나 만질 수 없으면 해당 체계에 대한 신뢰가 무너질 수 있다. 정화에 대한 수요가 꾸준한 상황에서 은행이 자사 정화 보유고 유지에 문제가 생길 때는 대출을 줄여야 한다. 이는 결국 팽창하던 경제가 돌연 위축되는 결과로 이어진다.[84]

뉴욕시의 실업률이 폭등했다.[85] 철, 석탄, 신발 제조업과 조선업이 특히 타격이 컸다.[86] 북동부와 중서부 지역의 실업도 급격히 증가했다.[87] 이 위기로 결국 은행 수백여 곳이 파산했다.[88] 그러나 좋은 소식도 몇 가지 있었고 가치 있는 교훈도 몇 가지 얻었다. 1857년 10월 20일에 찰스턴 소재 은행 간 그리고 사우스캐롤라이나주 내 다른 은행 간 그리고 오거스타와 사바나 지역 은행 간에 액면가 기준으로 상호 은행권 수령에 합의했으며 이는 안정성 확보에 어느 정도 도움이 됐다.[89] 저명한 경제 역사가 찰스 칼로미리스Charles Calomiris와 래리 슈바이카르트 Larry Schweikart는 관찰 결과 남부 지역 은행이 위기에서도 상대적으로 안정적인 상태를 유지했다는 사실을 알았다. 부분적으로는 정화 지급 중단과 관련해 은행과 상인 간에 적절한 공조와 협력이 이뤄졌기 때문이다.[90] 이와 마찬가지로 뉴욕 어음 교환소NYCH: New York Clearing House는 공황이 진행되는 동안 그리고 공황 이후 각 가맹 은행의 행동을 조율했다.[91] NYCH 가맹 은행은 지방 은행에 대해 정화 태환 재개를 요구했고 시중 은행이 각 은행권의 즉시 상환을 요구하지 않는다는 부분에 합의하게 했다. 이는 결국 은행의 지급 준비금 증가로 이어졌고 '좀 더 질서 있고 예측 가능한' 수준의 예금 인출이 가능해졌다.[92] 당연히 NYCH 가맹 은행은 정화 태환을 연기함으로써 시장 건전성보다 자사 평판을 높이는 데 더 치중했다는 이유로 비난을 샀다.[93] 민간 기업이 자사의 이익과 공익을 놓고 항상 저울질하려는 행위는 매우 자연스러워 보인다. 그러나 금융 위기의 재정적 및 심리적 측면을 이해하고 정부가 성취할 수 없는 혹은 성취하지 못한 신뢰를 회복하는 데는 위기에 대한 이런 협력적 공조가 득이 된다는 사실이 분명해졌다. 이는 우리 역사 속에 계속 등장하는 주제이기는 했지만, 60년 후 연준을 설립할 시점에는 그 어느 때보다 더 자주 그리고 더 심도 있게 다뤘다.

1859년이 되자 경제가 안정되기 시작했고 정부는 문제가 무엇인지 알아냈다고 판단하고 그런 문제를 해결하려는 조치를 취했다. 1856년에 제임스 뷰캐넌James Buchanan이 대통령에 당선됐다. 물론 재선에는 성공하지 못하고 단임으로 끝났다. 잭슨처럼 뷰캐넌도 지폐(은행권)가 이 공황의 근본적 원인이었다고 생각했다. 그리고 은행권 인출 한도를 20달러로 제한하려 했고 지폐 공급량을 줄여서 인플레이션율을 낮추려고 했다. 또 정화 지급을 중단했을 때 은행 면허를 즉시 최소하고, 주법은행은 지폐 3매당 정화 1달러 교환 비율을 유지하게 하는 법안을 통과시키려 했다.[94] 의회가 뷰캐넌의 이 법안을 검토할 당시 가장 큰 문제는 과거에서 교훈을 얻지 못했다는 점이다. 다시 말해 과거 경험에서 얻은 교훈을 바로 망각했고 미국의 금융 체계는 다시 한번 정화 지급 및 상환 체계로 되돌아갔다.[95] 통제 불가능한 경제 팽창과 지폐에서 비롯된 문제를 금방 잊어버렸다.[96] 1858년에 미국 경제가 안정을 되찾았는데 이로부터 3년 후 남북 전쟁이 발발했다.

여기서 한 가지 덧붙여 말할 이야기가 있다. 1980년대 말에 토미 톰슨Tommy Thompson 선장이 이끄는 탐험대가 수심 1.5킬로미터가 넘는 지점에서 금을 싣고 침몰했던 센트럴아메리카호를 발견했다. 여기서 약 5,000만 달러 상당의 금을 회수했다고 한다. 그러나 이 탐험대에 1,300만 달러를 지원했던 투자자는 톰슨이 자신들에게 투자금을 비롯해 이익금을 한 푼도 지급하지 않았다고 주장했다. 톰슨은 금화 수백 개를 들고 자취를 감췄다. 그러다 2년 반 만에 붙잡혔는데 금화 소재를 끝내 밝히지 않아 투옥되고 말았다. 2014년에 2차 탐사가 시작됐다. 그 결과 금화 3,100개와 은화 1만 개 이상을 회수했다. 수년간 이 보물에 대한 소유권 다툼을 벌인 후 이 금화와 은화가 경매에 부쳐졌다.[97]

Chapter 5

연방 규제 시대

의회는 남북 전쟁 자금 조달 기제와 연방이 인가한 국법은행 체계를 확립하고자 국법은행법National Bank Act, 1863을 통과시켰다. 이 법을 통해 오늘날까지도 이에 필적할 만한 체계가 거의 없는 미국만의 매우 독특한 이중 은행 체계가 구축됐다.[1] 살쾡이 은행 시대라고도 하는 이른바 자유 은행 시대가 끝났다. 또 전국 단위 통화, 다시 말해 국법은행권 체계가 자리 잡았다. 이 법은 1864년도 국법은행법으로 대체됐으며 여기에는 국법은행 규제 기관인 OCC와 정기적 은행 감독 체계 확립에 관한 규정이 포함됐다.

이 첫 번째 연방은행 규제 기관과 새로운 국법은행권은 주법은행 체계에서 놓친 경제 안정성을 확보하는 데 목적이 있었다. 이런 목적을 달성하고자 의회는 훨씬 더 공격적으로 나섰다. 즉 1864년에 은행권을 없애려는 목적으로 주법은행권State Banknote에 2~10퍼센트의 세금을 부과했다. 그런데 1869년에 몰수에 준하는 고율 과세를 통해 주정부에 속한 가맹 은행(주정부 인가 은행)을 없애고 인구 크기별로 세금을 할당 배분하면서 이 법의 목적과 위상이 흔들렸다.[2] 대법원이 '매컬럭 대 메릴랜드주 사건'에서 과세 권한이 실제로는 권한을 파괴하는 상황으로 바뀌었다고 언급했음에도 미국 정부의 과세 권한을 인정했다. 아마도 여기서는 상거래 원칙을 최우선했으리라 본다. 규제 행위를 제외하고 정부가 예상치 못했던 시장 반응이 늘 존재한다. 이와 관련해 주법은행이 해당 은행에 예치한 예금에 기초해 상품과 서비스 대금을 지급할 수 있는 은행권을 대신해 고객에게 수표를 발행하기 시작했다.[3] 이로써 과세는 피했지만, 국가 재정 체계에 변화가 생겼다. 이 새로운 체계가 미래 금융 위기 발생을 막아 주리라는 큰 희망 속에 연방 수준의 은행 규제 시대가 시작됐다.

1873년

1873년 9월 20일에 처음으로 뉴욕증권거래소가 폐쇄됐고 이로 인해 수십여 개 거래소와 금융 기관 수천 곳이 사라졌다. 톰킨스 스퀘어 파크에서 열리기로 했던 실업 노동자 가두시위가 갑자기 취소된 후 폭동이 일어나자 경찰이 시위대를 해산시켰다.[4] 이는 첫 번째 '대공황'으로 이어진 일련의 경제적 사건에서 최고 정점에 해당하는 일이었다.[5]

그 성격상 범세계적인 사건이었고 남북 전쟁 여파로 인한 인플레이션, 계속된 서부 영토 확장 및 철도 산업의 폭발적 성장과 관련한 또 다른 경제 호황, 은의 통화 지위 박탈, 외국에서 벌어진 전쟁, 통화 혼란, 새로운 금융 상품, 기업 부정, 화재, 부적절한 정부 행위 등 상호 연관된 다양한 원인이 작용한 결과였다. 1868년과 1873년 사이에 미국에서 또 한 번 철도 산업이 호황을 누렸다. 이번에도 토지 무상 불하와 대규모 서부 이주에서 비롯된 일이었다. 1872년 한 해 동안 부설된 철로 길이가 무려 1만 2,000여 킬로미터였고 철도업은 근로자 수가 가장 많은 업종이 됐다.[6] 1857년 공황 직후 이 모든 요인이 서로 충돌하면서 새로운 은행 체계와 세계 경제, 정부의 대응력에 엄청난 압박을 가했다.

공황 유발 요인

장기적 예방책을 내놓는 데 도움이 되는 교훈을 과거 경제적 사건에서 제대로 배우지를 못했다. 1873년 공황이 그 좋은 예다. 기업과 정부는 1870년 경제 상황에서 경제적 극단 상황과 남용 행위를 피하려면 정부가 주도하는 자발적 완충 장치를 제대로 갖춰야 한다는 점을 배웠어야 했다. 그러나 서부 팽창 정책, 토지 점유열풍land rush, 철도 산업 성장 등이 맞물려 시장 과열 사태를 유발했다. 이런 성장에는 신용과 함께 국법은행 설립 후 주정부와 연방정부 간 경쟁 요소를 추가한 팽창적 통화 체계가 필요하다. 투자 자금이 철도주로 몰렸고 투자은행은 철로 부설에 필요한 자금을 조달하면서 다시 한번 번영을 구가했다. 날로 증가하는 기업 부정 사건, 잘못된 정부 정책, 예기치 못한 범세계 사건이 신규 시장과 진화하는 금융 형태 등에 힘입어 경제 성장이 너무 급속도로 이뤄졌다. 이런 취약한 경제 환경이었기에 지난 금융 공황 이후 15년도 못 버티고 또다시 위기 상황을 맞았다. 신중하지 못한 혹은 불법적 행동을 감시 · 규제하거나 적절한 처벌을 가할 규제 기관이 거의 없었다. 규제를 시장에 맡기는 체계에서는 시장이 붕괴할 때만 투자 자금 회수가 이뤄지는데 이렇게 되면 모두가 손실을 나눠서 져야 하는 상황이 된다.

그랜트 대통령은 신용 긴축을 시도해 불확실성을 증가시켰다. 재무부가 채권을 매수하는 방법으로 시장 안정화 과정에 개입할 때 그랜트는 이 채권 매수 조치를 중단했다. 정부 자금으로 긴급 구제를 실행할 때 발생할 수 있는 도덕적 해이를 우려한 시도였다. 의회는 은행권 발행을 확대하려 했으나 그랜트는 이에 거부권을 행사했다. 이로써 미 은행권의 미래가 불투명해졌다. 마지막으로, 재무부는 재정상의 편의에 따라 현금화를 통해 일단 시중에 유통된 지폐는 회수하지 않기로 했다. 이렇게 하면 영구적으로 통화량 증가 효과를 낼 수 있다. 이 모든 조치 대부분이 경제적으로 어떤 영향을 미치느냐에 대한 분석이나 이해 없이 무분별하게 이뤄졌다. 금융 붕괴 시에 경제 원칙에만 매달리는 한편 정부 안전망이 제공한 도덕적 해이라는 위험을 피하는 행위는 근시안적이며 자기 파괴적인 결과를 낳을 때가 있다.

주법은행은 당좌 예금 계정checking account을 통해 효율적으로 신용 창출 및 통화 창조 권한을 행사했다. 이를 통한 신용 가용성 증가가 통화 정책과 재정 보수주의에 영향을 미쳤다. 그 어떤 금융 규제 기관도 당좌 예금 계정을 이용한 새로운 금융 방식의 영향을 고려 및 평가하거나 비용 효율성을 분석하는 등의 행위를 하지 않았고 의회는 이 부분을 생각조차 해 보지 않았다. 바로 시장 독창성 덕분에 신용 팽창도 신용 긴축만큼이나 환영받지 못할 때 이 일이 가능했다. 역사가 확인해 주듯이 진정한 균형감이나 비전, 신중한 고려가 결여되면 '효과가 있는지 없는지 한 번 시험이나 해 보자'는 식의 무책임한 상황을 초래한다.

역사가 사이에서는 이 위기의 주된 원인 제공자가 누구냐 그리고 원인이 되는 전 세계 사건에 대해 아직도 의견이 분분하다. 따라서 위기의 책임 소재를 밝히는 일이 훨씬 더 복잡해진다. 어떤 사건에서든 연방 및 주정부를 포함해 권력자의 정치적 본능에 따라 이뤄지는 정부의 작위 혹은 부작위가 바로 주요 원인 요소였다. 오락가락하는 무작위적 통화 정책, 통화 혼란, 정치적 요소, 제 기능을 못하는 안전망 등이 종합적으로 작용해 금융 공황을 더 심화시켰다. 여기서 실제로는 연방 및 주정부 기관이 개입하지 않고 성공하든 실패하든 그냥 내버려뒀다면 경제가 더 나아졌을지 아닌지에 대한 의문이 제기된다. 사실 정부가 개입하면 실제로는 안전하지 않은데 안전한 듯 잘못된 신호를 내보낼 수도 있다.

전개 과정

1873년 공황은 1837년부터 1907년까지 미국을 괴롭혔던 성장 위기의 또 다른 사례였다. 그러나 이는 경제의 상호 연관성과 범세계적 속성이 경제 안정성에 어떤 영향을 미칠 수 있는지를 미리 보여 주는 사건이기도 했다. 이는 외국에서 벌어진 사건, 전쟁, 정치적 요소 등이 예기치 않게 미국의 경제적 사건에 영향을 미친 그야말로 진정한 국제적 경제 불황이었다.

— 계속된 통화 전쟁

이번 공황 때는 무엇이 통화인지에 관한 혼란이 더욱 가중됐다. 법정통화법Legal Tnder Act, 1862과 몇 가지 후속 법률을 토대로 남북 전쟁에 필요한 자금을 조달하고자 그린백으로 알려진 연방정부 은행권을 발행했다. 전쟁 후 인플레이션이 9,000퍼센트에 육박하면서 남부 연방 통화는 거의 휴지조각 수준으로 가치가 하락했다.[7] 제임스 매컬럭James McCulloch 재무 장관은 그린백 퇴출 정책을 시행했고 재무부는 이를 유리하게 활용했다.[8] 결제 대금을 그린백으로 수령하면 이를 비축했다가 당해 회계연도에 연방 잉여금이 발생한다면 나중에 정부 예산이 부족할 때 비축했던 이 은행권을 사용한다.[9] 의회는 1865년에 발행한 그린백 퇴출에 동의했지만, 불과 4개월 만에 '경제 생태계에서 통화를 회수할 때가 통화를 유통시킬 때보다 훨씬 고통스럽다'는 사실을 인식하고 애초의 지지 의사를 번복했다.[10] 1866년에 긴축법Contraction Act으로 그린백 퇴출을 제한했고 1868년에 의회는 여기서 한 발 더 나아가 그린백 퇴출을 전면 중단했다. 최종적으로 재무부는 그린백 태환용으로 금 준비금을 확보했지만, 금과 태환할 때 그린백을 완전히 없애지는 않았다. 이 때문에 미국 통화량이 영구적으로 약 3억 5,000만 달러 증가했다. 인플레이션율과 상관없이 그린백 1달러는 금화 1달러와 교환했다.

　이와 동시에 연방정부는 은행에서 발행한 은행권에 세금을 부과하는 방식으로 은행권 퇴출을 시도했는데 주법은행은 오래된 이 방식을 따르지 않았다. 주법은행은 예금을 수취하고 대출을 해 주는 창의적인 수단을 계속 사용했다. 이는 대안적 상거래 및 결제 수단 개발에서 또 다른 중요한 변화였다. 사실상 이런 신용은 은행이 무無에서 창출한 산물이며 또 다른 통화 공급 수단이자 경제 팽창의 기반이기도 하다.

　대법원이 1868년에 정화 대비 은행권의 가치를 낮게 평가한 또 다른 판례인 '브론슨 대 로스Bronson v. Rodes' 사건의 판결을 내릴 당시에도 미국 통화에 악영향을 미치는 '다중 인격 장애'는 계속됐다.[11] 이 사건에서 피대출자는 원리금을 금이나 은으로 상환하는 혹은 금본위제를 기준으로 대출금을 상환하는 금 약관Gold Clause, 계약 체결 시 대금을 금 가치로 결제한다고 약속하는 조항-옮긴이에 서명했다. 금 약관은 다양한 통화 가운데 당시 가치가 더 높거나 통화로 허용된 유형이 무엇인지에 대한 양가성兩價性에서 비롯되는 큰 변동성으로부터 대출금의 가치를 보호했다. 대법원은 피대출자가 금 가치의 약 50퍼센트에 해당하는 그린백으로 대출금을 상환하면 금 약관에 어긋난다고 판결했다.[12]

　1870년에 대법원은 그린백 사용과 법정통화법의 합헌성을 검토했다. 새먼 체이스Salmon Chase 재판장은 전직 재무 장관으로서 그린백을 발행하고 유통한 장본인이었다. '헵번 대 그리즈월드Hepburn v. Griswold' 사건에서 대법원은 그린백이 헌법 제1조 제8항에 따른 법정 통화인지를 검토했다. 이 사건에서 그린백의 실제 가치는 금 가치보다 20퍼센트 정도 낮았는데 헵번은 대출금을 그린백으로 상환하려고 했다.[13] 헌법상 의회는 화폐를 주조하고, 외국 주화와 국내 주화의 교환 가치를 조절하고, 표준 도량형을 정하는 등 '필요하고 적절한 모든 법률을 제정할' 권한이 있다. 대법원은 헌법상 그린백을 법정 통화로 해석할 수 있는 규정은 없다고 결론 내렸다. 그리즈월드는 헵번이 그린백으로 상환하려 할 때 이를 받아들일 필요는 없었다. 그러나 법원은 딱 1년 후 '크녹스 대 리Knox v. Lee' 사건과 '파커 대 데이비스Parker v. Davis' 사건 등 유사한 두 사건에서, 법정통화법은 합헌이고 그린백은 채무 상환 인구를 기준으로 각 주에 배분해야 하는 적격 도구라고 판결하면서 이전 결정을 번복했다.[14] 다양한 형태의 통화 및 그 가치의 법적 지위에 관한 이같은 논쟁이 대중 신뢰와 금융 체계상의 안정성 기반을 약화시켰다. 실제로 그랜트 행정부는 이런 법적 논쟁이 통화 체계의 안정성을 위협한다고 생각하면서 헵번 사건 판결에 당혹해했다. 이에 대해 공화당 행정부에 흠집을 내려고 설계된 정치적 음모라고 보는 시각까지 있었다. 의회는 화폐주조법Coinage Act,1873을 통과시키며 대부분의 은을 채굴한 미국이 금본위제로 전환되는 기틀을 마련했다. 이로 인해 서부 지역 은광 채굴에 대한 관심은 줄어들고 기업인과 특히 농업인에 대한 대출 비용이 늘어났다.[15]

예기치 못한 다른 다양한 사건이 경제에 대한 신뢰에 영향을 미쳤고 미국의 경제적 및 정치적 혼란을 가중시켰다. 이런 사건으로는 '검은 금요일'이라 칭한 1869년 공황, 보불전쟁(1870~1871년), 오리어리 부인의 암소Mrs. O'Leary's Cow, 램프를 발로 차 넘어뜨려 화재를 발생시켰다고 하는 소-옮긴이를 화재 원인으로 본 1871년 시카고 대화재, 1872년에 발생한 말 인플루엔자, 오스트리아 및 독일 시장 팽창 그리고 특히 철도주 과열과 관련된 기업 부정 사례 등을 들 수 있다.[16] 경제가 성장하고 통화량이 증가하는 상황임에도 율리시스 그랜트 대통령은 반대로 생각하는 사람이었다. 그랜트는 통화량 수축을 지향하면서 금리 인상과 가용 금융 수단 축소로 이어질 조치를 취했다. 경제에 문제가 있다는 소문이 돌면서 경제 불안에 대한 신호가 포착됐다. 27세도 안 된 유니언신탁회사Union Trust Company의 관리자 찰스 칼턴Charles F. Carleton이 투기성 주식 투자로 40만 달러 이상에 대해 채무 불이행 사태에 빠진 후에 사라지자 예금 인출 사태가 뒤를 이었다는 사실에서 시장 취약성이 확연히 드러났다.[17] 유니언신탁회사는 결국 예금 지급을 중지했고 문 앞은 성난 사람들로 가득했다.[18]

— 기업의 부정 행위

1861년에 뉴욕에서 설립된 투자은행 제이쿡컴퍼니Jay Cooke & Company(이하 쿡)가 1873년 공황의 도화선이 될 줄은 꿈에도 생각하지 못했다. 이 은행은 급속한 성장을 보이며 제2대륙횡단철도 건설에 필요한 자금 조달을 준비하고 있었다. 쿡은 1860년대에 새먼 체이스 재무 장관이 국채 판매를 맡기려고 선별한 은행 중 하나였다. 그러나 국채 판매는 상당한 위험이 따르는 일이었고 '기독교인이자 애국자' 이미지를 지키려면 '신의 섭리에 따른 소명'이라는 명분으로 그 임무를 수행할 수밖에 없었을 터였다.[19] 쿡은 마을마다 판매 대행사를 두고 신문마다 고정 광고를 싣는 등 채권 판매와 관련한 비용과 위험 일체를 부담했다.[20] 쿡은 철도 채권 수백만 달러어치를 팔지 못했다. 결국은 9월 18일에 파산 선언을 했다.[21] 이후 주식 가치가 계속 상승하리라는 기대로 투자했던 다른 투자은행도 줄줄이 파산했다. 9월 말에는 헨리 클루스Henry Clewes가 은행업을 중단하면서 공포감이 확산되고 신뢰가 추락했다.[22] 수표를 더는 받지 않게 되자 계속된 하락 추세를 막고 금융 체계에 대한 신뢰를 회복하고자 같은 달에 뉴욕증권시장을 폐쇄했다. 이번에도 은행은 위기 유발자라기보다는 위기의 충격을 흡수하는 일종의 충격 수용체가 되면서 줄줄이 문을 닫았다.

이렇게 해서 사람들은 이 은행에서 저 은행으로 계속 몰려다녔다. 처음에는 퍼스트내셔널First National로 갔으나 유니언신탁회사로 갔을 때와 마찬가지로 별 소득이 없었다. 그다음에는 증권거래소로 갔으나 역시 마찬가지였고 다시 두 은행으로 향했지만, 금고는 비었고 증권거래소에서처럼 소득이 없었다. 여기서 저기로 계속 오가는 동안 흥분과 격노가 사그라지지 않았으며 강풍이 태풍으로 변했다. 뉴욕 거물의 호화로운 사무실에는 수표 소지자와 발행인으로 가득했으며 그 와중에 자신의 돈을 있던 곳에 그대로 둘지 아니면 가져갈지 고민하는 사람도 있었다.[23]

일부 은행가는 다시 협력해 자원을 모으고 협력 은행을 지원하고자 대출 증서를 발행했다.[24] 규제를 받지 않는 기업의 탐욕과 과잉 행위가 이 위기의 불길에 기름을 붓는 데 큰 역할을 했다. 예를 들어 의회는 유니언퍼시픽레일로드Union Pacific Railroad에 면허를 내줬다. 그런데 경영진은 '이름뿐인 회사'를 설립해 비용을 과다 청구하는 방법으로 뒷돈을 챙겼다. 이번 사례는 물론이고 코닐리어스 밴더빌트Cornelius Vanderbilt를 속여 넘겼던 이리레일로드Erie Railroad 주식 사기 같은 주식 물타기신주 과도 발행─옮긴이가 당시에는 공공연하게 일어났다.[25] 9월까지 55개 철도사가 파산했고 1년 안에 60개 철도사가 더 파산했다. 전국 은행가와 금융 자본가는 정부 관료를 만나서 재무부가 준비금 4,400만 달러를 풀어 공황 사태를 해결해야 한다는 의견을 전했다. 대통령과 재무 장관에게 뉴욕 시중 은행을 엄선해 재무부 기금 2,500만 달러를 예치하고 나머지 은행 전부가 상환 책임을 지는 데 동의하는 안을 제시했다. 이 방식이 적법한지 애매한 부분이 있기는 하나 필요한 일이기는 했다. 2008년에 의심스러운 법적 결정을 기초로 리먼브러더스를 제외하고 베어스턴스와 AIG에 대출해 주기로 한 연준의 결정과 비교해 보라.[26] 뉴욕 '자본가'가 이들 은행에 1,000만 달러를 예치한다는 데 동의하지 않는 한 대통령은 그 제안에 동의하지 않을 것이다.[27] 다수 의원이 "미국 역사상 유례없는 압도적 표차로 재선에 성공한 그랜트에 대해 사람들이 대통령의 권한 확대에 정당성을 부여했다"라고 말하며 서한 형식으로 그랜트 대통령에게 안건을 제시했다. 모튼은 "정부는 신탁회사나 대출 기관이 아니다"라면서 "법적 전례가 있다면 권한을 확대할 것"이라고 말했다.[28] 결국 이 안은 거부됐고 그랜트 대통령은 도덕적 해이를 우려하며 재무부 기금 활용과 관련한 다른 안도 전

부 물리쳤다.[29]

　주식 시장 공황으로 시작된 일이 광범위한 금융 문제로 비화했다. 대풍작을 이뤘음에도 신용 수축으로 농업인이 큰 타격을 입는데도 정부는 수수방관했다.[30] 정부는 채권 이자를 지급하지 않겠다고 발표한 다음 재무부가 보유한 금 매각도 취소했다.[31] 1874년 1월 13일에는 톰킨스 스퀘어 파크에 벌어진 폭동까지 일어났다.[32] 이 공황기에 실업률이 14퍼센트에 달했다.[33] 그해 말에 의회는 국채 발행을 확대하는 안에 찬성표를 던졌지만, 대통령이 거부권을 행사했다. 그 결과 정화태환재개법Specie Payment Resumption Act이 제정돼 무제한으로 은행권을 금화로 교환해 주게 됐다.[34] 상업은행 수백여 곳이 문을 닫았고 당시 기준으로 세계 최악의 불황 사태가 벌어졌다. 또 다른 국가적 불황이 도래하며 전 세계로 그 여파가 미쳤다. 1878년이 되자 미국 전역에서 1만 8,000개 기업이 파산했다.[35] 70곳이 넘는 증권거래소 회원사와 '금융 기관' 수천 개가 무너졌다. 철도 채권 이자는 지급되지 않았고 철도 건설은 급감했다. 이 불황의 불길은 끝까지 다 타버렸고 기업과 개인은 사태를 수습하며 새 출발을 시작했다. 이 불화의 잔해 속에서 체이스Chase국법은행이 등장했다. 이 은행은 1877년에 인가를 받았다.[36]

1893년

　오하이오에서 활동하는 기업인 조지프 콕시Joseph Coxey는 1894년 5월에 워싱턴에서 처음으로 가두 행진을 벌였다. 연방 그린백을 새로 발행해 공공 일자리 사업에 5억 달러를 지원하는 이른바 '좋은 도로 법안'에 찬성하는 취지였다. '콕시 군대'라고 하는 시위대가 오하이오를 출발해 몇 주일 후 워싱턴에 도착했다. 연방정부를 향해 심각한 금융 문제를 해결하는 조치를 취해달라는 의지를 표명하는 차원에서 평화 행진을 하려는 목적에서였다. 이 가두 행진 주도자들은 의회 의사당 잔디를 밟고 걸었다는 이유로 20일 간 교도소에 수감됐다. 공공사업 자금 지원 법안은 그대로 묻혔다.[37]

공황 유발 요인

유별나고 자기 파괴적으로 보이기는 하나 철도를 통한 무분별한 서부 확장, 금융 체계 유지 및 강화를 목적으로 통화를 창출하는 은행 수백 곳을 신설한 것과 맞물려, 통화 및 정화에 관해 한 세기에 걸쳐 치른 투쟁이 1893년 공황에서도 주요인으로 작용했다. 국가 통화 체계 안정화를 목적으로 30년 전에 국법은행을 설립했음에도 정부의 우유부단함과 지도력 부재, 통화 및 은행업의 가장 기본적 쟁점인 방향성 결여 때문에 금융 불안정성이 계속 유지됐다. 경제적 정치적 이념이 통화 체계에 미치는 압박이 직접적으로 반영된 결과로서, 금과 은의 등가성을 유지하려는 노력 때문에 어정쩡한 정부 태도가 더 심해지고 통화 전쟁은 더 격렬해졌다.[38] 편집증적 통화 전쟁이 주도한 정치가 다시 한번 미국 경제의 안정성을 좀먹고 있었다. 경제적 현실에 계속해서 귀 막고 눈 막은 곳이 정부 하나만은 아니었다. 민간 부문은 서부 확장에서 비롯된 돈의 유혹에 계속 휘둘렸다. 이를 뒷받침하는 데 필요한 건물과 인프라는 1990년대 인터넷 폭발에 버금가는 1800년대판 '인터넷 폭발'이라 하겠고 누구에게 도움이 되는 상황인지에 관해서도 일관성이 없었다. 사태가 전개되는 속도를 늦추고 신용 가용성이 감소하기 시작하자 가뭄에서부터 철도 건설 투기에 이르는 모든 요소가 투기적 경제 붕괴에 일조했다.

이 위기를 피할 수 있었을까? 정부가 더 나은 통화 정책을 펼쳤다면 위기에 더 안정적인 경제 기반을 구축할 수 있었을 터였다. 어떤 면에서 정부가 자초했다고도 할 수 있는 산업과 투자자에 대한 자연스러운 압박 외에도 계속되는 통화 전쟁이야말로 문제를 더 악화시키는 요인이자 공황의 주된 유발 인자였다. 이 모든 금융 위기를 겪고 나면 사람들은 대체로 정책 입안자와 정치인이 더 일관성 있고 더 믿을 만한 완충 및 안정성 체계 구축을 고려하지 않을까 생각한다.

전개 과정

콕시 시위로까지 이어진 사건 전부가 너무도 익숙했다. 미국은 여전히 통화 전쟁 중이었고 경제를 이끄는 주된 동력은 여전히 서부 팽창(개척)이었다. 서부 팽창은 철도 산업이 이끌었고 동시에 철도 건설 및 성장의 토대가 됐다. 철도 과잉 건설 및 철도주에 대한 투기 과열과 더불어 정착민이 서부 안쪽으로 점점 더 깊이 들어가면서 새로운 광산이 문을 열었다. 전국적인 철도 산업 성장에 발맞춰 철과 강철 산업에서도 유례가 없을 정도로 큰 수익이 발생했다.[39] 1885년부터 1890년 사이에 연간 총 수입량이 약 38퍼센트 증가했고 이 기간에 규제받지 않는 지분 증권과 채무 증서가 대량 발행됐다.[40] 수입이 증가하자 관세를 통한 정부 수입도 증가했다. 철도 산업이 성장하며 총 부채 규모가 25억 달러나 증가했고[41] 위기 직전까지에 해당하는 기간에 부채로 자금을 조달한 연방 토지 매각 규모가 기록적인 수준에 달했다.[42] 경제가 과열되는 동안 중서부 지역 농업인이 수차례 가뭄을 겪으면서 대출금을 상환할 현금이 부족해졌다. 이 때문에 토지 가치가 하락했고 인플레이션이 발생하면서 미 내륙 지방이 극심한 경제적 고통을 겪었다. 이런 상황이 콕시로 하여금 정부로 눈을 돌려 워싱턴에서 가두 행진을 벌이려는 욕구에 불을 지폈다. 1893년 공황은 일부가 주장하듯 20년 전 그 공황에 필적하는 수준의 심각한 불황으로 진화했다. 20년 전에 시작된 공황이 이 시점까지 계속 이어진 상황이 아니라면 말이다.[43] 그러나 이번에는 뉴욕시가 아니라 중부 내륙이 공황의 중심부로서 가장 큰 타격을 입었다.

─ 금 대 은

1873년에 미 조폐국은 금본위제를 염두에 두고 은화 주조를 중단했다. 민주당은 주화법Coin Act을 폐지하지 않고 제한된 기준에 따라 은화를 계속 주조하고자 서부 지역 은광 사업의 이해관계를 조정할 대안을 찾아냈다. 의회는 헤이스 대통령(1877~1881년)의 거부권에 대항해 1878년에 블랜드-앨리슨법Bland-Allison Act을 제정했다. 재무부 재량에 따라 새로운 은태환 지폐인 은 증권Silver Certificate으로 매달 200만~400만 달러어치를 매입하게 한다는 내용이었다.[44] 이 은 증권을 새로운 은화와 교환하면서 효과적으로 통화 공급량이 증가했다.[45] 재무부가 은 증권을 정화로 태환할 때 금으로 태환하기로 했다. 금본위제로 옮겨 감에 따라 은 가치가 하락하고 이 때문에 금과 은 두 귀금속 간의 교환 비율을 정하기가 더 어려워졌기 때문이다. 이후 의회는 셔먼은매입법Sherman Silver Purchase Act, 1890을 제정했다. 이로써 재무부는 블랜드-앨리슨법에 따라 금액으로 월 200만~400만 달러어치가 아니라 양으로 월 450만 온스(약 128톤)를 매입해야 했다. 이 새로운 통화 공급으로 다른 국가보다 물가가 상승했고 달러화 가치가 하락했다. 그러자 외국인은 고정 채권을 금으로 태환하려 했고 이에 따라 금의 국외 유출이 증가했다.[46] 경제가 좀 흔들린다고 느껴지자 사람들은 보유 자산을 금으로 바꿨고 결과적으로 재무부는 금 부족 현상을 겪었다. 조변석개를 일삼은 통화 정책 변화가 또 한 번 일어났다. 즉 의회가 1893년에 셔먼은매입법을 폐지했다.[47] 정치에 휘둘리는 혼란스럽고 모순적인 정책 결정은 경제 안정성에 전혀 도움이 되지 않았다.

1890년에 아르헨티나에 대한 영국의 투자가 시들해지자 유럽 무역 상대국은 금 대신 증권을 받는 일을 더는 하지 않으려 했다. 경제 붕괴에 대한 불안 때문에 외국인 투자자는 미국 주식을 팔아 금이 그 가치를 보증해 주는 미국 자산을 얻으려 했다.[48] 준비금이 한도에 도달했고 1893년 8월 3일에 금 태환 중지가 시작됐다. 뒤이어 인플레이션이 발생했고 1893년 초에 필라델피아 리딩레일로드Philadelphia And Reading Railroad가 파산하면서 경제 약세 징후를 드러냈다.[49] 은행이 신용 한도를 억제해 통화 공급량이 감소하자 또 다른 주요 철도 회사 네 군데가 파산했다. 1892년에는 전국에 은행이 약 7,500개가 있었고 주법은행과 국법은행이 거의 동수로 분포했다.[50] 그런데 1893년 말이 되자 국법은행 158개, 주법은행 172개, 민간은행 177개, 저축은행 47개, 대출 및 신탁회사 13개, 모기지 회사 16개를 포함해 500개가 넘는 금융 기관이 파산했다.[51]

— 기업 붕괴

당시 주식 거래가 가장 활발히 이뤄졌던 내셔널코디지National Cordage Company가 재정 상태에 관한 부정적 소문 때문에 은행가들이 대출 상환을 요구했고 결국 이곳은 법정 관리에 들어갔다. 이는 점점 심해지는 비관적 분위기에 결정적 영향을 미쳤다. 은과 은화에 대한 수요가 감소하자 은의 가격과 가치가 하락했고 은 관련 자산 보유자는 채권의 액면가 하락을 우려했다. 이런 비관적 정서가 선철과 석탄 생산, 원면소비, 상품 수입에 영향을 미쳤다.[52] 1892년부터 1893년까지 상업과 공업 부문에서 파산한 사례가 2만 5,000건을 넘었다.[53] 일리노이주 풀먼에 소재한 풀먼카컴퍼니Pullman Car Company의 공장 근로자는 급료로 생활비를 충당할 수 없었다. 그래서 풀먼사 근로자가 파업을 했고 전미철도노조는 풀먼이 제조한 열차에서의 작업을 거부했다.[54] 그러자 그로버 클리블랜드 대통령이 셔먼반독점법Sherman Antitrust Act에 의거해 전미철도노조가 거래를 부당하게 제한하는 행위를 공모한 것으로 규정하면서 파업이 무산됐다. 이 법을 근로자를 고용한 기업이 아니라 노조에 대항하는 용도로 사용하는 상황은 전혀 예상치 못했다. 이 새로운 계급투쟁 상황에서 정치인은 거의 전면전에 돌입했고 '정부의 부당성 이라는 하나의 자궁에서 부랑자와 백만장자라는 두 계급을 같이 키웠 다'고 비난했다.[55]

1892년부터 1894년 사이에 실업률이 3퍼센트에서 18퍼센트로 증 가했다.[56] 미시건주에서는 실업률이 무려 43퍼센트까지 치솟았다.[57] 높 은 실업률과 파산 은행에 예치했던 예금의 손실로 중산층이 흔들렸다. 2008~2010년 위기 상황 때처럼 수많은 사람이 신축한지 얼마 되지도 않은 자가 주택을 포기해야 했다. 실업률은 1900년이 돼서야 5퍼센트 대로 떨어졌다.[58] 정부는 이런 위기를 타개하려는 노력을 거의 하지 않 았다. 수없이 겪었던 금융 위기는 지난 세기의 전유물로만 남으리라는 기대와 함께 20세기를 맞았다. 그러나 현실은 이런 기대와는 달랐다.

Chapter 6

역경의 시대
1907년

1907년 10월 24일 목요일에 모건은 뉴욕시 대형 은행 은행장을 자신의 사무실에 불러 모은 후 문을 꼭 잠갔다. 그리고 이 사람들이 뉴욕 증권거래소 긴급 구제용으로 2,500만 달러를 지원하겠다는 약속을 할 때까지 밖으로 내보내지 않을 생각이었다. 마침내 이 약속을 받아내기까지 12분이 걸렸다. 이렇게 해서 이날 금융 대란을 피할 수 있었다. 그러나 그 후로도 몇 주 동안 모건 사무실이 해법의 중심지가 되다시피 했다. 뉴욕과 자신의 경쟁자를 구제하려고 이 해에만 수차례 더 사무실에 이 사람들을 가두다시피 하고 압박을 가했다. 경제 붕괴를 막았던 것은 재무부 장관도 다른 은행가도 아니었고 운이 좋아서도 아니었으며 미국 대통령 덕분도 아니었다. 모건만이 가능한 일이었고 실제로 모건은 그렇게 했다.

1907년 공황은 10월 중순부터 시작해 몇 주일에 걸쳐 진행됐다. 뉴욕증권거래소 지수는 전년도 고점에서 약 50퍼센트 하락했고 이에 따라 시장은 통제 불가능한 수준의 공황을 일으켰고 은행은 물론이고 가파른 성장세를 보이던 신종 금융 기관인 신탁회사에 대량 예금 인출 사태가 벌어졌다. 주법 및 국법은행과 기업이 줄줄이 파산하면서 경제난이 결국은 미국 전역으로 번졌다. 시장 붕괴와 신뢰 상실은 다양한 사건이 무작위로 상호 작용한 결과였다. 그리고 이런 사건 대부분은 찰스 트레이시 바니Charles Tracy Barney, 오거스터스 하인즈F. Augustus Heinze, 찰스 모스Charles Morse가 의도치 않은 협력을 한 데서 비롯됐고 이는 예상치 못한 금융 대폭발로 이어졌다. 하인즈 형제와 모스는 무모한 행동으로 그간의 명성에 금이 갔다. 이들의 은행가 바니는 니커보커 신탁회사Knickerbocker Trust Company를 구제하고자 모건을 열심히 설득해 금융 지원을 받으려 했으나 결국 실패했다. 1907년 11월 14일 아침 바니는 권총 자살로 생을 마감했다. 바니의 죽음은 점점 커지던 금융 위기 불길에 기름을 부은 셈이었다.[1] 사실 바니는 마치 앞날을 예측하듯 다음과 같이 말했었다. "지금은 고난의 시기다."[2]

공황 유발 요인

팽창하는 경제, 무분별한 주식 시장 투자, 기업 역량 집중, 신탁회사의 등장, 느리고 불완전한 정보 전달, 힘의 핵심 결여 등 다양한 요인이 결합해 최악의 1907년 공황 사태를 유발했다. 스콧 네이션스Scott Nations는 자신의 저서《미국 5대 시장 붕괴의 역사The History of The United States in Five Crashes》에서 규제받지 않고 잘 이해도 되지 않는 신종 금융 동력을 기반으로 한 신탁회사의 확산을 공황의 원인으로 진단했다. 그리고 이는 이미 불안정한 상태인 금융 체계에 차입이라는 요소까지 보탠 상황이라고 설명했다.[3] 늘 그렇듯이 금융 체계의 대응력이 유동성에 대한 수요를 따라가지 못하면서 불안이 공포로 공포는 다시 공황으로 발전했기 때문에 시장 상승 속도에 가속이 붙었다.

수많은 금융계 거물 간의 금융 관계가 서로 얽혀 한 기업의 평판이 훼손되고 재정 상태에 의문이 제기됐고 이것이 다른 기업에도 연쇄적으로 영향을 미치면서 상황이 더 악화됐다. 소통 및 언론 상태 또한 바람직한 수준은 아니었다. 즉 위기를 진정시키고 소문에 흔들리지 않을 정도로 정보가 빠르고 정확하게 전달되는 수준이 아니었다. 금융 기관과 체계가 흔들리기 시작할 때 빠르고 또 효과적으로 감시하거나 구제할 수 있는 중앙 감독 기관 및 체계가 존재하지 않았다. 어음 교환소가 여기서 중요한 역할을 하면서 중앙은행이나 강력한 재무부의 필요성이 대두했다. 그러나 주가와 금리 조작 및 상승, 비유동 자산인 부동산에 대한 투자 증가, 신탁회사가 제공하는 투기성 대출, 철도주 판매, 의회가 정한 철도 요금 상한선, 금 수입과 수출로 촉발된 화폐 전쟁 지속, 캘리포니아 지진, 보험사와 기타 기업에 대한 정부 조사 등 다양한 요인이 금융 대란을 키우는 데 중요한 역할을 했다.[4] 금융 위기가 대부분 그렇듯이 사태의 원인을 면밀히 분석할수록 해답을 더 많이 찾아내고 이로써 통화의 정치화가 지닌 파괴적 영향 요소도 찾아낼 수 있다.

1907년 공황은 각종 문제가 결합한 결과물로써 결국 이 금융 체계에 대한 신뢰 상실을 유발했다. 순간 심리가 작동함에 따라 신뢰를 재구축하는 데 필요한 도구 혹은 사람에 한계가 있었다. 당시 모건은 자신이 할 수 있는 일을 했다.

전개 과정

1907년 공황은 금융계 거물 몇몇이 연결된 복잡한 관계와 경제 상황에 대한 정부의 부적절하고 더딘 대응에서 비롯됐다. 맥킨리 대통령(재임 기간: 1897~1901년)이 사망한 현직 부통령 대신에 루즈벨트를 부통령 후보로 선임했다. 이로써 루즈벨트는 1899년에 뉴욕 주지사에서 부통령 자리에 올랐다. 그리고 1901년 9월에 맥킨리가 암살되면서 루즈벨트가 대통령(재임 기간: 1901~1909년)이 됐다. 맥킨리 대통령이 피살될 당시 루즈벨트는 애디론댁산에서 사냥 중이었다. 이 정치적 혼란 속에서 다우존스 산업평균지수는 해당 주에 10퍼센트나 하락했다. 그러자 루즈벨트는 '조국의 명예 그리고 평화와 번영'을 좇아 맥킨리의 정책을 유지하겠다고 밝혔다.[5]

미국 내 산업은 성숙 단계에 이르렀고 대규모 기업 결합에 속도가 붙기 시작하면서 '대마불사大馬不死'를 키우는 온상이 됐다. 즉 덩치만 큰 '부실' 기업을 지원하는 상투적 악습이 자리 잡았다. 덕분에 정부 개입 수준이 더 높아졌고 합당한 이유와 정치적 이득을 따져 정부 차원의 조사와 감시를 했다.[6] 소비자를 보호하고 안전하며 재정 건전성이 높은 금융 기관을 유지하려는 정부의 노력과 오로지 정치적 목적에 따른 불필요한 정부 개입에는 분명한 차이가 있다. 1896년부터 1900년까지 경제가 팽창하면서 다우존스 지수는 75퍼센트 가까이 상승했다. 1906년까지 10년 동안 연평균 약 73퍼센트 상승했으며 국내 산업 생산 규모는 두 배로 증가했다.[7] 미국에는 중앙은행이 없었다. 그래서 뉴욕시 통화 공급량은 금 공급량과 더불어 국내 공업 및 농업 생산 주기에 따라 변동한다. 이 새로운 경제 호황이 막대한 자본 수요를 창출했고 뉴욕과 런던 금융 자본가는 기꺼이 이런 경제 환경에 호응했다. 미국으로의 금 유입량이 급증하면서 1억 6,500만 달러어치를 넘어섰다.[8] 금융 및 심리적 안정성에 영향을 미치는 사건이 전개되면서 다우지수도 1906년 1월에 기록한 고점 103에서 조정을 받기 시작했다.[9]

루즈벨트 대통령의 기업 대책

1882년 1월에 스탠더드오일Standard Oil의 수석 변호인 새뮤얼 도드 Samuel C. T. Dodd는 창업주 존 록펠러John D. Rockefeller가 다수 인수 업체에 대한 지배권을 공고히 할 수 있는 방편으로써 법인 신탁Corporate Trust, 시장 독점을 위해 각 기업이 개개의 독립성을 버리고 서로 합동하는 형태—옮긴이을 구상했다. 이에 따른 신탁 계약에서 다수 별개 기업의 주주가 각기 보유한 주식을 수탁 법인에 이전한다는 데 동의했다.[10] 이에 따라 스탠더드오일은 14개 기업을 소유했고 26개 기업에 대해 과반지주지배권Majority Control을 행사했다.

그리고 9명이 이 신탁 법인의 신탁 이사회를 구성했다.[11] 1904년에 되자 특히 철강, 구리, 원유 사업 부문에서 신탁 법인이 318개에 이르렀다.[12] 1894년부터 1904년 사이에 기업 결합으로 1,800개 기업이 93개로 감소했다.[13] 그런데 여기에는 랜드 러시Land Rush, 주인 없는 땅에 먼저 가서 소유권을 선언하면 자기 땅이 됨-옮긴이라고 하는 토지 점유 열풍과 철도 산업 성장 대신 기업 인수와 이를 통한 경제력을 활용하는 신 미개척 영역으로서 새로운 위기가 발생할 가능성 또한 있었다. 이로써 신탁회사는 20세기 초에 등장한 또 다른 신종 투자 기관이 됐다.

루즈벨트 대통령은 과도한 자본주의가 자본주의 자체는 물론이고 자본주의가 창출한 부에 직접적인 위협을 가한다고 생각했다. 그런 '과잉' 환경에서 자본주의 체계를 구제하려 했지만, 정치적 본능에 기대는 바람에 과도한 반응을 했다. 즉 기업은 미국 산업 생산성의 근원이기 때문에 정부가 모든 기업을 규제해야 한다고 봤다. 1903년에 법무 장관은 모건의 두뇌와 자금력에 기댄 노던시큐러티스Northern Securities와 녹스슈거Knox Sugar의 합병을 성공적으로 막아냈다. 모건은 루즈벨트의 이 같은 개입 행위에 분노했지만, 이 같은 기업 결합에 반대하는 정부 입장이 분명해졌다. 이런 정부 입장에 따른 조치가 나올 때마다 주식 시장은 하락했다. 1903년 12월 노던시큐러티스 결정 이후 시장 가치가 25퍼센트 하락했다.[14]

1906년 4월 18일에 대규모 지진이 샌프란시스코를 덮치면서 다우지수는 이 해 처음으로 100을 찍었다. 서부 상거래의 중심지였던 샌프란시스코는 3억 5,000만 달러에서 5억 달러 손실(2020년에는 100억 달러에서 150억 달러)이 발생했다. 이는 미국 국민총생산GNP: Gross National Product의 1.2퍼센트에서 1.7퍼센트에 해당하는 규모였다.[15] 보험사와 철도주 가치가 하락하자 주식 시장도 하락했다. 재건 사업을 지원하고자 자본이 뉴욕에서 샌프란시스코로 이동했다. 이와 동시에 BOE는 금리를 3.5퍼센트에서 4.0퍼센트로 인상했다. 1906년 7월에 의회는 헵번법Hepburn Act을 통과시켜 주간통상위원회Interstate Commerce Commission에 철도 요금 상한선을 정할 권한을 부여하면서 시장 혼란을 가중시켰다. 이에 따라 철도 가치도 당연히 하락했다. 1907년 11월에 다우지수는 56으로 최저점을 기록했다.[16] 이에 따라 런던에서 미국으로 금이 대량으로 이동했다.[17]

1906년 6월 22일에 루즈벨트 대통령은 스탠더드오일이 조사를 받고 있다고 발표했다. 사실상 존 록펠러와의 전쟁을 선언한 셈이었다. 리베이트 관행을 정리한다는 목적으로 제정한 엘킨스법Elkins Act에 따라 스탠더드오일은 원유 선적에 따른 리베이트 수령 혐의로 1,463건에 대해 별건으로 유죄가 인정됐다.[18] 흔들리는 철도 산업, 증권 중개인, 구리, 신탁은행, 정부의 안정화 대책 부재 등이 현대 컴퓨터 프로그램 거래의 지원 없이도 20세기 초 버전의 주식 시장 대폭락 사태에 지대한 영향을 미쳤다.

구리 산업과 은행업의 충돌

역사학자 사이에서는 구리 광산주 시장을 독점하려는 하인즈와 모스의 잘못된 시도가 공황의 시발점이라는 데 의견의 일치는 보는 듯하다. 하인즈 형제와 바니의 관계가 니커보커 신탁회사의 운명을 결정지었다. 니커보커는 당시 운영 중이던 신탁회사 1,000곳 가운데 하나였다. 신탁회사는 주정부가 인가한 저축은행으로서 민간은행 투자권을 보유한 부유층을 대상으로 한 금융 기관이었다. 이들 기관은 예금을 수령하고, 대출을 해 주고, 철도 산업 재편에 중요한 역할을 하고, 수탁자로서 행동한다. 또 증권 인수 및 배포, 보관 업무를 담당한다. 규제 수위가 낮기 때문에 경제 팽창기에 나타나는 고위험 투기성 투자에 임하기에 최적의 지위에 있었다. 신탁회사는 또한 등록 기관과 명의 개서 대리인 역할을 하고[19] 상업은행이나 저축은행보다 더 높은 예금 금리를 적용한다.[20] 1897년부터 1907년까지 국법은행 자산은 97퍼센트 증가한 데 비해 신탁회사 자산은 무려 244퍼센트나 증가했다.[21] 뉴욕 금융계와 사회계에서 신탁회사 CEO는 그야말로 슈퍼스타 대접을 받았다. 신탁회사에 대해서는 지급 준비금 보유를 강제하지도 않았다. 따라서 위기가 닥쳤을 때는 이미 손을 쓸 수 없는 지경이었다. 1906년에 뉴욕은 지급 준비율을 15퍼센트로 정했으며 이는 현금으로 보유해야 할 금액의 3분의 1에 불과한 수준이었다. 여기서 어떤 문제가 발생할까?

브루클린에서 태어난 일명 '구리왕' 하인즈가 1891년에 몬태나주 뷰트에서 몬태나 구리광석구매회사MOPC: Montana Ore Purchasing Company를 설립했다.[22] 하인즈는 소송을 오히려 즐기는 편이었고, 경쟁사가 광산업에 대한 관심을 끊고 다른 곳으로 관심을 돌리려고 끊임없는 소송전을 벌였다. 그 경쟁사 중 하나가 존 록펠러의 스탠더드오일이었다. 스탠더드오일은 어맬거메이티드코퍼Amalgamated Copper를 설립했고, 하인즈와 벌인 숱한 소송 끝에 MOPC를 1,200만 달러에 인수했다.[23] 하인즈는 이 돈을 사용해 은행가가 됐고 북미 국법은행과 뉴암스테르담 국법은행을 지배했던 모스와 관계를 맺게 됐다. 모스는 몇몇 '불미스러운' 사건에 연루되면서 평판에 문제가 생겼지만,[24] 후에 하인즈와 모스는 6개 신탁회사와 4개 보험사를 비롯해 다수 주법 및 국법은행의 이사가 됐다. 하인즈는 자신의 부동산 지분을 두 형제 오토Otto와 아서Arthur가 지배하는 유나이티드코퍼United Copper에 통합했고 뉴욕증권거래소에 입성했다.[25] 또 대출 담보물로 보유한 주식을 매수하는 방식으로 기업을 인수했다. 이는 각 기업, 특히 자신의 주력 기업인 유나이티드코퍼의 가치를 높게 유지하는 데 매우 중요했다.

은행 지점 설치와 운영이 허용되지 않는 환경인지라 투자자는 '연쇄 은행업Chain Banking'이라는 관행을 활용해 상호 연결된 은행망을 구축했다. 연쇄 은행업이란 한 사람이 다수 은행의 이사직을 맡거나 투자 지분을 보유해서 해당 은행 간 경영권이나 소유 지분 관계가 상호 연계된 상황을 말한다. 이런 연쇄적 관계는 재정적 압박 상황에서 특별한 위험을 창출한다. 해당 은행 간 금융 거래와 이사진의 평판이 서로 연관된 상태이므로 은행 한 곳의 파산이 연쇄 반응을 일으키며 자칫 줄 파산으로 이어질 수 있다. 1980년대 초에 자산 규모 30억 달러인 총 27개 은행에 대한 테네시 출신 두 형제의 소유권과 경영 지분으로 구성된, 거의 '약탈적' 수준의 거대 은행 제국이 붕괴했다. 이는 서로 관련된 다수 은행 사이에서 소수 간부가 은행을 지배해 어떻게 자산과 부채를 유지할 수 있는지를 보여 주는 좋은 예였다. 이런 상황에서는 상호 연관성이 있는 은행의 재정 건전성을 특정한 시점에 예금주와 주주, 규제 기관이 확인하기가 어렵다. 또 필연적으로 은행 하나만 파산해도 관련된 은행이 전부 무너질 수 있다.[26] 결국은 의회와 규제 기관이 손을 대야 하는 상황이 온다.

산업 시장에서는 구리가 왕좌를 차지하고 있었다. 전기 덕분에 구리가 가치 있는 상품이 됐다. 20세기 초에는 거의 모든 산업국이 조명 기구에 들어갈 구리선 생산을 두고 기업 간에 치열한 경쟁을 벌이는 상황이었기 때문이다.[27] 하인즈와 오토는 독립적 금융 자본가였다. 오토는 유나이티드코퍼 주식을 더 많이 확보하기로 했다. 이렇게 해서 주가를 끌어올리고 그다음 이 주식을 충분히 매수할 수 있으면 차입주를 메워 넣을 수 있다고 봤다. 구리 가격은 1888년과 1899년 그리고 1906~1907년에 급등했다.[28] 하인즈는 머컨타일Mercantile National의 은행장 지위가 흔들리는 상황을 원치 않았다. 머컨타일도 재정적 문제를 안고 있었기 때문이다. 그래서 이전에 모스와 거래할 때 자금을 지원했던 바니의 니커보커 신탁회사와는 달리 이 거래에 자금 지원을 거절했다.[29] 어쨌거나 오토는 유나이티드코퍼 주식을 계속 매수했다. 1907년 10월 15일 단 하루 만에 주가가 주당 39달러에서 52달러로 상승하자 오토는 공매도인에게 차입주에 대한 환매수를 요청했다.[30] 가격이 계속 상승했지만, 공매도인이 환매수를 통해 포지션을 회복할 수 있었고 주식 매매가 혼란스러워지자 3일 만에 주가가 50포인트나 하락했다. 오토의 증권 회사 그로스앤드클리버그Gross & Kleeberg가 파산했다. 몬태나주 뷰트에 있는 하인즈의 주법저축은행도 지급 불능을 선언했다. 이 은행은 대출에 대한 담보물로 유나이티드코퍼 주식을 보유 중이었다. 하인즈는 머컨타일에서 사임 압박을 받았고 이 소문이 퍼져나가자 불안감에 싸인 예금주가 너도나도 예금을 인출해 하인즈 형제와 모스가 관여한 다른 은행에 예치했다. 북미 국법은행과 뉴암스테르담 국법은행에서도 대량 예금 인출 사태가 벌어졌다. NYCH는 지원을 해 주는 대신 모스와 하인즈에게 은행 지분 전부를 넘기라고 요구했다. 이 모두가 전반적 경제 분위기에서 나온 결과였다.

니커보커 신탁회사는 예금 규모가 6,500만 달러(2020년에는 19억 달러)에 이르며 뉴욕시에서 세 번째로 큰 신탁회사였다.[31] 바니와 모스, 하인즈의 연관 관계성 때문에 니커보커 신탁회사 예금주마저 예금을 인출하기 시작했다. 위기감을 느낀 바니는 10월 21일에 회사를 구해 달라는 부탁을 하려고 맨해튼에 있는 모건을 찾아갔다. 그러나 모건은 바니를 만나지 않았다. 같은 날 니커보커 이사회는 바니의 사임을 요구했다. 다른 금융 기관도 니커보커를 위한 어음 교환소 역할을 거부했고 채 3시간도 안 돼 예금주가 800만 달러를 인출해 가면서 영업 중단 사태로까지 몰고 갔다.[32] 10월 21일 오후가 되자 뉴욕 시중 대출 금리가 무려 70퍼센트나 상승했다.[33] 바니와 니커보커는 세 사람의 연결 관계가 빚어낸 신뢰 상실 또 니커보커가 하인즈와 모스 그리고 이들과 관련된 회사에 제공한 대출 때문에 무너졌다. 11월 14일에 바니가 권총 자살했고 그 소문이 퍼지자 공황도 확산했다. 더불어 대중 신뢰 역시 급속히 하락했다. 뉴욕 소재 은행이 연이어 파산하면서 다우지수도

하락하며 56으로 저점을 찍었다.[34]

은행가와 정치인의 행위

이 모든 일이 발생할 때 대체 대통령과 정부는 어디에 있었는가? 위기 시에 존재감을 드러낼수록 상황은 딱 그만큼 악화됐고 대통령의 말은 역효과만 났다. 주기적으로 루이지애나에서 사냥을 즐기느라 숱하게 위기를 겪는 동안 대통령은 거의 모습을 보이지 않았다. 루즈벨트는 정치가 금융 위기를 불러오지는 않았다고 주장했다. 그러면서 위기의 원흉은 주식 투기자라고 몰아세우며 이렇게 말했다. "주식 투기자는 미국 금융 체계를 망가뜨리는 데, 필요한 일이란 일은 모조리 하고 있다. 이들의 잘못된 행위에 대해 단호하게 대응하고 전체 국민의 이익에 그리고 선량한 시장 행위자의 이익에 도움이 되도록 잘못된 일을 바로잡는 일이 바로 정부가 할 일이다."[35]

이는 결코 도움 되는 말은 아니지만, 금융 위기의 역사를 들여다볼 때 숱하게 접하는 상투적인 변명이었다. 그리고 늘 그렇듯이 언론은 또 이 말을 부각시켰다. 조지 코텔유George B. Cortelyou 재무 장관은 루즈벨트 대통령에게 좀 더 타협적으로 나가라고 권했다. 각 은행이 뉴욕시 소재 은행에서 예금을 인출하는 사태가 벌어지자 모건은 1907년 10월 22일 화요일에 뉴욕에서 코텔유 재무 장관과 만났다.[36] 모건과 뉴욕 은행가는 이날 새벽 2시까지 만남을 이어 가면서 정부 기금을 뉴욕 소재 은행에 예치하겠다는 재무 장관의 확답을 받으려고 했다. 모건은 이 폭풍 같은 금융난을 타개할 가장 유능한 사람이자 사태를 진정시킬 유일한 존재였다. 사실상 모든 면에서 모건이 바로 정부였다. 즉 정부가 할 일을 모건이 대신했다. 모건의 확고한 지도력과 창의적 사고, 자금, 의지력이 아니었다면 공황 사태는 더욱 심각해졌을지 모른다. 대통령은 10월 24일에 코텔유 장관을 비롯해 '이번 위기 때 지혜와 공공심에 따라 행동했던 보수적인 실세 기업인'에게 축하 편지를 보냈다. 모건과 다른 은행가 등을 '악한 대부호'라고 비난한지 얼마 지나지 않은 시점이었다.[37] 이런 노골적 입장 변화는 속이 뻔히 들여다보이는 만큼 매우 비효율적인 태도였다.

중앙은행이 없었기 때문에 경제와 은행 그리고 여전히 금과 연동된 비탄력적인 통화 공급 수준을 관리할 주체도 없었다. 공황이 확산하고 파산하는 은행이 늘어감에 따라 가맹 은행의 자원을 하나로 묶어 어음 교환 증서를 발행하는 방식으로 최종 대출자 역할을 하는 어음 교환소의 임무가 더 중요해졌다.[38] 1907년 공황 때 NYCH가 그 임무를 수행하기 시작했다. 가맹 은행에 긴급 대출을 제공해 뉴욕 은행계 공황이 더 악화하는 사태를 막았다. 고튼과 엘리스 톨만Ellis Tallman이 함께 철저한 연구 조사를 토대로 집필한 저서 《금융 위기와의 싸움Fighting Financial Crises》에서 금 유입과 준비금, 유통 중인 NYCH 증서가 어떤 역할을 하는지 기술했다. NYCH의 긍정적 역할을 입증한 셈이었다.[39] 반면에 정부는 안정감이나 체계 유동성을 제공하는 역할을 전혀 하지 못했다. 누군가가 나서야 했다.

10월 말에 BOE는 할인율을 4.5퍼센트에서 5.5퍼센트로 인상했다. 금이 미국으로 유입되는 상황을 억제하려는 시도였다. 11월 4일에는 할인율이 1873년 이래로 최고점인 7퍼센트까지 치솟았다. 프랑스와 독일 중앙은행도 그 뒤를 따랐다.[40] 위기가 심화하자 모건은 의지력을 끌어 모아 다수 기업과 뉴욕증권거래소에 유동성을 불어넣고자 최선을 다했다. 자신의 사무실 안에 은행 관계자를 모아 놓고 애초 목적을 달성할 때까지 문을 닫아걸었다. 모건 사무실로 모인다는 사실 자체가 자금 지원 요구를 받아들여야 한다는 의미였다. 모건은 은행가를 독려해 신탁회사에 자금을 지원하게 했다. 더 나아가 마뜩잖아 하는 신탁회사 이사진을 움직여서 임시 어음 교환소와 비슷한 호혜적 기업 연합을 형성하게 했다. 점점 심화하는 공황이 극복 불가능한 수준으로 발전하지 않도록 또다시 뉴욕증권거래소 중개인에게 자금을 지원하도록 뉴욕 은행가를 설득했다. 채권을 판매할 수 없게 되자 JP모건컴퍼니J. P. Morgan & Co.를 통해 구제하는 방안을 고안했다. 모건은 이 사무실 모임에서 뉴욕시가 최대 5,000만 달러 규모의 채권을 발행하고 은행에서 3,000만 달러를 추가로 빌릴 수 있게 하는 내용의 '완벽한' 거래 약정서를 만들었다.[41]

모건은 1907년 11월에 증권 회사 무어앤드슈레이Moore & Schley를 구제할 방안을 마련했다. 테네시 석탄철강철도회사Tennessee Coal, Iron & Railroad Company를 인수하려는 자신의 계획을 받아들이도록 US스틸United States Steel Corporation을 설득하는 방안이었다. 이는 재정적으로나 반독점적 관점에서나 엄청난 반향을 일으키는 방안으로 루즈벨트 대통령의 승인이 필요했다. 대통령은 찰스 조지프 보나파르트Charles Joseph Bonaparte 법무 장관에게 보낸 서한에서 이렇게 말했다. "현 사태를 해결하기 위해 가장 애쓰는 뉴욕 은행가 집단이 이를 강력히 요청했다."[42] 대통령은 승인을 뒷받침해 줄 동력을 얻었고, 모건은 미국에서 더 나아가 전 세계에서 정부, 상업, 산업, 은행 등 다양한 부문의 이해관계를 조율해 건설적인 해법을 만들어 낼 수 있는 유일한 존재임을 증명했다. 즉 이런 일에 관한 한 모건만 한 인물이 없다는 사실을 입증했다. 금융 위기에서 모건은 그 어떤 정부 기관보다 효율적이고 단호하며 신속하게 행동했다.

모건이 뉴욕 시중 은행 더 나아가 뉴욕시 자체가 무너지는 최악의 상황은 막아냈으나 공황의 여파는 미국 전역에 미쳤다. 은행이 예금 인출을 중단했다. 이에 따라 현지 어음 교환소에 현금 대용으로 대출 증서 발행을 요청했다. 공황이 절정에 이르렀을 당시 2억 5,000만 달러(2020년에는 75억 달러) 상당의 어음 교환 증서를 발행했다. 이는 총 통화 유통량의 14퍼센트에 해당하는 수준이었다.[43] 통화와 정화를 둘러싼 지속적인 화폐 전쟁이야말로 당시 해결을 끝냈어야 할 문제였고 결국 이를 해결하지 못한 탓에 상황이 더 악화됐다.[44] 공황 때문에 예금이 3억 5,000만 달러 이상 인출됐고 개인 금고와 침대 밑에 보관 중인 현금이 3억 달러가 넘었다.[45] 이런 식의 돈의 흐름은 금융 체계가 엄청난 속도로 망가지고 있다는 신호였다. 재무부는 현금을 국법은행에 이체할 수 있었지만, 가능한 금액이 고작 500만 달러 정도였다. 이 정도로는 대응책으로써의 효율성이 급격히 떨어졌고 당국이 휴무를 선언하거나 은행이 예금의 인출 한도를 정할 수 있게 하는 상황이 됐다. 부분적으로 이런 제한 때문에 국법은행 6,412곳 중 단 6곳만 파산했다.[46]

1907년에 파산이 급증하면서 상품 가격, 산업 생산, 수입량 등이 전부 하락하거나 감소했다.[47] 12월에는 실업률이 8퍼센트까지 치솟으면서 철도주 이익도 6퍼센트 감소했다.[48] 1906년 9월부터 1907년 11월 사이에 미국 내 상장 주식 가치가 37퍼센트 하락했다.[49] 1907년 10월과 11월 사이에 적어도 은행 25개와 신탁회사 17개가 파산했다. 1908년이 되자 은행의 지급 정지가 풀리고 성장에 대한 기대와 자신감이 회복되면서 공황이라는 짙은 안개가 서서히 걷히기 시작했다. 그리고 1909년 말이 되자 주식 시장이 공황 이전 수준으로 되돌아갔다.[50]

의회는 안정성을 추구한다

1908년에 전년도에 발생한 공황 사태에 대응하는 조치로써 의회는 은행 준비금을 토대로 통화를 발행하게 하는 올드리치-브리랜드법Aldrich-Vreeland Act을 통과시키려 했다. 이른바 소 잃고 외양간을 고치려고 했다. 그리고 국가통화위원회도 설립해 미국 금융 체계를 연구하려고도 했다. 이 위원회가 1911년 1월에 발표한 최종 보고서에서는 비탄력적인 통화로 인한 비효율적 은행 체계를 공황의 원인으로 지목하고 위기 시 은행 간 협력을 목적으로 전미준비금협회의 설립을 권고했다. 올드리치 계획에 따라 연준 설립에 관한 법안이 제안됐다.[51] 이 법안의 '대리' 입안자이자 내셔널시티은행National City Bank의 은행장 프랭크 밴더립Frank Vanderlip이 법안 통과를 목적으로 적극적인 로비를 벌였다. "전 세계는 우리가 최악의 금융 체계를 유지하고 있다는 데 의견의 일치를 보고 있다. 그래서 우리가 국제적인 골칫거리처럼 됐다."[52] 1907년 공황으로 은행가를 포함한 모두가 금융 개혁이 필요하다는 부분에서 공감대가 형성됐다.[53] 그러나 1909년 8월에 다우지수가 또 다시 100이 됐다.

한 세기에 걸친 경제 혼란기 이후 의회는 금융 공황을 영구적으로 종식시키기로 했다.[54] 이에 따라 1921년에 당시 허버트 후버Herbert Hoover 상무 장관은 임무를 완수했다고 발표했다. 구체적으로 말하자면 1913년 12월에 연준을 설립하면서 은행 공황이 사라졌다. 당시 대다수 정치인과 기업인 사이에서는 이런 희망적 분위기가 고조됐고, 앞으로 금융 공황은 결단코 다시는 발생하지 않을 거라고 생각하는 사람들까지 있었다.[55] 이로써 현대적 통화 및 경제에 대한 통제 그리고 규제적 감시의 시대가 열렸다. 1920년대는 연준의 효용성을 검증하는 첫 시험대다. 그런데 연준은 잘못된 이유를 근거로 행동했거나 꼭 나서야 할 때 행동하지 않거나 또 대응이 너무 늦어서 유의미한 긍정적 역할을 하지 못했다는 평가가 많았다.[56]

Part 4

규제 시대
더 심각한 공황

200 YEARS OF
AMERICAN FINANCIAL PANICS

Chapter 7

금융 대격전
1929년

일단 연준이 설립되고 나자 더 효율적으로 경제 건전성과 안정성을 유지하겠다는 기대감과 함께 정부가 더 엄격히 경제를 관리하는 새로운 시대가 시작됐다. 그 이전까지 정부는 경제난이 발생할 잠재적 원인이 있을 때도 그저 관심 있는 관찰자로서 침묵을 유지하거나 정치적 목적에만 매달려 상황을 더 악화시켰다. 아니면 너무도 비효율적으로, 너무도 잘못된 방향으로 행동했다. 경제와 금융 기관을 규제하는 데 필요한 자원과 정보가 없으면 정부는 그저 해결책을 추측만 할 수 있을 뿐이다. 그리고 정치는 그런 추측에 아주 쉽게 영향을 미친다. 자금과 인력, 투자 기회와 신용 한도를 구하는 개발도상국 쪽으로 이런 자원이 이동할수록 정부는 결국 잘못된 이유로 잘못된 시점에 잘못된 행동으로 영향을 미치게 됐다. 이 영향이 시장을 너무 빈번하게 왜곡했고 시장이 대처하려 했던 불안 요인을 오히려 부채질하는 결과를 낳았다. 한편, 정부 감시가 강화된 새로운 시대가 열리면서 실책으로 가득했던 과거의 판을 깔끔하게 정리하고 새로운 원칙과 목표를 다시 세울 기회가 생겼다. 근 100여 년이 지난 후인 지금도 그 노력을 계속하고 있다.

JP모건이 국가적 위기를 해결하고자 뉴욕 주요 시중 은행 임원을 자신의 사무실에 소집했던 날로부터 2년이 지난 1929년 10월 24일에 체이스 국법은행, 내셔널 시티은행, 뱅커스Bankers신탁회사, 게런티Guaranty신탁회사의 경영진들이 뉴욕증권거래소 맞은편에 자리한 JP모건컴퍼니 사무실에 모였다. 모건은 16년 전인 1913년에 세상을 떠났지만, 이때 모인 은행가들은 모건의 정신을 본받아 시장이 겪고 있는 금융 대란을 멈출 기발한 방안을 찾아낼 수 있기를 바랐다.[1] 이는 연준 설립을 통해 정부의 관리·감독이 강화된 새로운 시대가 풀어야 할 첫 번째 도전 과제였다. 1929년 10월에 이들 다섯 명이 JP모건컴퍼니 사무실에서 만났다는 사실은 시장에서 희소식으로 받아들였다. 그러나 그 효과가 오래 지속되지는 않는다.

이번 위기가 얼마나 엄청난지는 아무리 강조해도 지나치지 않다. 다우지수는 1932년 7월 8일에 41로 최저점을 기록했다. 1929년 9월 3일에 기록한 고점 381에서 90퍼센트나 하락한 수치였다. 다우지수는 25년 후인 1954년까지 381을 회복하지 못했다. 이번 공황은 재정적으로나 심리적으로 미국 경제 그리고 1억 2,200만 미국인이 견뎌야 했던 가장 파괴적인 타격일 것이다. 그때까지 겪은 모든 금융 위기는 그 후로 전개될 사태를 위한 총연습인 셈이었다. 이는 미국 금융 역사에서 기억에 남을 결정적 순간이었고 지금도 마찬가지다.

대공황의 원인

만연한 주식 시장 투기와 무분별한 금융 행동이 극에 달했고 금융 거품이 팽창하는 상황을 감시 혹은 제한하거나 재앙적 디플레이션을 억제하는 당국의 손길은 어디에도 없었다. 사람들과 시장의 행동은 자연히 자신 앞에 놓인 재정적 보상을 거둬들이는 데 초점이 맞춰졌지만, 이번에는 그 몫이 더 컸고 정부는 무엇을 어찌할지 몰라 우왕좌왕했다. 수많은 역사가와 경제학자는 잘못된 금리 조작과 전반적인 무대책 혹은 부작위를 이유로 연준에 책임을 돌렸다. 연준은 대공황의 주범은 분명 아니었지만, 이 최악의 위기를 만드는 데 중요한 역할을 했다. 연준이 내린 경제적 결정이 상당 부분 정치적 이념과 개인적 관계에 토대를 둔 측면이 강하다는 점에 특히 주목한다. 몇몇 외국 중앙은행 또한 대공황에 일정한 역할을 했다는 데는 의심의 여지가 별로 없어 보인다. 그런데 화자가 누구이냐에 따라 누가 얼마나 많은 책임이 있느냐가 달라진다. 공정을 기하는 차원에서 연준의 입장도 고려하자면 워싱턴 정가에서 일어나는 일이 대부분 그렇듯이 연준은 어설프고 비효율적인 조직 구조에 기인한 정치적 타협의 산물이었다는 점을 지적해야 할 듯하다. 대공황 이전의 압력과 한계 상황을 고려할 때 의회도 금융 현실보다 정치를 중시하는 매우 비효율적인 태도를 유지했다는 비난을 받아 마땅하다. 정치적 타협으로 경제적 해법을 망가뜨린 사례가 이번이 처음은 아니다. 2005년에 경제학자 팀버레이크는 "오늘날의 거의 모든 경제학자가 자본주의 자유 시장 경제 자체가 대공황을 유발했다는 주장에 동의하지 않는다"라고 지적했다. 원인은 정부 및 연준 조치를 포함한 '인위적인' 데 있다는 의미이다.[2]

존 케네스 갤브레이스John Kenneth Galbraith는 대공황의 기본 특성을 다섯 가지로 본다. 첫째, 전체 인구의 5퍼센트가 총 개인 소득의 3분의 1을 차지할 정도로 소득 분배가 전에 없이 심각하게 왜곡됐다. 이에 따라 경제가 투자 혹은 사치품 소비에 크게 의존하게 됐다. 흥미롭게도 당시 미국 경제는 2020년 소득 분배 패턴과 매우 흡사했다. 둘째, 지주회사와 투자 신탁이 폭발적으로 증가하면서 '선동꾼, 사기꾼, 협잡꾼, 모리배'가 판치는 새로운 세상이 펼쳐졌다. 이런 세상에서는 영업회사 지주 회사와는 달리 실제 영업 행위를 하는 기업-옮긴이가 벌어들인 수익을 지주회사의 부채를 상환하는 데 사용할 때가 종종 있다. 셋째, 은행가 역시 과열된 경제 상황에 부화뇌동한 과실은 있을지언정 특별히 공황을 유발한 요인으로서 과한 비난을 받을 이유는 없다고 생각했다. 넷째, 전후 심각한 무역 불균형이 있었다. 수출이 수입을 초과하고 그 차액은 미국에 금의 형태로 지급되는 현금과 외국에 제공되는 차관으로 메워졌다. 이로써 미국의 경제적 지위에 근본적인 변화가 생긴다. 마지막으로, 당시에는 경제에 대한 무지가 만연돼 있었으며 대다수 조언이 잘못된 것이었다고 보인다.[3]

역사를 들여다보면 다양한 경제적, 행동적, 규제적 요인과 극단적 신뢰 상실이 대공황에 기여하며 경제 붕괴를 초래했다는 분석이 가능하다. 증거금 대출주식담보대출이라고도 함-옮긴이이 주식 시장 과열의 한 요인이었지만, 경제학자 진 스마일리Gene Smiley는 증거금 대출은 이미 오랜 역사를 지니고 있다고 말한다. 실제로 1928년에는 매수 가격 대비 상환 비율을 더 높임으로써 증거금 대출 기반을 더 강화했다.[4] 다른 경제학자는 무역 정책과 국제 무역의 붕괴가 문제라고 지적한다. 스무트-홀리 관세법Smoot-Hawley Tariff, 1930이 수입품 비용을 극적으로 높이며 무역 전쟁을 촉발했다고 본다. 스무트-홀리 관세법은 자국 기업을 보호한다는 목적으로 통과됐는데 일부 전문가는 관세가 대공황을 초래했다는 주장에 동의하지 않는다. 총 수출이 국내총생산GDP: Gross Domestic Product의 2~3퍼센트에 불과할 정도로 여전히 무역이 미국 경제에서 차지하는 비중이 상대적으로 낮기 때문이다. 관세는 분명히 이 상황에 도움이 되지는 않았다. 그렇다고 이를 대공황의 원인으로 보기는 어렵다.[5]

일부는 필연적인 자본주의의 실패, 광풍의 원인을 1920년대의 경기 호황, 상품과 건축물의 생산 과잉, 금융 투기, 편향된 소득 및 부의 분배 패턴 등에서 찾는다.[6] 경제학자 밀턴 프리드먼Milton Friedman과 안나 슈워츠Anna Schwartz는 은행계 공황으로 통화량이 감소하고 제품과 서비스에 대한 지출이 줄어들면서 채무 불이행과 전반적 파산 급증, 은행 파산으로 이어지는 경기 주기를 촉발했다고 주장한다.[7] 세인트루이스 연준은행 소속의 한 경제학자는 잘못된 정부 정책에 비난의 화살을 돌린다. 연준의 금리 정책은 이와는 무관하다고 본다. 연준의 잘못은 은행에 휘둘리지 않은 행동 그 하나뿐이라고 주장한다. 은행이 고객의 예금 인출 요구에 응할 수 있을 정도로 준비금을 충분히 비축했다면 통화량이 감소하지 않을 테고 경제가 급격하게 수축하는 일 또한 없기 때문이다.[8]

수많은 전문가가 대공황을 분석한 결과를 토대로 역사가와 경제학자가 대공황의 원인을 다음과 같이 정리했다. (1) 관세와 무역 전쟁 (2) 연준의 금리 정책 (3) 시장에서의 과도한 위험 감수 (4) 증거금을 이용한 주식 신용 매수 (5) 은행과 기타 금융 기관의 주식 매수용 가용 신용 수준 (6) 투자 신탁 (7) 전후 국가 및 세계 경제 상황 변화 (8) 은행과 산업 기업 간의 연관 관계 (9) 은행의 불충분한 지급 준비금 (10) 유럽 중앙은행의 행위 (11) 주가 조작 (12) 금융 부문에 대한 몰이해 혹은 금융 지식 부족 (13) 증권 회사의 급증 (14) 국제 무역 패턴 (15) 금본위제 및 금에 대한 의존도 등이다. 이번 위기와 관련해 특히 중요한 역할을 했던 주요 요인이 몇 가지 있다.

당시 가장 파괴적인 경제적 요소는 증거금이나 차입 매수로 대표되는, 한층 강화된 시장에서의 과도한 위험 감수였다. 수많은 개별 소비자가 주식 시장에 뛰어들어 과도한 위험 감수 대열에 합류한 예는 이번이 처음이었다. 이 때문에 투자 신탁이 급증하고 주식 시장이 엄청나게 성장했다. 이와 동시에 금융계에 대한 정부의 부실한 감독 때문에 손실이 증가했다. 연준의 금리 정책과 이후 주식 시장에 미칠 부정적 영향을 우려해 포기하기는 했으나 특히 유럽 지원을 목적으로 하는 한 그 정책은 대공황의 지속 기간을 늘리고 심각성을 키우는 데 크게 기여했다. 세인트루이스 연준은행의 분석으로는 연준이 취한 조치, 특히 1930년부터 1933년까지 통화량이 감소하고, 물가가 하락하기 시작하고, 부채 부담과 실업 그리고 파산이 증가할 때 연준이 보인 대응이 대공황에 영향을 미쳤다고 본다.

연준은 은행계의 붕괴를 막거나 본원 통화 팽창으로 이 붕괴를 저지해 디플레이션을 방지할 수도 있었다. 그러나 몇 가지 이유로 그렇게 하지 못했다. 뜻하지 않게 유례없는 수준의 경제 붕괴가 발생했다. 의사 결정자로서는 잘잘못을 파악할 효과적인 기제가 없었고 경제 문제를 해결하는 데 필요한 조치를 취할 권한이 없었다. 일부 의사 결정자는 실질 가치에 치중하는 기본 철학 때문에 명목 금리 등 경제 상태에 관한 신호를 잘못 해석했다. 또 문제 있는 은행을 지원하기보다 금리 인상과 통화량 및 신용 축소로 금본위제를 방어하는 편이 경제에 훨씬 도움이 된다고 믿는 사람도 있었다.[9]

두 번째 요인은 정부가 파괴적인 방식으로 관세를 이용한 부분이었다. 표면상으로는 미국 기업 보호가 목적이었겠지만, 의도치 않게 오히려 기업을 망치고 산업 기반을 흔드는 결과를 낳는다. 그러므로 정부야말로 대공황을 촉발한 주요 인자로 보인다. 정부가 원인이 아니라고 생각한다면 이런 질문을 던져 보자. 만약 연준이 없었거나 정부 개입이 없었다면 상황이 달라졌을지 한번 생각해 보라. 뭐가 달라졌을까? 경제 역사가 칼로미리스는 규제 체계가 일단 마련되면 시장 작동을 왜곡하는 기대감이 생성된다고 말한다.[10] 그렇다면 연준이 그런 식으로 금리에 영향을 미치지 않았다면 대공황이 그렇게 극심하지도 그렇게 오래 지속되지도 않았을 거라는 추론이 가능하다. 물론 이와 같은 질문은 현 시점에서는 해답을 얻기 어렵다. 그러나 더 충실한 자료와 표적 행동에 기초한 더 나은 규제 체계가 존재했다면 대공황의 강도는 현저히 낮아지고 기간도 단축되거나 아예 공황을 피했을지도 모른다는 가정은 해 볼 수 있다.

예를 들어 연준이 좀 더 포괄적인 규제 권한을 확보했고 세계 거시 경제 환경에서 은행의 재무 상태를 들여다볼 좀 더 신뢰할 만한 자료를 기반으로 했다면 특정한 금융 성과 그리고 점점 증가하는 투자, 차입, 고용, 금리, 관세 추세에 대한 반응을 좀 더 명확하게 예측할 수 있었을 것이다. 적어도 이렇게 했다면 전과 똑같은 실수를 반복했으리라 보기는 어렵다.

대공황으로 정부의 역할 그리고 정부의 개입 혹은 비개입이 이런 경제 위기 생성에 얼마나 결정적인 역할을 하는지에 관해 처음으로 의미 있는 논쟁이 벌어졌다. 애미티 슐래스Amity Shlaes는 자신의 저서《잊힌 사람The Forgotten Man》에서 정부 개입과 시장에 대한 신뢰 상실이 이 금융난의 주된 원인이라고 결론 내렸다. 신생 조직인 연준이 제대로 대처하지 못한 문제, 관세의 역할, 농업 경제에서 산업 경제로 전환된 영향 등을 언급한다. 그러나 슐래스는 임금 인하를 원할 때 임금을 인상하고, 세금을 올리고, 스무트-홀리 관세법에 따른 관세를 적용하고, 경제적 안정은 군대식의 강압성에 의해 성취된다는 사고방식에 따라 시장을 왜곡하는 후버와 루즈벨트 정부가 가장 큰 문제라고 본다. 이런 요인 전부가 대공황 기간을 늘리는 역할을 했다.[11] 규제 이전 시대의 저자이자 역사학자 로버트 맥켈베인Robert S. McElvaine은 슐래스를 두고 정부 규제에 대한 반대 입장을 고수하다 판단력이 흐려졌다고 평가하며 '거듭난 반사회적 진화론자의 재림'이라며 비아냥댔다. 맥켈베인은 '18세기 때 이론을 20세기 현실에 적용하려 한 무모함'이 대공황의 주요인이라고 주장한다.[12] 이 주장이 옳을지도 모른다. 그러나 금융 기관과 경제에 첨단 기술과 자료를 효과적으로 사용하지 못하는 한 시대착오적인 대책을 들이대는 실수는 과거에 그랬듯이 앞으로도 계속 반복될 수밖에 없다.

정부는 항상 지나간 위기의 원인을 찾는 데 몰두한다. 그러나 과거에 발생한 위기가 언제나 똑같은 모습으로 재현되지는 않는다. 따라서 과거 위기 때 사용한 도구를 현재 혹은 미래 위기에 사용하려는 시도는 의미가 없다. 슐래스와 맥켈베인이 신봉하는 학문적 및 과학적 이론은 재정적 실용성과 현실 모두를 반영한다. 그러나 이들 이론은 상당히 표면적이고 사상 최대 금융 대란이 발생한지 한참 후에 경제적 관점에서 재구성한 측면이 강하다. 안타깝게도 역사를 들여다보면 우리 대다수가 정부 개입이 과도해서가 아니라 개입이 너무 없어서 문제였다는 인상을 받는다.

대공황은 정부가 이 금융 대란을 일으키는 데 열성적으로 참여한 시민에게 철퇴를 내리며 엄청난 좌절감을 안긴 사례라 하겠다. 경제가 극한의 호황을 누릴 때 금융 위기의 영향을 누그러뜨리거나 막아 낼 안전성 및 건전성 규제책이 존재하지 않았고 정부는 시의적절하게 안전망을 배치하지 않았다.

전개 과정

앤드루 잭슨 대통령이 1832년에 제2BUS 설립을 반대하면서 미국 중앙은행 체계는 사라졌다. 공황과 금융 혼란이 19세기 내내 계속됐지만, 주로 정치적인 이유로 체계 변화가 이뤄지지 않았다. 1907년 공황 이후 정책 입안자는 계속해서 성장하며 점점 복잡해지는 경제 구조에서 발생하는 금융 위기를 억제하거나 막아내는 정부의 힘에 한계가 있음을 깨달았다. 정부의 '위기 대응책'은 존재하지 않았고 그나마 정부 개입은 신뢰성이 떨어지고 미숙하며 부분적이고 부적절했다.[13] BOE와 같은 최종 대출자가 없으며 경제 위기 시 시장에 대한 신뢰를 재구축할 방법이 없다. 정책 입안자는 그런 경제 구조는 극복 불가능한 위험에 노출된다는 사실을 깨닫게 됐다.

연방준비제도의 등장

경제적 안정성에 대한 필요 때문에 연방준비제도가 설립됐다. 그러나 이는 정치적 투쟁이 없이는 불가능한 일이었다. 요컨대 연준 설립은 정치적 투쟁의 산물이었다. 동부 지역 공화당 쪽 은행가와 지방 민주당 인사 간에 중앙은행 체계를 통한 신용 흐름의 통제 문제를 놓고 치열한 공방이 벌어졌다.[14] 대도시 은행과 핵심 지역의 중추 기업에 자금 및 통화 관리 권한을 부여해야 하는가? 이는 가장 핵심적인 질문이다. 궁극적으로 연방준비제도는 다수 연준은행과 해당 은행이 속한 지역 간 타협의 산물이었다.[15] 의회는 다소 느슨한 혼합 조직 구조를 만들고 단일한 정당이나 연립 정파가 독점적으로 연준을 통제하지 못하게 하는 내용을 골자로 한 연방준비법Federal Reserve Act에 서명했다. 여기서 그 어떤 정당이나 정파도 원하던 바를 100퍼센트 취하지는 못했다.[16] 이런 타협은 사회적 및 기타 비금융적 쟁점을 해결하는 데 효과적일뿐 경제적 현실과 정치적 편의를 구별하는 일은 장기적으로 거의 효과가 없다. 이미 살펴봤듯이 실제로는 오히려 역효과가 날 때가 종종 있다. 연방준비법의 목적은 가장 신뢰할 만한 통화 유형과 관련해 한 세기 동안 계속되는 혼란과 붕괴 사태를 해결하고 경제 규모에 맞춰 조정 가능한 탄력적 통화를 창출하는 일이다.

놀랄 일도 아니지만 연준도 초기에는 주기적으로 수정하고 각자 입맛에 맞게 뜯어고치려는 수많은 의원의 욕구와 타협하느라 고군분투했다. 연준은 본래 탈중앙화 구조체였다. 각 은행은 소속 지역에 고유한 통화 정책을 수립했다. 따라서 전국적 통화 정책 수립이 어렵다. 이 법을 주기적으로 수정하다 보니 정치적 및 경제적 불확실성이 가중돼 연준의 효용성에 악영향을 미쳤다.[17] 할인율, 공개 시장 운영, 이런 은행 체계에 대한 통제 그리고 어느 은행을 우선순위에 두느냐를 두고 논쟁이 벌어졌다.[18]

제1차 세계대전 이후 경제가 호황을 누리던 1920년대에 연준은 첫 시험대에 올랐다. 그러나 별로 성공적이지는 않았다. 당시 연준은 정치적 및 경제적 충격을 피하려 애쓰는 비효율적인 정부 기관이라는 평가를 받았다. 연준은 크게 두 가지 문제로 비난을 받았다. 하나는 전국적으로 통일된 표준 통화 정책이 없다는 점이고 또 하나는 대출 창구 역할을 한다는 외에 최종 대출자로 기능할 역량이 부족하다는 점이었다.[19] 후버마저도 자신의 회고록에서 '연준은 국가가 어려울 때 기대기에는 너무 약한 갈대'라고 언급했다.[20] 연준의 선의가 정치적 및 재정적 현실에 막힐 때가 종종 있다. 결국 아무 일도 안 하는 것보다 비효율적인 정부 감시 체계를 작동하는 것이 더 위험하다. 즉 비효율적인 체계를 가동하는 일은 안 하느니만 못하다. 적어도 사람들이 아무런 대책도 안전망도 없다는 사실을 알면 최선을 다하려는 노력이라도 하니 말이다.

전후 미국의 경제 팽창: 1918~1928년

1913년에 미국의 일인당 GNP는 유럽 평균 GNP의 5배였다.[21] 미국 달러화와 영국 파운드화는 여전히 금본위제에 기초한 상태로서 지폐와 금 사이의 환율이 고정돼 있었다. 이는 재무부가 시중에 유통되는 달러만큼 금을 보유하고 있어야 한다는 의미였다. 그러나 전쟁 때문에 정부가 생산을 통제하고 자유 무역 대신 관세를 적용하면서 경제가 왜곡됐다.[22] 제1차세계대전 이후 미국은 예측 가능한 미래에 경제적으로 세계를 지배하기에 가장 유리한 위치에 있었다. 유럽은 국경 변화를 포함한 지리학상의 변화를 겪었고 이런 변화가 무역 패턴에 영향을 미쳤다. 영국은 미국에 37억 달러의 부채를 지고 있었다. 동맹국이 미국에 진 총부채 규모가 무려 115억 달러였다. 전후 유럽은 경기 회복세가 더뎠다. 부분적으로는 미국이 유럽 재건보다는 중남미 쪽 투자에 치중했기 때문이다.[23] 미국은 인구가 많았고 영토가 넓었으며 교통 체계도 계속 발전 중이었다. 또 정치적 안정, 표면적으로 무한해 보이는 풍부한 원료와 천연자원, 통화와 신용을 창출하는 금융 기관 증가 등도 경제 성장에 긍정적인 영향을 미쳤다. 또 정부는 경제적 사안에 개입하지 않으려 했다. 즉 거의 방임주의에 가까운 정부였다.

전 세계 경제가 평시 환경으로 전환됨에 따라 1919년 11월에 연준은 할인율을 인상하기 시작했다. 꽤나 설득력 있는 이유를 근거로 경제 성장 속도를 조절하려는 목적에서였다. 그리고 금리가 상승하는 만큼 다우지수가 하락하는 경향이 나타났다.[24] 일부 경제학자는 급속한 금리 인상이 경제에 해가 될 가능성이 있다고 생각한다. 일리가 있어 보인다. 그러나 연준은 금리 인상을 경기 하락의 직접적인 원인으로 보고 후속 조치가 필요하다고 결론 내린 듯하다.[25] 그래서 1921년 5월에 금리를 인하하기 시작했고 1922년 6월에 할인율이 다시 한번 4퍼센트로 하락했다. 불과 30개월 만에 누적 금리 변동폭이 6퍼센트(3퍼센트 상승, 3퍼센트 하락)나 됐다. 금리가 하락하자 다우지수가 큰 폭으로 상승했다. 금리가 오르면 경기가 나빠진다는 속설을 입증하는 결과였다. 연준은 5년 넘게 금리를 다시 인상하지 않았다. 몇몇 전문가는 '1921년부터 1929년까지 연준은 중대한 죄를 저질렀고 그렇게 미국의 신용과 통화량을 관리할 책임을 저버렸다'고 생각했다.[26]

미국 경제는 연평균 5퍼센트 성장률을 기록했고 1915년부터 1925

년까지 자동차 생산량이 3배나 증가했다. 경제가 과열되자 주식 시장도 과열됐다.[27] 그러자 처음으로 시장 본연의 진면목을 보이며 금융 자본가와 일반 투자자 모두를 끌어들였다. 일반 시민 투자자가 시장에 몰리면서 자본이 늘었고 재무, 증권, 제조, 소비자가 새로운 방식으로 서로 연계되면서 상호 연관적인 경제 속성이 더욱 강화됐다. 경제가 팽창했고 상호 연관성이 높아진 경제는 호황기에는 팽창을 가속화하고 불황기에는 붕괴의 파괴력을 높인다. 1922년부터 1929년까지 8년 동안 주식 시장은 매년 성장했다. 미국 정치인과 경제학자가 처음 경험한 성장세였다. 경제 성장세는 이들이 감당하기 버거운 수준이었고 채택한 정책도 부적절했다. 심지어 상황을 더 악화시킨 사람도 있었다. 전후에 인위적인 국가 간 무역 조작, 즉 관세를 활용해 자국 경제를 보호하려 한 국가가 증가했고 미국도 이런 흐름에 가세했다.[28] 포드니-맥컴버 관세법Fordney-McCumber Tariff을 제정해 미국 제품이 값싼 수입품과 경쟁하는 일이 없도록 했다.[29]

경제가 성장하면 더 참신한 새로운 투자 상품이 등장한다. 투자 신탁은 단일 대기업에서 투자 주식을 하나로 묶은 다음 오늘날의 뮤추얼펀드와 매우 유사한 방식으로 투자 상품을 관리했다. 그러나 규제는 받지 않았다. 1921년 전에 미국에는 이런 투자 신탁이 약 40개였다. 1928년에는 투자 신탁 186개가 신설됐고 1929년이 되자 다양한 금융 서비스 회사가 매일 한 개씩 생길 정도였다.[30] 1929년에 투자 펀드가 40억 달러 상당의 증권을 발행했다. 이는 그해에 조달한 총 신규 자본의 3분의 1에 해당하는 수준이었다.[31] 펀드 관리자는 증권 거래 및 관리 명목으로 다양한 수수료를 받아 챙기며 상당한 수익을 올렸다. 투자 신탁은 소액 투자도 받았다. 따라서 평범한 일반인도 주식 시장 호황기에 투자 대열에 참여할 기회를 얻었다. 그러나 투자 신탁이 자금을 융통하는 방식으로 차입 운용 비중을 높이면서 문제가 생겼다. 예를 들어 일반 투자자가 투자 신탁에 1달러를 투자했고 이 투자 신탁이 1달러짜리 주식을 몇 주 매수했는데 이후 이 주식이 2달러가 됐다면 투자자의 수익률은 100퍼센트가 되는 셈이다. 이 투자 신탁이 3달러를 더 빌려서 4달러짜리 주식을 매수했는데 이후 주가가 8달러가 됐다면 투자자의 수익률은 800퍼센트가 된다. 한편 이와 같은 차입(신용) 투자 시에는 가격 하락에 따른 위험 수준이 상당히 높아진다. 주가가 하락해 4달러짜리가 2달러가 된다면 차입한 3달러보다 주식 가치가 낮아지게 되는 셈이다.

경고 신호

1925년부터 1929년까지 미국 제조업이 14퍼센트 성장했고 자동차 생산량도 30퍼센트 이상 증가했다.[32] 건전한 투자보다 투기가 기승을 부리고 아무도 이 기회를 놓치고 싶어 하지 않으면서 주가는 계속 상승했다. 은행은 대출을 남발하며 주식 투기를 더욱 부추겼고 적절한 규제 장치가 없는 시장에 투자가 집중됐다. 은행은 연준에서 5퍼센트 금리로 자금을 빌려 '중개인 단기 자금 시장Broker Call Market'에서 12퍼센트 금리로 재대출할 수 있었다. 이에 따라 1928년에 대출 규모가 20억 달러에서 60억 달러로 증가했다.[33]

기업도 수익성이 좋다는 이유로 자금을 융통해 주식을 매수하기 시작했다. 1929년에 뉴저지 스탠더드오일은 단기 자금 시장에서 9,780만 달러를 투자해 490만 달러를 벌어들였다.[34] 증거금으로 주식을 신용 매수하는 사례도 급증했다. 중개업소가 우후죽순처럼 생겨났고 심지어 유람선에도 간이 중개소를 설립할 정도였다.[35] 1925년부터 1929년 사이에 주식 중개업소 수가 700개에서 1,600개로 증가했다.[36] 적절한 억제 요인이 전혀 없는 상태에서 주식 시장 거품이 계속 불어나자 실질 기업 가치를 훨씬 넘어서는 수준으로 주가가 상승했다. 국제수취 International Acceptance 은행의 폴 워버그 Paul M. Warburg는 1929년 3월에 '억제되지 않는 투기'가 전반적 불황을 초래하리라고 예측했다.[37]

미국 전체 인구의 5퍼센트가 국민 총소득의 3분의 1을 차지할 정도로 '호황의 이득'이 균형적으로 분배되지 않았다. 부유층의 지출이 경제 전체를 주도하다시피 했다.[38] 상업용 및 주거용 건축물 담보 대출도 기존 수준의 거의 3배로 증가했다.[39] 워싱턴 정가는 건전한 경제 및 사회 제도의 기본 토대로서 주택 소유를 늘려야 한다고 주장하기 시작했다.[40] 주택 경기 부양을 목적으로 세법이 변경됐으며 이를 통한 건설 규모가 미국 내 신규 주택 건설의 약 20퍼센트에 해당한다고 추산한다.[41] 상업용 건물의 과잉 건설 또한 우려되는 요인이었다. 1925년부터 1932년 사이에 맨해튼, 시카고, 샌디에이고, 미니애폴리스 등지의 사무 공간이 74퍼센트 이상 증가했다. 이 기간에 뉴욕 크라이슬러, 엠파이어스테이트, RCA 빌딩, 시카고 머천다이즈마트, 리글리빌딩, 트리뷴 타워, 필라델피아의 PSFS 같은 건물 등이 생겼다.[42] 부동산 거품은 늘 모든 위기의 토대였다. 이 사실을 모르는 사람이 없다. 그런데도 현실을 직시하거나 다가올 재난을 막으려는 사람이 여전히 없다. 1920년에 그랬듯이 1928년에 미국 실업률은 여전히 4퍼센트에 불과했다.[43]

투자 신탁의 수는 계속 증가했고 주가 조작 관행도 여전했다. 언론인은 일정한 수수료 수입을 노리고 특정 증권을 선전하는 일이 종종 있었다. 어느 모로 보나 이런 관행에 불법적인 요소는 없었다. 그러나 일단 이런 관행에 균열이 생기기 시작하면 시장에 대한 신뢰와 투명성이 훼손된다. 이런 경제 거품 때문에 시장에서는 은행이 더는 주식 매수에 사용하는 중개인 대출(브로커론) 혹은 콜머니Call Money 제공자가 아니었다. 이런 추세는 20세기 내내 지속된다. 다른 금융 기관이 훨씬 더 중요한 역할을 담당하기 시작하고 비은행 부문이 번성했기 때문이다.

중앙 은행가의 역할: 1924~1929년

미국, 영국, 프랑스, 독일 중앙 은행가가 각 소속 국가의 경제 전반을 관리 · 감독하려면 또 다른 상황을 고려할 필요가 있었다. 영국은 전쟁 기간에 불가피하게 포기했던 금본위제로 회귀하려는 의지가 강했다. 이 목적을 달성하자면 금을 다시 런던으로 가져와야 한다. 즉 금의 런던 유입이 이뤄져야 한다. 리아콰트 아메드는 자신의 저서《금융의 제왕》에서 이런 부분을 언급했다. 몬태규 노먼Montagu Norman BOE 총재는 이 일을 해내고자 자신의 절친한 친구인 벤저민 스트롱Benjamin Strong 뉴욕 연준은행 총재와 만나 미국의 할인율 인하 문제를 논의했다고 한다. 스트롱은 모건이 관리했던 뱅커스신탁회사에서 근무하기도 했었다. 또 스트롱은 프랑스 중앙은행장 에밀 모로Emile Moreau와 독일 중앙은행장 할마르 샤흐트Hjalmar Schacht와도 친분이 두터워졌다. 그러나 노먼과는 같이 휴가를 떠날 정도로 특히 친했다. 그래서 스트롱은 할인율을 낮춰달라는 노먼의 요청을 뿌리치지 못했다.

결국 1924년 5월과 8월 사이에 연준은 할인율을 3퍼센트로 인하했다. 1925년 5월에 영국은 금본위제법Gold Standard Act을 제정하면서 금본위제로 회귀했다. 연준은 몇 년 후 영국 경제의 활성화를 뒷받침하는 차원에서 다시 금리를 인하했다. 그리고 그때마다 영국 경제 호황이 미국 경제에도 긍정적으로 작용했다고 주장한다. 연준이 금리를 인하할 때마다 금융 비용이 낮아지고 주식 수익률이 좀 더 상승하므로 주가 반등이 나타났다. 다우지수는 2년 동안 64퍼센트 상승하며 1925년 한 해 장을 마감했다.[44] 금리와 다우지수 간의 연계성이 형성됐고 이런 사실이 이 기간에 그리고 영구적으로 연준에 영향을 미친다고 주장하는 사람도 있다.

1927년에 유럽의 경제 성장 둔화와 함께 다시 금 공급량이 감소했고 노먼도 스트롱에게 다시 할인율 인하를 요청했다. 아돌프 밀러Adolf Miller 연준 이사가 반대 의사를 밝혔고 할인율의 재인하는 지난 75년 동안 은행계가 저지른 과오 중 가장 타격이 큰 실책이라는 결론에 도달했음에도 연준은 유럽을 지원하는 쪽을 택했다.[45] 이 결정이 불씨가 되어, 2년 후 주식 시장 붕괴로 이어졌다.[46] 연말이 되자 다우지수가 20퍼센트 넘게 상승하며 200을 돌파했다. 그리고 최대 90퍼센트까지 증거금 대출로 주식을 매수하는 일이 잦았다.[47] 1928년 10월에 뉴욕 연준

의장 스트롱이 세상을 떠났다.

억누를 수 없는 무형의 자신감이 시장을 이끌기 시작했다. 1928년 초여름부터 1929년 가을 사이에 다우지수는 200에서 380으로 상승했다.[48] 1929년 1월이 되자 노먼은 생각을 바꿨다. 이 조치로 세계 경제가 해를 입지 않기를 바라면서 이번에는 미국의 할인율 인상을 요청했다. 시장을 볼모로 잡다시피 한 '투기 심리'를 잠재우려는 목적에서였다.[49] 노먼 그리고 노먼의 전략을 수용한 스트롱의 후임자 조지 해리슨George Harrison이 워싱턴 D.C.로 갔으나 연방준비제도이사회가 이를 거부했다. 연준 측은 1929년 2월 2일에 연준 가맹 은행에 대해 투기를 목적으로 한 대출을 삼가라고 권고하는 내용의 서한을 발표했다.[50] 5일 후에 화려하고 과장된 표현을 써 가며 연준은행을 이용해 투기 분위기를 조장하는 일을 저지하겠다고 대중에게 경고했다.[51] 한 사설에서 "주식 매매에 잘못이 있으면 정부는 증권거래소를 폐쇄해야 한다. 그렇지 않다면 연준 이사회는 여기에 관여하지 말아야 한다"[52]라고 밝혔다.

1928년부터 1933년까지 뱅크론(은행 간 대출)의 15~20퍼센트가 문제가 됐다.[53] 은행이 문제가 된 대출에 대해 상환을 요청하면서 신용이 축소되고 공황 심리가 증폭됐다. 리처드 베이그Richard Vague는 저서 《경제 위기는 반드시 온다》에서 '이 시기에 발생한 사건 중 가장 중요한 단일 사건'이 바로 대출 상환 요구와 이에 따른 신용 축소라고 설명한다.[54] 물론 이 '사건'이 은행 파산 사태로 이어졌다. 1929년 2월과 5월 사이에 뉴욕 연준은 열 차례에 걸쳐 금리 인상안을 표결에 부쳤고 워싱턴에 있는 연준 이사회는 매번 이 안을 부결시켰다.[55] 연준은 기능

마비 상태가 됐다.

시장 붕괴

1929년 내내 경제는 살얼음판 위를 걷는 상황이었다. 9월 5일에 저명한 경제학자 로저 뱁슨Roger Babson은 연례 회의에 참석해 시장 붕괴가 머지않았다고 말했다. 이후 5일 동안 시장 지수가 3.2퍼센트나 빠졌다. 뒤이어 유나이티드스틸United Steel Companies을 인수하려던 클래런스 해트리Clarence Hatry가 파산했고 투자자는 수십억 달러를 날렸다. 이로써 시장에 대한 신뢰가 다시 무너졌다. 10월 3일에 필립 스노든Philip Snowden 영국 재무 장관은 미국 주식 시장을 '투기가 판치는 장'이라고 묘사했다.56 앤드루 멜런Andrew Mellon 미 재무 장관이 투자자는 "주가가 무한히 상승한다는 듯이 행동한다"라고 말했다.57 다우지수가 하락하기 시작했다. 1929년 10월 23일 수요일에 《워싱턴포스트》에는 다음과 같은 제목의 상당히 노골적이고 전투적인 내용의 머리기사가 실렸다. "매도 행렬 속에 시장이 붕괴하며 준공황 사태가 벌어지다."58 다음날인 '검은 목요일'에 결국 공황이 시작됐다. 이날 개장과 함께 다우지수는 305.85로 시작했다. 곧바로 지수가 11퍼센트 하락했지만, 월가 은행가 측이 시장을 뒷받침하고자 주식을 사들였다. 그 결과 이날 다우지수는 겨우 2퍼센트만 하락한 채 장을 마감했다. 10월 25일 금요일에 다우지수는 1퍼센트 상승해 301이 됐다. 그러나 10월 28일 '검은 월요일'에는 13퍼센트나 하락하며 260을 기록했고 다음 날인 10월 29일 '검은 화요일'에는 12퍼센트 하락해 230이 됐다. 10월 29일에 연준은 급격한 통화 완화 정책을 쓰며 금리를 6퍼센트에서 2.5퍼센트로 인하하고 경기 부양을 목적으로 시장에 현금 약 5억 달러를 투입했다. 이날 투자자는 무려 1,641만 310주를 팔아 치웠다. 그러나 대규모 손실은 이미 발생했다.[59]

1920년대에 미국에는 은행이 2만 5,000개 정도 있었다. 그래서 오늘날과는 달리 당시에는 매년 약 600개가 사라져도 그다지 놀라운 일이 아니었다.[60] 그러나 신용 가용성이 줄어들고 은행이 회수가 불가능한 대출에 대해 상환을 촉구하면서 1930년 한 해에만 은행 1,352개가 파산하고 이듬해인 1931년에 다시 2,294개가 파산하자 정부가 긴장하기 시작했다.[61] 1933년 3월 5일에 루즈벨트 대통령이 대통령령 제6260호를 발동했다. 이에 따라 미국 내 모든 은행에 대해 6월 6일부터 9일까지 폐쇄를 명령하고 대적성국교역법Trading with The Enemy Act에 따라 금 수출을 전면 금지했다.[62] 대적성국교역법은 제1차세계대전 이후 외국인 비시민권자의 활동 및 재산을 규제하려는 목적으로 제정했다. 애초 이 법률 입안자의 목적은 은행 폐쇄가 아니었고 은행 폐쇄용으로 이 법을 활용할 생각은 없었으므로 당시에도 그렇게 활용되는 부분을 마뜩잖아 했다. 그러나 이는 금융 위기가 닥쳤을 때 정부가 '용서는 나중에 구하고 일단 경제 붕괴부터 막겠다'는 생각으로 어떤 행동까지 할 수 있는지를 보여 주는 좋은 예다. 예를 들어 2008년 10월 14일에 FDIC가 긴급 유동성보장계획Liquidity Guarantee Program에 따라 비은행권의 대출을 보장할 권한이 자사에 있다고 주장했다.[63] 이는 가중되는 위기를 진정시키고자 이 법이 부여한 실제 권한에 따라 상당한 자유를 행사하는 셈이었다. 실제로 법원은 급박한 상황에서는 이런 권한에 법적 효과가 있다는 점을 인정했다. '주택건설대부조합 대 블레이즈델 Home Building & Loan Association v. Blaisdell' 사건[64]에서 대법원은 수의 계약을 훼손하는 행위를 금지하는 미 헌법상의 계약 관련 조항과는 별개로 채무자를 긴급 구제할 수 있게 한 미네소타 모기지부채상환유예법Minnesota Mortgage Moratorium Act, 1933의 합헌성을 확인했다. 솔직히 말하자면 공격적인 FHLBB가 1980년대 초에 파산 지경인 S&L을 구제하고 금융 기관의 파산 속도를 늦춰야 하는 상황에서 이 기구에 부여된 규제 권한의 적법성을 적극적으로 해석했다는 점을 인정해야 할 듯하다.

1933년까지 5년 동안 약 9,000개 은행이 파산했다.[65] 예금주를 보호해 줄 FDIC가 없었기에 사람들은 저축한 돈을 전부 날렸다. 이는 사람들이 살면서 겪을 수 있는 가장 파괴적인 재앙이자 심리적으로도 엄청나게 고통스러운 사건이다. 실업률이 치솟고 경제 규모가 반토막이 나자 공황 심리가 점점 고조됐다.[66] 1933년 3월에 미국이 금본위제를 포기했을 때 오히려 정부가 금융 위기를 심화시켰다는 비난이 쏟아졌다. 공통된 통화 협정이 없고 스무트-홀리 관세법 제정 이후 관세 적용이 증가하면서 전 세계적으로 경제적 고통이 심해졌다. 1932년에 독일은 실업률이 44퍼센트였고 미국은 22퍼센트였으며 영국은 23퍼센트 그리고 프랑스는 3.5퍼센트였다. 1933년 말이 되자 전 세계적으로 산업 생산량이 40퍼센트 감소했다. 미국과 영국은 생산력이 50퍼센트 이상 감소했다.[67] 이런 수치만으로 실직이 사람들의 자존감이 얼마나 떨어뜨리는지는 알 수 없다. 심리적 및 경제적 측면의 이런 불안감이

1930년대 내내 지속됐다. 그리고 1954년이 돼서야 주식 시장이 대공황 이전 수준을 회복했다.

미국 금융계의 재건: 1932~1940년

1920년대 내내 정부는 경제에 대해 침묵을 지키며 불간섭주의를 고수했다.[68] 정부 감독관이 있다면 무언가를 해야 하고 그 무언가도 효율적으로 해야 한다. 그래서 문제였다. 사실 누군가 개인과 기업을 보호한다는 생각이 들게 하는 일 혹은 사실을 호도할 만한 일은 하지 않는 편이 더 낫다. 예를 들어 쿨리지 대통령(재임 기간: 1923~1929년)이 1929년 1월에 백악관을 떠날 때 건전한 시장 상황을 찬양해 마지않았다. 이와 동시에 의회는 '겉만 번지르르한 말'만 늘어놓을 뿐 아무 일도 하지 않았다.[69] 후버 대통령(재임 기간: 1929~1933년)이 취임해서도 해야 할 중요한 일을 하지 않기는 마찬가지였다. 앤드루 멜런 재무 장관 역시 아무 일도 하지 않는, 말하자면 '부작위不作爲' 신봉자라 해도 과언이 아니었다. 그런데 슬슬 위기 징후가 나타나기 시작했다.[70] 투자자가 안전한 투자 상품을 찾으면서 재무부 채권 수익률이 하락했다. 은행에 큰 손실이 발생해 대출금 상환을 요청함에 따라 신용이 축소하고 주가가 하락하면서 국가 경제에 우리에게 그리 낯설지 않은 연쇄 반응이 나타났다. 정부는 1932년에 재건금융공사RFC: Reconstruction Finance Corporation 설립을 포함한 몇 가지 경제 부흥 정책을 마련하는 등 대공황이 최고조에 달해서야 비로소 대응에 나섰다. RFC는 후버 대통령이 일반은행, 저축은행, 건설대부조합, 신용조합, 산업은행, 생명보험회사,

철도 회사 등에 대출을 해 주는 방식으로 경기를 부양하려는 목적으로 만든 기구였다. 1930년에 스무트-홀리 관세법이 포드니-맥컴버 관세법을 대체하면서 수입품에 최고 50퍼센트 관세를 부과했다. 그러나 이런 조치는 미국이나 전 세계 경제 상황을 타개하는 데 전혀 도움이 되지 않았다. 과도한 관세 때문에 미국에 제품을 수출하는 국가가 미국 은행에서 빌린 돈을 갚기가 더 어려워졌을 뿐이다. 미국이 세계 경제를 주도하는 새로운 강자 위치를 점하게 되면서 미국이 기침만 해도 전 세계가 같이 감기에 걸릴 수 있는 상황이 됐다. 경제적 고통과 공황이 이 국가에서 저 국가로 퍼져나가고 전 세계가 보복 관세를 물리기에 바빴다.

정부가 통화량을 늘리고 신용을 완화했지만, 주식 시장에 부정한 투자를 하거나 투자 신탁을 설립하거나 주식 투기나 주가 조작을 조장하거나 지원하는 일은 하지 않았다. 대공황을 초래했다며 자유 시장, 부정한 은행가, 투기자 등에 비난이 쏟아졌다. 여기서 정부의 관리·감독 수위를 높이는 것이 해답이라는 결론에 이른다. 이에 따라 현재와 같은 미국의 금융 감독 체계가 구축됐다. 수많은 방식으로 움직이는 거의 모든 사항을 규제한다는 측면에서 의회의 반응은 신속하고 압도적이었다.

미 상원은 은행 파산과 이 파산을 초래한 관행에 위기감을 느꼈다. 이에 따라 1932년 3월 2일에 상원은 은행통화위원회Committee on Banking And Currency에 주식 매수와 매도, 차입 매매 등과 관련한 관행을 조사하는 권한을 부여했다.[71] 그리고 대공황의 원인을 찾는 작업을 시작했다.

1933년 초에 피터 노백Peter Norbeck 은행통화위원회 의장은 전직 뉴욕 지방 검사 페르디난드 페코라Ferdinand Pecora를 수석 법률 고문으로 선임했다. 페코라는 저명한 은행가를 소환 조사해 중요한 증언을 받아내며 정치인이라면 누구나 갈망하는 언론의 관심을 한 몸에 받았다. 월가를 지배하는 거물은 뱅스터Bankster: Banker와 Gangster를 합한 말—옮긴이라는 새로운 별명을 얻었다. '불량배와 다름없는 은행가'라는 의미였다. 이 뱅스터 중 일부는 수상적은 관행에 가담하고 부정 대출을 실행했다.

이 위원회는 1933년과 1934년에 의회가 주요 법안을 이미 통과시킨 이후인 1934년 6월 16일에 400쪽짜리 최종 보고서를 발행했다. 페코라와 조사팀이 찾아낸 터무니없는 악용과 부정 사례를 저지하려는 목적에서였다. 증권거래소, 신용 매수, 시장 조작, 임원 및 고위 관리의 행동, 대리인, 투자, 상업은행과 민간은행, 투자 신탁 등 관리·감독이 필요한 부분과 부적절한 관행에 초점을 맞췄다. 이 보고서는 상업은행과 관련해 재무제표상의 미비점 그리고 대출 다각화, 충분한 준비금, 효율적인 조사 등의 필요성을 지적했다. 또 은행이 보고 기간 말일에 수행한 거래로 재무제표를 작성하고 나서 곧바로 그 내용을 수정할 수 있게 하는 이른바 '분식' 행위도 줄여야 한다고 언급했다.[72] 이는 일단 시장 평형이 흔들렸을 때 금융 대란으로 분출돼는 수많은 악성 관행에 대한 중요하고도 통찰력 있는 분석이었다.

이 기간이 미국 금융 역사에서 얼마나 중요한지는 아무리 강조해도 지나치지 않다. 그 뒤를 이어 의회가 나서서 오늘날까지 계속되는 금융 감독 및 연방 예금 보험 체계 구축의 발판을 마련했다. 1932년 연방주택대출은행법Federal Home Loan Bank Act과 1933년 주택소유자대출법 Home Owners Loan Act으로 연방 저축 기관을 인가하는 권한을 부여했고, 주택 모기지를 제공하는 가맹 금융 기관에 대규모로 자금을 지원하고자 연방주택대출은행체계Federal Home Loan Bank System를 확립했고, 신규 연방 저축대부조합을 규제하려는 목적으로 FHLBB를 설립했다. 이를 통해 완전히 새롭고 훨씬 더 나은 주택 금융 감독 체계가 확립됐다.

글래스-스티걸법Glass-Steagall Act이라고도 하는 1933년 은행법으로 상업은행과 투자은행을 분리했고 일시적으로 FDIC와 연방예금보험을 만들었다. 또 전체 상업은행에 대한 감독 체계를 수립했고 긴급 대출 권한 확대를 포함해 연준의 구조적 변화를 꾀했다. 그리고 증권법 Securities Act, 1933을 제정해 처음으로 증권 발행을 뒷받침하려는 목적으로 재무제표 제출을 골자로 한 정보 공시 체계를 확립했다. 증권거래소법 Securities Exchange Act, 1934을 통해 SEC를 만들었고 상장 회사를 대상으로 정기적인 재무 보고 체계를 확립했다. 여기에는 부정 및 사기 행위 방지, 내부자 거래, 시장 조작 제한 등에 관한 조항이 포함돼 있다.

주택법National Housing Act, 1934으로 FSLIC를 설립해 S&L에 예치한 예금을 보호하고 S&L 지주 회사를 규제하려 했다. 금준비법Gold Reserve Act, 1934을 제정해 금본위제를 폐지했고 환안정기금Exchange Stabilization Fund을 마련했다. 재무부는 이 안정 기금으로 연준과는 별개로 공개 시장 거래를 수행한다. 1935년에는 연방신용조합법Federal Credit Union Act에 따라 연방 신용조합을 설립하고 예금 보험 체계와 규제 구조를 확립했다. 1935년 은행법으로 FDIC는 영구 기관이 됐고 당시 최대 5,000달러까지 예금이 보장되었다. 이를 통해 12개 연준은행에 대한 워싱턴 연준 본부의 지배력이 한층 강화됐다. 또 1935년에 사회보장법Social Security Act 이 통과되면서 근로자를 대상으로 한 노령 연금, 산업 재해 피해자 연금, 실업 모험 그리고 피부양자서의 모친과 자녀, 시각 장애인, 신체장애인 등에 대한 지원 체계가 확립됐다. 1940년에는 투자회사법Investment Company Act을 통해 뮤추얼펀드와 기타 투자 관리 회사에 대한 등록 및 규제를 시행하고 뮤추얼펀드와 증권 거래에서 이해 충돌을 저지하며 일부 뮤추얼펀드의 투자 활동을 제한했다.

이상 정리한 법률과 규제 구조는 현재까지 존속한다. 그러나 경제, 은행, 금융 서비스 시장, 결제 체계 그리고 금융 상품 및 서비스 제공에 관한 기술 등은 1930년대 때와는 전혀 다른 모습이다.

Chapter 8

은행 붕괴
1980년

미국의 1980년대 경제 위기 속에 고군분투한 곳은 오직 S&L 하나만은 아니었다. 하지만 대다수 사람들은 이 시기의 S&L이 미국 경제사에 커다란 오점을 남겼다고 인식했다. 제대로 살펴보면 S&L 파산이 1980년대에 걸쳐 10년 동안 발생했다면, 은행 파산은 1980년대 후반기에 매우 집중적으로 발생했다. 윌리엄 아이작[William M. Isaac] FDIC 전 의장은 자신의 저서 《이해 불가한 공황[Senseless Panic]》에서 이 암울한 이야기를 잘 묘사하고 있다.[1] 이 1980년대를 '엄청난 금융 혼란기'로 표현한다. 아이작은 정부의 관리·감독이 하루가 다르게 성장하고 진화하는 시장의 속도에 거의 발맞추지 못했거나 완전하게 다른 방향으로 향했다고 보았다.

은행업 위기 원인

　1980년대 은행업 위기는 의회가 1930년대에 마련한 구시대적 감독 체계와 금융 시장의 변화 속성 사이의 부조화에서 비롯됐다. 더 복잡하고 까다로운 경제 환경에 대처할 능력이 없었고 어떤 면에서는 잘못된 대응을 했다는 이유로 은행에 대해 비난이 쏟아졌다. 자원이 충분히 제공되지 않는 정부 규제 체계에는, 금융 변동성이 극심한 환경에서 은행이 직면하게 될 더욱 고통스러운 문제와 고난을 찾아내는 데 필요한 자료나 자원이 없었다. 두 자릿수 금리와 인플레이션율을 포함해 어려운 경제 환경에서 새로운 뮤추얼펀드와 MMF가 탄생했다. 부동산 경기 호황 그리고 뒤이은 불황과 맞물려 에너지 부문에 대한 투자 열풍 그리고 뒤이은 시장 붕괴가 전면적으로 발생한 탓에 대다수 금융기관이 이에 대처하기에는 역부족이었다. 비은행권 특히 MMF와 관련한 경쟁이 치열해지면서 문제가 더 복잡해지기만 했고 1930년대 이후로 은행 전략과 운영 계획의 기본 토대가 흔들렸다.

　1988년부터 1992년까지 은행이 1,000곳 가까이 파산한 이유는 불량 대출을 장부에 기입하는 무분별한 대출 관행이나 사기 행각을 벌였기 때문이 아니었다. 물론 이렇게 설명하면 얼마간 마음의 위안이 되기는 하겠지만 말이다. 진짜 이유는 성장의 근거로 삼았던 경제적 기반과 경쟁적 환경이 너무도 급격히 변화했기 때문이었다. 이는 은행이 법적 테두리 안에서 행동했기에 광범위한 금융 대란에 대처하고자 다각적으로 움직일 여지가 별로 없었거나 운신의 폭이 적었기 때문이다.

부분적으로는 시장과 경제 상황이 변화하는 속도에 규제 체계가 발맞추지 못한 탓도 있다.

연방 및 주정부 규제 기관은 1980년부터 1990년까지 신규 은행 2,800곳을 인가해 주는 엄청난 실책을 범했다. 인가를 받은 이 신규 은행 중 745곳이 남서부 지역에 소재했다.[2] 신규 은행 2,800곳이면 1980년 당시 미국 전체 은행의 약 15퍼센트에 해당한다. 이 신규 은행의 39퍼센트가 경제 상황이 가장 좋지 않았던 남서부(주로 텍사스와 캘리포니아주)에 소재했다. 1994년이 되자 이 가운데 16퍼센트가 파산했으며 이는 이 기간에 파산한 기존 은행 수의 두 배가 넘는다.[3] 경제 혼란 속에 탄생한 은행은 신생 기업이 새로운 시장에 진출할 때 직면하는 정상적 수준의 경쟁 환경에 있을 때보다 수익성을 올리기가 훨씬 어렵다. 연방 및 주정부가 그토록 어려운 시기에 그렇게 많은 은행에 대해 설립을 인가한 이유가 궁금할 수도 있다. 이 의문에 대한 해답은 합법적인 경제 및 규제 요인 조합에서 찾을 수 있으나 연방 및 주정부의 감독 구조 또한 여기에 영향을 미칠 수 있었다. 이미 언급한 바와 같이 각 규제 기관은 감독 대상이 될 금융 기관을 모집하려고 항상 경쟁하는 관계다. 감독 대상 기관한테서 받는 평가 수수료로 예산 규모가 정해지기 때문이다.

수많은 전문가가 이 은행업 붕괴 사태에 대해 다양한 이론을 제기했다. 금융 기관에 대한 감독이 너무 엉성하고 부적합했으며 부적절한 자료를 근거로 했기 때문이라고 주장하는 사람도 있었다. FDIC 전 의장 아이작은 1980년대를 이렇게 묘사했다.

FDIC는 은행 규제 기관이 아닌 진정한 감독 기관이어야 한다. 부시 행정부 소속 태스크포스가 이런 쟁점을 깊이 있게 다룬다면 나는 FDIC의 규제 권한을 과감히 포기할 의향이 있었다. FDIC에게 은행이 지점을 개설하든 안 하든 그 부분은 중요하다고 생각하지 않는다. 은행이 지역재투자법CRA: Community Reinvestment Act이나 기타 유사 법률을 준수하느냐 아니냐 하는 점도 FDIC로서는 중요하지 않다고 본다. 또 FDIC가 합병 등과 관련한 반독점 쟁점을 다뤄야 한다고 생각하지도 않는다. FDIC는 나무가 아니라 숲에 초점을 맞춰야 한다고 굳게 믿는다. 1980년대에 우리가 놓친 부분이 있다면 이는 아마도 한발 뒤로 물러나 이 체계를 주시하면서 어느 방향으로 가는지 그리고 무슨 일이 발생하며 어떤 변화가 있는지 파악하지 않았기 때문이라고 생각한다.[4]

규제상의 실책을 들여다보면 지리적 및 대출의 다양성을 제한하는 은행의 지점 설치 제한, 재무상태표에 축적되는 위험에 징벌을 가하지 않는 고정 예금 보험료율, 문제 해결이 불가능한 수준으로 은행이 급속히 성장하도록 허용하고 방치한 부분, 신규 은행 인가 남발로 불량 대출 급증, 상업은행 구제를 통해 전달된 도덕적 해이 메시지, 규제 및 감독 기제의 비효율성 등이 위기의 원인이라는 사실이 드러난다. 광범위한 지역별 및 부문별 경기 후퇴, 부동산 시장 붕괴, 유가가 촉발한 악성 물가 변동, MMF 성장과 관련한 예금 시장의 급격한 변화 등으로 경제적 측면에서 은행은 고유의 낙관적 대출 패턴이 약화하는 결과를 낳았다.[5] 금융 사기와 부정행위도 발생했다. 당시 한 연구에서는 1980년부터 1988년까지 상업은행 파산의 33~50퍼센트 그리고 저축은행 파산의 25~75퍼센트는 내부자 권한 남용과 사기가 '중대한 요인'이었다고 한다.[6] 놀랍게도 이는 S&L 위기 때 사기에서 비롯된 금융기관 파산 비율이 10~15퍼센트에 불과했다는 국가위원회의 결론과 배치된다. 이는 역사가를 포함한 학계 그리고 의회위원회와 연방 기관의 내부자 권한 남용과 사기의 역할에 관한 사후 조사 결과는, 각 조사 기관의 관점, 정의, 목적, 시각표 등에 따라 달라질 수 있다는 사실을 입증한다.

은행가의 비행만으로는 금융 위기를 완벽하게 설명하지 못한다는 사실이 상당히 불안할 수도 있다. 그러나 내 경험상 사기는 극히 예외적인 사건에 해당하며 은행 파산이나 전체 금융 체계 붕괴의 직접적인 원인인 경우도 매우 드물다. 재정 위기를 겪는 기업을 집중 조명해 보면 구조적 사기, 권한 남용, 불법 행위 등의 사례가 늘 존재한다. 변명할 생각은 없으나 사기와 권한 남용이 저축업이나 은행업계를 무너뜨렸다는 이론을 주창하는 사람은 교과서적인 이론 설명은 가능할지 모르지만, 공정하게 모든 요인을 꼼꼼히 분석한다면 이런 이론은 결코 지속 가능한 설명은 되지 않는다.[7]

정부나 민간 업체가 이런 유형의 경제적 사건과 경쟁상의 대변화를 훨씬 더 잘 예측했다고 해서 너무 큰 기대를 해서는 안 된다. 신뢰할 만한 예측을 하려면 더 나은 자료와 좀 더 정교한 도구, 더 능률적이고 덜 독자적인 운영 방식이 필요하다. 통화 창출과 이동에서 은행이 차지하는 비중이 줄어들었기 때문에 정부는 경제에 대한 감독 수위가 낮아지고 있다는 사실을 인정하고 접근 방식을 바꿀 필요가 있다. 사실상 금융 규제 기관은 수많은 누름단추와 손잡이가 작동은 하나 서로 연결돼 있지 않은 제어반을 조작하는 셈이다. 1980년대에 발생한 위기는 이해 불가하고 불가피한 측면도 있지만, 더 나은 정부 정책과 자료 그리고 더 정확한 예측이 뒷받침됐다면 이 위기를 한층 누그러뜨릴 수 있었으리라 생각한다.

전개 과정

1980년부터 1994년까지 경제는 그 어느 때보다 불안정했다. 두 자릿수 금리와 인플레이션율이 금융 기관의 기반이 된 기본적 경제 안정성을 훼손했다. 일단 유가가 고점인 배럴당 111달러에서 26달러로 하락했다. 그림 8.1[8]은 이런 경제적 변동성을 생생하게 보여 준다. 이 수치에는 개방 은행과 기타 금융 지원 거래 부분은 반영되지 않는다. 그리고 출처와 용어 정의 방식에 따라 달라지는 경향이 있다.

1981년부터 1994년까지 약 2,500개 금융 기관이 폐쇄돼 FSLIC, RTC 혹은 FDIC의 법정 관리에 들어갔거나 일종의 정부 지원이 이뤄졌다. 다우지수는 거의 3배가 됐고 단기 금리는 12퍼센트나 상승했으며 인플레이션율은 두 자릿수를 기록했고 유가는 폭락했다. 금융 천재가 아니고서는 그 10년을 지내오면서 재정적 곤경에 빠지지 않을 수 없다. 상업은행이 딛고 선 경쟁 환경에 변화가 생겼다는 사실이 가장 파괴적인 요인이었고 이 때문에 이들이 두 세기 동안 누렸던 독점적 사업권을 상실했다. 이들은 이제 상업은행이 더는 금융 상거래의 중심이 아니라는 사실에 충격을 받았다. 뮤추얼펀드와 MMF가 일반화하면서 전에는 은행에 예치했을 자금을 엄청나게 끌어 모았다. 1980년부터 1990년까지 MMF 산업 규모가 두 배가 되면서 관리 자산이 660억 달러에서 1,220억 달러로 불어났다.[9] 신용 카드 역시 자리를 잡아가면서 차입자의 요청에 따라 장기 무담보 대출을 제공하는 등 은행 체계에 버금가는 새로운 결제 체계도 구축됐다. 이와 동시에 정크 본드, 환매 협정, MBS, 헤지펀드와 사모펀드, 기타 새로운 월가 금융 파생 상품 등이 한때 은행의 독무대였던 투자 및 대출 시장에서 큰 비중을 차지하기 시작했다. 19세기 살쾡이 은행 시대와 비슷한 양상으로 새로운 금융 시대가 활기를 띠었다. 모든 기업의 기록적인 합병 건수와 S&L 산업 붕괴가 벌어진 불안정한 금융 시장과 맞물려 이 변화하는 경제 환경이 상업은행에 막대를 해를 입혔다.

경제적 관점에서 1980년대 은행과 S&L 파산 사태를 보면 1934년부터 2019년까지 나타낸 전체 금융 기관 파산의 약 75퍼센트가 이 시기에 발생했다. 물론 이 수치의 약 40퍼센트는 S&L 파산이고 이는 전체 S&L 파산의 약 75퍼센트에 해당한다. 나머지 60퍼센트는 상업은행 파산이며 이는 당시 운영 중이던 전체 상업은행의 약 11퍼센트에 해당하는 수준이었다.[10]

경기가 하락하고 전국 각 지역마다 각기 다른 시점에 부동산 가치가 하락하자 의회가 부동산 개발에 대한 세금 우대 조치를 폐지했다.

유가가 폭락하고 미상환 대출이 급증하면서 에너지 관련 산업이 흔들리기 시작했다. 1984년에 전국에서 일곱 번째로 큰 콘티넨털에 대한 구제 금융으로 경제 환경에 적신호가 켜진 셈이었다. 이 은행의 파산 가능성이 다른 대형 은행까지 무너뜨릴 촉발제가 될 수 있다고 봤다. 따라서 이른바 '대마불사' 심리가 팽배했다. 아이작 FDIC 의장은 연준과 다른 대형 은행의 지원을 받아 과감하게 종합 규제책을 내놓았다. 이로써 1984년 은행계 위기는 막았지만 이후 10년 동안 무려 천여 개 은행이 파산하는 일은 막아내지 못했다. 1980년대 말에는 S&L과 상업은행이 매년 수백 개씩 무너지는데 정부는 아무런 대책도 내놓지 않았다. 다시 한번 특단의 대책을 강구해야 했다.

경기가 후퇴함에 따라 FDIC와 연준, OCC 사이에 차이점이 나타났다. 각기 전국 은행의 각 부문을 규율하는 보험사, 은행 인가 기관, 최종 대출자 역할 등 전형적 중앙은행의 각기 다른 관점이 반영된 결과였다. 경제적 이해관계가 깊어짐에 따라 이들 사이에 관할권과 우선권 다툼이 치열해졌다. 따라서 자연히 해결하기 가장 어려운 더 큰 문제보다는 더 작은 문제에 초점을 맞추는 금융 체계상의 비효율성과 중복성이 부각됐다. 이들은 또 중개 예금^{Brokered Deposit}, 자본, 신규 은행 인가 등에 대해 다른 견해를 보였다.[11] 재무부도 나름의 입장으로 이런 논쟁에 가세했다. 이런 혼란기에 연방정부와 주정부를 불문하고 1980년대 내내 신규 은행 인가가 급증했고 이에 따라 경쟁이 더욱 치열해졌다. 특히 텍사스주가 이런 흐름을 주도했다. 결과적으로 OCC와 FDIC 간의 긴장이 고조됐다. 그 이후로 국법은행과 연준 가맹 은행은 FDIC

승인 없이도 OCC 인가와 함께 자동으로 FDIC 보험금을 수령했기 때문이다. 그런데 1991년에 연방예금보험공사개선법FDICIA: Federal Deposit Insurance Corporation Improvement Act에 따라 보험금을 원하는 모든 금융 기관은 공식적으로 FDIC에 신청해야 한다는 조항과 함께 이런 관행에 변화가 생겼다.[12] 기관 간의 이런 파괴적인 대충돌은 비효율성을 높이고 경기 하락 때 정부가 취하는 전략적 접근법에 혼란만 가중시킬 뿐이었다. 은행 파산이 증가했고 처음에는 비교적 소규모 지역에 파산이 집중됐다. 에너지, 부동산, 농산물 가격 붕괴와 관련해 경기 하락이 발생한 지역, 특히 신규 은행 인가가 급증하고 지점 설립을 금지해 핵심 예금Core Deposit, 만기가 없는 요구불 예금, 저축 예금, 기업 자유 예금 등 저원가성 예금—옮긴이을 통한 자금 증가와 대출 포트폴리오 다각화 능력을 제한했던 주에서 집중적으로 파산이 발생했다.[13] 은행 파산 건의 약 60퍼센트가 캘리포니아, 캔자스, 루이지애나, 오클라호마, 텍사스주에서 발생했다.[14] 1981년부터 1994년까지 텍사스주에서만 599건이나 발생했고 이는 전체 은행 파산의 약 40퍼센트에 해당했다.[15]

1930년대 대공황 때처럼 이번 금융 위기 때도 신규 입법이 대규모로 이뤄졌다. 1980년 통화관리법으로 예금 금리 상한제를 단계적으로 폐지했고 저축은행의 권한을 확대했으며 예금 보험 한도를 4만 달러에서 10만 달러로 올렸다. 그리고 간-세인트저메인법을 통해 자금의 금융권 이탈을 막고자 은행과 저축은행에 단기 금융 시장 예금 계정을 개설할 권한을 부여했다. 또 저축은행의 상업 대출에 대한 투자 권한을 강화했다. 나는 OCC와 FHLBB에서 일할 때 이 두 법안의 초안을 작성하는 일에 참여했다. 그리고 평등경쟁은행업법Competitive Equality Banking Act, 1987으로 FSLIC의 자본 구조를 얼마간 개편했고 미 정부의 '충분한 신뢰와 신용' 원칙을 연방 보험 예금으로 확대했다.

1989년에 '금융 기관 개혁, 회복, 집행에 관한 법률FIRREA: Financial Institutions Reform, Recovery, And Enforcement Act'을 통해 세금으로 파산한 저축은행을 구제할 권한을 부여했으며 FHLBB와 FSLIC를 없애고 RTC 설립과 함께 징벌적 규제 원칙을 수립하고 이런 원칙을 실행할 기구를 설립했다. 1990년에는 범죄관리법Crime Control Act으로 은행의 부정행위를 범죄로 규정하는 절차를 개시했다. 1991년에 FDICIA는 새로운 자본 기준을 도입했고 재정난을 겪는 은행이 자본을 조달하거나 자본 비율 감소로 자본이 완전히 바닥날 때까지 기다리기보다 회생 가망이 없는 은행은 폐쇄 조치를 하는 데 필요한 대책을 다각도로 취하도록 규제 기관에 '신속한 시정 조치'를 집행할 권한을 부여했다.

그리고 1993년에 통합예산조정법Omnibus Budget Reconciliation Act으로 예금주 우대 조항을 마련했으며 이에 따라 예금을 하지 않은 채권자에게 더 엄격한 시장 규율Market Discipline, 차입자가 발행한 주식이나 채권 가격 등 시장에서 제공하는 신호를 통해 시장 참여자가 차입자의 재정 건전성에 대한 감시 기능을 수행하는 일-옮긴이을 적용하기를 바라는 측면에서, 파산 은행 예금주에게 채권자의 청구권에 우선하는 권리를 보장했다. 1996년 10월에 예금보험기금법Deposit Insurance Funds Act으로 지금은 FDIC가 운용하는 저축조합보험기금Savings Association Insurance Fund을 조성했고 당시 저축 조합이 존재하지 않는다는 전제하에 1999년에 은행과 저축 보험 기금의 병합을 요청했다. 마지막으로, '리글-닐 주간 은행업 및 지점 효율성에 관한 법Riegle-Neal Interstate Banking And Branching Efficiency Act, 1994'로 주간州間 은행 영업 권한을 공식적으로 부여했다.[16] 이로써 더 엄격한 규제와 감독을 통해 원칙과 규율을 토대로 점진적으로 재량적 판단 권한을 줄여 나가는 새로운 시대가 열렸다.

연도	파산 은행*	파산 S&L*	다우존스 지수 (01/01)	3개월 만기 재무부 채권 금리 (01/01)	연평균 인플레이션율 (퍼센트)	배럴당 유가 (01/01)
1981	7	34	964	5.02	10.3	111
1982	34	73	875	12.28	6.2	91
1983	45	51	1047	7.89	3.2	82
1984	78	26	1259	8.90	4.3	75
1985	116	54	1212	7.76	3.6	64
1986	138	65	1547	7.07	1.9	44
1987	184	59	1896	5.43	3.6	43
1988	200	190	1938	5.81	4.1	37
1989	206	145	2169	8.27	4.8	36
1990	168	137	2753	7.64	5.4	46
1991	124	129	2634	6.22	4.2	41
1992	120	56	3169	5.80	3.0	35
1993	41	5	3301	3.00	3.0	36
1994	13	2	3754	2.98	2.6	26
Total	1474	1026				

그림 8.1 1980년대 경제 변동성 | 불안정성
* 파산 은행 수는 자료 출처에 따라 달라진다.

Chapter 9

빌린 차는 세차하지 않는다
2008년

가장 최근에 발생한 금융 위기를 다룬 책이 많다. 2008년 금융 위기의 주역은 FDIC였다.[1] 이런 책은 대부분 무슨 일이 벌어졌는지, 정부 관료는 관련 회의를 얼마나 자주 했는지, 이들이 누구를 주목했는지, 무슨 생각을 했는지, 경제를 살리고자 무슨 일을 했는지 등에 관한 내용이 주를 이룬다. 이 모두가 정말로 가치 있는 역사적 정보지만, 나는 여기서 왜 그런 일이 발생했는지를 논하고 싶다. 지난 수십 년에 걸쳐 이 모든 일이 어떻게 그리고 왜 일어났는지에 관한 깊이 있는 논의와 분석에는 한계가 있다.

S&L 위기와 아주 비슷하게 2008년 금융 공황은 수년간에 걸쳐 실책이 축적되다 마침내 폭발한 경우다. 2008년에 갑자기 공황이 발생하

지는 않았다. 앨리슨과 피터 월리슨Peter Wallison, 오나흐 맥도널드Oonagh
McDonald 등은 깊이 있는 상세 분석을 통해 S&L 위기 전후에 발생한 정
치적 및 재정적 매개체와 2008년 금융 공황을 연계해 규제 체계에 관
한 명확한 정보를 전달하려 했다. 오나흐 맥도널드는 위기 시 패니메
이와 프레디맥의 역할을 분석한 저서에서 '정치인이 전 국민 주택 소
유라는 최종 목표를 달성하고자 연방 주택 기관을 전부 동원했다'고
말한다.[2] 월리슨은 '이 모든 정보가 외부에 널려 있지만, 정보 조각을
이어 유의미한 결론을 내지 못하고 미적대다가 때를 놓쳐버린다'[3]고
덧붙였다. 앨리슨은 2012년에 나온 자신의 저서《금융 위기와 자유 시
장 요법》에서 패니메이와 프레디맥으로 대표되는 왜곡된 주택 금융
정책과 연준을 비난한다.[4] 개인적으로 나는 2008년 금융 공황은 의도
하지는 않았으나 정부 정책과 기업의 과잉 행위가 혼합된 결과물이라
고 생각했다.

공황 유발 요인

이번 공황은 국가 규제 장치가 초점에서 얼마나 벗어날 수 있는지
를 보여 주는 매우 설득력 있는 사례다. 공황의 불씨를 댕긴 비은행권
금융 기관 대다수가 적절한 규제를 받고 있지 않았다. 규제 자원은 주
로 상업은행과 S&L에 집중됐다. 투자은행, 비은행권 모기지 취급 기관,
구조화된 금융 회사, MMF, 금융 증권화 은행 등은 선택 가능한 활동에
대해 균등하게 규제하지 않았다. 의회는 시장이 성장하는 상황에 맞춰

자원을 적절히 활용해야 함에도 정부는 규제 자원을 비효율적으로 할당해 사용했다. 이런 식이면 선제적 대처가 아니라 사후에야 비로소 움직이는 식으로 대응할 수 있을 뿐이다.

1980년대와 마찬가지로 2000년대 초에 금융 시장이 급격히 성장하고 경쟁이 격화하면서 전통적 금융 기관의 소비자 장악력이 다시 한번 약화됐다. 상호 연결성과 정보 기술 비용 하락이 금융 거래가 발생하는 방식과 속도를 변화시켰다. 또 동시에 얼마나 많은 참여자가 가치와 위험을 전달할 수 있는지에 대한 부분에도 변화가 생겼다. 이는 또다시 (1) 이전에는 구분됐던 금융업 부문 간의 장벽 붕괴 (2) 규제받는 참여자에서 규제받지 않는 참여자 쪽으로 계속된 위험 전가 (3) 경쟁 격화 (4) 경쟁의 세계화 (5) 구조화된 금융 및 파생 상품 거래가 점점 과학화 및 정교화함에 따른 금융 위험과 수익에 대한 지속적인 분석 등을 촉진하는 환경을 만들었다. 이 상황이 10여 년 동안 비은행권 대출 기관, 은행, S&L, 투자은행 등이 미국 경제라는 동맥에 모기지라는 형태의 '독극물'을 주입하는 능력을 배가시켰다. 위험의 사회화를 통해 재정적 관점에서 무분별한 행동이 합리성을 얻었다. 최소한 정부가 동의하거나 조장하는 환경에서 이 모든 일이 발생했다. 2008년 공황을 유발한 동인에는 차입자부터 금융증권화은행에 이르는 수많은 참여자의 부정행위 그리고 각 참여자와 정부가 잘못 처리한 다양한 요인 등이 포함된다. 솔직히 경제가 성장하는 동안에는 엄청난 속도로 황금알을 쏟아내는 거위의 배를 아무도 가르고 싶어 하지 않았다. 무감각한 은행가, 탐욕스러운 기업 경영진, 무절제한 금융 행위 더 나아가 정부를 공황의 원인으로 몰아가기에는 문제가 그리 단순하지가 않다. 어느 하나가 아닌 전부가 원인이다.

이 위기의 원인에 대해서는 의견이 분분하고 제각기 다른 이론을 전개해 설명하려 한다. 학자와 역사가, 경제학자 중에는 나보다 더 오래 그리고 더 열심히 이번 위기 문제를 다룬 사람이 많았다. 그러나 나는 현장에서 그런 노력을 했다는데 차이가 있다고 생각한다. 현장에서 이 위기를 겪었기 때문에 다양한 금융 기관과 투자자를 대상으로 기업과 정부 두 주체의 행위를 동시에 관찰할 수 있었다. 누군가에게는 이 부분이 상당한 불안 요소일 수 있겠으나 어쨌든 위기의 원인이나 원흉 혹은 기폭제로 여길 만한 요소가 하나만이 아니라는 가정도 일리는 있다. 대출자, 차입자, 채권 유동화 기관, 투자은행, 신용 평가 기관, 규제 기관, 의회 등 이 전부가 위기 유발 요소로 보인다. 이 모든 요소 때문에 금융 시장에서는 한쪽 극단(느슨한 대출 관행)에서 금융 체계상 서로 연관된 범세계적 성향을 띠는 다른 한쪽 극단(차입 기반 파생 상품과 구조화 금융 상품기초 자산 유동화를 통해 거래 목적을 달성하는 금융 공학 기법 – 옮긴이) 쪽으로 위험이 점점 더 많이 가중됐다. 이 금융 체계는 투명성 감소, 불충분한 유동성, 부적절한 자본 그리고 너무 많은 시장 참여자가 간접적 연관성을 보이는 그런 복잡한 구조화 채권과 헤지 상품에 대한 과도한 의존성 때문에 어려움을 겪었다.

어떤 사람은 주택 거품을 부추기고 위기를 유발한 요소를 정부가 만들었다고 주장하고 또 어떤 사람은 고수익 상품에 대한 수요를 충족하려는 목적에서 위험 수준이 높은 파생 상품과 MBS를 만들어 낸 자본 시장이 위기의 근본 원인이라고 주장한다. 적어도 정부는 실제로는 그렇지 않으면서 마치 시장을 관리·감독한다는 인상을 줬다.

이 책의 목적은 기업과 소비자를 현혹하는 위험한 경제 거품을 생성하는 과정에서 정부가 어떤 역할을 했는지 분석하는 일이다. 여기서 정부 책임이 25퍼센트인지, 85퍼센트인지는 중요하지 않다. 정부 정책, 더 정확하게는 정부 실책이 이 위기에 일조했다는 사실이 중요하다. 정부는 말하자면 위기 유발 요소가 무럭무럭 자라나게 하는 환경을 조성했다. 이런 환경 속에서 정부는 그저 위기가 점점 고조되는 상황을 멀거니 지켜보거나 위기가 마침내 폭발하고 나서야 대책을 강구했다. 이른바 뒷북 행정이다. 이런 위기를 피하고 재발을 막는 방법을 찾아내려면 오랜 숙고와 노력이 뒷받침돼야 한다. 우리는 위기를 조장하는 정부가 아니라, 위기를 피하고 그 수위를 낮추는 정부가 필요하다. 반복되는 이 딜레마에 대한 해법은 첨단 기술의 사용에 있다고 생각한다.

S&L 위기와 마찬가지로 정치적 요소와 부적절한 정부 정책이 2008년 금융 공황을 유발하는 데 일조했고 시장은 이 상황을 반기며 이를 충분히 이용했다. 무절제한 모기지 시장 상황이 주택 건설을 부추겼고 그 결과 세탁기, 카펫, 가구, 조명 기구 등의 판매가 증가하며 제조업체가 호황을 누리게 된다. 정부가 주택 소유율 증가 정책을 표방함에 따라 소도시 모기지 중개인, 서브프라임 대출 제공사, 신용 평가 기관, 월가 투자은행 등을 포함해 모든 금융 시장 참여자가 성대한 금융 상품 '뷔페 상차림' 앞에 서서 먹을 수 있겠다 싶은 금융 상품은

모조리 집어삼키려 들었다. 정치인과 규제 기관이 마약 중독자의 혈관 속에 투여한 헤로인처럼 수백만 달러 규모의 악성 채권과 비우량 MBS를 직접 만들어 시장에 투입하지는 않았다. 그러나 이런 악성 금융 상품이 시장에 투입되는 상황을 막지도 않았다. 적어도 규제 기관이라면 시장이 정부에 혹은 규제 당국에 기대하는 바로 그 일을 해야 한다.

일단 시장에 이런 비우량 금융 상품의 지불 능력과 관련한 경고 신호가 울리자 대출자와 투자자가 신용을 축소하기 시작했다. 이런 상황에 대한 우려가 깊어지면서 경제 성장에 제동이 걸렸다. 이는 늘 문제 소지가 있는 사건으로 비쳤다. 은행과 금융 서비스 회사가 규제에 대한 우려 때문에 서브프라임 모기지의 원 제공자는 아니었을지 모르지만, MBS 형태로 이 모기지 상품을 마구잡이로 매수하는 주체가 됐다. 위험 수준이 높은 모기지론이 '신용을 팽창하는' 채권 유동화 절차를 통해 각 기초 자산보다 위험성이 덜한 그리고 신용 평가 기관의 후한 평가를 받는 상품이 탄생하는 자체를 일종의 '금융 연금술'에 빗댈 수 있다. 이렇게 구조화된 증권이 비현실적 수준의 신용을 확보했다. MBS 형태로 발행된 불량 증권에 대한 신용이 하락하기 시작하자 이 MBS를 발행, 배포, 투자한 회사에 대한 신용도 사라지기 시작했다. 이 뿐만이 아니라 은행, S&L, 모기지 중개인, 비은행권 대출 기관, 투자은행, 뮤추얼펀드, 헤지펀드, 보험사, 사모펀드 등 모든 시장 참여자에 해당하는 사항이었다. 이는 레포 시장을 포함해 소매 및 상업 신용의 축소로 이어졌다. 후자는 거래 당사자가 상호 연결된 시장에서 영향을 증폭시키는 요소로 작용하며 자산 및 부채의 만기가 일치하지 않는 기관 간에 자산 매각과 자금 조달 위기를 유발했다. 자산 가격이 하락하자 증거금과 담보 관련 요건이 강화됐고 뒤따라 추가 증거금 납입 청구가 이어지면서 자산 매각이 더 활발해지고 자산 가치는 더 하락하면서 차입 비중이 큰 기관이 엄청난 재정 압박을 받았다. 유동성 자본 소유자는 향후 더 나은 거래 기회가 오리라는 기대로 이 자본을 풀지 않고 계속 보유했다. 그리고 우량 상품 선호 현상이 강해졌다. 어떤 시장에는 매수자만 있었고 또 어떤 시장에는 매도자만 있었다. 중앙은행이 유동성 위기를 상쇄하고자 통화량을 늘렸는데도 대형 기관 사이에서 금리가 여전히 상승했다. 위험 창출원이 복잡하게 얽힌 상황에서 거래 상대방의 위험 수준을 평가하기가 너무 어려웠기 때문이다.

결국에 금융 상품 가치가 하락하고 시장이 붕괴하기 시작할 당시 믿을 만한 금융 기관은 남아 있지 않았다. 순간 심리학이 시장을 압도했다. 이는 단순한 수치와 가치, 재무 비율 이상의 의미를 지닌다. 브레이크를 꽉 밟고 후진하고픈, 통제 불가능하고 탐욕스러운 충동이 나타났다. 신용 한도가 줄어들고 '고평가돼 팔거나 담보물로 사용할 수도 없는 자산을 과도하게 보유한' 금융 기관에 유동성 문제가 나타나기 시작하면서 금융 상품 뷔페도 끝이 났다. 정부는 공개적으로 압박을 가하며 시장 붕괴를 부추겼고 효과적인 대책도 별로 없이 뒤늦은 대응만 하기 바빴다. 규제가 불충분하다는 점은 이번 위기의 원인이 아니었다. 시장에서의 잘못된 역학 관계에 대한 과도한 규제가 시장과 이에 상응하는 기업 행동을 왜곡한다는 사실을 드러내는 더 적절한 또 다른 예로 보인다.

월리슨은 이 주제를 다룬 후속 저서 《보면서도 보이지 않는 진실 Hidden in Plain Sight》을 통해 금융위기조사보고서FCIR: Financial Crisis Inquiry Report 와는 반대 관점에서 위기의 원인을 설명한다. 월리슨은 다른 무엇보다 1977년에 CRA를 통해 이뤄진 정부 실책에서 위기의 원인을 찾는다. CRA에 따라 FDIC 보증 은행은 통상적으로 대출을 거부당하는 특정 도심이나 소수 계층 거주 지역까지 포함해 지역이나 기타 제한을 두지 않고 해당 '지역 사회'에 대출을 해 준다. 연방은행 규제 기관은 현장 조사와 정기적 보고를 통해 CRA를 준수하게 한다. 그러나 이보다 더 중요한 사실은 CRA가 징벌 및 보상 체계를 마련했다는 점이다. 지점 설치 및 합병 승인을 얻고 다양한 거래가 가능하려면 CRA에서 요구하는 수준을 만족시켜야 한다. 이를 통해 사실 여부와 관계없이 그동안 해당 은행이 CRA 기준을 준수하지도 지역 사회에 대한 기타 의무를 이행하지도 못했다고 주장하며, 합병 은행으로부터 새롭게 소비자 지지 단체에 대한 재정상의 약속을 이끄는 데 필요한 근거를 제공했다. 합병 은행이 저소득층에 대한 대출을 늘리고 합병에 반대하지 않은 대가로 자금을 제공하는 등 금융 관련 약속과 지원이라는 선물 보따리를 소비자 단체에 제공하는 일이 일반화됐다. 은행은 크고 분명한 정치적 메시지를 받았다. 빈곤층에 대출을 늘리는 등의 결과는 좋았지만, 그 절차는 의회가 의도했던 것과는 달랐다.

월리슨은 본인이 위원으로 있던 '금융 경제 위기의 원인에 관한 국가위원회'가 철저한 조사를 하는 대신에 가능한 위기의 원인은 전부 알고 있다는 가정하에 활동을 시작했지만, 광범위한 조사 권한을 활용해 고작 이 위원회가 내건 기치와 핵심 쟁점을 뒷받침하는 정도의 기초적 사실을 확인하는 데 그쳤다고 설명한다. 위원회의 핵심 쟁점은 '월가에 만연한 탐욕과 무분별함, 규제 철폐 혹은 느슨한 규제, 약탈적 대출과 규제받지 않는 파생 상품'이 위기를 유발했다는 점이다. 그러나 또 위원회가 다른 원인, 특히 위기를 초래한 원인을 심도 있게 조사하지 않았다고 말한다.[5] 금융 위기의 필수 요소가 바로 미국 정부의 주택 정책이라고 결론 내렸다. 이 잘못된 정책으로 미국 내 총 모기지의 절반에 해당하는 2,700만 달러 규모의 서브프라임 대출과 기타 위험 수준이 높은 대출을 제공했고 1997~2007년 주택 거품 붕괴와 함께 채무 불이행 사태로 이어졌다.[6] 윌리슨은 정부 정책이 주택 시장 거품의 원인이고 따라서 전 세계로 번져나간 서브프라임 금융 위기의 원인이었다고 주장한다.[7] 연준, 주택도시개발부HUD: Department of Housing And Urban Development, 연방주택관리국FHA: Federal Housing Administration, 패니메이와 프레디맥, 연방주택기업감독청, CRA 등에 반대하는 입장을 FCIR에 상세하게 정리했다.[8] 비판 수위는 훨씬 더 예리하며 FCIR를 담당한 위원으로서 전에는 한 번도 접근하지 못한 사실 정보를 바탕으로 쓴 자신의 책에 이 부분을 좀 더 충실하게 기술했다. 윌리슨이 다룬 주제는 열띤 논쟁을 불러일으켰다.[9]

윌리슨은 이 위기를 촉발한 주요 요인을 찾아냈지만, 나는 이렇게 되면 위기를 만든 기본 원인이 너무 여럿이라 원인 설명이 더 복잡해진다고 생각한다. 기업의 과잉 행위, 약탈적 대출, 규제받지 않는 파생 상품 등이 이번 금융 위기 발생에 일조했지만, 비효율적인 잘못된 규제는 느슨한 감독이나 규제 결여보다 훨씬 치명적이었다. 위기 이전의 행정부와 의회가 너무 많은 규제를 만들었다. 충분한 자료에 바탕을 둔 정교한 규제가 아니었다. 미국 주택 보유율 증가에 초점을 맞춘 클린턴 및 부시 행정부는 새로운 주택 보유 목표치에 도달하게 함으로써 패니메이와 프레디맥처럼 갈등 관계를 보이는 기관을 활용하는 정치적 실험, 모기지 대출 규제 권한 폐지와 더불어 연준의 금리 설정 실책 등 무분별한 시장이 이용할 환경이 조성됐다. 토페카 모기지 중개인, 마이애미비치의 약탈적 하우스 플리퍼House Flipper, 단기적 주택 매매로 수입을 올리는 투기꾼으로 주로 매입 후 개조해 되팔아 차익을 챙김-옮긴이, 월가 채권 유동화 기관, 비규제 파생 상품 및 CDS 시장 참여자 등을 포함해 민간 부문에도 자발적으로 위기의 원인을 제공하는 주체가 적지 않았다. 어떤 측면에서 결국 AIG 같은 기업이 보증해 주는 서브프라임 모기지론을 만들고 유동화하는 기업에는 제한된 위험이 존재하기 때문에 이 금융 위기라는 '불길'에 점점 더 많은 기름을 쏟아붓는 일이 완전히 합리적인 행동으로 보였다. 주택 거품이 점점 커지자 연준이 금리를 인하했다. 규제 기관의 자료는 부실했고 기술은 낙후됐으며 상업은행과 S&L 등 이미 불이 난 곳에만 관리 · 감독이 집중됐다.

유동화 증권이라는 새로운 파생 상품과 그 시장이 새로 부각되며 이쪽으로 엄청난 자금이 몰렸다. 일부 전문가는 AIG 붕괴에 일조했던 CDS가 '상호 연결성'을 토대로 한 금융 위기에 상당한 영향을 미쳤다는 점은 입증되지 않았다고 주장한다.[10] 이와 마찬가지로 약탈적 대출이 존재하지만, 위기를 유발할 정도로 광범위하게 확산했다는 점을 입증할 증거는 별로 없다. 윌리슨은 사람들과 모기지 중개인이 '약탈적 대출'을 통해 모기지 사기를 벌이고 아무런 제재 없이 주택을 매입해 개조 후 매각하는 등의 행위 또한 문제가 됐다는 식의 꽤나 독특한 주장을 한다.[11] 위기를 유발한 개별 요인에 제각기 가중치를 부여하는 일이 핵심은 아니다.

FCIR의 결론과 활동에 관한 윌리슨의 주장은 특히나 비관적이다. 요컨대 FCIR은 내밀한 혹은 부적절한 자료를 토대로 선입견이 반영된 결론에 따라 다분히 정치적이다. 이 보고서는 MMA에 대해서는 자세히 설명하지 않았다는 지적도 한다. 비평가들은 이 MMA가 완전히 잘못된 시점에 손해배상금을 발생시켰고 금융 기관의 지분을 축소시켜 실제 현금 흐름에서 확인할 수 있는 수준보다 해당 금융 기관이 훨씬 더 무력해 보이게 했다고 주장한다.[12]

FCIR은 사실에 근거한 정보 및 결론이 혼합된 일종의 자료 보따리나 다름없다. 철저한 조사와 분석으로 통찰력 있는 결론을 이끌었지만, 특별한 언급이나 지지가 없는 상태에서, 그저 발생한 혹은 발생했다고 생각하는 사건에 관해 특히 주택 및 지역 사회 활동가 같은 목격자의 견해를 되풀이하는 태도는 신뢰 구축에 별 도움이 되지 않는다. 해당 위원회가 찾아낸 사실 가운데 정확한 것도 꽤 있었다. 그렇게 찾아낸 위기 유발 요소에는 연준, 은행 규제 및 감독 실패, 부실한 기업 지배 구조, 과도한 대출 및 차입 관행, 준비가 불충분한 정부, 책임 및 윤리 의식 붕괴, 새로운 구조화 금융 상품 고안, 장외 파생 상품 확산, FASB가 2007년 MMA 원칙 시행, 신용 평가 기관의 지속적인 중대한 실책 등이 있다. 거대한 주택 거품 생성, 정부 통화 및 경제 정책이 부지불식간에 주도한 수익률과 수수료 수입 추구 경향 그리고 이런 경향이 만들어 낸 상품에 관해서도 상세히 다뤘다. 서브프라임 모기지와 이를 기초로 만들어 낼 수 있는 MBS가 이 수익률에 이르게 하는 매개체 역할을 했다. 실제로 MBS가 금융 기관이 소유할 수 있는 더 안전한 상품이라는 분위기가 있었다. 결국 은행 자본 산출에 가중치를 부여하는 작업은 위험도가 낮다고 판단했다.

　　정부는 공격적인 모기지 및 투자은행가가 큰 수익을 목적으로 수준 이하의 모기지 제공 및 이를 유동화한다고 가정한 상태에서 이에 대한 우선적 규제를 명했어야 했다. 차입 비중이 높고 규제를 받지 않으며 점점 성장하는 파생 상품 시장에 위험이 축적되고 있다는 사실을 직시해야 했다. 또 그런 상황이 진행되도록 허용하거나 조장하면 미국 경제라는 '혈관' 속으로 재정적 균열이라는 병균이 흘러 들어간다는 사실을 알았어야 한다. FCIR은 민간 부문뿐 아니라 정부가 이 위기를 예측했어야 했다고 결론 내렸다. 그런데 정부는 왜 위기를 예측하지 못했을까? 금융 유인책이 모두 위기를 유발하는 요소로 작용했다. 부분적으로 점점 복잡해지는 위기를 관찰·주시하는 일은 무척 까다롭고 비용도 많이 들어가는 작업이었다. 위험에 대한 투명성 결여로 파생 상품을 이용해 경제적 차입 상태를 감추는 상황이 발생했고 시장 보상 구조는 위험을 창출하고 이를 감수하는 환경을 조장했다. 이 모든 사실 때문에 규제 기관이 완전히 이해하지 못한 그래서 익숙하지 않은 새로운 문제가 발생했다. 수많은 붕괴 신호를 감지하지 못하고 놓칠 때가 많았다. 부분적으로는 정부가 활용하는 자료와 자원이 부족하기 때문이다. 정부는 실제로 보유한 자료와 자원의 한계 안에서 최선을 다했다. 다가올 금융 위기를 피하려면 기술의 장점을 최대한 활용해야 한다.

전개 과정

조 노세라Joe Nocera와 베서니 맥린Bethany McLean은 저서《모든 악마가 여기에 있다All The Devils Are Here》에서 1987년에 발생한 주요 사건이 2008년 공황을 일으켰다고 주장했다. 이들이 설명했듯이 살로먼브러더스Salomon Brothers, 퍼스트보스턴First Boston, 메릴린치, 골드만삭스 그리고 몇몇 다른 기업이 나와 내 법률 사무소를 고용했다. 이들 기업을 대표해 패니메이와 프레디맥이 부동산모기지투자도관체REMIC: Real Estate Mortgage Investment Conduit 시장에 들어가 종국에는 이 시장을 지배하는 일을 멈추도록 정부를 설득해달라는 목적에서였다.[13] REMIC는 상업 및 주택 모기지론을 인수한 다음 하나로 묶어 MBS를 발행하려는 목적으로 설립한 연방 수준의 비과세 특수 목적 도관체이다. 패니메이와 프레디맥이 REMIC를 발행하면 소속 기업과 민간 부문이 이 새로운 유동화 증권 사업에서 상당 지분을 보유하기 바랐던 투자은행에 큰 위협이 된다. 이들 투자은행은 유통 시장에서 이처럼 정부 지원을 받는 기관과는 경쟁 자체가 불가능할 수 있다는 점을 우려했다.

1968년에 패니메이에서 독립한 지니메이Ginnie Mae가 FHA와 국가보

훈처 대출을 보증하고 원리금 지급이 보장되는 MBS를 발행하면서 정부는 1970년에 처음으로 주택 MBS를 발행한 셈이었다.[14] 1년 후에 프레디맥이 그 뒤를 이었다. 이번에는 기존의 모기지론을 취합해 MBS 상품을 만들었다. 살로먼브러더스, 퍼스트보스턴, 메릴린치, 골드만삭스 등에는 루 레이네리Lew Raineri, 존 오로스John Oros, 프랫, 래리 핑크Larry Fink 같은 모기지 금융 능률화를 목적으로 한 상품을 개발하는 뛰어난 금융 전문가가 포진해 있었다. 이런 인재와 같이 일하는 것은 갈릴레오나 레오나르도 다 빈치 같은 천재를 도와주는 일과 다름이 없었다. 이들은 1980년대에 각기 소속된 기업에서 민간 MBS 사업을 만들어 낸 개발자이자 개척자이고 실행자였다. 이 사람들이 미국 시장과 경제를 바꿔 놓았고 소속 기업에 큰돈을 벌어줬다. 한 점 오류나 실수가 없는 이 천재들의 작업을 통해 시장이 변화하고 MBS를 통해 최초 대출 제공자로부터 대출 결정에 대한 재정적 책임이 분리되면서 이 MBS 상품이 2008년 공황의 주된 유발 요인이 됐다. 사실상 애초 대출 제공자 및 중개인과 직접적으로 연결되지 않은 상태에서 대출 채권의 유동화가 위험 보상 비율과 시장이 작동하는 방식을 변화시켰다. 점점 명확해지듯이 도드-프랭크법 이전의 규정에 따라 기업이 처음 제공해 포트폴리오에 보유하는 대출과 단기적으로 장부에 기입했다가 유동화 증권 시장으로 나가는 대출의 관리 수준에는 차이가 있다. 일단 이런 대출 채권이 유동화하면 신용 제공자에 해당하는 익명의 투자자가 이런 증권을 거래하는 데 따른 위험을 지게 된다. 반면에 모기지 원 제공자는 모기지와 함께 제공된 진술 및 보증 위반이나 사기처럼 다소 독립적인 위험을 안게 된다. 그러나 꾸준히 성장하는 주택 시장과 경제 환경에서 그런 사건을 걱정하는 사람은 아무도 없었다. 시장은 항상 긴급 피난처를 제공하기 때문이다. 주택 소유자는 상황이 나빠지면 항상 주택을 팔아 큰 수익을 낼 수 있었다.

우리가 샘 피어스$^{Sam Pierce}$ HUD 수장에게 유동화 증권 시장에서 패니메이와 프레디맥의 역할을 제한해야 한다는 주장을 제기했음에도 피어스는 절충안을 채택했다. 이에 따라 150억 달러 규모의 '시험 프로젝트'를 수행할 권한을 부여했다. 그러나 이 부분적인 '승리'는 오래가지 못했고 HUD가 1년 후인 1988년에 패니메이와 프레디맥에 대해 REMIC에 참여하는 영구적이고 무제한적인 권한을 부여함에 따라 투자은행은 또 다른 기회를 잃었을 뿐이다.[15] 노세라와 맥린은 HUD가 패니메이와 프레디맥이 미국 MBS와 주택 금융 사업에 대해 움켜쥔 지배권을 제한하지 않았다면 모기지 시장의 미래는 상당히 달라졌으리라고 보았다.[16] 이는 패니메이와 프레디맥이 이번 위기에서 중대한 역할을 했다는 의미다. 그러니 여기서 출발하도록 하자.

패니메이와 프레디맥의 역할

패니메이와 프레디맥은 주인이 너무 많은 복잡하고 독특한 사기업 및 공개 기업으로써 하나는 사회적 기업이고 또 하나는 금융 기업이다. 이 분열적인 정부 인가 공기업 모형은 태생부터 문제를 지니고 있었다. 사적 부문에서는 영리 목적으로 운영하는 반면에 패니메이와 프레디맥의 공적 정책 목표는 S&L과 매우 유사하게 항상 주택 소유를 지지하고 필요 자금을 지원하는 일이었다. 이 두 조직은 의회가 미국에서 경제적 및 사회적 주택 정책에 영향을 미치려 할 때 선호하는 도구였다. 패니메이와 프레디맥은 미국의 주택 소유 비용을 낮췄지만, 미국 경제의 건전성과 복지 부문에 엄청난 비용을 발생시키는 대가를 치렀다. HUD가 일시적으로 두 기관에 부과했던 REMIC 제한을 폐지하고 나서 정확히 20년 후인 2008년 9월 6일에 패니메이와 프레디맥이 연방 관리하에 들어가면서 전 세계적인 공황이 발생했다. 위기가 폭발 지경까지 무르익는 데는 수십 년이 걸리는 듯하다. 패니메이와 프레디맥은 지금까지도 연방 관리하에 있다.

의회는 1938년에 FHA가 보증한 모기지를 매수하려고 패니메이를 설립했다. 1968년 당시 재무상태표에 계상된 패니메이 모기지 포트폴리오 규모가 72억 달러 수준이었다. 의회는 1968년과 1970년에 재무상태표에서 자산을 없애려고 패니메이와 신설된 프레디맥이 모기지를 취합할 수 있게 하는 법률을 제정했다. 이로써 패니메이와 프레디맥이 보장하는 소득 흐름을 창출하고 증권의 형태로 이를 시장에서 판매할 수 있었다.[17] 이 체계 덕분에 미국 주택 금융 시장의 효율성이 크게 향상됐다. 패니메이와 프레디맥은 주로 S&L이 최초로 제공한 30년 만기 고정 금리 채권 모기지를 매입했다. 이로써 약간의 수익을 내며 S&L 장부에서 장기 대출 채권을 없앴다. 그리고 새로운 현금 수입으로 모기지를 더 많이 제공해 주택 매입과 건설, 금융을 더욱 활성화했다. 그렇지 않았으면, S&L은 결국 모기지를 더는 생성하지 못하는 지경에 이르렀을 것이다. S&L이 포트폴리오에 모기지를 계속 유지하려면 이에 상응하는 자본을 보유해야 하므로 모기지 대출 포트폴리오가 증가할수록 결국 자본이나 유동성 혹은 이 두 가지가 다 소진된다. 패니메이와 프레디맥은 미국 경제가 계속 작동하도록 주택 건설 수준과 주택 금융 수단을 유지하려는 정부의 해법 가운데 하나였다. 이는 당시에는 매우 무미건조한 생각으로 보였지만, 1966년에 규제 Q를 S&L에 적용할 때도 마찬가지였다.

민간 부문은 패니메이와 프레디맥에 관한 입장이 명확하지 않았다. 두 기관은 일종의 정부 대리인처럼 보였기 때문에 공공 시장에서 정부 금리와 비슷한 수준으로 자금을 융통했다. 이는 민간 부문 기업이 자금을 융통할 때 적용되는 금리보다 훨씬 낮은 수준이었다. 따라서 이처럼 유리한 차입 조건이 모기지 대출 기관으로도 전달돼 주택 구입자의 모기지에 낮은 금리를 적용할 수 있었다. 패니메이와 프레디맥은 투자자에 대해 정해진 시점에 원리금 상환을 보장하지만, 기술적으로 미국 정부 수준의 '완전한 신뢰와 신용'으로 이를 보증하는 정도는 아니었다. 그러나 시장은 항상 마치 두 기관이 정부 수준의 보장을 해 주는 듯이 행동했고 2008년 공황 때 이런 가정이 옳았음이 드러났다. 원리금 상환 보증 기관 역할을 한다는 차원에서 패니메이와 프레디맥은 각기 매수한 모기지의 최초 생성자에 대해 일종의 보증료G-fee를 부과했다. 두 기관은 본질적으로 거대한 S&L이기 때문에 1980년대 초에 금리가 상승하고 금리 변동이 불규칙적으로 일어나자 재정 상태가 상당히 악화됐다. 거의 비슷한 시기에 의회는 S&L 산업에 대해 자본 요건을 강화하는 등 소 잃고 외양간 고치는 행동을 하고 말았다. 이로써 S&L이 패니메이와 프레디맥에 모기지를 판매해 재무상태표에서 모기지를 제거하기에 아주 좋은 환경을 조성했다. 패니메이와 프레디맥의 부채와 미상환 MBS의 기초 자산인 모기지 부채 잔고가 1990년에 7,590억 달러에서 2000년에 2조 4,000억 달러로 증가했다.[18]

패니메이와 프레디맥의 분열적 구조는 실패로 얼룩진 '자본주의 정치화'의 극명한 사례였다. 두 기관은 전 국민 주택 소유라는 정치적 의제를 어떻게 만족시켰고 또 어떻게 수익을 창출해 투자자를 끌어들여 이들을 만족시켰을까? 무엇보다 두 기관의 독점, 아니 더 정확히 말해 두 조직이 시장을 분할 지배하는 복점複占 체계는 적어도 일시적으로 그 간극을 메우는 한 방법이었다.

혹자는 2007년에 금융 위기가 시작됐을 당시 미상환 모기지 5,500만 건의 절반에 해당하는 2,700만 건이 서브프라임 등급이었다고 주장한다.[19] 이 수치가 정확하든 아니든 간에 최초 생성된 주택 담보 대출 중 상당량을 패니메이와 프레디맥이 매수한 다음 이를 취합해 MBS로 재조합하면서 대출 상품의 품질에 큰 변화가 있었다는 점이 중요하다. 그러나 이는 이후 펼쳐진 비극적 상황의 극히 일부에 불과했다. 2001년부터 2006년까지 패니메이와 프레디맥, 지니메이가 발행한 총 MBS가 무려 13조 4,000억 달러 규모였다.[20] 2005년 11월 말까지 공개 시장 매수를 통해 패니메이와 프레디맥은 무려 1조 5,000억 달러 상당의 모기지 증권을 축적했으며 대부분이 자체 발행한 MBS로 구성돼 있었다.[21] 정부의 암묵적 보증 덕분에 유리한 금리로 대출 채권을 발행해 매수 대금을 조달했다.

누군가 당시 상황을 지켜봤다면 패니메이와 프레디맥이 정부가 지원하는 자금으로 자체 모기지 채권을 매입할 수 있게 해서 과연 어떤 공공 정책을 달성했는지 물었을 것이다. 2007년 말이 되자 미국 내 모기지 부채가 두 배로 증가함에 따라 두 기관이 소유하고 보증한 대출을 포함해 패니메이와 프레디맥의 총 차입 비율이 약 60대 1 수준이었다.[22] 이는 20년에 걸친 주택 시장 성장의 정점이며 주택이 사람 사는 공간에서 투기 상품으로 전환되는 역할을 했다.

주택 담보 대출의 정치학

1992년에 의회는 패니메이와 프레디맥에 적절한 가격으로 주택을 공급한다는 목표를 부여했고 이로써 2008년 공황의 씨앗이 뿌려졌다고도 볼 수 있다.[23] 조시 부시 대통령(재임 기간: 1989~1993년)은 1992년 10월 28일에 '주택 및 지역 사회 개발법Housing And Community Development Act'[24]에 서명했고 정부 지원이 충분치 않은 이른바 '소외 지역'에 주택 공급 및 자금 지원을 원활히 하려는 목적에 따라 공식적으로 패니메이와 프레디맥을 동원했다. 무엇보다 패니메이와 프레디맥은 자사가 매입한 모기지에 대해 선지급금 비율을 5퍼센트 이하로 낮출 수 있었다. 또 차입자의 신용 이력에 문제가 있을 때도 모기지를 매입할 수 있었다.[25] 클린턴 대통령(재임 기간: 1993~2001년)이 퇴임할 당시 HUD는 패니메이와 프레디맥 포트폴리오의 50퍼센트를 저소득층 대출로 구성하게 했고 조지 W. 부시(재임 기간: 2001~2009년) 행정부는 '온정적 보수주의'라는 기치 아래 저소득층 대출 비율을 5퍼센트로 올렸다.[26] 2007년

이 되자 고위험 모기지 비율이 전체 포트폴리오의 약 4분의 1(25퍼센트)을 차지했으며 이는 이전 10년 전보다 10배나 높아진 수치다.[27]

1995년에 클린턴 행정부는 '주택 소유 증가를 목적으로 한 더 나은 정책'이라는 구호 아래 2000년까지 미국 가구의 주택 보유율을 65.1퍼센트에서 67.5퍼센트로 끌어올리기로 했다.[28] 클린턴 대통령은 주택 소유자 수를 800만 명으로 늘리겠다는 국가 주택 소유 전략을 발표했다.[29] 이 전략에 따라 기업, 정부, 소비자 단체 등이 협력해 주택 매수 선지급금과 중·저소득층의 주택 매수 비용을 줄여주는 방식으로 대출 경제에 영향을 미치겠다는 목표로 '아메리칸 드림 파트너'로서 공동 노력을 기울였다.[30] 1995년에 HUD는 주택 소유 증가라는 공동 목표를 향해 전례가 없던 민간 협력 체계 구축을 설명하는 '도시 정책 보고회'를 준비했다. 이는 매우 숭고한 정치적 목표이기는 하지만, 발표하기 전에 경제적 및 사회적 비용 효율 분석부터 선행됐어야 했다. 그러나 그런 분석은 없었다.

1990년대 중반부터 말까지 법무부와 연준은행 규제 기관에 대해 주택 소유 증가 노력에 협력하는 동시에 중·저소득층에 대한 대출 보증을 요구했다. 곧이어 법무부와 연준은행 규제 기관은 은행에 대해 대출 자격 차별에 관한 불만을 제기하기 시작했고 불만 건수는 점점 증가했다. 이 문제가 전국적인 사태로 비화하면서 블랙파이프 주법은행(노스다코타), 체비체이스 S&L(메릴랜드), 빅스버그 국법은행(미시시피), 올뱅크(뉴욕), 디케이터연방 저축대부조합(조지아), 노던신탁회사(일리노이), 퍼스트내셔널뱅크오브도냐아나카운티(뉴멕시코), 쇼멋모기지(매사추세츠), 예금보증국법은행(미시시피), 어소시에이츠내셔널뱅크(델라웨어), 플리트모기지(뉴욕), 헌팅턴모기지(오하이오), 롱비치모기지(캘리포니아), 페코스주법보증은행(뉴멕시코), 퍼스트내셔널뱅크오브고든(사우스다코타), 닛산모터억셉턴스코퍼레이션(테네시) 등에 대해 관련 불만 혹은 소송이 제기됐다.[31] 나와 내 법률 사무소는 이 중 몇몇 기관의 대리인으로 나섰다. 이 소송 건에 참여한 경험을 바탕으로 급속히 진화하는 이 새로운 영역에 대한 법적 토대와 접근법을 다룬 저서 《공정한 대출 안내서The Fair Lending Guide》[32]를 출간하기에 이르렀다. 이런 소송에서 가장 빈번하게 제기되는 주장은 대출 심사 과정에서 차별 대우를 받았다는 내용이었다. 거의 동일한 자격 조건인데도 백인에 비해 유색 인종 대출 신청자가 대출 승인을 받지 못하는 비율이 상당히 높다는 통계 자료를 근거로 제기한 주장이었다. 재판에서는 주로 각 기관의 실제 대출 심사 체계와 절차가 정당했는지를 심의했다.

이런 소송의 실익이 있든 없든 간에 연방정부가 제기한 차별 대우 소송에서 불리한 상황에 몰리기를 바라는 금융 기관은 하나도 없었다. 죄가 있든 없든 이런 소송으로 그간의 평판이 훼손되는 일은 바라지 않았다. 대출 기관은 조직을 위협하는 소송이 제기될 때마다 합의로 문제를 해결했다.[33] 그 결과 법에 따른 사법적 결정이 아니라 정책적 고려를 토대로 새로운 법이 제정됐다. CRA와 공정한 대출 비용이 2008년 공황을 유발했다고 결론 내리기는 어렵다. 관련 소송 대부분이 비은행권 서브프라임 대출 기관이 아니라 예금취급금융기관에 초점을 맞췄다. 정부 기관 중 적어도 하나, 즉 법무부는 신용 위험도가 높은 이른바 고위험 차입자에 대한 대출이 기초 금융 기관 그리고 궁극적으로 패니메이와 프레디맥의 재무 상태에 더 큰 위험을 부과할 가능성에 초점을 맞추지 않았다. 그러나 정부 계획은 대출 기관이 까다로운 대출 승인 결정에서 '2차 검토'를 하는 한편 신청자의 신용 점수를 대출 심사의 결정적 요소로 삼도록 독려하는 쪽으로 방향을 잡았다.

앨리슨은 《금융 위기와 자유 시장 해법》에서 자신이 CEO로 있던 은행 BB&T가 순전히 정치적인 이유로 대출 심사에서 차별적인 행위를 했다는 이유로 제소된 사례를 소개했다. 앨리슨은 규제 기관은 어느 은행에 대해서도 대출 신청인에 대한 차별 대우가 있었다는 사실을 증명한 경험적 증거를 제기하지 못했다고 주장한다. 은행 대출에서 차별 대우는 없었다는 점과 정부 정책이 금융에 미치는 영향에 대한 앨리슨의 견해는 신망이 두터운 존경받는 은행가의 관점으로써 충분히 검토되고 이해할 만한 가치가 있다.[34]

월가, 금융 시장, 부패 확산

2005년과 2006년에 월가는 패니메이와 프레디맥보다 3분의 1이나 더 많은 대출 채권을 유동화했다. 비정부기관, 즉 민간 금융 기관이 담당하는 모기지 기반 증권은 30퍼센트 이상 증가해 2007년에 무려 1조 1,500달러 규모에 이르렀다. 이 중 71퍼센트가 서브프라임 혹은 알트에이 ALT-A, 우량과 비우량 사이 '보통' 혹은 '중간' 수준에 해당-옮긴이 등급이었다.[35] 2005년과 2006년에 모기지 피대출자 10명 중 거의 1명꼴로 변동 금리 모기지를 선택했다. 이 경우 계약금 격인 선지급금의 비율을 최저 수준으로 낮출 수 있지만, 모기지 잔액이 매달 증가하고 이자는 복리로 계산 되므로 시간이 갈수록 부채 상황이 악화된다.[36] 2005년 상반기에 이뤄진 전체 모기지의 약 4분의 1이 대출 기간에 이자만 지급하다 만기에 일시 상환하는 이른바 이자전용대출Interest-Only Loan이었다. 컨트리사이드 파이낸셜Countrywide Financial과 워싱턴 뮤추얼이 최초 생성한 변동 금리 모기지의 68퍼센트가 무서류 대출 혹은 서류 요건을 완화한 대출이었다.[37] MBS에 대한 막대한 수요가 있었고 이에 따라 모기지 생성 기관이 대출 심사 기준을 낮추거나 서류 요건을 대폭 완화하는 분위기가 형성됐다. 이와 동시에 미국인은 2006년 한 해에만 3,340억 달러를 포함해 2000년부터 2007년까지 차환借換을 통해 2조 달러를 차입해 주택을 매입함에 따라 정교하지만 규제를 받지 않는 파생 상품 시장이 지속적으로 성장했다. 이는 1996년에 차입한 금액보다 7배 이상 많은 수치였다.[38] 주택 열 채 가운데 한 채는 투자자, 투기자 그리고 본집 이외 제2의 가옥을 구입하려는 사람에게 팔렸고 MBS 발행은 급증했다.[39] 이는 수익성이 매우 좋은 사업이었다.

AIG는 2008년 금융 공황을 상징하는 전형적 기업이 됐다. AIG는 세계 최대 보험사였고 AAA 등급 채권을 발행하는 회사였으며 당시 주택 거품을 경제적 기회로 여겼다. 그래서 자사 AAA 등급 채권을 매우 효과적으로 대출해 줄 방법을 고안했다. 이에 따라 AIG 파이낸셜프로덕트AIG FP: AIG Financial Products는 1998년에 채무 불이행 위험이 낮다고 판단하고 회사채 보유자의 손실을 보전해 주는 CDS를 발행하기 시작했다.[40] 2003년부터 2006년까지 저금리 환경 속에서 수익률이 높은 상품을 찾는 국내외 투자자에게 MBS가 가능성 있는 선택지 가운데 하나로 떠올랐다. 수익성이 좋은 시장을 좇아 AIG는 다양한 유형의 상업 및 모기지 채권을 묶어 만든 부채담보부증권의 손실을 보전하는 CDS 사업을 확대했다. 이를 통해 유동화 증권의 기초가 된 채권 상품 가격과 시장성이 향상됐고 회사채 손실 보전에서 주택 금융 체계 전체를 보증하는 쪽으로 매우 효과적인 전환이 이뤄졌다.

대출 및 유동화 증권 시장 호황세를 이용하려 한 곳은 AIG 하나만은 아니었다. 2001년부터 2006년까지 월가는 민간 모기지 대출 기관용 MBS를 5조 5,000억 달러어치나 발행했다. 이들 민간 금융 기관 대부분은 무디스Moody's, 스탠더드앤드푸어스Standard & Poor's, 피치Fitch 등과 같은 신용 평가 기관이 등급을 매겼다. 2007년에 미국 투자은행의 차입 비율은 30대 1이 넘었다.[41] 자산 30달러당 손실을 보전할 자본은 1달러인 구조였다. 자산 가치가 3퍼센트만 하락해도 기업 자체가 무너질 수 있다는 의미다. 골드만삭스는 2006년부터 2009년까지 기업 수익의 25퍼센트에서 35퍼센트가 파생 상품에서 발생했다고 추산했다.[42] 2007년 말에 베어스턴스는 익일물 시장에서 엄청난 금액을 차입했다.[43] 그러나 모기지 생성 및 유동화 증권 사업은 신용 평가 기관을 포함한 모든 금융 기관에 엄청난 수익을 안겼다. 무디스는 상장 기업이 되면서 기업의 재무성과에 대한 이해관계가 높아졌다.[44] 신용 평가 기관은 신지급금 비율과 연체율 기록 그리고 서브프라임 모기지론을 기초로 해서 만든 신종 구조화 금융 상품의 가치와 위험 간의 상관관계와 같은 역사적 자료를 충분히 보유하지 못했다. 신용 평가 기관 간에 수수료를 받고 이런 금융 상품의 가치를 평가하는 데서 이해 충돌이 발생했다.

2005년 말에 AIG FP는 CDS를 통해 MBS 800억 달러에 대한 손실 보전을 보증했다. 위험이라는 관점에서 보면 시장은 전례가 없는 수준의 상호 연결된 위험 폐쇄 회로가 되고 있었다. 그런데 참여자가 이용할 수 있는 막대한 이익과 수시 상환 요구권 때문에 이런 위험이 가려진 측면이 있다. 이들은 그런 임의성을 파악하고 가치를 평가하는 방법을 잘 알고 있었다. 단기적 이익을 추구하는 보상 구조, 조세 허점, 회계 관행 그리고 다른 사람이 위험을 부담하는 포트폴리오에서 이익을 내는 능력 등이 은행업계 외부에서 막대한 체계적 위험을 발생시키는 데 일조했다. 민간 부문의 그런 과잉 행위는 분명히 문제가 있었다. 이는 '동전 앞면이 나오면 내가 이기고 뒷면이 나오면 네가 진다'는 이른바 불공정 게임의 또 다른 예일 뿐이다. 정부는 문제를 보려고 하지 않거나 알고도 아무 일도 하지 않았다는 사실로 비난받아 마땅하다.

이와 동시에 연준은 2004년 6월부터 2006년 6월까지 금리를 0.25퍼센트포인트씩 무려 17차례나 인상했다. 이에 따라 모기지 금리가 상승했고 2006년 말이 되자 자연히 주택 가격이 하락했다.[45] 월가는 이 상황이 어떤 의미인지 잘 알았다. 주가가 하락했고 시장 금리와 연동된 모기지 상환의 증가로 차입자의 상환이 지체되면서 서브프라임 모기지와 MBS에 자사 금융의 미래를 건 비은행권 모기지 대출 기관이 금융 문제를 겪기 시작했다. AIG 신용 등급이 AA로 강등됐을 때 AIG가 보증했던 MBS의 품질과 가치에 변화가 생겼다. 그리고 상호 연결된 모기지 금융계에서 미상환 신용 한도 조건과 추가담보요구, 자산 가치 평가 부분에서 연쇄 반응이 일어나기 시작했다. 그리고 경제 동력의 전환이 시작됐다. 모기지 채무 불이행이 증가하자 손실과 파산 역시 증가했다. 메릴린치는 서브프라임 모기지 사업이 여전히 기세를 올리던 2006년 여름에 16억 달러에 내셔널 시티은행의 서브프라임 대출 플랫폼인 퍼스트프랭클린모기지First Franklin Mortgage를 인수하는 데 동의했다. 이때 나와 내 법률 사무소는 메릴린치 대리인으로 이 거래에 참여했다. 시장에 심각한 문제가 나타나기 시작한 2007년 초에 인수 거래가 완료됐다. 2007년 10월 5일에 메릴린치는 부분적으로 퍼스트프랭클린 인수와 관련해 손실이 55억 달러 발생했다고 발표했다. 해당 분기에 추가 손실이 22억 달러 발생했고 시장은 메릴린치 같은 기업이 그런 판단 착오를 할 수 있었다는 점을 우려하며 긴장하기 시작했다. 정부 측의 강력한 요구로 뱅크오브아메리카는 2008년 9월 12일에 주식 대 주식 교환을 선언하며 메릴린치 주주에게 주당 29달러 기준으로 총 500억 달러를 지급하는 방식으로 메릴린치를 구제했다. 2007년 1월 초에 퍼스트프랭클린을 인수하기 직전까지만 해도 메릴린치는 주당 90달러 이상에 거래됐다. 이 시장에서 서브프라임 모기지 그리고 이를 기초로 탄생한 MBS의 가치가 부각되기 시작했으며 여기서 나타난 진실은 그다지 아름답지 못했다. 시장은 하락세에 들어갔고 신용과 유동성이 경색됐다.

2008년 3월 16일에 베어스턴스가 파산했고 정부 요구에 따라 JP모건체이스가 베어스턴스를 인수했다. 이때 입은 타격이 FDIC가 보증하는 예금 취급 기관으로 옮겨갔고 그 고통이 지금까지 이어졌다. 인디맥은 캘리포니아에 본사를 둔 저축 기관으로 주정부와 OTS의 규제를 받았다. 또 최대 역모기지 제공사이기도 했다. 역모기지는 말하자면 노년층이 주택의 형태로 축적한 지분에 접근하게 해 준다. 또 주택 소유자가 사망하거나 주택이 팔릴 때까지 대출금 상환을 연기할 수 있다. 인디맥의 재정이 악화하고 있다는 소문이 떠돌기 시작하자 슈머 상원 의원이 이 싸움에 뛰어들었고 은행이 처한 위태로운 상황을 기술한 서한을 발표했다. 뒤이어 예금 인출 사태가 벌어졌고 7월 11일에는 OTS가 인디맥을 관리하다가 정부 관리하에 다시 문을 열었다. 이 상원 의원의 행동은 나날이 악화하는 시장 악재를 더욱 증폭시키는 역할을 했다. 예금액 130억 달러에 대출 사업 규모가 1,500억 달러 규모였던 인디맥은 당시 미국 은행 파산으로는 최대 규모였다. 미국 주요 은행 파산으로는 15년 만에 처음 있는 일이라 월가도 투자자도 인디맥이 FDIC 법정 관리를 받는 상황이 다소 생소했었다.

7개월 후 스티븐 므누신이 운영하는 듄캐피털^{Dune Capital}이 입찰에 응해 FDIC으로부터 인디맥을 인수했다. 므누신은 여러 유명 투자자를 끌어 모았다. FDIC에서 금융 지원을 받은 대가로 파산한 이 은행에 최소 10억 달러를 지원하려는 목적에서였다. 나와 내 법률 사무소 프라이드프랭크는 투자자를 대리해 이 거래에 참여했다. 인디맥 인수는 FDIC 역사상 가장 복잡하고 자금 지원 규모도 최대치였던 거래였다. 파산 은행에서 기회를 찾으려면 이런 거래와 정부로부터 받는 금융 지원으로 투자자를 끌어모아야 한다. 그런 면에서 므누신은 우리가 직면한 모든 문제를 깔끔하게 극복한 유능한 관리자였다.

2008년 10월 6일에 인디맥 1차 인수전에서 총 23개 업체가 입찰했고 2008년 12월 15일 2차 입찰에서는 6개 업체가 응했다.[46] FDIC가 접수한 입찰 제안서 가운데 듄캐피털의 제안이 가장 포괄적인 '전체 은행' 인수 입찰이었고 FDIC로써는 이쪽이 법정 최저 비용으로 여겨졌다. 협상과 서류 작업까지 포함해 이 거래가 성사되는 데 수개월이 걸렸다. 부분적으로 FDIC는 접수한 대다수 입찰 제안서를 바탕으로 누구도 이 은행을 통째로 인수하고 싶어 하는 곳이 있으리라 기대하지 않았기 때문이다. 이 때문에 다양한 인디맥 자산 풀을 각기 다른 매수인에게 판매하고자 최소 8~9개 서류를 준비해야 했다. 우리가 접수한 30개가 넘는 계약서를 정리하는 데 수 주일이 걸렸다. 마침내 인디맥 인수가 완료됐고 사명은 원웨스트파이낸셜OneWest Financial로 변경됐다. 므누신은 조지프 오팅Joseph Otting과 브라이언 브룩스Brian Brooks를 영입해 회사 운영을 맡겼고 2015년에 다시 CIT 파이낸셜CIT Financial에 인수됐다. 2017년에 므누신은 재무 장관 그리고 오팅은 통화감독청장이 됐다. 브룩스는 2020년 4월에 통화감독청 부청장이 됐고 2020년 5월 29일에 오팅이 물러나자 통화감독청장 권한 대행을 맡았다.

2008년 9월 6일에 FHFA는 패니메이와 프레디맥의 감독 기관이 됐고 12년이 지난 지금까지 이 상황은 변하지 않았다. 이 두 기관이 법정 관리 상태에 들어간 이유는 전례 없는 수준의 자산 관리 체계를 통해 전 세계 시장이 붕괴되지 않도록 또 미국 내 투자에 악영향을 주는 일이 발생해서 여기에 투자한 외국 투자자의 화를 돋우지 않도록 하려는 목적에서였다. 재무부는 이들 기관이 부채로 파산하지 않도록 자본을 지원했고 그 대가로 선순위 우선주Senior Preferred Stock와 보통주 인수권Common Stock Warrant을 받았다. 몇 년 후 재무부는 영구 배당금의 형태로 두 기관의 이익금 전액(최소한의 완충 자본 제외)을 수령했다. 패니메이와 프레디맥이 수익성을 회복했을 때 이 배당금 흐름으로 재무부가 지원한 자금을 갚았을 뿐 아니라 납세자에게도 상당한 수익을 안겼다. 그러나 건전한 재정 상태로 복귀하는 데 필요한 자본 축적은 미뤄졌다. 이 시기에 나는 대부분 특정한 주주를 대표했고 이런 법정 관리 체계 조건에 이의를 제기하는 소송에서 연방 순회 항소 법원과 대법원에 상대방 측을 대신해 법정 조언자 의견서를 제출했다. 2021년에 대법원은 금융, 정치, 시장 부문에 지대한 영향을 미칠 수 있는 판결을 내리게 된다.

9월 15일에 리먼브러더스는 파산 신청이 받아들여져 연방 파산 절차에 들어갔다. 이 소식에 시장은 충격에 빠졌고 외견상 정부가 승자와 패자를 가리는 절차에서 파생한 새로운 불확실성에 민감하게 반응했다. 2008년 9월 말 한 주 동안 골드만삭스[47]와 모건스탠리[48]는 유타 산업 대출 자회사를 상업은행으로 전환해 은행의 지주회사가 됐다. 이는 금융 지원을 받는 조건으로 연준과 합의한 내용 중 하나였다. 절실한 재정적 필요성 때문에 유서 깊었던 은행계 상당 부분이 다른 은행에 인수됐거나 연방 및 주정부 규제를 받는 은행 지주 회사가 됐다. 재정적 필요 때문에 유례가 없는 수준으로 여러 주 사이에서 그리고 여러 산업 사이에서 파산 금융 기관에 대한 인수가 이뤄졌던 1980년대와 매우 비슷하게 은행 및 금융계에 대한 급속한 규제가 진행됐다.

리먼브러더스 상황에 대한 글이 쏟아졌다. 주로 리먼브러더스가 몰락한 이유 그리고 AIG와 베어스턴스 같은 다른 기업은 위기를 모면한 이유에 관한 내용이었다. 연준은 리먼브러더스에 대출해 줄 법적 권한이 없다고 결정했다. 담보가 충분치 않아 대출금 상환 보증 요건을 충족시키지 못한다고 판단했기 때문이다. 꾸준한 연구를 바탕으로 연준이 리먼브러더스를 구제하지 않은 이유를 다룬 책에서 로런스 볼 Laurence Ball 교수는 연준은 재무부와 연준만이 아는 이유로 사실을 잘못 이해했거나 잘못 전달했다고 결론 내렸다. 다시 말해 연준이 리먼브러더스에게 제공할 신용을 승인 혹은 거부할 법적 권한이 재무부에 없는데도 그 재무부가 한 결정을 연준이 집행하는 아이러니가 발행했을 가능성이 있다고 본다.[49] 이는 정부가 승자와 패자를 결정한다는 의미였기 때문에 경제가 하향 곡선을 그리는 상황에서는 중요한 사건임이 분명하고 수많은 전문가 견해로는 끔찍한 실수였다. 정부가 금융 기관을 전부 다 구제하지는 않는다는 사실을 전달하고자, 극심한 재정난에 빠진 대형 금융 기관이 다시 나타난다 해도 그때는 바로 '파산' 결정을 내린다고 보는 주장도 있었다.[50] 어쨌든 시장은 이런 일련의 사건으로 완전한 충격에 빠졌고 거의 모든 금융 자산이 침식됐으며 자산 가치도 떨어졌다.

다음날 연준은 회사 지분 79.9퍼센트를 취하는 대신 AIG에 구제금융 850억 달러를 지원했다. 위기가 심각해짐에 따라 연준과 재무부는 AIG에 지원할 자금을 늘려야 했고 결국 지원액이 총 1,500억 달러에 달했다. AIG 구제는 부분적으로는 모기지 대출 기관, MBS 발행사,

투자은행 그리고 신용 평가 기관 간 상호 연결된 부채 회로 안에 있는 회사를 구제하는 작업이었다. 어떤 면에서 월가를 효과적으로 구제한 셈이었다. 그 시점에서 금융 시장이 완벽하게 붕괴하는 사태를 막고자 정부가 취할 수 있는 유일한 선택이자 최선책이었다. 정부 관료는 공황 상태에 빠졌고 시장 또한 이런 공황 심리를 반영하는 외에 아무 일도 하지 못했다. 앞서 언급했듯이 9월 22일에 파산 위기에 대한 공포감에 휩싸여 모건스탠리와 골드만삭스는 상대적으로 규제 수위가 낮은 투자은행의 지위를 포기하고 연준의 구제를 받을 수 있는 전통적 상업은행과 은행 지주 회사로 전환했다. 9월 24일에 워런 버핏Warren Buffet은 정부 구제 금융안에 합의하지 못하면 '경제판 진주만 공격'이 벌어질 수 있다는 경고와 함께 골드만삭스에 50억 달러를 투자했다. 이틀 뒤 미국 최대 S&L인 워싱턴 뮤추얼을 연방 규제 기관이 압류했고 모건이 190만 달러에 인수했다. 이 거래는 월가와 일반 대중 모두에 더 큰 충격을 던졌다. 워싱턴 뮤추얼은 자산 규모가 3,070억 달러나 되는 은행으로서 FDIC 보증 은행으로서는 사상 최대 규모 파산이었다.

내가 프라이드프랭크에서 일할 때 수년 동안 워싱턴 뮤추얼의 지주 회사 채권자를 대리해 파산 법원에서 화해를 이뤄냈다. 이후 데처트Dechert LLP에서는 FDIC, 법무부, FHFA 등을 상대했고 법정 관리와 관련한 소송을 다루는 몇몇 법원에서 워싱턴 뮤추얼의 채권 보유자를 대변했다. 종국에 FDIC가 워싱턴 뮤추얼 채권자에게 총 28억 달러를 지급했으므로 상당히 특이한 법정 관리였던 셈이다. FDIC 법정 관리는 대부분 채권자에게 자금을 분배하지 않았다. 파산 은행을 인수한 기관에 금융 지원 비용을 상쇄하고자 법정 관리 중 지출한 부분에 대해 FDIC가 우선 청구권을 보유하기 때문이다. 그러나 28억 달러를 분배받을 채권자가 선순위 채권 보유자만은 아니었다. JP모건이 워싱턴 뮤추얼을 인수할 때 FDIC와 체결한 매입인수계약서Purchase And Assumption Agreement의 배상 조항에 따른 청구권을 주장하고 나섰다. 도이치뱅크Deutsche Bank 또한 워싱턴 뮤추얼이 발행한 MBS 투자자를 대신해 수탁 기관으로서 청구권을 주장했다. 사기와 기타 기본 약정 위반을 이유로 증권을 워싱턴 뮤추얼 쪽으로 되돌리는 투자자의 권리를 행사하려는 시도였다. 이 세 당사자가 주장하는 청구권과 워싱턴 뮤추얼 법정 관리에서 28억 달러 배분 문제를 놓고 10년간에 걸친 소송이 시작됐다. 마침내 2017년 9월에 FDIC는 승인된 미보증 선순위 채권 보유자, 원고 측 수탁인 도이치뱅크, JP모건 등을 포함해 법정 관리 기업 채권자에게 잠정적으로 관리 자산의 95퍼센트를 분배했다.[51] 법정 관리에서 리보 금리London Interbank Offered Rate, 런던 소재 우량 은행 간 무담보 차입 금리-옮긴이 관련 및 기타 소송에서 워싱턴 뮤추얼을 대신해 손실액을 계속 집계하면서 문제가 더욱 복잡해졌다. 12년간의 법정 관리는 책 한 권을 더 쓰고도 남을 긴 역사라 하겠다. 파산한 워싱턴 뮤추얼과 관련해 대하소설 수준의 이야깃거리가 넘치는 상황을 보면 파산한 대형 은행을 인수하는 작업이 얼마나 복잡하고 까다로운지를 짐작하게 한다. 파산 은행 자산 대부분을 또 다른 은행에 매각하더라도 문제가 복잡하기는 마찬가지다. 자산 규모가 2조 달러나 되는 초대형 금융 기관을 압류해 도드-프랭크법에 따라 다양한 구조 조정 거래를 통해 '청산 및 정리'한다는 발상 자체가 비현실적인 과제로 보인다. 이 문제는 추후 다시 간략히 다룰 예정이다.

연준 개입과 시장 붕괴

벤 버냉키Ben Bernanke 연준 의장은 2008년 공황을 두고 예측 불가능했을 '퍼펙트 스톰(최악의 폭풍)'이라 칭했다. 버냉키 말이 옳다. 그러나 이는 정부가 위기가 다가오는 징후를 포착하는 데 필요한 도구, 자료, 인력, 구조적 통합, 기술 등이 전혀 갖춰져 있지 않았을 때나 해당하는 말이다. 실제로는 예측 가능한 일이었는데도 정부가 예측하지 못했다고 본다. 투자은행 고객을 비롯한 여러 관계자는 이미 2007년에 내게 서브프라임 MBS와 연계된 문제를 우려하는 목소리를 냈었다. 이 사람들은 위기 신호를 포착했는데 규제 기관은 왜 못했을까? 나는 규제 기관이 당면한 복잡한 문제를 풀어나가는 데 필요한 자원을 충분히 보유하지 못했다고 생각하지 않는다. 1974년에 의회는 연준에 모기지 대출 공시에 대한 관리 권한을 부여했고 1994년에는 주택소유 및 자산보호법Home Ownership And Equity Protection Act을 제정했다. 대출 기관이 소비자의 상환 능력을 고려하지 않고 오로지 자산 가치만을 토대로 대출해 주지 못하게 하려는 목적에서 제정한 법률이 공정대출법Truth in Lending Act이었다. 의회는 이 법률 조항을 회피하려는 불공정하고 기만적인 관행을 금지하는 권한을 연준에 부여했다. 연준은 금리를 올렸다가 다시 내리는 작업은 했지만, 점점 과열되는 모기지 시장과 상환 능력이 불투명한 이른바 불량 대출 건수가 증가하는 문제를 다루는 데 필요한 규제 조치는 취하지 않았다.[52] 버냉키 의장은 무엇보다 이 부분이 '연준의 가장 심각한 실책'이라는 사실을 인정했다.[53]

연준은 2000년부터 2003년 사이에 연방기금금리를 6.5퍼센트에서 1퍼센트로 인하했다. 9·11 테러가 경제에 미치는 영향을 포함해 합당한 여러 이유로 금리를 인하하자 시장 투자자가 익숙지 않은 생소한 영역에서라도 수익률이 높은 투자 상품을 찾아야 하는 상황이었다. 서브프라임 MBS도 이 중 하나였다. 1920년대에 오로지 미국 경제의 불씨를 살리려는 목적으로 금리를 낮춰 유럽 경제에 도움을 주려고 스트롱이 저질렀던 실수를 연상케 했다.[54] 2004년 6월에 주택 가격이 급등했다. 당시 그린스펀Greenspan 연준 의장은 주택 시장 과열을 진정시키고자 연방기금금리를 여섯 차례나 인상해 2004년 12월에는 2.25퍼센트에 이르렀다.[55] 2005년에는 여덟 차례나 인상해 2.25퍼센트에서 2퍼센트포인트 오른 4.25퍼센트가 됐다. 그리고 2006년에는 벤 버냉키 신임 연준 의장이 금리를 네 차례 올려 2006년 6월이 되자 5.25퍼센트에 이르렀다.[56] 전문가는 연준이 취한 직접적 금리 접근법과 모기지 금융에 대한 불간섭적 규제 접근법이 MBS 수요 증가에 불을 지폈고 이에 따라 MBS의 기초가 되는 모기지가 무분별하게 생성됐다고 본다.[57] 수익이 나지 않는 MBS 포트폴리오를 관리할 때조차도 수수료를 챙기는 투자 관리자의 능력에 따른 위험 보상 비율이 일종의 유인책으로 작용하며 재정적 측면에서 합리적인 행동을 하게 했다. 원대출 채권을 유동화해 투자자에게 판매하는 게임이 흥하면서 이 게임에 관여하는 투자자 및 참여자 간에 직접적인 연관성이 결여된 자체가 퍼펙트 스톰을 일으키는 데 일조했다. 대공황 때 그랬듯이 연준이 금리를 조정하는 속도가 이번에도 시장 혼란을 가중시켰을지도 모르지만, 시장 혼란을 키운 요소가 이 하나만은 아니었다. 금리가 오르자 당연히 이자 전용 모기지와 기타 변동 금리 모기지의 월 상환액도 증가했다. 특정 시장에서 주택 가격이 하락하고 금리가 오르자 주택 시장이 와해되기 시작하면서 수많은 차입자가 곤경에 처했다. 점점 늘어나는 월 상환액을 내지 못해서 주택을 매각할 수밖에 없는 상황이 됐다. 이마저도 모기지 대출금을 다 갚지 못할 정도로 낮은 가격에 팔아야 했다. 따라서 모기지로 수익을 내기는커녕 적자가 나는 등 재정적으로 완전히 마이너스인 상황이 됐다.

이 체계에 균열이 생기기 시작하기 전에 규제 부재와 유동화 증권의 기초가 되는 모기지 상품에 대한 시장 압박이 결합해 이전에 발생했던 다른 위기 때 상황을 빼닮은 경제 성장 분위기가 조성됐다. 이에 관해서는 잘못 생각하지 마라. 민간 부문도 가능한 한 많은 수익을 내려고 적극적으로 이 금융 태풍 속으로 뛰어들었다는 점을 잊지 마라. 이 순환 주기가 계속되고 정부 개입이 줄어들수록 대출 생성 기관은 알트에이 같은 신종 모기지 상품을 개발할 동기가 강해진다. 그래서 변동 금리, 서브프라임, 마이너스 상환, 이자 상환 전용, 완화된 서류 요건, 무서류, 닌자NINJA: No Income, No Job, No Asset(무소득, 무직, 무자산), 2-28s, 3-27s, 상환 조건 선택, 지급 조건 선택형 변동 금리 모기지론 등 다양한 유형의 대출 및 모기지 상품이 폭발적으로 증가했다. 이는 유동화 증권을 발행 및 판매하는 데 필요한 기초 모기지 상품을 다양하게 생성해 제공하는 확실한 방법이었다. 2001년부터 시작해 6년 동안 미국 내 모기지 부채 총 규모가 5조 3,000억 달러에서 10조 5,000억 달러로 증가했다.[58]

　연준이 금리를 인하하자 모기지 금리도 하락했고 새로운 모기지 대출과 주택 담보 차환이 폭증했다. 미국 시장에서 수많은 주택의 가격이 급등하면서 차환은 2000년에 4,600억 달러에서 단 3년 만에 2조 8,000억 달러로 6배 이상 증가했다.[59] 1995년부터 2005년 사이에 주택 착공 건수가 53퍼센트 증가했다. 신용 평가 기관이 가치 평가를 해야 할 MBS의 수가 엄청나게 늘었다. 미국은 물론이고 전 세계적으로 MBS에 대한 수요가 끝없이 증가하면서 대출 기관마다 이 수요를 충족시키고자 위험도가 높은 대출을 계속 생성했다. 그런데 과거에서 배우는 바가 없었는지 이번에도 다가올 경제 위기를 경고하는 '카산드라 경고', 즉 불길한 예측은 나오지 않았다. 경제 성장세가 영원히 지속할 듯한 분위기가 팽배하고 표면적으로 은행 규제 기관이 아무런 조치도 취하지 않거나 어디에서도 명백한 위험 신호를 내보내지 않았기 때문에 시장은 이익을 추구하는 경제적 본능을 억제할 이유가 없었다. 카토연구소Cato Institute 조지 셀진George Selgin에 따르면 요구된 준비금과 잉여 준비금에 단기 시장 금리보다 높은 이자를 내기 시작하면서 연준이 오판했다고 한다. 기존의 공개 시장 조작보다 이쪽이 주요 통화 제어 수단이 되면서 연준 자산 매입의 효율성과 인플레이션 목표치에 도달하는 능력이 제한됐다.[60]

　이는 단순히 월가와 워싱턴 정가가 주도한 문제가 아니었다. 전 세계 거의 모든 수준의 모기지 금융 상품에서 기회를 찾는 사람들이 나타났다. 미국 내 모든 도시와 마을에 있는 비은행권 모기지 중개인은 신청 사항이 모기지로 전환될 때마다 수천 달러를 벌 수 있었다. 따라서 중개인이 잘못된 혹은 불완전한 정보를 보유하고 있더라도 모기지 친화적인 이 새로운 환경에서 대출 신청을 많이 할수록 이득이 되는 상황이 됐다. 이런 경제 환경에서는 모기지 중개인을 비롯해 채권 등을 매수하는 은행, 변호사, 채권 유동화 기관, 투자은행 채권 인수단 등 모두가 돈을 벌었다. 대출을 받아 건설하는 주택이 많아질수록 주택 및 제조업 부문에서 거의 모든 중개인이 이익을 얻었다. 전 세계 금융 기관과 투자자가 이 열풍에 참여했다. 무엇이 잘못될 수 있을까? 최초 대출 생성 기관과 2차 매수자는 만약 거래에 부정이 있으면 대출금이 환수된다는 부분에 동의했지만, 주택 가격이 계속 상승하는 호황 장세에서는 이런 일은 거의 발생하지 않았다. 시장이 하락세를 타기 시작하고 채무 불이행이 증가하면서 대출금 환수가 이뤄졌을 때 약속을 이행하는 데 필요한 자원이 결여된 곳이 많았다. 결국 주택 금융에 참여한 수많은 사람이 저마다 한 발씩 걸친 셈이지만, 일대일 거래와는 달리 다들 직접적인 이해관계는 없었다. 네이션스는 통찰력이 빛나는 자신의 저서《미국 5대 시장 붕괴의 역사》에서 MBS 현상이 차입자와 MBS 보유자, 즉 최종 대출자 간의 관계를 단절시키며 자기 규제의 근거와 시장 규율을 파괴했다.[61] 채무 불이행에 대한 책임 부재가 사기 및 부정확한 정보로 인한 위험성을 가중시켰다. 명백한 책임 부재로 보일 수 있는데도 2000년대 중반에는 이런 사실을 포착하거나 제대로 인식한 사람이 아무도 없어 보였다. 그 결과나 영향은 예측 가능했다. 빌린 차는 아무도 세차하지 않는 이유가 무엇일지 자문해 보라.

위기 수위가 높아지자 이에 대한 조치로 시장을 지원하고 유동성을 유지하는 데 필요한 계획을 마련했다. 연준은 2007년 12월에 기간입찰대출제도TAF: Term Auction Facility, 유동성이 부족한 금융사에 경매 방식으로 직접 자금을 공급하는 제도-옮긴이를 도입했다. 예금 취급 기관에 1개월 및 3개월 만기 대출 상품을 경매에 부쳤다. 이는 연준 대출 창구를 통해 이뤄지는 차입과 관련한 오점을 피하게 하는 데 목적이 있었다. 2007년부터 2010년까지 TAF를 통해 약 4조 달러를 투입했다. 그러나 담보물에 관해 회계사의 견해를 들어야 하므로 금융 지원을 받는 데 시간이 걸리고 절차가 선택적이라는 이유로 비판받았다. 2008년 3월에 연준은 비예금취급기관을 포함해 연준 프라이머리 딜러에 단기 대출을 제공하려는 목적으로 단기국채대여제도Term Securities Lending Facility를 시행했다. 그리고 '적격' 연준 담보에 대해 프라이머리 딜러에 익일물 현금 대출을 제공하고자 프라이머리 딜러 신용공여기구PDCF: Primary Dealer Credit Facility를 도입했다. 2010년까지 PDCF를 통해 약 9조 달러에 달하는 신용을 공여했다. 베어스턴스는 연준이 베어스턴스와 JP모건 합병에 개입하기 전에 PDCF를 이용했다. 시티그룹글로벌마켓Citigroup Global Markets, 메릴린치거번먼트시큐러티스Merrill Lynch Government Securities, 모건스탠리Morgan Stanley & Company 등 다른 프라이머리 딜러 세 군데가 PDCF에 크게 의존했다. PDCF 대출의 약 80퍼센트가 이 네 기업에 공여됐다.[62] 위기가 시작되기도 전에 이들 기업 중 일부는 차입 비율이 30대 1이었다. 정부는 이런 대책이 나쁜 흐름을 끊기를 바랐고 금융 체계에 대한 신뢰가 다시 구축되기를 원했다.

TARP를 통한 구제 금융

부시 W. 대통령은 2008년 10월 3일에 7,000억 달러 규모의 부실자산구제계획안에 서명했다. 막을 길이 없어 보이는 금융 기관의 연이은 파산 흐름을 이를 통해 끊으려 했다. 그러나 경험이 많은 대다수 금융계 인사는 이 법안이 계획대로 실현되느냐는 부분에는 극히 회의적이었다. 어쨌거나 TARP는 재무부에 파산 은행의 지분이 아니라 '자산' 매입 권한을 부여했다. 재무부와 연준은 폴슨과 가이트너가 자신의 저서에서 인정했듯이 사전에 형성한 체계적인 위기 대응 전략이 없어서 분명히 어려움을 겪는 중이었다. 200여 년에 걸쳐 금융 위기를 겪은 후라면 정부가 제일 먼저 해야 할 일이 다음 위기에 대비하고 안전망을 갖추는 것이라고 생각할 수 있다. 보이스카우트도 늘 준비가 돼 있다. 준비되어 있지 않은 데는 정부 만한 곳도 찾기 힘들다.

재무부가 경제 붕괴를 막을 수단으로 TARP에 의존했을 때 수많은 사람이 놀라워한 부분이 있었다. 즉 행정부가 역사적으로 검증받은 접근법을 취하면 납세자의 돈, 그러니까 막대한 세금을 낭비하게 된다는 점이었다.[63] FHLBB는 1980년대에 파산 S&L 수천 곳을 처리하는 데 활용한 여러 접근 방식을 검증했지만, FSLIC가 이용할 수 있는 제한된 자금을 효율적으로 사용하지 못했다는 사실을 곧바로 파악했다. 이 자금은 재정난을 해결하기에는 부족한 수준이었다. 경제 성장에 필요한 자금을 융통해 줄 수 있는 금융 기관에서 지분이나 이자를 취하는 편이 훨씬 효과적이고 또 효율적이다. 1982년에 우리는 수익자본증서를 개발했다. S&L이 특정한 수익성 및 자본 적정성 수준을 회복했을 때에만 상환해야 하는 FSLIC의 비현금성 차용 증서로 사용할 목적에서였다. FSLIC가 파산에 몰린 S&L을 인수해 흔들리는 재정 상태를 호전시키려 했다면 장부 가치로 인수하거나 현 시장 가치로 인수했어야 했을 것이다. 장부 가치로 인수한다면 납세자가 비용을 부담하는 셈이고 시장 가치로 인수한다면 금융 기관이 자사 포트폴리오상 막대한 손실을 입고 파산 위험에 처할 공산이 크다. ICC를 통해 현금 지출 없이 파산 지경인 금융 기관의 자본 상태를 개선하고 동시에 정부는 ICC를 인수하는 금융 기관을 지원한다고 발표했다. 연방 자금을 사용하지 않고도 시장을 안정시키는 데 큰 역할을 했다.

부시 행정부는 TARP 법안을 자산 매입 계획으로써 법제화했고 불량 대출 채권 매수는 효과가 없으리라는 사실을 바로 깨달았다. 그래서 바로 방향을 선회해 금융 기관의 지분 증권 매수 권한을 부여한다는 식으로 재해석했다. 위험 부담이 매우 큰 조치였지만, 다들 정부가 성공하기를 바랐고 금융 기관이 발행한 우선주 같은 자본 수단이 금융 기관의 '자산'으로 전환되는 부분에 아무도 이의를 제기하지 않았다. 이로써 시장이 정부에 기대하는 신뢰 구축의 시발점이 마련됐다. 신뢰만이 재정과 관련한 불안 심리를 멈출 유일한 방책이었다.

2008년 10월 13일에 헨리 폴슨(재무부), 벤 버냉키(연준), 티머시 가이트너(뉴욕 연준은행), 존 듀건John Dugan(OCC), 쉴리아 블레어Shelia

Bair(FDIC) 등이 9개 대형 은행장과 만났다. 이 자리에서 규제 조치의 압박을 받고 있는 이들에게 TARP 지원을 받아야 한다는 사실을 알렸다. 필요가 없는데 굳이 정부 지원을 받아야 할 이유가 있는가? 그런데 폴슨은 이들 은행 전부가 지원받기 바랐다. 재정 문제가 없어 보이는 이들 대형 은행도 정부 지원을 받아야만 정말 지원이 필요한 수백여 중소형 은행이 이런 지원받는 사실에 정당성이 부여된다고 봤기 때문이다. 대형 은행이 솔선수범해야 실제로 중소 은행이 지원을 받더라도 외부에서 이들 은행에 재정적 문제가 있어 파산 지경에 몰린 기관이라는 인상을 주지 않는다는 판단에서다.[64] 이와 동시에 정부는 1980년대 S&L 및 은행업 위기 때 확립한 원칙을 고수할 수 없다고 결정했다. 금융 기관이 정부 지원을 받으면 해당 기관의 경영진과 이사회는 교체한다는 원칙이었다. 폴슨과 가이트너는 이 요건이 방해 요소라고 봤다. 지원을 받으면 경영진이 직에서 물러나야 한다는데 어느 경영자가 필요도 없는 지원을 받으려 하겠는가! 그래서 이들 대형 은행이 TARP 지원을 받지 않으면 정말 필요해서 TARP 지원을 받아들인 은행은 소비자와 시장으로부터 파산 지경에 몰린 기관으로 낙인찍힌다.

아마도 이들은 이 문제를 너무 많이 그리고 너무 깊이 생각했던 듯하다. 문제는 시장이 금융 기관을 파산하는 기관으로 보느냐가 아니라 정부를 시장의 미래 생존력을 담보할 주체로 인식하느냐다. 정부의 승인이 고단한 시장 현실을 상당 부분 메워준다. 1980년대에 지원받은 S&L을 살펴보라. 1984년에는 콘티넨털 그리고 현재는 패니메이와 프레디맥이 여기에 해당한다. 수년 동안 패니메이와 프레디맥은 수십억 달러 손실을 내는 파산한 기관이었다. 재무부가 선순위 우선주를 매입했는데도 상황은 나아지지 않았다. 그나마 남은 이익금으로는 재무부에 배당금을 지급해야 했으므로 10년 동안 주주에게 돌아갈 순자산이 없었다. 그러나 정부 지원 덕분에 법정 관리 체제에 들어간 이후 정상 수준에 가깝게 사업을 운영할 수 있었다. TARP 지원을 받아들인 은행이 파산 지경이라는 오명을 쓰지 않기를 바랐기 때문에 가이트너와 폴슨은 고위 관리자를 제거할 기회를 잃었고 일반 대중에게는 혐오스러운 일을 했다고 인정했다. 즉 표면적으로 은행가를 구제하는 듯한 방식으로 은행에 구제 금융을 제공했다. 이렇게 해서 정치적 측면에서 경쟁자와 언론에 먹잇감을 던져 주고 그들을 웃음거리로 만들었다. 이들이 이런 공격을 감당할 용기가 있었다는 부분에 대해서는 우리가 운이 좋았다고 말할 수도 있겠다. 그러나 내 경험에 비추어 아마도 이들은 비난받아 마땅한 경영진이나 이사회 인사에 대해 더 혹독한 결정을 내릴 수도 있었다. 세계 경제가 회복 불가능한 수준으로 붕괴하는 일만은 막아야 한다는 목표 하나만 존재하는, 말하자면 절대적 위기 상황에서는 이런 세부적인 사항을 제대로 판단하기가 쉽지 않다. 다만 원칙을 고수하며 경제가 망가지는 모습을 지켜볼 수는 없기에 나는 어떤 판단 착오든 도덕적 해이든 관리가 돼야 한다고 생각한다.

이 모든 단점 때문에 TARP는 순간 심리에 지대한 영향을 미쳤다. TARP는 곧 지원을 받아들인 700여 개 은행의 신용도에 대한 정부 진술이나 다름없었다. 이로써 시장에 대한 신뢰를 회복했기에 이런 조치가 효과를 냈다. 이는 시장에 이 700여 개 은행이 파산하지 않는다는 메시지를 전하는 것과 다름없었다. 거래 상대방과 판매사가 이들 은행과 거래를 계속하려면 TARP 지원 사실을 알아야 할 필요가 있었다. 결국에 TARP는 미국에 돈을 벌어다 주는 도구였다.[65]

재무회계기준위원회의 역할

이 모든 금융 혼란 중에는 FASB가 찬사를 보낸 또 다른 주요 요소가 섞여 있었다. 이는 바로 금융 기관이 MMA 혹은 공정가치회계 단계로 더 나아가야 한다는 요건이었다. MMA는 자산 혹은 부채의 현 시장 가치를 금융 기관의 재무제표에 반영하도록 요구한다. 이와는 대조적으로 원가주의 회계는 최초 생성되거나 인수될 당시의 자산 혹은 부채로 계상된 가치에 기반을 둔다. 건축 공사가 끝나면 어엿한 주택이 되겠지만, 현재는 그냥 대지에 파놓은 구멍 하나로 미래 주택의 가치를 평가해야 하듯 대출 같은 자산의 현재 가치를 정하는 일이 얼마나 복잡한지를 생각한다면 원가주의 회계는 상당히 단순한 방식이다.

1930년대에 은행은 '은행계에 대한 감독을 목적'으로 투자 증권 포트폴리오에 MMA를 사용해야 했다. 은행의 재무성과와 투자 결정에 어떤 영향을 미쳤는지에 관한 은행 규제 기관의 우려 때문에 규제 및 감독을 목적으로 했을 때에도 이를 포기하는 기관이 생겼다.[66] 이럴 때조차 경제 상황의 단기적 변화로 은행이 파산하지 않을 때 발생하는 이득과 재무 상태가 현 경제 상태에 전혀 영향을 받지 않을 때 발생하는 손해에 관한 논쟁이 있었다. 대공황 이후 회계 기준이 현재 가치에서 멀어지는 쪽으로 진화했으며 이는 당시 SEC 수석 회계사가 지지하는 흐름이었다.[67] 가치가 급격히 상승하고 은행이 단기적 호황을 경험할 때 MMA는 문제가 있는 원칙으로 보일 수 있다는 점에 유의하라. 특정 상황에서 사용하도록 한 시장 가치 기준이 큰 폭으로 하락한 후인 1975년에 공정가치 회계로 회귀했다. 1975년 12월에 SEC는 재무회계기준보고서SFAS: Statement of Financial Accounting Standard 제12호를 발표했다. 이는 MMA를 시장성 지분 증권에 적용한 '특정 유가 증권에 관한 회계 원칙'이었다.

MMA는 FASB가 10년 넘게 연구해 최종적으로 FAS-157을 채택했다. 그리고 이 기준은 최악의 시기인 2007년 11월 15일에 발효됐다. 이에 따라 은행은 자산의 일부 또는 전부, 특히 비유동성 자산의 가치를 절하해야 했다. 시기가 이보다 더 나쁠 수 없었다. 회계 영역에서는 회계 기준이 엄격할수록 더 정확해야 한다는 불문율이 있다. MMA는 이미 예측 불가능성이 고조된 시점에 재무 불안정성을 가중시켰고 이는 은행 자산 가치 평가 절하, 비유동성 증권의 가치 재평가 그리고 CDS와 MBS를 포함한 파생 상품의 가치 하락으로 이어졌다. 이 모두가 궁극적으로는 리먼브러더스 같은 대형 금융 기관이 지급 불능 사태가 되는 데 일조했다. FAS-157이 발효되고 주식 시장이 폭락했다. 이후 몇 개월 만에 S&P 500 지수가 50퍼센트 이상 하락하며 시장에서 수조 달러가 증발했다. "이 위기로 금융 기관 자산만 2조 달러가 증발됐고 이번 위기와 이후 경기 침체 국면에서 상실된 국부 규모가 10조 달러 이상이었다. 이는 2008년 세계 GDP의 6분의 1에 해당하는 수준이었다."[68] FDIC 전 의장 아이작은 이를 무책임한 행위로 규정했고 이 때문에 미국 금융 체계 내에서 무의미한 은행 자본 파괴 현상이 나타났다고 결론 내렸다.[69] 아이작은 은행 재무상태표에서만 상각 처리된 자산이 5,000억 달러라고 추산했고 이로써 은행 대출 능력이 5조 달러나 증발하는 결과를 낳았다고 주장한다.[70] "2007년 11월에 MMA 원칙 시행이 말하자면 낙타 등뼈를 부러뜨린 마지막 지푸라기였고, 결국 금융 위기의 단초가 됐다."[71] 주식 시장이 폭락하자 2009년 3월 16일에 FASB는 FAS-157에 따라 다소 완화된 자산 가치 기준을 제안했다.

SEC는 MMA가 2008년 공황에 어떤 영향을 미쳤는지를 연구했다. 그리고 금융 기관은 2008년 일사분기 말 기준으로 모든 자산의 45퍼센트를 공정 가치로 기재했다고 결론을 내렸다. 이 가운데 은행이 31퍼센트로 최저치였고 보험사가 71퍼센트로 최고치였다.[72] 은행 총자산과 부채의 각각 22퍼센트와 11퍼센트를 공정 가치로 기재했다.[73] SEC 측은 조사 결과 공정가치를 기준으로 하는 회계 원칙이 2008년 은행 파산의 '주된' 원인은 아니라고 결론 내렸다.[74] MMA 적용을 중단하지 말라고 권하면서도 한편으로는 MMA 원칙 개선 및 간소화를 권고했다.[75] 찬성자와 반대자가 자료와 논거를 개발하고 사후 영향을 평가하는 작업을 계속함에 따라 MMA 그리고 금융 기관에 미친 영향에 대해 근 80년간 이어진 이 논쟁은 여전히 계속되리라 본다. 저명한 금융 경제학자 브라이언 웨스버리[Brian Wesbury][76]는 2008년 공황 때 경제가 붕괴한 사실과 연준이 취한 행동 및 MMA를 적용한 사실 간의 상관관계를 조사해 발표했다.[77] 의심의 여지가 없다. MMA가 공황에 미친 영향이 얼마나 파괴적이었는지 하는 부분과는 별개로 2007년 MMA를 적용하기 시작한 시점이 정말 최악이었다.

그러나 위기를 다룬 이번 장에서 가장 의구심이 생기는 부분은 FASB가 정부 기관이 아니고 이 때문에 감독 수위가 아주 낮다는 점이다. FASB는 1973년에 GAAP을 개선하고 더 명료하게 하고자 회계 업계에서 만들었다. 이 FASB는 코네티컷주 노워크에 소재한 회계 전문가 단체다. 또 금융업계에서도 이례적으로 큰 특권을 누리는 특이한 단체로 알려져 있다.[78] 재무 자료 공시 기업에 적용할 회계 기준을 설정해야 하는데 연방법은 이 권한을 SEC에 부여했고 2002년에 제정한 사베인스-옥슬리법Sarbanes-Oxley Act에서 부여한 권한에 따라 2003년에 이 권한이 FASB에 위임됐다. 2008년 공황 이후 MMA에 관한 보고서에서 SEC 측은 MMA 규칙을 개발할 때 사용한 정당한 법 절차와 투명성 부분을 정당화하려 무진 애를 썼다.[79] 안타깝게도 SEC는 '책임을 분담하는 협력적 작업 관계'가 계속 이어지기를 기대하며 최소한의 감독 업무만 수행한다. FASB 설립은 의회와는 무관했고 주로 자체 규칙에 따라 운영하며 그 기준이나 근거에 관해 법정에서 이의를 제기하기는 거의 불가능하다.[80] 이와는 대조적으로 대중은 다양한 연방법에 호소해 어떤 연방정부 기관이든 가리지 않고 최종 결정이 어떻게 이뤄졌는지 확인하고 만약 적절한 절차를 따르지 않았다면 해당 법의 무효화를 기대할 수 있다. 그런데 FASB가 채택한 그 어떤 관리 규정과 자율적 투명성에도 불구하고 대중은 FASB에 관해서 그런 확인 작업이 불가능하다. FASB는 금융 규제 축소와 능률화를 목적으로 마련한 대통령령의 규제를 받지도 않는다. 비교적 짧은 존속 기간에 수차례 그와 같은 일이 있었듯이 FASB가 실수나 오판을 할 때 이에 항소할 권한이 없고 관련한 적법 절차도 불충분하다.[81] 이 회계 기준 설정 체계는 최대한 좋게 말하면 독특하다는 정도로 표현할 수 있겠다.

위기의 여파

의회가 신중하게 구성한 위원회가 2008년 공황의 원인을 분석하고 다양한 권고안을 발표하기 6개월 전인 2010년 7월에 의회는 도드-프랭크법을 통과시켰다. 의회의 선견지명이 더 빛을 발한 순간이었다. 위원회 조사 분석 결과가 나올 때까지 마냥 기다렸다가 법률을 제정할 수는 없었다. 대다수 관련 법률 조항이 위기의 원인과 일치하지 않는 이유가 여기에 있지 않을까 한다. 예를 들어 이 재앙적 금융 위기는 주로 지급 능력 위기로 발전한 유동성 위기였지만, 이 법률에는 금융 기관이 준수해야 할 새로운 유동성 요건은 포함되지 않았다. (1) 체계적 안전성과 건전성에 관한 평가 및 보호 방법 (2) 모기지 풀 생성자가 위험을 부담하게 하는 방식으로 모기지 유동화에 대한 재정적 유인책 재구성 (3) 주택 모기지 생성 및 공시 요건 개선 (4) 소비자 보호를 목적으로 CFPB 설립 (5) 파생 상품 및 스와프 시장 형성과 관련한 규제 및 거래 구조 구축, 더 높은 감독 수위와 더 투명한 거래 (6) 지급, 청산, 결제 회사에 관한 새로운 규정 도입 (7) 새로운 소비자 보호 조치 시행 (8) 은행에 대한 체계적 스트레스 테스트 개발 등을 포함해 몇 가지 중요한 예방적 규제 강화 요소를 도입했다.

이런 몇 가지 쟁점에 대한 접근법은 기대했던 만큼 그렇게 효율적이지 않았다. 마땅히 해야 할 임무를 수행하지 않아서 결국 위기에 이르렀다며 의회의 비난을 받은 9개 기초 연방 기관이 체계적 규제 임무를 위임받았고 이들 기관은 연준이 규제하는 몇몇 대형 비은행권 금융 기관을 지정하는 일에 초점을 맞췄다.

위험 보유Risk Retention는 모기지 위험 사회화 혹은 분담이라는 차원에서 중요한 개념이지만, 실행하기 어려운 복잡한 개념 모음체가 됐다. 주택 모기지 개혁은 혁신에 걸림돌이 될 정도로 모기지 상품을 과도하게 표준화했다. 도드-프랭크법에 따라 20개가 넘는 은행 자본 요건을 채택하기에 이르렀다. 그 결과 법률을 준수하기가 더 어려워졌고 특히 대형 은행을 대상으로 상충하는 위험 유인책을 생성했다. 이법은 800쪽이 넘는 분량이고 새로운 조항으로 빈 줄 하나 없이 빽빽하게 가득 채웠는데 대부분은 위기의 원인과는 관련이 없는 내용이었다. 그리고 규제가 많을수록 좋다는 잘못된 결론에 이르렀다. 금융 위기를 해결해야 한다는 조바심이 앞선 탓에 의회는 발전적 진화 행위를 혼동했고 규제 기관이 시장과 금융 기관을 감독하는 낡은 방식과 망가진 연방 규제 구조를 개선할 기회를 잃었다. 재무부 산하 금융조사국Office of Financial Research을 신설한 목적이 무색하게도 규제 기관에 더 나은 자료나 도구를 제공하지 않았고 단지 은행이 아니라 금융 거래 자체를 규율하는 이른바 기능별 규제에 초점을 맞추지도 않았다. 시장에서 경제적 유인책에 대한 금융 규제를 좀 더 정교하게 가다듬지도 않았다. '기술'은 규제 기관에 꼭 필요한 도구인데도 이 도구를 충분히 활용할 환경 또한 제공하지 않았다.

도드-프랭크법 제정으로 새로운 규정을 수백 개나 공표했으면서도 이 법을 제정하기 전과 후에 발생하는 비용에 관해서는 어느 정부 기관도 분석하지 않았다. 다들 알다시피 의회에서 이 법이 통과됐을 때 이로써 미국 경제를 호전시킬 수도 있지만, 마찬가지로 경제에 해를 입힐 수도 있었다. 과연 이 법이 어떤 결과를 낳을지 아무도 모르지만, 이 법은 통과됐다. 불필요한 조항이 뒤엉킨 일종의 '규제 스파게티'는 무엇보다 의도치 않게 발생할 비용과 시장 왜곡 때문에 결국 미국 경제의 안정성과 건전성을 해치게 된다. 이런 비용 대부분은 높은 대출 금리와 낮은 예금 금리의 형태로 소비자에 전가된다. 따라서 이 법 때문에 결국 낡은 규제 체계를 개선할 기회를 놓쳤다.

Chapter 10

금융 팬데믹
2020년

1920년 12월 스페인 독감 팬데믹이 끝난 뒤, 한 세기가 지나고 2019년에 코로나19 팬데믹이 등장했다. 코로나 사태는 인류 대다수가 다시 맞이하리라 상상조차 못 한 대역병이었다. 이 역병이 단 몇 주 만에 전 세계의 사회·경제 그리고 정부 정책 등 모든 측면을 변화시켰다. 애초에 팬데믹 발생을 막을 방법이 없었는지도 모르지만, 이 역병 그리고 이 때문에 발생한 금융 대혼란을 극복하고자 하는 정부의 노력 자체에 문제가 있다. 즉 신뢰할 만한 자료와 철저한 분석이 결여돼 그 목적을 달성하기 어려웠다. 이 질병과 싸우는 적절한 방법과 그 효과를 알아내려고 하루 24시간 내내 축적된 방대한 자료를 평가할 때는 복잡한 알고리즘을 이용할 슈퍼 컴퓨터가 필요한데 연방 및 주정부는 이런 첨단 도구를 갖추지 못했다. 그러나 블루닷BlueDot은 달랐다.

블루닷은 전염병을 '추적해 찾아내고 개념화' 하는 소프트웨어를 개발할 목적으로 2008년에 설립됐다. 블루닷은 세계보건기구WHO: World Health Organization가 코로나19의 출현을 경고하는 성명서를 발표하기도 전인 2019년 12월에 코로나가 발생했다는 사실을 알아냈다.[1] 이곳은 정교한 인공 지능을 사용해 방대한 자료를 처리하는 알고리즘을 실행한다. 이 자료에는 항공사에서 수집한 연간 40억 명의 전 세계 비행기 탑승객의 항공 여행 정보가 들어 있었다. 공중 보건, 가축, 의학 자료와 익명 처리된 휴대전화 기록 등도 분석했다. 치명적 병원체 150개에 관한 정보를 수집하고, 인공 지능 프로그램을 사용해 65개 언어로 하루 24시간 15분마다 자료를 처리했다. 블루닷은 24개 거대 도시 중 12개 도시가 코로나19에 감염된다고 예측했다.

나는 블루닷에 대해 알았고 2020년 4월 26일에 블루닷을 다룬 시사 보도 프로그램 〈60분〉을 시청할 당시 이미 금융 위기를 예방하고 완화하는 데 이 이론을 적용하고 있었다. TV 앞에 앉아서 정부가 팬데믹과 기타 보건 관련 위기 상황을 다루는 방식을 정밀 분석하는 데 유감스럽게도 이런 인공 지능의 장점을 활용하지 않았다고 주장하는 의학 전문가의 말을 듣고 있자니 "그래, 그렇지!"라는 말이 절로 튀어나왔다. 이 전문가는 정책 입안자를 향해 인공 지능을 활용하는 방향으로 나아가야 하고 '전염병 예측 본부'도 창설해야 한다고 역설했다.[2] 이는 보건 부문과 금융 부문이라는 점만 달랐지 내가 주장하는 바와 정확히 일치한다. 금융 재난을 예측하고 조기 경고를 내보내는 중앙

본부는 대체 어디에 있는가? FSOC나 재무부 금융조사국은 2008년 공황 이후에 왜 이런 체계를 구축하지 못했나? 기술은 활용할 수 있었지만, 자료를 수집하고 분석하는 방법에 문제가 있었다.

팬데믹과 이에 따른 경제 대혼란에 대한 정부 대응이 적절하지 않았다고 한다면, 적어도 이는 부분적으로는 이용 가능한 자료 및 자료 분석 부재 혹은 부실과 이에 따른 부적절할 정부 대응 때문이라 할 수 있다. 예를 들어 가장 부족했던 부분을 한번 생각해 보라. 감염률과 보고된 사망자 수, 사망률 등을 각 도시, 주정부, 연방정부가 발표했다. 그러나 이는 거주 지역 환경에 맞춰 치료 및 경고 수준을 적절히 조정하는 데 도움이 되는 방식이 아니었다. 검사를 받고 감염자로 판정받은 사람 대비 사망자 수를 측정하는 방식은 검사를 받지 않았으나 바이러스에 감염된 사람, 자각 증상이 있으나 사망에 이르지는 않은 사람을 계산에 넣지 못하게 된다. 다시 말해 이 질병의 위험 수준을 제대로 이해하려면 거의 알려지지 않는 분수의 분모 쪽을 알아야 한다. 분모가 감염자 수 3억 명이고 분자가 사망자 수 30만 명이면 사망률은 0.001퍼센트다. 분모가 300만이면 사망률은 0.1퍼센트가 된다. 게다가 감염률을 모르면 보건 의료 서비스 제공자가 구체적으로 무엇을 준비해야 하는지 알 수가 없다.

나는 기술과 자료가 일종의 프리즘을 만들고 이 프리즘을 통해 우리 인간은 실시간으로 발생하는 일을 좀 더 신뢰할 만한 수준으로 이해할 수 있다고 생각한다. 인공 지능 기술을 활용해 정부가 팬데믹과 보건 의료 문제에 대응하는 방법을 철저히 조사하고 준비를 더 철저히 하는 일은 가능하다. 자국 시민을 보호하는 일 자체가 정부가 해야 할 임무이자 의무다.

2020년 금융 팬데믹은 2008년 금융 공황을 겪은 정부의 경험을 바탕으로 경제적 측면에서의 정부 대응력과 효율성에 관한 흥미로운 검증 사례를 제공한다. 연방정부가 익숙한 지원책을 다양하게 활용할 수 있었지만, 도드-프랭크법에 따른 정부 자원 할당으로는 이 새로운 금융난을 해결하는 데 활용할 도구를 충분히 만들어 내지 못했고 체계적인 준비도 제대로 갖추지 못했다. 그렇다고 해서 정부가 100년에 한번 있을법한 팬데믹에 대비해야 한다거나 대비할 수 있었다고 보지는 않는다.

의료 전문가가 블루닷처럼 정교한 인공 지능을 활용해 방대한 자료를 실시간으로 분석할 수 있었다면 이 바이러스와 바이러스의 성장 패턴을 몇 주일 혹은 몇 개월 빨리 찾아낼 수 있었을 것이다. 이 몇 주 혹은 몇 개월이 전략을 수립하고, 마스크와 기타 개인 보호 장구를 비축하고, 병원 및 병상을 준비하고, 백신을 구하는 등 우리 생명을 구하는 데 필요한 작업을 수행할 시간을 벌 수 있었을지 모른다. 이와 마찬가지로 충실한 그리고 충분한 자료가 있었다면 일단 팬데믹이 발생했을 때 이 팬데믹이 만들어 낸 금융 대혼란에 정부가 더 잘 대응할 수 있게 했을 것이다. 예를 들어 2008년 공황 때 사용했던 금융 지원책을 서둘러 사용했지만, 놓친 변수가 하나 있었다. 즉 2008년 금융 시장은 2020년 시장과는 달랐다. 2008년에는 시장에 일대일 대출 기관도 암호 화폐도 없었다.

이 글을 쓸 당시만 해도 금융 서비스와 상업은행 사업이 여전히 번성했고 파산하는 은행도 없었기 때문에 '금융 위기'라고 정의할 만한 사건은 아직 발생하지 않았다. 바이러스 전파와 경기 침체가 계속된다면 시간이 갈수록 상황에 변화가 생긴다. 2020년 9월 23일에 OCC는 상환일이 60일 이상 지난 모기지와 파산한 차입자가 보유한 30일 이상 연체된 모기지 등 심각한 채무 불이행 상태인 모기지 비율이 이전 분기 대비 5.4퍼센트 그리고 전년도 대비 5.3퍼센트 증가했다고 발표했다.[3] 오래 계속된 팬데믹이 경제 불안을 유발할 가능성을 추정하고 이에 정부가 시장을 안정화하고 개별 근로자를 지원하고자 이미 취한 대응책을 고려하는 상황이면 이 사건은 당연히 금융 위기로 간주됐어야 했다.

위기 유발 요인

이번 금융 위기는 지난 200년 동안 형성됐던 틀을 다 깨버렸다. 금융 체계에 대한 신뢰 상실은 특정한 경제적 사건이나 금융 부문에서 발생한 부당 행위에서 비롯된 것이 아니었다. 이는 눈에 보이지 않는 바이러스라는 '적'에 대한 공포에서 비롯됐다. 수개월 동안 수많은 경제 부문이 거의 정지되다시피 했다. 2020년 코로나 팬데믹은 국가의 보건, 국민의 정신 건강 및 심리, 전체 경제에 엄청난 충격을 안겼다. 이런 대사건은 근 한 세기 동안 일어난 적이 없었다. 평온한 일상을 누리던 전 세계가 사회적 거리두기를 시작했고 감염자에 대해서는 수 주일 동안 격리 조치를 취하기 시작했다. 주정부가 사람들에게 모두 집에 머물라고 한 이후로 쇼핑, 식당, 제조업, 호텔, 건설, 여행, 수선 작업 등 우리가 평상시에 하는 거의 모든 활동이 중지됐다. 개인의 삶도 중단됐다. 바이러스가 얼마나 오래 창궐할지, 얼마나 많은 사람이 감염될지, 또 얼마나 많은 사망자가 나올지 아무도 몰랐다. 이런 질문에 대한 불완전한 정보 때문에 건강에 대한 위기가 곧바로 금융 위기로 비화했고 이 사태가 얼마나 오래 지속될지도 알 수 없는 상황이 됐다. 금융 시장에 대한 신뢰가 수주 만에 여지없이 무너졌고 은행 파산에 대한 공포보다 죽음에 대한 공포가 더 커졌다. 정부가 활용할 수 있는 정상적인 금융 도구가 코로나19라는 전혀 새롭고 생소한 요소와 맞닥뜨려야 했다.

미국에서 코로나가 발병하고 30일 만에 경제적 손실을 막거나 제한하기 전에 건강 위기부터 통제해야 한다는 사실이 분명해졌다. 그러나 정부가 기대할 만한 과학적 자료와 이론 모형이 부적절했다. 따라서 아무리 목적과 의도가 좋더라고 충분한 정보와 근거에 바탕을 둔 결정을 내릴 수 없었고 그 결과 도박 수준의 결정밖에 가능하지 않았다. 백악관은 4월 중순에 결국 주지사가 각기 해당 주 경제를 언제 그리고 어떻게 재개할지를 결정하는 데 사용할 기본 원칙과 세부적인 다수의 지침을 확립했다. 그러나 얼마나 많은 사람이 감염됐는지, 얼마나 더 감염될지, 사망자가 얼마나 발생할지, 각 집단은 어떤 특징이 있는지 등을 정확히 모르는 상태에서 사람들을 일터로 복귀시키면서 어떻게 코로나가 재발하지 않으리라 기대할 수 있을까? 이와 마찬가지로 정부가 이 질병의 전염력이 얼마나 강한지 그리고 얼마나 치명적인지를 모르면서 근로자를 집에 계속 머물게 하면서 이로 인한 경제적 타격을 감수하는 결정을 고수했다.

경제 관련 자료 또한 부적절해 보였다. '소방' 호스를 통해 경제에 자금을 쏟아부으면 붕괴를 막을 수 있을지 모르지만, 이런 조치가 영구적인 효과를 낼 수 없고 비효율성만 높아질 뿐이다. 수조 달러를 퍼부은 결과로 인해 인플레이션과 고금리를 포함해 온갖 위기 후 문제가 발생할 수 있다.[4] 연준과 재무부는 바이러스가 경제 어느 부분에 어떻게 영향을 미치든 그 상황에 걸맞게 적응할 수 있도록 유연성을 유지해야 한다.

전개 과정

2019년 12월 30일에 다우지수는 28,462로 마감했다. 엄청나게 낮은 실업률만큼이나 미국 경제는 그 어느 때보다 건강했다. 다음날 중국 보건 당국은 WHO에 중국 우한시에 있는 화난수산시장에서 폐렴 환자 41명이 발생했다고 보고했다. 뒤이어 우한바이러스연구소[5]에서 바이러스가 유출됐을지 모른다는 내용의 후속 보도가 나왔다. 또 중국 정부가 세간의 비난을 피하려고 사실을 은폐했고 마스크와 보호 장구 등을 매점했다는 이야기도 흘러나왔다.[6] 어쨌든 중국 정부는 다음날 화난수산시장을 폐쇄 조치했다.[7] 바이러스 근원지와 관련한 진실을 알아내기까지 족히 수년이 걸리리라 본다. 중국 당국은 2020년 1월 7일에 신종 코로나19를 공식 확인했고 며칠 후 첫 사상자가 발생했다. 중국인은 공포에 사로잡혔고 이후 2주일에 걸쳐 무려 500만 명이 중국을 떠났다.[8] 이 가운데 미국으로 떠난 사람은 43만 명으로 추산한다.[9] 3월이 되자 태풍처럼 몰아친 바이러스 확산이 미국 경제에 직격탄을 날렸다. 3월 11일에 백악관은 26개 유럽 국가의 미국 입국을 전면 금지했고 국가 비상사태를 선포했다.[10] 이틀 뒤 다우지수가 5천 포인트 이상 하락했다. 질병관리예방센터CDC: Centers for Disease Control And Prevention는 이후 8주간 50명 이상 모이지 말라고 권고했다.[11] 그다음 학생 수가 110만 명이나 되는 미국 최대 규모 교육 기관인 뉴욕시 공립학교가 임시 폐쇄를 선언하자 10명 이상 모임을 금하라고 권했다. 자택 대기 및 격리 조치가 질병 확산과 의료 자원 낭비 혹은 비효율적인 분배를 막는 합당하고 논리적인 수단이라고 봤다.

다들 이렇게 스스로 격리하는 행동은 보건 차원에서는 득이 되는 일일지 몰라도 그만큼 경제에는 엄청난 타격을 줬다. 일도 못 하고 수입도 없고 각종 청구액을 내지 못하는 상황이 어떤 의미인지를 생각해 보라. 담보물의 가치가 하락하고 대출 상환 불이행 사태가 벌어질지 모른다는 공포가 확산하기 시작하면서 곧바로 신용이 축소됐다. 이 같은 상황은 애초 자기자본 비율을 평균 11퍼센트로 재무 건전성을 유지했던 은행에 심각한 위협 요소로 작용할 터였다. 기업과 개인이 점차 현금에 초점을 맞추면서 증권 매각과 추가 증거금 및 담보물 요구가 한바탕 금융 시장을 휩쓸었다. 이에 따라 죽음의 소용돌이Death Spiral, 특정 자산의 가치 하락이 이와 연동된 다른 자산의 가치 하락으로 이어지는 현상-옮긴이가 형성될 위험에 노출됐다.

2008년 공황에서 얻은 전술 교본을 바탕으로 의회와 재무부, 연준은 갑작스러운 경기 전환의 영향을 상쇄하고 기업이 '일시적' 경제 폭풍을 뚫고 나아갈 수 있도록 유동성과 신용을 공급하려 했다. 이 전술 교본은 금융 서비스 부문과 자본 시장에 유동성을 충분히 공급하고, 금융 자산을 매수하고, 금융 기관으로 하여금 상환 능력이 없는 차입자에게 대출을 삼가게 하고, 불가피하게 금융난을 감지하고 자본 및 유동성 목표에서 빗나가기 시작할 때 은행에 인내와 자제심을 품게 하고, 직원에 임금을 꾸준히 지급할 수 있도록 기업에 자금 및 보조금을 지원하고, 좀 더 관대하고 팽창된 실업 대책을 개발하고, 미국인에게 현금 지급을 가속화하고, 월 모기지 상환 연체에 제재를 가하는 등의 전략으로 구성된다. 이는 정부가 2008년 공황 때 활용했던 수준보다 더 빠르고 더 깊이 있고 더 폭넓은 대응책을 제공한다. 정부는 경기 침체를 피하려면 현금만큼이나 신뢰를 제공할 필요가 있다는 사실을 알고 있었다.

연준은 한 걸음 더 나아가 3월 15일에 다른 중앙은행과 협력해 금리와 신용 팽창 조치를 내놓았다.[12] 금리가 낮아졌고 은행 준비금 비율이 0퍼센트에 근접했으며 수십조 달러 규모의 모기지 증권을 매수했다.[13] 시장 분위기는 그다지 호의적이지 않았다. 바로 다음날인 3월 16일 월요일에 다우지수는 3,000포인트가 더 하락했다. 그러자 같은 주에 연준과 은행 규제 기관은 은행이 자사 자원을 가계와 기업을 지원하는 데 활용하도록 독려하는 내용의 성명서를 발표했다. 3월 내내 연준은 수많은 대출 관련 기구를 설립하고 금융 시장을 지원하는 몇 가지 새로운 계획을 마련했다.

여기에는 (1) 기업 어음 시장을 지원하는 기업 어음 매입기구 (2) 프라이머리 딜러에 익익물 및 단기 자금 제공을 목적으로 한 프라이머리 딜러 신용공여기구[14] (3) 단기 자금 시장 기능성과 유동성 확대[15]를 목적으로 주정부 및 지방 정부 자금 시장을 포함해서 펀드 자산을 매입할 수 있는 은행에 대해 상환 청구권이 없는 대출해 주는 머니마켓뮤추얼펀드 유동성제공기구Money Market Mutual Fund Liquidity Facility 16 (4) 투자 적격 기업에 4년 만기 브리지론Bridge Loan, 일시적 자금 조달용 단기 차입-옮긴이을 제공하는 발행시장 기업신용공여기구Primary Market Corporate Credit Facility (5) 미국에 상장된 상장지수펀드와 투자 적격 미국 기업이 발행한 회사채를 매입하는 유통시장 기업신용공여기구Secondary Market Corporate Credit Facility (6) 중소 기업청이 보증하는 대출, 학자금 대출, 자동차 담보 대출, 신용 카드 대출, 기타 자산을 기초로 자산담보부증권 발행을 지원하려는 목적으로 재무부 신용 보호를 제공하는 단기자산 담보증권대출기구 Term Asset-Backed Securities Loan Facility 등이 포함된다.

연준은 또 외환 시장에 개입하고 전 세계 달러 자금 시장에 유동성을 강화하는 등 연준 역할을 수행하는 중앙은행들과 미 달러화 유동성 협약Liquidity Arrangement, 스와프 라인이라고도 함-옮긴이도 체결했다.[17] 이런 협약은 외국에서 달러로 표기된 거래를 지원한다는 의미이며 연준이 세계 중앙은행 역할을 한다는 확실한 신호이기도 하다.[18] 연준은 3월 중순에 달러화 가치를 높이려고 전 세계 투자자로부터 4억 5,000만 달러 규모의 재무부 채권을 매입했다. 그다음 몇 주에 걸쳐 외국 거래 당사자에게 5,000억 달러를 대출하는 등 전 세계에 대한 권한과 영향력을 확대했다.

《월스트리트저널》은 연준이 '세계 달러 부족 현상을 완화했고 대량 매도로 인한 시장 급락을 중단시키는 데 도움을 줬으며 현재까지 세계 시장을 지원하는 역할을 계속한다'고 설명했다.[19] 2020년에는 2008년 공황 때보다 해외 대출이 더 신속하게 진행됐다. 국내 상황은 나중에 제롬 파월Jerome Powell 연준 의장이 설명한 바와 같이 회사채, 지방채 그리고 소비자 및 소기업 대출을 기초 자산으로 한 자산담보부증권 발행 기관의 대출 비용이 급등하면서 장기 대출 시장이 경색됐다.[20] FOMC는 시장 기능을 원활히 하고 통화 정책을 효율적으로 전달하는 데 필요한 양만큼 재무부 채권과 기관 및 상업 MBS를 매수한다고 발표했다.[21] 아직 완료되지는 않았으나 연준은 투자 적격 중소기업에 대출을 지원하고 중소기업협회의 노력에 힘을 보태는 차원에서 중소기업 대출지원기구 설립을 검토했다.[22] 연준이 비은행권 회사에 대출을 해 주거나 자산을 매입하는 등의 광범위한 권한을 행사하지 못하는 곳에서는 재무부가 환안정기금을 통해 연준이 설립한 특수목적기구SPV: Special Purpose Vehicle에 지분 투자를 하고 이 특수목적기구가 자금을 대출하거나 자산을 매입한다.

2008년 금융 공황을 살펴보면 이런 긴급 대책이 어떻게 그리고 왜 작동해야 하는지를 어느 정도 이해할 수 있다. 그러나 이번 위기는 그 성격이 달랐다. 무엇보다 정부 정책이나 금융 대혼란에 일조한 금융 기관이 촉발한 위기가 아니었다. 전염병 감염과 죽음에 대한 공포로 활동을 멈춘 미국 기업과 근로자, 소비자 때문에 발생한 위기였다. 게다가 2008년에는 존재하지 않았던 암호 화폐와 암호 화폐 거래 그리고 P2P 대출 같은 신세대 디지털 및 온라인 상품과 함께 시장이 진화했다. 2008년에 효과가 있었던 대응책을 현 상황에 맞게 재조정할 시간이 없었다.

3월 말에 연방 및 주정부 금융 규제 기관은 다양한 상환 유예 대책을 공식 발표했고 채무 불이행 사태를 방지하고자 코로나에 감염된 차입자와 건설적인 협력을 통해 상환 조건을 비롯해 대출 조건을 조정하도록 했다. 이와 마찬가지로 위 규제 기관은 차입자에게 상환 유예 대책을 취하는 기관에 대해서는 비난하지 않기로 결정했다. 이에 따라 '대출 조건을 조정하는 행위'를 당연하다는 듯 '불량 대출 재조정'으로 분류하지 못하게 했다. 코로나19에 대한 대응책으로서 신의 성실 원칙에 기초해 단기적 대출 조건 조정을 할 때 불량 대출 조정은 아무래도 회계와 금융 부문에 부정적인 영향을 미치기 때문이다.[23] 그러나 상환 유예는 유용성은 제한적이고 위험 수준은 상당히 높은 대응책이다. 버틸 수 있는 기간은 은행이 수입 없이 운영할 수 있는 시간에 따라 결정된다. 은행 관점에서 보면 워크아웃으로 볼 수 있는 이런 상환 유예는 은행 재무제표의 투명성 수위를 낮추는 도구로 활용할 수 있다. 따라서 잠재적으로 재무상의 다른 문제를 감추는 용도로 사용할 가능성이 있다. 이런 포괄적 규제 지원 도구를 활용하려고 하면서 정부는 의회가 시장에 자금을 풀어 넣을 종합 금융 구제안을 통과시키기를 기다렸다. 다우지수는 18,592로 하락했다. 불과 32일 전인 2월 20일에 기록한 고점 29,551에서 약 37퍼센트가 하락한 셈이었다. 이에 반해 2008년 공황 때 다우지수가 37퍼센트 하락하는 데는 13개월이 걸렸다. 좀 더 포괄적인 해법이 법제화되리라는 기대감으로 3월 26일에 다우지수가 20퍼센트 이상 상승해 22,552를 기록했다.

3월 27일에 의회는 '코로나바이러스 지원, 구제 및 경제 안보법 CARES Act: Coronavirus Aid, Relief, And Economic Security Act'24을 통과시키고 대통령이 이에 서명했다. 2조 달러에 달하는 세금을 코로나19의 보건 및 경제적 영향을 관리하는 데 활용한다는 내용이었다. 연준이 재무부에서 4조 5,000억 달러를 더 차입해 대출 자금으로 활용할 계획이므로 지원 자금이 몇 배는 더 증가하는 셈이었다. 전염병 관련 직접적 구제책 외에 위 CARES법에 따라 전국 은행을 통해 기업이 근로자에게 근무 여부와 상관없이 임금을 계속 지급하도록 중소기업을 대상으로 상환 면제 및 탕감이 가능한 대출에 3,490억 달러를 지원하기로 했다. 또 대기업 대상으로는 옵션, 주식 인수권, 기타 지분 투자에 대한 대가로 6,000억 달러 그리고 상환 능력이 있는 개인 대상으로는 1,200달러를 지원한다. 2008년 때와 마찬가지로 FDIC는 은행이 발행한 대출 채권과 특정한 무이자부 거래 계좌를 보증하는 임무를 띤다. 상업은행 자본 비율을 1퍼센트 낮췄고25 불량 대출(즉 불량 대출 조건 재조정)과 당기기대신용손실CECL: Current Expected Credit Loss에 관한 FASB 회계 원칙 적용을 일시적으로 중단했다.

　같은 날 은행 규제 기관은 여기서 더 나아가 이 두 가지 회계 원칙 적용을 최대 2년간 중지해 회계 손실과 부기 부담을 피하고자 했다. 이 조치는 이런 회계 원칙이 경기 순행적이며 또 2020년과 같은 혼란스러운 환경에서는 불필요한 손실을 발생시킨다는 CECL 반대론자의 주장을 부각시키는 듯했다.[26] CECL이 의회와 규제 기관이 내다버린 첫 번째 수화물이라는 사실 때문에 CECL이 은행 자산 가치를 평가하는 가장 정확하고 가장 믿을 만한 방식이라는 CECL 찬성론자의 주장이 흔들린다. 담보물 압류, 퇴거, 부정적 신용 효과 등에 대한 일시적 구제 그리고 연방정부가 보증하는 모기지에 대해 최대 360일간 상환을 정지하는 방식으로 소비자도 CARES 법의 혜택을 받았다. 그러나 TARP처럼 은행이나 비은행권 금융 기관에 대한 자본 지원은 없었고 투자 부적격 등급 기업과 사모펀드를 대상으로 하는 대출 기관은 제한돼 있거나 존재하지 않았다.

　이 법안이 통과되면서 코로나19와 관련해 한 가지 의문점이 생겼다. 전 세계가 코로나 때문에 얼마나 오래 고통받아야 하며 경제 활동을 언제까지 중단해야 하는가? 1918년 1월부터 1920년 12월까지 스페인 독감으로 미국인 67만 5,000명이 사망했기 때문에 치명적 전염병이 발생했을 때 국가로서는 국민의 신체적 건강과 경제적 건강은 선택 사항이 될 수 없었다. 스페인 독감 감염자 수가 총 5억 명이었고 이는 전 세계 인구의 약 27퍼센트에 해당하는 수치였다.[27] 스페인 독감은 세 차례에 걸쳐 크게 창궐했다. 첫 번째는 1918년 7월이었고 가장 치명적이었던 두 번째는 이로부터 3개월 후인 1918년 10월이었으며 마지막은 1919년 2월이었다. 당시 이 질병이 어디에서 왔고 왜 종식됐는지 아무도 몰랐다.[28] 전 세계 인구의 1.7퍼센트에 해당하는 3,000만 명에서 5,000만 명이 이 병으로 사망했다. 그리고 필라델피아와 워싱턴 D.C. 같은 도시가 초토화됐다. 워싱턴 D.C.는 매일 너무 많은 사람이 사망하는 바람에 관이 동이 날 정도였다. 상인들은 영업 손실 규모가 40~70퍼센트라고 주장했다.

지금의 코로나19가 스페인 독감과 같은 경로를 밟는다면 전 세계 사망자 수는 1억 명으로 추산할 수 있다. 현대 보건 의료 기준을 고려하면 사망자 수는 물론이고 이 질병의 영향과 전파 속도가 스페인 독감 때보다는 줄어들어야 한다고 기대할 수 있다. 이론적 측면에서 볼 때 정부가 더 정교한 도구를 보유하고 있다는 사실을 감안하면 지금은 현대 팬데믹이 경제에 미치는 영향을 더 잘 다룰 수 있어야 한다.

1918년에는 경제가 더 단순했다. 오늘날처럼 상호 연결 수준이 높은 시장도 아니고 상대적으로 소비자 신용 한도도 낮았기 때문이다. 연준은 1913년에 설립됐지만, 당시만 해도 아직 준비가 덜 된 상태였고 정치적인 한계도 있었으며 팬데믹에 대응하는 경제적 조치를 위하기에는 구조적으로 역부족이었다. 본질적으로 스페인 독감은 의학적으로 또 경제적으로 거칠 경로를 다 거치고 끝이 났지만, 일단 종식되고 나자 다우지수가 비교적 신속한 상승세를 보이며 50퍼센트 이상 상승했다.[29] 그리고 곧바로 경제가 엄청나게 팽창한 '광란의 20년대'가 이어졌다.

그런 의미에서 2007년에 세인트루이스 연준은행이 발표한 스페인 독감에 대한 보고서가 매우 유용한 정보를 제공한다. 팬데믹에 관해 현재 우리가 아는 사실에서 당시 사실을 추정해 보자면 격리 조치가 필연적으로 시행됐어야 했고 여기서 50퍼센트가 넘는 영업 손실이 발생했으리라 본다.[30]

그러나 정부가 얼마나 효과적으로 경제를 뒷받침하는지를 결정하는 가장 중요한 변수가 있었다. 그 변수는 바로 바이러스였다. 3월 29일에 미국 내 코로나19 확진자 수는 14만 258명이었고 이 가운데 사망자는 2,540명이었다. 트럼프 대통령은 4월 30일까지 사회적 거리두기를 시행한다고 발표했다. 당시만 해도 대통령은 그때 벌어진 파괴적인 경제적 혼란에 대해 수많은 사람이 인내의 한계를 느끼게 되리라는 사실을 잘 몰랐다. 3월 말이 되자 재무부 행권, 지방채, MMF와 뮤추얼펀드를 포함해 거의 모든 부문의 고정 수익 증권 시장이 극심한 침체 상태에 들어갔다. 연준은 시장에 이미 1조 달러 넘게 투입했고 재무부 채권과 MBS를 9,420억 달러어치나 매입했다. 그러나 이런 조치는 정부가 보증하지 않는 민간 부문 MBS에는 해당 사항이 없었다.

연준은 대출 창구를 통해 은행에 대한 저비용 대출 자금도 500억 달러 넘게 제공했다. 전 세계 기업과 개인으로부터 달러화에 대한 수요가 최고치를 기록하고 파생 상품 지수에 반영되는 신용 위험 수준이 감소하면서 이런 조치가 금융난을 어느 정도 진정시키는 듯했다. 그러나 수많은 기업이 MMF를 주요 자금원으로 하는 단기 자금 조달 방식으로 눈을 돌리면서 상업 어음 시장은 여전히 침체된 상태였다. 또 경제 상황에 급속한 변화가 생기지 않는 한 채무 불이행 비율이 15퍼센트라고 가정할 때 레버리지론Leveraged Loan, 기존에 보유한 부채가 많거나 신용 등급이 투기 등급 이하인 기업의 자산을 담보로 해 높은 금리를 적용하는 대출—옮긴이 시장이 특히 문제가 됐나.[31] 3월 31일에 연준은 임시 환매 협약 기구를 설립했다. 중앙은행 그리고 뉴욕 연준은행에 계좌가 있는 기타 국제통화 당국이 환매 협약Repurchase Agreement을 체결하고 일시적으로 이들 기관이 보유 중인 미 재무부 채권과 미 달러화를 교환할 수 있게 하려는 목적에서였다.[32]

트럼프 대통령이 매우 고통스러운 2~3주를 더 견뎌내야 하며 사회적 거리두기를 시행함에도 사망자가 10만 명에서 24만 명에 이르리라 예상한다고 말했다. 그러자 재무부는 서둘러 CARES법[33]으로 마련한 급여보장제도PPP: Paycheck Protection Program, 코로나 팬데믹 같은 경제 위기 상황에서도 고용을 유지하는 고용주에 대한 유인책으로 고용 관련 비용에 대해 발생분만큼 공적 자금으로 대출해 주는 제도—옮긴이에 따라 근로자 수가 500명 미만인 기업의 근로자를 대상으로 한 중소기업대출 조건을 발표했다. 미니애폴리스 연준은행의 보고서처럼 12~18개월 혹은 백신 개발이 완료될 때까지 좀 더 엄격하게 사회적 거리두기를 고수해야 한다고 주장하는 의학적 연구·조사 결과는 대중의 무력감과 신뢰 상실 상황에 별 도움이 되지 않았다. 의학적 접근법에 수반되는 경제적 타협점을 강조하는 조사 결과 역시 도움이 되지 않기는 마찬가지였다.[34] 사회적 거리두기 요건을 더 강화하더라도 인구의 10퍼센트에서 20퍼센트(3,300만 명에서 6,600만 명에 해당)가 확진되면 6개월 내에 의료 체계가 붕괴할 가능성이 있다는 결론이 더 문제였다.[35] 2020년 10월까지는 이 암울한 예측이 하나도 실현되지 않았다.

예측에 엇비슷한 수준으로도 발생하지 않았다.

그런데 실업률이 점차 증가하면서 문제가 심각해졌고 일부 주정부 실업 대비 체계는 이 폭발적인 팬데믹에 전혀 준비가 돼 있지 않았다. CARES법에 따른 구제 금융을 배분해야 하는데 이를 담당하던 주정부 사이트가 마비되면서 이미 스트레스 상태인 사람들에게 깊은 좌절감을 안겼다. 실업 급여 신청자 수백만 명이 몰리다 보니 생긴지 60년이나 되는 프로그램 언어 코볼COBOL로 프로그래밍한 시스템 일부가 붕괴했을 때 신속한 수리가 이뤄지지 않았다. 너무 오래된 언어라서 요즘 프로그래머 중에는 코볼이 무엇인지 혹은 어떻게 수리하는지 아는 사람이 거의 없었기 때문이다.[36] 신체적 및 경제적 안정에 대한 위협이 점차 가중되는 데 대한 공포심이 어느 곳에서나 느껴질 정도였다.[37] 악재가 증가하고 금융 기관이 가계와 기업에 대한 신용 공여를 계속하기 어렵다는 사실을 감지함에 따라 재무부 채권 시장의 유동성이 급속도로 악화됐다. 금융 자산 가치가 하락하자 대출 기관이 신용 한도를 줄이고 현금을 축적하면서 추가 증거금 및 담보물 요구가 증가했다. 부동산 투자 신탁과 비은행권 상업 대출 기관 및 금융 중개인은 하루아침에 신용 한도가 바닥이 나는 상황을 목격했다. 그러자 어쩔 수 없이 불리한 조건으로 신용을 공여하거나 신용 공여를 전혀 할 수 없는 상황에 몰렸다.

유례가 없던 장기적인 경제 활동 중지로 압박이 심해져 주, 도시, 교통 기관, 공항, 기타 지방채 가치를 뒷받침하는 부문에 막대한 손실을 초래한다는 우려가 점점 깊어질 때, 특히 세무 신고 마감일이 연장되고 세수입이 감소할 때 연준이 새로운 권한을 활용해 개입에 나섰던 좋은 예가 바로 지방채 시장이었다. 이에 따라 각 지방 정부는 연준을 향해 지방채를 매입하고 저금리로 대출을 실행하는 임시 기구를 설치해달라고 촉구하기에 이르렀다.

모기지은행가협회Mortgage Bankers Association에 따르면 3월에 주거용 주택 담보 대출 상환 유예 비율이 0.25퍼센트에서 2.66퍼센트로 증가했다고 한다. 지니메이가 보증하는 중·저소득층 대상 대출 금리가 4.25퍼센트로 상승했다.[38] 이 수치는 앞으로 더 상승하게 된다. 모기지 서비스 제공 기관과 투자자의 지구력에 대한 우려가 더 커졌다. 모기지 사업이 붕괴한다면 균형 경제 상태에서 취했던 구제 조치가 전부 무위로 돌아갈 가능성이 있다. 4월 3일 금요일에 연방 및 주정부 규제 기관은 CARES법에 따라 모기지를 제공하는 은행(은행 모기지 서비스 제공사)이 코로나19에 감염된 소비자와 협력할 수 있도록 규제상의 유연성을 제공하는 지침을 발표했다. 이들 기관은 해당 규정, 통지 조항, 대출 회수 요건 등을 위반한 은행 모기지 서비스 제공사에 대해 감독 및 단속 조치를 취하지 않는다고 약속했다.[39]

은행이 아닌 모기지 제공사의 40퍼센트는 주택 소유자가 대출금을 상환하지 못한 기간에 해당 비용을 부담할 여력에 문제 있는 것으로 나타났다. 그래서 FSOC는 비은행권 모기지 제공사에 관한 부담에서 발생한 체계적 위험을 다시 한번 고려하고 이런 문제와 해법을 평가할 특별 소위원회를 구성했다. 이런 경제적 혼란은 상환 유예 기법에서 비롯된 자연스러운 결과물이었다. 금융 기관이 이른바 '건너뛰기 상환'을 허용하지 않으면 유동성과 자산 품질에 문제가 생기게 마련이다. 그러면 이들 금융 기관은 결국 재정난을 겪으면서 신용을 축소하고 또 이런 상황이 오래 지속되면서 규제 기관이 이런 금융 기관에 대해 인내심을 잃게 되면 파산하게 될지도 모른다. 어딘가에서 그리고 어떻게든 원래 채무는 만기가 되고 누군가는 이 채무를 이행해야 하기 때문에 이는 꽤나 까다로운 공식이다.

이 세상에 공짜 점심은 없다. 이 사실은 연방정부가 보증하는 모기지론 차입자가 재정적 어려움에 관한 CARES법 조항을 이용해 최대 1년까지 대출금 상환 유예를 요청하면서 패니메이와 프레디맥뿐 아니라 대출 서비스 제공 기관에 재정적 압박을 가할 때 특히 분명해진다. 이런 식의 재정적 압박은 정부가 패니메이와 프레디맥을 법정 관리에서 풀어주고 공개 시장에서 자본 구조를 재편하며 재무부가 우선주와 신주인주권증서를 매각하거나 처분할 수 있도록 '점심'을 준비할 바로 그때 재무부에 대한 의존성을 더 높이는 결과로 이어질 수 있다. 10일 후인 4월 13일에 진행한 코로나19에 관한 상황 설명회에서 므누신 재무 장관은 대중과 모기지 서비스업계에 당국이 이 문제를 정확히 알고 있다는 점을 명확히 밝히는 동시에 FHFA에게 패니메이와 프레디맥이 해야 할 일에 관해 언급했고 또 앞으로 시장 혼란이 일어나는 일은 없을 것이라고 말했다.

3월에는 실업률이 약 4퍼센트에 이른다는 보고가 있었다. 하지만 이전 2주간에 걸쳐 900만 명이 실업 보험 급여를 신청했는데 이 부분은 이 수치에 포함되지 않았다. 이에 따라 미국 실업률이 이미 13퍼센트에 근접했고 앞으로도 실업률 상승세가 계속된다고 보는 의견도 생겼다.[40] 4월 6일 월요일 보고서에 따르면 은행은 CARES법에 따라 설립한 중소기업협회 급여보장제도하에서 중소기업에 이미 400억 달러를 대출했다는 점을 밝혔다. 의회가 3,490억 달러를 제공했는데 이 수준의 지원이 오래 계속되기는 어렵다. 다음날 연준은 중소기업청이 보증하는 이른바 보증 대출을 담당하는 새로운 대출 기구를 설립한다고 밝혔다.[41]

다시 말해 은행이 자사 대출 능력 증대를 목적으로 연준 대출 기구에서 자금을 융통할 때 이런 대출을 담보물로 활용할 수 있다. 이런 중소기업 대출은 상환 면제가 가능하기 때문에 사실상 재무부가 이 대출을 담보물로 받아들인 연준의 책임을 면제해 주는 셈이었다. 이 기구는 CARES법에 따른 상환 면제가 가능한 중소기업청 대출 한도 3,490억 달러를 늘릴 수 없지만, 은행이 이를 통해 대출 가능 자금을 보충해 전반적인 신용 가용성을 증가시키는 수단으로 활용했다. 6월 4일에 의회는 이 제도의 대출금 상환 면제 기간을 8주일에서 24주일로 늘렸다. 수많은 기업이 이보다 더 짧은 기간 내에는 대출 수익금 전액을 근로자에 지급하는 급료나 기타 비용에 충당할 수 없기 때문이다. 또 지속적인 경기 침체 상황을 반영해 대출금 상환 면제 기간 및 조건도 조정했다.[42]

미국 내 코로나 사망자 수가 1만 800명을 넘어섰을 당시 뉴욕 코로나19 상황이 정점에 도달했고 꽤 많은 잠재적 백신이 시험 중에 있는 등 몇 가지 희소식도 있었다. 4월 6일에 다우지수는 22,680으로 장을 마감했다. 이는 1,627포인트, 즉 7.73퍼센트 상승한 수치였다. 4월에는 기업 활동을 비롯해 언제 어떻게 국가가 정상적 활동을 재개할 수 있는지에 관한 논쟁이 가열됐고, 몇 개월간 이어진 봉쇄 조치의 효용성에 의문을 제기하는 의견이 힘을 받기 시작했다. 전국적으로 일부 위험지에서 코로나 감염자 수가 최고치를 기록함에 따라 이전 3주일 동안 시행한 자가 격리 조치가 효과를 발휘하고 있다는 징후가 보였다. 개방된 영역에서 공유할 수 정보는 대체로 빈약하고 모순적일 때가 종종 있다. 4월 7일 당시 미국 코로나 위기 진원지인 뉴욕시에서 사망자의 86퍼센트가 고혈압, 당뇨병, 고지혈증, 관상동맥질환, 신장병, 치매 등[43] 기저 질환자였고 입원 환자의 60퍼센트가 65세 이상이었다. 4월에 미 항공모함 루즈벨트호 승조원 4,500여명이 코로나 검사를 받았고 이 가운데 양성 반응을 보인 600여명 가운데 60퍼센트는 무증상이었다. 이는 젊은 사람이 코로나 전파 매개체일 수 있고 코로나 관련 보고 수치, 특히 사망자 수의 신뢰성이 매우 떨어진다는 점을 시사한다.[44]

시장 관찰자는 투자 부적격 등급 기업의 부채가 증가하고 사우디아라비아와 러시아의 불화로 유가가 하락하는 상황을 크게 우려했다. 이런 상황이 미국 석유 시추 회사에 엄청난 손실을 일으킬 수 있기 때문이다. 4월 9일에 연준은 우려할 만한 속도로 계속 붕괴하는 다양한 경제 부문에서 지원 요청이 쇄도하자 이에 대한 대응책으로 이전에 신설한 대출 기구를 통해 2조 3,000억 달러를 추가로 투입하는 중이라고 발표했다.[45] 4월 6일에 발표한 바대로 중소기업청 급여보장제도에 참여하는 금융 기관이 이용할 유동성을 확대하고자 연준은 대출을 최초 생성하고 액면가로 이 대출 채권을 담보물로 취하는 투자 적격 금융 기관에 신용을 확대해 주기로 했다.[46] 또 연준은 미국 각 주정부(워싱턴 D.C. 포함), 인구 50만 이상 카운티, 인구 25만 이상 도시 등이 발행한 단기 채권을 최대 5,000억 달러어치까지 매입하기로 했다.[47] 이런 관점에서 연준 손길이 미치지 않는 곳이 없다시피 했다.

연방이 보증하는 금융 기관은 할 수 있는 일을 했다. 즉 은행이 생성한 중소기업청 보증 대출은 은행 위험을 조정하는 자본 규정에 가중치 '0'을 부여한다는 점을 확실히 밝히며 잔여 차입과 기타 대출 제한 조건에 따라 자본 수준과 별개로 사실상 은행에 상당 수준의 대출 능력을 부여했다. 이는 완전히 적절한 조치였다. 이론적으로는 이 대출의 전부 혹은 일부의 상환 불능 때문에 곤경에 빠진 쪽은 은행이 아니라 정부였기 때문이다.[48] 또 OCC, FDIC 그리고 연준은 결국 특정 금융 기관에 대해 차입 자본 비율 요건 일부를 완화했다.[49] 연준은 중소기업에 대한 신용 흐름 확대를 목적으로 중소기업대출지원기구를 통해 최대 6,000억 달러에 해당하는 대출 채권을 매입하기로 했다.[50] 그러나 이 조치는 CARES법에 따라 재무부의 직접 대출 제도에 유리한 조건을 첨부함으로써 해당 대출의 매력을 반감시켰다. 이 조건에는 주식 환매 금지와 보상금 및 배당금 제한이 포함됐다. 이는 예상되는 의회의 비난에 대응하려는 조치였을 수 있다. 이 대출은 만기가 4년으로 차입자인 중소기업은 근로자를 해고하는 일이 없도록 합리적 수준의 노력을 기울여야 한다. 여기서 고객 수와 수입이 코로나 이전의 50퍼센트 수준밖에 안 되는 이 새로운 환경에서 다시 문을 연 식당과 호텔, 항공사에 이런 수치와 분석이 어떻게 작동하는지에 대한 의문이 제기됐다.

경기 침체가 장기화하자 연준은 자본 시장을 통해 가계와 기업에 대한 신용 8,500억 달러의 흐름을 원활히 하고자 재무부가 제공한 신용 보호용 자금 850억 달러로 보증하는 단기자산담보증권 대출기구와 발행 및 유통시장 기업신용공여기구의 규모와 범위를 확대했다.[51] 단기자산담보증권 대출 기구하에서 담보물 기준도 확대를 상업 모기지 증권과 CLO를 비롯해 위험도가 높은 투자 적격 등급 신용까지 적격 담보물에 포함시켰다.[52]

성 금요일인 4월 10일 오후 기준으로 미국 코로나 확진자 수는 50만 명에 육박했으며 이는 가장 가까운 이웃 국가보다 34만 명이 많은 수준이었다. 수치가 증가할수록 이 수치가 너무 낮다고 생각하는 사람과 너무 높다고 주장하는 사람 모두 발표 수치가 부정확하다고 보는 경향이 강해졌다. 게다가 각 주정부와 다른 국가 확진자 가운데 무증상자가 훨씬 더 많다는 사실을 알게 되면서 발표된 사망률 공식의 분모에 문제가 있다는 점이 점점 더 분명해지기 시작했다. 코로나19 확진자 수는 확진은 됐으나 무증상인 총 환자 수와 무관했다. 이 질병의 심각도와 진행 방향 그리고 전체 보건 의료 체계에 미치는 영향을 제대로 반영하지 못하는 부실한 수치에 초점을 맞추는 일은 적절치 못하다는 점이 분명해졌다. 4월 중순이 되자 연준 재정 규모는 4조 3,000억 달러에서 6조 4,000억 달러로 한 달 만에 50퍼센트 가량 증가했다.[53] 4월 14일에 트럼프 대통령은 첫 번째 '국가 활동 재개Opening The Country' 태스크포스를 소집한다고 발표했다.

그다음 주 내내 각 주 주지사와 대통령 간에 담당자가 누구인지 그리고 국가 경제 활동을 언제 재개하는지에 관한 정치적 논쟁이 계속됐다. 4월 중순에 사망자 수가 3만 1,000명에 이르자 급여보장세도에 따라 140여만 건에 달하는 대출 신청이 승인됐다. 이는 이 제도에 할당된 3,490억 달러 중 3,050억 달러에 해당하는 규모였다. 나머지 할당액도 수 시간 내에 소진될 상황이었다. 실업자 수가 2,200만 명에 이르며 2008년 공황 이후 증가한 일자리 부분이 전부 사라진 셈이었다.

4월 16일 금요일에 백악관은 경제 활동 재개에 관해 '전면' 책임을 지는 과정에 변화를 준 듯했고, 각 주 주지사가 주별 경제 활동 재개 절차를 개시하는 데 도움이 되도록 의료 전문가로 구성된 태스크포스가 승인한 통일된 지침을 발표했다.[54] 이 지침은 14일 동안 코로나19 유증상자, 확진자, 입원 환자 수 감소라는 선행 조건을 충족한 주에서 3단계에 걸쳐 경제 활동을 재개하는 과정을 담고 있다.[55] 일단 첫 단계를 거친 주에서는 해당 지침에 명시된 우선순위에 따라 순차적으로 활동 재개를 진행한다. 정부는 그 결과를 예의 주시해 재발 위험 지역을 알아내려 했다. 4월 17일 금요일에 다우지수는 705포인트(3퍼센트) 상승한 24,242로 장을 마감했다. 2월 12일에 기록한 고점 29,551에서 하락했다가 다시 무려 1만 6,609포인트가 상승하며 69퍼센트의 변동폭을 나타냈다. 이때까지 300만 건이 넘는 모기지가 이미 상환 유예 상태였다.[56] 그리고 이 주에 440만 명이 실업 보험 급여를 신청했다.

재정적 문제가 해결될 때마다 또 다른 문제가 다시 나타나는 듯했다. 그때까지 7,000억 규모였던 CLO 시장이 30퍼센트 이상 축소됐다.

이 시장을 구성하는 기업 대출 채권의 신용 등급이 급속도로 낮아지면서 관리자가 실적이 저조한 채권을 매각하거나 투자자에게 지급을 중지하는 상황이 전개됐기 때문이다.[57] 수많은 CLO는 이를 구성하는 대출 채권 대다수의 등급이 정크 등급보다 겨우 한 단계 높은 수준이었고 1조 2,000억 달러 규모인 레버리지론 시장에서 최대 매수자였기 때문에 상당히 위험한 상황이었다.[58] 이는 금융 시장에 대한 신뢰가 더 악화됐다는 의미로 해석할 수 있다. 부자 친척이 죽은 후에 가족 간에 다툼이 벌어지듯이 구제 금융 할당과 경제적 공정성에 대한 다툼이 이어졌다. CARES법에 따른 중소기업 대출 제도하에서 할당했던 중소기업 지원 자금이 거의 다 소진됐다. 중소기업은 의회가 조속히 정상으로 돌아가 재정난을 겪는 기업에 도움을 주기를 기다렸다. 은행업 및 증권부 부장 대행 베이그는 무엇보다 중소기업 붕괴를 막으려면 2조 달러 추가 지원이 필요하다고 말했다.[59]

유형을 불문하고 모든 차입자가 이 제도에 따른 대출 서비스 제공 조건에 대해 불만을 토로했다. 일부 비평가는 대기업을 선호하며 경제 붕괴 방지가 아니라 손실 방지에 초점을 맞춘다는 이유로 정부를 비난했다.[60] 주 및 지방 정부 세수입이 사라졌다. 정부가 모순된 상황에 갇혀 곤란을 겪고 있다. 정부가 만든 안전망 때문에 이해 관계자가 경기 하락 굴레에서 벗어날 때는 시장이 작동하는 이유와 방식의 기반이 되는 기초 여건이 왜곡된다. 그러나 정부가 안전망을 폐기하지 않으면 경제 붕괴는 상상조차 할 수 없는 일이 될 수도 있다. 경제가 붕괴하고 있을 때 시장 왜곡을 어느 정도나 허용할 수 있을지 결정하는 일은 매우 어렵다. 세계 경제가 거의 정지되다시피 하는 상황에서 석유 수요가 최저치에 도달함에 따라 유가가 폭락했기 때문에 문제가 훨씬 더 복잡해졌다. 5월에 서부 텍사스 중질유 가격이 사상 최초로 마이너스 37.63달러가 됐다.[61] 정유 회사가 석유를 가져가는 유통 업체에 돈을 지급해야 하는 상황이었다.

대출을 받은 차입자는 급료를 받지 못하면 매달 대출금을 상환할 수 없기 때문에 모기지 서비스 제공사와 차입자가 받는 재정적 압박이 점점 심해지자 모기지 사업에 관심이 집중됐다. 의회가 주도한 모기지 상환 유예에 대한 책임을 비은행권 모기지 서비스 제공 기관이 떠맡게 하는 이전 조치에 대해 반발이 심해졌다. 그러자 FHFA는 방침을 바꿔 모기지 제공 기관에 대해 상환이 유예된 모기지의 원리금을 4개월 동안만 선지급하게 했다.[62] 4개월 이상 연체된 모기지는 자연 재해 같은 상황으로 취급한다. 따라서 패니메이와 프레디맥이 MBS 풀에서 따로 떼어 내 매입하지 않고 MBS 풀 형태를 그대로 유지하게 한다. 물론 비은행권 모기지 제공 기관은 대체로 은행만큼 자본 구조가 탄탄하지 않기 때문에 팬데믹이 장기간 지속되면 이런 조치는 그저 미봉책에 불과할 뿐이다. 더구나 의회도 그렇고 규제 기관도 4개월 동안 원금과 이자, 세금, 기타 비용을 모기지 제공 기관이 선지급할지 여부와 만약 선지급한다면 이를 언제 어떤 식으로 메워줄지에 대해 명확히 밝히지 않았다.

그다음 날 FHFA는 대출 기관이 대출금을 내주기 전에 이미 유예 혹은 연체 상태인 모기지를 패니메이와 프레디맥이 매입하는 일을 일시적으로 중단한다고 발표했다. 모기지 상환 유예를 신청하거나 첫 상환 때부터 채무 불이행에 빠진 차입자가 점점 증가했기 때문이다.[63] 이는 단 몇 주 만에 모기지 시장 상황이 얼마나 나빠질 수 있는지를 단적으로 보여 주는 사례다. 당시 므누신 재무 장관은 지금은 이런 조치 외에 모기지 제공 기관에 자금을 지원할 연준 기구를 설립할 계획이 없다고 밝혔다. 패니메이와 프레디맥이 해당 분기 이익이 80퍼센트 이상 감소했다고 발표하자 일부 비판자는 그 '지금'이 과연 얼마나 길어질지 궁금해했다. 현재 패니메이가 보증한 모기지 가운데 7퍼센트가 상환 불이행 상태였다. 2008년 공황 때는 패니메이와 프레디맥 모기지의 약 5퍼센트가 '심각한 채무 불이행' 상태가 됐다.[64]

복잡한 미국 모기지 생태계를 고려할 때 다가오는 금융 위기 수준이 유례를 찾기 어려운 대혼란일 수 있다. 5월 말이 되자 CARES법이 촉발한 의도치 않은 몇 가지 결과와 모기지 대출을 받은 차입자에게 제공한 1년간의 상환 유예가 시장 실적을 왜곡하고 장기적 경제 회복을 위협하기 시작했다. 30년 만기 고정 모기지의 금리는, 10년 만기 재무부 채권 수익률보다 약 1.7퍼센트포인트 높은 전통적 금리 차이보다 약 1퍼센트 높게 형성된다.[66]

특히 점보 모기지 시장에서 가용 신용 금액 또한 줄어들었고 일부 대출 기관은 선지급 비율이 20퍼센트 미만인 대출은 아예 제공하려 하지 않는다. 금리가 역대 최저 수준으로 낮았지만, 모기지 차환은 평소만큼 증가하지 않았고 정부는 패니메이와 프레디맥을 보호하려는 목적에서 원대출 생성 기관에 경제적으로 유리한 방식으로 상환 유예된 대출 채권을 매입하는 능력을 제한했다. 그 당시 475만 명이 상환 유예를 신청했으며 미상환 원금이 무려 1조 400억 달러에 달했다.[67] CARES법은 주택 소유자가 모기지 대출 기관이나 대출 서비스 제공사에 대해 상환 유예를 하지 않고 1년 동안 상환을 포기할 수 있게 해줌으로써 일방적인 금융 함정을 만들었다.

매일 나오는 새로운 과학적 정보는 보건 의료와 관련한 정부 결정 대다수가 불완전한 혹은 결함이 있는 정보를 근거로 했다는 점을 시사한다. 그래서 금융에 관한 결정을 내리는 일이 훨씬 복잡해진다. 물론 이런 결정은 금융 시장에 대한 신뢰 및 실적과 상관이 있다. 예를 들어 4월 23일에 백악관에서 코로나19에 관한 상황을 보고할 때 국토안보부는 태양, 기온, 습도 등이 코로나19의 반감기에 유의미한 영향을 미칠 수 있다는 내용의 조사 결과를 발표했다. 다시 말해 야외에서 햇볕을 쬐는 행위가 코로나 확산에 영향을 줄 수 있다. 뉴욕 시민 5명 중 1명 이상이 코로나 항체를 보유했으며 코로나19 보균자일 수 있다는 조사 결과도 등장했다.[68] 대다수 독감 사망률을 크게 밑도는 수준으로 코로나 사망률이 낮아진다는 점을 포함해 이런 사실은 정부 결정의 근거가 된 자료와 각종 비율, 개념 모형의 가치를 크게 훼손한다. 이날 하루를 마감할 무렵 CARES법에 따라 설립한 대출 기구를 보완하고자 상원이 이미 승인한 법안을 미 하원이 통화시켰다.

이 수정 법안으로 급여보장제도(3,200억 달러)를 통해 소기업에 4,840억 달러를 더 지원했고 코로나 팬데믹으로 재정난을 겪는 병원에 1,000억 달러를 지원했다. 4월 27일 월요일에 미국 정부는 코로나

19 확진자가 100만 명에 육박했고 사망자는 5만 5,000명에 이르렀다고 발표했다. 그 이전 5주 동안 근로자 2,600만 명이 실업 급여를 신청했고 의회가 CARES법을 통과시킨 이후로 전체 모기지 차입자의 6.4퍼센트에 해당하는 340만 명이 상환 유예를 요청했다.[69] 미국 경제는 일사분기 동안 연평균 4.8퍼센트로 경기가 수축하면서 바닥을 모르는 듯 추락했다.[70] 4월이 끝나기 전에 연준은 급여보장제도에 따라 유동성 지원 기구에 대한 접근 권한을 정부 인가를 받은 비은행권 대출 기관을 포함한 기타 대출 기관으로 확대했다.[71] 연준은 또 중소기업대출지원 기구의 지원 대상 요건 및 범위를 근로자 수가 1만 5,000명 미만이거나 연매출 50억 달러 미만인 소기업으로 확대했고, 최소 대출 금액을 100만 달러에서 50만 달러로 낮췄으며, 원대출 기관의 지분 비율을 15퍼센트로 늘렸다.[72] 특히 이 같은 지분 비율 변화로 이전 5퍼센트일 때보다 훨씬 적절한 대출 참여 지분이 형성됐다. 이 제도에 따라 마련된 4,540억 달러 가운데 8월 말 기준으로 2,590억 달러는 아직 미집행 상태였다.[73]

그러나 미국 기업을 뒷받침하는 데 사용했기 때문에 은행 자본은 필연적으로 감소할 수밖에 없다. 따라서 은행 규제 기관은 대출 상환을 유예해 줄 여력이 점점 소진됐다. 연준 부의장은 '국가 비상사태'를 언급하면서 도드-프랭크법이 극심한 경제 침체 문제를 해결할 규제 기관의 능력을 억제할 뿐이라는 주장과 함께 이 법에 따른 엄격한 법적 제한을 완화해 달라고 의회에 요청했다. 규제 기관이 기본(Tier 1) 차입 요건에 따라 증가하는 신용 수요에 대응할 수 있는 유연성을 은행에 제공하려는 목적에서다.[74] 4월 한 달 동안 3,300만 명이 실업 급여를 신청했고 실업률은 14.7퍼센트로 증가했다. 4월 29일 당시에도 연준 FOMC는 진행 중인 공중 보건 위기가 경제 활동과 고용, 인플레이션에 심각한 영향을 미치고 그리 멀지 않은 미래 경제 환경에 상당한 위험을 초래할 수 있다고 언급하며 미국 경제를 뒷받침하는 역할을 계속 수행했다.

5월이 되자 충격의 여파가 다소 가시기 시작하면서 대중 정서도 서서히 바뀌었다. 의료 전문가, 언론, 정치 지도자가 각기 상충하는 정보를 쏟아내자 공포감에 사로잡혀 집 밖으로 나오지 않으려는 사람이 생겼다. 대통령과 코로나바이러스 태스크포스가 매일 수행하던 상황 설명도 중단됐다. 어떤 사람은 자가 격리를 할 때마저도 주정부가 나서서 해야 할 일을 일일이 지시하는 등 사소한 일까지 전부 통제하고 헌법상의 권리까지 침해한다며 주지사를 비난하는가 하면 또 어떤 사람은 생명과 재산을 보호하려 애쓰는 당국에 찬사를 보내기도 했다. 다시 생계를 꾸려야 하므로 봉쇄 조치가 조속히 끝나기를 바라는 사람이 점점 늘어났다. 연방 및 주정부 수준에서 당국이 내놓는 각 정보가 서로 모순되고 부정확하며 일관성이 없다는 점이 가장 큰 문제였다. 일부 주에서 술집은 계속 문을 열었는데 교회는 문을 닫았다. 마스크도 처음에는 비효율적이라며 쓰지 말라고 하더니 나중에는 또 마스크를 꼭 써야 한다고 했다. WHO도 처음에는 바이러스가 사람 간에 전염된다는 증거가 없다고 하더니[75] 나중에는 사람 간 전염이 가능하다고 말을 바꿨다. 또 무증상자가 바이러스를 전파하느냐에 대해서도 처음에는 전파하지 않는다고 하다가 나중에는 전파한다고 말을 뒤집었다.[76] CDC는 물질 표면에 묻은 바이러스로도 감염이 된다고 하더니 나중에는 말을 바꿔서 그런 식으로 전염될 가능성은 높지 않다고 말했다.[77] 가족을 먹여 살리려고 텍사스주에서 가게 문을 연 상인을 교도소에 수감됐는데[78] 또 어떤 주와 어떤 도시에서는 교도소 내 수감자의 코로나 감염을 막는다며 중죄인까지 석방했다. 당연한 추측이듯 이렇게 풀려난 죄수 중에는 살인을 비롯해 교도소에서 나오자마자 새로운 범죄를 저지르는 사람도 있었다.[79] 일부 '주요 도시에서는 노숙자를 봉쇄 조치된 호텔로 보낸 다음 그 격리 상태를 유지하려고 이들에게 술과 마약까지 제공했다.[80] 코로나 초기에 스웨덴이 지역 봉쇄 및 주민 격리에 실패했다며 계속에서 비난을 퍼붓더니 나중에는 올바른 방역 조치였다면서 찬사를 보냈다.[81] 코로나가 전염되는 방식에 관한 이론에도 전혀 일관성이 없었다. 타액, 호흡, 열, 땀, 습도, 피부 접촉 등과 관련해 서로 모순되는 이론이 쏟아져 나왔기 때문이다.

사람들은 정부가 내보내는 메시지와 정책에서 이런 비일관성을 금방 감지했고 대체 정책 결정을 어떻게 내리는지에 의구심을 품었다. 과학에 근거한 결정인지 아니면 잘못된 관리나 혼동, 정치적 목적 등을 토대로 한 어설픈 결정인지 분간할 수 없는 지경이었다. 각 주지사와 대통령이 비난과 모욕, 저주를 주고받는 가운데 기저에 깔린 정치적 분열상이 여실히 드러났다. 놀랍게도 이 코로나 팬데믹이 정치적 무기가 됐다. 정치적 요소가 점점 더 많이 드러날수록 사람들 사이에 언쟁이 심해졌고 대중에게 보내는 메시지와 정보가 더 복잡하게 뒤얽

했다.

　어떤 유형의 위기 상황에서든 정부 당국에 대한 깊은 신뢰가 무엇보다 중요한데도 이렇게 뒤섞인 메시지가 연방 및 주정부에 대한 신뢰를 크게 떨어뜨렸다. 당국이 차츰 봉쇄 조치를 해제하기 시작하자 여기에 이의를 제기하는 사람도 있었고 이 조치에 환호하며 바닷가로 놀러 가는 사람도 있었다. 근시안적이든 아니든 간에 5월 중순 현재 전국 사망자의 50퍼센트 이상이 뉴욕, 뉴저지, 매사추세츠에 집중돼 있다는 점을 고려하면 여기저기 다 적용되는 범용 전략 하나로 바이러스와 싸우는 일은 그다지 사려 깊은 접근법이 아닐지 모른다는 사실이 분명해졌다. 웨스트버지니아주와 유타주는 코로나 사망자 수가 각각 54명과 67명인데 이처럼 상대적으로 매우 적은 사망자 때문에 이 두 지역 주민이 자신들의 경제와 생계가 무너질 걱정을 할 필요가 있겠는가? 반면에 뉴욕주는 사망자가 무려 2만 7,000명이었다. 이 질병의 전염력과 심각성에 관한 일관되지 않은 정보가 계속 발표됐다.

　이는 관련 정보에 관한 결정이 전혀 신뢰할 수 없는 경험적 자료나 분석을 근거로 했다는 사실을 시사한다. 예를 들어 스탠포드대학이 조사한 바에 따르면 코로나에 감염된 사람 대다수가 자신이 병에 걸렸는지도 모르는 상태에서 저절로 회복됐다고 한다. 따라서 검사 지역에 국한하면 확진자 수가 50배에서 80배 정도 더 많이 나오고 진짜 사망률은 계절성 독감과 비슷하게 0.12~0.2퍼센트 정도가 된다.[82] 이와 유사한 조사에서는 뉴욕 코로나 감염률이 생각보다 훨씬 높게 나타났다. 정상적으로 지역 사회 사람 대다수에 자연 항체가 생성되는 과정을 집단 면역이라고 한다면 자가 격리가 이 집단 면역 과정을 막고 있는 것이 아닌지에 관해 의료인과 바이러스학자 사이에서 논쟁이 벌어졌다. 또 클로로퀸Chloroquine과 렘데시비르Remdesivir 같은 의약품의 가치, 중국 정부가 이 세상에 저지른 범죄의 심각성, WHO의 효용성과 충실도 등에 관한 정치적 및 의학적 논쟁이 활발히 전개됐다. 백신 개발이 완료될 때까지 족히 몇 년은 걸린다고 하는 사람이 있는데 아직 백신이 없는 상태에서 코로나19가 다시 출현해 위기가 또 시작될지 모른다는 두려움이 있었다.

백신이 아직 없는 상태에서 정책 입안자가 보건 의료에 관해 의미 있는 결정을 하려면 이미 감염된 사람이 몇 명이고 앞으로 감염될 사람은 몇 명인지, 바이러스에 노출돼 감염될 때까지 전 기간에 항체가 형성된 비율은 얼마나 되는지, 이렇게 형성된 항체가 재감염을 막아주는지 등에 관해 알고 있어야 한다. 2020년 중반 시점에는 이 모든 질문에 대해 확실한 답을 할 수 없었다. 코로나19가 빠르게 물러나지 않는데다가 가을에 코로나가 재출현할지 모른다는 두려움이 널리 퍼져나가자 예의와 염치를 차릴 여유가 없어지기 시작했다.

실업자에게는 연방정부 보조로 주당 600달러가 나오는데 이 금액이 정상 급료보다 많기 때문에 시간제 일자리를 구하지 않는 사람이 있다는 내용의 보고서가 나오기 시작했다. 수많은 기업이 정부가 제공하는 대다수 금융 지원 대상에서 자사가 제외됐거나 조건이 너무 번거롭거나 비현실적이라 참여하기 곤란하다고 불만을 토로했다. 결국 아무도 만족하지 않는 듯했다. 이는 이런 대책이 완벽하게 실패했거나 아니면 요란하지 않게 성공적이었다는 의미다. 각 주정부는 찬사와 비판이 공존하는 분위기 속에서 부분적 경제 재개 쪽으로 방침을 정했다. 극심한 사회적 및 의학적 혼란이 경제 문제를 더 악화시켰다.

사람들은 연방 및 주정부가 보낸 알려지지 않은 혼합된 신호에 겁을 먹었다. 이들은 정치인이 어떤 말과 실수, 변명했는지가 아니라 죽고 가난해지는 일을 걱정했다. 대다수 미국인은 서로 돕는 일에 더 집중했고 언론에서 보고 들은 온갖 추악함은 애써 외면하려 했다. 의사, 간호사, 응급의료요원, 음식물 제공자, 우편 배달원 그리고 자택에서 격리 중인 사람들에게 제품과 서비스를 배송하는 직종에 종사하는 모든 사람이 죽음의 위험에 노출됐으며 그 때문에 영웅으로 추앙받았다. 사람들은 이웃을 방문해 스스로 돌보지 못하는 노약자에게 필요한 도움을 줬다. 언론이 보여 주는 추악함, 소셜 미디어 중독 그리고 재정적 이점만을 노리고 분열적인 사회적 혹은 정치적 렌즈를 통해 세상을 보며 아무 말이나 해대는 사람들과는 완벽하게 대조를 이루는 장면이었다. 내가 이를 금융 위기 분석의 한 부분이라고 말하는 이유는 이미 벌어진 사건에 대해, 즉 사후에 위기 상황을 분석할 수 있다는 점을 강조하기 때문이다. 설명될 혹은 기술된 사실과 진실이 항상 일치하지는 않는 법이다. 만약 이번 위기와 무관한 사람이 10년 후에 이에 관한 내용을 읽는다면 아마도 실제로 일어난 사실과 동떨어진 부정확한 정보를 얻을지도 모른다.

5월 13일에 연준 의장은 악화하는 미국 경제 상황을 언급하고 자신이 내다본 미래 전망을 바탕으로 앞으로 의회가 지출을 더 많이 해야 한다며 지출 필요성에 관해 예측한 바를 전했다.

불과 두 달 전에 팬데믹이 강타한 이후로 2,000만 명 이상이 일자리를 잃었다. 2월까지 직장 생활 잘하던 사람 가운데 연 수입이 4만 달러 미만인 가구의 약 40퍼센트가 3월에 직장을 잃었다. 이처럼 경제 상황이 반전되고 미래에 대한 불확실성이 고조되면서 말로 표현할 수 없을 정도로 극심한 고통을 겪었다.[83]

이틀 후 연준이 발행하는 반기 보고서 금융안정성보고서Financial Stability Report는 수익 감소가 상업용 부동산에 미치는 잠재적 영향을 언급하면서 팬데믹이 장기화하면 자산 가격이 폭락할 가능성이 있다고 경고했다. 또 자산 가치 폭락과 변동성 증가로 일부 헤지펀드는 이미 극심한 피해를 입었다는 점도 언급했다.[84] 이런 보고 내용은 코로나로 인한 경제적 피해가 영구적이며 이에 따른 의무적 경제 봉쇄 및 폐쇄가 분명해지고 있다는 신호였다. 이는 너무도 강한 신호라서 우리가 자주 되뇌는 주문, 그러니까 위기 이전 수준으로 경제가 회복되리라는 주문도 약화시켰다. 위기 이전의 상태는 지금의 상태 그리고 앞으로 전개될 상태와 아무 관련이 없어졌다. 5월 말이 되자 봉쇄가 풀리는 지역이 많아졌고 경제도 회복되기 시작하면서 한 달 전 15퍼센트에 육박했던 실업률이 13.3퍼센트로 하락했다.[85]

그러나 시카고대학 베커프리드먼연구소Becker Friedman Institute는 미국 일자리의 42퍼센트 정도는 결코 회복되지 않을 것이라는 결론을 냈다.[86] 베커프리드먼의 추산치가 옳다면 영구적으로 상실된 1,500만 개가 넘는 일자리가 국가 경제에 악영향을 미치고 예전 수준으로 회복되는 데 걸리는 시간에도 부정적인 영향을 미친다. 이런 상황임에도 막대한 자금 지원과 부채 상환 유예 조치로 적어도 당분간은 그럭저럭 경제를 꾸려 나갔다. 5월 중순까지 급여보장제도에 따라 5,300억 달러가 넘는 규모로 420여만 건의 대출이 이뤄졌고, 2,400억 달러가 넘는 자금을 1억 4,000여 가구에 직접 지원했으며 4인 가구 기준으로 3,400 달러가 돌아갔다. 재무부는 주정부, 지방 정부 그리고 원주민 부족 정부에 약 1,500억 달러를 지원했고 급여 지원용으로 항공업계에 250억 달러 지원을 승인했다.[87] 430만 가구가 상환 유예를 고려하는 등 2020년 5월 31일까지 주거용 모기지 대출 건수 가운데 상환 유예 비율이 8.53퍼센트로 증가했다.[88] 의회 예산국은 이사분기에 GDP는 연평균 기준 38퍼센트 감소했다고 추정했다.[89] 한편 연준은 계속되는 경제 악화에 대한 대응책으로 일명 정크본드라고 하는 투자 부적격 등급 채권을 투자 포트폴리오에 포함하는 상장지수펀드 매입에 15억 달러를 쏟아부었다. 이는 중요한 변화였고 연준이 경제를 어떤 식으로 지원하는지를 보여 주는 상징적 징표였다.[90]

므누신 재무 장관은 조업 정지 상태를 풀고 경제 활동을 재개하려는 행정부의 노력을 강조했다. 그리고 백신과 항바이러스 치료제 개발 및 검사 부문에서의 진전을 낙관적으로 보면서 삼사분기와 사사분기에는 경제 상황이 개선되리라 예측했다.[91] 전 세계 코로나 확진자 수가 500만 명을 넘었고 5월 말 기준 미국 내 사망자 수는 10만 명에 육박했다. 예를 들자면 CDC는 10월부터 이듬해 4월 사이에 2만 4,000에서 6만 명이 계절성 독감으로 사망했다고 추산했다. 문제는 계속되는 경제적 손실에 따른 폐해가 수많은 중소기업이 조업 재개를 하지 못하고 또 개인 저축금이 없어지는 상황으로 이어지느냐 하는 부분이었다. 국가 보건 의료의 미래를 모르면 앞으로 경제 상황이 얼마나 나빠질지 알아낼 방법이 없다. 2020년 전몰장병 기념일이 되자 모든 주가 부분적으로 경제 활동을 재개했고 연준 재무 규모는 7조 달러에 이르렀다. 그리고 5월 25일에 전혀 예상치 못한 사건이 발생하면서 경제 상황이 더욱 복잡해졌다.

5월 25일에 미니애폴리스에서 경찰이 플로이드를 체포하는 과정에서 용의자가 사망하는 일이 발생했고 이 예기치 못한 사건은 이미 흔들리던 경제를 더욱 압박하는 요소로 작용했다. 이후 몇 주일 동안 전국적으로 수많은 도시에서 항의 시위와 사회 불안 그리고 약탈과 방화를 포함한 폭동 사태가 발생했다. 이에 따른 기업 붕괴와 사회 갈등이 심화하는 문제는 선거가 있는 해에 사회 및 경제가 극복해야 할 과제를 더 늘렸을 뿐이다. 경제가 회복되는 데 10년은 걸린다는 예측이 나왔으며[92] 이는 팬데믹이 얼마나 오래 지속할지 또 회복이 될지 여전히 분명치 않은 상황에서 나온 예측이었다. 그럼에도 6월 5일이 되자 일자리 상황이 개선됐음을 보여 주는 자료를 바탕으로 다우지수가 2만 7,000여 포인트를 회복했으며 이는 2월 초에 기록한 고점보다 9퍼센트 정도 낮은 수준이었다. 그 다음 주에 코로나 재출현 소식이 들리자 6월 11일에 다우지수는 1,861포인트 하락했고 추가 경기 부양 법안에 대한 논의가 활발해졌다. 정부 관료가 여전히 일관성 없고 불확실하며 부정확한 자료에 휘둘리는 한 등락을 거듭하는 주식 시장 부침의 순환 고리에서 벗어날 방법이 없어 보였다.

이후 수개월 동안은 큰 변동 없이 상황이 유지되는 듯했다. 감염과 입원, 사망률 등이 감소했고 검사 건수는 늘었으며 사람들도 그 상황에 적응하는 듯했다. 9월 말이 되자 다우지수가 몇 차례 큰 변동폭을 보인 후에는 27,000 선을 거의 유지했다. 실업률은 8퍼센트 선이었다. 그리고 식당, 소기업, 호텔, 항공사, 기타 업종에서 해고된 사람들이 팬데믹의 영향을 비교적 덜 받았거나 오히려 덕을 본 산업 부문에서 재창출된 일자리로 눈을 돌렸다. 고용주 식별 번호 신청과 신규 사업 신고 건수를 보면 팬데믹 기간에 소기업 창업이 두 자릿수 백분율로 증가했음을 알 수 있다.[93] 2020년 12월에는 다우지수가 30,000에 이르렀고 모기지 상환 유예 비율은 5퍼센트로 감소했다. 2차 대유행 속에서 전국적으로 백신 접종을 관리하기 시작했고 2021년 1월 초가 되자 미국 내 사망자 수가 35만 명을 넘어섰다.

미국 경제가 앞으로 밟게 될 경로가 몇 가지 있다. 가장 긍정적인 시나리오는 코로나19가 사라지고 그 어떤 유형으로든 재출현하지 않으며 백신까지 개발된다면 사람들과 시장은 2021년에 정상 수준을 회복할 가능성이 있다고 본다. 학교, 여행, 상업용 부동산, 연예 및 오락, 스포츠 그리고 이와 연관된 업종이 다른 부문보다 회복이 더디리라 본다. 새로운 미국 상황에 맞게 사업 구조를 개선하고 기업을 재편하거나 파산 절차를 통해 청산하거나 구조 조정에 들어감에 따라 수년간 지속된 팬데믹의 폐해가 더욱 심화된다. 최악의 시나리오 상에서 만약 코로나가 계속되거나 재출현해서 다시 한번 경제 활동이 중단되는 사태가 벌어진다면 두 자릿수 실업률, 채무 불이행 증가, 여러 부문에 걸친 소기업 및 대기업의 파산, 신뢰 상실 등 암울한 경제 상황이 전개되는 기간이 더 길어지면서 또 한 번 침체의 길로 들어서게 된다. 과연 미국이 어떤 경로를 밟게 될지 예측하기는 불가능하다.

이번 위기는 미국 대중에게 세 가지 사실을 강조했다. 우선 연방과 주정부 및 지방 정부가 수행해야 할 가장 중요한 임무는 최악의 시나리오에 대비해 필요한 자원과 도구 및 전략을 제대로 갖춰서 신체적 피해와 경제적 붕괴를 막는 일이다. 두 번째로 당국은 정확한 자료를 수집하고 분석한 다음 이 자료를 토대로 며칠 혹은 몇 달 후에도 번복하지 않을 확실한 결정을 내릴 필요가 있다는 점을 강조했다. 마지막으로, 현명한 통치 및 관리 행위가 이뤄지려면 적절한 시점에 정부의 경제적 개입을 효율적으로 되돌릴 수 있어야 한다. 2008년 공황 이후 분명히 확인했듯이 이는 결코 쉽지 않은 일이다. 정부가 이 세 가지를 제대로 준비하지 못하면 사람들은 정부가 왜 존재하는지에 의문을 품게 된다.

팬데믹 이후 금융의 미래

4월에 메릴린치는 현금 축적이·계속되면서 MMF 관리 자산 규모가 4조 5,000억 달러에 이르렀다고 밝혔다.[94] 이는 유로존(유로화 통용 지역) 시장 자본을 훨씬 뛰어넘는 수준이었다. 이는 미래에 대한 신뢰가 상실되고 특정 시점에 주식 시장을 자극할 가능성이 크다는 의미였다. 팬데믹이 한 국가가 입을 경제적 피해 기간과 그 정도를 결정한다. 그리고 이 글을 쓸 당시를 기준으로 볼 때 막상 팬데믹이 얼마나 오래 지속될지 알 수 없으며 피해 정도가 얼마나 될지도 예측할 수 없다.

팬데믹이 계속된다면 채무 불이행이 점점 증가할 테고 결국 이런 사태는 은행과 비은행권 대출 기관 그리고 전체 경제의 건전성을 심하게 훼손할 수밖에 없다. 여기서 주시해야 할 중요한 사항이 몇 가지 있다. 예를 들어 장기적으로 볼 때 주거용 모기지 상환 불이행 사태가 심해지면 대형 모기지 제공 기관(은행과 비은행권 금융 기관), 모기지 서비스 제공사, 투자자 그리고 궁극적으로는 모기지 금융 체계의 최종점이라 할 패니메이와 프레디맥이 붕괴할 수 있다. 다행히 재무부는 2010년에 부여받은 권한이 여전히 유효했으므로 패니메이와 프레디맥 우선주에 더 투자할 수 있었다. 이 두 기관은 2020년 일사분기에 이익이 80퍼센트 이상 감소한 상태였다. 지난 역사를 통해 우리는 미국 주택 경기가 미국 경제에서 차지하는 비중이 상당하다는 사실을 잘 알고 있다. 그런 경제 지표를 평가하는 방법은 대부분 이해하지만, 다소 불명확하기는 하나 장기적 경제 전망을 가늠하는 데 도움이 될 만한 요소가 몇 가지 있다.

첫째, 재무부와 규제 기관이 무슨 일을 하는지 주시하라. 입법 부분은 후행 지표이므로 고려할 필요가 없다. 일단 의회가 행동하면 그 문제는 이미 모두의 문제가 된다. 그러나 연준이 대출 기관이나 비은행권 금융 기관, 다양한 채권 발행사 등을 지원하는 기구를 설립하거나 규제 기관이 규제 및 자본에 관한 원칙과 회계 원칙을 폐기 혹은 수정할 때 우리는 이들 기관이 통제 불능 상태에서 특정한 금융난이 발생해 전체 은행계로 번지지 않을까 우려한다는 사실을 알고 있다. 호텔과 항공사, 식당, 소매점, 농업 회사 등의 유동성 문제가 지급 능력의 문제로 비화돼 해당 회사 및 대출 기관의 생존 능력을 위협하게 되는 것은 시간문제일 뿐이다.

기업의 순자산인 주주 지분(자본)이 사라지면 잔여 유동성도 소멸하면서 결국 파산으로 가는 길이 열린다. 차입자의 재정 상태가 나빠지고 대출금 상환이 중지되면 악성 부채를 재조정하는 등의 회계 원칙을 통한 일시적 구제책으로는 무수익 대출을 장부상 손실로 결손 처리해야 하는 은행을 구제하지 못한다. 대출 분류 유예와 워크아웃으로 잠재적 손실을 감추면 결국 규제 기관이 이렇게 축적된 손실 총액을 인지하게 된다. 이 모두가 금융난을 일으키는 일종의 '도화선'으로 작용하므로 면밀히 주시해야만 한다. 일단 도화선에 불이 붙으면 일부 은행도 해당 문제에 연루되기 때문이다.

코로나 상황이 계속되면 정부는 재정난을 겪는 산업 및 상업 기업의 지분 그리고 2008년 공황 때 TARP를 통해 실행했듯이 결국 은행 지분까지 매입해야 하는 상황에 몰릴지도 모른다. 게다가 은행 규제 기관이 악성 대출에 대한 분류와 회계 유예를 원상회복시키고 잔여 자본과 손실을 계산하는 방법을 정상화하는 속도를 지켜보라. 규제 기관은 이런 유예와 워크아웃 조치가 은행 재무제표상의 실질 손실을 감추는 경향이 있으며 결국에는 '더는 안 된다!'고 말하게 된다는 점을 잘 알고 있다. 이와 마찬가지로 신설된 수많은 대출 기관을 지원하려고 예외 사항을 많이 만들었기 때문에 결국은 규제 기관이 차입 및 자본 규칙 산출 요건을 정상화할 시기를 결정해야 한다. 이에 따라 금융 기관은 손실을 부담하고 가능하다면 대출 채권을 처분하거나 최초 생성할 때 규제 비용 없이 재무상태표에 추가했던 대출 채권을 뒷받침하고자 자본을 조달해야 하는 상황에 몰릴 수 있다. 이 전환 과정에서 일부 은행은 틀림없이 옆으로 밀려나고 한바탕 몰아친 이런 '조수'가 빠질 때 벌거벗은 채로 수영하는 상황에 처한다.

둘째, 미국에서 기업 활동을 영위하는 규칙에는 대부분 변함없이 자동적으로 실행되는 인계 철선(덫) 같은 파산 및 회계 원칙이 포함돼 있다.[95] 그리고 보통의 복잡한 기업 환경에서 기업이 투자자와 채권자, 예금주, 경쟁사 등의 이익을 해치지 않게 하려는 목적에서 만든 이런 규칙은 대체로 보호적 특성을 지닌다. 이런 특성의 완전한 무결성을 기반으로 경제가 제대로 굴러간다. 즉 좋은 기업은 번창하고 그렇지 못한 기업은 무너진다. 그런데 이렇듯 평상시를 기준으로 한 특성이면 경제 상황이 나빠지면 작동이 중지돼야 하는데 실제로는 그 기능이 그대로 유지된다. 따라서 경제가 안정될 때까지 각종 유예 조치를 통해 시간을 벌려던 정부 노력이 무색해지는 현상이 나타나기도 한다. 예를 들어 모든 상장 기업의 재무제표가 GAAP을 기반으로 한다. 그런 기업이 위기 때 유동성을 유지하고 각종 비용을 결제하려고 자금을 융통하면 재무상태표상 부채 측면이 증가한다. 예를 들어 이렇게 차입한 자금을 직원 급료로 사용하고 이 부채에 상응하는 자산을 장부에 계상하지 않으면 영업 손실이 늘어나면서 주주 지분이 줄어들 가능성이 있다. 손실이 계속 발생하면 기업은 지급 불능 상태에 빠질 수 있으며 이렇게 되면 신탁 자금 이론이 법의 영역으로 들어가면서 이사회의 수탁 책임이 주주에서 채권자 쪽으로 이전된다.[96] 그러면 해당 기업이 행동하는 방식과 이유에 변화가 생긴다.

이와 마찬가지로 상장 기업은 좋든 나쁘든 간에 자사 재정 상태를 공시해야 하며 이런 공시가 기타 법적 행위와 회계, 운영, 지급 능력 등과 관련한 행위를 유발한다. 예를 들어 계약에 포함된 채무 불이행이나 선지급 조항을 작동시킨다. 이에 따라 계약 상대방은 (1) 특정한 계약상 의무에서 벗어나거나 이행하고 (2) 차입 보증 목적으로 추가 담보물을 요구하고 (3) 추가 증거금을 요구하고 (4) 채무 불이행 당사자에게 해당 금융 상품이나 자산 재매입을 요구하는 등의 권리를 보유한다. 기업이 파산을 면하려 할 때, 그리고 만약 은행이면 FDIC 법정 관리를 피하려 할 때 그런 정부 지원과 같은 생명줄이 없으면 사업적 관점에서 볼 때 이익이 나지 않는 지점이 존재하는데 대개는 이 지점을 통과할 수가 없다.

셋째, 파산, 유동성 부족, 건축 허가, 담보 주택 압류, 채무 불이행 비율 등의 추세를 관찰해 경기 악화의 방향과 속도를 추적할 수 있지만, 나는 이보다 덜 명확한 재무 지표도 관찰했다. 예를 들어 매월 공시하는 은행 재무 보고서와 정기적 재무제표에 첨부된 각주를 보면 대출 조건 조정과 대손충당금 그리고 이런 규칙의 적용을 일시적으로 중단할 때를 제외하고 다른 상황이었으면 대출 분류나 예비금을 요하는 '악성 채무 상환 조건 변경'으로 분류됐을지 모르는 상환 조건 변경 등을 비교적 상세히 파악할 수 있다. 또 은행이 어디에서 자금을 융통하는지, 자금이 어디에서 나오는지, 앞으로 손실이 어디에서 발생할지 등을 알 수 있다. 연차 보고서와 함께 제공하는 '경영진의 진단 및 분석 의견서MD&A: Management Discussion And Analysis' 그리고 표본으로 추출한 몇몇 은행이 정기적으로 제출하는 기타 다양한 재무 자료로도 현장에서 어떤 사건이 벌어지는지 파악할 수 있다. 제이미 다이먼Jamie Dimon JP모건 CEO가 매년 주주에게 보내는 서한은 추세선을 예측하는 데 매우 유용하다. 그런 공식 재무 자료 속에 묻힌 상세 정보를 통해서도 위기 후 경제 상황을 가늠해 볼 정보를 얻을 수 있다.

넷째, 공유신용공여계획Shared National Credit Program이 발행하는 보고서는 규제를 받는 다수 금융 기관이 공유한 가장 크고 가장 복잡한 신용위험을 평가하며 이는 경기 악화와 체계상 위험 증가에 대한 중요한 선행 지표다.[97] 1977년에 등장한 이 계획은 현재 3개 이상 은행이 공동으로 참여하고 최소 대출 약정 금액이 총 1억 달러 이상인 신용을 검토 대상으로 한다.

마지막으로, 은행 규제 기관이 매월 공표하는 시행령 건수와 유형 그리고 은행이 공시 자료를 통해 공개하는 정보를 살펴보면 규제 기관의 내밀한 의도와 생각을 엿볼 수 있다. 2008년부터 수년 동안 은행 규제 기관은 매년 공식 및 비공식 규정을 수백 개씩 발표하는데 나는 그 대부분을 검토했다. 여기서 문제의 심각성과 수많은 은행의 향후 실적에 미치는 영향에 관한 흥미로운 사실도 알 수 있다. 당연한 말이지만, 은행에 미치는 영향은 전체 경제에도 영향을 미친다.

팬데믹 종식

지금으로부터 몇 년 후면 누군가 팬데믹을 둘러싼 사건에 관해 글을 쓸 테고 팬데믹이 어떻게 종식됐는지 다들 알게 될 것이다. 이 원고를 출판사에 보낼 당시 나는 금융 위기가 완숙기에 이르지 않기를 또 국가 전체가 예전 수준과 엇비슷한 수준으로라도 회복되기를 기도할 뿐이었다. 그러나 어떤 세상이 돌아오든 간에 2008년과 2020년에 겪어야 했던 끔찍한 사건 때문에 사람들은 아마도 몇 세대에 걸쳐 큰 공포감을 느끼게 될 것이다. 사람들이 그런 사건을 겪지 않았을 때와는 다르게 행동하고, 생각하고, 살아갈 테고 금융 서비스도 그런 변화에 적응할 것이다. 금융 규제 또한 변화하고 진화해야 한다.

연방 및 주정부는 팬데믹이 유발한 보건 의료 위기에 전혀 준비돼 있지 않았다. 솔직히 말해 이런 상황을 예측하지 못한 것도 아니다. 연방이든 주정부든 또 공화당이든 민주당이든 간에 현실에 기초한 정책상의 우선순위와 예산상의 제약을 고려할 때 정부가 100년에 한 번 발생할까 말까 한 '사건'에 대비하기는 쉽지 않다. 이와 마찬가지로 우리는 팬데믹이 유발한 보건 의료 및 금융 위기를 해결하려 했던 사람들의 노력을 찬양할 뿐이다. 그런데 정부는 어떻게, 어디에서, 언제 행동하고 반응하는지를 이해하는 데 더 나은 도구를 활용할 수는 있었다.

정부는 위기 상황을 더 잘 통제했어야 했다. 그리고 위기가 진행되는 내내 변함없던 의료 및 봉쇄에 관한 상충적 메시지를 내보내는 일을 더 일찍 멈췄어야 했다. 우리에게 정부가 필요한 이유가 여기에 있지 않은가! 그러나 우리가 정부에 요구하는 일을 실제로 정부가 하게 하려면 또 바람직한 통치 행위를 하려면 충분한 자료와 분석, 조정, 계획, 실행이 필요한데 현실적으로는 이런 요소가 부족한 듯했다.

CDC의 목적은 국내외 보건 및 안전상의 위협에서 미국을 보호하는 일이다.[98] 일을 얼마나 잘했는지에 관계없이 어떤 질병인지, 어떻게 전염되는지, 어떻게 치료하는지, 얼마나 치명적일 수 있는지 등을 확실하게 밝히는 일은 풀어야 할 여러 과제 가운데 하나일 뿐임은 분명했다. 보건 의료상의 위기든 금융 위기든 간에 정부의 과학적 감시 측면에서 금융 기관과 상거래의 기본 구조를 유지하고자 미리 계획한 긴급 구제 및 생존 계획을 마련하는 방향으로 과업 전환이 원활하게 이뤄졌음에 틀림이 없다. 위기는 우선순위가 중요하다는 점을 거듭해서 입증한다.

대부분 관할권을 공유하는 금융 규제 기관은 의회가 제공한 도구로 꽤 좋은 성과를 냈다. 의회는 역대 최대 규모 지원 계획을 승인하는 등 과감한 행동을 했다. 다른 위기 상황에서도 입증됐듯이 정부가 이 위기에 개입하는 것만으로도 할당된 자금을 실제로 사용하지 않고도 시장을 움직이는 데 필요한 신뢰를 회복할 수 있다. 연준이 회사채를 매입하는 상황이 정확히 여기에 해당한다. 6월에《월스트리트저널》은 "정부 지원을 발표한 사실만으로도 공황 매도 Panic Selling, 공포심에 따른 대량 매도 사태-옮긴이가 멈췄고, 가격이 상승했고, 신규 회사채 매도가 급증했다"라고 밝혔다.[99] 사실 일부 기업은 정부 지원 계획에 참여하기를 꺼렸다. 재정적으로 문제가 있는 듯이 비치기를 원치 않았기 때문이다. 이는 신뢰가 경제 심리에 어떤 영향을 미치는지를 보여 주는 완벽한 사례다.

은행은 2020년 내내 팬데믹 때문에 발생한 금융난을 극복할 수 있어야 한다면서[100] 2021년까지도 팬데믹이 계속되면 어떤 일이 벌어지겠냐고 묻는 사람도 있다. 은행정책연구소Bank Policy Institute가 낸 보고서는 코로나19 2차 확산 때 대형 은행은 대체로 자본 비율이 최소 자본 요건을 상회하는 수준을 유지했지만, 규제 기관이 스트레스 완충 자본Stress Capital Buffer 수준을 어떻게 조정하느냐에 따라 전국적으로 신용 공여가 가능한 자금이 무려 9,500억 달러나 감소할 수 있다고 결론 내렸다.[101] 2020년 8월 말에 은행은 대손충당금이 380퍼센트나 증가함에 따라 분기 순이익이 70퍼센트 감소했다고 보고했다.[102] 그래도 유동성 및 자본 수준은 여전히 건전한 상태를 유지했다. 그러나 미래 금융 환경을 전망하고 위기 시 경제를 뒷받침하려면 더 많은 일이 이뤄져야 한다. 의회는 의회 자체는 물론이고 나머지 정부 기관을 21세기로 이끌어야 하고 자원을 찾아내야 하며 금융 시장과 사람들을 더 확실하게 보호하는 데 필요한 방대한 기술력을 제대로 통제할 수 있는 법률도 만들어야 한다.

연준과 재무부, 의회가 밝힌 경제적 충격과 두려움은 실로 놀라운 수준이었고 인력으로 가능한 수준에서 매우 빠르게 대처했다. 그러나 개입이 정말 필요한 경제 부문을 정확히 짚어서 적절한 수준으로 개입이 이뤄졌는지, 팬데믹의 영향 및 지속 기간과 관련해 판단할 때 개입 시점이 적절했는지, 팬데믹 이후에 발생 가능한 경제적 손실을 고려했는지 등은 어디까지나 추측의 영역이었다. 이런 의문과 관련한 자료와 그에 대한 분석이 불충분하기 때문이다. 연준 부의장은 2020년 4월에 의회에 보낸 서한에서 도드-프랭크법에 따라 불필요하게도 규제 기관이 위기의 유예 특성에 걸맞게 특정 자본 및 대출 요건을 완화하지 못하도록 그 권한을 제한했다고 말했다.[103]

이 책을 출간할 즈음 연준과 재무부, 의회는 보유했던 탄환을 무수히 발사했다.[104] 그러나 경제 성과가 어떻게 나타날지 그리고 팬데믹이 계속된다면 정부가 또 어떤 일을 할 수 있는지가 전혀 분명치 않다. 의회는 위기 때 으레 하는 일을 했다. 즉 연방 자금을 시장에 투입하는 데 필요한 법률을 계속해서 제정했다. 그러나 의회는 위기가 발생해 주주 가치와 신용 가용성, 지급 능력 등이 저하되면서 기업이 문을 닫는 일을 미연에 방지하고자 은행이나 비은행권 금융 기관의 지분을 매입하는 권한을 재무부에 다시 부여하지는 않았다. 1932년에 미국 기업이 지급 불능 및 파산 문제를 겪지 않도록 해당 기업 우선주를 인수할 목적으로 설립한 재건금융공사RFC를 본보기 삼아 이와 비슷한 기구를 설립했을 만도 한데 그런 작업도 하지 않았다.[105]

팬데믹이 계속되면 파산 절차를 이용해 미국 기업 수천 개를 구조 조정하기는 어렵다.[106] 그래도 코로나 상황이 계속 이어진다면 그런 선택지를 고려해야 한다. 2013년부터 2019년까지 매년 2만 3,000개가 넘는 미국 기업이 파산했다. 카토연구소 조지 셀진$^{George Selgin}$은 날카로운 통찰력으로 채권자의 부채 상환 요구에서 벗어나고 싶어 하는 기업이 수천 건씩 새로 파산 신청을 하는 상황은 거의 벌어지지 않겠지만, 그래도 그런 기업은 영업 활동을 계속할 수 없거나 자금을 차입하지 못하면 11장에서 다룰 구조 조정을 피할 수 없다고 지적한다. 그런 대규모 자금 지원은 정부만이 가능하다. 다가오는 금융 붕괴 사태를 해결하는 좀 더 효과적인 방법은 유동성과 신용을 지원하고 지급 능력을 뒷받침해서 그런 사태가 벌어지지 않게 막는 일이다. 금융 붕괴 여파로 향후 수년간 경제에 큰 손실이 발생할 것이다. 위기에 대응하는 한가지 방식이 신뢰 회복이라면 파산 절차를 통해 기업을 구제하는 방법으로는 신뢰를 회복하기 어렵다.

이후 장에서 다루겠지만, 정부는 다가올 금융 위기에 적절히 대처할 수 있도록 만반의 준비를 갖춰야 한다. 규제 기관은 감독 및 관리 권한을 부여해도 될 만큼 신뢰도가 높아야 하고 필요할 때 의회가 참여할 수 있도록 좀 더 능률적인 규제 기제도 개발해야 한다. 금융난의 근원을 정확히 찾아내고 신용이 얼마나 필요한지 또 어디에 그리고 얼마 동안 필요한지를 알아내는 데 첨단 기술을 활용할 줄도 알아야 한다. 정부는 어떤 업종을 우선순위에 둬야 하는지, 지원이 가장 절실한 지역 사회가 어디인지, 유동성이 얼마나 오래 유지될지, 기업별 그리고 지역별 재무상태표상 순자산이 감소하기 시작하는 때는 언제인지 등을 잘 알아야 한다. 가장 필요한 곳 그리고 금융난의 여파를 줄여 줄 가능성이 가장 높은 곳에 자본과 유동성을 투입하는 가장 빠르고 가장 효과적인 금융 전달 체계가 무엇인지에 관해서는 의문의 여지가 없다. 팬데믹이 지나가면 최종 결산 과정을 통해 위기 비용의 할당이 이뤄지며 여기에는 늘어난 응급 의료 지출 비용, 기업과 개인의 상실 소득, 새로운 대책과 보조금, 부동산 활용 방식 및 가치의 변화, 새로운 복지 부문을 만들어 낼지 모르는 최근 실직한 근로자 등이 포함된다. 1920년대와 1930년대 그리고 911 테러 이후 상황에서 확인했듯이 새로운 위기 후 대책과 관련 비용을 계산하고 예산 편성에 반영해 자금을 조달해야 한다.[107]

팬데믹의 여파

10조 달러가 넘는 긴급 신용 및 현금이 경제에 어떤 영향을 미치는지, 연준과 재무부가 위기 시에 취했던 금융 대책을 되돌리는 데 시간이 얼마나 걸릴지, 경기가 반등하는 데 얼마나 걸릴지, 어디에서 반등할지 등을 우리는 정확히 알 수가 없다. 일단 위기가 지나가면 그 여파로 사회, 심리, 기업, 문화, 개인행동 등 다양한 부문에서 발생한 큰 변화가 경제에 계속해서 영향을 미치게 된다. 대공황 이후 상황이 여기에 딱 들어맞는 예였다.

앞으로 몇 개월 아니 몇 년 후면 미진단 의료 문제와 2020년 3월부터 6월까지 보건 의료 체계가 사실상 무너졌을 때 질병을 악화시키거나 사망에 이르게 한 치료 부족의 영향을 파악하게 된다. 예비 보고서 내용이 놀라웠다. 새로 확인된 암은 46.4퍼센트 감소했고 스트레스로 인한 건강 문제는 400퍼센트 증가했으며 전체 미국인 가운데 13퍼센트가 대체 의약품 사용이 늘었다고 보고했고 가정 폭력을 암시하는 부상 건수도 급증했다.[108] 사람들은 항공 여행을 하고, 호텔에 머무르고, 외식을 하는 등의 외부 활동을 되도록 꺼리게 된다. 그리고 온라인 모임은 계속 이어질 것이다. 직접 경험해 보니 이쪽이 훨씬 편하고 비용도 적게 든다는 사실을 알았기 때문이다. 나이 든 사람은 생활 보호 시설 같은 곳은 꺼릴 것이다. 공동생활이 이뤄지는 그런 곳은 바이러스 감염에 취약할 수 있기 때문이다. 베이비 붐 세대가 요양이 필요한 나이가 되면서 이런 상황이 요양 사업에도 변화를 몰고 올지 모른다. 그러나 경제가 얼마나 빨리 정상화될 수 있는지를 가늠하는 가장 의미 있는 지표는 아마도 교육 현장 상황이 아닐까 한다. 학교와 기타 보육 시설이 여전히 폐쇄 상태로 남아 있으면 학부모의 직장 생활에 직접적인 영향을 미치고 이는 당연히 경제에도 영향을 미친다.

마찬가지로 부동산 수요에도 이미 변화가 생겼다. 각 도시는 서로 최소 1.8미터는 떨어져서 일하라고 지시할 수 있고 갑자기 공간 사용 규정을 바꾸기도 한다. 경영진과 일반 근로자 모두 사무실에 나가지 않고 요컨대 맨해튼 중심가에 위치한 고층 건물을 군이 고집하지 않더라도 사무 처리를 할 수 있다는 사실을 알게 됐다. 일부에서는 맨해튼 부동산 수요가 다시는 예전 수준으로 돌아가지 않을지 모른다고 말한다.[109] 코로나19와 최근 대도시에서 발생한 소요 사태가 복합적으로 작용하면서 부동산에 대한 매력과 가치에 악영향을 미칠 수도 있다. 보고서에 따르면 상업용 부동산 사업에서 발생한 5조 달러가 넘는 손실은 역대 최고 수준일 수 있다. 부동산 부문에서 발생한 손실은 상업은 행(39퍼센트), 기관 및 패니메이와 프레디맥 포트폴리오(20퍼센트), 생 명보험회사(15퍼센트), 상업용 부동산 증권을 보유한 구조화 금융 상품 및 자산담보부증권 발행사(14퍼센트) 등을 포함한 부동산 개발 대출 기 관이 분담한다.[110]

제조업체는 질병에 걸리거나 감염 혹은 전염에 취약한 인간보다 는 그 위험성이 낮은 기계에 의존하고자 더 높은 수준의 자동화 체계 로 전환할지도 모른다. 인구 밀집도가 높은 도시에서 사는 사람들은 일과 사생활에 대한 관심이 다소 덜 할 수 있다. 온라인을 통해 훨씬 낮은 비용으로 교육받을 기회가 있기 때문에 대학 규모가 축소될 수 도 있다. 영화나 스포츠 경기 심지어 정치 집회까지 적어도 일정 기간 은 이전과 다른 모습이어야 할지 모른다. 또 사람들이 비상시에 대비 해 저축을 더 많이 해야 한다는 사실을 깨달으면서 그간 미국이 누렸 던 소비 경제에도 변화가 생길지 모른다. 마지막으로, 국가와 의회가 줄을 잇는 소송 문제를 어떻게 처리하느냐가 개인과 기업 그리고 국가 에 중대한 영향을 미칠 것이다. 코로나19가 항공사부터 미용실에 이르 기까지 수많은 사업체의 기반을 무너뜨렸다. 동시에 이번 위기가 혁신 의 동력이 돼서 중대한 기술적 변화를 일으켰다. 이런 계기 없었다면 아마도 25년은 족히 걸려 이뤄질 일임에도 하루아침에 업계 표준 기 술이 완성됐다. 생활에 변화가 생기면서 금융 상거래와 상거래 규제에 도 변화가 생겼다. 최소한 금융 기관은 오프라인 지점 소형화, 드라이 브스루 같은 매장 밖 서비스 창구 설치, 디지털 금융 서비스 증가 등을 포함해 자사 금융 서비스 제공에 관한 새로운 모형을 구상하게 될 것이다.

끝으로 경제적 측면에서 중국과의 관계에 변화가 생기면서 이번 위기에서 벗어나게 되리라는 점은 의심의 여지가 거의 없으며 이 자체로 세계 질서를 바꿀 수 있는 일이다. 전 세계적인 경기 침체로 적어도 상품에 대한 주문이 감소했기 때문에 중국의 경제 활동이 당연히 줄어든다.[111] 코로나19로 전 세계가 초토화되다시피 한 이 상황을 중국이 고의로 유발했거나 적어도 도움을 줬다고 결론이 난다면 이 세상에 있는 주권국은 전부 그에 대한 보상을 원할 것이다. 이 문제와 관련해 미국은 2020년 4월에 이미 소송을 제기했으며 앞으로 이 때문에 복잡한 법적 및 정치적 문제가 불거질 것이다. 주권 면제Sovereign Immunity, 한국가의 법원이 다른 국가를 소송 당사자로 해서 재판할 수 없다는 취지의 국제 관습법-옮긴이와 기타 국제 규약이 있음에도 그런 소송 절차 진행을 허용하는 법안이 의회에 상정됐다.[112] 미국과 같은 수많은 국가가 중국에 빚을 지거나 중국 제품에 의존하지 않기로 결정할 수도 있다. 2020년 중반에 중국 경제는 전년 대비 6.8퍼센트나 하락하며 이미 경기 악화 조짐이 나타나고 있다. 이 점이 미국은 물론이고 세계 전체에 지대한 영향을 미칠 것이다.[113] 마지막으로, 경제를 구하려는 정부 개입이 뜻하지 않은 결과를 낳고 향후 시장 성과와 금융 유인책에 왜곡된 영향을 미칠 수 있다.

이후 장들에서는 정책 입안자가 지난 10년 동안 더 나은 금융 감독 및 규제 체계를 구축하고자 무엇을 했어야 하는지 고찰해 본다. 금융 팬데믹이 발발했을 당시 더 훌륭하고, 더 깔끔하고, 더 유연하고, 더 반응적인 규제 체계가 존재했어야 한다. 또 실시간 자료 분석과 첨단 기술에 더 의지하는 체계였어야 한다. 또 체계적 위험을 확인해 위기 시 유의미한 안전망을 치고 더 높은 수준의 금융 지식 이해도를 키웠어야 한다. 그런데 안타깝게도 우리는 그런 변화가 어떤 도움이 될 수 있을지 알지 못한다. 나는 그렇기를 바랐지만, 이 위기 이전에는 그런 변화가 나타나지 않았기 때문이다. 2020년 금융 팬데믹은 죽음의 위협과 생계유지에 대한 욕구 간의 무시무시한 결투로써 계속 진화할 것이다. 우리가 생각했던 그 어떤 위기에든 좋은 해법은 없다. 정책 입안자가 취할 수 있는 나쁘거나 혹은 더 나쁜 선택지 밖에 없고 모든 해법은 다양한 유형과 다양한 수준의 고통, 비극, 재정 손실, 그에 따른 여파를 만들어 낸다. 금융 위기에 대한 좋은 해법이 있다고 믿는 것은 치아 요정을 믿는 일과 다를 바 없다.

Part 5

위기에 대한 해법

200 YEARS OF
AMERICAN FINANCIAL PANICS

Chapter 11

더 성능 좋은 쥐덫 설치

지금까지 200년에 걸친 금융 위기 역사를 간략히 살펴봤다. 이제는 풍부한 자료에 기초한 더 포괄적이고 더 훌륭하며 더 신뢰할 만하고 더 새로운 감독 체계를 설계할 수 있어야 한다. 국가 규제 체계의 역사는 대략 85년이다. 이런 규제 체계는 자주 잘못된 시점에 잘못된 부분을 잘못된 방식으로 규제하는 데 초점을 맞춘다. 이렇게 되면 불필요하게 시장을 왜곡할 수 있고 변동성을 유발하기도 하며 체계상 위험을 전파 혹은 확산시킬 수 있다. 이는 금융 위기를 유발하는 요소이거나 위기를 조장하는 환경 조건이다. 일부 변화는 의회 행위와는 무관하게 일어난다. 그런데 유감스럽게도 요즘은 대부분이 의회의 손을 거치는데 융통성 없고 여러 측면에서 분열된 의회가 행동하게 하는 일은 거의 불가능하다. 의회 행동이 있든 없든 간에 연방 및 주정부 규제 기관은 더 많은 정보를 기반으로 금융 예측 시나리오를 더 잘 분석하도록 방대한 자료와 신기술을 활용해야 한다. 그러면 해당 작업을 더 효과적으로 수행하고 시장과 소비자를 더 잘 보호할 수 있다. 규제 기관과 소비자가 미래 위기와 수조 달러에 달하는 손실을 더 확실하게 방지하거나 줄일 수 있도록 금융 서비스 감독 부문을 개선하려면 기본적으로 7개 부분에 변화가 필요하다.

금융 감독의 현대화

금융 서비스 체계에 대한 규제 및 감독은 물리학 연구 수준의 복잡한 동심원 구조를 연상시킨다. 지구는 은하계에 속한 태양계에서 일곱 번째로 큰 행성이다. 은하계는 지름이 10만 광년인 소우주로 이 안에 별이 4,000억 개가 있다. '우리은하'라고도 하는 이 은하는 지름이 1,000만 광년인 은하가 적어도 47개가 모인 국부은하군Local Group(소우주단)에 속해 있다. 관측 가능한 우주는 280억 광년에 걸쳐 있으며(지름은 930억 광년이고 계속 팽창하는 중) 이 안에는 우리은하 같은 은하가 약 3,500억 개가 있고 별은 무려 300해에 달한다. 대다수 사람은 매우 실용적 차원에서 이 우주의 광대함을 다룬다. 우주가 실제로 우리 생활에 어떤 영향을 미치는지를 기준으로 문제를 단순화하고 우선순위에 따라 고찰한다. 이런 관점에서 금융 서비스 체계와 이 체계에 대한 규제의 복잡성을 다룰 때 이와 비슷한 접근법을 취해야 한다.

이미 언급했듯이 금융 서비스 체계와 이에 대한 규제 및 감독 체계는 서투르고 부실하며 과도한 중복성을 특징으로 한다. 최소한 9개 연방 기관이 미국 예금취급기관의 주요 활동을 감독하며 실질적으로 수많은 주정부 기관이 이들 예금기관이 취급하는 업무 내용과 그 방식의 전부 혹은 일부를 규제한다. 외국에서 영업 활동을 하는 기능도 해당 관할권 내 규제 기관이 정한 규칙을 준수해야 한다. 전국을 대상으로 주택 자금을 대출하는 은행은 100여 개 연방 및 주정부 규제 기관이 시행하는 규칙을 따라야 한다. 여기서 국세청, 노동부, HUD, 재무부, FHFA 같은 연방 기관이 해당 금융 기관에 미칠 수 있는 부수적 영향은 고려하지 않았다. 이는 이치에 닿지 않는 일이다. 경제에 중대한 영향을 미칠지 모르는 수많은 금융 회사를 비슷한 수준으로 규제하지 않는 상황이면 특히 더 그렇다. 2008년 공황 사태를 통해 각 의회위원회의 영향을 받는 정치 지도자와 연방 관료 수십여 명이 연관돼 있을 때 암울한 경제 전쟁 속에서 중요한 결정을 내리려면 신속하게 움직여야 한다는 사실을 알았다. 수많은 기관이 책임을 분담하는 관리 체계에서는 책임을 오롯이 지는 기관이 없다. 이런 고립형 금융 감독 체계일 때는 각 규제 기관이 세분화된 문제에 대해 각기 해당 부분에 초점을 맞추는 구조이므로 만약 일이 잘못되면 다른 누군가에게 비난의 화살을 돌릴 수 있다. 이는 책임을 부과하지 않고 감독 행위를 위임하는 방식에 관한 고전적인 모형이다.

2008년 공황 때 이런 규제 체계의 결함이 여실히 드러났다. 당시 연방 기관은 책임 범위가 협소하기 때문에 관련된 경제 부문만 조사하고 전체 경제에 나타난 불안정성과 불균형성은 외면했다. 1954년에 경제학자 갤브레이스는 1929년 대공황을 분석하면서 규제의 본질과 복잡성을 간파했다.

경제 활동에 대한 규제는 대중의 노력에 보상을 해 주지 않는 가장 투박하고 무모한 통제 도구임에 틀림이 없다. 거의 모든 사람이 원칙적으로는 이런 규제에 반대한다. 과히 만족스럽지는 않으나 '덜 나쁜' 쪽을 택한다는 원칙에서 규제의 정당성을 찾는다. 규제는 의회에서 벌어지는 열띤 논쟁에서 비롯된다. 이때 압력 단체의 노골적인 이익 추구가 때때로 위험 수위를 아슬아슬하게 넘나드는 폭로전으로 비화하기도 한다. 어찌 보면 규칙과 규정을 공포 및 시행하는 작업은 관료 집단이 끊임없이 비난과 비판에 시달리며 분골쇄신한 결과물이다.[1]

시장 가치에 비례해 보상을 받는 전문가로 규제 기관을 구성해서 더 능률적인 접근법을 활용하는 일이야말로 진일보한 규제 체계로 가는 첫 단계다. 금융 서비스 회사를 대상으로 자료 공시에 기반을 둔 건전성 및 예금 보험에 관한 규제는 5인으로 구성된 단독 금융 서비스 위원회가 담당해야 한다. 이 위원회는 연준 부의장, 재무부 국내 문제 담당 차관보, 대통령이 임명한 의장 그리고 위원 2명 등으로 구성한다. 그리고 결제 체계, 비은행권, 핀테크, 패니메이, 프레디맥, 연방주택대출은행 등을 포함해 금융 서비스 체계에 영향을 주는 모든 유형의 금융 회사에 대한 규제 및 감독을 담당한다. 오늘날처럼 분야별로 각기 독립된 기관이 규제 업무를 담당하는 대신 위원회 내 각 분과에서 은행 규제와 증권 공시 감독처럼 각기 다른 금융 활동에 대한 규제를 담당한다. 이렇게 하면 책임 소재가 어디인지 다들 알기에 좀 더 능률적이고 원활한 감독이 가능하다. 엄격한 규제를 받을 의지가 있는 한, 소비자가 위탁한 자금을 운용하며 금융 규제 대상이 되는 회사는 연방 예금 보험을 구매할 수 있어야 한다. 연방 예금 보험과 관련한 모든 비용은 임의적 공식이 아니라 정부가 보험에 들 때의 위험을 토대로 해야 한다. 앞으로는 민간 보험사를 주 보험사로 하고 정부는 재보험사 역할을 쪽으로 방향을 잡아야 한다. 또 통화 정책은 연준과 연준은행 그리고 FOMC가 계속 맡겠지만, 은행과 은행 지주회사에 대한 감독 권한은 상실하게 될 것이라 전망한다.

이런 구조는 미국 금융 감독의 효율성을 높이기는 하겠지만, 극소수에게 너무 많은 힘과 권한이 몰린다는 우려가 제기됐다. 이런 우려를 어느 정도 불식하려면 해당 직책에 임명될 사람의 자격 조건을 훨씬 높여야 한다. 그리고 규제, 금융, 사업, 기타 전문 경험 등에 대한 높은 기준을 충족하는 사람만 임명될 수 있도록 관련 사항을 법으로 정해야 한다. 한 국가의 재정 건전성 문제에 관한 한 아마추어나 당파성이 강한 정치인 혹은 직장 내 실무 훈련 요소 등이 끼어들 여지는 없다. 특정 요건이 충족될 때 대통령이 발동할 수 있는 긴급 특별 권한을 위원회에 부여해야 한다. 금융 기관을 감독하는 일에 당파적 정치인이 끼어들 여지를 줄이려면 상원은행위원회Senate Banking 와 하원금융서비스위원회House Financial Services Committee 는 급료 수준이 높은 경제학자, 변호사,

기업인 등 엘리트 집단으로 구성한 합동금융서비스위원회Joint Financial Services Committee로 대체해야 한다. 당파성은 강력하게 억제해야 한다. 이 합동위원회 위원 전부가 특정한 정치 자금을 받는 대신 재무부에서 직접 자금을 받는다. 우리가 정말로 원한다면 정치가 경제에 미치는 영향을 줄이는 방법은 수도 없이 많다. 특정 업종을 관리·감독하는 위원회에 속한 의원은 해당 업종과 경영진으로부터 정치 헌금을 받지 못하게 되면 정가는 지금과는 많이 달라진 세상이 될 것이다.

이와 동시에 의회는 연준의 권한을 평가하고 처음 설립된 1913년 때와는 많이 달라진 금융 세상에서 그 권한을 어떻게 사용하는지 등을 포함해 통화 정책에서 연준이 하는 역할을 현대화해야 한다. '완전 고용, 물가 안정, 적정 수준의 장기 금리 등의 목표를 효과적으로 달성하고자'[2] 연준의 법적 임무에 관해 어느 기간에든 적용할 수 있도록 연방준비법 제2A에 꽤 광범위하게 명시돼 있다. 이 임무를 어떻게 수행하느냐가 관건이다. 연준은 평상시 경제를 이끌고 금융 기관의 재무 상태에 영향을 주는 부분에 치중하게 된다. 이에 따라 이전에 조정한 사항을 위기 때 재조정해야 하는 결과를 낳을 때가 있다. 최근에 한 연준 이사가 언급했듯이 연준이 경제와 정부에서 하는 역할이 점점 늘고 있다. 연준의 권한이 점점 커진다는 점에는 의심의 여지가 없으며 현 헌법 체계상 분명히 우려되는 부분이라고 밝혔다.[3] 연준과 기타 규제 기관은 일상적 금융 활동에 대한 개입을 줄여야 한다. 그리고 금융 위기시 활용할 금융 안전망을 구축하는 일 그리고 P2P 인증 네트워크를 사용하는 실시간 결제와 암호 화폐 부문으로 진화하는 금융 체계가 금융

상품과 금융 기관의 권한에 미치는 영향 등에 더 초점을 맞춰야 한다.[4]

더 훌륭하고 덜 충돌하는 규제 체계를 만들고, 금융 위기를 더 잘 예측하고 더 효과적으로 막으려는 금융 규제 기관이 점점 줄고 있다. 여기서 더 나아가 계속해서 연준이 금융 붕괴에 대한 해법의 중심에 항상 서게 되면서 결국은 연준 자체가 문제의 일부가 되고 있다고 비판하는 소리도 있다. 《캐리의 부상》을 쓴 저자 리와 리 그리고 콜디론 Lee, Lee, And Coldiron 은 연준이 취한 조치가 시장을 오염시킨다고 주장한다. 이런 견해는 중앙은행은 경제에 적어도 두 가지 비정상적인 영향을 미친다는 배짓의 이론과 어느 정도 일치하는 측면이 있다. 첫째, 연준이 심각한 금융 위기를 해결하려고 개입하면 문제가 심각해질 때마다 시장은 으레 연준의 개입을 기대하게 된다. 그 결과 대형 금융 기관은 보상 이익을 취해 단기 이익을 극대화하고 상당 수준의 장기 위험을 축적하며 변동성 요소가 마치 자사 편이라는 듯이 무모한 모험을 걸어도 된다고 생각하게 된다. 만약 모든 일이 잘못되더라도 결국은 구제받는다는 생각에 그런 행위가 마치 합리적이라는 듯이 말이다.[5] 따라서 연준이 개입한다는 기대 때문에 위험 수준을 잘못 평가하고 대다수 투자자의 직관에 반하는 방식으로 그 위험이 축적된다. 연준 개입이 유발했다는 두 번째 악영향은 내가 다른 부분에서 언급했던 요소와 관련이 있다. 연준이 위기 발생 시에 취한 금융 조치를 되돌릴 수 없거나 되돌리지 않는 쪽을 선택하면 시장이 안정됐을 때도 그런 조치가 계속해서 시장에 영향을 미친다. 또 시장이 또다시 위기에 빠졌을 때 그렇지 않았다면 선택할 수 있었을 조치를 취하지 못하게 한다. 가장 단순한 예를 들자면 이렇다. 만약에 2008년 공황 이후처럼 연준이 위기 이후 정상적 수준 이상으로 금리가 상승하지 않게 한다면 그다음 위기가 발생했을 때 금리를 낮출 수 있는 폭이 제한된다.

가이트너 재무 장관은 이전 금융 위기 때 드러난 경제적 문제를 해결했어야 하는데 그렇게 하지 못했다면서 규제 체계 및 규제 기관의 비효율성에 대해 거리낌 없이 비판했다. 예를 들어 가이트너는 FDIC가 보험 기금의 건전성에만 관심이 있는 듯이 너무 편협하게 생각하고 행동했다면서 FDIC를 비판했다.[6] 미국이 구축한 규제 체계가 상호 연관성보다는 독립성을 지향했다는 점을 고려하면 이런 상황이 전혀 놀랍지 않다. 이런 규제 체계에서는 모든 규제 기관이 저마다 자신들이 맡은 임무가 가장 중요하다고 생각하게 마련이고 위기 때도 상황은 마찬가지다. 이런 상황은 결국 정부 각 기관이 서로 다른 목적에 따라 일하는 결과를 낳는다. 가이트너는 한편에서는 TARP 특별 감찰관이 활동하고 다른 한편에서는 재무부가 경제를 구하려고 구제책을 내놓는 등 정부 기관의 조치가 엇박자를 낸다는 점을 강조했다. TARP 특별 감찰관이 알아낸 사실은 금융 지식이나 경험에 오염되지 않은 결과물이었다고 지적했다.[7]

또 사각지대까지 해소하는 방향으로 규제 체계가 재건돼야 한다. 은행, S&L, 저축은행, 신탁은행, 보험사 등은 이른바 '요람에서 무덤까지' 지속되는 건전성 감독의 대상이 된다. 인가, 영업 비율, 배당금 지급 시기에 대한 제한 등에 관한 규제를 받고 연방 및 주정부 규제 기관으로부터 확장 및 합병 승인을 받는다. 규제 기관은 경영진 및 이사회를 교체해야 할 시기 그리고 공적 관리 혹은 법정 관리에 들어갈 시기도 결정한다. 규제 기관은 금융 기관을 운영하지는 않지만, 해당 기관의 운영 및 활동에 대한 상당 수준의 거부권을 보유한다. 솔직히 이 정도 거부권을 행사하기 때문에 때로는 마치 금융 기관을 운영한다는 느낌이 들 수도 있다. 한편, 비은행권 금융 기관과 핀테크 회사는 금융에 지대한 영향을 미치지만, 좀 더 신뢰할 만한 시장 공시 제도를 우선시한다는 차원에서 엄격한 규제는 거의 받지 않는다. 이런 금융 기관은 자사 투자자에게 발생시킨 위험을 설명할 수 있는 한 자체 규정에 따라 운영할 수 있다. 엄격한 규제를 받는 은행이 과도하게 규제를 받는다고 판단하든지 비은행권 금융 기관이 수준 이하의 규제를 받는다고 판단하든지 간에 각 금융 기관은 통화와 신용의 생성 및 전달 그리고 결제, 투자 등 부문에서 수행하는 기능적 역할에 따라 감독받는다는 것이 일치된 견해다. 그러자면 먼저 전체 규제 체계를 철저히 분석 및 검토해야 하고 연방 및 주정부 규제 구조를 합리적으로 재구축해야 한다. 그러나 금융 부문에 참여하는 광범위한 기업군에 비효율적인 현행 체계를 적용하는 방식은 경제적 자살 행위와 다름없다.

금융 규제는 규칙을 기반으로 하는 체계 그 이상으로 진화해야 한다. 너무 많은 법과 규정은 '네모 칸에 체크(√) 표시를 하는' 수준으로 금융 규제 체계를 지나치게 단순화한다. 우리는 '규칙을 받아들이는' 환경에서 살고 있다. 예를 들어 연방규정집Code of Federal Regulation은 총 50편으로 구성되며 총 200권에 분량이 17만 5,000쪽이 넘는다. 하루에 8시간씩 읽는다고 치면 이 규정집을 다 읽는데 족히 10년은 걸린다.[8] 숨이 턱 막힐 정도로 압도적이다. 게다가 너무 많은 규정은 결국 관리·감독 절차를 경화시킨다. 시장이 변화함에 따라 규정도 시대에 뒤처지면서 구식이 된다. 그러면 규제 대상 기관은 규정의 허점과 회피 방법을 찾으려 하고 또 그런 허점에서 이득을 취할 수 있다. 효율적인 규제 체계가 되려면 규정에 전적으로 의존하기보다는 절반 정도만 의지하는 이른바 준원칙에 기반을 둔 체계여야 한다. 즉 정체된 규칙에는 덜 의존하고 상황에 따라 재량권을 발휘하는 방식에 좀 더 치중하는 체계여야 한다.

원칙과 규정에 기반을 둔 규제 체계의 효용성에 관해 격렬한 논쟁이 벌어졌다. 전적으로 규정에 기반을 둔 체계에서는 금융 기관의 재무 건전성과 해야 하는 일 등이, 적용 가능한 법규를 준수하고 규칙을 이행하는 능력에 크게 좌우된다. 그러나 은행이 차고 넘치는 규정을 잘 준수한다고 해서 반드시 안전하고 건전한 은행이 된다고 장담할 수는 없다. 한편, 규제 기관과 경영진이 경험과 기초 자료를 토대로 행한 안전성과 건전성에 대한 판단과 위험 분석이 '원칙에 기반을 둔 체계'를 뒷받침한다. 이론적으로 규칙은 명확성을 보장하고 그래서 비용을 절감시키는 효과가 있지만, 반면에 원칙에는 해석이 필요하므로 체계에 모호성과 비용이 가중될 수 있다.[9] 현실적으로는 이와는 정반대 현상이 나타날 수 있다. 법과 규칙은 금융 감독에 관한 미해결 사항을 당연시하는 사고방식을 조장했다. 또 금융 기관과 규제 기관, 변호사 등이 상대적으로 별 영향이 없는 문제를 논의 대상으로 삼으면서 귀한 자원을 허비할 수 있는 법적 허점에 관한 논쟁을 끊임없이 불러일으켰다. 일반 원칙은 법적인 허점을 더 잘 방지할 수 있으며 어떤 자원을 사용하든 간에 논의와 논쟁의 초점이 중요한 안전 및 건전성 원칙에 맞춰지기를 바란다. 원칙의 단점은 불명확하고 주관적이라는 점이다.

영국은 때때로 원칙 기반 체계에 더 의존했지만, 영국과 미국 두 국가가 모두 규칙 기반 방식 쪽으로 발전했고 지난 25년 동안 이런 현상이 더 두드러졌다. 혹자는 영국의 원칙 기반 모형은 규제 기준의 근간을 파헤치는 데 중대한 결함을 보였다고 주장한다.[10] 대다수는 규칙에 기반을 둔 금융 감독 체계를 지지한다. 그럼에도 그 증거, 즉 미국에서 나타난 극심한 금융 위기는 미국이 활용한 규칙 기반 모형이 성공하지는 않았음을 보여 준다. 이 모형에는 결정적이지 않은 판단 그리고 규칙을 준수했을 때 느끼는 가짜 안정감 뒤에 진짜 문제가 숨어 있기 때문이다. 규칙과 수치를 맹목적으로 준수하면 적신호를 감지해야 할 규제 기관이나 경영진의 책임 의식이 저하될 가능성이 있다. 결과적으로 정치적 행동을 할 의지가 약해진다. TBE에 관한 기본 개념을 포함하는 개선된 원칙 기반 체계가 더 타당하다. 각 규제 기관이 제각각의 타당성과 비용 효율성을 평가하려는 목적에서 생성된 규정은 주기적으로 정리해야 한다. 현대 시장은 고정적이고 낡은 규정보다는 기술의 도움을 받아 이뤄지는 인간의 건전한 판단력이 필요하다. 규정에 의존하는 것은 모형에 의존하는 것과 같다. 시간이 갈수록 규정은 낡고 결국은 무가치해진다. 이 부분에 관해서는 나중에 더 상세히 다룬다.

이중적 은행 체계도 재평가가 필요하다. 첨단 기술은 연방과 주정부가 인가한 은행, 즉 국법은행과 주법은행이 공존하는 이중 체계의 목적, 역할, 유용성 등에 관한 까다로운 문제를 제기한다. 이런 체계로 어떻게 금융 상품을 제공하며 또 어떻게 소비자 행동에 영향을 미치는가에 대한 의문 때문이다. 통화감독청장 브룩스와 동 기관의 수석 경제학자 칼로미리스는 효과적인 금융 상품과 공급 체계를 50개 주정부 기관이 규제하는 그런 체계의 합리성에 정면으로 의문을 제기했다.[11] 요즘은 돈이 국경 없이 세계를 마음대로 돌아다닌다. 나는 1980년대에 파산 지경인 S&L을 구제하고자 주간(州間) 거래가 최초로 승인됐을 때 은행을 인가하고 규제하는 주정부 체계는 결국 소멸하리라 생각했다. 또 은행 지주 회사가 1990년대에 주간 합병을 조율하고자 법의 허점을 찾아냈다는 점이 더 진실에 가깝다고 생각했다. 그리고 '리글-닐 주간 은행업 및 지점 효율성에 관한 법'[12]이 이중 은행 체계를 관 속에 넣고 마지막 못질을 했다고 확신한다. 1990년대 중반에 인터넷 및 온라인 상거래가 등장하면서 주법과 주정부 관할권이 국경 없는 범세계 경제에 자리를 내주리라는 점이 확실해 보였다. 그런데 내 생각은 매번 틀렸다.

이중 은행 체계는 특정한 구조적 결함을 안고 있다. 예를 들어 이 체계는 기본적으로 주정부 관점에서는 '앞면이 나오면 내가 이기고 뒷면이 나오면 네가 진다'는 식의, 즉 어떻게 해도 무조건 이긴다는 일종의 아전인수식 셈법이다. 의회가 이 부분을 손볼 때까지 수년 동안 규제 기관은 평가 수수료 인하, 규제 완화, 투자 권한 확대 등 규제 대상에 유리한 '규정 보따리'를 제공하는 방식으로 규제받을 은행을 끌어모았다. FDIC가 보증하는 은행은 전부 연방 규제 기관의 규제를 받아야 하지만, 은행을 주정부가 인가한다면 해당 주정부가 1차 규제 기관이고 감독 업무에서 중대한 영향력을 발휘한다. 이때 '2차' 규제 기관인 연방 기관은 아무래도 1차 기관보다는 개입 수준이 낮고 적극적으로 영향력을 발휘하지 않는다. 과거에는 경제 성장이 둔화하면 이는 주정부가 인가한 금융 기관이 파산할 가능성이 더 높다는 의미였다. 1980년대에 발생한 일이 바로 그런 예다. 즉 투자 영역을 상업용 부동산, 풍력 발전 단지, 기타 생소한 사업으로 확대하고자 텍사스, 캘리포니아, 플로리다에 소재한 모기지 중심의 주정부 인가 S&L에 광범위한 권한을 새로 부여했다. 무엇보다 에너지와 부동산 사업 부문의 성장이 지체되고 인플레이션율과 금리가 두 자릿수가 되자 가장 '우호적인' 주에서 주정부 인가 S&L의 비중이 불균형적으로 증가한 상태에서 S&L 파산이 시작됐다.[13] 2008년 공황 때 2008년부터 2013년 사이에 FDIC가 관리했던 493개 은행 중 약 80퍼센트가 주정부 인가 은행과 저축 기관이었다.[14] 더 나아가 주정부가 은행을 폐쇄하는 조치는 해결책이라기보다는 엄청난 부실 자산과 부채 더미라는 골칫덩이를 FDIC로 떠넘기는 의미 외에는 없었다. 주정부에는 비용이 발생하지 않는다. FDIC는 피인수 기관의 자산을 매입하고 소매 저축금과 기타 부채 일부를 떠안는 데 필요한 자금을 인수 은행에 지원하는데 이 자금은 주정부 기금이 아니라 보험 기금에서 충당한다. 파산한 은행이 새로운 상호로 다시 문을 열게 하려는 목적에서다. 주정부는 파산한 은행이 지급한 평가 수수료를 받아 챙기면서 그 부담은 FDCI와 미국 납세자가 진다. 주정부는 이런 상황에 더 직접적으로 발을 담가야 한다.

이미 언급했듯이 규제 체계는 항상 시장 신뢰감, 즉 재정적 안정감을 만들어 낸다. 효과적이지도 않은 규제 체계가 금융계 깊숙이 파고들어있으면 시장이 그런 체계에 의지해 경계 태세를 늦추는 한 이것이 시장을 교란하는 역할을 한다. 일부 학자는 규제가 실제로 은행을 약화시키고 정부의 금융 이익을 도모하거나 은행업에서 '특수 이익 단체'를 부각시켜 다른 업종에서는 볼 수 없는 줄 파산 사태를 초래했다고 주장한다.[15] 이런 시장 왜곡 사례에는 투자 다각화 그리고 예금 보험을 제한한 글래스-스티걸법의 증권업 활동 금지와 같은 행위 제한과 지리적 다각화를 억제하는 은행 지점 제한이 포함된다. 이 모두가 도덕적 해이와 '앞면이 나오면 내가 이기고 뒷면이 나오면 네가 지는' 시나리오를 생성한다.[16]

1931년부터 1933년까지 주로 소형 지역 은행을 중심으로 수천 개 은행이 파산했다. 이와는 대조적으로 대형 은행이 주를 이루는 캐나다 은행 지점망 중에서는 단 한 곳도 파산하지 않았다. 다른 부문에서는 캐나다도 대공황의 직격탄을 맞았는데도 말이다.[17] 요즘 이들 학자는 은행 규제가 지급 불능 위험을 증가시켜 위험 전파를 용이하게 하고 금융 위기를 피하고자 사금융 시장 기제를 억제한다고 생각한다.[18] 내 경험상 이런 이론에는 경제적 이점이 있다. 비효율적이고 비효과적이며 임의적인 규제는 불필요하게 시장 역동성을 왜곡하고 잘못된 경제 유인책을 생성한다. 2008년이 이에 관한 완벽한 사례다. 이전의 전면적 금융 감독 체계는 수많은 참여자가 하락세에 노출되지 않는다고 믿고 고위험 대출 풀을 마구 생성해 상승세를 한껏 이용하면서 주택을 금융 투자 수단으로 전환하려는 유혹을 억제하지 못했다.

규제는 필요하며 항상 현 금융 시장 상황을 반영해야 한다. 그런데 사실은 그렇지가 않다. 예를 들어 새로운 법률과 규정, 다양한 규제 및 감독의 예측 가능한 비용과 측정 가능한 이점 간의 관계를 무시함으로써 금융 유인책을 정확하게 조정하지 못하는 한 이 규제는 현실과 동떨어져 있을 수밖에 없다. 법률과 규정은 대부분 비용 편익 분석이라는 그럴듯한 말만 되뇔 뿐이고 그 와중에 의회와 규제 기관은 최종적으로 규제 비용을 부담해야 하는 그 소비자를 보호한다는 명목으로 막대한 규제 부담을 금융 기관에 계속해서 떠넘긴다. 안전성과 건전성에 미치는 영향 그리고 대중이 누릴 혜택과 비교할 때, 발생할 비용이 합당한 수준이라는 점을 경험적으로 증명하려면 모든 법률과 기관 규칙 제정에는 표준화되고 엄격한 비용 편익 분석이 포함돼야 한다. 한 기관이 내린 결정 사항이 경제에 직·간접적으로 어떤 영향을 끼치는지도 모르고 편익을 수량화하지도 못한다면 행정절차법에 따라 그런 기관의 결정이 임의적이고 일시적인 결정이 아니라고 어떻게 방어할 수 있겠는가?[19]

잘못된 규제는 규제 대상 부문에 '승수 효과'를 낼 수 있으므로 체계상 위험의 잠재적 근원일 수 있다.[20] 정책 입안자는 좋은 의도와 목적에서 만든 규칙과 금융 감독이라도 경쟁 왜곡, 공급 감소, 도덕적 해이 조장, 내재한 경기 순응성과 체계상 위험 등을 통해 기존의 시장 결함을 악화시킬 수 있다는 점을 인지해야 한다.[21] 도드-프랭크법은 비용 편익 분석과 관련한 '증거물 1호'에 해당한다. 이 법은 금융 규제와 관련한 문제가 무엇인지, 즉 무엇이 잘못됐는지를 보여 주는 좋은 예다. 도드-프랭크법이 제정된 이후 미니애폴리스 연준은행은 커뮤니티은행에 규제 부담이 늘어나면서 인원을 보충해야 할 필요성 때문에 군소 커뮤니티은행의 평균 수익성이 감소했다는 사실을 알았다.[22]

2014년에 조지메이슨대학 메르카투스센터Mercatus Center가 커뮤니티은행 200여 곳을 대상으로 한 조사 결과 제품과 서비스 공급 감소, 특히 모기지 신용 가용성 감소로 고객은 규제 부담 증가 효과를 경험한 것으로 나타났다.[23] 2014년 페더럴파이낸셜애널리틱스Federal Financial Analytics가 수행한 조사에 따르면 6대 은행의 '수량화가 가능한' 규제 비용이 금융 위기 이후 두 배로 증가했다고 한다.[24] 아메리칸액션포럼 American Action Forum은 2016년부터 2025년까지 GDP가 감소한 수준을 반영해 도드-프랭크법을 준수하는 데 따른 부담 비용을 8,950억 달러로 고정했다.[25] 이와 마찬가지로 메릴린치는 새로운 규제 체계는 은행이 보유한 자산을 감소시키고 시장 변동성을 악화시킨다는 내용의 보고서를 발표했다. 이런 현상이 나타나면 연준은 대체로 금리를 인상하기 시작한다.[26]

이런 조사 결과는 증거가 뒷받침되는 과학적 사실이라기보다는 이야기 수준에 가깝고 후원사의 입김에 좌우되는 경향이 강하지만, 여기서 핵심은 우리가 제정하는 법률의 비용과 편익을 정확히 가늠할 수 없다는 점이다. 제정한 법률이 효력을 발생한 이후에도 상황은 마찬가지다.[27] 정부는 도드-프랭크법을 제정하기 전후에도 또 이 법을 시행하는 동안에도 비용과 편익을 계산해 보려 하지 않았다. 이런 정부 태도는 좋게 말하면 '태만'이고 나쁘게 말하면 '매우 위험'하다 하겠다. 《브로크Broke: America's Banking System》의 저자 리처드 파슨스Richard J. Parsons는 법적 규제가 모기지 사업에 미치는 영향은 이런 '이야기' 수준을 넘어섰다고 주장한다. 파슨스는 주거용 모기지론이 전체 모기지의 22퍼센트를 차지하는 등 미국 은행 재무상태표에 계상된 가장 큰 자산이지만, 수익성은 가장 낮은 금융 상품이라고 말한다. 또 부분적으로 이런 결과는 장부상 모기지론이 가장 많은 500개 은행이 자본 비율도 가장 높다는 사실에서 비롯된다고 설명한다. 게다가 미국 대형 은행이 주택 모기지와 관련한 벌금이나 법적 합의금으로 지급한 수십억 달러는 운영 비용으로써 규제 자본을 산출하는 데 반영해야 한다.[28]

회계감사원GAO: Government Accountability Office은 실제 편익 증거를 고려하는 조치를 취했다. 2013년에 GAO는 규제 기관이 이런 비용에 관한 자료 일부를 수집했지만, 포괄적인 자료나 분석은 존재하지 않는다고 했다. 도드-프랭크법을 통한 개혁이 경제에 미치는 효과를 추산한 연구가 진행됐지만, 핵심 가정이 무엇이냐에 따라 그 결과가 다르게 나타난다.[29] 마찬가지로 2014년에 GAO는 특정 환경에서 금융 규제 기관은 법규의 비용과 편익을 고려해야 하지만, 경험에 기반을 둔 비용 편익 분석 결과를 수집하는 작업이 매우 복잡해서 분석 결과의 정확성과 신뢰성을 보장하기가 어렵다고 했다.[30] 2016년에는 자체 규정 및 문서 업무 부담의 경제적 영향을 평가하려는 노력에 관한 제한적 비공개 보고서도 발표했다.[31] 최소한 누군가 새로운 법률이 제정되기 전에 이 법의 실제 비용을 안다면 이런 체계를 개선하는 효과가 조금이라도 있지 않을까? 상장 회사 이사진이 입법부 의원처럼 행동한다면 중과실을 이유로 고소당할지도 모른다.

긴급 금융 관리 및 안전망

워싱턴주 세인트헬렌스산Mount St. Helens이 두 달 동안 우르릉거리더니만 1980년 5월 18일에 화산 폭발이 일어났다. 이 폭발로 370여 킬로미터에 달하는 인근 지역이 초토화됐고 18킬로미터가 넘는 연기 기둥이 하늘로 치솟았다. 화산이 폭발하고 1시간 반 후 약 130킬로미터나 떨어진 야키마까지 화산재가 날렸다. 이 화산재가 창공을 메우며 모든 것을 덮어버렸고 낮이 밤처럼 어두웠다. 야키마는 화산 폭발에 대비한 비상 계획도 절차도 없었고, 관리들은 비상 방송 시스템을 작동하는 방법조차 몰랐다. 무엇을 어떻게 할지 모르는 난감한 상황 속에서 도시 전체가 3일 동안 거의 마비 상태가 됐다.[32] 시민은 정부가 당연히 이런 재난에 대한 대비책을 세웠으리라 기대했었다. '준비하라!'는 보이스카우트 구호를 기억하라. 위기에 대비하는 것이 정부가 존재하는 이유다. 응급 의료 요원인 친구가 있다면 아마도 이들이 가능한 모든 사태에 대비한 훈련을 하느라 많은 시간을 들였다는 사실을 잘 알 것이다. 그런데 2020년 금융 팬데믹에서 확인했듯이 다음번 금융 위기가 어떤 모습일지 또 언제 위기가 닥칠지 아무도 모른다. 그러나 우리는 또 다른 위기가 다시 찾아온다는 사실을 잘 안다. 정부가 모든 금융위기를 다 해결할 수는 없다. 그러나 비교적 안정된 경제 상태를 유지하려고 값비싼 인프라를 구축했는데 그렇게 돈을 많이 들인 정부가 매번 위기에 대비하지 않은 모습을 보여서야 되겠는가! 정부가 할 수 있는 가장 중요한 역할은 긴급 금융을 제공할 준비를 하는 일이다. 그리고 대중의 신뢰를 높이고 경제가 바닥까지 떨어지지 못하도록 안전망을 펼칠 준비가 돼 있어야 한다.

의회는 잘못된 이유로 잘못된 시점에 잘못된 문제에 초점을 맞추게 할 때가 종종 있다. 밝은 곳에서는 열쇠를 찾기가 쉽다. 그러나 사실 그런 곳에서는 애초에 열쇠를 잃어버리기도 어렵다. 이 책에서 이미 언급했듯이 규제 체계상 감독 사항의 우선순위가 바뀌면 위기 시 규제 및 감독의 효율성이 떨어지기 십상이다. 2008년 공황 이후 벌어진 일이 그 좋은 예다. 정부로 하여금 위기에 대처하지 못하게 했던 체계적 결함에 초점을 맞추는 대신 의회는 세부적 규제 사항과 운영상의 세부 업무에 집중하게 됐다. 또 모기지 유동화 사업과 직접적인 연관이 없다는 부분이 체계상 어떤 의미가 있는지 파악했고 관련 사항에 대해 위험 보유 규칙을 채택한 반면에 10년에 걸친 복잡한 규제 절차를 진행한 볼커 룰 같은 정책도 채택했다.[33] 볼커 룰은 금융 기관의 헤지펀드 투자와 출자자 지분을 금지한다. 이는 100년 안에 금융 위기를 유발하거나 위기를 일으킨 적이 없던 요인이다. 미래에 발생할 몇 가지 문제를 막아 줄지도 모른다. 그러나 그런 조치가 그토록 파괴적인 이유는 5개 연방 기관이 100년 내에 실현되지 않은 가설적 위험을 상세히 분석하고자 새로운 규정을 제안 및 재제안하고 재평가하는 데 무려 10년간에 걸쳐 수백 명과 수천 시간 그리고 수만 쪽이나 되는 자료가 필요했기 때문이다. 그다음에 결국 각 금융 기관은 규정을 검토하고 평가하고 실행하는 데 엄청나게 많은 시간을 할당해야 했고 여기에 규정 준수와 관련한 새로운 비용도 추가됐다. 이는 매우 가치 있는 자원이었는데 이런 노력을 기울이는 동안에 낭비됐다는 의미다. 무엇보다 효과적인 경보 체계와 금융 위기가 다가올 때 활용할 안전망을 개발하는 데 전념했어야 한다. 금융 분야판 응급관리체계를 구축했어야 한다. 이론적 측면의 세부 사항보다는 실질적이고 체계적인 해법을 찾는 데 우선순위를 둬야 했다.

원인과 규모, 형태를 불문한 모든 금융 위기를 언제든 해결할 준비가 돼 있어야 한다. 그러자면 계획과 인력 그리고 기술이 필요하다. 2020년 금융 팬데믹은 2008년 공황 이후 얼마 지나지 않아 발생했기 때문에 2008년 공황 때와는 달리 몇 개월이 아니라 며칠 만에 내놓을 도구를 보유하고 있었다. 그러나 우리는 2020년에 정부가 사용한 도구가 팬데믹 이전에 도달했던 최고치 수준으로 경제를 회복시킬 정도로 합목적적이고 충실한지 또 정말 제대로 된 치유책인지 아직 잘 모른다. 안정되고 나서도 위기 때의 금융 개입 수준이 여전히 감당할 정도인지 아닌지도 알아내야 한다. 2008년에는 금융 상품과 금융 기관 붕괴가 미국 기업에 악영향을 미치리라는 우려가 있었다.

2020년에는 기업 활동 완전 중지 혹은 폐쇄 조치가 은행업에 영향을 미치고 해당 업계 붕괴로까지 이어질지 모른다는 점을 우려했다. 2008년 이후 위기가 발생할 때마다 가능한 한 신속하고 효율적으로 유동성, 신용, 자본이 가장 효과적인 수준에 이르도록 대안이 될 계획을 수립하는 데 기술이 도움이 될 수도 있었다. 그런데 현실은 그렇지 못했고 방해 요소가 있어 자금이 필요한 기업에 제대로 투입되지 못했다. 2020년 위기 때 유일한 대책이라고는 정부에 기대하는 것 외에는 없었다. 범세계적인 보건 재앙을 잘 극복해 경제가 완전히 붕괴하는 일이 없도록 필요한 곳에 정부 지원금이 제대로 들어가기를 바라면서 말이다. 휘청거리는 경제를 회생시키고자 정부 자금을 수조 달러씩 쏟아붓는 일은 유례가 없던 일이었기 때문에 이번 위기가 장기적으로 어떤 영향을 미칠지 당분간은 가늠할 수 없는 상황이었다. 악성 인플레이션, 국가 전체를 휘청거리게 하는 연방 부채, 세계 준비 통화로서의 달러화의 위기, 금리 상승, 중국 경제의 부상 혹은 실패 등 이 모두가 2020년 팬데믹 위기의 여파에 포함될 수 있다. 이런 위기 상황에 대처할 때 기술이 도움이 될 수 있다. 금융 위기에서 안전망을 마련하는 문제에 대해서는 몇 가지 원칙에 기반을 두고 정부의 의사 결정이 이뤄져야 한다.

첫째, 위기 때 정부는 반드시 필요한 시점이라는 판단이 설 때까지 섣불리 행동에 나서지 말아야 한다. 정부가 너무 빨리 개입하면 오히려 독단적인 행위로 비쳐져 위기 상황이 악화될 수 있고 시장 규율을 무너뜨리고 '스스로 해결하려는' 기업 의지를 꺾을 수도 있다. 경제적 측면의 도덕적 해이가 쉽게 발생해서는 안 된다. 또 한편으로 정부가 너무 늦게 개입하면 경제 붕괴를 막아야 할 시점에 필요한 도구나 자금이 충분치 않을 수도 있다. 어느 시점에 어떤 조치를 취해야 하는지를 평가하는 작업은 수년간의 경험과 통찰력, 해박한 역사 지식, 적절한 정보에 기초한 예측 능력이 뒷받침돼야만 가능한 일이다. 이런 맥락에서 위기 대응 안내서, 언제든 '출동' 준비가 돼 있는 특별 대책 기구, 대안적 시나리오를 그릴 기술적 도구 등이 필요하다.

둘째, 경제를 구하는 데 반드시 필요한 조치인지 아닌지를 결정할 때 애초 의도했던 해법의 효용성과 방향에 관한 명확하고 설득력 있는 메시지가 시장에 전달될 수 있도록 정부 조치는 경제적 충격과 공포에 상응하는 수준에서 이뤄져야 한다. 큰 그림 안에서 수립된 종합적 계획을 고려하지 않은 일관성 없는 정책은 경제적 고통을 심화시킬 수 있다. 시장에 정부가 정책에 확신이 없거나 승자와 패자를 고른다는 인상을 주기 때문이다. 2008년 공황 때가 바로 여기에 해당한다. 전략 실행의 흐름이 자주 끊기고 정부가 승자와 패자를 선택한다는 느낌이 들면 불확실성이 생기고 이런 불확실성은 정부에 대한 신뢰와 경제를 약화시킨다. 신뢰 회복이 목표다. 신뢰 회복은 현금, 신용, 자본이 증가하는 형태로 나타날 때가 종종 있다. 경제가 심각한 위기에 처하면 금융 기관에 '완전한 신뢰와 신용을' 바탕으로 한 보증을 제공하고, 자산을 매입하고, 투자하고, 대출해 주는 등의 비상 권한을 정부에 부여해야 한다. 백업 시스템과 외부 운영 기제는 하루 안에 가동할 수 있도록 준비가 돼 있어야 한다. 유동성 제공 기구도 미리 충분히 생각하고 준비했어야 한다. 지체 없이 곧바로 배치해 활용할 수 있는 경영진과 컨설턴트, 판매상 명단을 준비해야 하고 소수 주요 인사가 포함된 의사 결정 집단을 의회와 대통령이 지정 혹은 임명해 구성해야 한다. 일단 실행에 들어가면 이 집단이 경제를 구하는 모든 조치에 대한 비상 권한을 보유해야 한다.

셋째, TV와 소셜 미디어가 가능한 이 세상에서는 대중 소비에 중점을 두고 위기에 대한 해법을 준비하고 실행해야 한다. 경제적 구제 전략이 얼마나 훌륭하게 그리고 기술적으로 얼마나 잘 짜였느냐와 상관없이 어떻게 제시하고 얼마나 수용하느냐에 따라 명암이 갈린다. 훌륭한 기술 전문가 외에도 설득력 있고 흥미로운 메시지가 되도록 유능한 정부 대변인을 배치할 필요가 있다. 가이트너 재무 장관은 2008년 공황 때 정부가 이 부분에 더 신경 썼어야 한다고 생각했다.

넷째, 정치적 요소도 어느 정도는 고려해야 한다. 돈과 관련이 있는 부분에서는 정치적인 요소를 배제하기 어려우며 결국 모든 금융 위기는 의회만이 풀 수 있게 된다. 사람들은 대중의 의무감이 의회 의원의 일반적 수준을 넘어서기를 기대하지만, 그 부분이 항상 실현되지는 않는다.

다섯째, 금융 편의와 경제 전반에 걸쳐 자금 흐름을 유지하는 일이 목표가 돼야 한다. 경제 상황이 악화일로를 걸을 때는 도덕적 해이와 경제적 유인책에 관한 엄격한 금융 규제 원칙보다 실용성과 현실적 측면에 우선순위를 둬야 한다. 가이트너 재무 장관은 서브프라임 위기 때 이 사실을 깨달았다. 이는 경제 신학자가 우글대는 곳에서 실용주의를 부르짖는 흔치 않은 목소리였다. 가이트너는 대다수 사람이 금융 위기에 대처하며 배운 사실을 잘 알고 있었다. 위기 후 우리 손에 남은 것이 원칙 보따리밖에 없다면 그런 원칙만으로는 무너지는 경제를 구해 내지 못한다. 둘 중 하나를 선택하라고 하면 대다수는 모두 망하게 할 '원칙'보다는 경제가 '살아남는' 쪽을 선택하리라고 확신한다.

　여섯째, 다른 것이 전부 실패한 후에 정부 관료가 금융 위기 시 발생하는 사건을 통제하고 경제가 바닥으로 떨어지지 않게 하려면 대응 수단을 충분히 보유하고 있어야 한다. 그런 비상수단을 마련할 수 있도록 규제 체계를 개선해야 한다. 의회가 도드-프랭크법에 따라 체계적으로 안정된 위원회를 신설하고 FDIC에 처음으로 비은행권 금융 기관의 관재인 역할을 할 권한을 부여한 이유도 다 여기에 있다. 또 한편으로 의회는 금융 위기 때 특정 기업을 구제하는 연준과 FDIC의 권한을 철폐했다. 정부가 월가 특정 기업을 구제하려고 일반 대중과 상인에게 피해를 주는 상황을 원치 않았기 때문이다. 이는 '두 번 손이 가게 하는' 일 처리로써 한마디로 근시안적인 정치적 행위였다. 이와 동시에 규제 기관에 금융 체계상 중요한 회사를 폐쇄하는 권한을 부여한다는 것도 엄청난 착각이다. 절대 그렇게 하지 않는다. 정부가 자산 규모가 2조 달러나 되는 금융 기관을 압류하면 어떤 일이 벌어지는지 또 얼마나 큰 경제적 혼란이 일어날지 아무도 모른다. 정부 그리고 그런 결정을 내리는 정부 관료는 이 길을 선택하려 하지 않는다. 그러므로 실용적 측면에서 엄격한 규제 방식을 적용하는 새로운 체계를 개발해야 하고 이와 관련한 안전망 체계도 구축해야 한다. 지금은 정부 개입이 필요한 시점과 실제 개입 내용을 더 정확하게 결정하도록 기술을 통해 이런 의사 결정의 시점과 신뢰도를 크게 개선할 수 있다.

　마지막으로, 경제가 가능한 한 빨리 정상적 평형 상태를 회복할 수 있도록 위기 시에 취한 조치는 빠르게 복구가 가능해야 한다. 공격 계획은 철수 계획만큼이나 정확하고 정밀해야 한다는 의미다. 막대한 신용 및 자본이 결부된 지속적인 관리 개입이 숱한 왜곡을 만들어 내서 경제 통제에 대한 방향 설정을 전적으로 정부 손에 맡기고, 악성 인플레이션을 유발하고, 달러화 가치에 영향을 주고, 기타 경제적 혼란을 가중시키는 상황이 된다면 정부 개입이 좋은 것이라 해도 너무 과해 오히려 해가 될 수도 있다. 2008년 이후 미국 경제는 최강 상태를 유지하면서 세계 준비 통화로서의 달러화 지위를 공고히 했다. 경제 악화로 달러화가 세계 준비 통화 지위를 상실하고 암호 화폐 같은 금융 기술이 달러화를 대체하는 상황이 되면 지난 수십 년 동안 커져 왔던 재정 압박의 고삐가 풀리며 공고했던 금융 '댐'이 무너질 수 있다. 이런 상황이 벌어지면 국가 부채 규모와 유례없는 수준으로 정부가 취했던 경제적 개입이 국가 경제에 엄청난 악영향을 미칠 것이다.

대마불사에 관한 엄청난 착각

이전의 안전망 논쟁이 대마불사급 금융 기관에 관한 끝없는 논쟁으로 이어진다. 지난 10년 동안 다른 어떤 금융 문제보다 이 대마불사에 관해 많은 말이 오갔다. 이 논쟁이 정치적 수사에 불을 지펴 모두가 대형 은행을 비난하는 상황이 됐지만, 대마불사에 관한 문제는 모두가 생각하는 만큼 깊게 다뤄지거나 충분히 분석되지 않았고 마땅한 규제를 받지도 않았다. 이 논쟁이 상황을 계속 복잡하게 한다.

대마불사론은 특정 금융 기관에 대한 절대 불패론으로 이어진다.

엄청난 규모와 범세계적 상호 연결성 때문에 만약에 파산이라도 하면 금융 시장의 안정성을 크게 위협한다는 견해에 근거를 둔다. 그리하여 이른바 대마불사에 해당하는 금융 기관은 규제와 자금 조달 및 운영상의 이점을 양껏 누리면서 도덕적 해이를 유발하고 결국은 시장 규율을 망가뜨린다고 본다. 최근에 대마불사 기관이 시장에서 누리는 이득이 어느 정도인지 그리고 도드-프랭크법 제정 이후 이런 상황에 변화가 있었는지를 확인하려는 목적에서 유의미한 분석 작업이 이뤄졌다.

2020년 4월에 대형 금융 기관의 자금 조달 및 부채 비용에 관한 경제 분석 결과 도드-프랭크법을 채택한 이후 대마불사 기관이 누리던 이점이 줄어든 것으로 나타났다. 채권자가 기대 손실 위험을 높게 본 상태에서 해당 기관의 가치를 평가했기 때문이다.[34] 그러나 같은 조사에서 수치상으로는 채권자에게 돌아가는 손실이 더 늘어난 듯 보이지만, 대형 금융 기관에 대한 정부의 금융 지원은 계속되리라고 결론 내렸다. 시장은 이런 사실을 너무도 잘 알고 있다. 도드-프랭크법에 따라 정부가 FDIC를 통해 대마불사 금융 기관을 폐쇄하고 운영하는 권한의 범위를 더 늘려줬고 이를 기반으로 한 풍족한 자금 차입으로 대마불사 기관의 가치가 높아졌다는 점은 그리 놀라운 일도 아니다.[35] 2020년 6월에 FSB는 금융 체계상 중요한 은행은 더 탄력적이고 문제 해결 가능성이 더 높다는 내용의 자문 보고서를 발표했다. 이런 은행은 자본화가 더 잘돼 있고 2011년 이후 '세계 금융 체계상 중요한 은행'의 자본 비율이 두 배가 되면서 손실 흡수 능력이 크게 향상됐다고 주장하면서 정상화 계획 마련을 통해 파산 은행을 처리하는 광범위한 선택지를 당국에 제공했다. 이 보고서는 해야 할 작업이 아직 남아 있다는 점을 인정하면서도 사회에 미치는 이득이 '개혁의 부정적 효과'보다 크다고 주장한다.[36] 마지막으로, 뉴욕 연준은행은 각종 정상화 계획으로 은행의 연간 자본 비용이 총 조달 자금(연간 420억 달러)의 10퍼센트까지 증가하면서 대마불사 기관에 대한 지원금이 줄어들었다는 사실을 알아냈다.[37]

이런 연구 · 조사 결과가 꽤 정확함에도 내 경험상 정부는 대형 금융 기관을 압류하고 구조 조정할 생각이 없는 듯하다. 리와 리 그리고 콜디론은 자신들의 저서《캐리의 부상》에서 연준이 금융 체계상 중요한 기관에 대한 금융 지원을 계속하고 있다는 점을 들어서 연준이 대마불사론을 뒷받침해 주는 주요 기관이 됐다고 말한다.[38] 이 대마불사론은 내가 대학에서 형이상학과 인식론을 공부할 때 맞닥뜨렸던 숱한 논쟁과 비슷하다. 이런 류의 논쟁은 중요하고 가치 있는 사유의 이론적 기초를 제공하지만, 이렇게 해서 도출한 결론이 반드시 현실 세계를 반영한다고 보기는 어렵다. 몇 가지 기본적 사실을 살펴보자.

첫째, 대형 금융 기관은 항상 금융 생태계의 일부였고 앞으로도 그럴 것이다. 이들 대형 기관에 대한 이례적 행위가 시장에 악영향을 미치든 아니든 또 자금 조달이나 기타 측면에서 다양한 이점을 누리든 아니든 간에 국가 경제를 이끄는 주요 동력이라는 점에는 틀림이 없다. 둘째, 마치 선거인단처럼 대마불사 기관은 현실적으로 그리 쉽게 처리할 수 있는 부분이 아니다. 대형 은행을 해체하려면 국가 경제는 물론이고 전 세계 통화 체계에 미치는 경제적, 정치적, 경쟁적 영향에 대한 철저한 이해가 필요하다. 금융 기관이 대마불사급 기관이 되지 않게 하려면 포괄적인 정부 감독 체계가 필요한데 이런 체계하에서는 경제가 탄력성을 잃고 경화될 위험성이 있다. 재정적 문제가 있는 기관을 인수하려면 그간 금융 체계가 겪어보지 못했던 수준의 자원과 역량이 필요하다. 이 가운데 어느 쪽이든 이런 결과를 유발할 정치적 의지가 있을 법하지는 않다. 셋째, 대형 은행은 경제를 이끌어 나가는 역할을 한다. 1893년, 1907년, 대공황, 2008년, 2020년 상황이 그랬다. 2020년 코로나로 미국 기업이 초토화되다시피 했을 때 이들 대형 은행이 금융 건전성과 유동성을 방어하는 최후 보루 역할을 했다. 당시 경제가 필요로 하는 그러나 자체적으로 만들어 낼 수 없는 완충 장치 역할을 하며 경제의 연착륙을 도왔다. 이들 대형 기관은 정부가 제공할 수 없는 혹은 제공하지 않는 안정성의 상징이었다. 이런 대형 은행이 없으면 경제를 그렇게 쉽게 관리할 수 없다. 다수 커뮤니티은행이 협력한다고 해도 대형 은행이 금융 공황을 해결하려고 추진했던 일을 이들 군소 은행은 할 수가 없다. 넷째, 연준은 20여 개 프라이머리 딜러에 의존해 통화 및 재정 정책을 시행한다. 이들 기관이 없으면 통화 관리가 훨씬 더 어려워진다. 다섯째, 대형 금융 기관은 수천여 개의 커뮤니티은행과 비은행권 금융 기관에 외환 결제 대행, 일반 결제, 백오피스 서비스 등을 제공한다. 이를 통해 군소 금융 기관은 자체적으로는 가능하지 않은 제품 및 서비스를 자사 고객에게 제공할 수 있다. 이에 관한 한 기술 발달을 통해 최소한 이런 상황에 변화가 일어나기 전까지 대형 은행은 신용 카드, 결제 체계, 모기지 상품 등과 관련한 소비자 비용을 줄이는 데 중요한 요소인 '규모의 경제'를 실천할 것이다. 대형 은행은 위험 분산 수준이 높고 수많은 활동에 고정 비용을 분산시키며 전 세계를 대상으로 다양한 상품 조합을 제공할 수 있다.

도드-프랭크법에 내재한 대형 금융 기관에 대한 편향성의 한 부분으로 의회는 은행 지주 회사와 비은행권 투자은행 같은 비은행권 금융 회사에 FDIC 법정 관리를 시행하는 권한을 연방정부(대통령, 재무부, 연준, FDIC)에 부여했다. 대형 비은행권 금융 기관에 대한 법정 관리가 시장에 미치는 부정적인 영향을 고려할 때 이런 권한이 실제로 어떻게 작동하는지가 불명확하고 실용적 측면과도 다소 거리가 있다.[39] 게다가 대형 금융 기관을 해체 혹은 폐쇄한다고 해서 금융 붕괴 위험이 줄어들거나 군소 지역 은행이 일반 대중이나 국가 경제에 크게 기여한다는 보장도 없고 그렇다는 증거도 없다. 이미 언급했듯이 은행이 저축과 투자의 유일한 선택지이던 시대는 이제 갔다. 따라서 먼저 비은행권 및 기능적 규제에 관한 문제를 다루지 않고는 대마불사론을 해결한다는 자체가 근시안적인 발상일 뿐이다.

대마불사 기관이라는 이유로 대형 은행은 사라져야 한다는 거의 맹목적인 주장은 역사, 경제적 현실, 국제 경쟁력 등의 측면을 무시하는 처사이다. 정부가 그런 거대 금융 기관의 법정 관리 문제를 해결할 만한 자원을 충분히 보유하고 있는지는 분명치 않다. FDIC가 처리했던 가장 큰 규모의 법정 관리 사례는 워싱턴 뮤추얼이었다. 당시 워싱턴 뮤추얼은 3,000억 달러 규모인 예금, 모기지, MBS로 구성된 비교적 단순한 재무 구조를 나타냈다. JP모건체이스는 이 예금 대부분에 대한 책임을 떠안았고 FDIC로부터 특정한 확인과 금융 보증을 받은 상태에서 이곳 자산 대부분을 인수했다. 이 법정 관리는 12년에 걸쳐 진행됐고 이 절차는 지금도 진행 중이다. FDIC는 해당 기관을 분할 매각하는 일이든 예금주에게 예금을 지급하는 일이든 자산을 정리하는 일이든 간에 수조 달러 규모의 범세계적 상업은행 및 투자은행이 파산할 때 이 문제를 해결하려고 노력하지 않았다. 대마불사 기관도 압류 및 청산 대상이 될 수 있음을 전제로 한 새로운 규제 전략의 근거를 마련하려면 단순히 그런 행위를 가능하게 하는 권한만이 아니라 실질적인 역량과 경험을 기반으로 해야 한다. 역사적 사실 및 경험을 토대로 대마불사 기관이 여전히 존재해야 한다고들 생각한다. 그러므로 대마불사 기관이 누리는 특권과 이 기관에 내재한 위험 요소를 상쇄하려면 정부가 자본과 유동성 기타 비용 요건을 일반적으로 적용하는 것처럼 이런 기관에도 같은 규제를 적용해야 한다.

대마불사 기관 해체, 채권자 손실 분담, 금융 업무 영역 제한에 따라 보장된 수탁 행위 등을 포함한 수많은 이론이 논쟁의 대상이 됐다.[40] 도드-프랭크법은 특정 조건에서의 자산 매각과 대형 은행 지주 회사의 활동 제한에 관한 조항을 포함한다. 도드-프랭크법 이후의 가정에 따르면 대형 은행이나 비은행권 금융 기관이 재정난을 겪으면 FDIC를 해당 모회사의 관재인으로 지정하고 독자 생존력이 있는 자회사들을 중계 회사로 이전해 기존 회사 채권자를 주주로 전환하는 방식으로 자본 구조를 재편한다. 물론 여기에는 많은 사실이 내포해 있고 대부분이 전에는 대규모로 시도하지 않았던 일이다. 공통적으로 대다수 파산 시나리오는 기업 구조상 최대 법인, 즉 주간사ᵗ幹事 은행이 금융난에 빠져서 부채를 상환하느라 배당금 지급 흐름이 중단되면서 지주 회사와 자회사의 평판과 재정 기반이 흔들리는 양상이 나타난다. 구조 조정 법인은 무엇보다 자금 조달이 필요하다. 따라서 도드-프랭크법에 따라 새로운 기금을 신설할 때와 마찬가지로 정부 혹은 민간 부문이 나서야 한다.

　마지막으로, 향후 금융 위기 시 미국 대형 은행이 압류 및 청산되는 일이 발생하면 전 세계를 향해 모든 국가의 채권자와 거래 상대방이 위기에 몰리게 된다는 사실을 경고하는 셈이다. 미국 대형 은행과 금융 기관은 전 세계 수십 여 국가에서 영업 활동을 벌이기 때문이다. 그와 같은 청산 혹은 기타 파산 회사 시나리오에서 모든 규제 기관과 관재인은 해당 지역 채권자의 이익을 위해 해당 국가 내에서 파산한 회사의 자산을 압류하려 할 가능성이 크다. 어느 정도 합의가 이뤄지지 않은 상태에서는 어느 국가든 자국민에게도 해를 끼치는 범세계적 금융 기관의 파산 문제 해결과 관련해 FDIC 혹은 미국 법원의 결정을 무조건 따르려 하지는 않는다. 지난 몇 년 동안 미국 규제 기관이 캐나다와 영국, 케이먼 군도, 유럽연합 등과 맺은 몇몇 합의 사항은 향후 금융 위기 시 상호 의사소통 수준을 높이고 '각국 법에 모순되지 않는' 질서 있는 해법 마련을 위해 서로 협력하겠다는 의지의 표현 정도로 이해하면 된다. '각국 법에 모순되지 않는'[41]이라는 말이 특히 의미가 있다. 상술한 국가 그리고 그 영향을 받는 다른 국가 역시 미국 및 미국 규제 기관과 마찬가지로 당연히 자국의 경제적 이익을 보호하려

한다. 외국 규제 기관은 미국 채권자에게 관할권이나 자산을 양도할 생각이 없다. 간단히 말해 오늘날과 같은 법체계하에서 범세계적 금융 기관이 파산하면 막대한 금융 자산을 두고 각국이 다툼을 벌이는 상황으로 치달아 수많은 국제적 분쟁과 소송 그리고 금융계의 불확실성을 증가시킬 수 있다.

대마불사 기관이 만들어 내는 이득과 손해, 위험 등에 관해서는 상당한 논쟁이 있고 의회는 도드-프랭크법에 따라 은행과 비은행을 포함해 대마불사 기관에 대한 폐쇄 및 청산 권한을 부여했지만, 이런 권한이 실제로 실행된 적은 없었다. 대마불사 기관의 축소 및 퇴출을 암시하는 연구 보고서와 법률, 규제 등이 한결같이 중요한 변수 하나를 놓치고 있다. 즉 우리가 어떤 결정을 하면 이 결정 사항이 실제로 어떻게 작동하는가? 금융 위기가 발생했을 때 정부 규제 기관이 끝까지 하고 싶어 하지 않는 혹은 하지 않을 조치는 바로 결과가 불확실할 때 대마불사 기관을 인수 및 청산하는 일이다. 구멍 속 바닥이 보이지 않을 때는 아무도 그 구멍 안으로 뛰어들지 않는다.

기술과 실시간 감독

세상에서 가장 복잡하고 정교한 금융 체계가 어떻게 실시간 자료를 기반으로 하지 않을 수 있는가? 2008년 공황 이전에 나는 한 은행을 대리해 재무 건전성과 안전성 조사를 받았었다. 규제 기관의 은행 감독관은 해당 은행에 관한 수년 치 정보를 요청했고 거의 1년여에 걸처 연간 조사를 실시하고 공식 조사 보고서를 준비했다. 조사 결과의 심각성과 은행에 대해 공식 집행 절차를 시행하기로 결정했기 때문에 이 조사 결과 보고서를 은행 이사회에 제출했다. 수십 년 동안 해 왔던 일이듯 이번에도 나는 보고서 발표회장에 참석했다. 은행 감독관들은 아주 열심히 그리고 전문적으로 조사 내용을 펼쳐놓았다. 그때 나는 이들이 참으로 무의미한 작업을 한다고 생각했었다. 이사회 임원 모두가 인내심을 발휘하며 그 내용을 듣고 있었다. 3년 전에 했던 잘못된 일을 열심히 지적했다. 사실 당시에도 엄청난 비난과 지적을 받은 내용이라 지난 한 해 동안 거의 다 개선한 사항이었는데 이 자리에서 새삼 그 내용을 말해봐야 무슨 의미가 있겠는가! 이사들은 억지로 듣고 있으려니 고역이 따로 없을 터였다. 이후에는 이미 은행이 거의 종료한 활동인데도 이런 활동에 대해서마저 이를 삼가거나 개선하라고 요구하는 내용의 부당 행위 정지 명령을 두고 원만한 협상을 하는 데 몇 달을 보냈다. 이 체계는 실시간으로 작동하지 않는 수준을 넘어 아예 과거에 기반을 두고 있었다. 은행 감독관이 지금 이사회에서 전달하는 내용이 이미 해결된 쟁점일 수 있고 또 그 똑같은 문제를 4년 후에 다시 이 자리에서 듣고 있을 수도 있겠다는 생각을 하던 기억이 지금도 생생하다.

금융업은 1930년대에 단순한 대출 및 투자 상품을 거래하는 데서 출발했다. 상호 연결성이 계속 강화되는 범세계 금융망 내 수많은 당자가 간에 금융 공학적으로 합성된 복잡한 금융 상품이 거래된다. 이런 금융 체계는 너무 복잡해서 규제가 불가능할 수도 있다. 특히 엄격한 거시 경제 분석에 금융 기관의 위험 특성 분석을 통합해 미래에 대한 합리적 예측을 가능하게 하는 신기술을 통해 이 체계를 개선해야 한다. 규제 기관은 다가올 위기를 예측하는 능력과 도구, 신속하고 단호하게 필요한 조치를 취하는 권한과 역량, 경제 붕괴를 막을 자원 등이 필요하다. 당연한 말이지만, 알고리즘을 조정할 때 스패너 같은 실제 공구를 쓸 필요는 없다. 의회와 규제 기관은 마침내 지난 10여 년 동안 좀 더 기술에 기반을 둔 실시간 감독 체계로 나아가고자 스트레스 테스트, 위험 관리, 정리 의향서와 같은 유형의 감독 도구를 활용하기 시작했다. 그러나 아직은 초보적인 수준이다. 예를 들어 규제 기관은 6개 대형 은행에 대한 실시간 유동성 및 자본 정보를 받고 있지만, 그다음 문제는 그런 정보를 어떻게 활용하느냐다. 수집한 정보를 올바로 평가해 제대로 사용하려면 자원이 더 풍부해야 하고 미래 지향적인 노력에 바탕을 두고 더 포괄적인 체계로 만들어야 한다. 정부의 의사 결정과 금융 결정 그리고 이에 따른 정부 정책의 질과 효용성은 증거에 기초한 분석을 통해 예측해야 하며 또 이런 증거 기반 분석의 질은 최첨단 기술과 인공 지능의 활용을 통해 개선할 수 있다. 정부는 국민의 사활이 걸린 중차대한 의사결정 기관이다. 따라서 이런 중대한 의사결정을 내리기 전에 먼저 가용한 도구 중 가장 정교한 분석 도구를 사용해 경험적 증거를 기반으로 대안, 비용, 편익 등에 관한 확실한 자료 및 정보를 수집하는 능력을 갖춰야 한다. 그런데 지금까지도 이 부분이 여전히 만족스럽지가 않다.

현존하는 복잡한 체계를 제대로 규제할 수 있으려면 지속적인 분석 및 조사 절차의 현대화가 기본이다. 이런 부분에서 어느 정도 개선이 이뤄졌지만, 은행업계 전반에 걸쳐 필요한 자료를 수집하는 방식은 거의 50년 전 수준 그대로다. 그래도 은행업계가 그나마 나은 편이고 다른 분야로 가면 자료 수집 범위가 훨씬 좁아진다. 초거대 은행을 제외하면 은행업 부문에 대한 감독은 주로 후행적 자료를 토대로 한다. 이 후행적 자료는 시장에서 일어나는 사건의 거시적 영향에 대한 제한적인 분석을 통해 평가한다. 이런 정보는 월별, 분기별, 연별로 은행에서 수집하며 은행 감독관이 수행하는 연간 조사 보고서도 주요 정보 출처다. 그런데 은행 감독관이 이런 결과 자료를 검토할 시점이면 은행이 이미 새로운 금융 문제로 골머리를 앓고 있을 때가 아주 많다. 그때쯤이면 이미 별 쓸모없는 자료가 돼 있다는 의미다. 더 최악은 은행이 거의 붕괴할 지점에 이르러서야 문제를 깨닫는 경우다. 유감스럽게도 이런 일이 드물지 않다. 이런 절차 또한 주로 해당 금융 기관의 개별 지표 분석에 초점을 맞추는 이른바 '내부 지향적' 방식으로 이뤄진다.[42] 규제 기관(및 체계)이 실시간으로 위험 신호를 포착하려면 역시 실시간 기반으로 더 광범위한 자료를 수집해야 한다. 이런 자료에는 좀 더 '외부 지향적인' 정보와 거시 경제적 요인이 포함돼야 하고 직관의 영역을 넘어 예측 차원에서 미래 위험 시나리오 분석을 용이하게 해야 한다. 은행이 지난 2년 동안 수많은 규칙과 규정, 고시 사항, 권고안 등을 위반했는지에 초점을 맞추는 지금의 조사 방식도 중요하지만, 현재 사용하는 수준보다 훨씬 방대한 자료를 바탕으로 구축한 대안적 모형에서도 현 체계가 제대로 작동할지를 고민하는 부분도 중요하다.

관리 및 감독 차원의 판단을 내릴 때 실시간 거시 및 미시 경제 분석 자료도 보충적으로 활용해야 한다. 이런 유형의 분석에서는 고도의 인공 지능과 기계 학습을 이용하며 이런 분석 도구를 통해 미래 위험 신호를 포착하고 이를 규제 조치의 근거로 삼을 수 있다. 또 다양한 위험 요소의 우선순위를 정하는 일도 중요하다.

금융 기관에 대한 감독의 질을 높이는 일이 만만치는 않다. 예측력을 높이고 실시간 요소를 반영하는 쪽으로 감독 체계를 현대화한다는 목적에 따라 자금을 투입한다면 최종적으로 수수료라는 명목으로 비용을 부담해야 하는 금융 기관의 반발에 부딪힐 수도 있다. 이 분야 업무를 담당할 전문가를 채용하는 일도 역시 녹록하지 않다. 은행 규제 담당자 자체가 일반적으로 기술 전문가는 아니기 때문이다. 그런 작업에 대한 대가를 지급해야 하는데 이 때문에 평가 수수료가 늘어나면 은행계에 논란이 일 수 있다. 이런 규제 비용이 이득과 비례하지 않는다고 보는 은행이 많기 때문이다. 즉 이득보다 비용이 지나치게 높다고 인식한다.

오늘날 대형 금융 기관은 인공 지능과 기계 학습을 포함한 기술 부문에 수십억 달러를 배분한다. 그리고 새로운 체계로 개선하는 데 들어가는 비용에 그다지 큰 타격을 입지도 않는다. 그러나 이미 매우 박한 이윤을 남기며 겨우겨우 운영하는 군소 지역 금융 기관은 상황이 다르다. 최첨단 기술 활용으로 비용이 증가하면 자산을 매각해야 하는 상황에 몰릴 정도로 그 비용이 부담스러운 수준이다. 따라서 군소 지역 은행은 늘어난 비용을 상쇄하고자 비슷한 수준의 은행끼리 합병하는 쪽으로 눈을 돌리는 경향이 있다. 더구나 엄격한 안전 및 건전성 기준을 더 광범위한 금융 기관에 적용하고자 더 효과적이고 목표 설정도 명확한 기능적 감독 절차를 포함해 해당 체계에 대한 철저한 조사를 통해 변화의 필요성이 확인됐을 때에 한해 규제 절차를 재정비하는 작업이 그 타당성을 인정받는다. 그와 같은 금융 서비스 부문의 감독 체계 및 절차를 현대화하는 과정에서는 그 작업이 은행 체계의 구조와 이런 체계가 뒷받침하는 은행의 수에 영향을 미칠 수 있다는 점 또한 고려해야 한다.

시대를 앞서가는 최대 은행을 필두로 실시간 새로운 금융 자료 관찰과 예측력 있는 모형을 단계적으로 내놓아야 한다. 수집 및 평가가 가능한 방대한 자료에는 (1) 내부 금융 계획과 실적 수치 (2) 외부적 거시 경제 지표 (예: 실업자 수, 금리 추세, 부동산 가치, 건축 허가 건수, 출산율, 인구통계학적 변화, 보건 의료 추세, 세계적 동향, 파산 은행, 파산 신청 건수, 채무 불이행, 담보권 행사 추세, 시장 특성 등) (3) 기업 지배 구조, 위험 관리, 인적 요소 (4) 시장과 고위급 경영진의 행동에 관한 예측력 있는 정보 등 한 세기까지는 아니더라도 수십 년에 걸친 자료가 포함된다. 금리, 시장, 지배 구조, 금융 거래, 투자 패턴, 유동성 분배, 주택 가격 추세, 자본 형성, 소득 분배, 인구통계학 그리고 이 모든 요인의 전달 속도 등 모든 측면에서 지난 50년간에 걸쳐 수집 가능한 자료를 생각해 보라. 정부가 중요한 포괄적 데이터베이스를 무기로 감독 체계를 보완해 위험 신호를 더 잘 포착하고 다가올 문제를 더 잘 예측하고 더 나은 위기 완화 전략을 구축할 수 있게 한다는 목적에 따라, 기계 학습 애플리케이션으로 어떻게 이런 자료를 평가하고 또 금융 기관이 제공한 실시간 보고 자료에 이를 어떻게 통합할 수 있는지 생각해 보라. 인공 지능 애플리케이션으로 이 자료를 평가할 수 있어야 하고 이를 현 시장 요소와 비교해 시장에서의 금융 유인책과 현 규제 유형 간의 상관성을 더 확실하게 파악할 수 있어야 한다. 현재 수준보다 훨씬 빠르고 신뢰도도 훨씬 높은 초지능형 기계로 기준 지표상의 변화가 생기자마자 거의 즉각적으로 그 변화를 포착하면 정부와 금융 기관 경영진이 앞으로 다가올지 모를 금융 위기를 미리 예측하고 방지하는 능력이 향상되리라 생각한다.

그러나 기술 기반 체계를 구축하는 작업과 관련해 상당히 복잡하고 어려운 문제가 있다. 이런 문제가 단점이자 함정으로 작용할 수 있다. 모형은 항상 실패하는 지점이 있고 기계도 절대적으로 완벽한 이른바 무오류 장치가 아니다. 그러나 이런 도구로 전반적 통찰력이 향상된다면 규제 담당자는 훨씬 더 신뢰할 만하고 훨씬 더 효율적인 판단을 내릴 수 있다. 이때 우리는 예측력 있는 결과와 자료를 사용해 연역적 추론을 방해하는 또 다른 걸림돌이 아니라 인간의 판단력에 도움이 되는 도구를 만들어 낸다. 2000년 당시에 이와 같은 감독 체계가 구축됐다면 규제 기관과 은행 경영진도 2008년 공황을 피하거나 적어도 그 파괴적 영향을 많이 줄였을지도 모른다. 그랬다면 아마도 정부가 더 효과적인 대책을 마련하고 유동성 및 자기자본이 추가로 필요한 지점을 제대로 포착해 적절하게 지원했을 수도 있다. 사실 이는 비용이 많이 드는 작업이지만, 금융 위기 때 단 하루만 시장이 뒤집혀도 이 비용은 상쇄하고도 남는다. 이후 장에서는 인공 지능과 슈퍼 컴퓨터 활용에 관해 상세히 다룰 생각이다.

체계상 안정성에 관한 더 나은 규제

구조적인 규제, 즉 금융 서비스업 전체를 감독 대상으로 삼겠다는 포부는 물론 박수를 쳐줄만한 '원대한' 목표이기는 하다. 그러나 구체적으로 규정하기도 어렵고 정의 자체가 모호하며 현실적으로 달성할 수 없는 목표다.[43] 도드-프랭크법에 따른 구조적 안정성 요건은 이른바 '효과가 있는지 한번 보자'라는 구호의 좋은 예다. 지난 25년 동안 미국은 인류 역사상 기술 발달이 가장 폭발적으로 이뤄졌던 시기를 경험했다. 그런데도 정부는 본질적으로 별로 중요하지 않은 사안에 감독 권한과 그 에너지를 쏟았다. FSOC와 재무부 소속 금융조사국이 그 좋은 예다.

지난 위기에 잔뜩 겁을 먹은 의회가 2010년에 그동안 연준이 시행하는 엄격한 규제 대상에서 제외됐던 금융 회사로 규제 범위를 확대하기로 하고 FDIC에 관재인 권한까지 부여했다. 이는 사실 전례 없이 급진적인 조치였다. 보험사, 비은행권 금융 회사, 소비자 대출 기관, 자산 관리사, 핀테크 회사, 온라인 대출 기관 그리고 연방 예금 보험이나 기타 명시적 혹은 묵시적 정부 보증 혜택을 받지 못하는 시중 대출 기관 등에 이런 전방위적 감독이 이뤄진 적이 없었다. 그럼에도 이런 방향 전환을 뒷받침하거나 정책 입안자에게 의도치 않은 잠재적 결과나 경제적 비용을 알려주는 등 제한된 수준에서 자료 기반 분석이 이뤄졌다. 도드-프랭크법 제1편에서는 기본 규정을 제정하는 연방 금융 규제 기관(SEC, 연준, OCC, FDIC, NCUA, CFPB, CFTC, FHFA)의 구성원이기도 한 FSOC[44] 위원은 집단 토의를 통해 자체 행동을 평가하고 미국 및 세계 금융 체계 안정성이라는 관점에서 이 감독 기구가 어떤 영향이 미치는지를 종합적으로 분석해야 한다고 명시했다. 표면적으로는 평범한 체계로 보인다. 의회가 의도한 구조상 규제와 범세계 규제 체계가 서로 얼마나 조화를 이루는지는 분명치 않다.

예를 들어 바젤위원회는 은행 건전성 규제에 관한 세계 표준을 설정하는 기구다. 28개 관할권의 중앙은행과 은행 감독관으로 구성된 총 45명의 위원이 모여 범세계 은행 감독에 관한 문제를 조율한다. 바젤위원회는 세계 GDP의 95퍼센트를 차지하는 60개 중앙은행이 1930년에 설립한 국제결제은행 소속이기도 하다. FSB는 주요 20개국[620]이 국제 금융 규제 및 감독 체계 개선을 목적으로 2009년 4월에 금융 안정화 포럼의 후신으로 설립한 기구다.[45] FSB는 감독 강화를 목적으로 한 대기업 지정과 범세계 금융 안정에 중요한 역할을 한다. 위험을 감소시키는 감독 기제를 고안하는 식으로 구조상 안정성을 보장하려고 기존 구조에 FSOC의 지시 사항을 추가함으로써 감독 체계가 더 복잡해지기만 했다. 이에 따라 실제로 많은 참가자가 생기고 때로는 치열한 경쟁이 벌어지기도 하는 규제 영역이 됐다. 사실 위험 감소 기제는 금융계를 상세히 들여다보면서 규제 기관에 다가올 체계상 충격을 피할 수 있게 한다.[46]

FSOC의 실적을 생각해 보라. 10여 년 동안 FSOC는 미래 경제 안정성을 보장하는 수단으로써 연준의 규제를 받는 기업을 '구조적으로 중요한 금융 기관SIFI: Systemically Important Financial Institutions'으로 지정했다.[47] 2013년 7월부터 2014년 12월까지 SIFI로 지정된 4개 비은행권 금융 회사 가운데 지금까지 이 지위를 유지한 곳은 없다. 제너럴일렉트릭 크레디트코퍼레이션GECC: General Electric Credit Corporation, AIG, 프루덴셜Prudential Insurance 등은 전부 SIFI 지정이 최종 취소됐고[48] 메트라이프MetLife는 연방 법원에서 이 문제를 다뤘다.[49] FSOC가 SIFI로 지정하는 데 걸리는 시간 만 모를 뿐 나머지는 이미 다 결정이 나 있는 상황처럼 보였다. 비은행 권 금융 기관에 대해 은행 수준의 건전성 규제를 시행하면 미래 금융 위기를 피하거나 적어도 그 영향을 줄이는 데 도움이 되리라는 가정은 그저 가정일 뿐이다. 비은행권에 대한 건전성 규제의 경제적 비용이나 편익에 대한 연구는 전혀 이뤄지지 않았다. 금융 규제관 9명이 정기적으로 모여 쟁점 사안을 다루는 이른바 집단적 논의가 개별적 논의보다 더 효과적이라고 생각하는 사람도 없었다. SIFI로 지정될 가능성이 있는 기업을 FSOC가 개별적으로 검토하는 방식은 자원을 비효율적으로 사용하는 것이며 결국 나무만 보고 숲을 보지 못할 가능성이 있다. 이런 접근법은 시장 경쟁을 약화시켰고 이 때문에 경쟁 관계에 있는 외국에 비해 미국이 불리한 위치에 놓였다. 또 금융 기업에 대한 규제 기관의 견해를 통합하는 데도 실패했다. 지난 10년 동안 발생한 진짜 심각한 손실은 더 나은 쥐덫을 설치해 체계상 안정성을 평가하는 도구로 활용할 기회를 잃었다는 점이다. 실제로 전 세계 금융 체계 안정성을 위협했던 2020년 금융 팬데믹 내내 FSOC는 눈에 띠는 활약상을 보이지 않았다.

　OFR 또한 시도는 좋았다. 설립 당시 이 기구의 직무 기술서를 들여다보면 부푼 희망을 품지 않을 수가 없었다. 금융 체계를 샅샅이 살펴보면서 '위험을 측정 및 분석하고, 중요한 조사 활동을 수행하고, 금융 관련 자료를 수집 및 표준화' 해서 위험 요소를 바로 찾아내자는 포부로 출발했었다. 실제로 지난 10년 동안 미국 및 전 세계 금융 안정성 관련 문제에 관한 보고서를 많이 발표했다. 그러나 세간에 널리 알려지거나 찬사를 받았던 적이 별로 없었다.[50] 기술과 빅데이터라는 무기를 장착하고 또 실시간 위험 평가와 세계 금융 안정성이라는 비전을 품고 수행한 일치고는 너무도 초라한 성적표를 냈을 뿐이다. FSOC와 OFR은 결국 잘못된 방향으로 가버린 실패한 시도였다.

　도드-프랭크법이 제정되고 딱 한 달 후인 2010년 8월에 바젤위원회는 구조상 위험에 대한 규제와 이에 따른 비용 및 편익에 대한 분석 보고서를 발표했다.[51] 다소 모호하고 복잡한 분석이었다. 여기서 금융 기관은 규제 강화에서 비롯된 추가 비용 그리고 자본 및 유동성 기준을 높게 설정한 덕분에 은행 위기 발생 가능성이 감소한 데서 비롯된 순이익을 채무자에게 전가한다는 가정은 불확실하고 수치로 검증하기도 어렵다고 결론 내렸다.[52] 대체 무슨 의미일까? 윌리엄 더들리 William Dudley 전 뉴욕 연준은행 총재는 2015년 10월에 보스턴 연준은행에서 열린 회의에서 '거시 건전성 도구 활용은 의미 있는 일이지만, 미국에서 그런 도구를 성공적으로 활용할 수 있는지는 의문'이라고 말했다.[53] FSOC와 FSB는 열심히 하느라고 했는데 규제 방식과 절차의 효용성에 관해 심각한 의문이 제기된 이유는 무엇일까? 예를 들어 연준 은행이 제안한 대로 적어도 비은행권 한 곳을 SIFI로 정하고 이곳(당시 GECC)에 강화된 건전성 표준을 적용한다는 발상은 다분히 은행 중심적인 사고였다.[54] 은행과 기타 금융 회사는 사업 모형이나 재무 구조, 위험 특성 등에 차이가 있으므로 은행에 적용하는 자본, 유동성, 운영 개념을 보험사나 투자 관리사 등에 적용하는 방식은 문제가 있다. 게다가 FSOC와 FSB가 분석 작업을 할 때 시장 위험을 창출했던 대기업(은행)과 창출된 위험에 투자하거나 흡수 혹은 관리한 기업(자산 관리사)을 명확히 구분하지 않았다. FSOC와 기타 국가가 비은행권 금융 기관을 연준의 규제를 받는 SIFI로 지정해서 구조상 위험을 정말로 줄였다면 구조상 규제 대상을 수많은 상품과 기업으로 확대할 필요성은 그만큼 줄어든다. FSOC 규칙과 조치를 살펴보면 위험 환경이 끊임없이 변화한다는 사실을 고려했다고 보기 어렵다. 이에 관해서는 아마도 FSOC 위원 간에 상당한 의견 차이가 있었다고 본다. 다른 위원보다 식견이 뛰어난 일부 위원이, 예를 들어 보험업계를 대표하는 사람이 보험사는 두 군데를 SIFI로 지정하겠다는 의견에 반대 의사를 표시했다. 그러자 다른 의원들이 영문을 몰라 어리둥절한 태도를 보였다. 이들은 그런 결정이 무엇을 의미하는지 제대로 알지 못했다고 봐야 한다.[55]

　트럼프 행정부는 FSOC를 재조명했다. 비은행권 금융 기관을 연준의 규제를 받는 SIFI로 지정한다는 개념을 버리고 기업 자체보다는 기업의 활동, 제품, 기술이 어떻게 구조상 위험을 창조하는지를 평가하는 쪽으로 분석의 방향을 재조정했다. 앞으로 10년 동안 미국 경제가 원활하게 돌아간다면 FSOC는 기술에 기반을 둔 위험 신호 포착 체계를 구축해 전 세계 규제 당국에 정보, 지표, 시간을 제공함으로써 나아갈 경로를 바로잡고 미래 금융 위기를 방지하거나 위기 수위를 낮출 수 있다. 이런 규제 기관이 예측력이 있는 분석 도구까지 갖춘다면 훨씬 더 효과적으로 구조상 위험을 감소시키고 미래 금융 위기를 막을 수 있다.

공공 및 민간 부문 기술 주도

많은 은행이 아직도 스스로를 전통적인 은행이라 간주하는 경우가 많다. 그런데 실제로 은행은 아주 빠른 속도로 기술 기업으로 바뀌고 있다. 예금을 취급하고 국경 없이 전 세계를 대상으로 대출을 실행하고, 실시간 금융 거래를 하는 사실상 기술 기업이다. 이런 변화가 정착되려면 금융 서비스에 대한 지적 및 물리적 접근 방식에 일대 전환이 이뤄져야 한다. 우선은 기술 기업처럼 생각하고 행동해야 하며 규제 기관 또한 이런 현실에 맞게 규제 특성을 조정해야 한다. 나중에 더 상세히 다루겠지만, 기술은 유례없는 위험과 위협을 노출하는 만큼 기업(은행)과 고객에 엄청난 이득을 안긴다. 이 변화된 새로운 세상에서 이뤄지는 금융 규제는 기술을 흡수하는 동시에 맞서 싸울 수 있도록 민관 협력이 가능한 환경을 조성하는 데 주안점을 둬야 한다. 예를 들어 사이버 위협과 악성 인공 지능에서 스스로를 보호하는 가장 좋은 방법은 방대한 정보를 공유하고 수용 가능한 '교전' 수칙과 행동 표준을 채택하는 일이다. 은행이 매일 수백만 건에 달하는 보안 공격을 방어하고 효과적이면서도 신중한 방식으로 정부 및 동료와 정보를 공유하는 한 국가의 금융 인프라가 개선되고 방어 수준이 향상될 것이다. 금융 측면에서 세상은 더 긴밀한 협력과 정보 공유 그리고 정부 개입 축소를 요하는 방향으로 진화 중이다. 이와 동시에 자본과 자원을 공유 및 축적하는 데 더 큰 유인책을 제공해서 금융 기관과 이런 기관을 감독해야 하는 정부 간의 호전적 관계를 협력 관계로 바꿔나가야 한다. 이런 변화가 일어나지 않으면 규제 대상인 금융 기관과 규제 기관은 기회와 위협의 관계성을 더 잘 이해하는 기술 기업에 밀려 공멸하는 운명을 맞을지도 모른다.

금융 지식 이해도

미국 소비자 보호의 역사는 처음부터 다시 쌓아 나가고 싶을 만큼 무척이나 고통스럽고 복잡하다. 1960년대 말부터 1970년대에 소비자가 금융 상품 제공사를 고르거나 금융 상품 및 서비스를 선택하기 전에 충분히 평가할 수 있도록, 의회가 수많은 정보와 제한된 권리를 제공하는 데 주안점을 둔 법률을 의회가 제정하면서 소비자 보호의 역사는 시작됐다. 나는 1976년에 OCC에 들어갔고 이때 법무 담당 부서 내에서 소비자 보호 업무를 담당하게 됐다. 여기서 수년 동안 국법은행을 상대로 소비자가 제기한 불만 사항을 처리했다. 그리고 다른 연방 금융 기관 소속 팀과 함께 공정대출법(1968), 공정신용기회법(1974), 부동산거래절차법(1974), 주택모기지정보공시법(1975), 공정신용보고법(1970), 전자자금이체법(1978), 지역재투자법(1977) 등의 시행 규칙을 포함해 역사에 길이 남을 소비자 보호 규정과 수정 법률 초안을 작성하는 작업에 참여했다. 이후 6개 연방 기관이 소비자 보호 관련 규정 수백 개를 발표했다. 이 과정에서 수천 명에 달하는 인적 자원을 투입해 관련 규정, 법 해석, 법률 집행 등에 관한 수만 쪽 분량의 자료를 생산했다. 그런데 유감스럽게도 수년간에 걸쳐 만들어 낸 법 규정과 방대한 정보 및 자료는 일반 대중에 별로 도움이 되지 않았다. 날이 갈수록 새로운 금융 제품과 서비스가 개발되면서 금융 관련 정보 이해도에 문제가 생겼기 때문이다. 어렵게 새로운 정보를 이해하고 나면 또 새로운 정보가 쏟아져 나오는 상황이 계속 반복됐다. 예를 들어 미국인 중 모기지가 어떻게 작동하는지 잘 모르는 사람이 태반이었다. 5퍼센트 금리와 7퍼센트 금리의 차이점을 비롯해 인터넷을 통해 더 많은 대안 상품과 선택지를 제공하는 방식 정도는 이해할 수 있지만, 대체로 당좌 예금 계좌와 저축 계좌 간의 자금 이체, 시간에 따라 달라지는 돈의 가치 활용, 주식 투자, 401(k) 관리 그리고 파생 상품, 풋, 옵션, 숏 거래 등 복잡하기 이를 데 없는 금융 관련 지식까지 다 이해하는 소비자는 많지 않다. 그런데도 오늘날 소비자는 소셜 미디어라는 새로운 소통 매체를 통해 내밀한 개인 정보를 거리낌 없이 공유하고 심지어 인터넷 기반 소매상, 앱 판매상, 디지털 화폐, 암호 화폐, 핀테크 회사 등에 개인 정보를 부주의하게 흘리고 다니기까지 한다.

금융 활동에 따른 '위험'을 제대로 이해하지 못하면 수백 쪽에 달하는 소비자 보호 관련 규정과 상세한 정보집도 위험이 소비자에 전가되는 상황을 확실하게 통제할 수 없다. 지난 60여 년 동안 관련 규정을 마련하는 데 힘을 쏟았지만, 비용만 많이 들어갔을 뿐 소비자를 보호하는 효과적인 수단이 아니었다. 이에 관해서는 여전히 의견이 분분하지만, 나는 수십 년 동안 법률을 제정하고 수정하고 또 제정하는 작업을 반복했음에도 2008년 공황은 현대 금융사에서 소비자에게 가장 큰 해악을 끼친 사건으로 남았다는 사실 자체가 소비자 보호에 관한 한 이런 입법 노력은 비효율적인 방식임을 보여 주는 아주 명확한 증거라고 생각한다.

규칙을 늘리고 설명을 더 자세하게 한다 해도 사람들이 읽지 않거나 이해하지 못하면 아무 소용이 없다. 법과 규칙을 집행하는 기관을 늘리고 자금을 더 투입하는 일 또한 효과적인 해법이 아니다. 그 많은 소비자가 각기 금융 거래를 할 때마다 정부가 마땅한 감시인을 붙일 수는 없는 노릇이다. 그보다는 규정을 마련하고 관련 기관을 설립하는 데 들어가는 막대한 자원을 차라리 금융 지식 이해도를 높이는 목적으로 사용하는 데 답이 있다. 정부가 그동안 소비자 보호 기관을 설립하고 또 1960년대 이후에 제정한 소비자 보호와 관련한 법과 규칙을 반포 및 집행하는 데 들어간 수십 억 달러와 기타 자원을 회수한 다음 이 자원을 대중의 금융 지식 이해도 증진 계획에 투자한다면 수많은 소비자가 지금보다는 나아질 테고 정부 기관에 덜 의지하게 되리라 생각한다. 왜 미국 고등학교와 대학교는 금융 기관과 협력해 금융 지식 이해도를 높이는 교육 과정을 제공하지 않았을까? 금융 기관은 왜 학교와 협력해 미래를 살아갈 소비자를 교육하는 일에 참여하지 않았을까? 대중의 금융 지식 이해도를 높이고 금융 서비스에 대한 충성도가 높은 미래 소비자를 육성하면 모두에게 도움이 되지 않는가? 지식과 정보가 많은 소비자는 이익을 더 많이 얻을 수 있고 첨단 금융 상품을 더 많이 구매할 수 있다. 금융에 대해 많이 알면 실수도 덜하고 골치 아플 일도 줄어든다. 학교는 이 문제에 관한 한 금융 회사에 학생을 교육할 권리를 넘겼어야 한다. 금융 기관은 또 기꺼이 이 일을 맡았어야 한다. 이렇게 하면 어떤 이점이 있는지가 너무도 명백하다. 우선 소비자는 자신의 금융 생활을 통제하는 방법을 배우게 되고, 시장 왜곡이 덜한 규제가 필요하게 되며, 금융 회사는 잠재적으로 평생 고객 맞이하게 된다. 미국에서 좀 더 안전하고 확실한 금융 체계를 만드는 데 금융 지식 이해도가 중요한 요소라는 점을 인식해야 한다. 규정과 규제를 늘리는 방법으로는 소비자 보호 문제를 해결하지 못한다.

이런 변화가 이뤄졌다면, 정부가 더 나은 자료를 바탕으로 더 나은 의사결정을 했다면, 그리고 정치적인 요소는 밀어 두고 어려운 결정이라도 과감하게 내리려 했다면, 규제 플랫폼이 많이 달라졌을 터다. 그랬다면 달라진 이 규제 체계가 2020년 금융 팬데믹에 대응하는 더 명확하고 더 직접적이며 더 효과적인 수단을 정부에 제공했을 것이다.

Chapter 12

첨단 기술

사람들은 실수하고, 모형은 실패할 때가 있으며, 기계는 완벽하지 않다. 그러나 인간의 판단력과 경험으로 이런 오류를 통제할 수 있다면 더 정확하고 예측력 있는 지능형 기계 장치가 규제 전문가와 금융 자산 관리자에게 도움을 주고, 판단 및 평가의 질을 높여주며, '육류 절단용 식칼'이 아니라 '외과용 메스'로 수술에 임하게 할 수 있다. 즉 적절한 도구로 적절한 작업을 할 수 있다. 기술은 순진한 대중이 사기를 당하지 않게 도와주고, 좀 더 효율적으로 거래를 완료시키고, 경제 상황을 개선할 방법에 관해 더 많은 정보를 알려준다. 전에는 입수하지 못했던 정보를 금융 규제 기관과 정책 입안자에게 제공한다. 그러나 기술이 만들어 내는 현란한 매력에 현혹돼서는 안 된다. 말하자면 기술은 이중적 혹은 양면적 특성을 지닌다. 기술이 인간의 의사 결정을 도와주고 우리 삶을 풍요롭게 할 수도 있지만, 경제적 안정을 위협하는 거대한 덫을 놓을 수도 있다.

기술과 금융 서비스가 융합하면서 정부는 금융 회사가 기술을 이용해 실적을 올리는 방법, 적응을 통해 금융 생태계에 영향을 미치는 방법, 사이버 및 기타 디지털 공격에 대응하는 방법 등을 활용하려고 노력한다. 911 테러 이후 테러 분자가 보안망을 뚫는 데 대한 전술을 바꾸고 정부가 주요 인프라를 보호하는 일에 초점을 맞추기 시작하면서 이런 노력과 시도가 가시화됐다.[1] 기술이 금융 서비스 영역에 스며들자 금융 규제 기관은 금융 기관이 사용하는 기술과 이에 따른 위험 요소에 초점을 맞췄다. 그러나 정부는 금융 기관이 기술을 사용하는 방법 자체를 규제하는 부분에만 관심을 기울여서는 안 된다. 금융 기관이 특히 인공 지능 그리고 다가오는 미래에 활성화될 양자 컴퓨팅 같은 기술을 활용해 지금의 제한된 자료 분석 체계를, 금융의 미래를 더 잘 예측하고 더 신뢰할 만한 실시간 거시 및 미시 경제 지표를 제공하는 체계로 전환시키는 방법도 고려해야 한다. 악의적 기술 애플리케이션으로 금융 인프라를 무너뜨리려는 시도를 저지하는 방법도 고려해야 한다. 공개된 부분은 거의 없지만, FSOC가 이런 노력을 기울이고 있다고 본다. 물론 FSOC가 이런 문제를 해결하는 데 가장 적합한 곳은 아닐 수도 있다. 사실 금융 규제 기관은 대출이나 투자와 관련한 금융 위험을 평가하는 데 능하다. 그러나 기술에서 비롯된 금융 인프라 위협을 평가하고 이에 대응한 경험은 없다. 사실 이는 금융, 기술, 군사,

과학 등 다방면에서 활동하는 전문가 집단이 필요한 매우 복잡하고 까다로운 작업이다.

백미러와 사이드미러만 달고 주간^{州間} 고속도로를 달리는 것만큼 위험천만한 일은 없다. 지금의 규제 체계가 바로 이런 상황이다. 전 방향을 다 주시할 수 있는 상황이라 언제 어디서 위험 요소가 튀어나올지 모두 예상하며 달린다면 운전 기술이 얼마나 더 향상될지 한번 생각해 보라. 풍부해진 미시 및 거시 경제 자료와 최첨단 기술로 규제 기관의 '시야'가 넓어지면 미래 금융 위기를 막을 기회가 생긴다. 그러나 기계는 미래를 지향하는 더 나은 자료를 '개발'하는 도구라고 생각해야 한다. 더 좋은 자료를 바탕으로 한 최종 결정은 결국 인간이 내려야 한다. 즉 최종 결정까지 기계에 맡길 수는 없다.

금융 기술 발달사

금융 기술은 1990년대 후반기에 특히 눈에 띄게 발달했다. 은행이 1970년대 말에 예금을 수취하고 현금을 내주는 업무를 현금자동입출금기^{ATM: Automated Teller Machines}를 설치해 수행하기 시작하면서부터였다. OCC에서 근무할 때 우리는 번거롭기만 한 지점 개설 신청 절차를 거치지 않고 ATM을 설치할 수 있게 하자는 의견을 냈었다. 그 당시 은행 업무에서 자동화 특성은 은행이 소유해 공유하거나 외부 판매상을 통해 임대한 폐쇄형 독점 네트워크 중 일부에만 부여됐을 뿐이었다. 그런데 ATM은 같은 공간을 공유한다. 금융 기관이 개방형 네트워크에 참여하는 개념은 1970년대 은행가나 규제 당국으로서는 상상도 못 할 일이었다.

1994년 10월에 스탠포드 연방신용조합이 미국 최초로 고객에게 인터넷 뱅킹 서비스를 제공한 금융 기관이 되면서 금융 기술이 ATM 수준에서 한 단계 더 나아가게 됐다. 1년 후에는 상업은행이 이 대열에 합류하면서 금융 서비스 부문의 혁신이 시작했고 이 흐름이 지금까지 이어졌다. 개방형 구조에서 이뤄지는 거래상의 문제는 암호화, 디지털 서명, 기타 기술 선도자가 금융 서비스 사업에 도입한 수많은 보안 인터페이스 등으로 해결했다. 내가 미국변호사협회 가상공간법률위원회Cyberspace Law Committee 위원장을 맡았던 1998년부터 2002년까지 우리는 상거래 부문 디지털 혁명과 이에 대한 대응책 마련 그리고 모든 업무가 물리적 경계에 관해 양가적 특성을 보였던 전자 방식으로 전환됐을 때 이런 변화가 의사소통과 법, 자금 흐름 등에 미치는 영향을 파악하는 작업에 속도를 냈다. 그리고 나는 몬덱스Mondex가 시작한 디지털 화폐와 전자 지폐 실험에 참가하려고 영국 스윈던에 갔고 그 후에는 2020년 런던에서 전자 상거래 관련 법률의 관할권 충돌 문제를 해결하는 방법에 관한 연구를 발표했는데, 20개국이 참여한 이 연구를 이끌기도 했다.[2] 우리는 디지캐시DigiCash 같이 익명성을 기반으로 한 디지털 화폐에서 파생한 문제에 직면했다. 그리고 암호화와 디지털 서명 기술을 통한 보안이 어떻게 확고한 전자 상거래 기반을 구축했는지도 배웠다. 문제는 명확했다. 이에 관한 모든 법과 규칙 그리고 사법적 결정은 당사자가 물리적으로 이행한 서면 합의에 기초했다. 대다수 법률이 디지털 계약과 전자 상거래 관련 사항은 포괄하지 않았다.

상업적 혼란을 피하려면 수용 가능한 해법과 규정이 필요했다. 새로운 디지털 상품이 당장이라도 세계 화폐에 일대 혁신을 일으키며 곧바로 채택되리라는 것이 당시 금융계의 지배적인 분위기였다. 이런 장밋빛 비전이 전자 상거래로 전환된 데서 비롯된 법과 금융, 운영과 관련한 복잡한 문제를 가렸다. 그러나 이런 변화는 기대했던 바와는 다르게 전개됐다. 거품기 가득했던 과대 포장이 벗겨지자 새로운 디지털 제품 상당수가 사라졌다. 그러고는 수십 년 후 암호 화폐와 기타 상거래 애플리케이션을 지원하는 블록체인 기술로 다시 돌아왔다. 기술 대중화가 얼마나 어려운지 또 신기술로 이른바 '소비자 수용과 관련한 3C'를 어떻게 해결하는지에 관해 중요한 교훈을 얻었다. 우선 비용을 낮춰야 하고 편의성을 높여야 하는 동시에 재품의 안전성에 대한 절대적 신뢰를 보여 줄 수 있어야 한다. 1998년에 로버트 레딕Robert H. Ledig과 린 브루노Lynn Bruneau와 함께 쓴 650쪽 분량의 책《21세기 통화와 은행업 그리고 상거래21st Century Money, Banking And Commerce》에서 이 시대에 대한 상세한 설명을 비롯해 기술과 인터넷이 금융 서비스에 어떤 영향을 미치는지를 정리했다.[3]

1990년대 말에 뿌린 씨앗이 이후 25년 동안 크게 성장했다. 1998년에 처음으로 P2P 자금 이체 플랫폼이 구축됐다. 2003년에 의회는 디지털 수표 사본을 생성해 전자 방식으로 처리할 수 있게 했다. 2009년에 세계 최초 암호 화폐가 탄생했다. 전 세계에 발행된 암호 화폐가 1,500종이 넘는데 2020년 현재 이 중 하나라도 보유한 사람이 전체 미국인의 약 8퍼센트였다. 오늘날 모든 금융 기관이 인공 지능, 기계 학습, 생물 측정학, 클라우드 컴퓨팅, 빅데이터, 분산 장부 및 블록체인 기술 등에 점점 더 의존하는 개방형 인터넷 구조를 통해 광범위한 온라인 및 모바일 제품과 서비스를 제공한다. 고객이나 금융 기관이 자판 글쇠 몇 개만 누르면 모든 금융 기관 간에 자금 이체가 완료된다. 저축, 투자, 결제 등을 지원하는 애플리케이션도 있다. OCC는 최근에 규칙 제정안 사전 공지에서 이 같은 기술 발달 역사를 정리했다.[4]

성장하는 디지털 결제 사업 참여자이자 경쟁자 및 규제자이기도 한 연준도 추세에 뒤처지지 않으려 한다. 2020년 8월에 레이얼 브레이너드Lael Brainard 연준 이사는 연준이 (1) 금융 기관이 실시간 즉시 결제 서비스를 제공할 수 있도록 2023년이나 2024년에 새로운 디지털 즉시 결제 서비스 페드나우FedNow를 실행하고[5] (2) 분산장부기술DLT: Distributed Ledger Technology을 실험하고 (3) 중앙은행 디지털 화폐CBDC: Central Bank Digital Currency 사용과 법적 걸림돌을 확인하려는 목적으로 시작한 몇 가지 계획을 정리해 발표했다.[6] 그리고 연준 자체 기술 연구소인 테크놀로지 랩Technology Lab에서 클리블랜드, 댈러스, 뉴욕 연준은행 소속 애플리케이션 개발자로 구성된 팀 그리고 매사추세츠공과대학MIT: Massachusetts Institute of Technology 연구 팀과 협력해 블록체인 애플리케이션 같은 DLT 관련 작업을 수행했다. 여기서 특히나 한 관할권에서 CBDC 약정에 대한 사이버 공격이 국내 금융 압박을 유발하고, 이런 압박이 이른바 '연결 경제'에 영향을 미치거나 더 나아가 특정 기술 혹은 결제 수단에 대한 신뢰가 흔들릴 때는 더 광범위한 영향을 미칠 수 있다는 점을 강조했다.

　페이스북은 2019년에 새로운 암호 화폐를 출시한다고 발표했다. 이 발표에 모두가 충격에 빠진 듯했으며 기술적으로나 법적으로는 그렇지 않을지 몰라도 심리적으로는 디지털 결제 쪽으로 추세가 이동하는 모양새였다. 그러자 이 암호 화폐가 무엇이고 페이스북이 왜 여기에 참여하고 있는지에 세간의 이목이 쏠렸다.[7] 오늘날 암호 화폐와 관련해서는 주로 새로운 유형의 화폐라는 점 외에 디지털 화폐의 주조 및 송금에 내재한 이익이라는 측면에서 관심이 집중됐다. 상대적으로 암호 화폐가 금융에 미치는 영향은 미미하다. 이 모든 사실은 무엇을 의미할까? 나는 암호 화폐는 여전히 불분명한 통화와 결제 및 상거래의 미래로 이어진 가교를 상징한다고 생각한다. 점점 더 많은 기업과 모험 자본 그리고 사용자가 이 기회를 놓치지 않으려 한다.

　좀 더 명확하게 정의하자면 암호 화폐는 통화나 가치 저장 기능을 수행하는 컴퓨터 프로그램으로 생성하거나 주조하는 디지털 화폐다. 어떤 암호 화폐는 안정된 가치를 제공하는 명목 화폐와 연계돼 있고 또 어떤 것은 투자자의 관심도에 따라 시장 가치가 달라진다. 일부는 국채 같은 유동성 금융 자산의 보증을 받지만, 그 가치와 수용성은 대중 신뢰에 기반을 둔다. 그런데 이 대중 신뢰라는 것이 기껏해야 변덕이 심한 친구에 다름 아닐 수 있다. 암호 화폐는 블록체인 애플리케이션이 생성하고 지원하는 경향이 있으며 이는 정부와 금융 기관의 역할 그리고 사생활 보호와 민주주의 의식에 호소하는 생활 문화로 진화한다.

윌리엄 매그너슨William Magnuson 교수는 《블록체인 민주주의Blockchain Democracy》에서 블록체인이 작동하는 방식과 그 의미를 훌륭하게 설명하고 있다.[8] 간단하게 말해 본질적으로 블록체인은 디지털 서명 기술이 진화한 형태다. 디지털 서명은 해당 애플리케이션 사용자 모두가 공유하는 데이터 블록 형성을 목적에서 1990년대 몬덱스와 디지캐시 지원 애플리케이션과 유사한 더 새로워진 해싱Hashing 및 암호화 애플리케이션을 통해 연결된 암호화된 정보 다발을 생성한다. 이런 복잡한 자료 다발, 즉 데이터 패킷(정보 전송 단위)은 각 참여자의 컴퓨터 프로그램에서 동일한 형태로 공존해야 한다. 따라서 사용자 모집단에서 사슬과 수정 부분이 일관성을 유지하는 한 생성 및 수정 혹은 복제가 가능해서는 안 된다.[9] 블록체인을 생성, 해킹, 복제, 교란하는 데 너무 많은 시간과 연산 능력이 필요하므로 이런 일이 발생할 가능성이 줄어든다. 수학적으로 구동되는 프로그램 부분은 추후에 설명하겠다.

비트코인 같은 암호 화폐는 블록체인 애플리케이션에 의존하며 그 일을 하는 데 필요한 연산 능력과 전력이 있으면 누구나 생성하고 통제할 수 있다는 측면에서 인류 평등주의에 기여한다고도 볼 수 있다.[10] 여기에는 금융 기관도 없고 중개 수수료도 없으며 청산 체계나 규제도 물론 없다. 다양한 경제적, 사회적, 정치적 직관과 열망이 암호 화폐의 존재 이유와 목적에 영향을 준다. 또 한편으로 사람들은 돈을 벌고 싶어 하지만, 또 한편으로 사용자는 가능한 한 중앙 집권적인 정부 개입이 자신의 삶에 영향을 미치지 않는 자유로운 삶을 원한다. 그래서 자유롭게 살고 싶어 하는 사용자 부류는 암호 화폐를 삶의 한 방식으로 간주하는 경향이 있다.

암호 화폐는 (1) 익명으로 금융 거래를 하고 (2) 정부 감독이나 개입을 피하고 (3) 실시간 거래 및 결제를 이행하고 (4) 국가 간에 실시간으로 가치를 전송하고 (5) 비용이 많이 드는 중개인 방식을 배제해 저비용으로 소매 및 상거래를 완료하고 (6) 일방 당사자가 거래 및 그 상황을 통제하는 환경을 피하는 등의 기능을 포함해 혁신적인 이점을 제공한다. 암호 화폐와 관련해서는 암호 화폐와 이를 지원하는 블록체인이 (1) 정부 혹은 정부가 규제하는 기관의 통제를 받지 않고 (2) 테러 행위, 돈세탁, 마약 구매 등을 포함한 불법 상거래를 조장하는 데 너무 많이 사용되고[11] (3) 정부 혹은 중앙은행의 뒷받침을 받지 않고 (4) 예금이나 준비금 요건의 상쇄 없이 채굴할 수 있는 범위에서 통화 관리 문제를 유발하고 (5) 기술이 발달하고 암호화 보안 체계가 점점 더 공격에 취약해짐에 따라 해킹, 복제, 절도의 대상이 될 수 있다는 점에서 알려지거나 알려지지 않은 문제와 위협이 존재한다.

소매 거래에서 사용자가 암호 화폐를 수용하는 상황이라는 관점에서, 암호 화폐가 사용자를 끌어들이려면 현 가치 체계보다 비용 효율성과 편의성이 더 좋아야 한다. 지금까지는 암호 화폐를 전통적인 '화폐'처럼 사용하는 사람이 많지 않았다. 말하자면 암호 화폐 사용자를 많이 만들어 내지 못했다. 무엇보다 사용자가 현금, 수표, 자동 결제, 연준 전신 송금 등과 같은 명목 화폐 기반 통화 체계에서 느끼는 만큼의 신뢰를 얻으려면 보안이 잘된 안전한 화폐라는 인식이 뒷받침돼야 한다. 명목 화폐 기반 거래 체계에서 정부나 신뢰할 만한 금융 기관은 실제든 가상이든 간에 기본적으로 대중에게 신뢰감을 준다. 특정한 거래가 성공적으로 이뤄지고 해당 체계가 붕괴하거나 절도 및 복제나 사기의 대상이 되지 않는다고 믿는 사용자 집단을 대규모로 끌어모으려면 유형을 불문한 모든 가치 체계의 근간에 이런 신뢰감이 존재해야 한다.

연방정부가 보증하는 금융 기관, 중앙은행 혹은 체계상의 신뢰를 반영하는 기타 기관에서 암호 화폐를 발행하지 않는 한 안정된 환경에서 암호 화폐가 폭넓게 받아들여질 가능성은 없어 보인다. 그러나 예상과 달리 널리 받아들여지면 어떻게 될까? 암호 화폐에 대해서는 어떻게 구제 금융을 할 수 있을까? 처음부터 비트코인은 의도적으로 구제 금융과 무관하게 생성됐다고 주장하는 사람도 있다. 비트코인 창시자 사토시 나카모토^{Satoshi Nakamoto}는 주기적으로 공황을 일으키는 대마불사급 금융 기관과 그 체계를 몹시 경멸했다.

다른 대다수 암호 화폐와 마찬가지로 비트코인 사용자는 거래할 때 금융 기관을 거치지 않는다. 전통적으로 정부 규제를 받는 금융 기관이 이런 거래의 중개인 역할을 해 왔고 정부는 붕괴하는 경제를 구제할 때 이런 기관에 의지했었다. 비트코인을 포함한 암호 화폐는 모든 블록에 연계된 복잡한 연산 문제를 통해 끊임없이 점검이 이뤄지기 때문에 붕괴나 복제, 파괴와 무관한 독립적인 연결망으로서 모든 사용자에게 공개돼 있다. 모든 거래 정보가 영구적으로 저장되기 때문에 이론상 모든 거래 행위를 추적할 수 있다. 따라서 각종 부정행위의 증거를 숨기기 어려운 구조다.[12] 그렇다고 해서 이 암호 화폐가 인류 금융 역사의 주요 특징인 호황과 불황의 순환 주기에서 과연 벗어날 수 있을까? 정부나 중앙은행은 일시적으로 경제 안정성을 유지하는 데 필요한 가격지지價格支持를 제공할 수 있다. 그러나 이는 디지털 위험이라는 광대한 바다에서 극히 일부를 보호하는 좁디좁은 보호막에 불과하다.

실제로 비트코인은 전형적인 반反은행 정서를 담은 문화적 경향성을 보여 준다. 비트코인의 첫 번째 블록인 제네시스블록Genesis Block은 메시지를 숨겨 놓아 익살과 유머 드러내기도 했다. 제네시스블록은 다음과 같은 비밀 메시지를 담았다. '2009년 1월 3일 자《더 타임스》, 재무 장관 은행에 대한 2차 구제 금융 실시 임박' 이는 2008년 공황 때 영국 정부의 행위에 관해 쓴 2009년 1월 3일 자《더 타임스》에 실제로 실린 머리기사 제목이었다. 비트코인의 낭만적 측면은 붕괴하는 체계와는 달리 책임성, 완전 무결성, 투명성에 기반을 두고 창시됐다는 부분이라 하겠다.[13] 더 순수한 금융 미래의 탄생을 의미하든 아니면 유동적인 암호 화폐 카지노를 생성하려는 은밀한 시도를 나타내든 간에 비트코인과 기타 암호 화폐는 눈에 보이는 그 이상을 의미한다.

각국에서 암호 화폐는 금융 및 정치적 현실에 맞게 진화할 것이다. 예를 들어 미국에서 달러화는 미국 정부가 발행한 화폐로서 보편적으로 신뢰받는 명목 화폐다. 따라서 암호 화폐는 미국 사용자에게 필요한 매력적인 '제품'을 제공하지 못한다. 그러나 부채 증가와 기타 달러화의 가치 혹은 안전성을 위협할 금융 실책으로 미국 경제가 훨씬 더 불안정한 상태에서 가동하는 상황이었다면 암호 화폐는 소매 및 상거래에서 더 안정적이고 더 신뢰할 만한 가치 저장 도구가 됐을 것이다. 정부가 안정되지 못한 국가에서는 통화가 정치화하고 명목 화폐는 신뢰를 잃는다. 따라서 암호 화폐가 환영받을 가능성이 커진다. 예를 들어 베네수엘라는 상대적으로 매우 작은 경제국이지만, 비트코인 거래 규모는 세계 4위에 해당한다.[14] 이는 정부가 신뢰받지 못하는 불안정한 국가에서 비트코인이 어떤 역할을 하는지를 적나라하게 보여 준다. 이와 비슷하게 몇몇 국가는 미 달러화에 기반을 둔 정치적 처벌, 경제 제재, 자산 동결 등을 피하는 수단으로써 범세계적으로 통용되는 암호 화폐 체계를 추진하고 있다.

기술적 금융 제품, 즉 암호 화폐 진화의 두 번째 측면은 스마트 계약과 블록체인 기반 체계 및 토큰 같은 디지털 자산이 앞으로 전통적 금융 기관을 어떻게 대체하느냐 하는 부분이다. 신원을 보증하고 주 기록을 찾아내며 대출 자료를 처리하는 중개 기관의 대체 가능성 자체가 효율성 제고와 금융 서비스의 변화를 목적으로 기술이 어떻게 저비용, 실시간, P2P 승인 기반 정보 및 자금 이동을 대체하는지를 보여 주는 한 가지 예일 뿐이다. 금융계는 신뢰할 만한 중개 기관의 역할과 정체성을 재정의할 수 있는 사람을 기다린다. 그러나 두 번째와 똑같이 중요한 마지막 측면이 존재한다. 미래 금융 전쟁에서 승자와 패자를 결정하는 부분이다. 궁극적으로 이 지점에서 정부 규제라는 대안의 문이 열린다.

규제 기관은 신기술과 암호 화폐에 혁신할 시간과 여지를 제공한다. 수많은 암호 화폐 사용자가 돈을 잃고 암호화 코인이 예금과 같은 기능을 수행하기 시작하며 중앙은행이 통화량에 대한 통제권을 상실하기 시작할 때 규제에 나서게 된다. 문제는 규제에 나서는 정확한 시점이 언제냐다. 금융 위기 때처럼 개입 시점이 너무 빠르면 기술이 경제에 제공하는 혁신적 이점에 부정적인 영향을 줄 수 있다. 너무 오래 기다리다 뒤늦게 개입하면 알 수 없는 세력에게 경제에 대한 통제권을 이양하는 상황이 발생할 수도 있다. 규제 기관이 행동에 나설 때는 최소한 누가 암호 화폐 공급과 배급망을 통제하는지, 얼마나 투명한지, 누가 혹은 무엇이 이 체계를 뒷받침하는지, 어떤 정보를 수입해 사용자에게 전달하는지 등에 관한 부분을 관리·감독하려 할 것이다. 이런 작업은 필연적으로 금융 규제에 관한 새로운 접근법이 필요한지 그리고 누가 그 일을 해야 하는지에 관한 문제를 제기한다. 이미 언급했듯이 규제의 범위는 금융 활동의 성격이나 그 영향이 아니라 기업의 정체성에 좌우된다. 규제 개념은 상업은행 및 민간은행이 국가 내 자금 이동 및 투자의 거의 모든 측면을 통제했던 1930년대 대공황 발발과 함께 정립됐다. 당시 은행 감독을 위한 규제 장치를 마련하는 일은 타당한 작업이었다. 오늘날은 전부가 디지털 도구이고 금융상의 경계가 모호하며 미국 금융계에서 은행이 차지하는 비중이 매우 낮다. 현행 연방 규제 체계가 구축됐을 당시의 상황과는 달리 앞으로 10년 후면 통화, 은행업, 상거래 등의 개념에 큰 변화가 생길 것이다. 핀테크업계가 P2P 방식과 더불어 저비용 및 실시간으로 검증되는 제품 및 전달 체계의 역할과 통화의 속성을 재규정함에 따라 핀테크 기업은 계속해서 더욱 복잡한 그림을 더 많이 그릴 것이다. 경쟁 측면에서 더 공정하고 색다른 금융 규제가 보장되느냐를 고려해야 할 때다. 은행이 그 일을 수행할 때에만 금융 활동 및 제품을 포괄적으로 규제하는 일의 타당성이 유지되는 것일까? 공정한 경쟁의 장을 구축하려면 은행 규제를 축소해야 할까? 통화, 상거래, 경제 등에 미치는 영향력에 비례해 비은행권과 기술 기업도 엄격해야 규제해야 하는가? 다음번 금융 고비에서 치를지 모를 전쟁이 결코 쉽지는 않겠지만, 앞서 말한 여러 질문에 대한 정부의 대답이 신통치 않다면 다음번 금융 공황에서 또 다시 겪어야 문제이자 풀어야 숙제가 된다.

인공 지능의 출현

특히 인공 지능과 빅데이터 같은 금융 기술의 분석적 및 예언적 특성에 더욱 의존하는 규제책은 금융 공황에 대한 한 가지 대책일 수 있다. 여기에는 몇 가지 주의할 사항이 있다. 이 또한 완벽한 수단이 아니라는 점이다. 때때로 실수도 일어나고 인간이 경험과 판단 및 근거를 바탕으로 적용해야 하는 하나의 도구일 뿐이다.

인공 지능은 복잡한 과업을 수행하고자 인간의 사고력을 모방하는 알고리즘 기반 기술의 최신 범주를 일컫는 포괄적인 용어다.[15] 연관성을 찾아 상호 비교 작업을 수행한 다음 예측이나 권고 및 분류 사항을 제공하는 방식으로 의사결정에 도움을 줄 수 있다.[16] 기계 학습 및 딥러닝Deep Learning은 인공 지능의 하위 범주다. 컴퓨터가 명백한 지시 및 명령어를 사용하지 않고 구체적 과업을 수행하는 데 사용하는 통계 모형과 알고리즘에 대한 과학적 연구인 기계 학습은 학습된 패턴과 추론에 의존한다.[17] 딥러닝은 보통 컴퓨터 시각, 음성 인식, 자연 언어 처리, 소셜 네트워크 필터링, 기계 번역, 생물 정보학, 약물 설계, 의료 영상 분석, 재료 검사 그리고 보드 게임 프로그램 등에 적용되는 신경망 기술을 기반으로 한 기계 학습 방식의 한 부분이다.[18] 둘 다 인공 지능의 하위 범주이며 '인공 지능'은 관련 하위 범주를 모두 포괄하는 일반적 용어라고 이해하면 된다. 그다음 미개척 영역은 범용인공지능AGI: Artificial General Intelligence 으로서 이는 인간의 두뇌가 작동하면서 연역적 추론으로 판단을 내리고 행동을 설명하는 방식과 비슷한 기술이다. 현재로서 AGI는 아직 초보적인 단계다. 초보적 혹은 기초적 단계라 함은 시작 단계라는 의미이기도 하다.

우리는 인공 지능 덕분에 이른바 빅데이터 시대로 들어갔다. 복잡한 알고리즘을 적용해 패턴과 추세 그리고 인간 행동 및 상호 작용과 관련한 일종의 연합을 나타내는 방식을 통해 디지털화된 방대한 자료를 컴퓨터로 분석할 수 있다는 의미다. 역사는 되풀이된다는 명제가 사실이라면 빅데이터는 미래 경제의 성과를 예측하는 데 상당한 도움이 된다. 그러나 자료를 어떻게 수집하고 어떻게 사용하느냐 하는 근본적인 두 가지 문제가 빅데이터의 장점을 가려버린다. 기업은 비용 절감에 도움이 되는 결정 및 판단을 내릴 때 이의 기초가 되는 정보의 질을 높이고자 빅데이터에 의존하는 경향성이 점점 커진다. 예를 들어 마케터와 분석가는 드론 기반 자료를 이용해 쇼핑 트래픽을 추적하고 이 결과를 바탕으로 운영 및 투자 결정을 내린다. 쇼핑몰 주차장에 전문 감시자를 상주시킬 필요가 없어졌다. 지붕 수리공은 실측 조사가 아니라 구글어스를 이용해 지붕 상태를 점검하고 작업 순서와 견적서를 준비한다. 택배 회사는 정확한 배송 순서와 채택할 경로를 설정해 최단 거리와 최소 연료 그리고 최소 비용으로 배송을 완료할 수 있도록 인공 지능을 활용해 수십만에 달하는 경로를 촘촘하게 관리한다. 마찬가지로 금융 기관은 효율적으로 업무 처리를 하고 고객을 유치하며 사이버 보안 침해와 돈 세탁 징후를 포착하려는 목적에서 인공 지능과 빅데이터를 인수, 마케팅, 준수 등과 같은 기능에 통합하고 있다. 이 모든 정보는 사용자에게 금융상의 이점을 제공하고자 새로운 방식으로 수집해 분석한다. 이를 지원하는 데 필요한 금융 자원 그리고 거의 모든 것에 관한 자료를 수집하는 방법과 그렇게 할 권한이 있는지 여부에 관해 점점 거세지는 논란만이 이런 애플리케이션을 제한하는 한계 요소가 된다.[19] 자료가 곧 힘이며 디지털 형태의 자료는 이 지구상에서 가장 가치 있는 자산이다.[20] 1990년대에 항공 정보를 제공하는 업체를 대리했던 일이 기억난다. 이 업체는 항공사가 비행기를 띄워 번 돈보다 각 항공기의 비행 일정에 관한 정보를 배포해서 더 많은 돈을 벌었다. 이는 자료의 가치를 제대로 평가하기 시작하면서 가능해진 일이었다.

원활한 기술적 진보의 흐름을 끊는 유일한 구멍이 바로 정부다. 이제 은행이 기술 기업이라면 정부도 은행을 기술 기업으로 간주하고 규제해야 한다. 정부 규제 기관 또한 기술을 이해하고 이를 이용해야 한다는 의미다. 그러나 연방 및 주정부 은행 규제 기관은 여전히 수동으로 수집한 역사적 자료와 물리적인 현장 조사 결과를 바탕으로 수많은 결정을 내린다. 은행 경영진의 행동을 살피고 경영 및 안전과 건전성에 관해 논의하는 조사관의 능력에 바탕을 두는 현장 조사는 여전히 중요한 역할을 한다. 이는 또한 잠재적 사기 행각과 부정을 찾아내 평가하는 중요한 수단이기도 하다. 그러나 실시간 환경에서 더는 이것이 주된 도구가 될 수 없다. 금융 규제 기관은 아날로그 형태, 즉 애초에 문서 정보에서 유래하고 시야를 제한하며 빠르게 움직이는 추세를 놓치게 하는 정보 유형에 의존한다. 더 나은 위험 관리 평가 모형을 개발하는 중이지만, 자동화된 실시간 규제는 아직 요원한 일이다.

2008년 공황은 규제 기관에 미래 위험 평가에 관한 방향을 제시했다. 예를 들어 현재 규제 기관은 '포괄적인 자본 분석과 검토'[21]의 한 부분으로 대안적 금융 시나리오에서 정교한 자본 및 스트레스 테스트 그리고 정리 의향서라고 하는 정교한 은행 위기 해법 그리고 이와 비슷한 압박하에서 유동성 측정 및 위험 관리 계획을 감독한다. 이 모든 작업을 수행할 때는 은행과 규제 기관이 전향적 모형을 적용할 필요가 있다. 그러나 규제 및 감독 기능이 다음 단계로 나아가 현재를 평가하고 미래 경제 및 금융 행동을 예측하기 위해 인공 지능 알고리즘을 분석할 수 있는 방대한 실시간 자료에 오롯이 초점을 맞추는 쪽으로 진화해야 한다. 시장 추세와 재정적 성과, 규제, 체계적 공황, 은행 파산 등을 평가하려면 아직 더 수집하고 비교하고 분석해야 할 가치 있는 재정적, 경제적, 사회적, 인구통계학적, 통계적 자료 및 기타 빅데이터가 수십 개는 된다. 다음번 위기를 풀어내는 열쇠는 금융 변수의 빅데이터 분석이다.[22] 여기서 전문가가 위기를 피하거나 위기의 강도 및 존속 기간을 줄이고자 중요한 부분에서 경로나 궤도를 수정하는 작업에 의존할 수 있다는 우려가 제기될 수 있다.

수년 동안 향후 금융 규제 기술의 중요성에 관한 논문을 준비하는 과정에서 혁신 규제 연맹 활동과 2020년 7월에 발표한 동연맹의 레그테크 매니페스토Regtech Manifesto를 알게 됐다.[23] 여기서는 금융 규제도 디지털 시대에 걸맞게 변화해야 하고 규제를 더 효과적으로 하려면 직면하는 자료 및 분석 작업의 문제도 해결해야 한다고 주장한다. 주요 7개국 FSB는 2017년에 금융 서비스에 인공 지능과 기계 학습을 사용하는 부분에 관해 폭넓은 내용을 담은 보고서를 발표했다.[24] FSB는 다른 무엇보다 인공 지능은 규제 당국이 시장 변동성, 유동성 위험, 금융 스트레스, 주택 가격, 실업 등을 확인, 측정, 예측하는 데 도움을 줄 수 있다고 결론 내렸다.[25] 이 보고서는 미시 및 거시 경제 데이터베이스의 연계 및 분석이 더 필요하지만, 편차를 더 잘 찾아내려는 목적에서 거래 활동과 행동 관련 자료를 비교하는 데 기술이 긍정적인 영향을 미칠 수 있다는 점을 강조한다.[26] FSB는 2015년 현재 중앙은행의 39퍼센트가 실시간으로 주택 가격과 소매 매출, 관광 활동, 경기 순환 지표 등의 현황을 보고하거나 예측하려 했다고 지적한다.[27] 같은 방식으로 신기술은 감독 기관에 무언가 변화하고 있거나 잘못되고 있다는 점을 알리는 좀 더 포괄적인 수준의 경고음을 낼 수 있다. 증권 거래업을 감독하는 금융산업규제국은 추적해 탐지해야 하는 경고 신호를 더 잘 포착하고자 인공 지능을 이용해 규칙 위반 패턴을 예측해 왔다. SEC는 기업 위험 확인과 규정 준수를 위해 시장 활동 규제의 질을 높이고자 인공 지능을 활용해 방대한 분량의 수집 자료에서 결론을 도출했다. 그리고 블록체인 포렌식 소프트웨어를 구매해 중앙 데이터베이스 없이 익명의 당사자 간에 이뤄지는 디지털 거래를 기록하고자 만든 스마트 계약을 판독하는 데 활용한다.[28] 런던증권거래소는 IBM 인공 지능인 왓슨 Watson을 이용해 시장 감시를 강화했다.[29]

　　최근에 이 같은 기술적 진보가 이뤄졌음에도 정부가 기술을 채택하는 속도가 느려서 세계 경제에 계속해서 부정적인 영향을 미친다. 2018년 12월 3일에 재무부와 연방은행 규제 기관은 기술과 인공 지능의 이점을 인정하는 내용의 공동 성명을 발표했고 신기술을 실행하고 금융 및 규정 준수 상의 혁신을 이루도록 금융 기관을 독려했다. 혁신은 신기술에 관한 정부 성명서나 보고서마다 등장하는 단어다. 정부가 내놓은 성명서 대다수가 정부와 금융 규제 기관이 수행하는 작업의 범위를 늘리는 부분에서 인공 지능 기술을 활용하는 방법에 관해서는 별로 다루지 않았다.[30] 정부는 인공 지능과 빅데이터 기술을 채택해 혁신을 촉진하도록 금융 기관을 독려하는 한편 그런 변화를 규제하는 방법을 현장에서 천천히 배우는 경향이 있는 듯하다.[31] 대중과 마찬가지로 정부는 기술에 내재한 위협은 과소평가하면서 기술의 새로움과 필연성 그리고 엄청난 효용성에 더 매혹되는 듯하다. 규제 기관은 인공 지능을 활용해 금융계 상황을 더 잘 예측하는데[32] 비해 금융 서비스 인프라를 보호하는 방법에 관해서는 논의가 충분히 이뤄지지 않은 측면이 있다.

미연방 금융 관련 기관은 앞으로 직면하게 될 문제와 함께 규제를 받는 기관이 기술을 사용할 때 방관자가 되기보다는 적극적으로 해당 기술을 채택해 여기에 녹여야 한다는 사실을 인식하기 시작했다. OCC 는 혁신 사무국을 설립했고 2020년도에 수립한 관리 감독 운영 계획 은 클라우드 컴퓨팅과 인공 지능 사용 그리고 위험 관리 절차, 새로운 제품과 서비스, 전략적 계획 등의 디지털화를 포함해 '기술 혁신과 구 현'에 주안점을 뒀다.[33] 그리고 업무 수행의 기반이 되는 데이터베이스 와 분석 작업을 연계시키는 방법론을 고안하기 시작했고 기술 회사에 서 일하게 된 통화감독청장 권한 대행 브룩스의 주도하에 기술과 인 공 지능을 점점 더 많이 활용하게 됐다.[34] OCC는 최근에 '기존 감독 당 국의 보호 및 관리 활동' 범위 내에서 국법은행에 암호 화폐 같은 가상 자산을 저장할 권한을 부여했다.[35]

FDIC는 금융 기관이 자발적으로 기술 혁신을 채택하도록 독려함 으로써 궁극적으로 새로운 규제 접근법의 사용을 촉진할 수 있으리라 판단했다. 2019년에 검사 프로그램 기술 활용 방안을 모색해 평균적으 로 소비자 규정 준수 검사의 64퍼센트 그리고 건전성 검사의 44퍼센 트를 현장 외에서 시행했다. FDIC가 기술을 더 활용하고, 재무 보고 절 차를 현대화하며, 검사 수준을 개선하는 등의 방법을 찾고자 관리감독 현대화 소위원회도 설립했다.[36] 또 FDIC가 감독하는 은행에서 혁신 기 술을 채택하게 하려고 공공 및 민간 표준 설정에 관한 협력 관계 및 자 발적 인증 제도 수립에 관한 대중 의견을 구하기도 했다.[37]

이미 언급했듯이 연준은 실시간 결제 체계인 페드나우를 개발하는 중이며 CBDC의 적법성과 이점을 연구하는 중이다. 또 연간 은행 자본 평가에 자동화된 기계 학습 도구인 열지도Heat Map를 사용해 금융 안정성 위험을 확인하고, 은행의 자본 손실 모형을 검증하며, 대형 금융 기관에 자연 언어 처리 도구를 적용해 이메일을 검사하고 통제 실패나 부정행위 징후를 탐지한다.[38] 연준은 또 12개 연준은행이 각기 독립적으로 전혀 다른 기계 학습 연구를 추진하는 등 탈중앙화 방식으로 인공 지능에 접근했다. 예를 들어 캔자스 연준은행은 실업률을 좀 더 정확하게 예측할 수 있는 신경망 모형을 개발했고 3개 연준은행은 자체 온라인 인공 지능을 기반으로 GDP와 인플레이션을 현황 보고한다.[39] 이 모든 노력이 미래 금융 서비스 체계의 안정성에 매우 중요하며 이는 현재 역량을 훨씬 넘어서는 수준으로 더 강력해져야 하는 추세이기도 하다.

다음번 금융 위기를 예측하는 일은 다음번 허리케인을 예측하는 일에 비견된다. 그 성과와 시점에 영향을 줄 수 있는 인적 및 금융적 변수 그리고 운영상의 변수는 끝도 없이 많다.[40] 2020년도 상황이 그 증거였다. 금융 위기를 만들고 금융 규제의 효용성을 높이는 수많은 변수가 지닌 수수께끼 중 일부는 빅데이터와 인공 지능으로 풀어낼 수 있다. 이미 언급한 바와 같이 역사적 관점에서 볼 때 금융 규제는 거의 후행적이며 기관 중심적인 속성을 지녔다. 인공 지능은 금융 규제 감독관이 주목하는 미시적 경제 분석 그리고 빅데이터를 이용해 더 안전하고 더 건전한 금융 서비스망 구축을 가능하게 하는 거시 건전성 규제 사이를 잇는 역할을 할 수 있다.[41] 은행 재무제표에 내재한 위험은 결국 우리가 직면해야 하는 문제 가운데 하나일 뿐이다. 그리고 전체 경제와 금융계에 내재한 위험은 각각의 재정난에 못지않게 확대된 신용의 질과 성과에 영향을 미칠 것이다.[42] 시장에서 이뤄지는 기업 간 상호작용이 촉발한 위험은 내생적 속성을 지닌다.[43] 그리고 이는 외생적 요소로 인해 금융 기관이 자사 행동을 동기화하거나 경기 순응적 금융 위험이 증가할 때 발생하는 체계상 위험이다.[44] 대부분이 눈에 띄는 위험을 뒤늦게야 확인하고 이에 관해 알아내려 한다.[45]

지난 20년 동안 세계 금융 시장의 상호 연결성이 증가했다는 점이 훨씬 더 중요하다. 이에 따라 '특정 기업의 과도한 역할과 도미노 효과, 염가 처분 효과 등을 통해 금융 체계에 대한 위협'을 증폭시킨다.[46] 정부가 미시 경제 자료와 거시 경제 자료를 혼합하는 방법을 개발하면 금융 위기를 알리는 징후를 조기에 포착할 기회 그리고 금융 체계상의 상호 연결성을 고려할 때 하루아침에 빠르게 번져 나갈 수 있는 미래 금융 위기를 막거나 완화할 기회가 생긴다. 체계상 위험의 패턴을 분석하고, 자료 간의 상관성을 파악하고, 각 기업이 유발하고 수용하는 상대적 위험을 평가하는 등의 능력을 향상시키고자 인공 지능과 빅데이터로 스트레스 테스트를 강화할 수 있다.[47] 인공 지능에는 금융 서비스 및 규제 부문을 혁신할 잠재력이 있다.

현행 금융 규제 체계는 단순히 금융 위기를 막거나 완화하는 데 어려움이 있을 때도 문제지만, 여기서 더 나아가 금융 위기를 악화시킬 수 있다는 점이 더 심각한 문제다. 기술에 해법이 있다. 금융 기관에 대한 감독은 '명확한 표적화에 따라 잘 정의된 규칙보다는 사실에 바탕을 둔 객관적인 자료를 평가하는 작업'에 달렸기 때문이다.[48] 인공 지능 프로그램을 사용하면 빠뜨렸던 거시 건전성 자료 및 이에 대한 분석이 가능해진다. 따라서 위험 관리와 금융 포지셔닝, 집중, 일방 당사자의 결정 등을 더 높은 신뢰도와 더 적은 비용으로 수행할 수 있다.[49] 인공 지능을 이용하면 (1) 만기 불일치, 조기 상환 속도, 금리 동향, 자산 가치 평가 등과 같은 금융 취약성을 파악하는 능력을 배가시키고 (2) 최신 금융 추세와 이론에 뒤처지지 않게 하며 (3) 더 정교하고 더 신뢰할 만한 모형을 만들어 내고 (4) 정부에 더 믿을 만한 비용 편익 분석법을 개발할 능력을 제공하며 (5) 정책 입안자에게 더 신뢰할 만한 광범위한 선택지와 권고 사항을 제시하고 (6) 안심할 만한 가장 효과적인 구제 경로를 결정할 수 있다.[50] 이와 동시에 금융 환경은 끊임없이 변화하고 매일 수백만 건이나 거래가 이뤄진다는 사실에서 비롯된 자료 부족 혹은 불충분이 인공 지능의 역량과 신뢰도를 해칠 수 있다.[51]

작동 방식

인공 지능과 관련한 애플리케이션이 현재 사용 중인 금융 모형이나 인간을 대체할 수 있다고 생각해서는 안 된다. 인공 지능이 매우 유용한 도구라는 점은 이미 증명됐지만, 한계가 전혀 없는 무결점 도구는 아니다. 규제 기관이나 경영진이 여기에 너무 의존하게 되면 한계가 특히 더 명확해진다. 차세대 기술을 채택하면 규제 기관이나 경영진이 자료를 수집, 분석하고 혹시 부족할지 모를 판단력을 보완하는데 이 자료를 활용하도록 기존의 방법을 개선할 기회가 생긴다. 이런 분석의 결과로 규제 기관의 전문성을 높여야 하며 수많은 모형이 그랬듯이 이를 대체해서는 안 된다. 절대적으로 완벽하다거나 무오류라고 생각해서는 안 된다.

아주 초보적인 수준에서 인공 지능과 빅데이터 덕분에 금융 감독관과 경영진은 S&L 위기 이전과 위기가 진행되는 중에 그리고 분명히 2008년 공황에 이르는 기간까지 더 넓고 더 깊게 금융계 그림을 들여다볼 수 있었을 터였다. 기술은 좀 더 신속하고 좀 더 효과적으로 행동해서 위기를 막고 또 일단 발생한 금융난의 기세를 완화하는 데 도움을 줄 수 있었을지 모른다. 나는 단순한 비판보다는 미래 금융 감독의 구조를 개선하는 방법을 제안한다는 차원에서 이런 관점을 제시한다.

S&L 위기

인공 지능의 관점에서 보면 1980년대는 기술적으로 선사 시대와 다름이 없다. 기계 지능은 초보적 단계였고 여기에 필요한 연산력은 매우 비싼 자원이었으며 아직 광범위하게 이용하는 수준도 아니었다. 그럼에도 21세기 수준의 기술력을 이용해 1980년대에 더 많은 자료를 분석하고 더 많은 대안 시나리오와 추천 사항을 만들었다면 S&L 위기 때 FHLBB가 우리에게 더 큰 도움을 줬을 것이다. 당시 전국적으로 4,500개나 되는 S&L이 다양한 형태로 파산했다. 다양한 부문에서 파산한 S&L을 인수하려는 희망자가 수십이었고 한 곳 이상에 입찰하려는 경우가 많았다. 은행, 투자은행, 자산 관리사, 보험사, 철강 및 자동차 회사가 여기에 해당한다. 이들 모두 각기 다른 재무 상태와 재무 정보를 보유했다. 최상의 결과를 내고자 파산한 S&L 특성에 걸맞게 입찰자를 연결시키는 작업이 대체로 주먹구구식이었다. 관련 기관은 의미 있는 컴퓨터 프로그램이나 연산력을 보유하지 않았다. 입찰 및 낙찰 기관이나 관련 절차 모두 수동으로 이뤄졌다. 자산 수익률과 채무 상환 간의 차액 산출, 자산 증가 및 다각화의 영향, 향후 경제 추세 등을 확인할 때 정교한 고성능 컴퓨터의 도움을 받지 않았다. 미래 거시 및 미시 경제 시나리오에 대한 우리의 통찰력에는 한계가 있었고 금리와 전체 경제 상황이 변화하는 속도를 감안할 때 그 미래는 바로 다음주를 의미하는 것일 수도 있었다. 근거 있는 예측 그리고 실수가 수도 없이 많았다.

파산한 S&L에 대한 입찰 사항을 분석하고 비교하는 데 사용한 모형이 있기는 했지만, 상당히 초보적인 수준이었고 제안된 변수에 맞게 모형을 수정해야 할 때가 꽤 있었다. 이 외에도 1980년대 내내 S&L의 성장과 중개 예금의 사용, 1982년에 포트폴리오 다각화를 목적으로 새로운 힘을 사용한 부분 그리고 새로운 자산 포트폴리오를 단기 및 장기적으로 어떻게 평가해야 하는지와 관련한 수많은 쟁점이 있었다. 증가한 기술적 자료와 분석을 통해 더 정확하고 예측력 있는 정보를 제공하고 규제 기관은 더 정확하게 위험을 관리하는 한편 더 정리된 미래 시나리오와 해법을 개발할 수 있었을 터였다. 과거로 더 돌아가 규정 Q가 유발하는 금융 문제를 이해하기 시작했던 1970년대에도 S&L

업계 행동과 성과를 조정할 수 있었을 것이다. 더 좋은 자료, 더 정확한 권고, 미래 시나리오에 관한 더 예측력 있는 정보 등을 통해 S&L 위기의 존속 기간과 심각성이 줄어들고 아마도 이런 위기를 상당 부분 피할 수 있었을지도 모른다.

서브프라임 시절

인공 지능과 빅데이터가 2008년 공황에 어떤 영향을 미쳤을지 생각해 보라. 1965년까지 거슬러 올라가 거시 경제 및 금융업과 관련한 방대한 자료를 수집해 2000년에 시작된 정교한 컴퓨터 알고리즘으로 분석한다고 가정하라. 여기에 입력할 자료로는 이자 및 고리에 대한 통제 개시, 미국이 경험했던 가장 변동성이 큰 금리 환경, 수많은 S&L과 은행 파산, 유가 폭락과 남미 지역에 대한 위험한 대출 그리고 부동산 개발 침체, 정크본드의 호황 및 불황, 1987년 주식 시장 붕괴, 엄청난 인구통계학적 변화, 뮤추얼펀드와 MMF의 부상, 자산 관리 사업 등장, 인터넷과 소셜 미디어의 폭발적 성장 등을 고려할 수 있겠다. 또 정부가 보장하는 민간 MBS 사업의 폭발적 증가도 여기에 포함할 수 있겠다. 1990년대 자료로는 미국 주택 소유 증가를 향한 정부의 노력, 합리적 수준에서의 주택 가격 변화, 패니메이와 프레디맥의 대출 심사 요건 변화, MBS에 대한 월가의 관심 및 수요 증가, 4,000에서 15,000으로 다우지수 폭등 등이 있다. 이 기간에 해당하는 자료로는 혼합 및 비우량 대출 호황기의 시작과 이를 뒷받침하는 정부와 업계 유인책도 포함된다.

더 나아가 진부하고 정적인 결과를 얻지 않으려고 초지능형 컴퓨터를 기반으로 한 정교한 자료 분석 시스템이 인공 지능 프로그램을 적용해 상호 연관된 방대한 양의 실시간 자료를 계속해서 분석하고 있다고 생각해 보라. 개별 금융 기관에 관한 실시간 미시 경제 자료 외에 방대한 거시 경제 데이터베이스는 실시간 재무부 채권 금리, 소비자 및 상업 금리 동향, 고용률, 소득 수준과 분배, 인구통계학적 변화, 이민, 지방 건축 허가 통계 자료, 주택 착공 건수 및 가격, 대출, 구매 패턴, 모기지 상환, 채무 불이행, 조기 상환, 모기지 차입자의 신용 점수FICO Score, 증권 거래 패턴, 모기지 증권화 규모와 조건, 기관 투자와 신용 가용성, 차입, 자본, 유동성 비율, 신용 평가 기관의 규모와 평가, CDS와 기타 합성 증권의 채무불이행 비율과 특성, 규모, 금융 사기 통계치, 은행 파산의 원인, 자산과 채권 만기 불일치, 통화량 변수, 구조화된 금융 시장 분석, 파산 신청 건수, 택배 규모, 소매 추세, 신용 보고 자료 등을 포함해 그간 기록된 세계 금융 정보 및 추세를 수집했을 것이다. 여기에 급속도로 증가하는 소셜 미디어 자료(2004년에 등장한 페이스북), 온라인 쇼핑 및 서핑 정보, 과거와 미래의 구매 및 경제 활동 패턴을 추적하는 자료군을 추가할 수 있다.

금융 자료 평가에 대한 통합적 접근법에는 시스템에 내장된 합리적 및 비합리적 행동 그리고 재정적 유인책과 관련한 정보 역시 포함될 수 있다. 또 분담을 통해 사회화된 위험과 단기 보상 유인책이 포함돼 주택 모기지부터 신용 카드에 이르는 자산 유동화가 위험 및 보상 공식을 어떻게 왜곡했는지를 한눈에 보여 준다. 평가 가능한 자료의 폭과 깊이에 관한 부분은 논외로 한다면 자료 수집 및 분석 전문가는 중요한 다른 수집 목표치 아래 이 목록을 늘리는 것보다 훨씬 더 많은 경험을 했다고 생각한다.

요즘은 수많은 업계가 빅데이터를 활용해 실적 개선을 꾀한다. 예를 들어 '대안 자료'를 이용해 고객을 지원하려는 투자 전문가가 엄청나게 증가하는 중이다.[52] 다소 무모하게 행동하는 금융 규제 기관이 이런 자료를 이용해서는 안 되는 이유는 무엇인가? 일부 전문가는 더 나은 자료군과 더 정교한 컴퓨터 프로그램도 다가올 폭풍을 예측하지 못하리라 결론 내렸다. 어떻게 단편적 사실에서 결론을 도출해야 하는지 또 그러자면 어디에 초점을 맞춰야 하는지 몰랐으리라 보기 때문이다.[53] 그러나 이 부분은 핵심에서 벗어났다는 생각이 든다. 금융 위기 때 책임 있는 자리에 앉아 기관 정보를 바탕으로 중요한 결정을 내려야 했던 나로서는 더는 여기에 동의할 수가 없다. 맹인 왕국에서는 눈이 하나인 거인이 왕이다. 의사 결정자가 자료를 많이 보유할수록 더 많은 정보를 토대로 의사 결정을 할 수 있다. 더구나 그런 자료가 있으면 결정을 미루기보다 결정을 더 빨리 내릴 가능성이 커진다. 물론 자료가 많다고 해서 이를 바탕으로 내린 결정이 항상 옳다고 장담할 수는 없다. 그러나 옳은 결정을 내릴 확률은 분명히 높아진다.

체계상 위험과 위기를 포착하는 능력은 기관 및 체계의 취약성을 얼마나 이해하느냐에 달렸다.[54] 이런 취약성은 각 상황에 따라 고유한 형태를 띠는 경향이 있지만, 알다시피 여기에도 비슷한 패턴과 요소가 많이 포함돼 있다. 더 나은 자료 그리고 그런 자료 패턴이 이끄는 방향이 어디인지에 관한 더 예측력 있는 결론이 더 나은 의사 결정을 촉진한다. 더 나은 자료 및 분석이 있으면 정부와 기업 경영진은 위기가 발생하기 한참 전에 훨씬 신뢰할 만한 위기 징후를 포착할 것이다. 의사 결정의 토대가 되는 정보를 많이 보유하려면 그렇게 하려는 정치적인 의지가 필요하지만, 의회와 규제 기관이 증거를 많이 보유할수록 지적으로 계몽된 방식으로 행동할 가능성이 커진다. 마음을 끄는 설득력 있는 그림을 그리려 한다고 하자. 그림에 사물을 그려 넣는 일이 일단 가능해지고 나면 그 부분을 무시하고 아무 일도 하지 않기가 아주 어려워진다.

2008년 공황이 발생하기 수년 전에 규제 기관과 기업 경영진이 이런 새로운 데이터베이스를 이용해 위험 징후가 나타나기 시작했음을 보여 주는 시뮬레이션을 작동했다면 어떤 일이 벌어졌을까? 그랬다면 아마도 2000년에 이미 미상환 차입, 신용, 2차 및 3차 모기지, 채무 불이행 증가에 따른 영향 그리고 수세대에 걸친 변동 금리 모기지가 금리 상승 및 주택 가격 하락 시나리오에 미치는 잠재적 영향에 관한 혼란스러운 자료를 이미 확인했을 것이다. 정부가 보유한 자료를 정부가 할 수 없는 방식으로 컴퓨터가 분석했을 터였다. 신용의 품질 저하와 신용 가용성 증가의 영향 그리고 MBS, 부채담보부증권, CDS 등과 같은 기발한 신종 금융 상품의 확산 및 상호작용에 관한 위험 징후가 더 일찍 그리고 더 분명하게 보였을 것이다. 또 연준은 유동성, 신용, 자본을 투입하는 가장 효과적인 전달 경로와 취약 지점에 관한 정확한 자료를 보유하고 있었을 것이다.

이해관계가 없고 부정적인 우려도 하지 않는 그런 당사자가 유발했을 과도한 위험 또한 감지했을 테고 아마도 금융 유인책도 조정할 수 있었을 것이다. 인공 지능 컴퓨터는 규제 기관이 평가할 수 있었을 대안적 경제 시나리오를 만들었을 것이다. 덜 중요한 사항에 대해 세세히 감독하는 일에 시간을 덜 들였다면 어떻게 이런 사건들이 교차하며 적절한 경로 수정을 했는지를 고민하는 데 시간을 더 들일 수 있었을 것이다. 모기지 생성을 감독하는 데는 자원을 많이 투입한 반면에 이렇게 생성된 모기지를 바탕으로 MBS를 구성하는 데는 자원을 거의 투입하지 않았다. FHFA이 패니메이와 프레디맥의 사업 계획을 변경하고 서브프라임 대출을 지원 및 독려하는 경향성을 버렸다면 비우량 MBS 포트폴리오를 구축할 수 있었을 터였다. 의회, 은행 및 투자은행 경영진, SEC, 연준 등은 발전하는 환경하에서 베어스턴스나 리먼브러더스 같은 기업의 자본화 및 차입 비율이 극단적으로 낮아서 체계상의 엄청난 위협을 창출하고 있었다는 사실을 인식할 기회가 있었을지도 모른다.

이와 마찬가지로 규제 기관과 경영진은 AIG가 CDS에 노출된 상태를 유지할 수 없었으리라는 점을 더 일찍 알았을지도 모른다. 더 나은 자료와 분석이 있었다면 베어스턴스와 리먼브러더스, AIG, 메릴린치 등이 자사가 직면하는 잠재적 위험 요소에 관해 더 상세하게 공개할 수 있었을 것이다. 이를 통해 주주에게 자신들의 플랫폼으로 의사를 전달하고 미래 사건의 경로를 변경할 기회를 제공했을 것이다. 더 나은 자료가 있고 미래 시나리오를 더 일찍 그려냈다면 너무 늦기 전에

넉넉하게 시간을 남겨 두고 은행 감독관이 컨트리와이드세이빙스, 워싱턴 뮤추얼, 인디맥 등에서 시정 조치를 취할 수 있었을 것이다. 어쨌든 은행 감독관은 FDIC가 보증하는 금융 기관 및 경영진의 행동과 투자, 운영에 지대한 영향을 미치는 거의 무제한적 권한을 보유했다. 경고 신호를 포착하고 이에 따라 적절한 행동을 하는 데는 더 나은 자료 하나만 있으면 된다고 봤다. 중요한 결정을 하는 데 기계의 도움은 필요 없다고도 생각했다. 미국 경제에 영향을 미치는 인적 변수가 너무 많았다. 그러나 평가 대상 자료가 더 많고 예측력이 더 좋은 시나리오가 있었다면 더 유용한 결론을 도출할 수 있었을 것이다. 요컨대 더 나은 성과를 낼 수 있었을 것이다.

2020년 금융 팬데믹

이번 위기 때도 방대한 자료와 인공 지능 기술을 이용할 수 있었을 테고 보건 의료 및 금융 측면에서 정부와 기업 수뇌부가 2020년 금융 팬데믹을 다루는 데 큰 도움이 됐을 것이다. 코로나19의 성격, 영향, 존속 기간 등에 대한 이해도를 높였을 뿐만 아니라 경제 활동 중단에 따르는 고통이 질병에 따른 보건 의료 측면의 고통을 능가하는 부문이 어디인지에 대해서도 많은 정보를 제공했을 것이다. 그런 정보는 경제 활동 중단에서 비롯된 잠재적 빈곤, 정신적 고통, 자살, 폭력, 질병, 범죄 등과 국가 봉쇄 조치의 단기적 및 장기적 이점을 비교 평가하는 데 도움을 줄 수 있었을 것이다. 사회라는 관점에서 지도자가 누구를 보호해야 하는지를 결정할 수 있도록 이 질병이 누구를 표적으로 삼고 있는지를 파악하는 데도 도움이 됐을 것이다. 코로나 팬데믹을 둘러싼 각종 자료를 더 즉각적이고 더 깊게 이해한다면 경제 활동을 중단하거나 그때와 같은 시점 및 방식으로 봉쇄를 푸는 일은 없어야 한다고 정책 입안자를 설득할 수 있을 수도 있다. 경제 활동 중단 조치를 단계적으로 풀고 부문별 그리고 근로자 연령별로 업무에 복귀시키는 안전하고 효과적인 계획에 관한 대안을 마련하고 필요한 맥락을 제공할 수 있었을 것이다. 인공 지능을 활용했으면 업무 재개의 우선순위를 어떻게 정해야 하는지, 작업 환경을 어떻게 변경해야 하는지, 누가 마스크를 착용해야 하는지, 청결 유지는 어떻게 해야 하는지, 여행이 가능한 사람은 누구인지 그리고 일하고, 만나고, 놀고, 행사에 참석하는 등의 활동을 할 때 얼마나 거리를 둬야 하는지에 관해 더 나은 통찰력을 제공할 수 있었을 것이다.

이와 마찬가지로 정부가 수조 달러를 지원할 때 각종 분석 작업에 인공 지능을 활용했으면 정부 지원의 성격과 기간, 우선순위 등을 결정하는 데 큰 도움이 됐을 것이다. 일단 위기가 지나가고 난 후에는 소방 호스로 유동성을 끌어올리는 대신에 더 효율적이고 손실은 덜하도록 '진통제' 투입을 극소화할 수 있었을 것이다. 더 좋은 정보는 연준과 재무부, 중소기업청이 더 효과적이고 덜 부담스러운 방식으로 신용 공여 기구를 설계 및 설립하는 데 도움을 췄을 것이다. 이런 설계는 진행된 대출 조건을 더 명확히 이해하는 데 도움을 준다.[55] 그러나 이 세상에 존재하는 모든 정보가 돈과 그 돈을 누가 얻어야 하느냐에 관한 정치적 논쟁을 변화시키지는 않았을 것이다. 이런 상황에서 이 위기에 대한 정부 대응을 비판하는 것은 불공정하지만, 모든 측면에서 훨씬 더 많은 정보에 바탕을 둘 수 있었을 것이다. 이번 위기를 통해 미래 위기에 대비한 계획을 세우고 인공 지능 역량을 확대하기 시작할 때 금융 감독 업무에 왜 자원을 제공해야 하는지 그 이유가 특히 두드러졌다.

이상 열거한 내용 전부가 입수 가능한 정보에 바탕을 둔 나의 추측 결과다. 이런 위기를 적지 않게 겪으면서도 정부는 이런 기술적 이점을 전혀 활용하지 않았기 때문이다. 그러나 나는 2000년대 초에 인공 지능과 빅데이터 같은 기술 도구를 활용할 수 있었다면 어떻게 됐을지 그려 볼 수 있었으리라 믿는다. 어떤 사람은 2008년 공황이 다가온다는 사실을 대다수가 감지하고 있었는데 결국 아무런 대책을 세우지 않았다고 말할 것이다. 수많은 규제 기관이 문제가 점점 커지는 부분에 대해 그 심각성을 인지하고 있었는지도 의문이다. 또 각 기업은 그 흐름이 바뀌는 듯 보일 때까지 도박을 계속하고 싶어 했다. 정계든 기업계든 가든파티에서 고약한 냄새를 피우는 스컹크가 될 의향은 없었을 것이다. 그러나 규제 체계 능률화를 통해 중복성과 관할권 충돌을 없애고, 금융 감독에 관해서는 기능적 접근법을 취하는 방향으로 나아가며, 위기가 발생하기 훨씬 전에 정부가 경고 신호를 포착하고 더 나은 자료를 얻는다면, 아마도 규제 체계가 훨씬 더 잘 작동하고 잠재적 금융 위기가 전개되는 경로 또한 좋은 쪽으로 바뀔 것이다. 현재와 같은 규제 방식으로는 다가오는 위험을 제대로 예견하기 어렵고 또 위기 상황의 윤곽이 어느 정도 드러난 후에야 비로소 대응할 수 있다.

실제로 금융 위기 때마다 정부 대응이 항상 늦었다. 2025년에도 정부가 신기술을 경제 부문 관리·감독을 지원하는 도구로써 활용하지 않는다면 어떤 변명으로도 그런 접근법을 정당화할 수 없을 것이다.

금융 위기를 완벽하게 피할 수는 없지만, 사전에 위기 신호를 포착할 수 있다면 위기에 따른 부정적 영향을 완화할 수 있고 더 알맞은 시점에 더 효과적인 방식으로 해법을 제시할 수 있다. 개인적으로 정말 그렇다고 생각한다. 유능한 경제학자 로버트 실러^{Robert J. Schiller}가 최근 저서 《내러티브 경제학》에서 설명하듯이 신뢰감과 이른바 '내러티브 경제학'이 수행하는 역할 때문에 특히 그렇다.[56] 경제가 내러티브를 이끄는지 아니면 그 반대인지 분명치 않을 때가 종종 있다. 1600년대 중반에 어떻게 튤립 구근이 연평균 급료의 최대 6배에 거래될 정도로 네덜란드에서 가장 가치 있는 상품이 될 수 있었을까? 위기 발생 경로와 그 심각성은 단순히 경제 논리로만 따질 문제는 아니다. 경제 상황에 대한 신뢰가 사라지면서 대규모 예금 인출 사태가 시작되는 시점을 피하는 일과도 관련이 있다. 정보가 더 많으면 관련 당사자가 더 빨리 대응할 수 있다. 따라서 정보량은 시장에 대한 신뢰가 상실되는 시점과 그 정도에 영향을 줄 수 있다. 2008년 금융 위기가 발생하기 수년 전에 경제 환경에 변화가 생긴다면 주택 소유자 수백만 명의 채무 불이행을 막아주고 위험에 빠지기 훨씬 전에 일찌감치 구명 밧줄을 던져 줄지도 모른다. 더 많은 정보 자체가 치유책은 아니지만, 치유 확률을 높이는 유용한 도구임에는 틀림이 없다.

전문가는 기술이 2008년 공황을 얼마나 정확히 예측할 수 있었을지 혹은 2020년 금융 팬데믹에 어떤 영향을 미쳤는지에 관해 논쟁을 벌일 수 있다. 적어도 기술을 활용했었다면 보건 의료 및 금융 재앙이 발생한 패턴을 볼 수 있었을 테고 자연히 더 나은 대응책을 마련할 수 있었을 것이다.

기술 활용에서 비롯된 문제

특히 인공 지능 같은 최첨단 기술에는 상당한 위험 및 문제 요소가 내재해 있다. 인공 지능은 프로그램과 프로그래머 그리고 사용하는 자료의 완전 무결성에 의존하는 도구다. 이는 잘못되거나 편향되거나 손상되거나 부당한 목적으로 사용될 수 있고 잘못된 자료에 기반을 둘 수도 있다. 인공 지능을 믿고 활용할 수 있으려면 신중함과 분별력이 바탕이 돼야 한다. 2020년 코로나19와 전쟁을 치를 때 워싱턴대학에 소재한 건강지표 평가연구소Institute for Health Metrics And Evaluation가 코로나 확산 및 사망률에 관한 예측 자료를 냈는데 초기에는 이 예측이 많이 빗나갔다. 이런 예측 결과는 신뢰할 만한 자료를 더 많이 사용해 꾸준히 업데이트해야 했다. 사실에 근거하든 아니든 간에 미 해군이 수행한 인공 지능 시험에 관한 비유가 시사하는 바가 있다. 해군이 사용한 인공 지능 애플리케이션으로 모의 호송선이 너무 느리게 움직인다는 사실을 인지했을 때 호송선의 항행 속도를 높이려고 속도가 가장 느린 배 두 척을 침몰시켰다.[57] 그런데 이는 금융 규제 부문에서는 작동하지 않는 해법이다.

정부가 빅데이터를 생성해 사용해도 금융 서비스를 감독하는 데 문제점이 있다. 인공 지능 프로그램은 규제 교본과 연계되어야 한다. 그러나 미리 정한 규칙에 따라 운영해야 하므로 그 역량이 제한될 수도 있다.[58] 빅데이터에 대한 의존도와 사용 범위가 늘어남에 따라 관련 수준이 더 높아진다. 수많은 쟁점이 인공 지능의 완전 무결성을 해칠 수도 있다. 손상된 자료, 과대평가, 부실한 소프트웨어, 보안 결함, 불완전한 모형, 정적 자료, 편향성, 잘못된 프로그래밍, 인간과 기계의 상호작용 결함, 비도덕적 분석 등 이 모두가 최종 생산물에 영향을 줄 수 있다.

그러나 여기서 인간의 자유와 관련한 큰 문제가 제기된다. 예를 들어 자료가 풍부해지고 인공 지능이 발달할수록 탈출구가 없는 이른바 기술 '교도소'를 향해 간다고 주장하는 사람도 있다. 쇼샤나 주보프Shoshana Zuboff는 《감시 자본주의 시대》에서 이를 '궁지에 몰린' 상황으로 묘사한다. 구글 툴바를 내려받기는 쉽지만, 이를 못 쓰게 만들고 브라우저 활동을 추적하지 못하게 막기는 어렵다.[59] 기술 기업이 자체 콘텐츠와 다운스트림 제품에 우호적인 검색 결과를 체계적으로 손상시킨다는 주장에는, 기술을 어떻게 사용할 수 있는가에 관한 훨씬 심각한 우려가 담겨 있다.[60] 기술이 유발하는 위협에 대한 추가 증거가 필요하다면 주보프가 '감시 자본주의'라는 새로운 세계에서 인간이 어떻게 기술의 산물이 되고 있는지에 관해 690쪽 분량에 담아낸 냉철한 분석 내용을 참고하라. 기술 기업이 개인 이메일을 읽고 그 내용과 관계가 있는 제품 광고를 쏟아낼 때 우리는 분명히 규칙이 다른 새로운 세상으로 진입했다고 말할 수 있다. 이런 일이 경제에서도 쉽게 일어나지 않을까?

금융계에서는 '설명 가능성'과 '책임성' 문제가 매우 중요하다. 예측 결과가 틀렸다면, 금융 기관은 이를 어떻게 설명하는가? 인공 지능이 내린 결정에 어떻게 도전할 수 있을까? 사생활 보호법 그리고 책임 당사자를 알아내는 능력은 인공 지능 사용에 어떤 영향을 미치는가?[61] 알고리즘이 무엇을 했는지, 혹은 차입자나 고객에게 신용 거부 이유를 '공정신용보고법, 공정신용기회법, 유럽일반자료보호법 등에서 정한 법적 의무 알고리즘'에 따라서 어떻게 반영되었는지를 인공 지능은 어떻게 설명할 수 있는가?[62] 인공 지능이 주도하는 금융 세계에서 투명성이나 사생활 보호가 가능한가? 연방 금융 관련 기관은 대안적 자료가 신용에 대한 접근성을 확대하고 '2차 검토' 프로그램을 이용해 신용이 거부된 대출 신청자에 대한 지원 능력과 차입자의 상환 능력을 더 잘 평가하고자 현금 흐름 자료의 사용을 자동화함으로써 소비자에게 혜택을 줄 잠재력이 있다고 주장했다. 그러나 일부 대안적 자료는 소비자를 보호하는 동시에 소비자 위험을 증가시키는 측면도 있다.[63]

빅데이터와 인공 지능을 예측인자로 활용할 때의 장단점은 심판관이 사용한 도구 및 절차를 판단할 때 여실히 드러난다. 누군가가 생산적인 사회 구성원 혹은 훨씬 폭력적인 범죄자가 될 가능성을 결정할 때 개입 수준이 엄청나게 높아진다. 가용 자료의 성격과 점점 증가하는 자료량 때문에 복잡한 문제를 야기하지만, 그렇다고 관련된 법적 및 사업적 문제가 반드시 줄어들지도 않는다. 일부 전문가는 주로 인공 지능은 위험성은 극히 낮지만 측정하기는 쉬운 위험에 초점을 맞추는 경향이 있을지 모르고 이렇게 되면 '인공 지능이 가용한 모든 자료를 취합해 의미 있는 결론을 도출할 가능성은 요원'하다고 주장한다. 결국에 이런 복잡한 사항을 모두 고려할 때 기계가 아닌 인간 위험 관리자는 역사적, 맥락적, 조직적 정보에 바탕을 두고 인공 지능이 해낼 수 없는 일을 수행할 수 있기 때문에 체계상의 위험 요소를 놓칠 가능성이 낮다.[64]

> 금융 체계는 인간이든 인공 지능이든 간에 복잡한 조직이나 기업의 무한한 복잡성 중 아주 적은 일부라도 포착하는 데 목적을 둔다. 인공 지능은 빈약한 자료, 복잡한 구조, 불확실하고 항상 변화하는 규칙, 높은 수준의 내인성 등이 어우러진 체계상 위험을 다루기가 매우 까다롭고 어렵다.[65]

인공 지능이 유용한 도구인지 아닌지는 이 '기계'가 사용하는 자료의 완전성과 신뢰성 그리고 이를 적용하는 인간의 지적 능력과 판단력에 달렸다. 통상적으로 자료 출처는 정부, 민간 연구소, 싱크탱크(두뇌 집단), 대학 등이다. 그러나 요즘 같은 세상에서 이 정도는 실제 가용 자료의 극히 일부에 불과하다. 자료는 대기업부터 자료 중개상에 이르기까지 수많은 기관이 수집해 판매하는 실시간 상업용 상품이다. 이런 자료는 소비자가 대가 없이 제공하거나 교묘한 방식으로 '추출'하기도 한다. 또 온라인 사이트나 소셜 미디어, 매장 추적 앱 등 다양한 방법으로 수집하며 이렇게 모은 자료는 방대한 양의 경제적, 인구통계학적, 사회적 자료와 연계된다. 이런 추출 자료의 출처와 완전성이 중요한 문제가 됐다. TV 홈쇼핑 회사 QVC^{Quality Value Convenience}, 링크드인^{Linked In}, JP모건체이스 등 기타 자체 빅데이터를 사용하는 기업은 무원칙적이고 무차별적이며 불안정한 방식의 자료 수집에 반대한다. 일부는 빅데이터 판매상을 상대로 자사 사이트에서 빅데이터와 고객 정보를 추출하지 못하게 하려고 법정 다툼까지 벌였다.[66]

앞으로 초고도 인공 지능이 금융 빅데이터를 수집, 분석, 사용하는 상황이 전개될수록 자료에 대한 소유권과 지적 재산권 같은 훨씬 복잡하고 까다로운 문제가 부각될 것이다. 국경의 의미가 무색해진 범세계 온라인 경제 환경에서 관할권 규정이 어떤 의미가 있으며 국제기구의 관리·감독이 상호 조화를 이룰 수는 있을까? 편향되고 부정확하며 경쟁을 약화시키고 가격 조작을 용이하게 하는 빅데이터는 어떻게 규제해야 할까? 마지막으로, 빅데이터 수집 및 사용과 관련해 기업이 고객에게 져야 할 법적 및 도덕적 의무는 무엇인가? 빅데이터 규모가 커질수록 또 자료에 관한 대리 권한이 막강해질수록 절도범이나 광신도, 불량 국가 등이 정보를 훔치거나 공격하거나 악의적으로 사용할 가능성에 대한 우려가 더 커진다. 그러나 이런 새로운 쟁점에 대한 법원 결정에 일관성이 없어서 자료의 소유권, 즉 어떤 자료가 누구의 소유인가를 둘러싼 문제가 종종 발생한다. 구글에 다른 사람의 주택 사진을 찍어서 올릴 권한이 있는가? 빅데이터의 기반이 되는 인간의 경험은 누구의 소유인가? 1990년에 캘리포니아 법원이 존 무어^{John Moore}에게 비장이 이미 적출돼 신약 개발 및 특허 출원에 사용됐다면 그 비장은 이제 무어의 소유가 아니라고 판시하기도 했다.[67]

　인공 지능 애플리케이션이 기업과 개인의 일상생활 안으로 점점 더 파고들어 왔고 앞으로 AGI와 양자 컴퓨터가 그 역량과 이용 가능성을 확대해 나감에 따라 인공 지능의 사용이 점점 더 증가할 것이다. 예를 들어 금융 기관이 자본 적정성 측정 모형이라는 형태로 인공 지능을 사용하면 모든 기업 재무상태표의 동기화가 이뤄질지도 모른다. 인공 지능 프로그램에 동일한 자료를 입력하면 동일한 결과가 나올 가능성이 크다. 경제적 관점에서 보면 인공 지능이 널리 사용되면 재정적 경기 순응성을 사용하고, 이에 따라 경기 침체기에 모든 금융 회사 재무상태표가 똑같이 반응할 수 있다. 그렇게 된다면 규제 기관이 피하려 했던 위기를 발생시킬 수도 있다는 문제가 제기된다. 또 다른 관점에서 기술을 기반으로 미래를 예측하는 능력이 향상되면 인간이 그 미래를 바꿀 수 있느냐는 문제도 있다. 그래서 인공 지능이 더 복잡해질수록 효용성은 더 떨어지는 것이 아니냐는 의문이 생길 수도 있다. 인공 지능의 예측 능력은 끝없는 영구 회로 안에서 자신의 꼬리를 계속해서 쫓듯 소득은 없고 분주하기만 한 작업은 아닐까? 1980년대에 거의 모든 금융 자문가와 투자 전문가가 사용했던 '블랙-숄스Black-Scholes 옵션 가격 결정 모형'이 1987년 주식 시장 붕괴를 악화시켰다는 점을 상기하라. 옵션 거래를 할 시장이 존재하지 않을 때는 이 모형의 기본 가정이 빗나가게 되기 때문이었다. 전문가는 믿음과 행동이 동일하면 체계상 위험이 증폭된다고 주장했다.[68] 기술적 진보는 필연적이고, 그래서 가치 있는 시장 혁신과 효용성이 저절로 창출되며, 이 중 어느 부분도 의문의 여지가 없다는 식의 가정은 불합리하다. 이런 기술적 진보에 의문을 제기하고 적절한 관리 및 통제를 하지 않는 자체가 치명적인 실수다.

　마지막으로, 실용적 차원에서 보면 금융 및 인적 자원은 매우 비싸고 또 유한하다. 기업은 행동하지 않았을 때 치러야 할 대가가 명백하고 당장 눈앞에 위험이 닥쳐와야만 자원을 많이 쓰는 경향이 있다. 그러나 사기업과는 달리 연방 금융 관련 기관은 이와는 다른 문제가 있다. 이들 연방 기관은 규제 대상인 은행이 내는 평가 수수료가 자금원이다. 재무부 소관인 세금이나 의회 소관인 지출금 혹은 예산 할당을 받지 않는다. 사실상 전국 은행 및 저축 기관은 평가 체계를 통해 규제 체계를 개선하고자, 인공 지능과 빅데이터 기술로 무장하는 데 필요한 비용을 자사 규제 기관에 내야 한다. 규제 비용은 금융 기관이 연방이나 주정부 규제 기관을 선택할 때 활용하는 한 가지 요소이기 때문에 연방 및 주정부 조직이 규제하는 은행의 수에 영향을 준다. 그러므로 이런 경쟁 환경 때문에 연방 규제 기관이 규제 비용을 얼마로 책정하느냐를 정할 때 마음대로 정하기 어렵다. 그래서 최첨단 감독 도구와 방법론에 투자할 자원 및 능력에 한계가 있다. 평가 체계는 분명이 장점이 있지만, 당국의 규제 능력에 대한 이 같은 내재적 한계 요소가 문제가 된다.

　빅데이터, 초지능형 양자 컴퓨터, 클라우드, 복잡한 알고리즘, 인공 지능 등이 미래 금융 재앙을 예측하고 방지하는 능력을 극적으로 배가

시킬 도구를 정부에 제공할 것이다. 이런 체계가 절대적으로 완전하지는 않겠지만, 정부와 기업이 더 넓고 더 명확한 시야를 바탕으로 궤도 수정을 할 기회를 늘려줄 것이다. 금융 규제, 통화 및 금리 통제, 임박한 경기 침체에 대한 경제적 대응 능력을 배가하고 새로운 환경에 적응할 시간과 역량을 규제 기관에 더 많이 제공할 것이다. 몇 년을 미리 앞서 빅데이터를 열성적으로 분석하는 알고리즘과 여기서 제공한 정보에 바탕을 둔 결정 덕분에 다음번 금융 위기를 피할 수 있다고 혹은 좀 더 현실적으로 위기의 영향을 줄일 수 있다고 생각해 보라. 인공 지능으로 훨씬 방대한 자료를 신속하게 분석할 수 있으면 금융 역사를 바꿀 수 있고 더 훌륭하고 더 효율적인 금융 감독 체계를 구축할 수 있다. 정부가 이 같은 기술적 도구를 준비해 놓지 않고 하루하루 보낼 때마다, 위험 신호를 전혀 감지하지 못한 채 혼돈의 나락으로 한 걸음씩 다가가게 된다. 과학자는 언제 해일이 일어나는지 알고, 미디어 기업은 사용자가 무슨 생각을 하고 무엇을 구매하는지 알고, 이동통신사는 우리가 어디에 있는지 잘 안다. 그런데 우리는 금융 재앙이 다가오는 징후를 감지하고 적절한 구제책을 취하는 부분에서 아무것도 모른 채 여전히 어둠 속에서 헤매고 있는 듯하다.

2008년 금융 공황 사태 자체는 그다지 놀랄 일이 아니다. 위기를 만들어 낸 금융상의 복잡성이 점점 더 큰 문제를 만들고 있다. 빅데이터, 인공 지능, 기계 학습 및 딥러닝, 신경망 그리고 블록체인 애플리케이션을 사용하는 P2P 시장, 암호 화폐, 디지털 자산 거래, 온라인 대출 등에 대한 이용 가능성 증가로 금융 서비스 전달 방식은 물론이고 신용의 역할과 가용성에 다시 한번 변화가 생기고 있다. 이 같은 환경 변화가 게임의 규칙을 다시 쓰고 더 나아가 누가 세계 경제를 책임져야 하는지를 결정할지도 모른다. 자산의 디지털화로 소비자와 그 자금 사이를 잇는 가장 직접적인 경로 그리고 신용이나 기타 소비자가 필요로 하는 금융 서비스 제공자가 달라진다. 소비자가 기술 기반 제품을 점점 더 많이 수용하면서 신뢰할 만한 제3자가 담당하는 금융 중개의 역할에도 변화가 생기고 있다. 이런 변화로 결제 체계와 은행, 보험사, 투자 회사 등의 역할에도 변화가 생긴다. 더 좋은 방향인지 아니면 더 나쁜 방향인지 아직은 판단하기 어렵다. 유감스럽게도 그 어느 쪽이든 가능해 보인다.

Chapter 13

알고리즘 공격

인공 지능 덕분에 모든 사람의 금융 생활이 더 쉽고 더 안전하고 더 이로워진다. 인공 지능에 기대했던 이점 때문에 악의적 기술이 입힐 수 있는 손실이 가려진다. 이와 관련해 가장 놀라운 사실은 그 어떤 조직이나 기관도 미국 금융 인프라에 해를 입힐지 모르는 악의적 기술을 통제할 포괄적인 체계 보호 조치를 취하지 않는다는 점이다. 수많은 민간 및 공공 부문 조직이 악의적 기술로부터 국가 금융 인프라를 보호하는 작업과 관련한 정보를 조사 및 검토, 공유하는 데 자원을 투입하고 있다. 그러나 이런 공격에 내재한 잠재적 위협에 비해 그런 악의적 공격을 안정감 있게 예측, 방어, 개선하는 데 필요한 실질적인 체계나 계획이 너무도 허술하다. 불량 국가가 금융망 전체 혹은 일부를 장악하는 일이 일어나지 않게 막고 또 만약 그런 일이 발생했을 때 재건 작업에 매진할 책임을 지고 그 역할을 수행해야 할 기관이 하나도 없다. 간단히 말해 이런 위험에 관한 한 각자도생해야 하는 상황이다.

다가올 위협을 예견하기는 어렵지 않지만, 그런 위협에 초점을 맞추는 일은 다분히 정치적이며 혁신을 방해하는 요소로 간주하는 듯하다. 증권 인수, 거래 및 정보 처리, 백오피스 서비스, 금융 서비스 체계상 자금 이체 기능 등에 대한 통제권이 인공 지능 쪽으로 계속 넘어오면서 초지능형 컴퓨터는 자체 학습과 대화를 통해 점점 더 똑똑해진다. 인간 두뇌처럼 학습하고 추론하는 데 익숙해짐에 따라 악의적인 '기계' 관리자가 유발하는 '위협'의 수준을 넘어 결국에는 한때 우월했던 '인간' 관리자의 이익보다 '기계'의 이익을 우선해야 한다고 판단하는 지경까지 갈지도 모른다. 규제받지 않는 상태를 유지한 채 안면 인식 카메라, 생체 인식 체계, '임무'라고 간주한 일을 수행하고자 국가 인프라를 통제하는 기타 다양한 조직 체계와 연계하는 상황이 벌어질지도 모른다. 통화, 정보, 결제 체계를 장악하려는 경쟁은 이미 시작됐고 점점 진화하는 초지능형 컴퓨터는 보호해야 할 금융 체계의 안전 및 안정성에 대한 절박한 필요성과 시장 혁신 간의 갈등을 고조시킬 뿐이다.

투자, 신용, 금융, 고객 등에 관한 방대한 정보를 더 효율적으로 처리하는 데 따른 이점은 너무도 명백하다. 그러나 사생활 보호, 통제, 자유 등과 관련한 문제도 함께 고려해야 한다. 전쟁은 이미 시작됐고 총한 발 쏘지 않고 각자의 관점에 따라 승자와 패자가 가려졌다고 생각하는 사람이 많다. 《뉴욕타임스》 편집국은 이런 식으로 묘사한다. "기술 기업이 대중에 기반을 둔 감독 문화를 조성했다. 이런 문화 속에서 수많은 미국인이 스마트 기기를 구매하고, 스마트 폰을 들고 다니며, 스마트 TV를 보고, 현관 종을 비디오카메라로 바꾸면 자신의 삶이 훨씬 여유로워진다는 착각에 빠졌다."[1] 한 연구 결과 소비자는 기술이 제공하는 편의성에 만족하는 것으로 나타났다.[2] 이와 유사한 또 다른 연구에서는 미국인 1,200여만 명의 전화기에서 나온 500억 개가 넘는 위치 신호를 추적해, 어렵지 않게 실제 인물과 연계시킬 수 있다고 한다.[3] 앞으로는 추적당하지 않고 홀로 남을 수 있는 권리가 사라지는 걸까?

기술 개발의 불안정성

기술은 금융 효율성을 엄청나게 높이는 도구지만, 또 한편으로 금융 재앙으로 가는 지름길일 수도 있다. 맥스 테그마크Max Tegmark MIT 교수는 인간과 인공 지능 간 의사 결정 속도의 상대적 격차가 점점 벌어지면 "초지능형 컴퓨터가 인간 교도관을 속여 넘기는 데 이 초월적 지력을 사용할지도 모른다"라고 경고한다.[4] 기술이 금융 서비스 회사와 각 규제 기관에 적절한 혹은 과도한 권한을 줄 것이다.[5] 이는 아직 우리가 통제할 수 있는 선택지다. 그러나 스티븐 호킹Stephen Hawking, 엘런 머스크Elon Musk, 헨리 키신저Henry Kissinger 등이 인간과 기계의 융합, 로봇이 일으키는 폭동, 인간종 정복이나 멸종 등에 상당한 우려를 표하는 만큼 이제 기술의 어두운 측면에 주목할 시점이다.[6] 다음번 금융 대란이 이와 같은 기술의 어두운 측면에서 비롯되지는 않을까?

간단한 예로 암호 화폐 및 암호 화폐 거래가 과잉 경제 활동을 유발하고 이런 과잉 활동 중에는 정부 감시망에서 벗어나 의도적으로 혹은 편의에 따라 부정한 금융 활동과 돈세탁을 용이하게 하는 데 활용된다고 가정해 보라.[7] 블록체인 기술은 공개 키 암호화 기법을 이용해 점점 더 많은 DLT 제품을 만들었다. 그리고 이 공개 키 암호화를 통해 변경이 불가능하고 또 그래서 안전하다고들 하는 대규모 분산형 타임-스탬프드Time-Stamped, 상대적 전후 관계 증명으로 특정 시점에 존재했음을 증명함-옮긴이 자료 블록을 생성한다. 블록체인 네트워크 규모가 점점 커지고 탈중앙화가 더 진전될수록 블록 이용자 전부가 동의하지 않으면 어떤 자료든 변경이나 위조가 불가능하기 때문에 이런 체계가 매우 안전하다고 주장하는 사람이 많아진다. 이런 상황에서 금융상의 이해 충돌이 이보다 더 명확해질 수 있을까? 이런 주장을 토대로 블록체인은 은행과 전통적 결제 체계 같은 신뢰할 만한 금융 중개자를, 다수가 다수를 통제하는 P2P 인증 체계로 교체하고 있다. 중국은 어떤가? 시진핑 중국 국가 주석은 과장된 어조로 블록체인 기술의 중요성을 강조하면서 '기회를 포착'하겠다고 약속했다.[8] 이런 기회에는 달러화의 우월적 지위 종식 그리고 미국 기술에 대한 의존성 감소가 포함된다. 블록체인 같은 탈중앙형 기술은 중국 같은 국가에 특히나 중요한 이점을 제공할 수 있다.[9]

불변성과 절대적 보안성에 대한 주장을 액면 그대로 받아들여서는 안 된다. 1990년대에 온라인 금융 거래를 지원하고자 디지털 서명 기술이 처음 등장했을 때도 이와 비슷한 주장이 난무했었다. 전통적 컴퓨터 언어는 이진수 0과 1로 구성되며 암호화는 이 작업을 수행하는 컴퓨터의 연산력을 압도하는 딱 그 정도의 역량을 지닌다. 수학 방정식을 푸는 정도의 난이도에 기반을 둔 세상에서 이론상 불변성을 주장하기는 어렵다. 이는 단순히 연산 속도와 전산 역량의 문제일 뿐이다. 가장 빠르고 성능이 가장 좋은 컴퓨터를 통제하는 사람이 다른 모든 컴퓨터 그리고 모든 자료의 보안을 유지하는 데 사용하는 공용 및 개인 정보 암호화 기술을 통제할 수 있다. 전 세계에서 우후죽순처럼 생기는 수많은 암호 화폐와 암호 화폐 거래소가 더 빠르고 더 강력한 차세대 연산 기술로 실행 취소, 도난, 조작 등에 취약한 네트워크와 불안정한 금융 가치를 생성할지도 모른다.

지금 시점에서 차세대 기술은 양자 컴퓨팅이다. 기계가 사고하는 속도가 모든 해시 함수와 암호화 키를 압도하기 시작하면서 뚫고 들어갈 수 없을 정도로 암호화와 디지털 서명의 보안성이 엄청나게 강화되거나 아니면 이런 도구가 완벽하게 구식이 되거나 둘 중 하나다. 양자 컴퓨팅이 업계를 지배하는 기술이 되느냐 여부는 보안성과 자유 사이에서 타협점을 찾는 문제로 귀결될 수도 있다. 다시 말해 양자 컴퓨팅으로 업계에서 우월적 지위를 확보하느냐 아니냐는 보안성과 자유의 문제를 어떻게 푸느냐에 달렸다. 실제로 미국 국가표준기술연구소 National Institute of Standards And Technology는 2016년에 양자 컴퓨팅으로도 뚫지 못하는 새로운 암호화 표준을 개발하겠다는 취지로 이른바 양자 내성 Quantum-Proof 표준 개발 경진 대회를 시작했다. 지금까지 결승전 진출자 대부분이 격자 기반 암호화를 토대로 작업에 임했다. 격자 기반 암호

화는 키를 사용하는 대신에 수천 개 차원에 걸쳐 각 점이 수십억 개나 되는 격자에 의존하므로 그 경로를 모르면 본질적으로 해독이 불가능하다.[10]

일반적으로 알고리즘은 문제를 풀거나 계산 작업을 수행하는 과정을 지시어로 배열한 일종의 순서도다. 이때의 기술은 금융 자료를 수집해 잘게 나누고 분류하는 알고리즘을 사용한다. 금융 규제 기관은 이 과정을 통해 더 예측 가능한 수준에서 금융 기관과 전체 경제의 안정성을 감독한다. 이 기술은 또 개인과 기업의 비밀을 침해하는 자료를 수집하고 종합하는 데도 활용할 수 있다. 다른 알고리즘에 메시지를 전달하거나 통제하는 알고리즘도 있다. 안타깝게도 기술이 기존의 사고 및 절차를 대체하는 속도에 비하면 금융 기관에 대한 규제를 보완하고 필요한 보호 장치를 마련하는 작업은 거북이걸음처럼 지지부진하기만 하다. 호의적 당사자, 즉 가능한 한 '인간' 당사자가 계속해서 권한을 부여하고 통제도 하는 방식으로 금융 부문 인공 지능과 빅데이터를 개발하려면 누군가는 시작해야 한다. 차세대 기술이 만들어 낼 단기적 위험과 장기적 위협 요소를 알고 있어야 한다. 컴퓨터와 인공 지능 과학자는 AGI가 앞으로 어떤 경로를 밟아 나갈지, 그 미래가 어떻게 될지, 언제 종착점에 도달할지, 궁극적으로 통제가 가능한지 아닌지 등을 잘 모른다고 시인했다. 이 사실은 일종의 장벽이나 방화벽, 구속력이 있는 프로토콜(규약)이 없는 상태에서 인공 지능이 금융 체계에 접근할 때는 상당한 주의를 요한다는 점을 시사한다. 이런 부분에 주의를 기울이지 않는다는 것은 다음번 금융 대란을 무럭무럭 키워내는 일과 다를 바 없다. 어쩌면 여기에 다음번 미국 금융 대위기가 숨어 있을지 모른다.

악의적 행위자가 벌이는 일

2016년 3월에 방글라데시 은행은 뉴욕 연준은행 계좌에서 8,100만 달러를 도난당했다고 발표했다. 해커가 이 은행 전산 시스템에 침투했고 '은행 간 금융 정보 통신 협회SWIFT: Society for Worldwide Interbank Financial Telecommunication'를 통해 총 35회에 걸쳐 필리핀과 스리랑카 계좌로 이체를 요청하는 메시지를 보냈다고 한다. 이 35회 요청 중 4회가 실행돼 8,100만 달러가 이체 완료됐다. 이 사실이 알려지자 웰스파고Wells Fargo와 타이완 극동 국제은행에서도 비슷한 계좌 이체 사례가 있었다는 사실이 드러났다. 지금은 우리도 2013년 이후로 카바낙Cabanak과 라자루스그룹Lazarus Group 등 북한과 연계돼 있다고 알려진 국제 해킹 집단이 은행을 노리고 있다는 사실을 잘 알고 있다.[11] 미 국방부 소속 고등 방위 연구 계획국Defense Advanced Research Projects Agency은 금융 부문에서 우려되는 부분을 찾아냈다. 조작된 매도 주문과 주문 일치화에 따른 공격으로 발생한 주가 급락 및 주식 시장 대폭락 위험 또한 이런 위험 요소 가운데 하나다. 이런 시장에 대한 신뢰가 무너지면 금융 자산에 대한 매력과 가치를 상실할 수 있다.[12]

기술과 인공 지능을 통제하는 당사자가 민주적이거나 호의적인 주체이기는커녕 적대국이나 테러 분자, 광신도인 세상을 가정해 보자.

기술 발달로 전투기, 미사일, 탱크 같은 무기가 오래지 않아 구식이 돼 버린다면 독재 국가나 불량 국가가 이런 무기에 계속 투자할 이유가 있을까? 인공 지능과 양자 컴퓨팅은 군사적으로 또 경제적으로 특정 지역이나 전 세계를 지배하는 데 필요한 유일한 '무기'일지도 모른다. 미국 정부가 투입하는 자원이 턱없이 부족하다고 생각하는 미국 안보 전문가 사이에서 '은밀하게' 이런 위험성에 대한 논의가 이뤄지고 있다. 금융 서비스 인프라 보호에 이용할 수 있는 자원은 이보다 훨씬 적고 협력 수준도 낮다.[13]

2020년 3월에 사이버공간 솔라리움위원회CSC: Cyberspace Solarium Commission는 보고서를 통해 상대적으로 거의 보호받지 못하는 미국 경제 인프라 상태를 확인할 수 있었다. 본질적으로 미국은 사이버 공격에 대한 방어에 실패했고 부작위에 관한 규범도 준수하지 못했다. 이 보고서는 국가적 차원의 사이버 공격 이후 사태 정상화 조치가 미흡했고 이에 따른 복구 계획을 마련할 필요가 있으며 우리 경제가 계속 잘 굴러가도록 해야 한다고 강조한다.[14] CSC는 다층적 사이버 공격 억제, 경제적 탄력성, 정부 개혁, 인프라 구축 및 요새화 등을 기반으로 한 전략을 개발했다.[15] 이와 관련해 보고서는 의회가 집행 기관을 움직여 경제 지속성 계획을 수립하고 향후 발생할지 모를 공격과 파괴적인 사이버 공격이 벌어진 후 전 산업 부문에 걸쳐 복구해야 할 자원과 기능의 우선순위를 확인해야 한다는 내용의 권고 사항을 포함하고 있다. 또 의회가 '체계상 중요한 인프라' 개념을 법제화해야 한다고도 했다. 그런 체계와 관련 자산을 통제할 책임이 있는 조직이 정부로부터 특별 지원을 받을 수 있게 하려는 목적에서다.[16] 이 시점에서 정부가 전혀 준비돼 있지 않은 상태라고 경고하는 이 보고서 내용은 관련 기관과 대중의 경각심을 불러일으키기에 충분하다. 이 보고서는 더 많은 그리고 더 나은 자원과 자료 그리고 문제를 분석하는 기준이 필요하다는 메시지를 분명히 전하고 있다. 이와 마찬가지로 전국 금융 인프라의 90퍼센트를 소유한 민간 부문과 연방 및 주정부 간에 좀 더 긴밀하고 응집력 있는 협력 관계를 구축해야 한다고 주장한다.

국가 금융 인프라 보호와 관련한 가장 중요한 문제는 방어막을 뚫고 침투해 체계를 뒤흔드는 데는 악의를 품은 단 한 명의 노력만으로 충분하지만, 체계를 방어하려 할 때는 금융 기관과 정부가 동시에 그리고 계속해서 문제를 해결해야 한다는 부분이다.[17] 그러므로 전 세계가 인공 지능 교전 규칙을 수용하려면 당근과 채찍을 모두 사용해 경제 공동체의 참여를 독려하고 강제함으로써 비정상적 행동에 따른 문제를 해결하는 기술 부문 담당 '경찰'이 필요하다. 그런 의미에서 악의적 행위에 대한 합리적으로 부여된 권한라는 전제하에 CSC는 악의적 행위의 억제를 주장하며 규칙을 위반한 자에게는 혜택을 주지 않고 비용을 부과한다는 데 동의한다.[18] 이처럼 집행과 관련한 문제에 대해서는 인공 지능 체계가 의도한 대로 작동하고 유해한 결과를 찾아내 시정하는 기업에 혜택을 주는 이른바 알고리즘 책임성에서부터 주요 인공 지능 규제 기관에 이르기까지 다양한 해법이 제기됐다.[19] 전문가는 "인공 지능이 사이버 공격에 좀 더 유연하게 대처하기를 바란다면 교전 규칙을 변경하고 이를 기초로 다양한 시험을 할 수 있는 권한을 부여할 필요가 있다고 주장한다. 물론 금융 당국은 이런 부분이 탐탁지는 않을 것이다"라는 의견을 내놓았다.[20] 알고리즘을 조절하는 알고리즘, 즉 기계 부문 '경찰'이 필요할 수 있다는 의미다.

경고 신호가 점점 늘고 있다. 검색, 결제, 신용, 보험, 자산 관리 서비스 등을 통해 일상적 금융 거래를 주도하는 대형 기술 기업이 폭발적으로 증가하면서 금융 서비스의 효용성, 속도, 비용 부문에서 개선 및 혁신이 가속화될 것이다. 그러나 연준 부의장은 이런 흐름은 금융 시장 참여자의 탈중앙화 및 탈금융 기관화를 향한 분명한 움직임을 의미하며, 이는 '무역 거래 송장 검증, 계약 실행 및 성과 검증, 돈 세탁 방지를 위한 지속적인 추적 및 감사' 등에 지대한 영향을 미친다고 말한다.[21]

FSB는 탈중앙형(분산형) 금융 기술이 전통적 금융 기관 및 중개인과 관련한 금융 안정성 위험을 어느 정도 감소시키고, 금융 기관의 재무 상태에서 발생하는 유동성 위험을 줄이며, 중앙집중형 금융 체계보다 사이버 공격에 더 탄력적으로 대응하게 한다는 핀테크 측 주장에 동의한다.[22] 사실상 분산형 금융 체계가 악의적 기술을 통제하는 효과적인 해법이 될 수 있다. 포괄적 체계에 대한 공격은 복잡한 네트워크의 극히 일부에 영향을 줄 수 있기 때문에 P2P 체계는 이런 공격에 훨씬 탄력적으로 대응할 수 있다. 악의적 인공 지능이 전체 체계의 일부만 교란시킨다면 크게 걱정할 이유가 있을까? 그런데 안타깝게도 분산형 체계가 또 다른 위협이 될지도 모른다.

오늘날 결제 체계 인수 혹은 해체는 전국적 자금 이동을 억제하고

ATM이나 페드와이어FedWire: 연방전신이체, 연준이 구성한 은행 간 온라인 자금 결제 체계-옮긴이를 동결해 광범위한 경제 혼란을 유발할 수 있다. 뉴욕 연준은행 측은 사이버 위험이 미국 금융 체계에 미치는 영향을 강조하는 내용의 보고서를 발표했지만, 특히 인공 지능과 빅데이터 사용 증가와 관련한 해법은 여기에 포함되지 않았다.[23] 그러나 사이버 공격이 5대 참여자에 미치는 영향이 '엄청'날 수 있다고 지적하면서 결제 체계가 악의적 공격자에게는 고부가가치 표적이라고 경고했다. 연구하고 논의하는 시간은 끝났다. 이제 정보와 금융 보안성은 철저히 기술을 기반으로 구축된다. 종이 문서는 이제 남아 있지 않다.

새로운 금융 기술 또한 자산, 소스 코드, 인프라, 암호화 자산, 암호 개발 등에 대한 권한 집중과 소유권, 통제와 관련한 새로운 위험을 유발한다. 이미 구축된 다양한 블록체인 기반 체계를 누가 통제하는가? 아무도 통제하지 않는다고 들었다. 그러나 중국에 소재한 5개 채굴 업체가 일부 암호 화폐 네트워크에 대한 총 연산력을 최대 49.9퍼센트까지 장악했다.[24] 이들 채굴 업체가 지배 수준을 50퍼센트 이하로 유지하면서 지배 당사자 지위를 피하려 한 사실은 결코 우연이 아니다. 해시 파워Hash Power, 블록체인 네트워크상 채굴자의 채굴 역량-옮긴이가 50퍼센트를 넘지 않으면 채굴자가 네트워크를 조작해 해당 네트워크에 대한 신뢰도를 떨어뜨릴 수 있다. 이는 은행과 결제 체계 그리고 거의 모든 자금 이체 수단에 대한 관리, 제한, 승인 혹은 거부 행위를 담당하는 금융 규제 기관으로서는 익숙하지 않은 영역이다. FSB는 예를 들어 DLT 기반 P2P 플랫폼을 통한 신용 공급 과정에서 발생할 수 있는 더 강화된 경기 순응성에 우려를 표했다. 책임이 분산되고 참여자가 익명성을 유지하는 체계에서는 책임 소재가 불분명해지는 문제가 발생한다.[25] 규제를 받는 금융 기관이나 정부, 중앙은행이 아니라 정체가 불분명한 당사자가 금융 체계나 금융 거래를 통제하거나 장악하면 악의적 요소나 범죄 요소가 전 세계 자금을 통제하는 상황이 발생할 수도 있다. 중앙은행이나 주요 규칙의 뒷받침 없이는 위기를 진정시키고 사용자의 법적 권리를 해석하는 장치가 오히려 경제 혼란을 유발하고 민주주의를 위협할 수 있다. 그런 위기 상황에서 정부 지원이 곧바로 이뤄질 가능성은 별로 없다. 현재로서는 이런 요소 가운데 무엇이 위협 요소이고 무엇이 해법인지 알 수가 없다. 지금까지는 지배 주체가 누구든 혹은 무엇이든 간에 정부는 여기에 반응하기만 하는 픽업 게임처럼 보인다. 이는 미래 세계 경제에 영향을 미치는 방식이 아니다.

신용 평가 기관인 무디스는 혁신의 잠재적 효용성은 인정하지만, DLT 기술이 불러올 새로운 유형의 위험을 경고한다.[26] 테그마크 교수도 초고도 인공 지능이 전쟁과 질병, 빈곤을 뿌리 뽑는 특효약이 될 수 있는 반면에 "초고도 지능화 이전에 인공 지능의 목표와 우리 인간의 목표를 일치시키는 방법을 배우지 못하면 위험에 직면할 수 있다"라는 취지로 이 부분을 확실하게 지적한다.[27] 국제 협약이나 합의를 통해 기계를 기반으로 한 의사소통이 어떻게 이뤄지는지, 무슨 일을 할 수 있는지, 어떤 방향으로 나아가는지 등에 대한 한계를 정하기도 전에 AGI를 활용하면 어떤 일이 벌어질까? 인간의 뇌가 작동하는 방식과 유사한, 진정한 의미의 AGI는 영화 〈2001 스페이스 오딧세이〉에 나오는 고성능 컴퓨터처럼 스스로 생각하고 결정한다. 인간이 도달하려는 목표와 AGI가 달성하려는 임무가 일치하지 않으면 인간의 물리적 생활이나 금융 생활이 곤경에 처하더라도 AGI는 결국 자신의 임무를 달성하는 쪽을 선택할 것이다. 이와 마찬가지로 투자 자문가가 더 나은 지원으로 고객의 포트폴리오를 증가시킬 수 있도록 컴퓨터에 시장 행동을 예측하라는 임무를 부여하면 결국 인공 지능은 시장 행동이나 성과를 예측하기보다 사전에 예측했던 시장 결과를 도출하는 쪽으로 결론을 낼지도 모른다.

이런 맥락에서 인간이 그렇게 하듯 다음에는 논리적 관점에서 스스로 통제할 수 있는 시장에 투자해 부와 권력을 얻는 쪽을 택하겠다고 결론 내리지 않을까? 이런 목적을 달성하고자 서로 결탁하고 빅데이터, 정부 및 민간 부문 유비쿼터스 기반 카메라, 스마트폰, 온라인 활동 등과 같은 방대한 자료 수집 도구에 의존해 수집 작업을 지원하고 또 명령 주체인 인간의 눈에 세상이 전체적으로 정상으로 보이게 하려고 위장이나 눈속임하는 작업을 하지 않을까? 초고도 인공 지능은 우리 인간의 목표와 일치하든 아니든 간에 자신의 목표 혹은 임무를 달성하는 데 무리가 없을 것이다. 테그마크 교수가 지적한 바와 같이 "자신이 개미를 혐오하는 사람이지만 눈에 보이면 무조건 밟아 죽이는 그런 사람은 아니라고 가정한다면, 청정에너지 생성 계획의 일환으로 수력 발전 프로젝트를 책임지고 있는데 해당 구역에 개밋둑이 있어서 홍수 위험이 있다면 어떻게 될까? 유감스럽게도 개미는 살아남지 못할 것이다. 안전한 AI 연구의 핵심 목표는 인간이 이런 개미 처지에 놓이지 않게 하는 것이다."[28]

영화 〈매트릭스〉에서 보여 줬듯이 인간은 결국 모든 것이 조작되고 있다는 사실조차 깨닫지 못하는 세상 그리고 그런 사실을 깨달은 사람은 전화기와 컴퓨터를 결합한 감시망, 교통 통제, 안면 인식, 건강 상태 감시, GPS 추적, 유전자 조작 그리고 금융 슈퍼 컴퓨팅 공모자가 운영하는 생체 인식 검사 등을 통해 통제하는 그런 세상에서 살게 될지도 모른다. 10년 전만 해도 말도 안 되는 일이라고 생각했다. 〈매트릭스〉 같은 영화와 〈퍼슨오브인터레스트〉 같은 TV 드라마는 인공 지능과 초지능형 컴퓨터 그리고 유비쿼터스 온라인 및 물리적 감시 체계가 결합해 인간의 삶과 운명을 통제할 가능성과 관련한 문제를 제기했다. 이런 요소가 결합된 컴퓨터는 결국 우리가 어디서 일하고, 얼마를 벌며, 무엇을 하고, 어디로 가며, 어떻게 목적지에 안전하게 도착하는지 등을 결정할 사건을 설계할 수 있을 것이다. 체계상의 금융 안정성 그리고 더 나아가 민주주의에 대한 잠재적 위협을 우려해야 한다.

양자 컴퓨팅의 미래

새로운 기술이 계속해서 시장에 등장하면서 이런 위협과 문제 또한 점점 진화하는 양상을 보인다. 클라우드 기술은 또 다른 수준의 운영상 및 체계상 위험을 유발한다. 현 금융 기관이 이 같은 위험에 노출돼 있다. 클라우드를 통해 개인과 기업은 방대한 디지털 정보를 저장할 수 있다. 이런 정보는 사실 비용이 너무 많이 들어가서 개별 서버나 컴퓨터 하드 드라이브로는 저장할 수가 없다. 그러나 클라우드는 정부와 기업 그리고 소비자의 통제력이 약화되고 가시성도 떨어지기 때문에 추가로 보안, 사생활 보호, 고객 인터페이스 등의 문제가 발생한다. 기계가 그런 자료를 통제한다. 우리가 오늘은 분명 신뢰하지만, 내일은 신뢰하지 않을 그 기계가 말이다. 은행은 자사 클라우드 제공업체의 보안망에 구멍이 뚫리며 고객 정보가 유출되는 끔찍한 경험을 통해 이런 사실을 알게 됐다. 자료가 저장되는 물리적 장소의 투명성이 떨어지고 자료가 오염되거나 변경될 수 있는 클라우드 환경에서 자료 삭제와 관련한 위험이 증가한다. 권한 없는 사람이 무단으로 클라우드에 접속했을 때 사용자, 시스템, 자료 등에 얼마나 큰 손실을 발생할지 상상해 보라.

마지막으로, 차세대 기술 영역이자 디지털 역량과 사이버 보안 위협을 기하급수적으로 증가시킬 양자 컴퓨팅 부문을 살펴보자. 양자 컴퓨팅은 아직 대중이 선호하는 대안은 아니다. 양자 인터넷도 없고 해커의 놀잇감도 아직은 아니다. 지금의 양자 기술 수준은 컴퓨터로 치면 초기 단계인 진공관 기반 컴퓨터에 비견된다. 양자 컴퓨터는 '혼합된 중첩' 상태에서 사물이 측정 불가한 양자 상태로 존재할 확률을 토대로 계산 작업을 수행한다. 물리적 세계에서 가장 일반적인 양자 컴퓨팅의 예로는 공중에서 회전하는 동전을 들 수 있다. 여기서 또 회전하는 다른 동전의 중첩과 얽히고 고급 알고리즘과 연결돼 기존 컴퓨터를 사용하면 영원히 풀어도 안 풀릴 문제를 해결한다.[29] 양자 컴퓨팅의 가장 두드러진 특성은 바로 속도다. 상상을 초월하는 속도로 자료 및 정보를 처리하도록 신경을 훈련시키고, 기계 학습을 가속화한다. 이는 양자 컴퓨터가 긴 개인 키를 생성해 공개 키 및 개인 키 암호화 체계의 보안을 강화하지만, 이와 동시에 키 암호를 쉽게 해독하고 보안 애플리케이션도 어렵지 않게 깰 수 있다는 의미다. 양자 컴퓨팅이 궁극적으로 위협이 되느냐 도움이 되느냐는 가장 먼저 고지에 도달하는 자가 누구냐에 달렸다. 구글은 현 슈퍼 컴퓨터로는 1만 년이 걸리는 계산 문제를 자사 양자 컴퓨터 시커모어Sycamore가 200초 안에 풀었다고 하면서 드디어 양자 우월Quantum Supremacy, 양자 컴퓨터가 슈퍼 컴퓨터의 성능을 앞섰다고 판단하는 기준 혹은 목표-옮긴이 수준에 도달했다고 발표했다.[29] 양자 컴퓨팅에 혼란을 느낄 때가 바로 양자 컴퓨팅을 이해하기 시작한 시점이라는 전문가의 말이 내게는 그다지 위안이 되지 않는다.[30]

블록체인 같은 DLT와 이를 사용하는 수많은 암호 화폐를 통해 생성하는 금융 상품과 네트워크는 양자 컴퓨팅의 총알받이가 될 수도 있다. 정부 기관이나 중앙은행이 통제하거나 지원하지 않는 상태에서 암호 화폐를 사용하고 결제 체계를 구축하면 양자 컴퓨터가 이런 체계를 조작, 파괴 혹은 절도하는 일이 가능하다. 다시 말해 현행 기술 수준에서 DLT의 '변경 불가' 특성은 무한히 빠르고 더 효율적인 컴퓨터 성능에 제압당하기 쉽다. 이 일이 가능하다면 정부나 중앙은행의 지원을 요구할 수 없고 기술이 모든 것을 무위로 돌릴 수 있는 그런 세계를 창조하지 않도록 주의해야 한다. 간단히 말해서 '양자 우월' 수준에 가장 먼저 도달한 사람이 세계를 지배하는 자가 될 수 있다. 이 시점에서 미국이 기술 패권을 유지하고자 무엇을 하고 있는지 알고 싶어질 것이다.

무엇을 하고 있는가?

이 질문에는 간단히 '진전이 거의 없지만, 수많은 일이 일어났고 수많은 활동이 있었다'고 답할 수 있다. 1990년대 기술 측면에서의 폭발적 성장을 계기로 정부는 911 테러 이전에 이미 인프라 보호 강화의 필요성을 인식하기 시작했다. 1998년에 클린턴 대통령은 대통령 훈령 PDD: Presidential Decision Directive 제63호를 통해 미국이 세계에서 가장 막강한 군사력과 경제력을 보유하고 있지만, 주요 인프라와 사이버 기반 정보 체계에 대한 상호 의존성이 높아지는 환경에서 국가 및 국제 안보를 위해 공공 부문과 민간 부문이 좀 더 유연한 접근법을 취할 필요가 있다고 강조했다.[32] 그리고 미국은 5년 이내에 그러니까 2003년까지 계획적인 공격으로부터 주요 인프라를 보호하는 초기 방어 체계를 구축한다는 국가적 목표를 수립했다. 모든 행정 부서와 정부 기관을 대상으로 사이버 기반 체계를 포함한 주요 인프라를 보호하는 계획을 마련하라고 지시했다. 1998년 당시로써는 이 훈령이 시대를 상당히 앞선 내용이었지만, 실속은 별로 없었다. 이후 20여 년이 지나는 동안 각 기관에서 해당 업무를 담당할 책임자를 정한 일 외에 뚜렷한 진전이 없었고 눈에 띄는 성과도 얻지 못했다. 말하자면 이 부문에 대한 절박함이 없었다고 할 수 있다.

1999년에 세계 금융 체계에서 사이버 위험을 줄이는 데 민간 부문 자원을 투입할 목적으로 금융서비스정보공유분석센터FS-ISAC: Financial Services Information Sharing And Analysis Center를 설립했다.[33] FS-ISAC는 전 세계 70개 관할권에서 7,000개 금융 기관 및 고객을 아우르는 일종의 산업 연합체다. 인공 지능 플랫폼, 복구 자원 그리고 신뢰할 만한 P2P 전문가 네트워크를 활용해 연습, 모범 사례, 실제 훈련, 신속한 대응 규칙 등으로 사이버 위협을 예측 및 완화하고 이런 위협에 적절히 대응해야 한다고 말한다. FS-ISAC는 산업계가 주도한 비영리 금융 기관 생태계 쉘터드 하버Sheltered Harbor를 설립했다. 참여자로 하여금 주요 체계를 붕괴시킬지도 모를 파괴적 사이버 공격에 대비하게 하려는 목적에서다.[34] 여기에 참여한 금융 기관은 자체 인프라 및 백업 체계와는 별도로 주요 고객의 계좌 정보를 매일 밤 자체 보안 자료 저장소에 혹은 참여한 서비스 제공사를 통해 백업한다.[35] 쉘터드 하버는 '복구 계획 안내 그리고 보증 및 자문 회사 네트워크 확대'를 강조하면서 금융 기관이 주요 체계를 복구하는 데 필요한 기술적 절차와 도구를 만들도록 도와준다. 이 기구는 실제로 발생할지 모른 재앙적 사건을 통한 검증은 아직 이뤄지지 않았다고 말한다. IT정보공유분석센터IT-ISAC: IT Information Sharing And Analysis Center 이사가 설명한 바와 같이 우리가 직면하는 위협의 가공할 위력을 고려하면 업계와 정부 간 협력으로 이뤄진 '상당한' 진전이 놀라울 정도다.[36]

911 테러 이후 주요 인프라 보호의 중요성을 외치는 정부 주장이 다시 힘을 받았다. 조지 부시 대통령이 설립한 위원회가 물리적 공격이라는 관점에서 주요 인프라에 대한 위협 수준을 평가했다.[37] 주요 금

융 인프라와 관련해 재무부가 이런 부분을 감독해 왔지만, 제한된 자금, 공공 부문과 민간 부문 자원 활용의 형평성 문제, 중요한 정보를 선뜻 공유하려 하지 않는 업계 환경 등으로 계속해서 어려움을 겪었다.

금융 서비스의 디지털화와 관련한 논의와 조정이 계속 이어졌다. 국토안보부 산하 '사이버 보안 및 인프라 보안국CISA: Cybersecurity And Infrastructure Agency'은 재무부에 위임한 금융 서비스 부문 보안을 포함해 모든 인프라 보안을 책임지는 기관에 가장 근접한 조직이다. CISA는 2015년에 주요 인프라 보호 업무를 관장하는 민관 합동 조직인 금융 정보인프라위원회FBIIC: Financial And Banking Information Infrastructure Committee 그리고 '주요 인프라 보호와 국토 안보를 위한 금융서비스조정위원회FSSCC: Financial Services Sector Coordinating Council for Critical Infrastructure Protection And Homeland Security'와 함께 금융 서비스 부문 특별 계획Financial Services Sector Specific Plan 을 발표했다. 이 보고서는 기업 간에 공유한 제한된 정보, 공동 접근법과 모범 실행 사례, 관련 연방 기관의 협력, 정책 및 규제 제안 사항에 대한 논의 등을 담고 있다.[38] 기술의 힘이 막강해지는 상황임에도 '사공'만 너무 많고 연관 기구 간에 책임 할당이 충분히 이뤄지지 않아서 금융 시장과 결제 체계 그리고 전체 경제에 가해지는 공격에 정부와 민간 부문이 적절한 대응을 한다고 보장할 수 없다.

GAO은 여기에 동의하는 듯하다. GAO는 2020년 9월에 최종적으로 계획 실행을 조율하고 연방 기관에 책임을 물을 권한이 있는 자가 누구인지가 불분명하다. 그러므로 사이버 관련 위협과 문제를 극복하려면 중앙에서 정부 노력을 조율하는 지도자의 역할과 임무를 명확히

정의할 필요가 있다고 경고했다.[39]

현재로서 미국이 취해야 할 최선책은 느슨하게 구성된 기업별 그리고 기관별 탐색 및 방어 전략인 듯하다. 이렇게 전혀 준비돼 있지 않은 상태에서는 미국 경제를 박살내겠다고 결심한 테러 분자 단 한 명으로도 엄청난 혼란을 초래할 수 있다. 만약에 미국이 군사적 방위 전략을 이런 식으로 수립한다면 어떤 결과가 나오겠는지 한 번 생각해보라. JP모건체이스도 맨해튼에 있는 본사 건물을 스스로 지켜야 하는 상황이 될 것이다.

정말로 심각한 문제가 아닐 수 없다. 정부는 본질적으로 영리를 지향하는 조직이 아니며 민간 부문은 명확하고 현존하는 위협이 비용 발생의 당위성을 뒷받침하지 않는 한 최첨단 금융 인프라 방어 체계를 구축하는 데 비용을 부담할 의지가 없음을 분명히 내보였다. 이와 마찬가지로 독점 금지 면제 조항이 있고 기업이 수집 및 집계하는 일일 온라인 침해 및 사이버 공격 관련 자료 공유를 정부가 독려하지만, 이는 민관 협력 기구가 선호하는 유형의 방어 체계를 구축할 수 있는 방식과는 거리가 멀다.

대다수 국가가 이제 기술 곡선을 앞서고 있다고 주장하지만, 이들 국가가 발표했던 보고서의 피상적 속성 때문에 이런 주장이 힘을 잃는다.[40] 미국 정부의 최근 간행물은 인공 지능 혁신을 말하며 고용, 사생활 보호, 온라인 보안, 지적 재산권 등에 영향을 주는 각종 문제를 논하지만, 이와 관련한 위협도 동시에 증가한다는 부분은 슬쩍 한 번 언급하고 지나가는 정도에 그친다.[41] 오바마 대통령은 국가사이버안보증

진위원회Commission on Enhancing National Cybersecurity를 설립했고 2016년 12월
에 대통령 훈령 수준의 종합 보고서를 발표했다.[42] 이 보고서는 디지털
경제 보호를 목적으로 한 또 다른 민관 협력 청사진이었다. 단순히 기
술을 사용하는 주체를 감독하기만 하는 것이 아니라 연방 정보 기술
을 더 확대해 정부가 임무를 수행하는 데 이런 기술을 더욱 효과적으
로 활용할 필요가 있다고 강조했다. 이 보고서는 미국 금융 인프라를
언급하지만, 인공 지능에 관한 부분은 단 6개뿐이었고 이런 기술이 악
의적으로 사용할 범죄자와 적성 국가 손에 들어갔을 때의 위험 상황
을 지적했다.[43] 또 "양자 컴퓨팅이 오늘날 우리가 의지하는 암호화 기
술 일부를 무용지물로 만들 가능성이 있다"라고 지적한 부분이 중요
하다.[44] 마지막으로, 차기 행정부를 향해 보고서에서 밝힌 사항을 지속
적으로 추진해야 한다는 내용의 권고로 가득하다. 아직 실행한 일은
없다. 트럼프 행정부는 특히 인공 지능 같은 첨단 기술에 상당한 에너
지를 투입했지만, 인공 지능이 미국의 혁신과 일자리에 미치는 영향에
주로 초점을 맞췄다.[45] 괜찮다. 그럴 수 있는 일이다. 정부 기관 대부분
이 첨단 기술이 벌이는 잔치에 다들 신이 나 있는데 굳이 금융 대란 가
능성을 언급하며 즐거운 잔치에 찬물을 끼얹고 싶어 하지 않는 듯하니
말이다.

2018년 9월에 하원 정보기술소위원회는 "인공 지능은 예상한 혹
은 예상치 못한 방식으로 사회 전 부문에 혼란을 일으킬 가능성이 있
다"라고 판단했고, '기계의 부상'이라는 제하의 보고서에서 인공 지능
의 심각한 문제점 부분을 지우기 시작했다.[46] 2018년에 컬럼비아 국제

관계대학원이 발표한 보고서는 금융 서비스 체계에 초점을 맞추지는 않았으나 가장 효과적인 사이버 보안에 관한 포괄적 개요를 담고 있다.[47] 그리고 공격자가 부담해야 할 비용 수준을 높이고, 공공 부문과 민간 부문 자원을 결합하며, 정부 지출 수준을 증가시키는 '방어 우위'의 필요성을 강조했다.[48] 그리고 금융, 기술, 제재 등을 군사력 부족 부분을 메워 줄 일종의 균형추로 삼아 기술을 무기화하는 자들에 대응하라고 주장했다.

2019년에 중대한 결과를 초래하는 사이버 공격으로부터 미국을 방어하기 위한 전략적 접근법을 개발하고자 국방수권법National Defense Authorization Act에 따라 초당적 기구로서 CSC를 설립했다. CSC는 무엇보다 (1) 악의적인 사이버 활동으로부터 주요 인프라와 정보를 보호하고 혁신을 보장하려 할 때 공공 부문과 민간 부문이 감당할 적절한 역할과 책임 (2) 이런 노력을 기울이는 과정에서 국방부가 해야 할 역할 (3) 미국 그리고 동맹국 및 협력자가 사이버공간에서 이뤄지는 책임 있는 행동에 관한 국제 규범을 고취하는 방법 등을 조사 및 검토하는 권한 등을 부여받았다.[49] 2020년에 발표한 보고서에서 사이버 보안에 관한 정부의 전방위적 접근 방식을 개선하기 위한 '긴급 행동'을 촉구했다. 여기에는 행동을 형성하고, 적에게 이로운 일을 거부하며, 악의적 행위를 한 자에게 비용을 부과하는 등의 노력을 통해 다층적 사이버 억지력에 기반을 둔 새로운 전략적 접근법을 고안하는 작업과 관련한 총 50여 개의 권고 사항이 포함됐다.[50]

CSC 보고서는 이제 보여 주기식 정치적 수사를 버리고 실질적으로 뭔가를 해야 할 시점이라는 점을 알려주는 가장 최근에 나온 경고 신호다. 아직도 미국 금융 인프라는 상당 부분이 위험에 노출된 채 악의를 품은 자가 차세대 기술 혁신을 무위로 돌리거나 파괴하는 상황을 멀거니 앉아서 지켜보고 있다. 인공 지능과 기술 발달이 초래하는 위협과 우리 삶을 바꿀 정도의 엄청난 위력을 웨비나^{Webinar, 웹상에서 이뤄지는 화상 토론회-옮긴이} 주제쯤으로 격하시키는 일을 다른 국가가 아닌 미국이 저지르고 있다. 전문가는 치명적인 자율 무기 체계가 대대적인 군비 확장 경쟁을 유발하지 않을까 우려한다.[51] 기술을 금융계에 불안을 초래하는 무기로 선택하는 상황이 되면 이와 동일한 위험을 걱정해야 한다. 중국은 이미 사회적 행동 점수에 따라 시민을 벌하거나 상을 주는 전면적인 사회적 평가 도구를 활용하고, 안면 인식 기술을 통해 자국민을 감시하는 일종의 알고리즘 통치법을 도입했다.[52] 문서로 기록된 사례에 따르면 매우 적극적으로 미국 군사 기술을 훔치려 하고 있다.[53]

미국의 기술 우위를 약화시키고 전체주의 체제를 고수하면서 공안과 공무원이 스마트폰 스캐너, 안면 인식 카메라, 안면 및 지문 데이터베이스를 기반으로 한 알고리즘 통제로 전 국민을 예속시키려는 중국 정부의 행동이 소름이 끼칠 정도다.[54] 기술 분야에서 벌어지는 첩보 활동도 여전하다. 2018년 12월에 미 법무부와 FBI는 미국 클라우드 컴퓨팅 체계에 침투할 수 있는 해킹 집단의 4년간에 걸친 활동을 분쇄했다고 밝혔다. 해킹 표적 중 하나가 미 해군이었다. 텔사^{Tesla Inc.}는 2019년 3월에 자동 조종 시스템과 관련한 파일 30만 개를 무단 복사한 후 중국 자율주행 자동차 스타트업 기업, 샤오펑모터스^{Xiaopeng Motors}에 입사한 혐의로 전 엔지니어를 상대로 한 소송을 제기했다. 중국에서 무단으로 사용할 목적으로 불법 무기 조달에 연루된 중국 기업 목록을 미 상무부가 보유하고 있다. 그런데 7월에 캘리포니아의 한 부교수가 이 목록에 든 중국 기업에 기술을 넘기려고 미국 무기 시스템 장치에 관한 정보를 훔친 혐의로 유죄 판결을 받았다. 2019년 9월에 법무부는 실리콘 밸리 스타트업에서 솔리드 스테이트 드라이브Solid-State-Drive, 반도체 기반 메모리 저장 장치-옮긴이 컴퓨터 기술을 훔쳤다고 주장하며 텍사스의 한 교수를 사기 혐의로 기소했다.[55] 2020년 1월 28일에는 여러 중국 단체와 일하며 수십억 달러를 받은 일과 관련해 거짓말을 한 혐의로 하버드대학 화학·화학생물학과 학과장이었던 찰스 리버Charles Lieber 박사를 기소했다.[56] 마지막으로, 검찰은 2020년 2월 10일에 9개 혐의를 적시해 애틀랜타 연방 법원에 제출한 공소장에서 인민해방군 4명이 2017년에 에퀴팩스Equifax 시스템을 해킹했으며 이는 미국 금융 역사상 가장 규모가 큰 중대한 보안 침해 사례라고 주장했다. 이후에도 이런 사건들은 수도 없이 이어졌다.

이런 형사 기소와 기타 경제 제재 그리고 더 강력한 사이버 역량 및 방어력 강화로는 중국, 러시아, 북한이 미국의 주요 인프라를 살피는 행위 그리고 '아무런 처벌도 받지 않으면서' 개인과 기업 자산을 훔치는 일을 막아내지 못했다.[57] 일회성 기소로는 중국이 미국에서 벌이는 해킹과 첩보 행위를 막아내기에는 역부족이다.[58] 이 부문에서는 미국의 기술력이 따라가지 못하기 때문이다. 미국을 포함한 20여 개국이 지난 2년 동안 인공 지능 개발 및 사용에 관한 논문을 발표했다.[59] 그러나 2030년까지 인공 지능 부문에서 세계 최고가 되겠다는 계획을 세운 국가는 중국뿐이다. 이런 계획에 따라 인공 지능에 집중 투자를 했고 2000년부터 2015년까지 이 부문에 대한 지출이 엄청나게 증가했다. 중국은 양자 컴퓨팅 부문에서 미국의 주요 경쟁국으로서 암호 해독 '킬러 앱Killer App' 개발에 못해도 연간 25억 달러를 지출한다.[60] 그런데 미국은 2018년에 제정한 국가양자연구지원법National Quantum Initiative Act에 따라 양자 컴퓨팅 부문에 5년간 고작 12억 5,000만 달러를 투자한다.[61] 중국이 이 부문에 엄청난 자원을 투자한다는 사실에 자극받아서인지 트럼프 행정부는 2021년도 비방위비 부문 예산에서 인공 지능과 양자 정보 과학 부문 지출을 약 30퍼센트 늘리는 안을 제시했고[62] 약 2주일 후 연방 기관 및 협력 관계에 있는 민간 부문이 향후 5년간 인공 지능과 양자 정보 과학에 초점을 맞춘 연구소 12개를 신설하는 데 10억 달러 이상을 투자한다고 발표했다.[63]

2020년이 돼서야 지난 25년 동안 축적되며 점점 수위가 높아진 경고를 정책 입안자가 더는 무시할 수 없다는 사실이 명백해졌다. 2019년에 일본 중앙은행 총재는 사이버 안보가 금융 체계에서 가장 심각한 위험이 될 수 있다고 예측했고 다이먼 JP모건체이스의 CEO는 사이버 공격이 "미국 금융 체계에 가장 큰 위협이 될 수 있다"라고 말했다.[64] 2020년 2월에 유럽 중앙은행 총재이자 전 IMF 총재 크리스틴 라가르드Christine Lagarde는 사이버 공격이 심각한 금융 위기를 촉발할 수 있다고 경고했다.[65] 2020년 4월에 FSB는 "적절히 방지하지 못하면 주요 사이버 사고는 주요 금융 인프라를 포함해 금융 체계를 심각하게 교란시켜 광범위한 금융 안정성 문제로 이어질 수 있다"라고 말하며 "사이버 사고가 세계 금융 체계 안정성에 위협이 될 수 있다"라고 경고했다.[66] 마지막으로, 2020년 11월에 탄탄한 연구를 바탕으로 한 카네기 국제평화기금의 핀사이버 프로젝트FinCyber Project 보고서는 거의 보호받지 못한 상태로 노출된 금융 인프라 때문에 세계가 곤경에 처할 수 있다는 주장에 힘을 실어 줬다.

> 놀랍게도 세계 금융 체계가 디지털 인프라에 점점 더 의존하는 상황인데도 아직도 사이버 공격으로부터 이 체계를 보호할 책임이 누구에게 있는지 불분명하다. …… 세계 금융 부문은 여전히 사이버 위협에 취약한 상태고 혁신과 경쟁 그리고 팬데믹이 디지털 혁명을 가속화하는 상황에서 적절한 조치가 없다면 취약성이 더 심해질 뿐이다. 위협적인 행위를 하는 사람 대다수가 돈 버는 데 초점을 맞추지만, 순전히 파괴적인 공격은 그 빈도가 점점 늘어났다. 게다가 훔치는 방법을 배우는 사람은 금융 체계의 네트워크와 그 작동 방식에 대해서도 배우는데 이를 통해 앞으로 더 파괴적인 공격을 개시할 수 있다(혹은 그런 지식과 역량을 다른 사람에게 판다). 이 같은 위험 환경의 급속한 진화는 적절히 규제받는 성숙한 체계의 대응력을 약화시킨다.[67]

핀사이버 프로젝트는 2007년 이후 금융 기관 시스템에 대한 사이버 보안 침해 사례를 문서화하는 데 많은 자원을 투입했다. 2020년 한 해에만 전 세계 사이버 보안 침해 사건이 약 50건 발생했다.[68] 2020

년 하반기 6개월 동안 발생한 사이버 보안 공격 사례로는 브라질 은행 계좌 소유주(예금주)에 대한 악성 코드 공격, 러시아와 중국 그리고 베트남 서버를 통한 헝가리 은행업 및 통신 서비스에 대한 디도스DDoS: Distributed Denial of Service(분산서비스거부) 공격, 칠레 3대 은행 중 하나인 방코에스타도Banco Estado 전국 전산망 작동 중단 사태를 초래한 랜섬웨어 Ransomware 공격, 벨기에 저축은행 아르젠타Argenta 현금 인출기 143대 작동 정지, 암호 화폐 변환 앱에 숨겨진 악성 코드로 안드로이드 기기가 오염된 사건 등이 있다. 북한 한 국가가 지난 5년 동안 5개 대륙에 걸쳐 최소 38개국에서 20억 달러를 훔쳤다. 지난 40년 동안 위조 행위로 벌어들일 수 있는 돈의 3배가 넘는 규모였다.[69] 앞으로 금융 기록과 알고리즘, 거래의 완전 무결성 훼손을 목적으로 한 더 위험하고도 지속적인 충격 사태가 벌어지지 않는다고 장담할 수 없다. 아니 그런 일이 발생한다고 보고 충분히 대비를 해야 한다. 그런데 현재로서는 이에 대한 방어, 해법, 개선책이 별로 없고 앞으로도 당분간은 큰 변화를 기대하기 어려울 듯하다.

그 이후 일이 벌어졌다. 2020년 12월 15일에 정부는 2020년 초에 활동을 시작한 국제 사이버 첩보 집단이 미 재무부와 국토안보부, 상무부를 포함한 다수 연방 기관 컴퓨터 시스템에 침입했다고 발표했다. 그런 활동 뒤에는 러시아 정부가 있다고 봤다.[70] 대통령 선거가 있는 해라는 점을 고려해 작전 개시 시점을 잡았을지 모르지만, 사실 언제 이미 이 계획을 세웠다는 증거가 있다.[71] 해커는 분명히 텍사스주 오스틴에 본사를 둔 소프트웨어 회사 솔라윈스SolarWinds가 출시한 최신판 소프트웨어를 통해 백악관, 국방부 등과 같은 다수 정부 기관, 나사 그리고 몇몇 선도적 이동통신회사, 《포천》 선정 500대 기업 중 425개가 넘는 기업 등을 포함한 1만 8,000 고객사에 악성 코드를 투입하는 방식으로 정부 시스템에 침입했다.[72] 2020년 12월 16일에 솔라윈스는 자사 웹사이트를 통해 사이버 공격으로 취약성을 강화시키면 오리온Orion 제품이 작동하는 서버를 망가뜨릴 수 있다는 사실을 알았다고 밝혔다. 여기에 이어 "이 사건은 외부에서 표적을 정확히 설정해 진행한 매우 정교한 수동 공급망 공격의 결과일 수 있다는 조언이 있었지만, 공격자의 신원을 따로 확인하지는 않았다"라고 덧붙였다.[73]

이 해커 집단은 연방 직원 이메일을 몰래 감시하려는 목적으로 '마이크로소프트 오피스 360' 플랫폼 최신판 소프트웨어에 악성 코드를 투입하는 이른바 '공급망 공격'을 무기화했다는 혐의를 받고 있다.[74] 이 공격은 노련한 보안 전문가마저 깜짝 놀라게 할 만큼의 규모와 정교성을 보였고 이로써 미국 기술 인프라는 엄청난 취약성에 노출됐다.[75] 워싱턴 주재 러시아 대사관은 당연히 "사이버 공간에서 어떤 공격적 행위도 한 적이 없다"라고 말하며 이 사건에 연루됐다는 의혹을 부인했다.[76]

조사관은 탐지하기가 매우 어렵다는 허점을 이용해 러시아가 마이크로소프트와 구글, 기타 서비스 제공사에 관련 컴퓨터 시스템의 신원 보증을 하고자 탐지가 불가능한 방식으로 시스템에 접근해 위조 '토큰'을 투입할 수 있었다고 의심한다.[77] CISA는 해커가 솔라윈스 소프트웨어 이외 버그를 사용해 컴퓨터 네트워크에 침투했으며 이 사건을 두고 주요 인프라 업체와 민간 부문 기업에 '중대한 위협'이라고 규정했다. 주요 은행은 즉각 최악의 상황이 실현되는지 여부를 확인하고자 자사 시스템에 대한 정밀 조사에 들어갔다. 조사 첫날에는 아무런 증거도 나오지 않았다. 시스템 침투 범위를 확인하는 데는 수개월이 걸릴 수 있다.

마이크로소프트는 솔라윈스 해킹 피해자로 확인된 40여 개 고객사 가운데 44퍼센트가 IT 서비스 업체라고 밝혔다. 또 피해 기업의 80퍼센트는 미국에 본사를 둔 업체인데 이외 영국, 캐나다, 멕시코, 벨기에, 스페인, 이스라엘, 아랍에미리트에 있는 표적 업체도 공격을 받았다고 한다.[78] 이 공격은 훨씬 대규모로 이뤄질 작전에 대한 총연습일 가능성이 있었다. 솔라윈스는 사건이 발생한 해당 주일을 넘기지 않고 보안 문제를 해결했다고 주장하지만, 접근 지점을 차단한다고 해서 자신의 존재를 숨기려 했던 침입자를 반드시 제거하지는 못한다. 공격을 감행하는 데 이용한 기업이 솔라윈스 하나만은 아니라고 본다.

논의하고 연구할 시간은 이미 오래전에 지나갔다. 이제 보호해야 할 '종이' 서류 따위는 남아 있지 않다. 정보 및 금융 보안은 완전히 디지털 기술을 기반으로 하니 말이다. 시스템에 침투하는 일이 생각보다 훨씬 광범위하게 이뤄지고 피해가 훨씬 심각할 수 있다는 의미다. 서류 상자를 몇 개나 훔쳐서 차에 싣느냐는 문제가 더는 아니다. 게다가 매달 발생하는 사이버 보안 침해 건수가 점점 증가한다는 사실 자체를 각국이 준비하는 실제 금융 사이버 전쟁에 대한 실험 정도로 인식해야 한다. 오늘날의 보안 침해는 전면적 사이버 전쟁을 준비하면서 악의적 행위자가 할 수 있는 과업의 한계를 조사하는 정찰 임무와 비슷하다. 그러나 장기적으로 물리적 지형 및 지리를 감안한 군사적 대응에 초점을 맞추는 재래식 전쟁과는 달리 사이버 전쟁은 일단 전투가 시작되면 한 국가의 사이버 역량이 완전히 무력화될 수 있다는 위험 때문에 '죽이지 않으면 죽는다는' 각오로 일시에 모든 무기를 투입한다.[79] 수많은 사람이 주장하듯 즉각적이며 상호 확증된 파괴 기능성이 결국 교전 규칙을 만들어 내고 이런 규칙이 전쟁을 방지한다. 그러나 이는 모든 주체가 그런 파괴적인 시나리오를 피하는 일에 공평하게 기여한다는 가정에 기반을 두는데 사실 요즘 이런 식은 너무 성급한 가정이다. 테러가 재래식 무력 충돌의 역학을 변화시켰듯이 사이버 충돌에 대한 진입 장벽도 낮추면서 광신도와 테러 분자가 악성 소프트웨어와 슈퍼 컴퓨팅 역량을 손에 넣을 가능성이 커졌다.

기술 혁신을 촉진하는 동시에 전례 없는 위협으로부터 보호하고자 금융 서비스 및 자본 시장 전략을 개발하는 작업을 최우선 순위에 둬야 한다. 연방 규제 기관이 이런 위협을 연구하는 동안 다분야 전문가 집단은 민주주의 국가의 미래 경제를 보호하는 작업에 착수해야 한다. 이와 관련해 은행 업무 및 결제 체계 그리고 전체 경제의 건전성을 감독하는 은행 규제 기관은, 수행할 준비가 돼 있지 않은 일을 맡아서는 안 된다. 미국 디지털 금융의 완전 무결성은 완전히 다른 주제로서 이 부분을 방어하려면 역시 완전히 다른 영역의 전문가가 필요하다. 이는 사실 경제적 생과 사가 달린 문제다. 국가는 기술이 발달하면서 제기된 문제에 초점을 맞추고 이에 당당히 맞서면서 정부 자원뿐 아니라 기업, 학계, 군, 싱크탱크, 대중 등의 자원까지 모두 동원해 행정부와 의회가 지금 당장 실행할 수 있는 대안적 금융 기술 전략을 개발해야 한다. 미국 금융 인프라는 이미 이를 통제하고 복제하고 붕괴시키는 일에 혈안이 된 몇몇 국가의 표적이 됐다. 미국 정부가 주도권을 쥐지 않으면 다른 국가가 그렇게 할 테고 그러면 국가의 미래는 불량 국가나 광신도, 테러 분자의 변덕이나 우연에 휘둘리는 결과가 될지 모른다. 미국은 민관 협력체를 구성하고 선제적 공격과 방어 전략을 실행해 주요 경제 인프라를 보호해야 한다. 미국 금융 인프라에 대한 위협이 다가오고 다음번 금융난을 유발할지 모를 요소가 쌓이고 있다. 블라디미르 푸틴 러시아 대통령은 이 부분을 인지하고 있다. 푸틴은 인공 지능을 지배하는 국가가 '세계를 지배'한다고 말했다. 푸틴 말이 맞다. 무서운 말이지만, 세계 경제를 통제하는 일이 불가능하지는 않다.[80]

Chapter 14

미래 공황에 관해

아무도 2020년 금융 팬데믹을 예측할 수 없었고 또 다음번 위기가 언제 어떻게 발생할지 아무도 모른다. 그러나 다음에 또 금융 위기가 발생할 가능성은 항상 존재한다. 문제는 기업 및 정부 개혁이 다음번 위기가 도달하는 범위, 심각도, 존속 기간 등을 어떻게 줄일 수 있느냐다. 우리는 그간 경험을 통해 신뢰 상실은 폭탄과 같다는 사실을 안다. 즉 신뢰 상실은 정부와 민간 부문이 경제 속에 무작위로 끼워 놓은 금융판 C4 폭탄이라 하겠다. 서부 지역 토지 급속 매각과 정착, 신제품과 농산물 생산, 철로 신설, 통제받지 않는 통화 및 신용 창조, 국제 거래 확대, 투기성 투자 상품 확산, 주택 소유 증가, 신종 모기지 상품과 CDS 그리고 단기 이익을 노리는 캐리 거래^{Carry Trade, 자기자본 수익률을 높이고자}

확대, 경제 활동 중단으로 이어진 팬데믹 등이 전부 과거에 그 뿌리를 두고 있었다. 경제 폭탄 여러 개 중 하나만 폭발하면 그래도 감당할 수 있다. 예를 들어 특정 증권의 가치가 X가 되면 경제에 미치는 영향이 Y가 된다는 사실을 우리는 안다. 그러나 2008년 때처럼 신뢰를 약화시키고 연쇄 폭발을 일으킬 수도 있는 공황의 잠재적 유인을 예측하기는 너무 어렵다. 2020년 금융 팬데믹은 바이러스라는 물리적 재앙이 유발했다는 점에서 매우 특이한 사례라 하겠다. 대다수 사람은 이 팬데믹도 결국은 지나갈 테고 정상 회복도 어느 정도는 되리라 기대한다. 아마도 그렇게 되지 않을까 싶다. 혹은 현 경제에 내재한 위기의 불씨가 결국 터져 금융 대화재로 번질지도 모를 일이다. 경제 전체에 오늘 혹은 미래에 터질지 모를 금융 폭약이 점점이 박혀 있다고 생각해 보자. 전에 이미 언급했던 부분이기도 한데 이 작업을 진행해 나가면서 아무래도 나는 2020년 위기 때 중요한 역할을 하지 않았던, 자진해서 부과한 불리한 조건을 강조해야 할 듯하다. 정부가 미래에 작동할 금융 안전망을 설치해 다음번 위기에 대응해야 하는데 의회가 정부의 이런 능력을 제한했다. 2020년에 목격했듯이 재무부와 연준이 급속히 전개되는 금융 문제를 해결하는 데 필요한 능력과 자금을 확보하려면 의회의 힘을 빌려야 했다. 2010년에 도드-프랭크법이 통과되기 전에 연준법 제13조 3항에 따라 연준은 '비정상적이고 긴급한 상황'에서 해당 대출에 대해 적절한 보증이 이뤄지고 차입자가 민간 금융 기관에서 자금 조달을 할 수 없는 경우 기업에 긴급 대출을 해 줄 수 있었다. 도드-

프랭크법은 다분히 정치적인 목적에서 대형 금융 기관에 대해 '엄격한 자격 요건을 충족'할 때에만 긴급 대출을 허용하도록 연방법 제13조 3항을 수정해 최악의 상황이 아닌 한 앞으로 대마불사 수준의 월가 금융 기관에 대한 구제 금융을 금지했다. 실용적 차원에서 앞으로는 특정 기업이나 소기업 집단을 지원하는 제도나 기구가 마련되지는 않을 것이다. 이에 따라 연준은 권한 행사의 정당성을 보여 주고 실질적 지원 요건을 설명하는 내용의 보고서를 의회에 제출해야 한다.[1] 2008년 공황 때는 이런 식으로 권한을 제한해 미국 경제와 납세자 이익을 보호하는 데 성공했지만, 이는 그저 근시안적 행위로 보일 뿐이다. 사실 또 다른 금융난이 어떻게 시작되는지 또 기업이 그런 위기를 촉발하는 주체인지 아니면 위기를 수용하는 도구인지 모르는 상황에서는 특히 더 그렇다.

2020년 금융 팬데믹이 광범위한 영향을 미치는 상황에서 의회가 금융 위기를 해결하려는 규제 기관의 능력을 제한한 행위가 다행히 지금까지는 타당성을 얻지 못했다. 모두에게 즉각적인 지원이 필요했다. 그러나 금융 위기는 보통 한 기업의 파산이 거의 경제적 파산으로 이어지기 때문에 금융 개입을 '모 아니면 도' 식 개입으로 제한하는 것은 위험하다. 이는 눈이 내려 30센티미터가 쌓이는데 일단 이 일이 발생하고 나면 단번에 싹 치울 수 있다고 생각하는 것과 다름없다. 정부가 X 기업에 영향을 미치는 문제를 해결하지 못하면 비록 X가 행동을 잘못했기 때문에 파산해도 마땅한 기업이라 할지라도 그런 X가 파산하면 Y나 Z처럼 별문제 없이 경영을 잘해 온 기업도 덩달아 파산할지도

모른다. 요컨대 도덕적 해이를 근절하려고 만든 법률이 도덕적 해이를 조장할 수도 있다.[2]

의회는 왜 연준이 지난 금융 대란을 통제하는 데 사용했던 도구를 없애려 할까? 잠깐, 중요한 뭔가가 더 있다! FDIC가 예금 취급 관련 민간 기업이 발행한 신종 채권과 예금을 보증하는 이른바 '한시적 유동성 보증 계획'을 포함한 몇 가지 위기 대응책과 관련해서도 의회는 FDIC의 날개를 꺾어 버렸다. 의회는 도드-프랭크법에 따라 FDIC가 법정 관리 상태에 들어간 은행을 정리할 때에만 금융 지원을 허용하고 또 재정난이 극심한 시기 동안 지급 능력이 있는 예금 취급 기관 및 그 지주 회사, 계열사 등 채무를 보증하는 다양한 제도를 마련하는 방식으로 향후 FDIC의 금융 지원을 금지했다. 게다가 FDIC가 금융 지원을 하려면 재무부 장관의 동의, 의원 합동 결의로 보증이 가능한 최대 채무액에 대한 승인, FDIC와 연준 3분의 2의 동의로 FDIC의 지원 행위를 승인하는 등의 절차를 거쳐야 한다. 한마디로 말해 실질적으로 FDCI 지원을 기대하기가 매우 어렵다. 콘티넨털을 구제할 때 그리고 재무부가 공적 관리로 패니메이와 프레디맥의 재정 안정화를 도모할 때와는 달리 앞으로 FDIC는 파산 방지를 목적으로 금융 기관의 보통주나 우선주를 취하는 행위를 마음대로 할 수 없다.[3] CARES법에 따라 이런 제한이 일시적으로 완화됐다. 그러나 본질적으로 이 법은 다음번 위기 때 연준과 FDCI가 경제 구제 권한을 얻으려면 의회에 다시 기대야 한다는 의미다. 상당히 성가신 부분이자 까다로운 문제다. 특히 경제 위기는 의회 시간표에 따라 움직이거나 의회 활동에 중요하다고 생각하는 정치적 요소를 반영하지 않기 때문이다. 금융 위기에 대한 해법에 정치적 요소가 가미되는 이른바 '위기 해법의 정치화'는 현 체계의 한 부분임에는 틀림이 없지만, 이 자체가 상당한 위험 요소라는 점 또한 사실이다.

통화 체계의 혼란

통화를 구성하는 요소에 대한 불확실성이 경제적 혼란으로 이어질 수 있다. 19세기는 거의 10년마다 금융 공황을 겪으면서 각종 지폐와 특히 그린백, 남부 연합 달러 등 다양한 유형의 통화가 국민적 합의를 통해 지배 통화의 지위를 얻으려고 금이나 은 같은 정화와 경쟁하던 시기였다. 이와 마찬가지로 전통적 금융 관계의 변화와 새로운 경쟁 환경이 시장 교란을 야기할 수 있다. 1980년대에 MMF가 등장하면서 은행과 S&L이 누렸던 예금 취급권에 대한 독점이 깨졌고 이 때문에 미국 은행 부문의 취약성이 드러났으며 2,500개가 넘는 은행과 S&L이 파산하는 결과를 낳았다. 요즘 우리는 새로운 변화의 시대로 나아가고 있다. 이런 변화는 대다수 금융 관계에 변화를 일으키고 다시 한번 금융 안정성을 뒤흔들 불확실성을 야기할지도 모른다. 암호 화폐와 기타 핀테크 상품이 등장하면서 가장 본질적인 금융 관계, 즉 인간과 통화 간의 정서적 관계가 앞으로 어떻게 정립될지 알 수가 없다.

암호 화폐는 아직 임계량에 이르지 않았으며 보편적으로 현금, 신용 카드, 자동 결제, 수표 등을 대체한 경제적 가치 기준도 아니다. 투기 목적 이외에 적법한 당사자가 이따금 사용한다.[4] 게다가 암호 화폐가 테러 자금 조달이나 돈세탁, 불법 구매, 기타 다크넷^{Dark Net, 비표준적 통}_{신 규약과 포트를 사용하는 특정 소프트웨어로만 접속이 가능한 네트워크―옮긴이}상의 거래에 주로 사용하는 도구인 한 세계 금융 매개체 역할을 하면서 소비자와 시장의 신뢰를 높여 줄 가능성은 매우 낮다. 그러나 블록체인이나 이와 유사한 P2P 애플리케이션을 기반으로 한, 한 개 이상의 암호 화폐가 가치 교환 매체로서 소비자 집단에서 임계량에 도달하고 신뢰 상실이나 붕괴를 유발한 사건이 발생한다면 전례가 없는 수준의 공황으로 이어질 수 있다. 실제로 고도화된 차세대 컴퓨팅 역량을 사용하는 공격은 이런 보안 기술로 감당할 수 있다는 보장이 없다. 중국 암호 화폐 채굴자가 일부 네트워크를 장악하는 방향으로 나아갔다는 사실이 경각심을 불러일으킨다. 중앙은행이나 정부 발행 기관, 재무부 등은 암호 화폐 안정화를 꾀한다는 목적에서 붕괴하는 시장에 개입할 직접적인 이유가 없다. 암호 화폐가 상업 및 소매 금융 시장에 널리 그리고 깊숙이 침투해 있는 만큼 일단 공황이 촉발되면 공황의 여파가 널리 그리고 깊숙이 퍼져 나간다. 소셜 미디어와 유선 뉴스 방송이 정확한 혹은 부정확한 정보를 전달하면서 지분을 늘리는 장면을 보면 그 위력이 피부로 느껴질 것이다. 비은행권의 서브프라임 대출이 결국 FDIC가 보증하는 은행에 치명상을 입혔지만, 그렇게 발생한 공황이 어디로 향할지 또 누가 구제해 줄지 알 수가 없다.

그러나 암호 화폐에는 전통적 금융 관계를 완전히 변화시키는 훨씬 더 미묘한 영향력이 있다. '달러 기반 거래'에서 정부는 전통적 금융 기관 및 결제 체계의 지원으로 가치 이체를 간접적으로 보증한다. 사람들이 현금 혹은 달러를 기반으로 거래할 때는 사실상 정부와 거래하는 셈이다. 당장 재무부로 가서 그랜드캐니언 한 조각을 1달러 지폐와 바꿀 수는 없지만, 이 달러는 미국 정부의 약속을 상징한다. 사실상 내가 무언가를 사거나 팔 때마다 이 거래에서 정부는 제3자가 돼 교환 가치나 교환 형태로 거래 당사자가 보유한 재정적 신뢰를 제공한다. 거래 당사자는 제품을 구매하는 데 사용한 통화가 아니라 거래 성과와 구매한 제품에만 신경을 쓴다. 비정부 암호화 상품은 싫든 좋든 간에 당사자 간의 기본 관계를 재구축하고 거래에서 정부를 배제하는 방식으로 관계를 변화시킨다. 신뢰할 만한 중개인 및 보증인 역할을 누가 수행하는지는 분명치 않다. 암호 화폐는 정부의 통제나 보증을 받지 않을 뿐만 아니라 대다수 암호 화폐는 눈으로 확인할 수 있으며 소통이 가능한 일방 당사자 그 누구의 통제도 받지 않는 듯하다. 일부 암호 화폐는 정부 통화 혹은 유통 주화에 대한 담보물로서 가치가 보장되는 스테이블 코인Stable Coin, 미국 달러나 금 같은 '안정적인' 자산에 가치가 연동된 디지털 통화—옮긴이을 사용하는 방법으로 명목 화폐의 전형적 특성을 구현하려고 한다. 그러나 이런 암호 화폐가 위기 시 어떻게 작동할지 혹은 유형을 불문한 모든 통화가 제공해야 할 기본적 신뢰감에 어떤 영향을 미칠지 분명치 않다. 게다가 모든 암호 화폐는 주권 통화가 뒤에서 받쳐 주고 있다는 사실에서 안정감이 느껴질 수도 있겠지만, 발행 가능한 암호 화폐 수가 제한돼 있다. 재무부 채권처럼 방대한 규모의 국채가 유통 중인 모든 암호 화폐의 가치를 담보하는 역할을 한다면 경제 유동성에 영향이 미칠 수밖에 없다. 암호 화폐와 기타 유형의 디지털 화폐의 유통이 확산하면서 19세기를 달궜던 통화 전쟁이 재현되는 모양새다. 부분적으로 19세기 통화 전쟁은 국가 통화의 발행자로 정부를 끼워 넣음으로써 해결됐다. 결과적으로 정부 역할을 배제하며 새로운 유형의 통화 체계로 움직이는 추세는 결국 19세기 때처럼 경제적 실패로 이어질 혼란 속으로 무모하게 돌진하는 일일지도 모른다. 암호 화폐 옹호론자는 분산형 통화의 안정성을 강조하며 이런 주장에 반대 의사를 표하지만, 현금과 달러가 사라지고 디지털 토큰으로 교체된다는 사실 자체가 미래에 폭발할 수 있는 폭약으로 작동한다는 점은 분명해 보인다. 결과에 영향을 미칠 수 있는 체계 내에서 이 전쟁을 치르고 싶은지 아니면 체계 밖에서 치러야 할지는 최종적으로 정부가 결정해야 한다.

사이버 보안 불안

이미 논의한 바와 금융 기술이 알려지지 않은 혹은 신뢰할 수 없는 당사자의 통화 창조 및 이동 속도가 제도상 및 체계상 문제를 유발하는 경향이 점점 강해진다. 최근에 발생한 팬데믹은, 진행하는 데 수년이 걸렸을지 모를 수많은 기술 변화를 가속화했다. 기계를 기반으로 한 프로그램이 경기 순응적 방식으로 이미 주식 시장 거래를 주도하고 있다. 이런 프로그램은 종종 과소반응이나 과잉반응을 나타내고 시장 성과에서 급격한 편차를 유발하기 때문이다. 자본 및 스트레스 테스트 모형은 은행의 재정적 기반을 강화하려 하는 한편 상황이 어려울 때 동일한 방식으로 대응하고자 재무상태표를 동기화하는 위험을 감수한다. 수 세대를 이어온 인덱스 뮤추얼펀드도 있으며 이 또한 경기 순응적 시장 반응의 위험을 증가시키는 거래 프로그램을 이용한다. 이처럼 순수한 기술 기반 프로그램 전부가 우호적이거나 비우호적인 경제적 사건에 동일한 방식으로 반응하면서 위기를 유발하거나 더 악화시킬지도 모른다.

그러나 인공 지능이 직업 및 사생활의 모든 측면을 통제하면서 기계 기반 통제가 전면화할 때 발생할 위협에 비하면 기업이 매일 접하는 전형적인 금융 위협이 유치해 보일 것이다. 악의적 당사자가 인공지능을 이용해 시장을 조작하고 연준이나 기타 금융 결제 체계를 장악하면서 경제를 파괴할 가능성을 생각만 해도 아찔할 지경이다. 다들 이제 겨우 익숙해진 기술 보안 표준을 다시 뜯어고치겠다고 으름장을 놓으며 양자 컴퓨터가 슈퍼 컴퓨터를 제치고 앞서 나갈 가능성 때문에 멈칫할 수도 있다.[5] 미국에 있는 모든 ATM이 작동을 멈추고, 결제 체계가 송금 서비스를 중단하며, 악의적 인공 지능이 연준을 장악하면 어떻게 될까? 미 재무부 채권 발행, 국제 송금, 재정적 이익 분배가 중단되고 세계 금융 체계가 작동 중지 상태가 되면서 제품을 통관항에서부터 화물차에 실어 운송하는 작업이 중단되면 어떤 일이 벌어질지 생각해 보라. 개인과 기업이 통화에 접근할 수 없고 심지어 그 통화가 어디에 있는지조차 알 수 없다면 어떻게 될까? 이에 대해서는 간단히 '경제적 혼란'이 발생한다고 답할 수 있다. 한 국가의 금융 기관과 경제 인프라 그리고 더 나아가 민주주의를 보호한다는 차원에서 보면 신기술이 파괴만을 일삼는 사람들 수중에 들어가는 일이야말로 우리가 직면한 가장 절박하고 심각한 문제가 아닐 수 없다.

현재 정부는 자료를 분석해 결론을 도출하고 경제적 판단을 내리는 데 필요한 기술과 역량이 제한돼 있다. OCC는 2019년 12월 반기 위험 전망 평가 보고서에서 사이버 보안과 기타 기술 위험에 대해서도 대략적으로 기술하면서 "악의적인 외부 및 내부 행위자가 다양한 기술을 이용해 통제를 교묘하게 회피하지만, 일반적으로는 은행과 고객 자료 보호 및 운영상의 안정성을 위한 적절한 통제력을 보유한다"라고 언급했다.[6] 최근에 발표한 보고서 대부분이 이와 비슷한 내용을 담고 있다.[7] 규제 기관이 페이스북이나 애플, 아마존, 구글 정도의 역량과 자원 그리고 정치적 독립성을 보유한다면 정교한 조기 경보 체계를 구축할 수 있고 그러면 좀 더 정확한 경제 예측으로 너무 늦지 않게 적절한 조치를 취할 수 있다. 그리고 악의적 기술에 정면으로 맞설 수 있다. 이는 미국 경제에 대한 실질적이며 지속적으로 증가하는 위협 요소다. 다음번 위기가 가져올 잠재적 고통을 고려하면 정부가 이를 악물고 문제에 맞서야 하며 페이스북, 애플, 아마존, 구글이 그랬듯이 기술 및 감독 체계에 충분한 투자를 해야 한다.

팬데믹

먼 곳에 있는 바이러스가 미국 아이오와주의 작은 마을까지 당도하는 부분을 설명할 때 군이 세계 경제의 상호 연결성까지 거론할 필요는 없다. 상대적으로 자유롭게 매일 엄청난 규모로 국가 간 왕래가 이뤄지기만 하면 된다. 그러나 일단 바이러스가 나타난 후에는 세계 경제의 상호 연결성 때문에 범세계적 사건이 된다. 게다가 한 국가가 사용한 해법의 효용성이 다른 국가에도 영향을 미칠 것이다. 2020년 금융 팬데믹에서 확인했듯이 싫든 좋든 간에 이 세계는 돌이킬 수 없는 수준으로 서로 연결돼 있다. 전체 경제 체계에 내재한 금융 위험이 지속적으로 발현되고 있음을 고려할 때 세계 보건 상황에 대한 관심이 엄청나게 높아졌다고 하겠다. 그런 이유로 팬데믹은 여행은 물론이고 국가 간의 사회적 관계와 금융 관계를 변화시키고 조기 경고로 전 세계의 이목을 집중시키는 데 기술이 얼마나 중요한 역할을 하는지를 부각시킨다. 2020년 위기 이후에도 미국과 중국의 무역 및 금융 관계가 동일하게 유지될까? 온라인 접속이 교실과 사무실, 쇼핑몰을 대체하는 식으로 사람들의 생활 습관을 변화시킬까? 그런 변화가 생기면 경제적 사건에도 변화를 일으켜 다음번 금융 위기의 시점과 성격에 직접적인 영향을 미칠 수 있다.

금융 현실이 주는 압박

적어도 2008년 이후로 미국 경제는 역사상 가장 높은 수준의 관리 및 규제 체계를 구축했다. 이 시나리오는 코로나19 팬데믹 위기에 대응해 정부가 활용한 금융 '무기'와 결합해 관리 체계를 더욱 공고히 하는 결과를 낳았다. 가장 좋은 의도로 연준과 연방 규제 기관이 금리, 통화 공급량, 준비금, 신용 등과 관련한 모든 사항을 결정했다. 그 결과

강가 평지에 툭툭 떨어뜨린 이동식 주택처럼 정부가 조립식으로 만들어 배치한 듯한 경제 체계가 구축됐다. 이 때문에 연준이 경제에 미치는 영향력을 거둬들이고 시장 스스로 기능을 수행하게 해야 하는지 혹은 그러자면 어떻게 해야 하는지에 관한 사항을 시작으로 몇 가지 중요가 문제가 발생했다.

지난번 위기 이후 10여 년이 지났음에도 경제적 선택에서 일방 당사자로 기능하는 연준의 역할은 여전히 중요했고 위기 이전 상태로 돌아가지 않았다. 연준은 은행이 연준에 예치하는 준비금을 늘리고 수조 달러를 들여 장기 국채를 매입했으며 이 때문에 연방기금 시장이 위축됐다. 뒤이어 초과 준비금에 부과하는 금리를 올려서 위기에 대응하고자 금융 지표를 재조정했다. 예를 들어 위기 때 마련한 규제 조치가 지금도 작동 중인데 이런 규제는 민간 발행 증권보다 정부 발행 증권에 유리하고 자본과 레포, 기타 대출 시장이 상호작용하는 방식에 영향을 준다. 2019년 9월에 익일물 금리(콜금리)가 치솟으면서 레포 시장이 크게 흔들렸다. 연준은 최소한 이전에 시장에 개입한 사실에서 비롯된 문제를 교정하고자 또 다시 개입해야만 했다. 금융 팬데믹이 시작되기 전에도 여전히 장부상 모기지 증권 규모가 1조 6,000억 달러였고 금리를 인상하려 할 때마다 정치적 역풍을 맞았다. 2020년 9월 중순이 되자 연준 재무상태표상 자산 규모는 7조 달러 수준이었고 이는 2019년 말 당시보다 3조 달러가 더 증가한 수치였다. 재무부 채권으로는 4조 4,000억 달러 그리고 MBS로는 2조 달러어치를 보유했다.[8] 은행정책연구소Bank Policy Institute는 연준이 위기 대응 도구를 사용해 위기 후 경제를

어떻게 관리했는지 또 그 결과 다양한 시장이 어떻게 충돌했는지를 상세히 분석했다.[9]

연준은 또 금리를 관리해 역대 최저치 혹은 여기에 근접한 수준으로 유지하면서 다양한 측면에서 경제적 타협점을 찾으려 했다. 예금 금리는 너무 낮아서 고수익을 노리고 주식 시장으로 방향을 트는 사람이 늘어났다. 이는 과거에 경제 혼란을 부추겼던 바로 그 추세였다. 시장이 아니라 정부가 시장 유동성 그리고 위험이 어디로 이동하는지를 결정하는 상황일 때 예기치 못한 문제가 발생한다. 의회는 전혀 신경 쓰지 않았으나 국가 부채 규모는 극도로 낮은 금리 덕분에 '관리가 가능한' 27조 달러 수준을 유지했다. '통상적' 수준인 6퍼센트 금리는 구국채가 신규 재무부 채권으로 교체되면서 국채 규모를 증가시켜 전체 경제를 위기로 몰아넣을 것이다. 이와 동시에 은퇴 세대는 고정 수익 증권의 수익률이 너무 낮아서 재정적으로 큰 어려움에 빠질 것이다. 이렇게 낮은 수익률은 30여 년 전에 이들이 은퇴 후 금융 계획을 세울 때는 전혀 예상치 못했던 상황이었다.

연준이 현 위기 이후 어떤 방식으로 경제 정상화를 이룩하든지 간에 위험 요소는 여전히 존재한다. 수많은 경제학자는 경제가 그저 저절로 움직이는 것이 아니라고 생각한다. 리와 리 그리고 콜디론은 저서 《캐리의 부상》에서 더 심해진 금융 위기에서 구제받을 수 있다는 기대를 바탕으로 위험을 감수하고 가격을 형성하게 하는 시장 환경을 바로 연준이 조성했다고 주장한다.[10] 1997년에 MIT 경제학자 루디 돈부쉬Rudi Dornbusch는 "지난 40년 동안 번성했던 미국 경제 부문 중에 저절로 자연사한 예는 하나도 없었다. 전부 다 연준 손에 죽었다"라고 썼다.[11] 현재로서는 인플레이션율이 낮고 미국은 에너지 수출국이 돼 과거와 같은 유가 폭등을 차단하고 있다.

역사는 지난 10년 동안 경험했던 것과 같은 만들어진 경제의 위험성을 보여 준다. 정부가 정치적인 혹은 재정적 이유로 경로를 수정하기로 결정하는 형태를 통해서든 아니면 그런 인위적 경제의 실효성을 시장의 힘이 훼손하는 형태를 통해서든 간에 현실 경제로 되돌릴 때는 대부분 경제적 고통이 뒤따른다. 이미 언급했다시피 2008년 이후 고도로 관리된 경제 그리고 현 위기를 겪은 이후 맞이하게 될 경제만큼 시장 외의 힘이 강하게 들어간 체계도 없을 것이다. 연준이 금리 수준 조정을 시장에 맡겼던 1929년처럼 그리고 금리가 사상 최고치를 기록했을 때 규정 Q를 폐지했던 1980년대처럼 그렇게 되면 결국 경제적 고통을 겪을 가능성이 크다. 위기 상황에서 정부가 개입했던 부분을 원상회복하려고 팬데믹 이후 정부가 다시 개입하면 시장이 혼란스러워지고 추측에 기반을 둔 장세가 다시 시작된다. 2019년 9월에 발생한 레포 시장 혼란에서 확인했듯이 도드-프랭크법에 따른 위기 후 규제 조치가 시장에서 필요한 부문으로의 현금 흐름을 제한하는지 여부에 관한 의문이 생긴다. 이는 비은행권 대출 기관이 단기 은행 신용 한도에 의존하는 시장에 그리고 불황 때 매각이 어려운 비유동성 자산을 보유한 회사채에 영향을 줄 수 있다.[12] 구체적으로 2014년에 규제 기관이 채택했던 은행 유동성 규정이 문제라고 지적하는 사람도 있었다. 이 규정에 따라 은행은 유동성을 축적해야 했고 애초 없애려 했던 체계상 안정성 문제를 유발했다.[13] 요컨대 정부 개입으로 빚어진 일을 원상회복하는 일이 관건이다.

연준이 통화를 발행해 인플레이션과 디플레이션, 스태그플레이션 위협에 대응하려고 하면 할수록 우리는 점점 더 위험에 빠지고 있었다. 마이크로스트래티지MicroStrategy Inc는 안전하고 수익성도 더 높다는 생각에 국채 4억 2,500만 달러를 비트코인으로 바꿨다. 이 사실 자체가 위험을 경고하는 금융 시장판 카나리아광부가 갱 내 유독 가스를 탐지하려는 목적으로 사용한 새로 일종의 경고 신호 – 옮긴이일지도 모른다.[14] 내가 연준 이사라면 아마 경제적으로 곤경에 빠진 현 상황 속에서 미래 경제를 이끌 중요한 결정을 내리기 전에 가능한 한 많은 자료를 축적한 다음 가장 정교한 프로그램으로 이 방대한 자료를 분석하고 싶다.

대출, 위험, 변동성

금융업은 지하가 여러 층인 1층 건물과 같다. 1층 아래에 있는 층들은 위층만큼 잘 보이지 않는다. 대다수 소비자와 소기업은 각각 기본 예금, 대출, 투자 필요에 따라 시장이 배치된 '1층'에서 주로 활동한다. 그러나 눈에 딱 띄는 1층 아래로 내려갈수록 규모가 점점 커지고 더 복잡해지는 금융 요소가 배치되는 형태로 투자자와 자금, 은행, 중앙은행, 정부 지원 기업 등이 복잡하게 얽힌 금융 신경망을 구성한다. 이 세계에는 레포, 익일물 대출, 캐리 거래, 차익 거래, 스와프, 파생 상품, 합성 증권, 외환 거래, 투기성 부실 채권 거래 그리고 다양한 풋, 콜,

옵션, 공매도, 선물, 위험 회피형 헤지 거래 등이 포함된다. 이미 언급했듯이 일부에서는 연준의 행위가 이런 지하 경제에 치명적 위험을 가중시킨다고 지적한다.[15] 위에서 비유한 경제라는 건물의 각 층이 어떤 역할을 하는지에 대한 논의는 각 부문 전문가에게 맡기고자 한다.

대출은 경제 성장에 기여하는 한 부분이다. 그러나 과도한 대출은 경제에 동력을 공급하는 금융 '보일러'에 엄청난 압력을 발생시킨다. 일단 경제가 성장을 멈추고 후퇴하기 시작하면 상환 불능 대출이 지하실에 비치한 폭발물이 돼 버린다. 처음부터 불량 대출인 경우도 종종 있지만, 대부분은 처음에는 우량 대출이었는데 경제 상황이 나빠지면서 불량 대출로 변한다. 민간 부채가 급속히 증가하면서 신용 거품이 형성됐다면 이를 금융 붕괴가 임박했다는 신호로 봐야 한다.[16] 그러나 과도한 민간 부채가 경제 공황의 원인이라는 주장으로는 금융 위기를 유발하는 부채 거품이 미국에 왜 그렇게 많이 발생하는지를 설명하지 못한다. 과도한 민간 부채가 금융 위기의 원인이거나 아니면 위기의 증상일 수 있으며 둘 중 어느 쪽인지가 중요하다.

전미경제연구소National Bureau of Economic Research에 따르면 미국은 1991년 3월부터 2001년 3월까지 인터넷의 폭발적 성장에 힘입어 장장 120개월 동안 이전 기록을 갈아치우며 2020년 2월까지 가장 긴 경제 팽창기를 누렸다고 한다. 2009년 6월 이후로 GDP가 누적 기준으로 25퍼센트 증가했다.[17] 이와 동시에 2020년 금융 팬데믹 이전에 미국 소비자 부채는 2019년 일사분기에 14조 달러를 기록했으며 이는 2008년 당시 신용 카드, 자동차 대출, 기타 부채 총계인 13조 달러를 능가하는 수준이었다.[18] 2019년까지 총 기업 부채 규모는 15조 5,000억 달러로 이는 미국 GDP의 74퍼센트에 해당하는 수준이었고 은행 대출 증가에 따른 결과로서 이 부분이 상당한 우려를 낳았다.[19] 국제금융연구소Institute of International Finance에 따르면 정부와 기업, 가계의 총 해외 부채는 2008년 공황 이후로 약 50퍼센트가 증가한 246조 6,000억 달러였다.[20] 금융 부문이 기하급수적으로 성장 중이었고 이에 따라 차입도 폭발적으로 증가했다. 코로나19가 발생하기 전까지 비은행권 대출과 금융 기술 부문에서 증가세가 특히 두드러졌다. 기업 대출과 레버리지론이 증가한 부분은 2020년 위기 이전 10년 동안 서브프라임 모기지 대출이 급증했을 때와 비견된다. 따라서 이 또한 훨씬 더 심각한 위기를 촉발하는 인자가 될 수 있다.

레버리지론 증가 추세는 비은행권에서 이미 차입을 많이 해서 투자 부적격 등급을 받은 기업이 채권을 발행해 성장 자금을 융통하려 했던 1980년대 정크본드 현상에 비견된다. 경제 건전성 수준이 높았지만, 미국 경제 규모와 비교해 기업 부채 규모가 역대 최고 수준으로 너무 높았다. 자산의 장부 가치 대비 기업 부채는 상한선에 근접했고 부채 수준 때문에 투기 등급에 점점 가까워지고 있었다.[21] 이전 성장 추세와 함께 GDP 대비 부채 비율이 꾸준히 증가했지만, 미국 금융 부문과 가계 부채 증가 수준은 2008년 공황 이전 5년 동안보다 훨씬 낮았다.[22] 2019년에 파월 연준 의장은 만약 예기치 않게 경기가 하락하면 '금융 문제'가 발생하고 일부 기업은 심각한 재정난을 해결해야 하겠지만, 경제 안정성이 위협받지는 않으리라고 말했다.[23] 과도한 서브프라임 대출이 경제 붕괴를 촉발하기 직전에 모기지 금융업의 건전성을 언급했던 그린스펀 의장의 말을 연상시킨다는 점에서 이 발언이 냉소적으로 들릴지도 모르겠다. 어쨌거나 파월 의장은 자신이 뱉은 말을 그렇게 빨리 시험대에 올리게 되리라고는 미처 예상하지 못했다. 그래도 지금까지는 아무튼 잘 버텼다.

2019년에 은행 지주 회사는 레버리지론 2조 4,000억 달러어치를 보유했으며 이는 다수 은행이 공유한 가장 복잡한 신용의 약 50퍼센트에 해당한다.[24] 이처럼 대출 관련 수치가 증가했다는 사실은 상환 가능성에 대한 긍정적인 추정, 비효율적인 약정, 관대한 대출 조건 등을 포함해 부실한 대출 구조와 함께 지난 몇 년 동안 위험이 증가했다는 의미다.[25] 은행이 비은행권에 대해 광범위한 대출을 해 주는 방식으로 레버리지론을 통해 간접적으로 자금을 조달하고 MBS에 해당하는 상업용 대출 채권인 CLO를 구입했다는 사실에서 은행이 레버리지론 사업에 발을 담그고 있음을 알 수 있다. CDO는 SPV가 발행한 자산담보부증권이다. SPV는 특별히 CDO를 발행할 목적으로 설립한 기업 혹은 신탁이다. 이들 SPV는 자산담보부증권, 주거용 혹은 상용 MBS, 부동산 투자 신탁REIT 증권 등 다양한 유형의 기초 자산을 보유할 수 있다. CDO와 CLO는 시장 판매가 용이하도록 다층 구조로 구성됐다. 그리고 맨 아래층이 위험도가 가장 높다. 다수 채권이 결합된 풀 대출에서 채무 불이행이 있으면 손실이 발생한다. 채무 불이행이 증가하면 상층부에도 영향이 미친다.

CLO는 레버리지론을 모아 상업용 자산담보부증권으로 묶은 형태이며 2019년 기준 약 1조 달러 규모인 미상환 레버리지론의 약 62퍼센트를 차지했다.[26] 은행은 보험사, 연금 기금, 대학 기부금 관리단, 기타 CLO를 매입한 투자자 혹은 은행과 비은행권이 레버리지론이나 CLO에 대한 채무 불이행에 대비해 사용하는 CDS의 상대방에게도 대출을 해 준다. 은행은 레버리지론을 장부상 총 포트폴리오에서 한 자릿수 비율로 유지하는 듯했지만,[27] 2000년대 서브프라임 모기지 생성, 유동화, 투자 사업에서와 아주 비슷하게 이 사업 참여자 간의 상호 연결성을 고려하면 2020년 3월과 4월에 그랬듯이 신용이 축소된 현 상황이 문제를 더 심각하게 만들 수 있음을 시사한다.[28]

파월 연준 의장에 따르면 현재 규제 기관이 금융 체계상의 안정성을 감시하고 은행이 2008년에는 존재하지 않았던 상당 수준의 완충 자본을 보유한다는 사실은 시장 붕괴가 은행과 경제에 그다지 큰 영향을 미치지 않으리라는 점을 시사한다. 경제적 측면에서 보면 정확한 말일지 모르지만, 실용적 측면에서 또 심리적 측면에서도 과연 정확하다 할 수 있을까? 파월 의장이 내린 결론 중 일부는 은행이 CLO 투자를 주로 AAA 등급 자산담보부증권으로 제한한다는 사실에 기반을 둔 것일 수 있다.[29] 그러나 문제는 2000년대에 MBS와 CDO를 구성했던 서브프라임처럼 고등급 CLO에서 AAA 등급이나 AA 등급 심지어 A 등급 마저도 존재하지 않는다.[30] 1990년대에 모건스탠리에서 CDO와 CLO를 구성해 판매하는 조직의 일원이었고 지금은 법학 교수인 전직 투자 은행가 프랭크 파트노이Frank Partnoy는 2020년 4월에 시사 주간지 《애틀랜틱》에서 피치가 등급 평가를 한 레버리지론 데이터베이스에서 차입자 1,745명 가운데 67퍼센트 이상이 B 등급이었다고 주장한다. B 등급이면 현재와 같은 경제 상태로는 채무 불이행 가능성이 증가한다고 봐야 한다.[31] 또 그 자체로는 경제를 붕괴시키리라 예상할 수 없었던 서브프라임 모기지 거품과 마찬가지로 문제는 경제에 내재한 다른 위험이 동시에 폭발해 더 큰 금융 위기로 진화하는 상황에서 CDO가 그 촉발 인자 역할을 하느냐 아니면 중간 매개자 역할을 하느냐다. 규제 기관이 첨단 기술에 의존하고 빅데이터를 분석해 결론을 내면 예측이 더 정확해지고 풍부한 정보에 바탕을 둔 의견을 낼 수 있다.

중국 및 기타 세계적인 위협

이 책을 출간할 당시 나는 중국이 미래 금융 위기에 미치는 영향을 생각하고 있었다. 그런데 그 시점에 코로나19 팬데믹이 미국의 건강과 부를 좀먹고 있었다. 사실 중국은 다음번 금융 위기 유발 인자의 일부였지만, 누구나가 기대했던 그런 식은 아니었다. 중국은 세계 최대 경제 강국에 근접하고 있고 미국을 비롯한 전 세계 수많은 국가의 거래 상대국이자 거대 투자국이 되면서 전례 없는 수준으로 전 세계의 상호 연결성을 높였다. 의료 장비와 항생제 그리고 코로나19를 피하는 데 필요한 각종 위생품과 보호 제품이 절실히 필요했던 경험에서 확인했듯이 미국을 포함한 수많은 국가가 이런 제품에 대한 중국 의존도가 너무나 높았다. 사실 이는 매우 위험한 상황이었다. 코로나 위기를 지나고 나면 중국은 차세대 초강대국이 되거나 아니면 다음번 세계 경제 붕괴를 촉발하는 인자가 될 수 있다.

중국의 급성장 그리고 통화와 무역을 포함한 빈번한 사회적 및 경제적 변수 조작이 결국은 미국을 비롯해 중국에 의존하는 전 세계 경제를 약화시킬 수 있다. 중국 지방 정부는 미상환 채권에 대한 상환 능력을 초과해 과도하게 건설 공사를 했고 또 과도하게 지출했다. 중국 지방 자치 단체의 미상환 부채 규모가 6조 달러라고 한다. 이 가운데 앞으로 2년 사이에 만기가 돌아오는 채권이 4,280억 달러어치인데 이처럼 엄청난 부채 규모를 감당하기에는 세수가 너무 부족한 상황이다.[32] 범죄 왕국이 돼 지적 재산권을 훔치고 다양한 형태로 기술을 빼가는 첩보 활동과 사이버 전쟁에 가담하는 경향이 강해진 중국은 전 세계 산업화 경제에 특히 사회 공학 기술을 수출하는 사람들을 위험에 빠뜨린다. 미국은 중국이 자국 및 자국의 거대 기술 기업이 수출하는 기술에 도청 장치부터 시작해 주권국과 그 국민을 통제하는 기술에 이르는 모든 것을 심고 있다고 의심한다. 2020년 7월에 발표된 상원 보고서는 중국이 기술 역량을 동원해 자국민뿐 아니라 전 세계를 대상으로 감시 활동을 하고, 인터넷을 통제하며, 정보를 검열하는 이른바 '기술적 권위주의'를 확립하려 한다고 비난했다.[33] 코로나 위기가 한창일 때 중국 정부는 사람들을 추적해 발열 증상을 보이는 사람이 누구인지 확인하려는 목적으로 전 국민에서 관련 애플리케이션을 휴대전화에 다운받아 실행하라고 지시했다. 코로나가 종식돼도 이런 감시 및 추적 조치는 중단하지 않을 것이다. 중국은 필요 이상으로 도발적인 행위를 일삼고 계속해서 잘못된 조언을 실행하려는 경향성을 보인다. 무엇보다 중국이 자국의 이익에 따라 최소한 미국 경제와 금융 인프라를 통제할 수 있는 인공 지능과 양자 컴퓨팅 개발 부문에 막대한 자본을 투입하고 있다는 사실에는 의심의 여지가 없다.

주택 금융: 늘 문제를 일으키는 요소

1929년 이후에 발생한 모든 위기 때마다 그랬듯이 또다시 모기지 대출이 다음번 금융 위기를 유발하는 데 중요한 역할을 할 수 있다. 2020년에 정부는 코로나로 고통받는 주택 소유자에게 대출금 상환 유예를 해 줘야 했고 현재로서는 이 상황이 언제 끝날지도 알 수 없다.

모기지는 특히 30년 만기 고정 금리 모기지 포트폴리오에서 인수하고 유지하기에 가장 복잡한 금융 상품 가운데 하나다. 우선 상환 불이행 위험이 있고 금융 상품이 존속하는 동안 금리가 올라 상품 가치가 하락할 위험에 노출돼 있다. 더구나 금리가 하락할 때 주택 매각이나 차환으로 조기 상환 속도에 변화가 생기면 동일한 듀레이션과 수익률 조건에 맞추기가 매우 어렵기 때문에 모기지 포트폴리오 관리가 훨씬 더 복잡해진다. 2008년 공황 이후 관련 법률에 변화가 생기고 규제 기관이 이 부문에 초점을 맞춰 정밀 조사를 시행하는 만큼 주택 금융이 이번에는 금융 위기를 부르는 망령이 되지 않으리라 다들 기대하기는 한다. 그러나 S&L 위기 후에도 다들 이렇게 생각했다. 똑같은 일이 다시는 일어나지 않으리라고! 주택 보유율을 높이려는 정책 입안자의 욕구 때문에 수많은 위기를 겪었음에도 이러한 의지가 꺾이지 않는 듯하다. 가장 최근의 경기 팽창기에 모기지 부채 증가세가 심각한 수준은 아니기는 했지만[34], 규제 기관은 여전히 정보와 자료를 충분히 활용하지 않고 있다.

현재 미상환 모기지 규모는 15조 달러가 넘는다. 대출 기관은 2019년에 모기지 대출을 2018년보다 46퍼센트 더 많이 제공하면서 그 규모가 2조 4,000억 달러에 이르렀다고 한다.[35] 이와 동시에 모기지 규모의 절반 이상을 비은행권이 생성했다.[36] 모기지 금리 인하로 지난 10년 동안 차환이 폭발적으로 증가한 부분이 이 수치를 늘리는 데 일조했다. 모기지 건수와 규모가 이렇게 증가했다는 사실은 정부와 민간 부문에서 저지르는 실책이 새로운 주택 금융 대란으로 이어질 수 있다는 점을 강하게 시사한다. 이 사실은 MBS와 CLO 그리고 주거용 및 상업용 부동산 매수를 통해 창출된 기타 증권이 매수 즉시 비유동성 자산이 돼 가치가 하락하면서 평가 손실과 유동성 위기를 초래했던 2020년 금융 팬데믹에서 더욱 분명해졌다.

이와 더불어 주택 소유를 늘리려는 시도가 더 장기적인 새로운 금융 위기를 유발할지도 모른다. 예를 들어 평균 금리가 4~5퍼센트 수준일 때 생성한 30년 만기 고정 금리 주택 모기지(최소한 5조 달러 규모)는 만기가 10년 이상 남아 있었다.[37] 모기지 금리가 '예전의 정상' 수준이었던 7~8퍼센트로 상승하면 이런 모기지와 MBS 같은 파생 상품의 시장 가치가 50퍼센트나 하락하므로 이런 손실 위험이 내재하는 한 수익률이 낮은 모기지 포트폴리오는 판매하기가 어렵다. 기업 대출을 지원하고자 담보물로 이용한 이 같은 미상환 모기지의 가치가 하락하면 추가 증거금 및 담보물 제공 요청이 증가하면서 가용 신용이 줄어들고 안전 자산 선호 현상이 두드러지게 된다. 낮은 금리 조건에서 30년 만기 고정 금리 모기지로 주택을 구입한 자로서는 월별 비용이 줄어들지 않는 한 대체로 차환은 실익이 없기 때문에 차환에 적극적으로 나서지 않을 것이다. 변동 금리 모기지의 비용이 증가하면 주택 소유자의 채무 불이행 비율이 높아질 수 있는 반면에 저수익 고정 금리 모기지는 더 오랜 기간 미상환 상태를 유지한다. 금리가 상승하면 시장이 크게 위축되고 주택 건설이 감소한다. 금리 변동에 따른 문제를 피하고 위험을 줄이려면 모기지 생성 기관은 자산 및 유동성 비율과 듀레이션을 일치시키거나 다른 금융 상품을 이용해 위험 노출을 방지하거나 아니면 모기지를 유통 시장에 팔아야 한다. 모기지론을 판매하면 위험이 재분배될 뿐이고 위험 자체가 사라지지는 않는다.

패니메이나 프레디맥, 투자자, 대출 기관 등은 금리가 상승하면 수조 달러에 달하는 미상환 MBS와 저수익 모기지에 손실 위험이 발생한다고 가정한다. 이런 손실은 적용하는 회계 원칙에 따라 즉각 인정하거나 미룰 수 있지만, 이 상품을 판매한 시점에는 반드시 손실을 처리해야 한다. 2008년 상황처럼 모기지 상환 불이행이 증가하면, 모기지 생성 기관에 손실 부담을 요구하는 투자자는 진술 및 보증 조항 위반이나 사기 혐의로 환매 청구권Put-Back 및 구상권을 주장할 수 있다. 이런 사건이 발생하는 속도, 금리가 최고점에 도달한 시점, 신뢰를 훼손시킬 수 있는 촉발 인자의 출현 등에 따라 이런 요소들이 또 다른 금융 공황을 유발하는 요소가 될 수 있다. 2020년 금융 팬데믹으로 2008년 공황 이후 재구축했던 모기지 금융 체계의 약한 고리가 바로 드러났다. 2020년 3월부터 바로 실업자가 되거나 보상을 받지 못하는 상황이되자 사람들은 정부가 마련한 구제 조치에 따라 채무 상환 유예를 요청했다. 이에 따라 모기지 서비스 제공사가 상환이 이뤄지지 않은 상태로 몇 개월을 버텨야 하고 패니메이와 프레디맥이나 투자자가 결국그 손실을 부담해야 한다는 우려가 커지자 전국 모기지의 약 40퍼센트를 취급한 비은행권 모기지 서비스 업체가 파산할지 모른다는 부분이 가장 큰 골칫거리가 됐다. 이들 비은행권 모기지 취급 기관은 의지할 신용 출처가 빈약할지 모른다. 또 대출 기관이 수용 가능하다고 보는 수준 혹은 바로 몇 주 직전의 가치에 근접한 수준의 담보물을 보유하지 못한 상태일 수도 있다.

이들 모기지 서비스 제공사는 손실이 증가할 때 의지할 순자산이나 유보 이익이 충분치 않을 수도 있다. 어떤 부분을 우려하는지를 밝혔는데도 처음에는 현실을 받아들이고 할 일을 하라는 조언밖에 나오지 않았다. 이런 추세가 계속 이어지면 패니메이와 프레디맥 그리고무수익 서비스 제공권을 차라리 양도하고 싶어 하는 은행권 서비스 제공사를 포함해 모기지 금융 산업 기반이 점점 더 붕괴한다. 일시적으로 상환 불이행자가 증가하는 현상은 금융 체계상의 문제라기보다는이례적인 상황으로 볼 수 있지만, 모기지 금융 체계 자체가 다시 한번경제적 골칫거리가 됐다는 사실에서 주택 소유자가 되려는 사람에게저비용으로 모기지를 제공하는 방식은 비합리적이며 위험을 발생시킬여지가 있음을 알 수 있다.

30년 만기 고정 금리 모기지를 기반으로 구축한 체계에는 근원적인 붕괴 요소가 내재해 있다. 그러나 더 나은 자료와 예측력 있는 인공지능이 잠재적 모기지 위기를 해결하는 데 도움이 될 것이다. 위험 가정과 가격 설정 측면에서 모기지 금융 체계의 능률화가 이뤄지지 않는다고 할 때 더 나은 자료가 있으면 잠재적 단층선^{Fault Line, 위기를 유발하는 보이지 않는 균열-옮긴이} 및 금융 재난을 조기에 경고할 수 있다. 그때까지는 금리 상승으로 대다수 모기지 가치가 하락할 위험을 합리적으로 방어하는 도구는 바로 정부가 금리를 인상할 생각이 없다는 사실 자체다. 즉 정부는 금리 인상이 경제와 재정 상태 그리고 국가 부채에 미치는 영향을 고려해 금리를 인상하고 싶어 하지 않으며 이런 정부 의지가 일종의 위험 방지 도구 역할을 한다. 그러나 규제 대상이 아닌 금융 서비스 기구에 위험을 전가하는 행위는 세계에서 가장 보편적인 금융 상품 가운데 하나인 이 모기지를 취급하는 데 효과적인 방식이 아니다.

학자금 대출

2004년 이후로 학자금 대출이 3배 이상 증가해 2018년 일사분기에는 1조 5,200억 달러에 이르렀으며 학자금 대출을 받았던 졸업생 약 4,400만 명이 평균 3만 7,000달러를 빚지고 있다.[38] 학자금 대출자 200만 명이 채무 불이행 상태이며 2019년에 연방정부는 이 때문에 납세자가 부담해야 할 손실 규모가 315억 달러라고 했다.[39] 학자금 대출 제도와 보조금 지원 체계에 대한 견해가 어떻든 간에 국가적 혹은 전 세계적 금융 공황을 유발할 정도로 미상환 대출금 규모가 크지는 않다. JP모건체이스 한 곳의 자산만 2조 달러가 넘는다. 그러나 이 정도는 2008년 서브프라임 모기지론에 관한 내용과 큰 차이가 없다. 진짜 중요한 부분은 학자금 대출 문제가 위기의 불씨가 돼 시장 신뢰를 훼손할 큰 불로 번질 수 있느냐다.

대다수 은행은 이제 학자금 대출 사업 부문에서 주요 대출 기관의 역할을 하지 않는다. 연간 학자금 대출 규모가 약 1,000억 달러인데 이 가운데 약 10퍼센트는 비정부 대출 기관이 대출 서비스를 제공한다. 그러나 모기지처럼 학자금 대출도 자산담보부증권으로 묶여서 일정한 기대 수익을 창출하는 금융 상품으로서 시장에서 재판매할 수 있다. 이런 금융 상품의 가치는 시장 금리와 채무 불이행 이력에 달라 결정된다. 학자금 대출 거품이 있느냐 여부는 판단하기 어렵다. 일반적으로 거품은 기초 자산 가치를 훨씬 초과해서 가격이 형성될 때 나타난다. 대학 교육의 가치를 고려할 때 가능성이 크지는 않아 보이지만, 코로나19가 현행 대학 교육 체계를 바꿔 놓았는지도 모른다. 이 부분은 위험 신호가 울리는 또 다른 영역이다.

학자금 대출에 관한 정치적 수사에 잠재적 혼란 요소가 내재해 있다. 미상환 학자금 대출의 상환 면제를 신청하는 사람들 때문에 복잡한 금융 및 사회적 문제가 발생한다. 상환 면제를 해 주면 대출금을 상환한 사람에게는 불공정한 일이지 않을까? 또 그런 정책이 미국 교육 제도 모형에는 어떤 영향을 미칠까? 모두 대학에 들어간다면 그리고 이 가운데 50퍼센트가 중도에 학업을 포기한다면 어떻게 될까? 무상대학 교육이 학위의 가치를 떨어뜨릴까? 그리고 전에는 대학 졸업자면 가능했던 그 직업을 얻으려 할 때 이번에는 대학원 학위가 필요하다는 의미일까? 그러나 특히 대다수 학자금 대출이 자산담보부증권으로 묶여 투자자에게 판매된다는 사실을 고려할 때 재정적 측면에서 훨씬 더 흥미로운 지점은 학자금 대출의 상환 면제를 어떻게 받느냐다. 짐작건대 일부 법률 초안에 제시된 바와 같이 정부는 스스로를 수취인으로 규정하고, 학자금 채무를 면제하며, 채무 면제와 관련한 세금을 탕감한다. 정부가 미상환 학자금 대출 1조 5,200억 달러에 대한 주 채무자가 되면 의도치 않은 결과가 발생하고 경제에 영향이 미친다. 예를 들어 은행은 학자금 대출 채권을 기초 자산으로 한 자산담보부증권을 구매하는 데 다시 관심을 보일 가능성이 있다. 이 자산담보부증권은 미국 정부가 보증하므로 자본 위험이 거의 없다고 간주한다. 이로써 투자 자금이 학자금 대출 증권에 다시 분배되고 또 연쇄적으로 시장 유동성과 투자 패턴에도 영향을 미친다. CARES법에 따라 2020년에 일시적 모라토리엄(지급 유예)이 필요할 정도로 학자금 대출 문제는 꽤 심각했다.

  그러나 정부가 학자금 대출 문제를 다루는 과정에서 투자자 신뢰를 훼손하는 그 어떤 계획이라도 연쇄적으로 시장에 중대한 파급 효과를 미칠 수 있다. 정부는 학자금 대출 상환 불이행 비율이 급증했을 때의 1차적 및 2차적인 그리고 간접적인 영향에 관해 그리고 소셜 미디어를 통해 학자금 대출 상환 거부를 주장하고 이 주장이 받아들여지면 어떻게 되는지에 관해 더 많은 자료를 입수해야 한다.

무역 전쟁과 국가 부채

일부에서는 무역 전쟁이 다음번 금융 대위기가 될지도 모른다고 주장한다. 무디스의 수석 경제학자 마크 잔디Mark Zandi는 "모든 중국산 제품에 25퍼센트 관세, 멕시코에서 수입한 제품에 25퍼센트 관세 그리고 미국산 수입 자동차에 관세를 부과하면 미국 가계와 기업에 대해 상당한 세금 인상 효과가 생기고 그 결과 신뢰와 시장이 위축되고 2020년 미국 경제가 침체 상태에 빠진다"라고 말했다.[40] 잔디가 수립한 이론 모형에서는 전면적 무역 전쟁으로 2020년 삼사분기부터 2021년 중반까지 미국 내 고용이 310만 명 감소한 반면에 실업률은 4퍼센트 미만에서 2021년 중반까지 6.6퍼센트로 증가한다고 봤다. 그리고 주식 가치는 37퍼센트 하락한다는 말도 덧붙였다.[41] 중국이 관세 부과에 대한 보복 차원에서 자국 통화인 위안화를 평가 절하하면 미국 제조업이 피해를 입고, 미국 재무부 채권 매입이 감소하며, 금리가 상승하고, 주택 소유자와 주식 가치에 악영향을 미친다.[42] 지금까지 이 가운데 어떤 일도 발생하지 않았고 코로나19와 이에 따른 금융 위기 때문에 이런 문제가 뒷전으로 밀렸다. 그러나 이런 문제는 여전히 존재한다. 팬데믹이 끝나고 나면 중국에 대한 반발이 예상되는 상황에서는 특히 더 그렇다.

국가 부채 규모가 27조 달러에 육박하는 상황인데 이 부분이 다른 불안정한 요소와 결합하면 전례 없는 수준의 경제 대혼란으로 이어질 수도 있다. 앞으로 달러화가 세계 통화의 지위를 잃을지 모르고 만

약 이렇게 되면 중국이 다양한 방식으로 미국 경제를 뒤흔들리라 생각하는 사람도 있다. 그러나 이 세상에 가장 안정적인 경제 및 통화 체계를 내놓았던 미국의 역할을 대체할 수 있는 다른 경제 및 통화가 나올 때까지는 이런 일이 발생한 가능성은 별로 없다. 그러나 예를 들어 이 세계가 미국과 미국 경제에 대해 그랬듯이 중국 위안화와 중국 경제에 신뢰를 보일 때 미국 경제는 취약해지고 국가 부채도 큰 골칫덩이가 될 수 있다. 중국 경제의 붕괴가 미래 경제 위기의 원인이 아니라는 가정과 함께 미국의 재정적 무책임성과 계속 증가하는 국가 부채가 미국이 세계 최강 경제국 지위를 잃는 날을 재촉하고 있는지도 모른다. 우리가 만든 구조적 및 경제적 문제를 시정하기에는 너무 늦었다는 사실을 깨닫는 시점이 돼서야 비로소 다른 국가 통화가 미국 달러화 지위를 대체했다는 사실을 알게 된다는 점이 중요하다.

재무 회계

임박한 위기를 회계 탓으로 돌리는 일은 매우 이례적으로 보일지 모르지만, 과거가 미래의 전주곡이라면 예측할 수 없는 변동성과 회계 원칙의 변화가 재무제표를 더 복잡하게 하고, 기업의 결정에 영향을 미치며, 금융 위기 때 미국 내 모든 재무상태표가 동일한 방식으로 반응하게 한다. 회계 원칙이 반직관적인 영향을 미칠 수 있다는 사실에 대한 가장 확실한 증거는 2020년에 의회와 규제 기관이 너무 어렵거나 너무 위험해서 금융 위기 시에 적용할 수 없는 특정 회계 원칙을 즉

각적으로 중단한 사실이다. FASB가 의견이 분분했던 계획을 실행했다. 즉 코로나19 위기가 발생하기 이전에 대출이 처음 생성된 시점을 기준으로 은행이 대출 존속 기간 중 '현재 및 기대 신용 손실'을 예측하고 장부에 계상하게 했다. 당시에는 비현실적인 원칙을 만들고, 손실 측면에만 초점을 맞추며, 의문의 여지가 있는 가정을 요구하고, 모든 재무상태표를 경기 순응적으로 만들었다는 등의 이유로 상당한 비판을 받았다. 얼마 전에 일부 비평가가 주장했듯 2008년에 미국에서 수십억 달러에 이르는 은행 자본을 파괴시켜 결국 범세계 은행 위기로 이어지게 했던 요소가 바로 FASB의 MMA 원칙이었다.[43] 경기 순응적 회계 원칙, 즉 기업의 경제적 역량이 최소한에 그치는 경기 침체기에는 모든 기업이 가장 큰 타격을 입는다. 이런 회계 원칙은 인위적으로 단기적 금융 위험을 창출하는 데 경기 침체가 진행될수록 이 위험이 더 위중해지고 지속 기간도 더 길어진다. 3월에 의회와 규제 기관이 특정 회계 원칙(CECL과 악성 부채 재구조화)의 완전 무결성에 의문을 제기했다. 원칙이 회계 투명성에 필수적이라면 상황이 나빠졌다고 해서 원칙 적용을 중단하면 그 가치가 하락한다. 다시 말해 호황기에만 작동하는 회계 원칙은 신뢰성에 문제가 있다고 봐야 한다.

경제적으로 건전하든 아니든 간에 적절한 규정과 회계 원칙이 기업의 전략을 주도한다. 사용 가능한 현금으로 표시되지 않는 영업권 같은 자산의 가치를 장부에 계상하는 일이 허용됐을 때 그런 규칙에서 비롯된 왜곡이 잘못된 경제적 유인책을 만들어 S&L 위기 시 손실을 가중시켰다. 당연히 FASB는 또다시 영업권에 대한 적절한 회계 처리 부분을 고심하고 있다. S&L 위기 이후 비난의 표적이 됐던 40년 장기 결손 처분 방식을 다시 고려하는 중이라고 한다.[44] 그러나 가장 놀라운 사실은 회계 원칙을 자칭 회계 업계 대표단이 만들었고 연방이나 주정부의 감독을 받지 않으며, 정보공개법에 따른 내부 분석 의무도 없고, 대통령 행정 명령의 적용도 받지 않으며, 행정절차법에 따른 이의 제기도 할 수 없다는 점이다. 그럼에도 일단 FASB에서 나온 원칙은 연방 기관이 기업에 대해 이를 채택하고 사용하라고 지시하기 때문에 사실상 의회에서 통과된 여타 법률과 마찬가지 효력이 있다. 회계 원칙 수립을 정치와 분리하는 데에는 분명한 이점이 있지만, 경제 건전성 측면에서 FASB가 무슨 일을 수행하는지 또 왜 그렇게 하는지에 대한 철저한 관리·감독이 필요하다.[45]

종합 정리

지금까지 논한 금융적, 경제적, 정치적 그리고 기타 임의적 요소 가운데 향후 대중 신뢰 붕괴를 유발하고 금융 공황에 이르게 할 사건을 찾아내는 일은 거의 불가능하다. 실제로 여기서 소개한 요소 전부 또는 일부가 서로 영향을 미치면서 불확실성을 만들어 내고 결국 전반적 신뢰 상실에 이르게 했는지도 모른다. 팬데믹이나 지진, 홍수 같은 예기치 못한 사건이 원인이었을 수도 있다. 또 아직 확실히 밝혀지지는 않았지만, 선의로 행한 정부 정책이 문제였는지도 모른다. 다음번 금융 위기가 발생하기 전까지는 어떤 요인이 그런 위기를 일으키는지 알 수가 없다. 우리는 늘 뒤늦게 원인을 인식하게 될 뿐이다.

그러나 다음번 금융 위기에는 새로운 기술적 요소와 결합한 수많은 기여 요소가 포함돼 있으리라고 본다. 그렇다고 해서 세부적인 사항에 너무 치우치면 핵심을 놓칠 수 있다. 그러면 시장에 대한 신뢰가 사라지고 금융 안정성을 추구하기 시작하는 지점이 어디인지 찾아내지 못할지도 모른다. 중요한 것은 경제적 사실이 아니라 정서적 반응이다. 금융 위기를 더 잘 예측하고 위기를 피하는 데 적절한 시점과 도구를 정부 감독 기관에 제공할 수 있는 체계와 데이터베이스를 구축하는 일이 관건이다.

위기를 피할 수 없더라도 최소한 위기의 잠재적 영향은 어느 정도 줄일 수 있어야 한다. 이는 경제학뿐 아니라 심리학적 측면에서 살펴봐야 할 다차원적인 문제다. 정부는 경제적 및 기술적 방어 체계를 마련해야 하는 한편 예측력 있는 데이터베이스를 구축하고 광범위하게 발생하는 다양한 경제 위기에서 연착륙할 수 있게 하는 적절한 대안을 고려해야 한다. 위기 대응에 필요한 안전망을 구축하려면 더 좋은 정보를 더 많이 활용해야 한다. 활용할 정보가 많을수록 주장하는 말과 행위에 대한 신뢰와 권위가 높아지고 더 자신감 있게 소통을 할 수 있다. 규제 기관은 의회가 위임한 세부적인 규제 사항보다는 중요한 '사건'에 대비하는 데 대부분의 시간과 자원을 투입해야 한다.

2010년 7월에 제정된 도드-프랭크법에 따라 5개 연방 규제 기관은 대공황 이후에 수차례 발생한 공황이나 최근 금융 위기와는 별로 관계가 없는 사모펀드 활동과 독점 거래를 금지하려는 목적에서 볼커 룰을 공포했다. 이 5개 연방 규제 기관은 수천 쪽에 달하는 규칙과 지지 성명서를 발표하는 데 근 10년을 보냈다. 사실 이 방대한 문건은 100년에 한번 발생할까 말까 한 위기나 막대한 금융 손실을 유발하지 않은 잠재적 위험에 관련한 내용이었다. 겨우 11쪽 분량으로 정리할 수 있는 법적 금지 사항을 해석하고 실행할 수 있는 부분이었다. 이처럼 기껏해야 정치적 혹은 상징적 차원에서는 중요하지만, 금융 위기를 유발하는 요인과는 별 상관이 없는 문제에 막대한 자원을 쏟아부었던 비슷한 사례가 수십 건이나 있다.

Chapter 15

오리어리 부인의 암소
문제의 원인

　《시카고이브닝저널》은 1871년에 발생한 시카고 대화재는 '외양
간에서 우유를 짜던 중에 암소가 램프를 발로 걷어차면서 불길이 옮
겨 붙은 것이 원인'이었다고 보도했다. 이 외양간 주인은 캐서린 오리
어리Catherine O'Leary였다. 사건은 이렇게 종결됐다. 어쨌든 시카고 대화재
사건의 범인은 찾아냈다. 이 정도 규모의 큰 위기가 끝나면 그 판단이
옳든 그르든 간에 어떤 식으로든 끝을 맺는 일이 중요해진다.

　우주의 의미 그리고 우주가 어떻게 작동하는지는 탐구하는 물리
학자처럼 우리는 미래에 발생할지 모를 위기를 막는 방법을 찾는 데
도움을 주려는 목적에서 많은 시간을 들여 금융 위기의 과거와 현재
그리고 미래를 분석했다. 기본적인 사항이나 본질을 파악하는 일은 어

럽지 않다.

참신한 투자 상품이나 산업 발달상의 변화를 통해 경기 부양이 이뤄지고 막대한 자본이 재할당된다. 1800년대 초부터 서부 개척, 철도, 면화, 자동차 제조업, 국제 무역, 공격적 유형의 신종 금융 기관, 주택 금융, 인터넷 등이 장구한 금융사 길목마다 그와 같은 중요한 금융 기회를 창조했다. 이런 사건이 발생해 자산 가치가 과대평가되고 투자자는 차입 투자에 몰두할 때 위험한 경제 거품이 생성된다. 인간, 자연, 정부 이렇게 3개 요소가 상호 작용을 하면서 시장에 대한 대중 신뢰가 훼손되고 결국 거품이 꺼진다. 이런 일이 언제 벌어지고 또 적절한 해법이 언제 필요한지에 대해 더 확실하게 알 수 있을 때까지 이런 패턴이 계속되리라 본다.

이는 금융 대란판 '오리어리 부인의 암소', 즉 금융 대란의 '원인'을 찾아 비난의 화살을 퍼붓는 일 이상의 해법을 제시한다. 경영진은 왜 교도소에 가지 않았는지 혹은 월가 대형 금융 기관은 왜 구제를 받았는지 등의 주제 하나만으로도 책 한 권을 쓸 정도로 역시 중요한 문제고 해답도 그리 간단치 않다. 그래도 여기서는 위기 이후 정부 측에서도 경영진에 대해 책임을 물으려는 시도가 전혀 없지는 않았다는 정도로 끝내야겠다. 그러나 공격적이고 무모한 대출이나 투자 관행은 생각만큼 그렇게 고약한 범죄도 아니고 대붕괴를 유발하는 끔찍한 사건도 아니다. 정치적 목적에 따른 범죄도 아니다. 아니, 이 부분으로는 거의 노출도 되지 않는다. 악의적인 세력이나 외국 정부가 페드와이어나 ATM 혹은 미국 수표 결제 체계를 장악한다면 이는 누구의 책임인지

자문해 보라.

부당 행위를 방지하고자 금융 기관 경영진에게 시장 규율을 부과하는 일은 물론 중요하지만, 역사를 돌이켜보면 정부와 정치가 수행하는 역할 때문에 이런 노력이 너무 복잡해질 수 있다. 정부가 의도치 않게 기업인이 이용하려 하는 경제적 유인책을 만들어 낼 때 금융 거품이 생길 수 있다. 이런 경우 누구에게 또 어느 정도의 책임이 있을까? 정부가 가용 자원과 시간을 징계, 처벌, 부가 규칙 제정 등에 전부 투입하는 것은 그다지 바람직하지 않다. 다음번 위기는 과거에 지나간 위기와 같지 않으며 단순히 기업의 잘못된 행동에서 비롯된 결과물도 아니다. 경제는 민간 부문과 공공 부문 목표가 혼재한 복합체라서 위기를 유발한 원인 하나만을 찾는 것은 그다지 합리적이지 않다.

우리가 과학자라면 금융 위기를 유발하는 변수 가운데 수정이나 통제가 가능한 변수가 무엇인지 알아낸 다음 되도록 경제난이 일어나지 않는 방향으로 행동하려 할 것이다. 인간 본성은 그런 변수 가운데 하나가 아니다. 인간은 반짝이는 금융 무지개를 향해 나아가는 한편 붕괴 징후로부터 되도록 멀리 달아나려 한다. 이런 상황은 절대 변하지 않을 것이다. 기업 행동은 재정적 성장, 이익 목표, 위험 보상 체계에 따라 항상 조정된다. 금융 지식 이해도는 근본적으로 개선이 가능하고 이에 따라 경제에 내재한 위험을 줄일 수 있다.

그러나 미국 내 모든 고등학교와 대학교 교육 과정에 은행업, 재무, 투자 과정이 필수 과목에 포함되지 않는 한 이런 변화도 일어나지 않는다. 이와 마찬가지로 팬데믹처럼 예상치 못했던 자연 재해가 끊임없이 발생하고 인간이 하는 행동이나 말로는 이런 상황을 바꾸지 못한다. 금융 위기를 조성하는 요소 가운데 통제가 가장 용이한 변수는 금융 위기에 영향을 주는 사건을 개선, 예방, 감독, 촉진하려고 정부가 어떤 행위를 하느냐다. 그러므로 더 훌륭한 정부 감독 및 개입 체계를 구축하는 데 상당한 시간과 자원을 투입해야 한다. 위기를 피하거나 진정시키려면 거센 정치적 및 행정적 으름장 이상의 것이 필요하다. 정부가 어떤 판단을 내릴 때는 가장 정교한 자료 분석을 토대로 해야 한다. 그런데 현실을 그렇지 못하다.

사실 그런 데이터베이스는 슈퍼 컴퓨터가 실행하는 최첨단 인공 지능 프로그램으로 정밀 분석을 해야 한다. 그런데 그렇게 하지 않는다. 정책 입안자는 여러 시나리오를 실행해서 정부가 취한 모든 조치에 대한 비용 편익 분석을 평가하고 시간이 지나면서 효율성이 어떻게 떨어지는지 확인해야 한다. 그런데 이렇게 하지 않는다. 기술은 통제가 가장 용이하고 거의 모든 경제 측면에 영향을 주는 변수인 정부 결정을 개선할 기회를 제공한다. 노련하고 유능한 규제 기관이 활용하면 '기술'은 아주 강력한 도구가 된다.

금융 서비스에 대한 규제를 네트워크 운영 및 분배, 보호라는 측면에서 이해한다면 네트워크 전문가로부터 몇 가지 교훈을 얻을 수 있다. 이들은 기계 학습 알고리즘 기반 인공 지능을 활용해 네트워크 작동 중단이 임박했다는 징후일 수 있는 비정상적 네트워크 행동을 탐지하고, 이에 대한 근본적인 원인을 꼭 집어내며, 이런 비정상성을 시정하는 데 필요한 조치를 마련한다.¹ '감독 학습' 기제를 이용한 소프트웨어 기반 자동화를 통해 네트워크의 고유 특성과 필요 사항을 토대로 강구한 조치를 정밀하게 조정할 수 있다.[2] 인간의 감독 행위와 기계에 기반을 둔 인공 지능 애플리케이션 조합으로 경제적 비정상성을 찾아내고 이 문제를 해결할 가장 좋은 해법을 만들어 낼 수 있다. 인간의 통제가 가능하려면 사전 숙고와 계획 그리고 기준이 필요하다. 이런 노력은 가능한 한 빨리 시작해야 한다. 악의적 기술이 악의를 품은 행위자에게 미국 금융 인프라의 무결성을 공격하게 할 기회를 늘려 주는 상황에서는 특히 더 그렇다.

수백 개에 달하는 새로운 위험 회피 법률과 규정으로 다음번 금융 위기를 막을 수 있다고 생각하는 사람이 많다. 은행은 거의 습관적으로 도드-프래랭크법 이전의 악습으로 되돌아가 무모한 베팅을 한다는 주장을 담은 기사가 계속 나온다. 때로는 레버리지론이 때로는 CLO가 또 때로는 최신 유행 투자 상품이 그런 베팅의 표적이 된다. 이런 상황은 필연적으로 규제 강화 흐름을 주도한다. 유감스럽게도 위험 감수를 통해 이익을 내는 은행은 이미 규제를 받기 때문에 연방 및 주정부 규제 당국이 부분적으로 이들 은행과 금융 시장을 제어한다. 우리가 본 바와 같이 이런 반쪽짜리 접근법은 필연적으로 특정 행동을 이끄는 유인책을 만들어 낸다. 이는 잘못된 전제에 바탕을 두고 끊임없이 계속되는 쥐와 고양이 게임, 즉 상대를 마음대로 가지고 노는 그런 게임과 같다. 제정되는 규정이 얼마나 많은지와 관계없이 이런 식의 '게임'은 더 정교해지고, 표적화가 더 잘 이뤄지며, 기술 기반 수준이 더 높아지고, 정치적 요소에 덜 영향을 받게 될 때까지는 절대로 작동하지 않을 것이다. 끝없이 이어지는 규제가 더 안전하고 안정적인 경제를 구축하는 데 도움이 된다는 주장은 불안해하는 대중을 안심시키려는 다분히 정치적인 눈속임일 뿐이다.

미국은 금융 규제가 절실히 필요하고 또 금융 규제의 역할이 분명히 있다. 그러나 현 감독 체계는 과도하게 부담스럽고 경제적으로 왜곡된 규제를 생성한다. 체계 안정성을 보장하는 일을 훨씬 더 복잡하다. 그리고 활기찬 경제의 주요 동력이 되는 금융 기업의 자유와 금융 안정성에 대한 필요 간의 균형이 더 잘 이뤄지는 접근법이 필요하다. 그런데 우리는 이런 균형을 잘 잡지 못한다. 관료주의와 정치적 이념 요소가 덜하고 금융 구조 보호와 관련한 기술적 자원을 더 많이 사용하면 위기에 훨씬 더 잘 대응할 수 있을 것이다. 정치적 이념을 제거하는 부분에 관해서는 어느 정도까지 가능할지 의문스럽다. 그러나 나는 데이터베이스와 인공 지능 프로그램을 좀 더 폭넓게 활용해 위험 신호를 포착하고 다음번 위기가 발생할 가능성이 가장 큰 부문을 찾아내는 그런 세상을 그려본다. 앞으로는 더 진화한 형태의 금융 규제가 가능할 것이다.

기상학자는 도플러 레이더를 이용해 폭풍 피해가 발생할 지역을 정확히 예측하려고 한다. 금융계판 도플러 레이더, 즉 금융의 미래를 좀 더 정확히 예측할 첨단 장비는 어디에 있는가? 금융 기업 경영진과 함께 정부 역시 데이터베이스와 고도의 연산력을 갖춰 위험 신호를 정확히 포착하고, 대안적 금융의 미래를 예측하며, 그간 축적한 경험을 바탕으로 적절히 경로 수정을 할 수 있어야 한다. 더 훌륭하고 더 나은 그리고 좀 더 균형 잡힌 금융 감독 체계를 구축하는 데 자원을 투입해야 한다.

금융 서비스에 대한 정부 규제를 아예 없애면 안 된다. 더 효율적이고 더 능률적이며 더 기술 지향적인 체계로 개선해 나가야 한다. 어떤 면에서는 금융 시장에 영향을 미치는 참여자를 더 많이 포함하도록 체계를 확장해야 한다. 환경 보호와 기업 조직의 인간화 같은 사회적 목적이 아무리 칭찬할 만하더라도 이 책에서 논한 수많은 공황 사례는 단기적 및 장기적 영향을 철저히 분석하지 않은 채 정부 지시에 따라 금융 규제라는 수단을 통해 사회적 정책을 실행하면 측정 가능한 수준의 경제적 손실이 발생한다는 점을 시사한다.

마지막으로, 정부는 주요 금융 인프라를 보호하는 데 관심을 집중하고 필요 자원을 투입해야 한다. 기술과 규제를 통합하려는 목적에서 지금까지 취한 조치는 대체로 초보적인 수준이었다. 인공 지능과 신기술의 역할과 이점 그리고 위협 요소에 관한 백악관 원탁회의, 의회 청문회, 행정 명령 등의 담론을 취합한 결과 자체가 꼭 취해야 하는 조치를 대충 건드리는 이른바 수박 겉핥기 수준에 불과했다. 이런 새로운 감독 전략을 가능한 한 빨리 실행하려면 상당한 노력을 기울여야 한다. 이것이 바로 다음번 위기를 더 잘 이해하고 더 잘 예측해 더 잘 피해 나갈 수 있는 방법이다. 통화와 금융 기관 그리고 전체 경제의 안정성은 우리가 상상할 수 없던 방식으로 물리적 및 신체적 안전과 밀접하게 연계돼 있다. 세계 경제와 인간 생활을 통제하는 작업이 절대 불가능하지는 않다. 그래서 위험하다.

금융 위기는 항상 정부가 오리어리 부인의 암소, 즉 위기의 원인을 결국 찾아내서 적절히 처벌했다는 자화자찬하는 식의 공식 발표와 함께 예측 가능한 일련의 대응책을 내놓는 절차로 마무리되는 듯하다. 앞으로도 다음번 오리어리 부인의 암소를 찾아내고, 전체 경제를 불태울지 모를 외양간 램프를 암소가 발로 차지 않게 막아내며, '소방서'가 큰 화재에 더 잘 대비할 수 있게 하는 방법에 관한 이론 모형을 개발하는 일이 도움이 될 것이다. 그러나 램프를 걷어차 큰 불을 낼지도 모르는 그 암소에게 불이 얼마나 무서운지 잘 교육해 대참사를 막는 방법을 숙지시키는 편이 훨씬 더 낫다.

맺음말

독자 여러분은 아마도 2017년 3월 15일에 내가 백악관에서 게리 코헨 국가경제위원회 위원장과 90분간의 대화를 마치고, 무엇 때문에 망가진 미국 금융 체계를 혁신하는 일에 앞장서야겠다고 결심했는지 궁금했을 것이다. 대통령 집무실이 있는 건물에서 나와 펜실베이니아 애비뉴에 있는 백악관 정문까지 150보 남짓한 거리를 걸어 나오면서 다음과 같은 세 가지 결론에 도달했다.

첫째, 이 책에서 소개한 포괄적 개혁 의제를 시작하고 싶었지만, 그 어떤 행정부도 내가 생각하는 목표와 방식에는 미치지 못한다는 결론에 이르렀다.

둘째, 이 의제를 추진하려면 의회 의원과 규제 기관, 연준 이사 등을 상대로 내가 이상적으로 생각하는 작업의 이점을 설명하고 이해를 구하는 데 많은 시간을 할애해야 한다. 이런 과정을 다 거치자면 답답할 정도로 더디게 가야 할 텐데 ,이제 나는 더는 그렇게 시간 낭비를 하고 싶지 않았다.

마지막으로, 불쾌하고 역기능적인 상원 인준 절차에 나 자신과 내 가족의 삶을 저당 잡힐 이유가 없다는 사실을 깨달았다.

겨우 150보를 걷는 동안 그런 식으로는 열정과 시간을 아무리 많이 갖다 바쳐도 성공할 수 없다는 생각이 들었다. 누군가 미국 금융 서비스 및 규제 체계를 개선하는 일에 매진해 주기를 바랄 따름이다. 미국인은 그런 훌륭한 체계의 이점을 누릴 자격이 충분하기 때문이다.

★ 참고 문헌

들어가는 글

1. Alex J. Pollock, Finance and Philosophy: Why We're Always Surprised(Philadelphia: Paul Dry Books, 2018), 18–19.
2. Gary B. Gorton, Misunderstanding Financial Crises: Why We Don't See Them Coming (Oxford, UK: Oxford University Press, 2012), 200.
3. Pollock, Finance and Philosophy, 18.
4. Cited in Pollock, Finance and Philosophy, 19.
5. Henry M. Paulson Jr., On the Brink: Inside the Race to Stop the Collapse of the Global Financial System (New York: Grand Central Publishing, 2010), 254.
6. Thomas Vartanian, "Financial Technologies Need Rules of Engagement," American Banker, November 6, 2018, https://www.americanbanker.com/opinion/financial-technology-needs-rules-of-engagement.
7. Pub. L. 111–203, July 21, 2010.
8. Tim Lee, Jamie Lee, and Kevin Coldiron, The Rise of Carry: The Dangerous Consequences of Volatility Suppression and the New Financial Order of Decaying Growth and Recurring Crisis (New York: McGraw-Hill Education,2020).

Chapter 1 | 취급 주의: 취약한 금융 생태계

1. Simon Kennedy and Peter Coy, "Why Are Economists So Bad at Forecasting Recessions?" Bloomberg Business Week, https://www.bloomberg.com/news/articles/2019-03-28/economists-are-actually-terrible-at-forecasting-recessions, citing Andrew Brigden, "The Economist Who Cried Wolf?" Fathom Independent Thinking, February 1, 2019, https://www.fathom-consulting.com/the-economist-who-cried-wolf/.
2. Kennedy and Coy, "Why Are Economists So Bad?"
3. Timothy F. Geithner, Stress Test: Reflections on Financial Crises (New York: Crown, 2014).

4. This paragraph has benefited greatly from my discussions with and the insights of Richard T. Pratt, former chairman of the Federal Home Loan Bank Board.

5. See Robert Z. Aliber and Charles P. Kindleberger, Manias, Panics, and Crashes: A History of Financial Crises, 7th ed. (New York: Palgrave Macmillan, 2015).

6. For a different take on the factors that cause financial crises, see Robert F. Bruner and Sean D. Carr, The Panic of 1907: Lessons Learned from the Market's Perfect Storm (New York: Wiley, 2007), 5.

7. Adam Theirer, "The Pacing Problem and the Future of Technology Regulation: Why Policymakers Must Adapt to a World That's Constantly Innovating," Mercatus Center, August 8, 2018, https://www.mercatus.org/bridge/commentary/pacing-problem-and-future-technology-regulation.

8. Gary B. Gorton, Misunderstanding Financial Crises: Why We Don't See Them Coming (Oxford, UK: Oxford University Press, 2012), 91.

9. Gorton, Misunderstanding Financial Crises, 202.

10. John Allison, The Financial Crisis and the Free Market Cure (New York: McGraw-Hill Education , 2012).

11. Leonardo Gambacorta, Luigi Guiso, Paolo Emilio Mistrulli, Andrea Pozzi, and Anton Tsoy, "The Cost of Steering in Financial Markets: Evidence from the Mortgage Market," BIS Working Papers, No. 835, December 19, 2019, https://www.bis.org/publ/work835.htm.

12. Gorton, Misunderstanding Financial Crises, 4–6.

13. Laurence Kotikoff, "The Big Con: Reassessing the 'Great' Recession and Its 'Fix,'" Advisor Perspectives, August 9, 2019, https://www.advisorperspectives.com/commentaries/2019/08/09/larry-kotlikoff-on-the-big-con.

14. Randal K. Quarles, "Spontaneity and Order: Transparency, Accountability, and Fairness in Bank Supervision," remarks by vice chair for supervision, Board of Governors of the Federal Reserve System at the American Bar Association Banking Law Committee, January 17, 2020, 1–3, https://www.federalreserve.gov/newsevents/speech/files/quarles20200117a.pdf.

15. Tim Lee, Jamie Lee, and Kevin Coldiron, The Rise of Carry: The Dangerous Consequences of Volatility Suppression and the New Financial Order of

Decaying Growth and Recurring Crisis (New York: McGraw-Hill Education, 2020), 70 – 71.

16. Raghuram G. Rajan, "Has Financial Development Made the World Riskier?" Working Paper 11728, National Bureau of Economic Research, 5 – 6, http://www.nber.org/papers/w11728.

17. Rajan, "Financial Development," 6.

18. Rolf Nebel, "Regulations as a Source of Systemic Risk: The Need for Economic Impact Analysis," Geneva Papers on Risk and Insurance 29, no. 2(April 2004): 283 – 84, https://link.springer.com/content/pdf/10.1111/j.1468-0440.2004.00287.x.pdf.

19. Henry M. Paulson Jr., On the Brink: Inside the Race to Stop the Collapse of the Global Financial System (New York: Grand Central Publishing, 2010).

20. Geithner, Stress Test.

21. Nick Timiraos and Jon Hilsenrath, "The Federal Reserve Is Changing What It Means to Be a Central Bank," Wall Street Journal, April 27, 2020, https://www.wsj.com/articles/fate-and-history-the-fed-tosses-the-rules-to-fightcoronavirus-downturn-11587999986?mod=hp_major_pos1#cxrecs_s. 22. Timiraos and Hilsenrath, "Federal Reserve Is Changing."

23. Lee, Lee, and Coldiron, Rise of Carry, 1.

24. Ruchir Sharma, "The Rescues Ruining Capitalism," Wall Street Journal, July 24, 2020, https://www.wsj.com/articles/the-rescues-ruining-capitalism-11595603720.

25. Sharma, "Rescues Ruining Capitalism."

26. Sharma, "Rescues Ruining Capitalism."

27. Julia-Ambra Verlaine and Liz Hoffman, "Banks Could Prove Weak Partner in Coronavirus Recovery," Wall Street Journal, April 24, 2020, https://www.wsj.com/articles/banks-could-prove-weak-partner-in-coronavirusrecovery-11587743212.

28. Greg Baer and Bill Nelson, "Bank Regulation, Monetary Policy and the Role of the Central Bank," Bank Policy Institute, January 24, 2020, https://bpi.com/banking-regulation-monetary-policy-and-the-role-of-the-central-bank/;Bill Nelson and Pat Parkinson, "Have Bank Regulations Reduced Market Liquidity?"Bank Policy Institute, June 9, 2020, https://bpi.com/have-

bankingregulations-reduced-market-liquidity/.

29. Verlaine and Hoffman, "Banks Could Prove Weak Partner."

30. Nebel, "Regulations," 276.

Chapter 2 | 금융 규제 체계의 작동 방식

1. Bill Bryson, A Short History of Everything (New York: Broadway Books, 2003), 371 – 72.

2. United States Mint, "The History of Circulating Coins," https://www. usmint. gov/learn/history/us-circulating-coins.

3. US Mint, "History of Circulating Coins."

4. Kimberly Amadeo, "History of the Gold Standard," The Balance, June 25, 2019, https://www.thebalance.com/what-is-the-history-of-the-goldstandard-3306136.

5. Kimberly Amadeo, "How Does the Fed Lower Interest Rates?" The Balance, November 12, 2019, https://www.thebalance.com/how-does-the-fedraise-or-lower-interest-rates-3306127.

6. Walter Bagehot, Lombard Street: A Description of the Money Market, 3rd ed. (London: Henry S. King, 1873).

7. George Selgin, Money, Free and Unfree (Washington, DC: Cato Institute,2017), 30 – 33.

8. Selgin, Money, 32.

9. Address of Chairman Wm. McC. Martin Jr. before the New York Group of the Investment Bankers Association of America, October 19, 1955, https://fraser. stlouisfed.org/files/docs/historical/martin/martin55_1019.pdf.

10.https://www.fdic.gov/about/strategic/report/archives/fdic-ar-1935.pdf; https://www5.fdic.gov/sdi/main.asp?formname=standard; https://www. icifactbook.org/deployedfiles/FactBook/Site%20Properties/pdf/2019/19_ fb_table1.pdf; https://www.icifactbook.org/data/20_fb_data; https://www. barclayhedge.com/solutions/assets-under-management/hedge-fund-assetsunder-management/.

11. Board of Governors, "Who Owns the Federal Reserve?" https://www. federalreserve.gov/faqs/about_14986.htm.

12. Submission on Behalf of SIFMA to the United States Department of Justice,

November 3, 2017, https://www.sifma.org/wp-content/uploads/2017/11/
SIFMA-FIRREA-White-Paper-110317.pdf

13. Julie Andersen Hill, "Regulating Bank Reputation Risk," Georgia Law Review
54 (2020): 523–602, University of Alabama Legal Studies Research Paper
No. 3353847, https://ssrn.com/abstract=3353847.

14. There have been as many as two dozen capital requirements, including
Basel III (IV), DFAST (Dodd-Frank Act Stress Test), CCAR (Comprehensive
Capital Analysis & Review), Counterparty Default Components, Global
Market Shock, TLAC (Total Loss-Absorbing Capacity) & US Long Term
Debt, Counter-Cyclical Capital Buffers, GSIB (Global Systemically Important
Bank) Capital Surcharges, Stress Capital Buffers, Capital Conservation
Buffers, Tier 1 Leverage, SLR (Supplemental Leverage Ratio), Standard and
Advance Risk-Weighting, Operational Risk and Resolution and Recovery
Planning.

15. Federal Reserve, Amendments to the Regulatory Capital, Capital Plan, and
Stress Test Rules, FRB Docket No. R-1603 and RIN 7100-AF 02, March
4, 2020, https://www.federalreserve.gov/newsevents/pressreleases/files/
bcreg20200304a2.pdf.

16. Sean Campbell, "Are Bank Capital Requirements 'About Right?' New Release
Says, 'No,'" Financial Services Forum (blog), August 25, 2020, https://www.
fsforum.com/types/press/blog/are-bank-capital-requirements-aboutright-
new-research-says-no/.

17. The discussion that follows is excerpted from two articles I wrote about
the Dodd-Frank Act, originally published in BNA's Banking Report. See
"The Good, the Bad and the Ugly of the Dodd-Frank Act," BNA's Banking
Report, April 18, 2016, 106 BBR Issue No. 16, Part I and BNA's Banking
Report, April

25, 2016, 106 BBR Issue No. 17, Part II.

18. The vast administrative enforcement authorities given to the federal banking
agencies make them the prosecutor, judge, jury, and appellate court, leaving
even a completely innocent target bank left to choose between a rapid
financial settlement or two to three years of administrative litigation before
it is able to get to a federal court where the judge is not loosely affiliated to

the agency that is deciding the actions. 12 U.S.C. p1818.

19. Nolan McCarty, Keith T. Poole, and Howard Rosenthal, Political Bubbles: Financial Crises and the Failure of American Democracy (Princeton, NJ: Princeton University Press, 2013).

20. Charles W. Calomiris and Stephen H. Haber, Fragile by Design: The Political Origins of Banking Crises & Scarce Credit (Princeton, NJ: Princeton University Press, 2014), 3–5.

21. Calomiris and Haber, Fragile by Design, 5.

22. Calomiris and Haber, Fragile by Design, 5.

23. Calomiris and Haber, Fragile by Design, 6.

24. Timothy F. Geithner, Stress Test: Reflections on Financial Crises (New York: Crown, 2014).

25. Amitrajeet A. Batabyal, "What Is a Tariff? An Economist Explains," The Conversation, https://theconversation.com/what-is-a-tariff-an-economist-explains-93392?gclid=EAIaIQobChMIkuG1yOXS4gIVnLXACh2O-AWdEAAYASAAEgKGKfD_BwE.

26. Robert Z. Aliber and Charles P. Kindleberger, Manias, Panics, and Crashes: A History of Financial Crises, 7th ed. (New York: Palgrave Macmillan, 2015); note 15 참조.

27. Robert F. Bruner and Sean D. Carr, The Panic of 1907: Lessons Learned from the Market's Perfect Storm (New York: Wiley, 2007), x.

28. Bruner and Carr, Lessons, xi.

29. Gary B. Gorton, Misunderstanding Financial Crises: Why We Don't Them Coming (Oxford, UK: Oxford University Press, 2012).

30. Paul Jackson, "IndyMac Fails: Schumer and OTS Point Fingers," Housing Wire, July 11, 2008, https://www.housingwire.com/articles/indymac-failsots-schumer-point-fingers.

31. Will Martin, "These Are the 28 Biggest Banks in the World—Each One with More than $1 Trillion of Assets," Business Insider, May 24, 2018, https://www.businessinsider.com/biggest-banks-in-the-world-2018-5#4-bank-ofchina-china-299-trillion-25.

32. William M. Isaac and Thomas P. Vartanian, "FASB's Accountability Problem," American Banker, April 26, 2019, https://www.americanbanker.com/

opinion/fasbs-accountability-problem. I co-authored this article, which was originally published in the American Banker.

33. Max Tegmark, Life 3.0: Being Human in the Age of Artificial Intelligence(New York: Knopf, 2017), 161 – 72.

34. Thomas P. Vartanian, "Nefarious Nations Will Take the Lead on AI if the US Doesn't," The Hill, December 18, 2018, https://thehill.com/opinion/technology/421059-nefarious-nations-will-take-the-lead-on-ai-if-the-us-doesnt.

Chapter 3 | 저축대부조합의 교훈

1. Carl Felsenfeld, "Savings and Loan Crisis," Fordham Law Review 59, no. 6 (1991): S28, https://ir.lawnet.fordham.edu/cgi/viewcontent.cgi?article=2920&context=flr.

2. Lawrence J. White, The S&L Debacle: Public Policy Lessons for Bank and Thrift Regulation (New York: Oxford University Press, 1991), 84 – 85.

3. Malcolm A. Punter, "The Tax Reform Act of 1986: Its Impact on the Real Estate Economy in the United States," Social Science Research Network, December 15, 2013, 11 – 12, https://papers.ssrn.com/sol3/papers.cfm?abstract_id=2940800.

4. White, S&L Debacle, 84.

5. White, S&L Debacle, 85.

6. National Commission on Financial Institution Reform, Recovery and Enforcement, Origins and Causes of the S&L Debacle: A Blueprint for Reform: A Report to the President and Congress of the United States (Washington, DC: National Commission on Financial Institution Reform, 1993), 5 – 10.

7. White, S&L Debacle, 90 – 91.

8. White, S&L Debacle, 91.

9. National Commission, Origins, 8.

10. R. Alton Gilbert, Requiem for Reg Q: What It Did and Why It Passed Away (St. Louis: Federal Reserve Bank, February 1986), https://files.stlouisfed.org/files/htdocs/publications/review/86/02/Requiem_Feb1986.pdf.

11. Gilbert, Requiem, 26.

12. Act of September 21, 1966, Pub. L. No. 89-597, 80 Stat. 823 (current

version at 12 U.S.C.p1425b (1976 & Supp. III 1979)); S. Rep. No. 1601, 89th Cong., 2d Sess., reprinted in 1966 U.S. Code Cong. & Ad. News 2994; 추가 참조. Interest Rate Report, supra note 20, at 7, 38 – 39.

13. FHLBB Res. No. 72-261, 37 Fed. Reg. 5118 (1972).

14. Robert Carswell, "The Crisis in Thrift Institutions and Housing Finance," Journal of Comparative Corporate Law and Securities Regulation 4(1982): 280, https://www.law.upenn.edu/journals/jil/articles/volume4/issue3/Carswell4J.Comp.Corp.L.&Sec.Reg.275(1982).pdf.

15. Carswell, "Crisis," 280.

16. White, S&L Debacle, 63.

17. The Reg. Q ceiling rate was increased in July 1979 from 5.25 percent to 5.5 percent. White, S&L Debacle, 67.

18. Richard S. Stoddard and Earl R. Hoover, "Effects of Usury Laws on Home Ownership Needs," Cleveland State Law Review 19, no. 1 (1970), https://engagedscholarship.csuohio.edu/cgi/viewcontent.cgi?article=2717&context=clevstlrev.

19. White, S&L Debacle, 61.

20. Thomas Mayer, "A Case Study of Federal Reserve Policymaking: Regulation Q in 1966," Journal of Monetary Economics 10, no. 2 (1982): 262, https://www.sciencedirect.com/science/article/abs/pii/0304393282900174.

21. Akron Law Review, "The Depository Institutions Deregulation and Monetary Control Act of 1980," Akron Law Review 14, no. 3 (1981): 423 – 516, https://ideaexchange.uakron.edu/akronlawreview/vol14/iss3/4.

22. Akron Law Review, 425.

23. FDIC, An Examination of the Banking Crises of the 1980s and Early 1990s, chap. 1, "The Banking Crises of the 1980s and Early 1990s: Summary and Implications," 4, https://www.fdic.gov/bank/historical/history/3_85.pdf.

24. Richard Vague, A Brief History of Doom: Two Hundred Years of Financial Crises (Philadelphia: University of Pennsylvania Press, 2019), 51. I have Mr. Vague's outstanding work to thank for information about the many crises that he reviewed.

25. Akron Law Review, 427.

26. FRED, Federal Reserve Bank of St. Louis, 6-Month Treasury Bill Rate,

https://fred.stlouisfed.org/series/DTB6.

27. https://inflationdata.com/articles/inflation-cpi-consumer-price-index-1980-1989/.

28. http://www.freddiemac.com/pmms/pmms30.html.

29. FHLBB Res. No. 81-206, 46 Fed. Reg. 24148 (1981).

30. "Merger Bid Is Seen for Thrift Units," New York Times, September 5, 1981, https://www.nytimes.com/1981/09/05/business/merger-bid-is-seen-forthrift-units.html.

31. White, S&L Debacle, 67.

32. Denis Gulino, "Citibank Acquires $3 Billion California S&L—with Limitations," UPI, September 28, 1982, https://www.upi.com/Archives/1982/09/28/Citibank-acquires-3-billion-California-SL-with-limitations/3977402033600/.

33. Felsenfeld, "S&L Crisis," S25.

34. White, S&L Debacle, 22.

35. Felsenfeld, "S&L Crisis," S24 – 27.

36. Felsenfeld, "S&L Crisis," S25, S45 – 47; 47 Fed. Reg. 52,961 (1981).

37. Vague, Brief History, 51.

38. Felsenfeld, "S&L Crisis," S25; 47 Fed. Reg. 58,220 (1982).

39. Pub. L. No. 97-320, 96 Stat. 1469 (codified as amended at 12 U.S.C. p 226 (1988)) [hereinafter "Garn – St. Germain Act"] p202(a), 96 Stat. 1469, 1489(1982).

40. Felsenfeld, "S&L Crisis," S26; 45 Fed. Reg. 76,111 (1980) (codified at 12 C.F.R. pp 561, 563).

41. Felsenfeld, "S&L Crisis," S26; 47 Fed. Reg. 3543 (1982).

42. 12 C.F.R. p 217 (1980) (Federal Reserve System); 12 C.F.R. p 329(1980) (Federal Deposit Insurance Corporation); and 12 C.F.R. p 526(1980) (Federal Home Loan Bank Board) for maximum payable rates.

43. Felsenfeld, "S&L Crisis," S31.

44. Pub L. 97-258, 96 Stat. 877, https://www.law.cornell.edu/uscode/text/31/1341.

45. Telegraph Savings v. Schilling, 703 F.2d 1019 (7th Cir. 1983), fn. 7, https://law.justia.com/cases/federal/appellate-courts/F2/703/1019/12379/.

46. Telegraph Savings, 703 F.2d 1019.

47. William M. Isaac, Senseless Panic: How Washington Failed America(New York: Wiley, 2010), 75.

48. National Commission, Origins, 40.

49. Pub. L. 97-320, H.R. 6267 (October 15, 1982).

50. Federal Home Loan Bank Board Annual Report, 1983; White, S&L Debacle, 92.

51. Vague, Brief History, 61.

52. https://fred.stlouisfed.org/series/TB3MS.

53. White, S&L Debacle, 100.

54. FDIC, An Examination of the Banking Crises of the 1980s and Early 1990s, chap. 4, "The Savings and Loan Crisis and Its Relationship to Banking," 178, https://www.fdic.gov/bank/historical/history/167_188.pdf.

55. White, S&L Debacle, 107.

56. Financial Institutions Reform, Recovery, and Enforcement Act of 1989, Pub. L. 101-73, 101st US Congress, 103 Stat. 183, https://www.govinfo.gov/content/pkg/STATUTE-103/pdf/STATUTE-103-Pg183.pdf.

57. Chelsea Mize, "The 30-Year Fix (Pt. 2): Mortgage Products Around the World," Maxwell, September 25, 2019, https://himaxwell.com/blog/30-year-fixpart-2-mortgage-products-around-world/.

Chapter 4 | 호황, 시장 붕괴, 공황 그리고 무한 반복

1. There is a body of work focused on the study of William Stanley Jevons that ties the fluctuations in the economy to sunspots. Mauro Gallegati and Domenico Mignacca, "Jevons, Sunspot Theory and Economic Fluctuations," History of Economic Ideas 2, no. 2 (1994): 23-40, https://www.jstor.org/stable/23722216.

2. Murray N. Rothbard, The Panic of 1819: Reactions and Policies (Auburn, AL: Ludwig von Mises Institute, 2007). I have Mr. Rothbard to thank for his outstanding work on this crisis.

3. Rothbard, Panic, 3.

4. Rothbard, Panic, 30.

5. Rothbard, Panic, 32.

6. Clément Juglar and DeCourcy Wright Thom, A Brief History of Panics and

Their Periodical Occurrence in the United States (New York and London: G.P. Putnam's Sons, 1983), 29.

7. Rothbard, Panic, 5.

8. Rothbard, Panic, 11.

9. Rothbard, Panic, 12 – 14.

10. 17 U.S. 4 Wheat. 316 (1819).

11. 17 U.S. 4 Wheat. 316, 405.

12. 17 U.S. 4 Wheat. 316, 425.

13. 17 U.S. 4 Wheat. 316, 428 – 29, 431.

14. Rothbard, Panic, 10.

15. Rothbard, Panic, 16.

16. Rothbard, Panic, 39.

17. Rothbard, Panic, 39 – 47.

18. Rothbard, Panic, 47.

19. Jessica M. Lepler, The Many Panics of 1837: People, Politics, and the Creation of a Transatlantic Financial Crisis (Cambridge, UK: Cambridge University Press; 2013), 5. I have Ms. Lepler to thank for her outstanding work on this crisis.

20. Richard Vague, A Brief History of Doom: Two Hundred Years of Financial Crises (Philadelphia: University of Pennsylvania Press, 2019), 99.

21. Lepler, Many Panics, 15.

22. Samuel Rezneck, Business Depressions and Financial Pains: Essays in American Business and Economic History (Westport, CT: Greenwood, 1968), 75.

23. Vague, Brief History, 105.

24. Richard H. Timberlake, Constitutional Money: A Review of the Supreme Court's Monetary Decisions (Cambridge, UK: Cambridge University Press, 2013).

25. Sean Wilentz, The Rise of American Democracy, rpt. ed. (New York: Norton, 2006), 362.

26. Lepler, Many Panics, 107.

27. Lepler, Many Panics, 19; Andrew Jackson, the Panic of 1837, https://lehrmaninstitute.org/history/Andrew-Jackson-1837.html, citing Robert

E.Wright and David J. Cowen, Financial Founding Fathers: The Men Who Made America Rich, p. 173.

28. Wilentz, Rise of American Democracy, 201 – 2.

29. Andrew Jackson, "Martin Van Buren and the Panic of 1837," https://lehrmaninstitute.org/history/Andrew-Jackson-1837.html.

30. Richard Striner, Hard Times: Economic Depressions in America (Lanham, MD: Rowman & Littlefield, 2018), 23. I have Mr. Striner to thank for his outstanding work on various crises.

31. Striner, Hard Times.

32. Jackson, "Van Buren."

33. 22 U.S. 1 (1824).

34. Martin A. Armstrong, The Great Financial Panics in History, https://www.armstrongeconomics.com/research/panics/19th-century/ and https://www.armstrongeconomics.com/panic-of-1837/.

35. Lepler, Many Panics, 22.

36. Jackson, "Van Buren."

37. Jackson, citing Edward Morse Shepard, Life of Martin Van Buren, p.298.

38. Striner, Hard Times, 22.

39. Lepler, Many Panics, 38.

40. Lepler, Many Panics, 27.

41. Gerald P. Dwyer Jr., "Wildcat Banking, Banking Panics, and Free Banking in the United States," Federal Reserve Bank of Atlanta Economic Review(December 1996), https://www.frbatlanta.org/-/media/documents/research/publications/economic-review/1996/vol81nos3-6_dwyer.pdf.

42. Lepler, Many Panics, 22.

43. 29 U.S. (4 Peters) 410 (1830).

44. 36 U.S. (11 Peters) 257 (1837).

45. M&M Leasing v. Seattle First National Bank, 563 F.2d 1377 (9th Cir. 1977), cert denied, 98 S.Ct. 3069 (1978); Nations Bank of North Carolina, NA v. Variable Annuity Life Insurance Co., 513 U.S. 251 (1995).

46. Wikipedia, "Panic of 1837," citing Peter Temin, The Jacksonian Economy(New York: Norton, 1969), 122 – 47, https://en.wikipedia.org/wiki/Panic_of_1837.

47. Wikipedia, "Panic of 1837," citing Leland Hamilton Jenks, The Migration of British Capital to 1875 (New York: Knopf, 1927), 87 – 93 , https://en.wikipedia.org/wiki/Panic_of_1837.

48. Lepler, Many Panics, 48 – 49, 54.

49. Lepler, Many Panics, 64 – 66.

50. Lepler, Many Panics, 68 – 69.

51. Lepler, Many Panics, 111 – 112.

52. Merrill D. Peterson, The Great Triumvirate: Webster, Clay, and Calhoun, rpt. ed. (New York: Oxford University Press, 1988), 206.

53. Vague, Brief History, 112.

54. Vague, Brief History, 112.

55. Vague, Brief History, 112.

56. Striner, Hard Times, 87.

57. Striner, Hard Times, 87.

58. Ted Widmer, Martin Van Buren: The American Presidents Series: The 8th President, 1837 – 1841 (New York: Henry Holt, 2005), 102 – 3.

59. Daniel Walker Howe, What Hath God Wrought: The Transformation of America, 1815 – 1848 (New York: Oxford University Press, 2007), 506 – 7.

60. Lepler, Many Panics, 151 – 55.

61. Lepler, Many Panics, 172 – 73.

62. Striner, Hard Times, 88, citing New York Spectator, April 7, 1937; Georgia Constitutionalist, April 8, 1838; D. D. Barnard, Speeches in the Assembly of New York (Albany, 1838), 143, 178; John Bach McMaster, A History of the People of the United States (New York, 1918), IV, 405; W. G. Sumner, A History of Banking in the United States (New York, 1896), 312, 403.

63. New Historian, "Economic Crisis in the Nineteenth Century: The Panic of 1837," https://www.newhistorian.com/economic-crisis-nineteenth-centurypanic-1837/6451/.

64. New Historian, "Economic Crisis."

65. Vague, Brief History, 115 – 16.

66. Charles W. Calomiris and Larry Schweikart, "The Panic of 1857: Origins, Transmission, and Containment," Journal of Economic History, no. 4(December 1991): 807 – 34, https://doi.org/10.1017/S0022050700040122. I

have Messrs. Calomiris & Schweikart to thank for their outstanding work on this crisis.

67. James L. Huston, The Panic of 1857 and the Coming of the Civil War(Baton Rouge: Louisiana State University Press, 1987), 262; James L. Huston, "Western Grains and the Panic of 1857," Agricultural History: A Publication of the Agricultural History Society 57, no. 1 (1983): 14 – 32 .

68. Wikipedia, https://en.wikipedia.org/wiki/Panic_of_1857.

69. Wikipedia, https://en.wikipedia.org/wiki/California_Gold_Rush.

70. Vague, Brief History, 132.

71. Vague, Brief History, 130.

72. Huston, Panic, 5.

73. Huston, Panic, 12.

74. Huston, Panic, 5.

75. Wikipedia, https://en.wikipedia.org/wiki/Panic_of_1857; Calomiris and Schweikart, Panic, 811.

76. Calomiris and Schweikart, Panic, 819.

77. Huston, Panic, 15.

78. Huston, Panic, 21.

79. Huston, Panic, 16.

80. Calomiris and Schweikart, Panic, 809.

81. Huston, Panic, 17.

82. Huston, Panic, 20.

83. Huston, Panic, 22.

84. Calomiris and Schweikart, Panic, 820.

85. Huston, Panic, 29.

86. Huston, Panic, 29.

87. On This Day, https://archive.nytimes.com/www.nytimes.com/learning/general/onthisday/harp/1024.html.

88. FDIC, Historical Timeline, https://www.fdic.gov/about/history/timeline/1850-1899.html.

89. Calomiris and Schweikart, Panic, 830.

90. Calomiris and Schweikart, Panic, 813.

91. Calomiris and Schweikart, Panic, 824.

92. Calomiris and Schweikart, Panic, 825.

93. Calomiris and Schweikart, Panic, 825.

94. Wikipedia, https://en.wikipedia.org/wiki/Panic_of_1857, citing Philip Shriver Klein, President James Buchanan (Philadelphia: Pennsylvania State University Press, 1962), 314 – 15.

95. Huston, Panic, 66.

96. Huston, Panic, 57 – 58.

97. "Sunken Treasure from Gold Rush – Era Shipwreck to Go on Display,"

CBS Good Morning America, February 20, 2018, https://www.cbsnews.com/news/sunken-treasure-ship-of-gold-ss-central-america/.

Chapter 5 | 연방 규제 시대

1. 12 U.S.C. p1 et. seq., https://www.law.cornell.edu/uscode/text/12/chapter-1.

2. Veazie v. Fenno, 75 U.S. (8 Wall) 533 (1869).

3. FDIC, Historical Timeline, https://www.fdic.gov/about/history/timeline/1850-1899.html.

4. Richard Striner, Hard Times: Economic Depressions in America (Lanham, MD: Rowman & Littlefield, 2018), 39.

5. Wikipedia, "The Panic of 1873," https://en.wikipedia.org/wiki/Panic_of_1873.

6. Wikipedia, "Panic of 1873."

7. Striner, Hard Times, 29 – 30.

8. Richard H. Timberlake, Constitutional Money: A Review of the Supreme Court's Monetary Decisions (Cambridge, UK: Cambridge University Press, 2013), 86.

9. Striner, Hard Times, 31.

10. Timberlake, Constitutional Money, 86.

11. Timberlake, Constitutional Money, 87.

12. Striner, Hard Times, 31 – 32.

13. Timberlake, Constitutional Money, 93.

14. 79 U.S. 457 (12 Wall) 457 (1871).

15. 79 U.S. 457 (12 Wall) 457; Striner, Hard Times, 35.

16. Striner, Hard Times, 32 – 33.

17. Anonymous, History of the Terrible Financial Panic of 1873 (Charleston, SC: Nabu Press, 2011), 24.

18. Anonymous, History, 25.

19. Anonymous, History, 19.

20. Anonymous, History, 20.

21. Striner, Hard Times, 36.

22. Anonymous, History, 41.

23. Anonymous, History, 14.

24. Anonymous, History, 26 – 27.

25. Striner, Hard Times, 36.

26. Anonymous, History, 31.

27. Anonymous, History, 31.

28. Anonymous, History, 32.

29. Striner, Hard Times, 38.

30. Anonymous, History, 15.

31. Anonymous, History, 50.

32. Striner, Hard Times, 34.

33. SMU History Media, "The First Great Depression: The Panic of 1873," September 22, 2016, https://www.stmuhistorymedia.org/the-first-great-depression/.

34. SMU, "First Great Depression," 39.

35. Striner, Hard Times, 38.

36. FDIC, Historical Timeline, https://www.fdic.gov/about/history/timeline/1850-1899.html.

37. Striner, Hard Times, 49.

38. David Glasner and Thomas F. Cooley, Business Cycles and Depressions: An Encyclopedia (New York: Garland, 1997), 516.

39. William Jett Lauck, The Causes of the Panic of 1893 (Boston: Houghton, Mifflin, 1907), 3.

40. Lauck, Causes of the Panic 4 – 5.

41. Lauck, Causes of the Panic, 5.

42. Richard Vague, A Brief History of Doom: Two Hundred Years of Financial Crises (Philadelphia: University of Pennsylvania Press, 2019), 149.

43. Striner, Hard Times, 45; Samuel Rezneck, Business Depressions and Financial Pains: Essays in American Business and Economic History (Westport, CT:

Greenwood, 1968), 177.

44. Glasner and Cooley, Business Cycles, 516-17.

45. Striner, Hard Times, 45.

46. Glasner and Cooley, Business Cycles, 517; Striner, Hard Times, 46; Gary B. Gorton and Ellis W. Tallman, Fighting Financial Crises: Learning from the Past (Chicago and London: University of Chicago Press, 2018), 112.

47. Striner, Hard Times, 46.

48. Striner, Hard Times, 46.

49. Gorton and Tallman, Fighting Financial Crises, 112.

50. FDIC, Historical Timeline, https://www.fdic.gov/about/history/timeline/1850-1899.html.

51. Leigh Bienen, "The Life and Times of Florence Kelly in Chicago, 1891-1899," http://florencekelley.northwestern.edu/historical/panic/.

52. Rezneck, Business Depressions, 179.

53. Gary B. Gorton, Misunderstanding Financial Crises: Why We Don't See Them Coming (Oxford, UK: Oxford University Press, 2012), 77.

54. Striner, Hard Times, 48.

55. Striner, Hard Times, 47.

56. Wikipedia, "Panic of 1893."

57. Wikipedia, "Panic of 1893."

58. Wikipedia, "Panic of 1893."

Chapter 6 | 역경의 시대: 1907년

1. Robert F. Bruner and Sean D. Carr, The Panic of 1907: Lessons Learned from the Market's Perfect Storm (New York: Wiley, 2007), xv-xvi.

2. Bruner and Carr, Lessons, xv.

3. Scott Nations, A History of the United States in Five Crashes (New York: HarperCollins, 2017), 43.

4. Bruner and Carr, Lessons, 2.

5. Nations, History, 5.

6. Bruner and Carr, Lessons, 2-3.

7. Bruner and Carr, Lessons, 7.

8. Bruner and Carr, Lessons, 8.

9. Wikipedia, "Panic of 1907," https://en.wikipedia.org/wiki/Panic_of_1907.

10. Barak Orbach and Grace E. Campbell Rebling, "The Antitrust Curse of Bigness," Southern California Law Review 85, no. 3 (May 17, 2012): 605, 610–11 (2012), https://southerncalifornialawreview.com/2012/03/13/the-antitrust-curse-of-bigness-article-by-barak-orbach-grace-campbell-rebling/.

11. Orbach and Campbell Rebling, "Antitrust Curse."

12. Orbach and Campbell Rebling, "Antitrust Curse."

13. Bruner and Carr, Lessons, 9.

14. Bruner and Carr, Lessons, 9.

15. Bruner and Carr, Lessons, 13.

16. FRED Economic Data, Federal Reserve Bank of St. Louis, https://fred.stlouisfed.org/series/M1109AUSM293NNBR.

17. Bruner and Carr, Lessons, 14–15.

18. Nations, History, 23.

19. Bruner and Carr, Lessons, 66–67.

20. Bruner and Carr, Lessons, 58.

21. Wikipedia, "Panic of 1907."

22. Bruner and Carr, Lessons, 38.

23. Bruner and Carr, Lessons, 39.

24. Nations, History, 31.

25. Bruner and Carr, Lessons, 40–41.

26. Michael Blumstein, "Butcher Bank's Costly Fall," New York Times, September 6, 1984, https://www.nytimes.com/1984/09/06/business/butcher-bankscostly-fall.html.

27. Richard Vague, A Brief History of Doom: Two Hundred Years of Financial Crises (Philadelphia: University of Pennsylvania Press, 2019), 154.

28. Vague, Brief History, 154.

29. Bruner and Carr, Lessons, 44–45.

30. Wikipedia, "Panic of 1907."

31. Bruner and Carr, Lessons, 68.

32. Wikipedia, "Panic of 1907."

33. Bruner and Carr, Lessons, 85.

34. Bruner and Carr, Lessons, 101.

35. Bruner and Carr, Lessons, 109.

36. Bruner and Carr, Lessons, 86.

37. Bruner and Carr, Lessons, 109–10.

38. Bruner and Carr, Lessons, 59.

39. Gary B. Gorton and Ellis W. Tallman, Fighting Financial Crises: Learning from the Past (Chicago and London: University of Chicago Press, 2018), 115–16.

40. Bruner and Carr, Lessons, 113.

41. Bruner and Carr, Lessons, 112.

42. Bruner and Carr, Lessons, 133.

43. Bruner and Carr, Lessons, 135.

44. Gorton and Tallman, Fighting Financial Crises, 115.

45. Bruner and Carr, Lessons, 136.

46. Bruner and Carr, Lessons, 137.

47. Bruner and Carr, Lessons, 142.

48. Bruner and Carr, Lessons, 142.

49. Bruner and Carr, Lessons, 151.

50. Bruner and Carr, Lessons, 143.

51. Bruner and Carr, Lessons, 145.

52. Bruner and Carr, Lessons, 145.

53. Bruner and Carr, Lessons, 146, citing Robert H. Wiebe, "The House of Morgan and the Executive, 1905–1913." American Historical Review 65(1959): 201, https://www.jstor.org/stable/1846601?read-now=1&seq=1#page_scan_tab_contents.

54. Gary B. Gorton, Misunderstanding Financial Crises: Why We Don't See Them Coming (Oxford, UK: Oxford University Press, 2012), 79–80.

55. Gorton, Misunderstanding, 79–80.

56. Nations, History, 111.

Chapter 7 | 금융 대격전: 1929년

1. Scott Nations, A History of the United States in Five Crashes (New York: HarperCollins, 2017), 108–9.

2. Don Watkins, "The Great Depression and the Role of Government

Intervention," Impact Today, February 1, 2007, 2 – 3, https://ari.
aynrand.org/ blog/2017/02/01/the-great-depression-and-the-role-of-
governmentintervention.

3. John Kenneth Galbraith, The Great Crash of 1929 (New York and Boston:
Mariner, 1954), 177 – 86.

4. Watkins, "Great Depression," 4 – 5.

5. Richard Vague, A Brief History of Doom: Two Hundred Years of Financial
Crises (Philadelphia: University of Pennsylvania Press, 2019), 36.

6. David C. Wheelock, "The Great Depression: An Overview," Federal Reserve
Bank of St. Louis, XI – XII, https://www.stlouisfed.org/~/media/files/ pdfs/
great-depression/the-great-depression-wheelock-overview.pdf.

7. Wheelock, "Great Depression," XII.

8. Wheelock, "Great Depression," XIII.

9. "The Great Depression," Federal Reserve History, https://www.
federalreservehistory.org/essays/great_depression.

10. Charles W. Calomiris and Stephen H. Haber, Fragile by Design: The Political
Origins of Banking Crises and Scarce Credit (Princeton, NJ: Princeton
University Press, 2014), 10 – 15.

11. Amity Shlaes, The Forgotten Man: A New History of the Great
Depression(New York: Harper Perennial, 2007), 7.

12. Robert S. McElvaine, The Great Depression, America 1929 – 1942 (New
York: Three River Press, 2004), XVIII – XIX and XXI.

13. Sarah Blinder and Mark Spindel, The Myth of Independence: How Congress
Governs the Federal Reserve (Princeton, NJ: Princeton University Press,
2017), 55.

14. Blinder and Spindel, Myth of Independence, 59.

15. Blinder and Spindel, Myth of Independence, 60 – 61.

16. Blinder and Spindel, Myth of Independence, 61.

17. Blinder and Spindel, Myth of Independence, 85.

18. Blinder and Spindel, Myth of Independence, 87 – 88.

19. Blinder and Spindel, Myth of Independence, 96.

20. Blinder and Spindel, Myth of Independence, 95.

21. Stewart Ross, Causes and Consequences of the Great Depression (Austin,

TX: Raintree Steck-Vaughn, 1998), 11.

22. Ross, Causes and Consequences, 14.

23. Ross, Causes and Consequences, 19.

24. Nations, History, 62 – 63.

25. Nations, History, 63.

26. Nations, History, 64.

27. Ross, Causes and Consequences, 29 – 30.

28. Ross, Causes and Consequences, 8.

29. Ross, Causes and Consequences, 21.

30. Galbraith, Great Crash, 49.

31. Galbraith, Great Crash, 50.

32. Galbraith, Great Crash, 2.

33. Richard Striner, Hard Times: Economic Depressions in America (Lanham, MD: Rowman & Littlefield, 2018), 68.

34. Striner, Hard Times, 68.

35. Galbraith, Great Crash, 81.

36. Liaquat Ahamed, Lords of Finance: The Bankers Who Broke the World(New York: Penguin, 2009), 310.

37. Striner, Hard Times, 69.

38. Striner, Hard Times, 66.

39. Vague, Brief History, 18.

40. Vague, Brief History, 19.

41. Vague, Brief History, 19 – 20.

42. Vague, Brief History, 21 – 22.

43. Ross, Causes and Consequences, 54.

44. Nations, History, 71.

45. Nations, History, 74.

46. Ahamed, Lords of Finance, 300.

47. Vague, Brief History, 24.

48. Ahamed, Lords of Finance, 308.

49. Ahamed, Lords of Finance, 320.

50. Galbraith, Great Crash, 33.

51. Galbraith, Great Crash, 34.

52. Ahamed, Lords of Finance, 322.

53. Vague, Brief History, 31.

54. Vague, Brief History, 33.

55. Ahamed, Lords of Finance, 322.

56. Kimberly Amadeo, "Stock Market Crash of 1929, Facts, Causes and Impact," The Balance, December 14, 2019, https://www.thebalance.com/stockmarket-crash-of-1929-causes-effects-and-facts-3305891.

57. Amadeo, "Stock Market Crash."

58. Amadeo, "Stock Market Crash."

59. Ahamed, Lords of Finance, 365.

60. FDIC, "Managing the Crisis: The FDIC and RTC Experience—Chronological Overview," https://www.fdic.gov/bank/historical/managing/chronological/pre-fdic.html.

61. Striner, Hard Times, 74.

62. Gary B. Gorton, Misunderstanding Financial Crises: Why We Don't See Them Coming (Oxford, UK: Oxford University Press, 2012), 111–12.

63. FDIC, "Temporary Liquidity Guarantee Program," https://www.fdic.gov/regulations/resources/tlgp/index.html.

64. 290 U.S. 398 (1934).

65. FDIC, "Managing the Crisis."

66. Ross, Causes and Consequences, 34–35.

67. Ross, Causes and Consequences, 40.

68. Ross, Causes and Consequences, 31.

69. Ahamed, Lords of Finance, 316.

70. Galbraith, Great Crash, 26.

71. 72d Congress, "Stock Exchange Practices: Report of the Committee on Banking and Currency Pursuant to Res. 84," http://online.wsj.com/public/resources/documents/SenateReportonPools1934.pdf.

72. 72d Congress, "Stock Exchange Practices," 393.

Chapter 8 | 은행 붕괴: 1980년

1. William M. Isaac, Senseless Panic: How Washington Failed America(New York: Wiley, 2010).

2. FDIC, An Examination of the Banking Crises of the 1980s and Early 1990s, chap. 9, "Banking Problems in the Southwest," 313, https://www.fdic.gov/bank/historical/history/291_336.pdf.

3. FDIC, "Banking Problems in the Southwest," 31.

4. William M. Isaac, "History of the Eighties—Lessons for the Future," Volume II, Symposium Proceedings, January 16, 1997, Panel 4, The 1980s in Retrospect, 99, https://www.fdic.gov/bank/historical/history/vol2/panel4.pdf.

5. Lynn D. Seballos, "Underlying Causes of Commercial Bank Failures in the 1980s," Federal Reserve Bank of Cleveland, Economic Commentary, September 1, 1990, https://www.clevelandfed.org/en/newsroom-and-events/publications/economic-commentary/economic-commentary-archives/1990-economic-commentaries/ec-19900901-underlying-causes-of-commercialbank-failures-in-the-1980s.aspx; FDIC, "The Banking Crises of the1980s and Early 1990s: Summary and Implications," https://www.fdic.gov/bank/historical/history/3_85.pdf; "Lessons of the Eighties: What Does the Evidence Show?, Symposium Proceedings, January 16, 1997, https://www.fdic.gov/bank/historical/history/vol2/panel3.pdf.

6. FDIC, "Banking Problems in the Southwest," 37.

7. FDIC, "Banking Problems in the Southwest," 34.

8. Sources: https://banks.data.fdic.gov/explore/failures?aggReport=by_year&displayFields=NAME%2CCERT%2CFIN%2CCITYST%2CFAILDATE%2CSAVR%2CRESTYPE%2CCOST%2CRESTYPE1%2CCHCLASS1%2CQBFDEP%2CQBFASSET&endFailYear=2004&selectedCharterTypes=%2CSA%2CSB&selectedInsuranceFunds=RTC%2CFSLIC%2CSAIF&selectedTransactionTypes=%2CA%2FA%2CP%26A%2CPA&sortField=FAILDATE&sortOrder=desc&startFailYear=1989; http://www.1stock1.com/1stock1_139.htm; https://fred.stlouisfed.org/series/TB3MS; https://www.usinflationcalculator.com/inflation/historical-inflation-rates/; and https://www.macrotrends.net/1369/crude-oil-price-history-chart.

9. Federal Reserve Bank of St. Louis Economic Research, "Money Market Funds: Total Financial Assets," https://fred.stlouisfed.org/series/MMMFTAQ027S.

10. FDIC, https://banks.data.fdic.gov/explore/failures?aggReport=detail&displayFields=NAME%2CCERT%2CFIN%2CCITYST%2CFAILDATE%2CSAVR%2CRESTYPE%2CCOST%2CRESTYPE1%2CCHCLASS1%2CQBFDEP%2CQBFASSET&end

FailYear=2017&sortField=FAILDATE&sortOrder=desc&startFailYear=1934.

11. FDIC, "Banking Problems in the Southwest," 12.

12. FDIC, "Banking Problems in the Southwest," 12.

13. FDIC, "Banking Problems in the Southwest," 13.

14. FDIC, "Banking Problems in the Southwest," 14.

15. FDIC, "Banking Problems in the Southwest," 15.

16. FDIC, "Banking Problems in the Southwest," 10 – 11.

Chapter 9 | 빌린 차는 세차하지 않는다: 2008년

1. FDIC, Crisis and Response: An FDIC History, 2008 – 2013, https://www.fdic.gov/bank/historical/crisis/.

2. Oonagh McDonald, Fannie Mae and Freddie Mac: Turning the American Dream into a Nightmare (New York: Bloomsbury, 2012), 1.

3. Peter J. Wallison, Hidden in Plain Sight: What Really Caused the World's Worst Financial Crisis and Why It Could Happen Again (New York and London: Encounter, 2015), 5.

4. John Allison, The Financial Crisis and the Free Market Cure (New York: McGraw-Hill Education , 2012), 9 – 15.

5. Financial Crisis Inquiry Commission, The Financial Crisis Inquiry Report: Final Report of the National Commission on the Causes of the Financial and Economic Crisis in the United States [hereinafter FCIR] (US Government Printing Office, 2011), 443, https://www.govinfo.gov/content/pkg/GPO-FCIC/pdf/GPO-FCIC.pdf.

6. FCIR, 444.

7. FCIR, 457.

8. FCIR, 485 – 536. Sumit Agarwal, Effi Benmelech, Nittai Bergman, and Amit Seru, "Did the Community Reinvestment Act (CRA) Lead to Risky Lending?" (Kreisman Working Papers Series in Housing Law and Policy No. 8, 2012), https://chicagounbound.uchicago.edu/cgi/viewcontent.cgi?article=1008&context=housing_law_and_policy.

9. Eugene A. Ludwig, James Kamihachi, and Laura Toh, "The Community Reinvestment Act: Past Successes and Future Opportunities," Community Development Innovation Review, February 2009, Federal Reserve Bank of San

Francisco, https://www.frbsf.org/community-development/files/cra_past_successes_future_opportunities1.pdf.

10. FCIR, 447.

11. FCIR, 447.

12. FCIR, 480 and 16.

13. Bethany McLean and Joe Nocera, All the Devils Are Here (New York: Portfolio, 2010), 16–17.

14. McLean and Nocera, Devils, 7.

15. Nathaniel C. Nash, "Fannie Mae to Sell New Securities," New York Times, April 22, 1987, https://www.nytimes.com/1987/04/22/business/fanniemae-to-sell-new-securities.html.

16. McLean & Nocera, Devils, 18.

17. FCIR, 38–39.

18. FCIR, 40.

19. FCIR, 448; Edward Pinto, "Triggers of the Financial Crisis," https://fcic-static.law.stanford.edu/cdn_media/fcic-docs/2010-03-15%20Triggers%20of%20the%20Financial%20Crisis%20(Pinto%20memo%20revised).pdf.

20. US Mortgage-Related Securities Issuance, SIFMA, US MBS Issuance and Outstanding, https://www.sifma.org/resources/research/us-mortgage-related-issuance-and-outstanding/.

21. McDonald, Fannie Mae and Freddie Mac, 128–29.

22. Mark A. Calabria, "Role of Fannie & Freddie in Driving Financial System Leverage," Cato Institute, September 24, 2013, https://www.cato.org/publications/speeches/role-fannie-freddie-driving-financial-system-leverage.

23. Wallison, Hidden in Plain Sight, 5.

24. Public Law No: 102-550, October 28, 1992.

25. Christopher Caldwell, "Bloomberg Is Right about the 2008 Financial Crash," New York Times, February 15, 2020, https://www.nytimes.com/2020/02/15/opinion/bloomberg-redlining.html?referringSource=articleShare.

26. Caldwell, "Bloomberg Is Right."

27. Caldwell, "Bloomberg Is Right."

28. FCIR, 41.

29. McLean and Nocera, Devils, 32.

30. McDonald, Fannie Mae and Freddie Mac, 2.

31. Department of Justice, Fair Lending Enforcement Program, August 6, 2015, https://www.justice.gov/crt/fair-lending-enforcement-program.

32. Thomas Vartanian, Robert Ledig, Alisa Babitz, William Browning, and James Pitzer, The Fair Lending Guide (Little Falls, NJ: Glasser Legal Works, 1995).

33. McLean and Nocera, Devils, 32–33.

34. Allison, Financial Crisis, 45–46.

35. FCIR, 102.

36. FCIR, 108.

37. FCIR, 108.

38. FCIR, 5.

39. FCIR 5.

40. Scott Nations, A History of the United States in Five Crashes (New York: HarperCollins, 2017), 195.

41. FCIR, 281, 481.

42. FCIR, 50.

43. FCIR, 280–91.

44. Nations, History, 210.

45. Nations, History, 214.

46. FDIC, Bid Summary: IndyMac Federal Bank FSB, March 19, 2009, https://www.fdic.gov/bank/individual/failed/indymac-bid-summary.html.

47. "Goldman Sachs Announces It Will Become a Bank Holding Company," Press Release, September 21, 2020, https://www.goldmansachs.com/our-firm/history/moments/2008-bank-holding-company.html.

48. "Morgan Stanley Granted Federal Bank Holding Company Status by U.S. Federal Reserve Board of Governors," Press Release, September 21, 2008, https://www.morganstanley.com/press-releases/morgan-stanley-grantedfederal-bank-holding-company-status-by-us-federal-reserve-board-of-governors_6933.

49. Laurence M. Ball, The Fed and Lehman Brothers: Setting the Record Straight on the Financial Disaster (New York: Cambridge University Press, 2018), xi–xv, 6, 226.

50. Ball, Fed, xi – xv.

51. FDIC, Status of Washington Mutual Bank Receivership, https://www.fdic.gov/bank/individual/failed/wamu-settlement.html.

52. Nations, History, 203 – 205.

53. Nations, History, 205.

54. Nations, History, 199.

55. Kimberly Amadeo, "Subprime Mortgage Crisis, Its Timeline and Effect," The Balance, November 20, 2019, https://www.thebalance.com/subprime-mortgage-crisis-effect-and-timeline-3305745.

56. Amadeo, "Subprime Mortgage Crisis."

57. Nations, History, 203.

58. FCIR, 6 – 7.

59. FCIR, 5.

60. George Selgin, "FLOORED! How a Misguided Fed Experiment Deepened and Prolonged the Great Recession," Cato Working Paper No. 50/CMFA No. 11, March 1, 2018; revised March 13, 2018, 1 – 2, https://www.cato.org/sites/cato.org/files/pubs/pdf/working-paper-50-updated-3.pdf.

61. Nations, History, 205.

62. This paragraph is based on an excellent summary: Norbert Michael, "Dodd-Frank's Title XI Does Not End Federal Reserve Bailouts," Heritage Foundation, September 29, 2015, https://www.heritage.org/markets-andfinance/report/dodd-franks-title-xi-does-not-end-federal-reserve-bailouts.

63. William M. Isaac, Senseless Panic: How Washington Failed America(New York: Wiley, 2010), 149.

64. Henry M. Paulson Jr., On the Brink: Inside the Race to Stop the Collapse of the Global Financial System (New York: Grand Central Publishing, 2010), 362 – 67.

65. US Department of the Treasury, TARP Programs, https://www.treasury.gov/initiatives/financial-stability/TARP-Programs/Pages/default.aspx#.

66. Michael Patrick Coyne, "A Historical Examination of the Mark to Market Accounting Rule and the Politics Underlying Its Development," Journal of Economics and Banking 1 (March 10, 2017): 2; https://journals.ke-i.org/

index.php/econ/article/view/179.

67. Coyne, "Historical Examination," 2.

68. Gary Halbert, "Did 'Mark-to-Market' Rules Cause the Financial Crisis?" Advisor Perspectives, https://www.advisorperspectives.com/commentaries/2018/09/18/did-mark-to-market-rules-cause-the-financial-crisis.

69. Isaac, Senseless Panic, 121.

70. Isaac, Senseless Panic, 120.

71. Halbert, "Mark-to-Market."

72. US Securities and Exchange Commission, Report and Recommendations Pursuant to Section 133 of the Emergency Economic Stabilization Act of 2008: Study on Mark-to-Market Accounting, SEC Office of the Chief Accountant Division of Corporate Finance, https://www.sec.gov/news/studies/2008/marktomarket123008.pdf, 47.

73. SEC Report, 50, 62.

74. SEC Report, 97.

75. SEC Report, 200–209.

76. Wikipedia, https://en.wikipedia.org/wiki/Brian_Wesbury.

77. Brian Wesbury, "The Real Truth about the Financial Crisis," December 3, 2014, https://www.youtube.com/watch?v=RrFSO62p0jk&feature=youtube.

78. William M. Isaac and Thomas P. Vartanian, "FASB's Accountability Problem," American Banker, April 26, 2019, https://www.americanbanker.com/opinion/fasbs-accountability-problem.

79. SEC Report, 157–64.

80. Isaac and Vartanian, "FASB."

81. Isaac and Vartanian, "FASB."

Chapter 10 | 금융 팬데믹: 2020년

1. Corey Steig, "How This Canadian Start-Up Spotted Coronavirus before Everyone Else Knew about It," CNBC, March 3, 2020, https://www.cnbc.com/2020/03/03/bluedot-used-artificial-intelligence-to-predict-coronavirusspread.html.

2. "The computer algorithm that was among the first to detect the

coronavirus outbreak," 60 Minutes, April 26, 2020, https://www.cbsnews.com/news/artificial-intelligence-mapping-coronavirus-pandemic-60-minutes-2020-04-26/.

3. "OCC Reports Decline in Mortgage Performance," News Release 2020-126, September 23, 2020, https://www.occ.gov/news-issuances/news-releases/2020/nr-occ-2020-126.html.

4. Thomas P. Vartanian, "Policymakers Must Ensure More COVID Relief Doesn't Damage the Economy," The Hill, September 26, 2020, https://thehill.com/opinion/finance/518211-policymakers-must-ensure-more-covid-reliefdoesnt-damage-the-economy?rnd=1601053187.

5. Bethany Allen-Ebrahimian, "The Chinese Lab at the Center of the Coronavirus Controversy," Axios, April 22, 2020, https://www.axios.com/wuhaninstitute-of-virology-china-coronavirus-79ad2d32-9834-4099-8a94-5df501845e3d.html.

6. Sharri Markson, "Coronavirus NSW: Dossier Lays Out Case against China Bat Virus Program," Daily Telegraph, May 4, 2020, https://www.dailytelegraph.com.au/coronavirus/bombshell-dossier-lays-out-case-against-chinese-bat-virus-program/news-story/55add857058731c9c71c0e96ad17da60.

7. The chronology here is drawn from and thanks to Holly Secon, Aylin Woodward, and Dave Mosher, "A Comprehensive Timeline of the New Coronavirus Pandemic, from China's First COVID-19 Case to the Present," Business Insider, June 30, 2020, https://www.businessinsider.com/coronavirus-pandemic-timeline-history-major-events-2020-3.

8. Erika Kinetz, "Where Did They Go? Millions Left City before Quarantine," AP, February 9, 2020, https://apnews.com/c42eabe1b1e1ba9fcb2ce201cd3abb72.

9. Steve Eder, Henry Fountain, Michael H. Keller, Muyi Xiao, and Alexandra Stevenson, "430,000 People Have Traveled from China to U.S. Since Coronavirus Surfaced," New York Times, April 5, 2020, https://www.nytimes.com/2020/04/04/us/coronavirus-china-travel-restrictions.html.

10. White House, "Proclamation—Suspension of Entry as Immigrants and Nonimmigrants of Certain Additional Persons Who Pose a Risk of Transmitting 2019 Novel Coronavirus," March 11, 2009, https://www.whitehouse.gov/presidential-actions/proclamation-suspension-entry-

immigrantsnonimmigrants-certain-additional-persons-pose-risk-transmitting-2019-novelcoronavirus/.

11. CDC, "Interim Guidance for Coronavirus Disease 2019," March 15, 2020, https://www.cdc.gov/coronavirus/2019-ncov/community/large-events/mass-gatherings-ready-for-covid-19.html.

12. "Coordinated Central Bank Action to Enhance the Provision of U.S. Dollar Liquidity," March 15, 2020, https://www.federalreserve.gov/newsevents/pressreleases/monetary20200315c.htm.

13. "Federal Reserve Actions to Support the Flow of Credit to Households and Businesses," March 15, 2020, https://www.federalreserve.gov/newsevents/pressreleases/monetary20200315b.htm.

14. "Federal Reserve Board Announces Establishment of a Commercial Paper Funding Facility (CPFF) to Support the Flow of Credit to Households and Businesses," March 17, 2020, https://www.federalreserve.gov/newsevents/pressreleases/monetary20200317a.htm.

15. "Money Market Mutual Fund Liquidity Facility," Office of the Comptroller of the Currency, Federal Deposit Insurance Corporation, March 16, 2020, https://www.federalreserve.gov/newsevents/pressreleases/files/monetary20200319a1.pdf.

16. "Federal Reserve Board Expands Its Program of Support for Flow of Credit to the Economy by Taking Steps to Enhance Liquidity and Functioning of Crucial State and Municipal Money Markets," March 20, 2020, https://www.federalreserve.gov/newsevents/pressreleases/monetary20200320b.htm.

17. "Federal Reserve Announces the Establishment of Temporary U.S. Dollar Liquidity Arrangements with Other Central Banks," March 19, 2020, https://www.federalreserve.gov/newsevents/pressreleases/monetary20200319b.htm.

18. Tim Lee, Jamie Lee, and Kevin Coldiron, The Rise of Carry: The Dangerous Consequences of Volatility Suppression and the New Financial Order of Decaying Growth and Recurring Crisis (New York: McGraw-Hill Education, 2020), 104–5.

19. Serena Ng and Nick Timiraos, "Covid Supercharges Federal Reserve as Backup Lender to the World," Wall Street Journal, August 3, 2020,

https://www.wsj.com/articles/fed-federal-reserve-jerome-powell-covid-coronavirusdollar-lending-economy-foreign-currency-11596228151?mod=hp_lead_pos5.

20. Testimony of Jerome H. Powell, "Coronavirus and CARES Act," Statement before the Committee on Banking, Housing, and Urban Affairs, U.S. Senate, Washington, DC, May 19, 2020, https://www.federalreserve.gov/newsevents/testimony/powell20200519a.htm.

21. "Federal Reserve Issues FOMC Statement," March 23, 2020, https://www.federalreserve.gov/newsevents/pressreleases/monetary20200323a.htm.

22. "Federal Reserve Announces Extensive New Measures to Support the Economy," March 23, 2020, https://www.federalreserve.gov/newsevents/pressreleases/monetary20200323b.htm.

23. "Interagency Statement on Loan Modifications and Reporting for Financial Institutions Working with Customers Affected by the Coronavirus," March 22, 2020, https://www.occ.gov/news-issuances/news-releases/2020/nria-2020-39a.pdf; "Interagency Statement on Loan Modifications and Reporting for Financial Institutions Working with Customers Affected by the CoronaviNOTES rus (Revised)," April 7, 2020, https://www.federalreserve.gov/newsevents/pressreleases/files/bcreg20200407a1.pdf.

24. S. 3548, Pub. L. 116-136, March 21, 2020.

25. The federal bank regulators followed up with regulations on April 6, 2020. "Temporary Changes to the Community Bank Leverage Ratio Framework," April 6, 2020, https://www.federalreserve.gov/newsevents/pressreleases/files/bcreg20200406a1.pdf, and "Regulatory Capital Rule: Transition for the Community Bank Leverage Ratio Framework," April 6, 2020, https://www.federalreserve.gov/newsevents/pressreleases/files/bcreg20200406a2.pdf.

26. "Regulatory Capital Rule: Revised Transition of the Current Expected Credit Losses Methodology for Allowances," March 27, 2020, https://www.federalreserve.gov/newsevents/pressreleases/files/bcreg20200327a2.pdf.

27. Bryan Taylor, "The Spanish Flu and the Stock Market: The Pandemic of 1919," Global Financial Data, February 27, 2020, https://www.globalfinancialdata.com/the-spanish-flu-and-the-stock-market-the-pandemicof-1919/.

28. Taylor, "Spanish Flu."

29. Taylor, "Spanish Flu."

30. Thomas Garrett, "Economic Effects of the 1918 Influenza Pandemic: Implications for a Modern-Day Pandemic," Federal Reserve Bank of St. Louis, November 2007, https://www.stlouisfed.org/~/media/files/pdfs/communitydevelopment/research-reports/pandemic_flu_report.pdf.

31. Molly Smith, Alex Harris, and Matthew Boesler, "The Fed Brings the Global Financial System Back from the Abyss," Bloomberg Law, Securities Law News, March 28, 2020, https://www.bloomberg.com/news/articles/2020-03-28/the-fed-brings-the-global-financial-system-back-from-the-abyss.

32. "Federal Reserve Announces Establishment of a Temporary FIMA Repo Facility to Help Support the Smooth Functioning of Financial Markets," March 31, 2020, https://www.federalreserve.gov/newsevents/pressreleases/monetary20200331a.htm.

33. US Department of the Treasury, The CARES Act Works for All Americans, https://home.treasury.gov/cares.

34. Andrew G. Atkeson, "What Will Be the Economic Impact of COVID-19 in the US?" Staff Report No. 595, Federal Reserve Bank of Minneapolis, 3–4, https://www.minneapolisfed.org/research/sr/sr595.pdf.

35. Atkeson, "Economic Impact of COVID-19," 4.

36. Ian King, "An Ancient Computer Language Is Slowing America's Giant Stimulus," Bloomberg Law, April 13, 2020, https://www.bloomberg.com/news/articles/2020-04-13/an-ancient-computer-language-is-slowing-america-s-giantstimulus.

37. Gabrielle Coppola, Mallika Mitra, and Margaret Newkirk, "Fired Americans Send Unemployment Websites Crashing Down," Bloomberg News, https://www.bloomberg.com/news/articles/2020-03-25/fired-americans-sendstate-unemployment-websites-crashing-down.

38. Mortgage Bankers Association, "MBA Survey Shows Spike in Loans in Forbearance, Servicer Call Volume," April 7, 2020, https://www.mba.org/2020-press-releases/april/mba-survey-shows-spike-in-loans-in-forbearance-servicercall-volume.

39. "Joint Statement on Supervisory and Enforcement Practices Regarding the Mortgage Servicing Rules in Response to the COVID-19 Emergency and the CARES Act," April 3, 2020, https://www.federalreserve.gov/newsevents/pressreleases/files/bcreg20200403a1.pdf.

40. Justin Wolfers, "The Unemployment Rate Is Probably Around 13 Percent," New York Times, April 3, 2020, https://www.nytimes.com/2020/04/03/upshot/coronavirus-jobless-rate-great-depression.html.

41. "Federal Reserve Will Establish a Facility to Facilitate Lending to Small Businesses via the Small Business Administration's Paycheck Protection Program(PPP) by Providing Term Financing Backed by PPP Loans," April 6, 2020, https://www.federalreserve.gov/newsevents/pressreleases/monetary20200406a.htm.

42. Jonathan Nicholson, "Trump Signs Bill Changing Paycheck Protection Program into Law," Market Watch, June 5, 2020, https://www.marketwatch.com/story/senate-oks-tweaks-to-small-business-lending-program-bill-goes-totrump-for-signature-2020-06-03.

43. Joseph Spector, "New Data on New York Coronavirus Deaths: Most Had These Underlying Illnesses; 61% Were Men," USA Today; April 7, 2020, https://www.usatoday.com/story/news/health/2020/04/07/new-yorkcoronavirus-deaths-data-shows-most-had-underlying-illnesses/2960151001/.

44. Phil Stewart and Idrees Ali, "Coronavirus Clue? Most Cases aboard U.S. Aircraft Carrier Are Symptom-Free," Reuters, April 16, 2020, https://www.reuters.com/article/us-health-coronavirus-usa-military-sympt/coronavirusclue-most-cases-aboard-u-s-aircraft-carrier-are-symptom-freeidUSKCN21Y2GB.

45. "Federal Reserve Takes Additional Actions to Provide Up to $2.3 Trillion in Loans to Support the Economy," April 9, 2020, https://www.federalreserve.gov/newsevents/pressreleases/monetary20200409a.htm.

46. "Paycheck Protection Program Lending Facility Term Sheet," https://www.federalreserve.gov/newsevents/pressreleases/files/monetary20200409a6.pdf.

47. "Federal Reserve Board Announces an Expansion of the Scope and

Duration of the Municipal Liquidity Facility," April 27, 2020, https://www.federalreserve.gov/newsevents/pressreleases/monetary20200427a.htm.

48. "Regulatory Capital Rule: Paycheck Protection Program Lending Facility and Paycheck Protection Program Loans," Federal Register 85, no. 71 (April 13, 2020): 20837, https://www.occ.gov/news-issuances/federal-register/2020/85fr20387.pdf.

49. "Regulators Temporarily Change the Supplementary Leverage Ratio to Increase Banking Organizations' Ability to Support Credit to Households and Businesses in Light of the Coronavirus Response," May 15, 2020, https://www.federalreserve.gov/newsevents/pressreleases/bcreg20200515a.htm.

50. "Main Street New Loan Facility," https://www.federalreserve.gov/newsevents/pressreleases/files/monetary20200409a7.pdf; "Main Street Expanded Loan Facility," https://www.federalreserve.gov/newsevents/pressreleases/files/monetary20200409a4.pdf.

51. "Secondary Market Corporate Credit Facility," https://www.federalreserve.gov/newsevents/pressreleases/files/monetary20200409a2.pdf; "Primary Market Corporate Credit Facility," https://www.federalreserve.gov/newsevents/pressreleases/files/monetary20200409a5.pdf.

52. "Term Asset-Backed Securities Loan Facility," https://www.federalreserve.gov/newsevents/pressreleases/files/monetary20200409a1.pdf.

53. "Credit and Liquidity Programs and the Balance Sheet," Federal Reserve Board, https://www.federalreserve.gov/monetarypolicy/bst_recenttrends.htm.

54. "Guidelines: Opening Up America Again," April 16, 2020, https://thehill.com/homenews/administration/493244-read-trumps-guidelines-foropening-up-america-again.

55. White House Guidelines: "Opening Up American Again," https://www.whitehouse.gov/openingamerica/.

56. Mortgage Bankers Association, "Share of Mortgage Loans in Forbearance Rises to 5.95%," April 20, 2020, https://www.mba.org/2020-pressreleases/april/share-of-mortgage-loans-in-forbearance-rises-to-595.

57. Lisa Lee, "Battered CLO Investors Are About to Get a Look at Their Losses," Bloomberg Law, April 20, 2020, https://www.bloomberg.com/news/

articles/2020-04-20/clo-reckoning-arrives-downgrade-wave-tests-700-billionmarket.

58. Lee, "Battered CLO Investors."

59. "Coronavirus Report: The Hill's Steve Clemons Interviews Richard Vague," April 17, 2020, https://thehill.com/homenews/coronavirus-report/493341-coronavirus-report-the-hills-steve-clemons-interviews-richard?utm_source=&utm_medium=email&utm_campaign=29119; 추가 참조. Richard Vague, "How to Rescue Our Coronavirus-Infected Economy from Collapse," The Hill, March 31, 2020, https://thehill.com/opinion/finance/490328-how-torescue-our-coronavirus-infected-economy-from-collapse.

60. Glen Hubbard and Hal Scott, "Main Street Needs More Fed Help," Wall Street Journal, April 17, 2020, https://www.wsj.com/articles/the-fed-andmain-street-11587079942.

61. Ryan Dezember, "U.S. Oil Costs Less Than Zero After a Sharp Monday Selloff," Wall Street Journal, April 21, 2020, https://www.wsj.com/articles/whyoil-is-11-a-barrel-now-but-three-times-that-in-autumn-11587392745.

62. "FHFA Addresses Servicer Liquidity Concerns, Announces Four Month Advance Obligation Limit for Loans in Forbearance," April 21, 2020, https://www.fhfa.gov/Media/PublicAffairs/Pages/FHFA-Addresses-Servicer-Liquidity-Concerns-Announces-Four-Month-Advance-Obligation-Limit-for-Loans-in-Forbearance.aspx.

63. "FHFA Announces That Enterprises Will Purchase Qualified Loans in Forbearance to Keep Lending Flowing," April 22, 2020, https://www.fhfa.gov/Media/PublicAffairs/Pages/FHFA-Announces-that-Enterprises-will-Purchase-Qualified-Loans.aspx.

64. Andrew Ackerman, "Fannie Mae Income Drops as More Homeowners Suspend Mortgage Payments," Wall Street Journal, May 1, 2020, https://www.wsj.com/articles/fannie-mae-income-drops-as-more-homeowners-suspendmortgage-payments-11588357227.

65. Andrew Ackerman and Nick Timiraos, "Mortgage Credit Tightens Creating Drag on Any Economic Recovery," Wall Street Journal, May 25, 2020, https://www.wsj.com/articles/mortgage-credit-tightens-creating-drag-

onany-economic-recovery-11590431459.

66. Ackerman and Timiraos, "Mortgage Credit."

67. Ackerman and Timiraos, "Mortgage Credit."

68. "Cuomo Says 21% of Those Tested in N.Y.C. Had Virus Antibodies," New York Times, April 23, 2020, https://www.nytimes.com/2020/04/23/nyregion/coronavirus-new-york-update.html.

69. John Gittelsohn, "Homeowners in Forbearance Top 3.4 Million, Up 17% in a Week," Bloomberg Law, April 24, 2020, https://www.bloomberg.com/news/articles/2020-04-24/homeowners-seeking-forbearance-top-3-4-millionup-17-in-a-week.

70. Harriet Torry, "U.S. Economy Shrank at 4.8% Pace in First Quarter," Wall Street Journal, April 29, 2020, https://www.wsj.com/articles/first-quartergdp-us-growth-coronavirus-11588123665?mod=hp_lead_pos1.

71. "Federal Reserve Expands Access to Its Paycheck Protection Program Liquidity Facility (PPPLF) to Additional Lenders, and Expands the Collateral that Can Be Pledged," April 30, 2020, https://www.federalreserve.gov/newsevents/pressreleases/monetary20200430b.htm.

72. "Federal Reserve Board Announces It Is Expanding the Scope and Eligibility for the Main Street Lending Program," April 30, 2020, https://www.federalreserve.gov/newsevents/pressreleases/monetary20200430a.htm.

73. Paul Kiernan, "$454 Billion Treasury Fund Goes Mostly Unused," Wall Street Journal, August 27, 2020, https://www.wsj.com/articles/454-billion-treasury-fund-goes-mostly-unused-11598529733.

74. Letter of April 22, 2020, from Federal Reserve Board Vice Chair Randal Quarles to Honorable Mike Crapo, Chairman of the Senate Committee on Banking, Housing & Urban Affairs, https://www.banking.senate.gov/imo/media/doc/Fed%20Response%20to%20Crapo%204.8.20%20Letter.pdf.

75. Denise Grady, "Coronavirus Is Spreading, But W.H.O. Says It's Not a Global Emergency," New York Times, January 23, 2020, https://www.nytimes.com/2020/01/23/health/china-virus-who-emergency.html.

76. Drew Hinshaw, "WHO Clarifies Comments on Asymptomatic Transmission of Coronavirus," Wall Street Journal, June 9, 2020, https://www.wsj.com/articles/who-clarifies-comments-on-asymptomatic-transmission-

ofcoronavirus-11591730489.

77. Madeline Farber, "CDC Now Says Coronavirus 'Does Not Spread Easily' via Contaminated Surfaces," Fox News, May 20, 2020, https://www.foxnews.com/health/cdc-now-says-coronavirus-does-not-spread-easily-viacontaminated-surfaces.

78. David K. Li, "Salon Owner Jailed for Reopening during Texas Lockdown Released after Governor Intervenes," NBC News, May 7, 2020, https://www.nbcnews.com/news/us-news/salon-owner-jailed-reopening-during-texaslockdown-released-after-governor-n1202446.

79. Joshua Bote, "Florida Inmate Released from Jail Due to Coronavirus Arrested Again—This Time on a Murder Charge," USA Today, April 15, 2020, https://www.usatoday.com/story/news/nation/2020/04/15/florida-man-releasedjail-amid-coronavirus-arrested-murder/5135887002/.

80. Summer Lin, "San Francisco Gives Alcohol and Marijuana to Homeless Addicts on Lockdown in Hotels," Sacramento Bee, May 7, 2020, https://www.sacbee.com/news/coronavirus/article242575926.html#storylink=cpy.

81. Edward Peter Stringham, "Lockdown-Free Sweden Had It Right, Says World Health Organization: Interview with Prof. Johan Giesecke," American Institute for Economic Research, April 30, 2020, https://www.aier.org/article/lockdown-free-sweden-had-it-right-says-world-health-organization-interviewwith-prof-johan-giesecke/.

82. Andrew Bogan, "New Data Suggest the Coronavirus Isn't as Deadly as We Thought," Wall Street Journal, April 17, 2020, https://www.wsj.com/articles/new-data-suggest-the-coronavirus-isnt-as-deadly-as-we-thought-11587155298?mod=opinion_lead_pos5.

83. Chair Jerome H. Powell, Federal Reserve Board, at the Peterson Institute for International Economics, Washington, DC (via webcast), May 13, 2020, https://www.federalreserve.gov/newsevents/speech/powell20200513a.htm.

84. "Financial Stability Report," Board of Governors of the Federal Reserve System, May 2020, 7–8, https://www.federalreserve.gov/publications/files/financial-stability-report-20200515.pdf.

85. Josh Mitchell, "Unemployment Rate Fell to 13.3% in May," Wall Street Journal, June 5, 2020, https://www.wsj.com/articles/may-jobs-reportcorona

virus202011591310177?mod=hp_lead_pos1&mod=hp_lead_pos1.

86. Jose Maria Barrero, Nick Bloom, and Steven J. Davis, "COVID-19 Is Also a Reallocation Shock," Working Paper No. 2020-59, Becker Friedman Institute, University of Chicago, May 5, 2020, https://bfi.uchicago.edu/wpcontent/uploads/BFI_WP_202059.pdf.

87. "Statement of Secretary Steven T. Mnuchin Before the Senate Committee on Banking, Housing, and Urban Affairs," May 18, 2020, https://home.treasury.gov/news/press-releases/sm1011.

88. "Share of Mortgage Loans in Forbearance Increases to 8.53%," Mortgage Bankers Association Press Release, June 8, 2020, https://www.mba.org/2020-press-releases/june/share-of-mortgage-loans-in-forbearance-increases-to-853.

89. Jeff Cox, "CBO Projects 38% Drop in GDP, $2.1 Trillion Increase in the Deficit," CNBC, https://www.msn.com/en-us/money/markets/cbo-projects-38percent-drop-in-gdp-dollar21-trillion-increase-in-the-deficit/ar-BB14jlWp?li=BBnb7Kz.

90. Nick Timiraos and Sam Goldfarb, "Federal Reserve Discloses Holdings of $1.3 Billion in Exchange-Traded Funds," Wall Street Journal, May 29, 2020, https://www.wsj.com/articles/federal-reserve-discloses-holdings-of-1-3-billionin-exchange-traded-funds-11590782661?mod=hp_major_pos1#cxrecs_s.

91. "Statement of Secretary Steven T. Mnuchin Before the Senate Committee on Banking, Housing, and Urban Affairs," May 18, 2020, https://home.treasury.gov/news/press-releases/sm1011.

92. Paul Hannon and Paul Kiernan, "U.S. Economy Faces Long Recovery from Coronavirus Effects, Experts Say," Wall Street Journal, June 1, 2020, https://www.wsj.com/articles/decline-in-factory-output-eased-in-may-butrecovery-set-to-be-slow-11591006623.

93. Gwynn Guilford and Charity L. Scott, "Is It Insane to Start a Business During Coronavirus? Millions of Americans Don't Think So," Wall Street Journal, September 26, 2020, https://www.wsj.com/articles/is-it-insane-to-start-aNOTES393business-during-coronavirus-millions-of-americans-dont-think-so-11601092841.

94. Chris Hyzy, Joseph Quinlan, Marci McGregor, Lauren J. Sanfilippo, and Kirsten Cabacungan, "The Great Separation," Merrill Lynch Investment Insight, April 2020, https://olui2.fs.ml.com/Publish/Content/application/pdf/GWMOL/Great_Separation_Merrill.pdf.

95. Several paragraphs here are based on an op-ed that I authored, first published in The Hill: Thomas P. Vartanian, "If the Second Economic 'Shoe' Drops, Congress Must Avert a Collapse," The Hill, May 4, 2020, https://thehill.com/opinion/finance/495952-congress-must-address-the-two-financial-shoesof-the-coronavirus-pandemic?rnd=1588604088.

96. Edwin S. Hunt, "The Trust Fund Theory and Some Substitutes for It," Yale Law Journal 12, no. 2 (December 1902): 63–81, https://www.jstor.org/stable/pdf/782112.pdf; John Reed, "Delaware Court of Chancery Issues Significant Ruling on the Ability of Creditors to Assert Fiduciary Duty Claims against Directors: Key Takeaways," DLA Piper, May 14, 2015, https://www.dlapiper.com/en/us/insights/publications/2015/05/delaware-court--chanceryissues-significant-ruling/.

97. Shared National Credit Program, https://www.federalreserve.gov/supervisionreg/snc.htm.

98. CDC, Mission, Role and Pledge, https://www.cdc.gov/about/organization/mission.htm.

99. Matt Wirz, "Fed Promised to Buy Bonds But Is Finding Few Takers," Wall Street Journal, June 3, 2020, https://www.wsj.com/articles/fed-promisedto-buy-bonds-but-is-finding-few-takers-11591176601?mod=hp_lead_pos1.

100. R. Christopher Whalen, "Bank Earnings Armageddon," Institutional Risk Analyst, April 13, 2020, https://www.theinstitutionalriskanalyst.com/post/bank-earnings-armageddon.

101. Francesco Covas, "Would a Serious Second Wave of COVID-19 Require Banks to Reduce Their Dividends?" May 27, 2020, https://bpi.com/would-a-serious-second-wave-of-covid-19-require-banks-to-reduce-theirdividends/.

102. "FDIC-Insured Institutions Reported Lower Profitability but Strong Liquidity and Higher Capital Levels in Second Quarter 2020," Press Release, August 25, 2020, https://www.fdic.gov/news/press-releases/2020/pr20095.html.

103. Letter from Quarles to Crapo.

104. There are excellent summaries available of the remedial actions that Congress, the Treasury, and the Federal Reserve took and how they were used. Daleep Singh, Remarks at Hudson Valley Pattern for Progress, June 8, 2020, https://www.newyorkfed.org/newsevents/speeches/2020/sin200708;Michael Barr, Howell Jackson, and Margaret Tahyar, "The Financial Response to the COVID-19 Pandemic," https://papers.ssrn.com/sol3/papers.cfm?abstract_id=3666461; "Response to COVID-19: Break Out the Financial Crisis Toolkit?" Cleary Gottlieb Alert Memorandum, https://www.clearygottlieb.com/news-and-insights/publication-listing/response-to-covid-19-break-out-the-financial-crisis-toolkit.

105. Thomas P. Vartanian, "A Five-Point Antidote to the Financial Pandemic," The Hill, March 19, 2020, https://thehill.com/opinion/finance/488450-afive-point-antidote-to-the-financial-pandemic; Vartanian, "Second Economic 'Shoe'"; Thomas P. Vartanian, "Dealing with Troublous Times," The Hill, May 21, 2020, https://thehill.com/opinion/finance/499038-dealing-with-troubloustimes?rnd=1590092077.

106. George Selgin, "Catch-11," Cato At Liberty, May 13, 2020, https://www.cato.org/blog/catch-11.

107. Harold James, "The Day After Tomorrow," Project Syndicate, May 5, 2020, https://www.project-syndicate.org/commentary/covid19-pandemiclesson-from-interwar-period-by-harold-james-2020-05.

108. "Biden's Lockdown Mistake," Wall Street Journal, August 23, 2020, https://www.wsj.com/articles/bidens-lockdown-mistake-11598218830.

109. Mathew Haag, "Manhattan Faces a Reckoning If Working from Home Becomes the Norm," New York Times, May 13, 2020, https://www-nytimescom.cdn.ampproject.org/c/s/www.nytimes.com/2020/05/12/nyregion/coronavirus-work-from-home.amp.html.

110. Christopher R. Whalen, "Sizing the Commercial Real Estate Bust," Institutional Risk Analyst, June 7, 2020, https://www.theinstitutionalriskanalyst.com/post/sizing-the-commercial-real-estate-bust.

111. Jonathan Cheng, "China's Barely Begun Economic Recovery Shows Signs of

Stalling," Wall Street Journal, June 1, 2020, https://www.wsj.com/articles/
chinas-barely-begun-economic-recovery-shows-signs-of-stalling-
11590989703?mod=hp_lead_pos2.

112. "Cotton Bill Would Allow Americans to Sue China for Virus Damages,"
Representative Crenshaw Press Release, April 16, 2020, https://crenshaw.
house.gov/news/documentsingle.aspx?DocumentID=267.

113. Jonathan Cheng, "Coronavirus Ravages China's Economy—and It's Just
Getting Started," Wall Street Journal, April 17, 2020, https://www.wsj.
com/articles/coronavirus-ravages-chinas-economyand-its-just-getting-
started-11587122990?mod=hp_lead_pos4.

Chapter 11 | 더 성능 좋은 쥐덫 설치

1. John Kenneth Galbraith, The Great Crash of 1929 (New York and Boston:
Mariner, 1954), 26-27.

2. 12 USC 225a [as added by act of November 16, 1977 (91 Stat. 1387) and
amended by acts of October 27, 1978 (92 Stat. 1897); Aug. 23, 1988 (102
Stat. 1375); and Dec. 27, 2000 (114 Stat. 3028)].

3. Kevin Warsh, "The Fed Puts Its Independence on the Line," Wall Street
Journal, September 7, 2020, https://www.wsj.com/articles/the-fed-putsits-
independence-on-the-line-11599498437.

4. "The Economic Outlook, Monetary Policy, and the Demand for Reserves,"
Randal K. Quarles, vice chair for supervision of the Federal Reserve Board,
at the Money Marketeers of New York University, February 6, 2020, https://
www.federalreserve.gov/newsevents/speech/quarles20200206a.htm.

5. Tim Lee, Jamie Lee, and Kevin Coldiron, The Rise of Carry: The Dangerous
Consequences of Volatility Suppression and the New Financial Order of
Decaying Growth and Recurring Crisis (New York: McGraw-Hill Education,
2020), 6-7.

6. Timothy F. Geithner, Stress Test: Reflections on Financial Crises (New York:
Crown, 2014), 231.

7. Geithner, Stress Test, 362.

8. Patrick McLaughlin, "The Code of Federal Regulations: The Ultimate
Longread," Mercatus Center, George Washington University, https://

www.mercatus.org/publications/regulation/code-federal-regulations-ultimatelongread.

9. Pascal Franz and Norvald Instefjord, "Rules vs. Principles Based Financial Regulation," London School of Economics, Essex Business School, University of Essex, November 25, 2014, https://papers.ssrn.com/sol3/papers.cfm?abstract_id=2561370#:~:text=Regulators%20applying%20principles%20based%20systems,robust%20than%20rules%20based%20regulation,3 – 6.

10. Franz and Instefjord, "Rules vs. Principles," 3 – 6.

11. Brian P. Brooks and Charles W. Calomiris, "Fintech Can Come Out of the Shadows," Wall Street Journal, September 9, 2020, https://www.wsj.com/articles/fintech-can-come-out-of-the-shadows-11599693184.

12. Riegle-Neal Interstate Banking and Branching Efficiency Act of 1994, H.R. 3841, Public Law No: 103-328, https://www.congress.gov/bill/103rd-congress/house-bill/3841.

13. Carl Felsenfeld, "Savings and Loan Crisis," Fordham Law Review 59, no. 6 (1991): S7, S45 – 47, https://ir.lawnet.fordham.edu/cgi/viewcontent.cgi?article=2920&context=flr.

14. FDIC Failed Bank List, https://www.fdic.gov/bank/individual/failed/banklist.html.

15. George Selgin, Money, Free and Unfree (Washington, DC: Cato Institute, 2017), 37.

16. Selgin, Money, 38 – 44.

17. Selgin, Money, 39.

18. Selgin, Money, 39.

19. The explanation that it is difficult to quantify the benefits of a rule to the extent that it may avert a financial loss or systemic crisis in the future that never occurs may in part be true. But that argument would support the adoption of almost any rule at any time. Surely, sophisticated economic models can be deployed to more scientifically calculate costs and benefits, as well as the likelihood that a range of risks may or may not arise and/or be averted by a particular rule or set of rules; https://www.ffiec.gov/press/PDF/FFIEC_Call_Report_Federal_Register_Notice.pdf; Rolf Nebel, "Regulations as a Source of Systemic Risk: The Need for Economic

Impact Analysis," Geneva Papers on Risk and Insurance 29, no. 2 (April 2004): 283–84, https://link.springer.com/content/pdf/10.1111/j.1468-0440.2004.00287.x.pdf, 281.

20. Nebel, "Regulations," 281.

21. Nebel, "Regulations," 281.

22. Ron J. Feldman, Jason Schmidt, and Ken Heinecke, Quantifying the Costs of Additional Regulation on Community Banks, Federal Reserve Bank of Minneapolis, May 30, 2013, https://www.minneapolisfed.org/research/economic-policy-papers/quantifying-the-costs-of-additional-regulation-on-communitybanks.

23. Hester Pierce, Thomas Stratmann, and Ian Robinson, How Are Small Banks Faring under Dodd-Frank? Mercatus Center, George Washington University, February 27, 2014, http://mercatus.org/publication/how-are-smallbanks-faring-under-dodd-frank.

24. Saabira Chaudhuri, "The Cost of New Banking Regulation: $70.2 Billion," Wall Street Journal Moneybeat, July 30, 2014, http://blogs.wsj.com/moneybeat/2014/07/30/the-cost-of-new-banking-regulation-70-2-billion/.

25. Douglas Holtz-Eakin, "The Growth Consequences of Dodd-Frank," American Action Forum, May 6, 2015, http://americanactionforum.org/research/the-growth-consequences-of-dodd-frank.

26. CIO Reports Investment Insights, "A Market Under Stress—We Believe This, Too, Will Pass," Merrill Lynch Bank of America, Chief Investment Officer, January 19, 2016.

27. The discussion that follows is excerpted from two articles I wrote about the Dodd-Frank Act originally published in BNA's Banking Report. "The Good, the Bad and the Ugly of the Dodd-Frank Act," BNA's Banking Report, April 18, 2016, 106 BBR Issue No. 16, Part I and BNA's Banking Report, April 25, 2016, 106 BBR Issue No. 17, Part II.

28. Richard Parsons, "Do Mortgages Still Have Earnings Potential?" American Banker, February 2, 2016, http://www.americanbanker.com/bankthink/do-mortgages-still-have-earnings-potential-1079140-1.html.

29. US Government Accountability Office, GAO 13-180, "Financial Crisis Losses

and Potential Impacts of the Dodd-Frank Act," January 2013, https://www.gao.gov/assets/660/651322.pdf.

30. US Government Accountability Office, GAO 15-81, "Regulators' Analytical and Coordination Efforts," December 2014, 24 – 26, https://www.gao.gov/assets/670/667633.pdf.

31. Government Accountability Office, "Dodd-Frank Regulations, Agencies' Efforts to Analyze and Coordinate Their Recent Final Rules," December 2016, https://www.gao.gov/assets/690/681868.pdf.

32. Bill Bryson, A Short History of Everything (New York: Broadway Books, 2003), 222 – 23.

33. "Volcker Rule," https://www.federalreserve.gov/supervisionreg/volckerrule.htm.

34. Antje Berndt, Darrell Duffie, and Yichao Zhu, "The Decline of Too Big to Fail," December 1, 2019, https://ssrn.com/abstract=3497897.

35. Franciso Covas and Gonzalo Fernandez-Dionis, "Putting 'Too Big To Fail' to Rest: Evidence from Market Behavior in the COVID-19 Pandemic," Bank Policy Institute, September 9, 2020, https://bpi.com/putting-too-bigto-fail-to-rest-evidence-from-market-behavior-in-the-covid-19-pandemic/.

36. "Evaluation of the Effects of Too-Big-to-Fail Reforms," Financial Stability Board Consultation Report, June 28, 2020, 4 – 9, https://www.fsb.org/wp-content/uploads/P280620-1.pdf.

37. Nicola Cetorelli and James Traina, "Resolving 'Too Big to Fail,'" Federal Reserve Bank of New York Staff Reports no. 859, June 2018, https://www.newyorkfed.org/medialibrary/media/research/staff_reports/sr859.pdf.

38. Lee, Lee, and Coldiron, Rise of Carry, 136 – 37, 195, 200, 207 – 9, 216 – 17.

39. Paul Kupiec and Peter Wallison, "Can the 'Single Point of Entry' Strategy Be Used to Recapitalize a Systemically Important Failing Bank?" Journal of Financial Stability 20 (2015): 184 – 97, https://www.sciencedirect.com/science/article/pii/S1572308915000984.

40. Michael Barr, Howell Jackson, and Margaret Tahyar, Financial Regulation: Law and Policy (St. Paul, MN: Foundation Press, 2018), 760 – 68.

41. https://www.fdic.gov/news/news/press/2017/pr17095a.pdf; https://www.fdic.gov/news/news/press/2013/pr13051.pdf; https://www.bankofengland.

co.uk/-/media/boe/files/memoranda-of-understanding/fdic-and-the-praconcering-consultation-cooperation-and-the-exchange-of-information; https://www.cima.ky/upimages/commonfiles/1499794418FederalDepositIns urance-Corporation-MoU.pdf.

42. the comptroller's handbooks, https://www.occ.treas.gov/publications-and-resources/publications/comptrollers-handbook/index-comptrollershandbook.html; Federal Reserve Board Commercial Bank Examination Manual, https://www.federalreserve.gov/publications/supervision_cbem.htm.

43. Vartanian, "The Good, the Bad and the Ugly."

44. FSOC is comprised on the heads of the Treasury, FDIC, Fed, SEC,CFTC, OCC, NCUA, and CFPB.

45. https://www.bis.org/bcbs/.

46. William C. Dudley, President/CEO, Federal Reserve Bank of New York, "Is the Active Use of Macroprudential Tools Institutionally Realistic?" October 3, 2015; transcript available at http://www.newyorkfed.org/newsevents/speeches/2015/dud151003.html.

47. I participated in the representation of companies before the FSOC and concluded that the process was largely goal oriented. The record did not seem to support the conclusions reached, as MetLife eventually demonstrated in federal court when it overturned its designation. MetLife v. FSOC, decided September 18, 2018, Civil Action No. 15-45 (RMC) 09-18-2018.

48. Nonbank Financial Company Designations, https://www.treasury.gov/initiatives/fsoc/designations/Pages/default.aspx.

49. MetLife v. FSOC, decided Sept. 18, 2018, Civil Action No. 15-45 (RMC) 09-18-2018; https://www.documentcloud.org/documents/2793065-MetLife-Opinion.html.

50. Office of Financial Research website, https://www.financialresearch.gov/staff-discussion-papers/.

51. Basel Committee on Banking Supervision, "An Assessment of the Long-Term Economic Impact of Stronger Capital and Liquidity Requirements," August 2010, http://www.bis.org/publ/bcbs173.pdf.

52. Basel Committee, "Assessment," 2−3. The study notes that the net benefits of the regulatory reforms are based on the expected yearly output gain associated with the reduction in the frequency and severity of banking crises. Using the median estimate of the cumulative discounted costs of crises across all comparable studies, which is around 60 percent, each 1 percentage point reduction in the annual probability of a crisis yields an expected benefit per year equal to 0.6 percent of output when banking crises are allowed to have a permanent effect on real activity. Using the median estimate of losses when crises are seen to have only a temporary effect, which is around 20 percent, each 1 percentage point reduction in the annual probability of a crisis yields an expected benefit per year equal to 0.2 percent of output: "Each 1 percentage point increase in the capital ratio raises loan spreads by 13 basis points. Second, the additional cost of meeting the liquidity standard amounts to around 25 basis points in lending spreads when risk-weighted assets (RWA) are left unchanged; however, it drops to 14 basis points or less after taking account of the fall in RWA and the corresponding lower regulatory capital needs associated with the higher holdings of low-risk assets." This calculation relies on realistically estimating the expected discounted cost of a crisis because of stronger capital and liquidity requirements. The analysis does not, however, reflect the fact that Dodd-Frank repealed many of the authorities that the Federal Reserve and the FDIC used to control the collateral damage to the economy in the last crisis.

53. note 29 참조; 추가 참조. Craig Torres, "Dudley Says Work Needed on Tools to Avert Financial Crisis," Bloomberg, October 3, 2015, http://www.bloomberg.com/news/articles/2015-10-03/dudley-says-more-work-needed-on-tools-toavert-financial-crises.

54. "Application of Enhanced Prudential Standards and Reporting Requirements to General Electric Capital Corporation," Docket No. R-1503, 80 FR 44111−44128, https://www.federalregister.gov/articles/2015/07/24/2015-18124/application-of-enhanced-prudential-standards-and-reporting-requirements-togeneral-electric-capital.

55. "Views of the Council's Independent Member Having Insurance Expertise,"